ADVERTISING PLANNING IN THE DIGITAL AGE

디지털 시대의 **광고기획 신론**

김병희 | 이시훈 | 이희준 | 이진균 | 김유나 | 정세훈
최인호 | 김활빈 | 지준형 | 조준혁 | 김희은 | 민병운 | 김동후
염 철 | 유은아 | 정승혜 | 박종구 | 심성욱 | 지원배
공저

학지사비즈

머리말

정리 정돈만 잘해도 '힘센' 기획자가 된다

디지털 미디어 기술이 발달함에 따라 마케팅 커뮤니케이션의 패러다임도 진화를 거듭했고, 광고와 테크놀로지가 결합된 광고 기술(ad tech)은 광고기획과 창작에 획기적인 변화를 가져오고 있다. 인터넷이 처음 나왔을 때처럼, 챗GPT 열풍이 들불처럼 번지며 기대감도 크지만, 챗GPT가 광고업계의 기대에 완벽히 부응할 수 있을지 단정하기 어렵다. 생성형 AI(인공지능)인 챗GPT는 광고기획자에게 맛있는 사과 선물이 될 것인가, 아니면 독이 든 사과가 될 것인가? 디지털 시대의 급변하는 광고 환경 때문에 광고에 관심 있는 사람이라면 누구라도 이런저런 고민에 빠질 수밖에 없다.

챗GPT를 활용하면 검색 시간을 줄인다는 장점도 많지만, 광고기획을 챗GPT에 과도하게 의존하면 사고력을 키우는 과정의 중요성을 빼앗아 버리니 '광고인지 감수성'이 퇴보할 가능성도 높다. 수학에서는 해답이 아닌 풀이 과정을 중시한다. 전자계산기가 있어도 사칙연산을 가르치는 이유도 그 때문이다. 광고기획서를 썼다가 찢어 버리고 다시 쓰는 과정에서 경험을 축적할 텐데, 챗GPT는 모든 과정을 송두리째 앗아가 버린다. 제4차 산업혁명 시대의 DNA(Data, Network, AI)가 중요하지만, 사고 과정이 생략된다면 모두 빈껍데기일 뿐이다. 디지털 시대에 창의적 사고(creative thinking)와 비판적 사고(critical thinking)가 더 중요해진 이유도 그 때문이다.

“힘센 기획자가 되기 위해서는 기획의 근력을 키워야 하고, 기획의 접근법을 창의적으로 개조해야 한다.” 아주대학교 문화콘텐츠학과의 홍경수 교수는 『나는 오늘부터 힘센 기획자가 되기로 했다』(학지사, 2023: 6)에서 이렇게 주장했다. 이 말은 문화 콘텐츠의 기획은 물론 광고기획에도 정확히 들어맞는다. 빅데이터를 비롯해 관련 자료가 아무리 넘쳐흘러도, 광고기획자에게 옥석을 가려낼 기획의 근력이 없다면 쓰레기 더미에 불과하다. 광고기획자가 되려는 사람이라면 힘센 기획자가 되어야 한다. ‘기획은 나열’이라고 정의한 홍 교수는 기획할 때 자료를 늘어놓으면 기획자와 자료의 접촉면이 극대화되므로 거기에서 설득의 근거를 찾으며 힘센 기획자가 될 수 있다고 주장했다. 근대 철학의 아버지인 데카르트도 『방법서설』(1637)에서 나열의 중요성을 강조하며, 아무것도 빠트리지 않는 완전한 나열(열거)은 전체를 검토했다는 근거라는 이유를 들어 나열만 잘해도 사물에 대한 인식에 도달할 수 있다고 했다.

광고기획에서도 마찬가지가 아닐까? 그런데 나열에서 한발 더 나아가 정리 정돈을 잘하는 것은 광고기획에서 매우 중요하다. 기획의 핵심은 정리 정돈에 있다. 정리(整理)란 문제가 되거나 불필요한 것을 줄이거나 없애는 일이고, 정돈(整頓)이란 어지럽게 흩어진 것을 바로잡고 다시 배열하는 일이다. 정돈은 보통 정리 다음에 이루어진다. 정리만 잘해도 저절로 정돈되는 경우도 있다. 다시 말해서 정리란 불필요한 것들을 버리는 과정이고, 정돈은 필요한 것들을 다시 배열하는 과정이다. 왜 굳이 정리 정돈의 개념을 다시 소환하느냐 하면, 디지털 시대에 쏟아지는 수많은 자료들을 모두 나열한 다음 정리 정돈만 잘해도 광고기획을 잘할 수 있다고 확신하기 때문이다.

그동안 광고기획에 관한 개론서가 여럿 나왔다. 모든 책들은 저자 나름의 기획 의도에 따라 집필됐기에, 개론서마다 나름대로의 가치가 있었고 광고기획을 공부하는 학생들에게 그동안 많은 도움이 됐던 것도 사실이다. 그러나 디지털 미디어 시대의 광고기획에 대한 아이디어를 충분히 반영하지 못하거나 아직도 기존의 4대 매체 환경에서의 광고 지식만을 소개하는 책도 있어서 아쉬움이 많았다. 가르치는 교수 입장에서도 배우는 학생들 입장에서도 안타까운 현실이었다. 디지털 시대에 접어들어 광고 생태계가 훨씬 더 복잡해진 상황에서 기존의 광고기획 개론서만으로는 디지털 시대의 광고 현상을 두루 설명하기 어렵다.

이런 문제의식을 바탕으로 감히 신론(新論)이란 제목의 책을 써서 세상에 내보낸다. ‘개론’이 아닌 ‘신론’이라 이름 붙인 이유는 기존의 교과서와는 전혀 다른 정보를 전달하고 새로운 논의를 전개하겠다는 의지의 표현이었다. 우리가 이 책을 쓰면서 개론이 아닌 신론이라는 제목을 굳이 고집한 데는 기존의 교과서들이 지닌 한계를 넘어서자는 의욕도 있었지만, 한국 광고의 특수성에 국한되지 않고 세계적인 보편주의 관점에서 광고기획론에 접근하자는 뜻이 강했다. 이런 의욕과 문제의식을 바탕으로 19명이 뜻을 모아 집필한 『디지털 시대의 광고기획 신론』을 이제 세상에 내보낸다. 모두 16개의 장으로 구성된 이 책의 내용은 다음과 같다.

먼저 '광고기획을 위한 기본 배경'에 대해 살펴본 제1부에서는 광고기획의 개념과 광고기획의 과정, 확장현실 환경에서 광고기획 접근법, 광고회사의 역할 변화와 기획자의 업무에 대해 설명했다.

제1장 '광고기획의 개념과 광고기획의 과정'(김병희)에서는 미디어 환경이 급변하자 광고기획에서도 변화의 조짐이 감지되고 있다고 진단하며 광고기획에 필요한 변화의 양상을 전망했다. 미디어 환경이 급변하면 광고기획에서도 당연히 새로운 접근 방법을 모색해야 하지만, 기획의 기본 지식을 송두리째 무시하고 미디어의 변화만을 추종하다가는 뜻밖의 낭패를 보기 쉽다고 강조했다. 광고기획의 기본기를 갈고 닦는 노력이 무엇보다 중요하기 때문에, 여기에서는 광고기획과 어카운트 플래닝, 광고산업의 가치사슬 그리고 광고기획의 일반적 과정에 대해 소개했다.

제2장 '확장현실 환경에서 광고기획 접근법'(이시훈)에서는 증강현실, 가상현실, 복합현실을 아우르는 확장현실의 개념이 화두로 떠오른 최근의 미디어 환경 변화에 주목해, 확장현실과 메타버스의 개념과 광고활용 사례를 소개했다. 미디어 환경은 소비자들이 이용하고 시간을 소비하는 공간이자 광고 메시지를 전달하는 접점 기능을 한다는 점에서, 확장현실 분야는 다른 분야에 비해 보다 면밀한 관찰과 대응이 필요한 영역이라고 강조했다. 나아가 생성형 AI가 등장함으로써 앞으로 광고기획 업무가 어떻게 변화할 것인지 구체적이고 현실적인 전망을 제시했다.

제3장 '광고회사의 역할 변화와 기획자의 업무'(이희준)에서는 광고회사가 진화를 거듭하더라도 변하지 않을 광고기획자의 업무 내용을 살펴보고, 과거와 달리 지금의 광고회사에서 일하는 광고기획자에게 요구되는 새로운 역량에 대해 현실적인 맥락에서 설명했다. 광고기획자를 플래너로서의 광고기획자, 프로듀서로서의 광고기획자, 프레젠터로서의 광고기획자, 비즈니스맨으로서의 광고기획자라는 네 가지 유형으로 분류하며,

유능하고 인정받는 광고기획자가 되고 싶다면 디지털을 잘 알고, 광고주가 찾으며, 동료가 신뢰하는 광고기획자가 되어야 한다고 당부했다.

다음으로 '광고기획을 위한 환경 분석'에 대해 알아본 제2부에서는 디지털 환경에서 제품 이해하기, 디지털 환경에서 시장 이해하기, 디지털 환경에서 소비자 이해하기, 디지털 환경에서 미디어 이해하기에 대해 설명했다.

제4장 '디지털 환경에서 제품 이해하기'(이진균)에서는 광고 전략 수립의 전통적인 관점에서 제품과 서비스의 정의와 분류체계에 대해 살펴보고, 자사와 경쟁사의 제품과 서비스의 차별적 특성은 물론 유무형의 가치를 이해하고 분석하는 것이 소비자 설득에 필요한 첫걸음이라고 강조했다. 나아가 문화상품의 하나인 미디어 상품의 중요성을 환기하며, 일반 제품이나 서비스와 다른 미디어 콘텐츠의 차별적 특성에 대해 안내했다. 제품과 서비스 및 미디어 콘텐츠에 대해 학습하다 보면 디지털 시대에 광고기획을 성공적으로 실행할 수 있는 제반 지식을 습득할 것이다.

제5장 '디지털 환경에서 시장 이해하기'(김유나)에서는 디지털로 인해 변화된 시장의 개념을 비롯해, 광고와 유통의 결합, 플랫폼의 등장, 플랫폼 기반의 새로운 시장의 출현 같은 온라인과 오프라인의 통합으로 생겨나는 시장의 다양한 유형을 살펴보고, 디지털 시장의 작동 원리와 그에 따른 광고의 중요성에 대해 조명했다. 고객 관점에서의 시장의 정의, 전통 마케팅의 시장경쟁 전략, 디지털 환경이 가져온 시장의 확장과 융합 및 디지털 시장의 작동 원리를 이해하는 과정에서 광고기획자는 시장의 트렌드를 정확히 파악하며 패러다임의 변화와 작동 원리를 이해하게 된다.

제6장 '디지털 환경에서 소비자 이해하기'(정세훈, 최인호)에서는 디지털 환경에서 소비자를 분류하는 방법을 살펴본 다음, 광고의 인지적 효과와 관련하여 소비자들의 다중매체이용 현상에 대해 소개했다. 소비자들이 여러 미디어를 동시에 이용하면 광고효과가 떨어질 수 있으므로 소비자의 정보처리를 도와주는 광고 전략을 모색해야 한다는 사실도 강조했다. 그리고 소비자들의 설득 지식은 부정적인 광고 태도를 유발할 수 있기 때문에 설득 저항을 감소시키는 광고 전략을 모색하기를 권고하며, 광고의 태도적 효과와 관련되는 소비자의 설득 지식에 대해 안내했다.

제7장 '디지털 환경에서 미디어 이해하기'(김활빈)에서는 광고 매체의 종류와 디지털 미디어 환경 변화에 대해서 검토하고, 레거시 미디어로서의 4대 매체와 새로운 미디어를

소개했다. 아무리 좋은 메시지로 매력적인 크리에이티브 전략을 수립했다 하더라도 소비자와의 접점이 부적절하면 광고효과가 떨어지므로, 미디어 환경 변화에 뒤처지지 말고 최신 정보를 계속 수집하고 분석해 적용 가능성을 높여 나가야 한다고 주장했다. 나아가 미디어 환경 변화에서 기술적 측면이나 하드웨어적 측면만 고려하지 말고 소비자의 미디어 이용 행태의 변화에도 주목하기를 권고했다.

이어서 '광고기획을 위한 실무 과정'에 대해 톺아본 제3부에서는 광고 전략 모델의 이해와 적용, 차별적인 광고 전략 수립하기, 창의적인 크리에이티브의 전개, 브랜드 전략과 통합 캠페인의 전개에 대해 안내했다.

제8장의 '광고 전략 모델의 이해와 적용'(지준형)에서는 전통적인 광고 전략 모델과 최근에 디지털 광고 전략을 수립할 때 사용되고 있는 광고 전략 모델을 비교한 다음, 각 모델의 장점만을 종합해 최적의 디지털 광고 전략을 수립할 수 있는 통합적인 광고 전략 모델을 제시했다. 광고의 모든 분야에서 브랜드, 시장, 소비자, 매체 관련 데이터가 넘쳐 나는 상황에서, 빅데이터의 숫자나 도표 속에 해답이 있다는 믿음으로 광고 전략을 수립하는 것이 심각한 오해일 가능성이 크다고 지적하며, 디지털 시대에도 광고 전략 모델이 여전히 중요하고 필요한 이유를 두루 검토했다.

제9장의 '차별적인 광고 전략 수립하기'(조준혁, 김희은)에서는 디지털 시대의 광고 전략을 검토하고 각 단계에 필요한 데이터와 AI의 맥락을 집중적으로 살펴보았다. 광고 전략, 광고 목표, 타깃 설정, 콘셉트 도출, 애드 브리프에 대한 전통적 개념을 소개하고 디지털 시대에 알맞게 그 개념을 어떻게 적용할 것인지 상세히 설명했다. 마지막 부분에서는 디지털 시대의 광고 운영 전략과 결과 측정 및 최적화 방안을 제시함으로써, 방대한 온라인 데이터를 활용하고 AI 기술을 접목할 수 있다는 현실은 광고기획자에게 기회와 도전의 장을 마련해 주고 있다고 진단했다.

제10장의 '창의적인 크리에이티브의 전개'(민병운)에서는 소비자의 여정을 중시한 크리에이티브 모델을 제시하고, 소비자의 구매 행동 모델과 마케팅 믹스에 근거한 7C 크리에이티브 콘셉트의 가치를 상세히 안내했다. 그리고 소비자의 라이프 사이클에 맞춘 활성화, 수익화, 리텐션의 크리에이티브 전략이 디지털 시대에 적합한 전략이라는 사실을 강조하고, 협업형 크리에이티브 브리프와 콘텐츠 크리에이티브 브리프도 소개했다. 더욱이 크리에이티브에 관련된 새로운 개념은 스타트업을 기반으로 고안됐거나 스타트업

비즈니스에서 파생된 것들이라는 사실도 환기했다.

제11장의 '브랜드 전략과 통합 캠페인의 전개'(김동후)에서는 브랜드와 소비자의 접점이 확장된 디지털 시대의 브랜드 전략과 통합적 캠페인에 대해 집중적으로 분석한 다음, 브랜드의 개념과 디지털 시대의 브랜드에 대해 검토하고, 디지털 브랜드의 캠페인 기획에 필요한 핵심 요소들을 소개했다. 소비자의 정보력이 향상돼 합리적이고 객관적인 구매 결정이 가능해짐에 따라 브랜드 파워가 약화될 수 있다고 전망하는 시각도 있지만, 브랜드란 기업에서 제시한 약속에만 국한되지는 않으며 소비자가 경험하고 느끼고 인식한 모든 것의 총합이라는 사실도 특별히 강조했다.

마지막으로 '광고기획의 완성과 실행'에 대해 소개한 제4부에서는 주목받는 광고기획서 작성하기, 돋보이는 크리에이티브 완성하기, AI를 활용한 광고기획 실무, 효과적인 미디어 전략 제시하기, 감동적인 프레젠테이션으로 승리하기 같은 마무리 단계의 생생한 현장을 짚어 보았다.

제12장의 '주목받는 광고기획서 작성하기'(염철, 유은아)에서는 광고 실무에서 기본적으로 적용되는 지침을 중심으로 광고기획서를 작성하는 현실적인 가이드라인을 구체적으로 소개했다. 광고기획서의 역할과 의의를 살펴보고, 광고기획서 작성에 있어서 기술적 측면과 내용적 측면을 설명한 다음, 주목받는 광고기획서를 작성하는 데 필요한 일곱 가지 팁을 친절하게 안내했다. 광고회사나 광고기획자 그리고 광고주가 처한 문제와 해결점에 따라 기획서의 양식과 특성이 달라지는 현실에서, 여기에서 제시하는 내용은 광고기획서 작성에 필요한 보편적 원리에 해당된다.

제13장의 '돋보이는 크리에이티브 완성하기'(정승혜)에서는 창의적인 아이디어의 개념과 여러 가지 아이디어 발상법에 대해 살펴보고, 매체별로 크리에이티브 콘셉트를 녹여 크리에이티브를 완성하고 점검하는 지침들을 제시했다. 디지털 기술이 발달함에 따라 갈수록 중요해지고 있는 콘텐츠를 자성적 콘텐츠, 몰입형 콘텐츠, 스마트 콘텐츠, 실용적 콘텐츠로 구분하고 디지털 시대에 광고 콘텐츠의 크리에이티브를 완성하는 방안을 제시한 점도 흥미롭다. 콘텐츠의 유형과 특징을 구체적으로 학습하는 과정에서 디지털 시대에 유용한 크리에이티브 전략을 발견할 수 있다.

제14장의 'AI를 활용한 광고기획 실무'(박종구)에서는 AI가 일상의 전면에 등장한 상황을 반영해 인공 창의성을 활용하는 창작 도구를 소개했다. AI의 발전 양상과 AI의 광고

활용 사례에 대해 살펴보고, 한국방송광고진흥공사에서 개발한 AI 기반의 광고기획 지원 공공 인프라인 아이작(AiSAC) 플랫폼에 대해 안내했다. AI가 진화할수록 새로운 문해력이 더 중요해진 상황에서 인공 창작도구의 활용 역량을 갖추는 능력이 광고기획자에게 시급하다고 강조하며, '호기심'과 직접 '해 보기'가 중요하기 때문에 즉시 시도하기를 권고했다.

제15장의 '효과적인 미디어 전략 제시하기'(심성욱)에서는 광고를 집행하기 위해서는 비용을 실질적으로 최적화하면서 지출하는 미디어 전략이 중요하다는 관점에서, 전통 매체와 디지털 매체로 나누어, 미디어의 개념과 성격 그리고 광고 유형을 정리하고 실제로 집행한 미디어 전략의 사례를 제시했다. 전통 매체의 광고 유형과 장단점에 대해서도 상세히 소개했지만 디지털 매체 광고비의 비중이 전체 광고비의 50%를 넘어서 매체기획에도 변화가 나타나고 있는 현실에 주목해, 소셜 미디어 광고를 비롯한 디지털 미디어 전략을 수립하는 방법과 사례를 두루 검토했다.

제16장의 '감동적인 프레젠테이션으로 승리하기'(지원배)에서는 경쟁 프레젠테이션의 경우 일반 프레젠테이션과 달리 발표자의 목적과 청중의 목적은 물론 실행에 있어서 차이가 있다는 점에 주목해, 프레젠테이션의 개념과 특징을 비롯해 효과적인 프레젠테이션 준비와 메시지 전략에 대해 논의했다. 특히 광고기획자라면 프레젠테이션 스킬표를 참고해서 자신이 어떤 유형의 프레젠터인지 진단한 다음 강점과 약점을 스스로 평가해 봐야 한다고 주장하며, 광고기획자가 프레젠테이션을 진행할 때 청중의 마음에 감동을 유발할 수 있도록 연습에 연습을 거듭하기를 권고했다.

한국광고학회에서 기획했던 『광고지성총서』 10권(학지사, 2020)에서 시작된 광고지성을 찾아가는 시도는 『디지털 시대의 광고학신론』(학지사, 2021)으로 이어지며 광고학 교과서의 새로운 패러다임을 제시했다. 그 후 『디지털 시대의 광고 크리에이티브 신론』(학지사, 2022)을 펴냈고, 이제 『디지털 시대의 광고기획 신론』(학지사, 2023)까지 출간하게 됐으니, 디지털 시대의 맥락을 반영한 광고학의 기본 교과서 3부작을 완성한 셈이다.

출판 여건이 어려운데도 이 책을 기꺼이 출판해 주신 학지사의 김진환 사장님과 최임배 부사장님 그리고 원고를 검토해 더 좋은 책으로 만들어 준 편집부의 김순호 이사님과 박선민 과장님께도 고맙다는 인사를 전한다. 그리고 바쁜 와중에도 집필에 참여해 주신 열아홉 분의 필자들과도 출판의 기쁨을 함께 나누고 싶다. 기획에서부터 원고 마감에 이르기까지 결코 충분하지 않은 시간이었지만, 필자들께서는 꼭 필요한 알짜 지식만을 엄선해 공들여 원고를 써 주셨다. 진심으로 감사하다는 인사만으로는 고마운 마음을 다 전할 수 없다.

신론이란 새로운 주장이나 새로운 논의를 뜻하지만, 사회과학의 모든 분야가 그렇듯이 하늘 아래 새로운 것이란 없다. 기존의 지식을 바탕으로 새로운 논의를 전개할 뿐이다. 이 책에서도 기존의 광고기획 지식을 당연히 수용했다. 그렇지만 디지털 시대의 광고기획에 필요한 새로운 내용을 충실히 반영했기에 감히 신론이라고 주장할 수 있으리라. 고(故) 이기백 교수의 『한국사신론(韓國史新論)』(일조각, 1967)은 신론이라는 이름의 교과서를 대표한다. 『디지털 시대의 광고기획 신론』이 초판에 이어 개정판과 신수정판을 계속 발간해, 모름지기 역사학계의 『한국사신론』처럼 광고기획 교과서의 정본으로 자리 잡기를 바라며 광고 환경이 바뀔 때마다 계속 보완하려고 한다. 정리 정돈만 잘해도 힘센 기획자가 될 수 있다. 이 책이 목마른 독자들에게 광고기획 공부의 마중물이 되기를 기대하며, 한국 광고의 미래를 책임질 '힘센' 광고기획자를 기다린다.

2023년 8월

필자들을 대신하여 김병희

차례

제2부 광고기획을 위한 환경 분석

제3부 광고기획을 위한 실무 과정

제8장 광고 전략 모델의 이해와 적용 • 217

제9장 차별적인 광고 전략 수립하기 • 241

제10장 창의적인 크리에이티브의 전개 • 267

제11장 브랜드 전략과 통합 캠페인의 전개 • 307

제16장 감동적인 프레젠테이션으로 승리하기 • 435

디지털 시대의 광고기획 신론

제1부

광고기획을 위한 기본 배경

제1장 광고기획의 개념과 광고기획의 과정

제2장 확장현실 환경에서 광고기획 접근법

제3장 광고회사의 역할 변화와 기획자의 업무

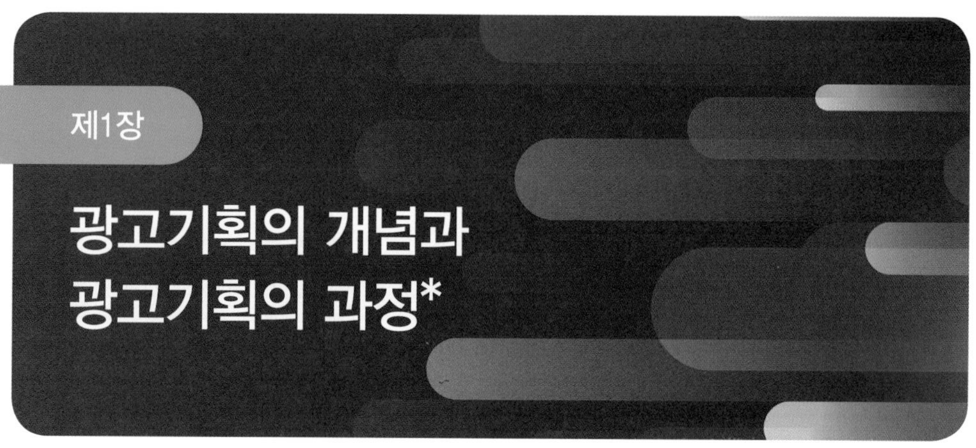

제1장

광고기획의 개념과 광고기획의 과정*

가상현실(VR)과 증강현실(AR)을 아우르는 혼합현실(MR) 기술은 물론 앞서의 모든 기술을 망라하는 확장현실(XR)이 보편화되고 메타버스(metaverse) 환경이 일상화되고 있다. 인터넷이 처음 나왔을 때처럼 챗GPT(Chat GPT)는 여러 분야에 영향을 미치며, 챗GPT를 활용해 시간을 절약하는 대신 창의적인 일에 더 집중할 수 있다는 기대감도 커지고 있다. 미디어 환경이 이처럼 급변함에 따라 광고기획 업무에서도 변화의 조짐이 여러 측면에서 감지되고 있다.

미디어 환경이 급변함에 따라 광고기획에 있어서도 당연히 새로운 접근 방법을 모색해야 하지만, 기획의 기본 지식을 송두리째 무시하고 미디어의 변화만을 따라간다면 뜻밖의 낭패를 보기 쉽다. 미디어의 변화가 빛의 속도만큼 빠르지만 광고기획의 본질보다 중요하다고 할 수 없다. 광고기획의 기본기를 갈고 닦는 노력이 무엇보다 중요하며, 급변하는 미디어 환경은 광고기획안에 반영하면 된다. 이런 맥락에 주목해 이 장에서는 광고기획과 어카운트 플래닝, 광고산업의 가치사슬 그리고 광고기획의 일반적 과정에 대해 살펴본다.

---

*김병희(서원대학교 광고홍보학과 교수)

1. 광고기획과 어카운트 플래닝

광고의 본질이 '널리 알리는 목적'에서 '폭넓게 모이게 하는 목적'으로 변하고, 전통 미디어와 새로운 미디어가 충돌하고 융합되며 광고의 개념과 범위도 달라지고 있다. 네크워크 기술은 미디어 환경을 바꿨고 디지털 미디어의 환경 변화는 광고의 생태계를 바꿨다. 소비자 행동도 갈수록 복잡해지고 있으며, 광고와 마케팅 커뮤니케이션의 지형도 자체가 바뀌고 있다. 더욱이 글, 문장, 오디오, 이미지 같은 기존의 데이터를 바탕으로 전체를 설명하는 데 필요한 요소들을 활용해 새로운 콘텐츠를 만드는 생성형 AI인 챗GPT는 텍스트 기반인 광고기획이나 카피라이팅 영역에서 널리 활용되고 있다.

챗GPT는 광고기획에 필요한 정보를 풍부하게 제공했다. 챗GPT는 질문에 대한 결과물을 바로 알려 준다는 장점도 있지만, 생각하고 배우는 '과정의 중요성'을 빼앗아 버린다는 문제점도 있다. 수학에서는 해답이 아닌 풀이 과정을 중시한다. 전자계산기가 있어도 사칙연산을 가르치는 이유도 그 때문이다. 광고 카피를 썼다 지우고 광고기획서를 찢어 버리고 다시 쓰는 과정에서 사고력을 키우고 경험을 축적할 텐데, 챗GPT는 그 모든 과정을 송두리째 생략해 버릴 수 있다(김병희, 2023). 기술 발전에 따라 미디어 환경이 아무리 급변하더라도 광고기획 과정을 보다 체계적으로 학습해야 할 필요가 있다. 미디어 환경이 아무리 급변해도 훌륭한 광고 캠페인은 광고기획력에서 출발한다는 기본 원칙은 바뀌지 않기 때문이다.

1) 광고기획의 개념

생각할 '기(企)'에 그릴 '획(劃)'을 더한 기획의 의미는 생각을 그려 내는 일이다. 기획에 대해 다각도로 정의할 수 있지만, 대체로 기획이란 어떤 문제를 해결하려는 목표를 달성하기 위해 자신의 생각을 육하원칙(5W1H)에 따라 정리하는 과정이다. 어떤 문제를 해결하겠다는 생각이 없다면 기획도 필요 없다. 기획의 전제 조건이 문제를 해결하겠다는 의지이므로, 문제 해결 방법을 찾는 것이 기획의 목표이다. 따라서 기획 과정에서는 문제 해결을 위한 목표를 정하고, 목표 달성에 필요한 전략을 개발하고, 실행 방안을 결정해야 한다.

광고기획도 광고주의 문제를 해결하는 데 필요한 목표를 설정하고 목표 달성에 필요한 전략을 구체화하는 제안의 성격을 갖는다. 광고기획은 일반적인 의미의 기획에 비해 보다 현실적이고 구체적인 개념이다. 기획의 과정은 유사할지라도, 광고기획에서는 기획자 혼자서 기획 내용을 결정하지 않고 반드시 광고주의 승인을 얻어야 한다. 광고의 개념은 마케팅 관점, 커뮤니케이션 관점, 통합적 관점에 따라 정의할 수 있는데, 광고기획자가 어떤 관점을 취하느냐에 따라 광고기획의 방향도 달라지게 마련이다. 광고기획서를 마케팅 관점에서 쓰면 마케팅 목표를 중시할 것이며, 커뮤니케이션 관점에서 접근하면 커뮤니케이션 목표를 중시할 것이다. 광고기획에 대한 학술적 정의도 연구자의 관점에 따라 조금씩 다르다.

광고기획을 일정 기간 동안 명확한 광고 목표를 달성하기 위해 시장과 소비자 및 제품에 대한 종합적인 마케팅 커뮤니케이션 방법을 제시하는 것으로 정의할 수 있다(서범석, 2010: 14). 또한, 광고기획을 광고회사의 기획자가 조사 분석을 통하여 광고주가 처해 있는 마케팅 상황 전반에 대하여 완전히 이해한 뒤 문제점과 기회를 포착하여 마케팅 토탈 서비스 차원의 대 소비자 커뮤니케이션 전략을 위한 아이디어의 틀을 형성해 나가는 작업으로 정의할 수도 있다(유종숙, 2007: 51). 나아가 광고기획을 기업과 브랜드의 연혁, 현재의 마케팅 상황, 문제점과 기회, 마케팅 커뮤니케이션 목표와 전략에 관한 간략한 서술이라고 정의할 수도 있다(강승구, 양영종, 김병희, 2013: 3).

광고주의 마케팅 담당자, 광고주의 광고 담당자, 광고회사의 기획자(AE) 중에서 광고기획을 누가 주도하느냐에 따라서도 광고기획의 개념을 다르게 접근할 수 있다. 광고주의 마케팅 담당자는 광고기획을 마케팅 기획의 일부라고 생각해 광고의 마케팅적 효과에 치중할 것이며, 광고주의 광고 담당자는 광고 관리의 차원에서 주어진 예산으로 광고효과를 높일 수 있는 기획 방안에 치중할 것이다. 그리고 광고회사의 기획자(AE)는 도출한 광고 콘셉트와 광고 전략을 광고주에게 제시하며 광고주를 설득하는 데 치중할 것이다.

광고기획을 실행하려면 대체로 4단계의 과정을 거치게 된다. 광고기획을 통해 얻고자 하는 광고 목표를 설정하고, 그 목표를 달성할 구체적인 광고 전략을 수립해야 한다. 나아가 광고 전략을 현실적으로 실행할 광고 전술을 궁리한 다음, 전략과 전술을 구체화시킬 실행 프로그램을 가동해야 한다. 완벽한 광고기획이란 세상에 존재하지 않으며 다각도로 궁리하고 모색한 끝에 마지막에 선택하는 최선의 기획만 존재할 뿐이다(송기인, 2021). 결국 광고기획의 성패는 주어진 시간 속에서 적합한 방향성을 검토하고 선택한

다음, 최적의 대안을 얼마나 구체적으로 모색했느냐에 달려 있다.

2) 어카운트 플래닝

광고기획과 관련하여 어카운트 플래닝(Account Planning)의 개념을 이해할 필요가 있다. 처음에는 어카운트(Account)를 광고회사에 대한 위탁 업무를 뜻하는 용어로 썼다. 나중에는 어카운트를 광고회사와 광고주의 관계에서 광고회사가 광고주의 요청 사항을 맹목적으로 수용하기보다 광고회사에서 책임 의식을 갖고 독창적으로 업무를 수행하는 관계 관리가 중요하다는 뜻으로 썼다. 여기에 기획을 뜻하는 플래닝(Planning)을 덧붙였으니, 어카운트 플래닝이란 광고주와 광고회사 간의 독창적인 관계 관리 기획을 의미한다.

소비자의 마음을 움직이지 못하는 광고는 소비자 행동을 바꿀 수 없다. 어카운트 플래닝에서는 광고기획 과정에서 소비자 행동을 이해하고 소비자 심리를 반영하려는 의지를 중시한다. 소비자 행동을 중시하는 인식은 1960년대부터 싹텄지만, 영국어카운트플래닝협회가 결성된 1979년을 어카운트 플래닝의 원년으로 간주한다. 그 후 영국의 광고회사 BMP(Boase Massimi Pollitt)를 비롯해, 미국의 JWT(J. Walter Thompson)와 샤이엇데이(Chiat/Day) 같은 광고회사에서 어카운트 플래닝을 적극 채택함으로써 광고회사에 어카운트 플래닝 개념이 점차 확산됐다.

세계적 광고회사인 '굿바이, 실버스타인 앤 파트너스'의 부회장 겸 어카운트 플래닝 디렉터를 지낸 존 스틸(Jon Steel)이 『진실, 거짓 & 광고: 광고 커뮤니케이션과 어카운트 플래닝의 기술』(1998)을 출간하자, 어카운트 플래닝의 개념이 세계적으로 주목을 끌었다(Kelley & Jugenheimer, 2008). 우리나라의 광고회사들도 1990년대 후반부터 어카운트 플래닝의 개념을 적용해 광고기획 업무를 수행했다.

광고주와 광고회사의 관계에서 광고회사의 광고기획자(Account Executives: AE)의 역할은 동전의 양면과 같다. 광고회사 안에서는 광고주를 대변하고, 광고주와 만날 때는 광고회사를 대변하는 성격을 지닌다. 광고회사의 광고기획자는 광고주가 원하는 광고 목적을 이해하고 광고기획 업무를 수행해야 하며, 광고회사 내부의 관련자에게 동기를 부여하고 프로젝트를 성공적으로 진행해야 한다. 그런데 광고시장에서 경쟁이 치열해지고 광고기획자가 광고주와의 관계 관리와 일상 업무를 수행하는 데 많은 시간과 정성을 쏟다 보니, 가장 중요한 광고 전략을 수립하는 데 집중할 시간이 부족해졌다. 더욱이 소

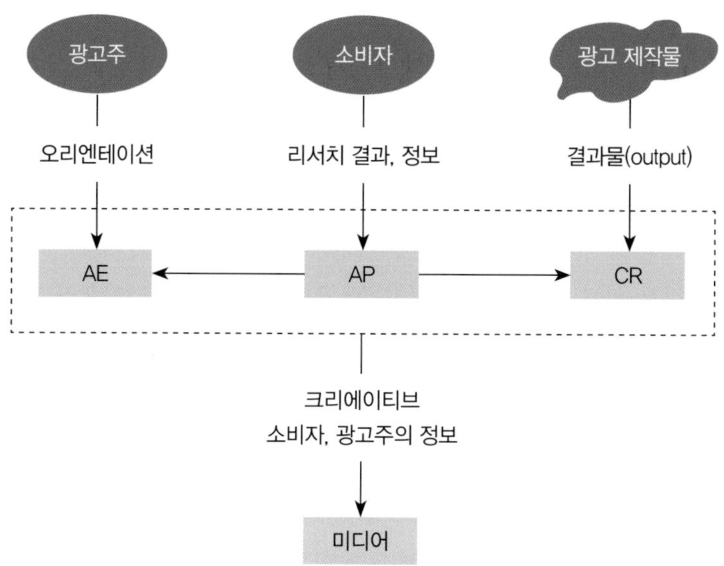

[그림 1-1] 기획자(AE)와 어카운트 플래너(AP) 및 크리에이터(CR)의 업무 관계

출처: Kelley & Jugenheimer (2008: 13).

비자 행동 양식이 다양화되면서 광고 전략을 수립하는 데 집중할 시간이 더 필요해졌는데, 이 고민거리를 반드시 해결해야만 했다.

결국 광고기획 업무에서는 광고 전략을 실행하는 어카운트 플래너(AP)와 광고주와의 관계를 관리하는 광고기획자(AE)로 담당하는 업무를 나누게 됐다. 광고 전략을 실행하는 사람을 어카운트 플래너(Account Planner: AP)라 했는데, 이들은 소비자 지향적 관점에서 광고기획을 실행한다. 어카운트 플래너는 광고회사에서 소비자 조사를 지휘하고 소비자 행동을 고려해 광고기획서를 작성하며, 크리에이티브의 방향성을 제시하고 광고기획을 총괄한다.

어카운트 플래너와 광고기획자는 상호보완적 관계를 유지하며 업무를 수행하는 과정에서 서로 상승효과를 모색해야 한다. 어카운트 플래너가 소비자 심리를 파악하기 위해 소비자에 관련된 정보를 수집하고 분석하는 데 치중한다면, 광고기획자는 광고주를 상대하는 영업 업무에 치중한다. 카피라이터와 디자이너 같은 크리에이터(Creator: CR)는 광고 창작 업무를 맡으며, 미디어 기획자는 광고 창작물을 전달할 미디어를 선택해 광고의 노출효과를 모색한다. [그림 1-1]에서 광고기획자(AE)와 어카운트 플래너(AP) 및 크리에이터(CR) 사이의 업무 관계를 확인할 수 있다. 이 모든 과정에서 소비자의 관점을 고려해야 한다는 것이 어카운트 플래닝의 요체이며, 어카운트 플래너는 그 중심에서 광고기획 업무를 대체로 주도하게 된다.

2. 광고산업의 가치사슬

광고의 최종적 가치는 광고주, 광고회사, 광고 제작사, 매체사, 인프라 같은 광고산업 주체의 호혜적 결합에 따라 결정된다. 가치사슬(value chain)이란 용어를 제시한 마이클 포터는 부가 가치 창출에 직간접적으로 관련된 일련의 활동과 기능은 물론 과정을 연계하는 모든 과정을 가치사슬이라 정의했다(Porter, 1985). 광고기획자(AE)와 어카운트 플래너(AP)는 광고산업(광고주–광고회사–광고 제작사–매체사–인프라)의 가치사슬을 이해하고, 자신의 기획 의도에 맞게 각 주체를 두루 활용하는 전문 지식을 갖춰야 한다.

광고기획자와 어카운트 플래너는 광고산업의 가치사슬을 세 측면에서 인식해야 한다. 첫째, 미디어에 대한 기존의 정의가 기업의 관점에 지나치게 치중됐다는 사실을 인식해야 한다. 양방향 소통이 중요해진 상황에서 기업의 관점이 아닌 소비자의 관점에서 미디어를 바라볼 필요가 절실하다. 둘째, 소비자의 관점에서 미디어를 정의한다면 광고 매체를 어떻게 분류할 것인지도 중요하다. 미디어 대행사에서 직접 판매하는 미디어 커머스, 콘텐츠 커머스, 인플루언서 커머스를 비롯해 소셜 미디어를 통한 바이럴 활동을 광고 미디어 체계에 어떻게 포함할 것인지도 고려해야 한다. 셋째, 온라인과 오프라인을 구분하지 않고 동일한 기준에서 미디어와 광고 상품을 분류할 체계도 필요하다(김병희, 2022).

기업에서 트리플(Paid, Owned, Earned) 미디어를 운영한다면 소비자들은 정보 탐색, 상품 구매, 제품 소개의 형태로 미디어를 활용하는 셈인데, 이런 관점에서 미디어를 살펴보면 광고회사의 활동 영역을 설명할 수 있다. 기존의 4대 매체를 비롯해 네이버나 구글은 탐색 미디어 영역에 포함하고, 구매 미디어 영역에 홈쇼핑과 인터넷 쇼핑몰은 물론 콘텐츠 판매 플랫폼을 포함시키면 상품 판매 전에 진행되는 광고도 설명할 수 있다. 그리고 소개 미디어 영역에는 소셜 미디어를 통한 바이럴 활동과 기업의 고객관리가 포함되며, 서비스 영역과 테크 영역을 유기적으로 연결해 광고산업의 가치사슬 모델을 도출할 수 있다.

일찍이 오세성(2010)이 제시한 광고산업의 가치사슬 모델이 큰 틀에서는 여전히 유용하기 때문에, 대폭 개편해서 제시하기보다 기본 틀을 바탕으로 보완해 광고산업의 가치사슬 모델을 새롭게 제안하면 [그림 1-2]와 같다(김병희, 2022: 63). 특기할 만한 사실은 기존에 하나의 그룹이던 유통(제3그룹)을 세 분야로 세분화할 수 있고, 상품 기획과 상품 생산 그리고 개발한 상품의 브랜드 마케팅 부분에 대해 '상품 생산'이란 제5그룹을 신설할 수 있다. 광고와 홍보(PR)는 엄연히 다르다는 점에서 광고와 기능이 중첩되는 부문만 별도로 모아 'PR'이란 제6그룹을 별도 분야로 신설할 수 있다.

최근에는 검색 광고와 배너광고로 시작한 온라인 광고회사가 SNS 매체를 중심으로 성장해 디지털 특화와 전문화를 거쳐 종합 광고대행의 기능까지 수행했다. 광고 기술과 데

생산 (제1그룹)
① 영상 광고 제작업
② 온라인광고 제작업
③ 인쇄 광고 제작업
(디자인, CI 등)
④ OOH광고 제작업
(디지털 사이니지 등)
⑤ 라디오광고 제작업
(녹음실, 소리디자인 등)
⑥ 프리랜서 카피라이팅
⑦ 브랜디드 콘텐츠 제작
(MCN 콘텐츠 등)
⑧ 네이티브 광고

⇔

유통1 (제3그룹)
① 광고대행업
(종합광고대행, 광고 매체대행)
② 온라인광고대행업
(온라인광고종합대행,
온라인광고 매체대행)
③ OOH광고대행업
(OOH광고종합대행)
④ 브랜디드 콘텐츠 기획
(MCN 콘텐츠 기획 등)

⇔

서비스 (제4그룹)
① 브랜드컨설팅
② 조사회사
(마케팅 조사, 빅데이터)
③ 판매촉진
(SP, 전시, 이벤트, 공간 디자인 등)

⇕

기반 (제2그룹)
① 영상 포스트 프로덕션
(영상 재료, 기기, 설비, 편집, 합성, 녹음실 등)
② 인쇄업
(편집, 인쇄, 제판 등)
③ 광고사진 스튜디오
④ OOH 구조물
⑤ 광고 기술
(AI, VR, AR, MR, 홀로그램, 메타버스 등)

⇔

유통2 (제3그룹)
① 플랫폼 운영
(광고 콘텐츠 커머스 등)
② 프로그래매틱 광고
(DSP, SSP, Ad Exchange 등)
③ 인플루언서 광고

⇔

상품 개발 (제5그룹)
① 상품 기획
② 상품 생산
③ 브랜드 마케팅

⇕

유통3 (제3그룹)
① 매체대행업
(미디어랩)
② OOH 광고 임대업

⇔

PR (제6그룹)
① 기업PR
② 마케팅 PR
③ 브랜드 저널리즘

[그림 1-2] 광고산업의 새로운 가치사슬 모델1

이터를 기반으로 PR회사도 디지털 콘텐츠와 광고 제작을 포함한 종합 커뮤니케이션 회사로 급성장했다. 나아가 현재 광고회사의 변화된 업무 특성에서 상품 개발에 관련되는 영역을 가치사슬 구조에 반영할 수도 있다.

디지털 시대의 광고회사들은 기존의 서비스 개념을 넘어 기업 브랜드의 문제를 포괄적 관점에서 해결하기 위해 상품 기획이나 판매 활동도 전개했다. 광고회사들은 공학 전공자를 채용한 데서 나아가, 제일기획이 설립한 '제삼기획'처럼 독자적으로 상품을 개발하는 기반도 구축했다. 최근에 광고회사들은 브랜드와 관련된 상품 개발을 하거나 굿즈(Goods)를 판매하기도 한다. 광고회사의 이러한 사업 영역의 변화에 주목해, 브랜드 관련 상품 개발을 별도로 제5그룹으로 구분할 수 있다. 각 그룹에는 최근의 미디어 환경 변화를 고려해 광고산업의 가치사슬에 포함될 만한 플레이어들을 최대한 반영해야 하는데, 광고기획자와 어카운트 플래너는 가치사슬의 이러한 변화를 고려해 광고기획 과정에 반영해야 한다.

또한, 최근의 광고환경 변화를 고려해 기존의 모델과는 전혀 다른 새로운 가치사슬 모델을 모색해 볼 수도 있다. 즉, 네트워크 시대로 진입하는 미디어 시대의 변화, 홍보 영역에서도 수익을 고려하는 광고산업의 역할 변화, 광고산업 분야의 디지털 트랜스포메이션

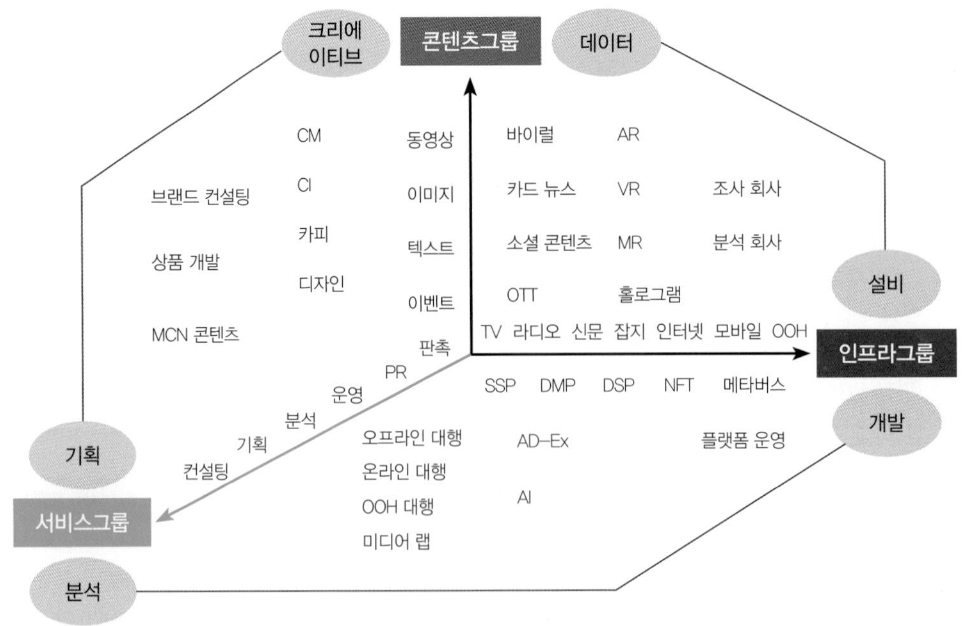

[그림 1-3] **광고산업의 새로운 가치사슬 모델2**

가속화, 브랜딩 대 퍼포먼스라는 광고산업의 양 측면, 광고 인재의 역량 개발, 수수료 체계의 복잡성, 디지털 광고 중심 체계의 온오프라인 통합 같은 광고환경의 변화 추세를 반영해, [그림 1-3]과 같은 광고산업의 가치사슬 모델이 제시되기도 했다(김병희, 2022: 65). 광고기획자와 어카운트 플래너는 광고기획 과정에서 광고산업의 가치사슬 문제를 고려해, 자신이 수립한 광고 전략을 현실에서 보다 구체적인 맥락에서 전개할 필요가 있다.

3. 광고기획의 과정

광고기획의 과정은 기획자의 성향에 따라 다를 수 있지만 대체로 일관된 흐름을 거치게 된다. 상황 분석, 문제점 진단과 기회 요인 발견, 광고 전략 수립, 애드 브리프 작성, 애드 브리프에 따라 크리에이티브팀과 표현(크리에이티브) 전략 수립, 미디어 전략 수립,

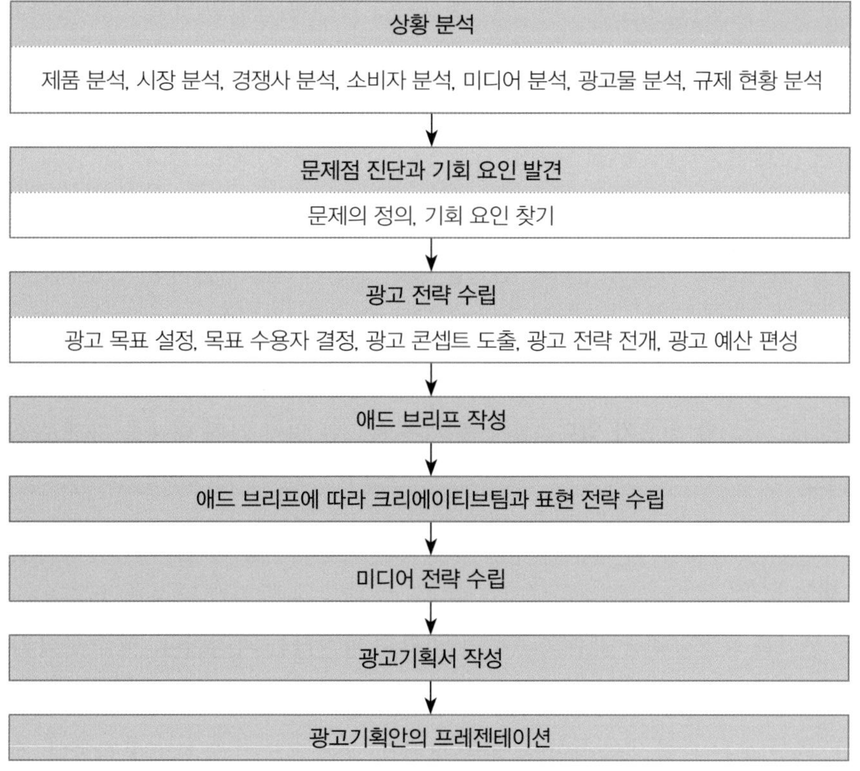

[그림 1-4] **광고기획의 일반적 과정**

광고기획서 작성, 광고기획안의 프레젠테이션 같은 흐름을 거쳐 광고기획이 완성된다. 디지털 시대의 미디어 환경을 고려한다면 기획자의 판단에 따라 광고기획의 과정에서 디지털 광고 전략을 별도로 고려할 수도 있다. 광고기획의 일반적 과정을 단계적으로 제시하면 [그림 1-4]와 같다. 단계적 과정을 하나하나 보다 구체적으로 살펴보자.

1) 상황 분석

모든 광고기획은 상황 분석에서 시작되므로 상황 분석은 첫 단추를 꿰는 일과 같다. 상황 분석에는 ① 제품 분석, ② 시장 분석, ③ 경쟁사 분석, ④ 소비자 분석, ⑤ 미디어 분석, ⑥ 광고물 분석, ⑦ 규제 현황 분석에 관한 내용이 포함돼야 한다. 상황 분석을 하면서 문제점을 도출하고 기회 요인을 발견해야 한다. 상황 분석이 부실하면 수립된 광고 전략도 사상누각처럼 부실해질 수 있다. 상황 분석은 광고회사의 광고기획자(AE)와 어카운트 플래너(AP)가 담당하지만 크리에이터(CR)도 상황 분석 결과를 충실히 이해해야 한다. 이때 상황 분석 결과를 읽어 내는 통찰력은 마케팅 측면이 아닌 커뮤니케이션 관점에서 찾아내야 한다.

상황 분석을 하려면 1차 자료와 2차 자료 같은 여러 자료를 수집해야 한다. 1차 자료는 서베이나 내용 분석 같은 양적 조사는 물론 일대일 심층인터뷰(In-depth Interview), 초점집단면접(Focus Group Interview: FGI), 문화기술지(ethnography) 같은 질적 조사를 통해 수집할 수 있다. 2차 자료는 인터넷 검색을 통해 수집하거나 기존의 자료를 재분석해서 얻을 수 있다. 2차 자료는 수집하기 쉽지만 자료의 신뢰성과 타당성을 반드시 확인해야 한다. 그리고 수집한 자료와 정보를 정리한 팩트북(Fact Book)을 만들어 광고기획 과정에서 수시로 참고할 필요가 있다. 상황 분석에 필요한 일곱 가지 내용을 차례로 살펴보기로 하자.

(1) 제품 분석

제품 분석은 광고하려는 제품의 특성을 정확히 파악하는 과정이다. 제품 분석의 대상은 크게 물리적 특성과 심리적 특성으로 나눌 수 있다. 물리적 특성은 주로 제품의 외양, 디자인, 색상 같은 외형적 특성이나, 성능과 용도 같은 기능적 특성을 포함한다. 외형적 특성은 제품의 다양한 속성을 포함하며, 기능적 특성은 소비자들에게 구체적으로 어떤 혜택을 제공할 수 있는지를 말한다. 광고 창작 과정에서 소비자에게 제품의 속성을 강조할 것인지 기능을 강조할 것인지 고민해야 하는데, 제품의 속성보다 기능을 부각시키며 소통할 때 소비자의 이해도가 높아지는 경향이 있다.

심리적 특성은 소비자들이 지각하는 제품이나 브랜드의 이미지, 개성, 평판 등을 포괄적으로 아우르는 개념이다. "마케팅은 제품력의 싸움이 아니라 인식의 싸움이다."라는 포지셔닝 개념의 명언처럼, 소비자들이 자사 제품을 어떻게 생각하고 느끼는지 파악하는 것이 중요하다. 소비자들이 느끼는 브랜드 이미지는 이름, 심볼, 슬로건, 브랜드와 관련된 다양한 연상들로 이루어지는데, 소비자의 마음속에 브랜드 이미지가 어떻게 자리 잡고 있는지 알아야 한다. 브랜드는 사람처럼 각기 다른 개성(personality)을 지니고 있는데, 소비자들이 지각하는 브랜드 개성도 구체적으로 파악해야 한다.

(2) 시장 분석

어떤 제품이나 브랜드의 시장 환경이나 판매에 영향을 미치는 요인들을 체계적으로 분석하는 것이 시장 분석이다. 시장 분석은 크게 기업의 내부적 요인과 외부적 요인으로 구분할 수 있다. 내부적 요인에서는 현재의 시장 점유율이 어떠한지, 매출과 수익은 증가하고 있는지 아니면 감소하고 있는지 파악해야 한다. 특히 최근의 매출 변화나 영업이익의 추세를 파악하는 것이 중요한데, 최근 들어 매출이 감소했다면 이는 기업에 어떤 문제점이 있다는 뜻이다. 매출 감소가 기업이나 제품에서 비롯되는 문제인지 아니면 기업의 외부적 환경 요인 때문인지 면밀하게 분석해 볼 필요가 있다. 이밖에도 기업의 내부적 요인으로 기업 목표, 기업 문화, 기업의 성장 과정을 살펴봐야 한다. 이는 제품과 브랜드의 당면한 해결 과제를 파악하는 데 도움이 된다.

기업을 둘러싸고 있는 정치, 경제, 사회, 문화적 요인 같은 기업의 외부적 요인도 시장 분석에서 중요하다. 불경기와 호황기의 여부나 세계적인 경기 흐름 같은 경제 현황, 기업의 성장과 관련된 정치, 사회, 문화적 요인, 기술 발달로 인한 사회변화 추세, 관련 법규나 규제 제도 같은 거시적인 요인들은 광고 활동과 직접적인 관련이 없어 보이지만, 기업을 둘러싼 환경의 변화가 제품과 브랜드의 가치는 물론 소비자의 구매 동기에 영향을 미칠 수 있다. 따라서 시장 분석 과정에서 기업의 외부적 요인도 반드시 검토해야 한다.

(3) 경쟁사 분석

경쟁사 분석은 시장에서 자사 브랜드와 경쟁사 브랜드의 강점과 약점을 비교하거나 경쟁 상황에 따른 위치를 알아보는 과정이다. 경쟁사 분석을 하려면 직접적 경쟁과 간접적 경쟁 양상을 파악해 경쟁의 범위를 설정해야 한다. 광고하려는 제품의 광고 목표에 따라 경쟁사의 범위가 결정된다. 경쟁의 범위가 결정되면 경쟁사의 매출과 시장 점유율을 파악하고, 가격과 유통, 브랜드 파워 등을 비교해야 한다. 경쟁사 분석을 통해 자사의 강점과 약점을 파악하고 시장 내에서 자사 제품이 차지하는 위치를 구체적으로 파악할 수 있다(오현숙, 2022).

자사 브랜드와 경쟁사 브랜드를 비교하면 브랜드 포지셔닝의 방향을 정립할 수 있다. 가로축과 세로축에 위치를 표시해 경쟁 관계에 있는 제품이나 브랜드를 비교하는 지각도(perceptual map)를 그려 브랜드의 위치를 파악하게 된다. 어떤 브랜드가 소비자의 마음속에 어떤 위치를 차지하는지 파악하는 기법이 지각도이며, 다른 말로 포지셔닝 맵(positioning map)이라 부르기도 한다. 경쟁사 분석에서는 경쟁사들의 광고 커뮤니케이션 전략과 광고 활동도 포함돼야 한다. 경쟁사의 광고비 지출 현황을 비롯한 미디어 분석을 비롯해 광고 캠페인의 전개 성과도 함께 분석하면 효과적이다.

(4) 소비자 분석

클릭 몇 번으로 제품과 브랜드에 대한 모든 정보를 파악하는 디지털 시대에 소비자 특성을 분석하는 일은 광고 전략을 도출하는 출발점이라 할 수 있다. 여러 기준에 따라 소비자 집단을 구분할 수 있다. 먼저, 나이, 성별, 학력, 수입, 직업, 거주지, 종교, 결혼 여부, 가족구성 같은 인구통계적(demographic) 특성에 따라 소비자 집단을 살펴볼 수 있다. 하지만 소비자의 나이, 성별, 학력이 유사하더라도 각자의 제품 구매 동기나 브랜드 선택 이유가 다르기 때문에, 소비자의 라이프 스타일을 비롯해 개성, 동기, 태도 같은 심리사회적(psychographic) 특성도 살펴볼 필요가 있다.

소비자의 소비 가치가 구매에서 '소비'로, 소유에서 '공유'로 이동한 상황에서, 광고기획에서 소비자의 라이프 스타일을 분석하려는 노력은 더 중요해졌다. 광고기획자는 소비자들이 어떠한 욕구에 더 민감한지, 어떤 환경에서 누구와 함께 어떤 일을 선호하는지, 어떤 가치관을 추구하는지 살펴보고, 생생한 광고 전략을 수립해야 한다. 또한, 빅데이터 분석을 통해 소비자들의 구매의 맥락과 소비의 맥락도 파악해야 한다. 구매의 맥락이 검색, 쇼핑, 로그, 구매 데이터를 바탕으로 소비자의 여정(consumer journey)을 파악하는 것이라면, 소비의 맥락은 소셜, 리뷰, 앱, 유튜브 데이터를 바탕으로 소비자의 라이프스타일을 파악하는 일이다(김유나, 2021). 여기에 공공 데이터를 분석해 환경의 맥락까지 고려한다면 소비자의 생활 동선을 전 방위에서 파악할 수 있다. 이처럼 현실적인 맥락에서 소비자 분석을 실시해야 광고기획에 성공할 수 있다.

(5) 미디어 분석

미디어 분석 과정에서는 급변하는 미디어 환경 변화를 반드시 고려해야 한다. 광고가 노출되는 미디어에 따라 텔레비전 광고, 라디오 광고, 신문 광고, 잡지 광고, 온라인(디지털) 광고, 옥외광고, 판매촉진 광고, 협찬 광고라는 여덟 가지 유형으로 구분할 수 있다. 텔레비전 광고에는 TV 광고(지상파TV, 지상파 데이터TV, IPTV(어드레서블 TV), 디지털 위성 방송(DSR), 디지털 멀티미디어 방송(DMB)과 케이블TV 광고(종합편성채널, 기타 케이블TV)가 있다. 그리고 라디오 광고, 신문 광고와 인터넷신문 광고, 잡지 광고와 인터넷잡지 광고가 있다. 온라인 광고에는 유선 인터넷, 모바일, 소셜 미디어 광고가 있고, OOH(옥외) 광고에는 전통적인 옥외매체, 디지털 사이니지(Digital Signage), 교통 광고, 극장 광고가 있다. 판매촉진 영역에는 직접우편광고물(DM), 구매시점광고물(POP), 전시, 이벤트가 있고, 협찬 영역에는 제품배치(PPL) 등이 있다(김병희, 2021).

그러나 노출 미디어에 따라 광고 유형을 여덟 가지로만 구분하면 디지털 시대의 광고 현상을 포괄적으로 설명하지 못한다. 미디어 환경이 디지털 기반으로 바뀐 상황에서는 광고 서버를 통한 N스크린 광고 송출이 가능하고, 광고 플랫폼을 통한 광고의 유통이 가능해지고, 유무선 구분 없이 하나의 매체에서 여러 스크린으로 다양한 광고 형식을 송출할 수도 있다. 디지털 시대에 가장 주목받는 온라인 광고만 해도 [그림 1-5]에 제시한 네 가지 방향에서 어떤 관점을 강조하느냐에 따라, 온라인 광고의 체계나 범위가 달라질 수 있다. 소비자가 보는 광고 콘텐츠의 형식이 무엇인지, 소비자들이 광고에 어떻게 반응하는지, 소비자와 광고의 접점인 스크린의 크기나 형태가 어떠한지, 광고비를 산정하는 과금(課金) 체계가 어떠한지에 따라, 온라인 광고의 개념과 범위가 각양각색으로 달라질 수 있다(김병희, 2021).

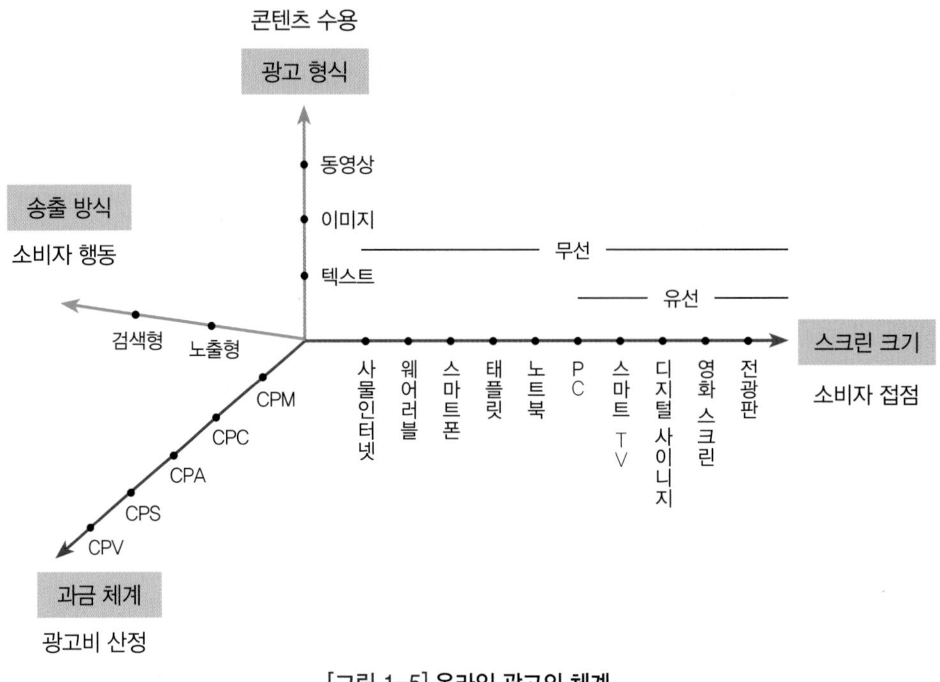

[그림 1-5] **온라인 광고의 체계**

스크린의 크기와 형태가 어떠한지에 따라 미디어를 구분하면, 사물인터넷(IoT), 웨어러블, 스마트폰, 태블릿, 노트북, PC, 스마트 TV, 디지털 사이니지, 영화 스크린, 전광판 광고 미디어로 분류할 수 있다. 광고비를 산정하는 과금 체계에 따라서도 온라인 미디어 광고를 CPM, CPC, CPA, CPS, CPV 광고로 분류할 수 있다. 미디어 분석에서는 경쟁사의 광고비 집행 현황을 살펴보고, 제품 범주 전체의 광고비와 경쟁사들이 시장에서 지출하고 있는 광고비 분석을 통해 상대적 광고 노출량(Share of Voice: SOV)을 파악해야 한다. 그래야 주어진 광고 예산으로 광고효과를 높이기 위해 어떤 미디어에 얼마를 배분할 것인지 결정하는 미디어 믹스(Media Mix) 전략을 결정하고 실행할 수 있다.

(6) 광고물 분석

광고물 분석은 자사 제품과 브랜드에서 몇 년 동안 집행한 광고물이나 경쟁사의 광고물을 대상으로 광고의 핵심 메시지를 분석하는 일이다. 광고물 분석을 통해 경쟁사에서 집행한 광고의 핵심 전략도 두루 파악할 수 있다. 이미 집행한 광고물을 분석하면 광고에서 의도한 목표 수용자, 광고 콘셉트, 핵심 메시지, 모델 전략의 개요를 알 수 있으며, 분석 결과를 바탕으로 경쟁사에서 추구하는 광고 전략의 방향이나 광고 목표도 알 수 있다. 광고주들은 통합 마케팅 커뮤니케이션을 전개하는 차원에서 동일한 콘셉트를 적용한 광고물을 다양한 미디어에 노출하기 때문에, 광고기획자는 특정 미디어의 광고물만 살피지 말고 여러 미디어의 광고물을 분석해서 경쟁사의 핵심 메시지 전략을 파악하는 데 치중해야 한다.

텔레비전 광고나 디지털 광고처럼 전통적인 4대 매체 광고의 메시지를 분석하는 것도 중요하지만, 페이스북, 인스타그램, 유튜브 같은 기업에서 직접 운영하는 소셜 미디어(SNS) 채널도 함께 분석해야 한다. 소셜 미디어 채널은 기업의 커뮤니케이션 전략을 파악할 수 있는 중요한 미디어이다. 소셜 미디어에 올라온 기업의 메시지를 광고물 분석 결과와 함께 종합하면 어떤 기업의 제품이나 브랜드의 메시지 전략을 현실적인 맥락에서 이해할 수 있다. 예컨대, 메타(Meta)의 광고 크리에이티브 분석 데이터를 활용하면 헤드라인, 이미지, 동영상 광고의 크리에이티브 성과를 분석하고 파악할 수 있다. 광고 크리에이티브 분석 데이터를 활용해 향후의 크리에이티브 방향성이나 목표 수용자도 추정할 수 있다.

(7) 규제 현황 분석

광고는 헌법 제21조에 명시된 표현의 자유에 따른 보호 대상이지만 공중도덕이나 사회윤리를 침해하면 안 된다는 사회적 법적 책무를 져야 한다. 우리나라의 광고 규제 체계는 크게 자율규제와 제도적 규제로 구분된다. 자율규제는 정부의 지원이나 법적 근거 없이 순수 민간에 의해 이루어지는 '민간주도형 자율규제'와 법적 규제의 근거는 없으나 정부 차원에서 민간 자율규제 활동을 장려하고 재원을 지원하는 '민간지원형 자율규제'로 구분된다(국민권익위원회 의결 2014-439호). 제도적 규제에는 법률의 규제 근거에 따라 민간의 자율성을 배제하는 순수한 '법적 규제'와 법률에 규제 근거를 두지만 일부를 민간에 위임 · 위탁하는 '민간위임형 규제'가 있다.

광고 규제는 크게 두 가지 방향에서 실행된다. 하나는 광고의 부당성(과장, 기만, 부당, 비방 등)을 판단하는 것이며, 다른 하나는 광고의 불건전성(윤리성)을 판단하는 방향이다. 우리나라에서 광고의 부당성을 판단하는 법률은 「표시광고의 공정화에 관한 법률」(표시광고법)이다. 모든 광고에 적용되는 법률이므로 광고기획자는 자사의 광고 표현물을 미디어에 노출하기 전에 「표시광고법」에 저촉되는지의 여부를 확인해야 한다. 또한, 광고의 불건전성에 대한 규제는 규제 체계에 따라 다르다. 방송통신심의위원회는 「청소년보호법」 시행령에 따라 '청소년유해매체물심의기준'을 제시했다. 심의기준에서는 '노출' '성행위' '폭력' '언어'의 네 영역별로 5단계(0~4단계 등급)로 구분하고 연령별 권장 사항을 제시했다. 광고에 대한 규제 현황을 도외시하면 공들여 만든 광고기획안이나 광고 크리에이티브를 활용하지 못할 수도 있으니, 반드시 규제 현황을 살펴봐야 한다.

2) 문제점 진단과 기회 요인 발견

상황 분석 단계에서 ① 제품 분석, ② 시장 분석, ③ 경쟁사 분석, ④ 소비자 분석, ⑤ 미디어 분석, ⑥ 광고물 분석, ⑦ 규제 현황 분석이 모두 끝나면 문제점을 진단하고 기회 요인을 발견해야 한다. 문제점 진단과 기회 요인의 발견이 중요한 이유는 이 과정에서 광고 목표를 달성하는 데 필요한 최적의 광고 전략을 발견할 수 있기 때문이다. 문제점을 진단하고 기회 요인을 발견하기 위해서는 상황 분석 결과를 개별적으로 기술하지 말고 하나의 문제점과 기회 요인으로 집약시켜야 한다(송기인, 2021). 그래야만 유일하고 효과적인 광고 전략을 수립할 수 있다.

(1) 문제의 정의

문제점을 찾는 첫걸음은 문제를 구체적으로 인식하는 데서 출발해야 한다. 문제점이란 목적을 달성하는 데 방해가 되는 과거와 현재 및 미래의 장벽이나 상황을 뜻한다. 문제를 어떻게 정의하느냐에 따라 광고기획의 성공 여부가 결정된다. 문제점을 제대로 파악한다면 그 문제를 해결할 가능성이 높지만, 문제점을 잘못 파악하면 엉뚱한 데서 기회 요인을 찾게 될 것이며 결국에는 엉뚱한 방향을 공략하는 광고 전략도 실패할 것이다.

앞에서 살펴본 상황 분석은 결국 문제를 정의하기 위한 과정이나 마찬가지이다. 모든 광고주들은 해결해야 할 문제를 가지고 있다. 광고주는 다음 분기에 제품을 더 많이 파는 것이 당면한 문제라고 말하겠지만 이는 진짜 문제점이 아니다. 진짜 문제점은 제품 판매를 어렵게 만드는 구체적인 그 무엇을 찾는 데에 있다. 따라서 문제점을 진단할 때는 현상만 보지 말고 이면에 숨어있는 진짜 원인이 무엇인지 포착하는 관찰력과 판단력이 중요하다(오현숙, 2022). 광고기획자에게 구체적인 문제의 본질을 꿰뚫어보는 통찰력이 중요한 이유도 그 때문이다.

(2) 기회 요인 찾기

문제의 정의를 마쳤다면 그 문제점을 해결할 기회 요인을 찾아야 한다. 문제점을 어떻게 정의했느냐에 따라, 그 문제가 계속 골칫거리로 남을 수도 있고 문제점이 기회 요인으로 바뀌기도 한다. 기회 요인을 찾는 방법은 많지만 주로 매출 증대를 위한 기회의 지점을 찾는 데에 초점을 맞추는 경우가 보편적이다. 광고 메시지를 바꾸는 것도 방법이 될 수 있고 판매촉진 활동을 전개하는 것도 방법이 될 수 있다. 기회 요인을 찾는 방법 중에서 주로 쓰이는 것은 스왓(SWOT) 분석 방법과 문제점–기회 찾기 방법이다(유종숙, 2009).

스왓(SWOT)은 강점(strengths), 약점(weaknesses), 기회(opportunities), 위협(threats)의 머리글자를 딴 것으로, 기업 내부 요인인 강점과 약점을 찾고 기업 외부 요인인 기회와 위협 요인을 찾는 방법이다. 상황 분석 내용을 하나의 표로 요약해 해결해야 할 핵심 과제를 도출할 때 유용하다. 그렇지만 강점과 약점 그리고 기회와 위협 요인을 광고 캠페인 하나로 모두 해결할 수 없기 때문에, 여러 요인 중에서 강력한 한두 가지의 핵심 쟁점으로 압축할 때 스왓 분석이 진가를 발휘한다. 이 방법은 장점도 많지만 대체로 브랜드나 제품보다 기업 위주로 분석한다는 한계도 있다. 따라서 상황 분석을 하는 과정에서 자사 브랜드의 문제점을 진단한 다음 기회 요인을 찾는 문제점–기회 찾기 방법을 병행하기도 한다.

3) 광고 전략 수립

"좋은 전략은 깔때기 같고, 좋은 크리에이티브는 확성기와 같다." 광고계의 이 명언처럼 광고기획자라면 누구나 깔때기 같은 좋은 광고 전략을 수립하기를 기대할 것이다. 광고기획자는 광고 전략을 수립하는 과정에서 자신의 실력을 발휘한다. 광고 전략이란 "시장조사, 광고기획, 제작, 매체, 프로모션 등 광고의 전 분야와 모든 과정에서 효과적인 의사 결정을 함으로써 가능한 모든 대안을 찾아 비교하고 그중에서 최선의 방안을 선택하는 논리적이고 과학적인 접근방법"이다(Wells, Burnett, & Moriarty, 1992). 광고 전략을 수립하려면 광고 목표 설정, 목표 수용자 결정, 광고 콘셉트 도출, 광고 전략 전개, 광고 예산 편성이라는 다섯 가지 내용을 반드시 검토하고 유기적으로 연계시켜야 한다. 다섯 가지 검토 내용을 차례로 살펴보기로 하자.

(1) 광고 목표 설정

광고 목표(advertising objective)란 기획하는 광고가 매체에 일정 기간 노출된 다음에 얻게 되는 기대 효과이다. 광고 목표가 설정돼야 목표 수용자 결정, 광고 콘셉트 도출, 광고 전략 전개, 광고 예산 편성 같은 나머지 요인도 결정할 수 있다. 이때 광고 목표는 측정 가능한 구체적인 수치로 표현해야 한다. 정해진 기간과 달성 정도를 숫자로 제시하며 목표를 설정해야 하는데, 달성 정도는 보통 비율(%)로 표시한다. 광고 목표가 설정되면 광고의 기획, 창작, 집행 과정에 동일하게 적용하며 광고 집행 후에는 광고효과를 과학적으로 검증할 수 있다는 장점이 있다. 광고 목표는 상품, 시장, 소비자 등 광고의 삼각형에 관련된 여러 맥락을 종합하여 설정하는데, 광고 목표를 기술한 예를 제시하면 다음과 같다.

- 신규 브랜드를 3개월 이내에 목표 고객의 20%에게 알린다. (O)
- 광고하는 브랜드의 선호도를 6개월 동안에 2% 이상 높인다. (O)
- 행사 기간 중 브랜드의 판매 신장률을 이전보다 5% 높인다. (×)

앞에서 제시한 광고 목표의 기술 사례에서 첫 번째와 두 번째는 올바른 서술이고 마지막 것은 잘못된 서술이다. 그 이유는 첫 번째와 두 번째가 커뮤니케이션 관점에서 서술한 것이라면 마지막 것은 마케팅 관점에서 서술한 마케팅 목표이기 때문이다. 광고 목표는 상품 판매율의 신장이나 시장 점유율(market share)의 확대 같은 마케팅적 과제와는 다르다. 광고의 효과 과정을 보면, 제품의 품질, 유통, 가격정책, 판촉 등 마케팅 믹스 요소의 영향을 배제할 수 없기 때문에 어디까지가 순수한 광고효과인지 쟁점이 될 수밖에 없다.

광고 목표를 설정할 때 유용한 정보에 6M 접근법이 있다(서범석, 2010: 119). 상품화(merchandising) 계획을 통해 광고 브랜드나 서비스의 특성을 알아보고, 시장(market) 분석을 통해 광고 브랜드나 서비스의 시장 상황을 알아보고, 동기(motive) 분석을 통해 소비자의 구매 및 회피의 원인을 분석해 볼 필요가 있다. 그리고 메시지(message)를 분석해 소비자의 구매를 유인할 정보를 파악하고, 미디어(media) 분석을 통해 어떤 경로로 메시지를 전달할 것인지 알아보고, 측정(measurements) 방안을 결정해 목표 수용자에게 전달할 메시지의 수준을 파악해야 한다.

(2) 목표 수용자 결정

목표 수용자(target audience) 결정은 광고 목표를 설정한 다음에 이루어진다. 목표 수용자란 현재 광고 상품을 사용하고 있거나 앞으로 사용하기를 기대하는 핵심 소비자로 커뮤니케이션 차원에서 메시지를 전달해야 하는 대상을 의미한다. 이 단계에서는 단지 인구통계적 기준에 따라 목표 수용자를 선정하는 데 머무르지 말고 심리사회적 개념을 적용해 소비자의 사회경제적 특성과 소비자 심리를 분석하고 목표 수용자를 결정하는 데 적극적으로 반영해야 한다. 같은 광고 전략일지라도 목표 수용자에 따라 광고 메시지의 방향이 달라질 수 있기 때문에 목표 수용자 결정은 광고 전략 수립에 있어서 중요한 의미를 갖는다.

목표 수용자는 상황 분석 단계의 소비자 분석 자료를 활용해 결정할 수 있는데, 대체로 광고 메시지를 전달하고자 하는 대상이다. 목표 수용자를 결정하면 광고 창작을 위한 아이디어를 발상할 때도 더 구체적이고 현실적인 맥락에서 접근할 수 있다. 목표 수용자를 결정할 때는 인구통계적 특성이나 심리사회적 특성에 따라 집단의 규모로 결정할 수도 있지만, 소비자를 그렇게만 구분하면 너무 포괄적이고 추상적일 수 있다. 이에 대한 대안으로 한 사람의 구체적인 소비자가 연상되도록 결정해도 좋다. 한 사람의 소비자가 구체적으로 떠오르도록 타깃 프로파일(target profile)을 작성하면 광고 창작자들의 아이디어 발상 과정에 특히 도움이 된다.

(3) 광고 콘셉트 도출

광고 메시지의 방향성을 제안하는 광고 콘셉트(advertising concept)는 광고의 핵심 메시지가 무엇인지 명시하는 것이다. 광고 콘셉트가 도출되면 광고 창작의 방향이 정해지는 것이므로, 광고 콘셉트는 광고기획의 꽃이다. 광고 전략의 핵심은 결국 소비자들에게 '무엇을 말할 것인가(what to say)'를 결정하는 것으로 집약되는데, 그 집약체가 광고 콘셉트이다. 마치 집을 지을 때 고민해서 완성한 설계도처럼, 고민을 거듭한 끝에 도출한 광고 콘셉트는 가급적 바꾸지 말아야 한다.

광고 콘셉트는 보통 세 가지 관점에 따라 도출한다. 첫째, 제품이나 브랜드의 관점이다. 자사의 제품이나 브랜드의 특성을 부각시키는 데서 광고 콘셉트를 도출할 수 있다. 둘째, 고객이나 소비자의 관점이다. 어떤 제품이나 브랜드의 소비자 혜택을 강조하며 매력적인 약속을 제시하는 데서 광고 콘셉트를 도출할 수 있다. 셋째, 경쟁적 관점이다. 자사의 제품이나 브랜드가 타사의 제품이나 브랜드보다 매력적이라는 사실을 강조하는 데서 광고 콘셉트를 도출할 수 있다(류진한, 2022). 광고 콘셉트가 메시지에 초점을 맞춘다면, 표현 콘셉트는 메시지를 전달하는 방식에 초점을 맞춘다.

〈표 1-1〉 **세 가지 콘셉트의 개념 비교**

구분	제품 콘셉트	광고 콘셉트	표현 콘셉트
가치	제품(브랜드)	소비자	커뮤니케이션
개념	강조하는 제품 메시지	전하려는 핵심 메시지	구체적인 표현 메시지
강조	제품의 핵심 특성	소비자 약속 제시	크리에이티브
방향	무엇을 말할 것인가 (what to say)	무엇을 말할 것인가 (what to say) 언제 노출할 것인가 (when to say)	어떻게 말할 것인가 (how to say) 어떻게 만져지게 할 것인가 (how to be tangible)
사례	빠른 배송	총알 배송	클릭, 툭, 딩동

출처: 류진한(2022: 86) 수정 보완.

광고 콘셉트는 엄밀히 말해서 제품 콘셉트나 크리에이티브 콘셉트와 그 개념이 다르다. 세 가지 콘셉트의 개념을 비교해 제시하면 〈표 1-1〉과 같다. 제품 콘셉트(product concept)는 제품이나 브랜드의 차별화된 장점을 파악해 한 마디로 제시하는 것이다. 제품이나 브랜드의 물리적 특성과 심리적 특성에서 소비자의 마음을 움직일 수 있는 '무엇을 말할 것인가(What to say?)'에서 그 '무엇'에 해당되는 것이 광고 콘셉트이다. 광고 콘셉트는 제품 콘셉트를 바탕으로 광고 메시지의 방향성을 제안하는 것으로 주목할 만한 그 '무엇'이다. 마지막의 표현 콘셉트(creative concept)는 '어떻게 말할 것인가(How to say?)'에서 '어떻게'에 해당되는 것으로 구체적인 표현 지침을 의미한다. 표현 콘셉트는 어떻게 말하고 메시지가 어떻게 구체적으로 만져지게 할 것인가에 더 초점을 맞춰 도출해야 한다.

(4) 광고 전략 전개

광고 전략은 광고 콘셉트에 따라 전개할 수 있는 모든 방안을 의미하지만, 하나의 강력한 전략을 설정하는 것이 중요하다. 효과적인 광고 캠페인을 전개하기 위해서는 차별적인 광고 전략을 전개해야 한다. 광고기획자는 광고기획 과정을 체계적으로 검토한 다음 광고 전략을 전개해야 하며, 정형화된 광고 전략만 구사하지 않고 광고기획에 적합한 새로운 광고 전략을 제시하는 경우가 더 많다. 광고 전략은 광고 캠페인의 목표를 달성하는 데 기여하도록 전개해야 하며, 최종적으로 광고효과를 극대화하는 데 기여해야 한다.

디지털 시대의 광고 전략을 전개할 때는 데이터 환경과 AI 환경을 고려해야 한다. 광고 전략을 전개하는 데 영향을 미치는 기술 발전의 속도가 빨라지면서 광고 전략을 전개하는 환경도 급변했다. 디지털 시대의 광고 환경이나 시장 환경이 그 어느 때보다 복잡하고 세분화되고 있지만 광고 전략을 전개하는 새로운 방법들도 속속 등장했다. 온라인에서 방대한 분량의 소비자 데이터를 이용할 수 있고 AI 기술을 적용할 수 있게 됐으니, 광고 전략을 전개할 때도 새로운 기회가 증가했다. 따라서 광고 전술이나 광고 표현물이 포함된 광고 전략의 전개도(展開圖)를 작성할 때는 기존의 4대 매체 환경은 물론 디지털 미디어의 환경을 반영해야 한다. 광고 전략의 전개도는 표현 전략, 미디어 전략, 디지털 광고 전략의 구체적인 가이드라인으로 작용한다.

(5) 광고 예산 편성

광고 예산 편성이란 주어진 광고 예산을 바탕으로 광고효과를 높이기 위해 어떻게 운용할 것인지 결정하는 일이다. 광고 예산 편성이 중요한 이유는 미디어 전략에 결정적인 영향을 미치기 때문이다. 어떤 광고 캠페인을 전개할 때는 하나의 미디어에 모든 예산을 투입하지 않는다. 여러 가지 미디어 유형을 섞어 캠페인을 집행하는데, 이를 미디어 믹스(media mix)라 한다. 최적화된 미디어 믹스 결과를 주어진 예산에 알맞게 실행해야 광고효과를 기대할 수 있다. 광고 예산의 규모에 따라 광고 미디어가 결정되며, 그에 따라 광고 크리에이티브의 메시지 수준도 결정된다.

엄청난 광고비를 지속적으로 투입할 수 있는 광고주는 아주 드물다. 광고 예산이 충분한 광고주라 할지라도, 예산을 효율적으로 집행한다면 남은 예산을 제품의 개발이나 서비스 확대 같은 다른 자원에 할당할 수 있어, 매체의 비용 효율성에 대한 광고주들의 관심이 많다. 광고 목표를 설정한 다음에는 광고를 집행하는 데 필요한 광고 예산을 편성해야 한다. 광고비가 적정한 기준 이하로 투입되면, 광고의 노출 목표를 달성할 수 없으며, 적정 기준보다 과도하게 많은 광고비가 투입된다면 광고비 효율성이 떨어질 것이다(정윤재, 2021). 광고 예산을 설정하기 위한 대표적인 예산 설정 방법은 〈표 1-2〉와 같다.

〈표 1-2〉 **광고 예산을 편성하는 방법**

분류	방법	설명
판단	임의 기준	필요하다고 느끼는 만큼 임의대로 판단하여 설정
	금전적 가능 기준	재정적으로 지급 가능한 정도로 설정
경쟁	절대 경쟁	시장 점유율만큼 설정
	상대 경쟁	주요 경쟁사만큼 설정
판매	전년 판매율 기준	전년 판매율의 일정 비율만큼 설정
	예측 판매율 기준	내년 예측 판매율의 일정 비율만큼 설정
	단위 판매량	예측 판매율과 단위 판매가격의 곱의 일정 비율만큼 설정
측정	수리적 모델	투입되는 광고비의 증가가 수익의 증가를 초월하는 지점을 수리적으로 계산하여 예산 설정
목표	설정한 목표 기준	구체적인 마케팅 목표를 달성할 수 있는 만큼 설정

출처: Cheong et al. (2013: 145); 정윤재(2021: 469).

4) 애드 브리프 작성

광고기획의 핵심 내용은 애드 브리프(Ad Brief)를 작성함으로써 구체화된다. 애드 브리프란 광고기획자가 작성하는 광고 전략의 핵심 요약서이다. 광고 캠페인을 진행하려면 광고주, 기획팀, 크리에이티브팀, 매체팀 같은 광고의 여러 주체들이 광고기획의 핵심 내용을 똑같이 인식해야 한다. 따라서 광고 전략의 핵심 내용을 일목요연하게 정리한 애드 브리프는 광고기획자가 광고주에게 광고 전략을 설득할 때나, 크리에이티브팀에게 광고 창작에 관한 가이드라인을 제시하거나 매체팀에 미디어 프래닝을 의뢰할 때도 가장 중요한 지침으로 활용된다.

광고회사 사치앤사치(Saachi & Saachi)의 브리프(The Brief) 전략 모델에서는 좋은 애드 브리프에 필요한 요건으로 객관적, 비판적, 분석적, 창조적 특징을 적시했다. 첫째, 제품과 시장에 대한 객관적 사실에 기초해 애드 브리프를 작성해야 한다는 특징으로, 광고기획자의 주관적 통찰이 아닌 제안을 뒷받침할 근거가 명확해야 한다고 했다. 둘째, 애드 브리프에 보편적인 상식을 의문시하는 내용이 있어야 한다는 비판적 특징으로, 필요하다면 가설을 세워 검증 조사 결과를 애드 브리프에 포함시켜야 한다. 셋째, 제품과 브랜드 상황에 관련된 자료에 근거해 애드 브리프를 작성해야 한다는 분석적 특징으로, 분석할 때는 도식적인 접근을 지양하고 광고 전략을 수립할 때 그 근거들을 활용해야 한다.

넷째, 애드 브리프에서 차별화된 관점으로 통찰력을 제시해야 한다는 창조적 특징으로, 애드 브리프만 읽어 보고 설명을 듣지 않더라도 크리에이티브팀과 매체팀의 상상력을 자극할 수 있어야 한다(유종숙, 2018).

CREATIVE BRIEF	
광고주(Client)	브랜드명(Brand Name)
업무 제목(Job Title)	미디어(Media)
캠페인 필수 요소(Campaign Requirement) (단일 광고, 연속 광고, 캠페인 등)	
목표 수용자(The Target Audience) (인구통계학적 특성, 라이프스타일, 제품사용 패턴, 제품 태도 등)	
광고 목표(What is the Advertising Intended to Achieve?)	
단일 집약적 제안점(The Single Minded Proposition)	
제안의 근거(Substantiation for the Proposition)	
필수 포함 요소(Mandatory Inclusions) (판매처, 로고, 전화번호 등)	
브랜드 이미지(Brand Image) (상냥한, 세련된, 현대적인 등)	

[그림 1-6] **크리에이티브 브리프 양식**

광고기획자가 작성해서 크리에이티브팀에 제시하는 크리에이티브 브리프 양식은 [그림 1-6]과 같다. 애드 브리프는 광고기획서 전체를 압축한 요약본과 마찬가지이다. 따라서 광고기획의 과정을 애드 브리프에 압축적으로 표현해야 한다. 애드 브리프에는 배경(프로젝트 진행의 배경 및 마케팅 목표), 상황 분석의 요약(시장, 경쟁사, 자사, 소비자 분석의 내용 중 광고 전략에 관련된 핵심 내용), 광고 목표(광고 캠페인 이후에 기대하는 목표 수용자의 인식과 행동의 변화), 목표 수용자(인구통계학적, 심리사회적 요인과 소비 관련 행동),

브랜드 약속과 뒷받침(광고의 핵심 메시지와 근거), 광고 콘셉트(브랜드의 약속을 뒷받침하는 인상적인 단어나 문구), 크리에이티브 가이드라인(광고 표현물 제작 시의 참고 사항, 광고의 톤앤매너(Tone & Manner), 표현기법 등), 미디어 믹스(활용할 매체 조합에 대한 아이디어), 기타 고려요소(사내 리뷰와 광고주 프레젠테이션 일정, 예산) 등이 반드시 포함돼야 한다(소현진, 2021).

5) 애드 브리프에 따라 크리에이티브팀과 표현 전략 수립

표현 전략 또는 크리에이티브 전략이란 개별 광고 메시지의 본질과 특성을 규정하는 지도 원리로 광고 소구(ad appeal) 방법의 일종이다. 표현 전략은 광고 크리에이티브 요소를 좌우하며 광고물의 창작 스타일을 결정짓는 데에도 결정적인 영향을 미친다. 일찍이 프레이저는 경쟁 상황을 고려한 여러 광고 전략을 종합해, 본원적 전략, 선점 전략, 고유판매제안 전략, 브랜드 이미지 전략, 포지셔닝 전략, 공명 전략 그리고 정서 전략 등 일곱 가지 표현 전략 모형을 제시했는데(Frazer, 1983), 이는 광고 표현 전략의 일반적 가이드라인으로 평가할 수 있다. 그가 제시한 일곱 가지 표현 전략 내용을 각각 살펴보면 다음과 같다(김병희, 2007).

첫째, 본원적(generic) 전략으로 같은 상품 범주에 있는 어떠한 브랜드라도 할 수 있는 일반적인 메시지를 구사하는 경우이다. 이 전략에는 상품의 차별적인 특성을 강조하기보다 일반적인 속성을 전달하는 경향이 있다. 둘째, 선점(preemptive) 전략으로 어떤 상품 범주에서 경쟁 브랜드 간에 기능적 차이가 거의 없을 경우, 본원적인 주장을 하는 동시에 제품과 서비스의 우월성을 먼저 강조함으로써 이미지를 먼저 차지하려는 경우이다. 셋째, 고유판매제안(Unique Selling Proposition: USP) 전략으로 로저 리브스(Rosser Reeves)가 『광고의 실체(Reality in Advertising)』(1961)에서 체계화시켰는데, 이 전략은 자사 상품과 경쟁 상품간의 물리적이고 기능적인 차이를 바탕으로 메시지 구성을 모색한다. 넷째, 브랜드 이미지(brand image) 전략으로 자사 상품과 경쟁 상품 간의 물리적 차이가 아닌 심리적 차별화를 강조하는 경우로, 사실보다 감정에 전략적 강조점을 두고 광고 창작을 시도한다. 다섯째, 포지셔닝(positioning) 전략은 자사의 브랜드를 경쟁 브랜드의 강약점과 비교한 다음 상대적으로 틈새가 보이는 위치에 자리매김하는 전략이다. 여섯째, 공명(resonance) 전략이란 상품 관련 메시지나 브랜드 이미지 제고에 초점을 맞추기

보다 소비자가 모방할 수 있는 상황을 제시하여 소비자 스스로 그 상황을 경험하도록 하는 전략이다. 일곱째, 정서(affective) 전략은 인간의 다양한 감정에 소구하는 전략으로, 이 전략에서는 복잡한 인간 감정을 광고 메시지로 구성한다.

광고기획자는 애드 브리프를 바탕으로 크리에이티브팀과 함께 표현 전략을 수립해야 한다. 이상의 일곱 가지 표현 전략 모형을 참고하되 반드시 거기에 얽매일 필요는 없으며, 제시된 광고 콘셉트에 따라 표현 전략을 자유롭게 결정하면 된다. 크리에이티브팀에서 먼저 표현 전략을 제안하면 광고기획자와의 협의를 거쳐 최종적으로 표현 전략을 수립하게 된다. 표현 전략에는 크리에이티브 목표, 크리에이티브 타깃, 크리에이티브 콘셉트, 크리에이티브 전략의 전개도가 포함돼야 한다.

6) 미디어 전략 수립

미디어 전략이란 주어진 예산으로 광고효과를 극대화하기 위해 광고 수용자에게 광고 메시지를 효과적으로 전달하는 방안을 모색하는 것이다. 광고기획자가 미디어 플래너의 협조를 바탕으로 효과적인 미디어 믹스(media mix) 방안을 모색하는 것이 미디어 전략 수립의 핵심이다. 미디어 전략에는 미디어 목표, 미디어 전략 설정, 미디어 믹스 결정, 미디어 집행 스케줄이 포함돼야 한다. 미디어 집행 스케줄은 커뮤니케이션 전략, 크리에이티브 전략, 광고 예산, 미디어 목표를 종합한 미디어 집행의 세부 계획을 미디어와 시간의 행렬표로 작성하는 것이다. 미디어 전략 수립에서 가장 중요한 업무는 주어진 광고 예산을 어떤 매체 스케줄을 통해 기간별로 어떻게 배분할 것인지 결정하는 일이다.

즉, 광고 예산을 모든 시기에 동일하게 할당할지, 특정 기간에 많은 광고 예산을 할당할지, 광고를 하지 않는 기간을 둘지, 캠페인 기간 동안에 최소한의 광고 노출량을 유지할지에 대한 판단이 필요하다. 기간별 광고 예산을 투입하는 정도인 미디어 스케줄링 유형에는 캠페인 기간 동안 동일하게 광고비를 할당하는 지속형(continous), 할당된 광고비가 캠페인 기간별로 달라 어떤 시기에는 광고비 투입이 전혀 없는 집중형(flighting), 집중형 스케줄링과 패턴이 유사하지만 광고비 투입이 전무한 기간 없이 일정량의 광고비는 항상 지출되는 간헐형(pulsing) 등 세 가지가 있다. 그리고 미디어의 노출 목표는 도달률(reach), 평균빈도수(average frequency), 유효도달률(effective reach), 유효빈도(effective frequency), 노출수(impression), 총노출수(gross impressions), 노출량(ratings), 총노출량

(Gross Ratings Points: GRPs), 점유율(share) 같은 개념으로 표현하는 것이 일반적으로 통용되는 보편적 기준이다(정윤재, 2021).

미디어 전략 수립 과정에서 광고 유형도 고려해야 한다. 예컨대, 온라인 광고만 해도 여러 가지 유형이 있을 수 있지만, 광고학계와 광고업계에서는 미국 양방향 광고 협회(Interactive Advertising Bureau: IAB)에서 제시한 모바일 디스플레이(mobile display) 광고, 모바일 동영상(mobile video) 광고, 오디오(audio) 광고, 모바일 활성화(mobile activation) 광고, 브랜디드 앱(branded apps) 광고, 위치 기반(location-based) 광고 같은 여섯 가지 유형을 보편적 기준으로 인정한다(IAB, 2012. 2.). 또한, IAB는 광고가 실리는 콘텐츠의 유형에 따라 동영상 광고를 인스트림 동영상 광고(in-stream video ads), 배너 기반 광고(in-banner video ads), 텍스트 기반 광고(in-text video ads), 독립 콘텐츠 연계 동영상 광고라는 네 가지로 분류했다(IAB, 2016. 1. 8.). 그리고 유튜브 광고는 디스플레이 광고(Display ads), 오버레이 광고(Overlay ads), 건너뛸 수 있는 동영상 광고(Skippable video ads), 건너뛸 수 없는 동영상 광고(Non-skippable video ads), 범퍼 광고(Bumper ads), 스폰서 카드(Sponsored cards) 같은 여섯 가지 유형으로 구분한다(김병희, 2021).

디지털 시대에 새로 출현한 이런 광고들은 CPM, CPC, CPA, CPS, CPV 같은 광고비를 산정하는 과금(課金) 체계에 따라 광고료가 결정된다. 1,000명에게 광고를 노출하는 데 사용된 비용을 의미하는 CPM(Cost Per Mille, 광고 단가÷광고 노출 횟수×1,000) 방식이나, 광고를 클릭한 횟수 당 비용을 의미하는 CPC(Cost Per Click, 비용÷클릭) 방식이 가장 널리 쓰이고 있다. 광고주가 특정 웹 페이지에 정보를 제공했을 때, 방문자가 접속해 회원 가입이나 이벤트 참여를 실행했을 때 과금하는 CPA(Cost Per Action, 비용÷실행) 방식도 자주 활용된다. 방문자가 접속해 상품이나 브랜드를 구매했을 때 구매 금액에 따라 약정한 광고비를 지불하는 CPS(Cost Per Sale, 비용÷판매) 방식과, 방문자가 접속해 광고 동영상을 실제로 시청했을 때만 과금하는 CPV(Cost Per View, 비용÷실시청) 방식은 광고의 실효적 효과를 중시하는 과금 체계이다. 모든 영역에서 비용 대비 효과가 중요하듯 광고에서도 비용 대비 효과가 중요하기 때문에, 광고기획자는 미디어 플래너와의 협업을 바탕으로 효율적인 미디어 믹스 방안을 모색해야 한다.

7) 광고기획서 작성

광고기획서란 소비자에게 자사의 제품이나 브랜드를 좋아하고 구매욕구를 느끼도록 설득하는 설득서의 일종이다(강미선, 2014). 모든 광고기획서는 광고주로부터 설득력을 얻는 것이 가장 중요하다. 신뢰성과 전문성은 설득력을 얻는 가장 중요한 구성 요소이다. 설득력 있는 광고기획서를 작성하려면 신뢰할 수 있는 자료를 바탕으로 객관적인 분석이 이루어져야 하고, 과학적인 이론과 논거가 뒷받침돼야 한다. 광고기획서의 첫 번째 타깃은 소비자가 아닌 광고주이다. 광고주를 설득한 이후에야 어떤 광고기획안이 소비자를 만날 수 있기 때문이다.

광고기획서의 주요 내용은 ① 상황 분석 결과의 제시(제품 분석, 시장 분석, 경쟁사 분석, 소비자 분석 등), ② 문제점 진단에 따른 기회 요인의 제시, ③ 광고 전략의 제시(광고 목표, 목표 수용자, 광고 콘셉트, 광고 전략 등), ④ 크리에이티브 전략의 제시(표현 콘셉트 등), ⑤ 광고 표현물의 제시, ⑥ 미디어 전략의 제시(광고 예산, 미디어 믹스 방법 등), ⑦ 추가 제안의 제시(부가적 서비스 등), ⑧ 부록 순으로 구성하는 것이 일반적이다. 대체로 ①~③은 광고기획자가 작성하고 ④~⑤는 광고 창작자의 업무인 경우가 많다. 그렇지만 광고 창작자가 ①~③의 과정을 모르면 결코 광고 전략에 충실한 광고 표현물을 만들기 어려우며, 나아가 ⑥의 미디어 전략 계획을 도외시하면 매체별 광고 창작이 어려워질 수 있다.

나아가 광고기획서에 제시된 내용이 얼마나 충실한지 알아보려면 프레젠테이션을 하기 전에 반드시 다음 사항을 점검해야 한다. ① 상황 분석 결과가 얼마나 구체적으로 제시됐는지, ② 문제의 정의와 해결 방안이 얼마나 현실적으로 제시됐는지, ③ 광고 전략과 광고 콘셉트가 얼마나 설득력 있게 제시됐는지, ④ 크리에이티브 전략이 얼마나 매력적으로 제시됐는지, ⑤ 매체 전략이 얼마나 효율적으로 제시됐는지, ⑥ BTL 전략이나 판매촉진(SP) 계획이 얼마나 실행력 있게 제시됐는지, ⑦ 캠페인의 로드맵과 평가 요인이 얼마나 측정 가능한 수준에서 제시됐는지, ⑧ 광고기획서의 마지막에 별도로 첨부된 부록이 얼마나 믿을 만한 정보 형태로 제시됐는지 반드시 검토할 필요가 있다. 광고주들은 수차례 검토하고 거듭 수정해 완성한 광고기획서에 높은 점수를 줄 것이 분명하기 때문이다.

8) 광고기획안의 프레젠테이션

광고기획은 프레젠테이션을 통해 광고주의 승인을 얻는 것으로 최종적으로 완성된다. 광고 프레젠테이션이란 광고주의 제품이나 브랜드의 광고를 제작하기에 앞서 광고주에게 채택받기 위해 광고 계획서를 만들어 광고주를 설득하는 의식이다. 광고기획안이 광고주의 승인을 얻으면 광고 캠페인을 전개할 수 있고, 그렇지 못하면 광고기획을 다시 시도해야 한다. 따라서 광고기획자는 광고기획서도 잘 써야 하겠지만 프레젠테이션 능력을 키우려는 노력은 더더욱 중요할 수 있다.

프레젠테이션(Presentation)이란 영어를 꼼꼼히 살펴보면 '현재'와 '선물'이란 뜻의 프레즌트(present)란 말이 들어 있다. 프레젠테이션을 평가하기 위해 참석한 청중에게 뭔가 선물을 주어야 하며, 나중이 아닌 현재 여기에서 선물을 주어야 한다는 뜻으로 프레젠테이션의 의미를 해석해 보면 어떨까 싶다. 광고기획안을 단순히 설명하기보다 현재의 여건에서 선물 같은 프레젠테이션을 진행해야 한다는 뜻이다. 다음에 잘 하겠다는 다짐은 프레젠테이션 현장에서 무의미하다. 놀라운 광고 전략이나 창의적인 크리에이티브로 현재의 자리에서 감동을 선물해야 프레젠테이션에 성공할 수 있다.

선물 같은 프레젠테이션의 메시지를 만드는 지침은 다음과 같다. 프레젠테이션의 목표는 청중을 설득하는 것이기 때문에 목표를 명확히 해야 하고, 목표를 달성할 수 있는 강력한 콘셉트와 일관된 주제를 명확하게 제시해야 하며, 초반부터 청중의 주목을 끌기 위해 흥미롭게 시작해야 하며, 마지막에 듣는 것이 가장 오래 기억되므로 인상적으로 마무리해야 한다. 그리고 프레젠테이션 현장에서 전달하는 모든 메시지는 청중이 쉽게 알아들을 수 있도록 키스(KISS)의 원칙에 따라 짧고 단순하게(Keep It Short and Simple) 구사해야 한다.

4. 마무리

지금까지 광고기획과 어카운트 플래닝, 광고산업의 가치사슬 그리고 광고기획의 일반적 과정에 대해 살펴보았다. 광고기획과 어카운트 플래닝은 물론 광고산업의 가치사슬에 대해 설명하며 환경이 급변해도 훌륭한 광고 캠페인은 광고기획력에서 출발한다는 기본 원칙은 바뀌지 않는다는 사실을 강조했다. 어카운트 플래너와 광고기획자는 상호 보완적 관계를 유지하며 광고기획의 모든 과정에서 소비자의 관점을 고려하기를 권고했다. 또한, 상황 분석, 문제점 진단과 기회 요인 발견, 광고 전략 수립, 애드 브리프 작성, 크리에이티브팀과 애드 브리프에 따라 표현(크리에이티브) 전략 수립, 미디어 전략 수립, 광고기획서 작성, 광고기획안의 프레젠테이션 같은 광고기획의 단계적 과정에 대해 포괄적으로 설명했다.

첫째, 상황 분석에는 제품 분석, 시장 분석, 경쟁사 분석, 소비자 분석, 미디어 분석, 광고물 분석, 규제제도 분석에 관한 내용이 포함돼야 하며, 둘째, 문제점 진단과 기회 요인 발견에서는 문제의 정의에 따라 기회 요인을 찾기를 권고했다. 셋째, 광고 전략을 수립하려면 광고 목표 설정, 목표 수용자 결정, 광고 콘셉트 도출, 광고 전략 전개, 광고 예산 편성이라는 다섯 가지 내용을 유기적으로 연계시켜야 하며, 넷째, 애드 브리프 작성에서는 광고 전략의 핵심 아이디어를 일목요연하게 정리해야 한다고 강조했다. 다섯째, 애드 브리프에 따라 크리에이티브팀과 표현 전략 수립 부분에서는 프레이저가 제시한 일곱 가지 표현 전략 모형을 소개하며 표현 전략에 포함시켜야 할 내용을 설명하고, 여섯째, 미디어 전략 수립에서는 미디어 목표, 미디어 전략 설정, 미디어 믹스 결정, 미디어 집행 스케줄의 필요성을 강조하고, 디지털 광고의 여러 가지 유형에 대해 설명했다. 일곱째, 광고기획서 작성에서는 광고기획서에 포함돼야 할 여덟 가지 주요 내용과 광고기획서의 충실성을 평가하는 데 필요한 여덟 가지 검토 사항을 살펴보고, 여덟째, 광고기획안의 프레젠테이션에서는 현재 여기에서 선물 같은 프레젠테이션을 진행해야 한다고 강조했다.

광고기획의 개념과 광고기획의 과정을 살펴본 이 장에 이어 계속되는 관련 주제들은 다음과 같다. 즉, 확장현실(XR) 환경에서 광고기획 접근법, 광고회사의 역할 변화와 기획자의 업무, 디지털 환경에서 제품 이해하기, 디지털 환경에서 시장 이해하기, 디지털 환경에서 소비자 이해하기, 디지털 환경에서 미디어 이해하기, 광고 전략 모델의 이해와 적용, 차별적인 광고 전략 수립하기, 창의적인 크리에이티브의 전개, 브랜드 전략과 통합 캠페인의 전개, 주목받는 광고기획서 작성하기, 돋보이는 크리에이티브 완성하기, AI를 활용한 광고기획 실무, 효과적인 미디어 전략 제시하기, 감동적인 프레젠테이션으로 승리하기 같은 내용이다. 좋은 광고기획자가 되는 데 꼭 필요한 내용이므로, 광고기획자로서의 전문 지식을 습득하고 자신의 기획력을 향상하는 데 큰 도움이 될 것이다.

참고문헌

강미선(2014). 사례 중심의 광고기획론. 커뮤니케이션북스.

강승구, 양영종, 김병희(2013). 광고기획제작. 한국방송통신대학교 출판부.

김병희(2007). 광고 카피창작론: 기본원리 편. 나남출판.

김병희(2021). 디지털 시대의 광고 마케팅 기상도. 학지사.

김병희(2022). 광고산업의 가치사슬 모델을 새롭게 정립하기 위한 질적 연구. 광고학연구, 33(7), 39-69.

김병희(2023. 3. 20.). 김병희의 광고마케팅 기상도: 챗GPT는 광고산업에 축복일까, 독배일까. 한국경제.

김유나(2021). 브랜드 유니버스 플랫폼 전략. 학지사.

류진한(2022). 크리에이티브 브리프와 콘셉트 도출. 김병희 외 공저, 디지털 시대의 광고 크리에이티브 신론(pp. 81-111). 학지사.

서범석(2010). 현대광고기획론. 나남출판.

소현진(2021). 광고 전략 모델과 애드 브리프 작성. 김병희 외 공저, 디지털 시대의 광고학 신론(pp. 289-316). 학지사.

송기인(2021). 광고기획 과정과 실행. 김병희 외 공저, 디지털 시대의 광고학 신론(pp. 253-287). 학지사.

오세성(2010). 광고산업 주요통계 조사 및 DB화 연구(6차년도). 한국방송광고공사. p. 45.

오현숙(2022). 크리에이티브를 위한 광고 전략 수립. 김병희 외 공저, 디지털 시대의 광고 크리에이티브 신론(pp. 49-79). 학지사.

유종숙(2007). 광고기획의 기술(개정판). 커뮤니케이션북스.

유종숙(2018). 4차 산업혁명 시대의 광고기획 솔루션. 한울아카데미.

정윤재(2021). 매체별 특성과 미디어 플래닝. 김병희 외 공저, 디지털 시대의 광고학 신론(pp. 441-474). 학지사.

Cheong, Y., Kim, K., & Kim, H. (2013). Advertising and Promotion Budgeting During Volatile Economic Conditions: Factors Influencing the Level of Decentralization in Budgeting and Its Relations to Budget Size and Allocation. *International Journal of Advertising*, *32*(1), 143-162.

Frazer, C. F. (1983). Creative Strategy: A Management Perspective. *Journal of Advertising*, *12*(4), 36-41.

IAB (2012. 2.). *Mobile Buyer's Guide* (2nd ed.). https://www.iab.com/wp-content/uploads/

2015/08/Mobile_Buyers_Guide_2012revision-final-a.pdf

IAB (2016. 1. 8.). *Digital Video In-Stream Ad Format Guidelines*. https://www.iab.com/wp-content/uploads/2016/01/DVAFG_2015-01-08.pdf

Jon, S. (1998). *Truth, Lies, and Advertising: The Art of Account Planning*. 오명열 역(2006). 진실, 거짓 & 광고: 광고 커뮤니케이션과 어카운트 플래닝의 기술. 김앤김북스.

Kelley, L. D., & Jugenheimer, D. W. (2006). *Advertising Account Planning: A Practical Guide*. 조창연 역(2008). 광고 어카운트 플래닝 실무가이드. 커뮤니케이션북스.

Porter, M. E. (1985). Technology and Competitive Advantage. *Journal of Business Strategy*, 5(3), 60-78.

Wells, W. D., Burnett, J., & Moriarty, S. E. (1999). *Advertising: Principles and Practice* (5th ed.). Prentice-Hall.

제2장

확장현실 환경에서 광고기획 접근법*

광고기획의 핵심은 광고주를 설득하는 것이다. 논리적인 방법이 될 수도 있고 감성적인 방법이 될 수도 있지만, 변하지 않는 것은 광고주의 광고 목표 달성을 위한 전략과 전술을 제안해 그것을 받아들이게 만드는 것이다. 그 작업을 하기 위해서는 변화된 환경에 대한 분석이 필수적이다. 특히 매체 환경은 소비자들이 이용하고 시간을 소비하는 공간이자, 광고 메시지가 전달되는 접점의 역할을 하고 있어서 다른 분야보다 더 면밀한 관찰과 대응이 필요한 영역이라 할 수 있다.

최근에는 확장현실(eXtended Reality: XR)의 개념이 화두가 되고 있다. 증강현실, 가상현실, 복합현실을 아우르는 개념인 확장현실은 인간의 경험 영역을 확대한다는 점에서 혁신적인 기술로 받아들여지고 있다. 확장현실 기술이 메타버스(metaverse)에 적용되고 체험할 수 있는 서비스들이 등장하면서 광고산업계에서 활용이 점차 증가하고 있다. 여기에 생성형 AI까지 등장하여 광고기획 업무의 새로운 접근이 필요해졌다. 이 장에서는 확장현실과 메타버스의 개념과 광고활용 사례를 살펴보고, 아울러 생성형 AI의 등장이 광고기획 업무 변화에 미치는 영향을 살펴본다. 끝으로 확장현실과 광고 부분은 졸저(이시훈, 2022)에서 일부 내용을 가져왔음을 미리 밝힌다.

---

*이시훈(계명대학교 광고홍보학과 교수)

1. 확장현실과 메타버스

1) 실감 미디어에 대한 이해

확장현실 미디어에 대한 개념 정의가 있기 전에는 주로 실감 미디어라는 말을 더 많이 썼다. 실감 미디어(realistic media)란 "현실 세계를 가장 근접하게 재현하고자 하는 차세대 미디어로 현재 사용하는 미디어보다 월등히 나은 표현력과 선명함, 현실감을 제공하여 방송, 영화, 게임 등 엔터테인먼트 분야뿐만 아니라, 컴퓨터 그래픽스, 디스플레이, 산업 응용 등 다양한 분야에서 활용이 가능한 것"으로 정의했다(http://www.mke.go.kr/info/dic; 현재는 내용이 사라져서 최준명, 정태균, 황성필, 2013에서 재인용). 실감 미디어는 고품질의 시각, 청각 정보는 물론이고 촉감, 후각, 미각 등 다양한 정보를 생성, 처리하고 전송하여 그것을 단말기에서 재현하여 소비할 수 있는 미래형 미디어의 총칭이라 할 수 있다.

역사적으로 보면 2009년 영화 〈아바타〉의 성공을 계기로 입체 영상에 관한 관심이 매우 증가했다. 이에 대응하여 몰입감을 높인 3D TV와 입체 영상에 진동, 바람, 수증기, 향기, 조명효과 등을 추가한 체감형 4D 시네마를 통해서 피부로 느낄 수 있는 실감 미디어 시대가 열리기 시작했다. 실감 미디어 기술은 이후 개인 단말 및 방송기기 산업뿐만 아니라 영화, 게임, 애니메이션, 방송 서비스, 광고, 체험관, 박물관, 영화관, 테마파크 등으로 적용 영역이 확대되어 왔다(이현철 외, 2011).

실감 미디어 콘텐츠의 범위도 처음에는 3D, 4D, UHD, 홀로그램과 같이 제한적인 의미로 사용됐다(최준명, 정태균, 황성필, 2013). 정희경과 오창희(2014)는 실감 미디어는 영상의 사실감을 구현하기 위해서 크게 두 가지 방식으로 발전해 왔다고 주장했다. 첫째는 입체감을 통해 영상의 사실성을 증대시키는 방식이며, 다른 하나는 현재의 HD 영상보다 해상도가 훨씬 뛰어난 초고화질 그리고 대형화면을 구현해 사실감을 높이려는 방식이라는 것이다. 전자가 3D 기술이고 후자가 UHD 기술이다. 이는 앞서 최준명, 정태균, 황성필(2013)이 말한 실감 미디어 콘텐츠 범위와 같다. 특히 정희경과 오창희(2014)는 실감 미디어 영상의 최종적이고 궁극적인 도달점이 3D 홀로그램이라고 보았다.

한편, 실감 미디어를 특정 미디어를 지칭하는 객관적인 용어가 아니라 이전 세대와 구분을 짓기 위한 상대적인 의미로 파악해야 한다는 주장도 있다. 즉, 현재는 3D, UHD, 홀로그램 등이 실감 미디어지만 미래에 이러한 미디어보다 더 실감을 느끼게 할 수 있는 기술이나 미디어가 등장한다면, 실감 미디어의 자리를 내주어야 한다는 주장이다(노기영 외, 2017). 하지만 그들도 3D, UHD, 오감TV, 홀로그램, 감성인식TV, 다시점 비디오(multiview video) 등을 실감 미디어로 특정할 수 있다고 부연 설명했다.

최근에는 실감 미디어라는 용어보다 확장현실이라는 용어가 더 보편적으로 사용된다. 즉, 증강현실, 가상현실, 혼합현실을 구성하여 현실을 확장할 수 있는 기술의 도래에 따른 확장현실 시대가 도래했다는 것이다. 이는 앞서 논의한 실감 미디어의 영역을 더욱 더 확대하는 개념이다. 확장현실에 대해서 상세히 살펴보자.

2) 확장현실의 개념

확장현실의 개념을 이해하기 위해서 밀그램과 키시노(Milgram & Kishino, 1994)가 제안한 '가상-현실 연속체'에 대한 개념부터 살펴볼 필요가 있다. 그들은 현실 환경(real environment), 증강현실(augmented reality), 증강가상(augmented virtuality), 가상 환경(virtual environment)이라는 범주를 제시하고, 그 범주의 기준으로 실제 이미지와 가상 이미지의 혼합비율을 제안했다. 증강현실은 "실제 환경의 디스플레이가 가상의 오브젝트(컴퓨터 그래픽)에 의해 증강된 케이스"로 정의했고, 증강가상은 그것의 반대, 즉 컴퓨터 그래픽이 실제 사물에 의해 증강된 케이스로 정의했다. 여기서 실제 이미지는 비디오 기반의 이미지를 말하며, 가상 이미지는 그래픽 기반의 이미지를 말한다. 바로 이 실제 이미지와 가상 이미지를 가르는 지나치게 피상적인 정의가 문제라는 지적도 있으나(이용수, 2015), 현재 가장 광범위하게 사용되고 있다.

밀그램과 키시노가 제시한 연속체가 [그림 2-1]이다. 혼합현실이란 MR(mixed reality)이라고도 하며, MR은 현실 세계에 대한 3차원 정보들을 감지하여 사용자의 위치와 자세에 따라 가상 정보를 현실 세계 속 실제 물체와 함께 존재하는 것처럼 생성·부가하여 제시하고, 사용자와 가상·실제 물체가 현실에서처럼 서로 물리적으로 상호 영향을 주어 모두 실제인 것처럼 체감하도록 해 주는 기술을 의미한다(진석, 2021).

혼합현실은 [그림 2-1]과 같이 현실 환경에서 가상 환경에 이르는 전체를 아우르는 개념으로 그 안에 가상현실과 증강현실을 포함했다. 여기에서 주의할 것은 AV(augmented virtuality)의 존재이다. 우리말로 하면 증강가상인데, 가상현실에 현실의 요소를 증강해서 보여 주는 것이다. 예를 들어, 가상공간에서 사용자가 걷고 뛰는 모습을 보여 주는 러닝머신, 실제 교사 모습이 추가된 가상 교실 서비스 등이 해당된다. 그림에서 보듯이 혼합현실이란 우리가 볼 수 있고 경험할 수 있는 현실의 총합을 의미한다.

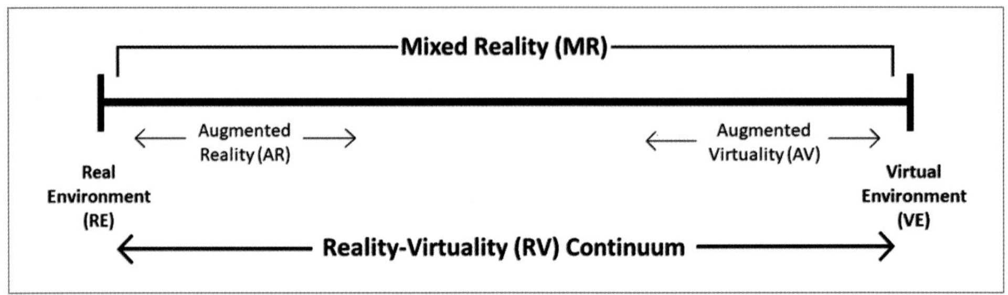

[그림 2-1] **현실-가상 연속체**

출처: Milgram & Kishino (1994: 1323).

혼합현실을 활용한 광고들은 사실상 AR 광고와 차별점을 찾기가 쉽지 않다. 왜냐하면 MR이 현실 세계에 가상의 레이어 정보를 추가하여 제공하는 AR을 포괄하고 있기 때문이다. 그래서 실시간 상호 작용이나 즉각적인 반응을 강조할 때만 주로 MR을 사용한다.

그렇다면 확장현실(XR)은 무엇인가? XR은 아직은 초기 단계이기는 하지만, 산업의 판도를 바꾸고, 생활에 새로운 경험을 불러올 것으로 기대하고 있는 개념이다. XR을 이해하기 위해서는 감소현실(Diminished Reality: DR)의 개념도 함께 알아야 한다. 왜냐하면 XR이 앞서 설명한 AR, VR, MR 그리고 DR을 총칭하는 개념이기 때문이다.

감소현실은 AR과는 반대되는 개념으로 현실 세계에서 불필요한 정보를 가상으로 제거함으로써 사용자가 가상 환경에 몰입할 수 있도록 해 주는 기술이다. 즉, 현존하는 사물을 영상에서 소거하고 그 배후에 보여 줘야 할 영상을 보이게 하는 기술로 DR은 AR과는 전면 배치되는 기술을 의미한다. AR에서는 가상 이미지, 소리, 냄새, 촉각, 합성된 후각 자극 등을 사용하여 현실 세계를 확대하는 것이지만 DR은 감지할 수 있는 자극의 양을 감소 또는 제거하는 과정이다. 기술적으로 DR은 현실 유형을 명시적으로 혼합하지 않기 때문에 전통적인 현실-가상 연속체를 따르지는 않으나 DR은 AR과 함께 사용하여 고유한 시각적인 경험을 제공할 수 있다. DR 기술은 숨어 있는 배경 영상의 정합성을 유지하면서 제거하고자 하는 부분에만 중첩되는 방식으로 별도의 카메라로부터 숨겨진 배경을 관측하거나 주변 경관으로부터 숨겨진 배경 화면을 추정하는 방법 등을 통해 제공된다(진석, 2021).

확장현실은 대면 커뮤니케이션과 같은 경험과 몰입감을 제공해 비대면 제약을 극복할 수 있는 대안 기술로 주목받고 있다. 또 앞으로 초실감형 기술과 관련 서비스를 망라하는 용어로 XR이 쓰일 것이다. 응용 영역은 주로 교육, 의료, 국방, 유통 등 다양한 분야이며, 정보를 공유하고 직접 대면하는 효과를 누릴 수 있는 비대면 기술이 될 것이다. 특히 메타버스 서비스가 상용화되면서 확장현실의 활용 가능성은 더욱 커지고 있다. 우리의 관심이 자연스럽게 메타버스로 가는 이유이다.

3) 메타버스의 개념과 유형

메타버스는 이제 모르는 사람이 없는 평범한 일상용어가 됐다. 1992년 닐 스티븐슨(Neal Stephenson)의 소설 『스노 크래시(Snow Crash)』에서 처음 쓰인 이 개념은 가공과 추상의 개념인 'Meta'와 현실 세계를 의미하는 'Universe'의 합성어로, 쉽게 설명하면 3차원 가상 세계를 의미한다. 메타버스가 산업계 그리고 광고학계에 주목을 받기 시작한 것은 세계적인 그래픽 처리 장치(GPU) 기업인 '엔비디아'의 잭슨 황 대표가 2021년, 앞으로

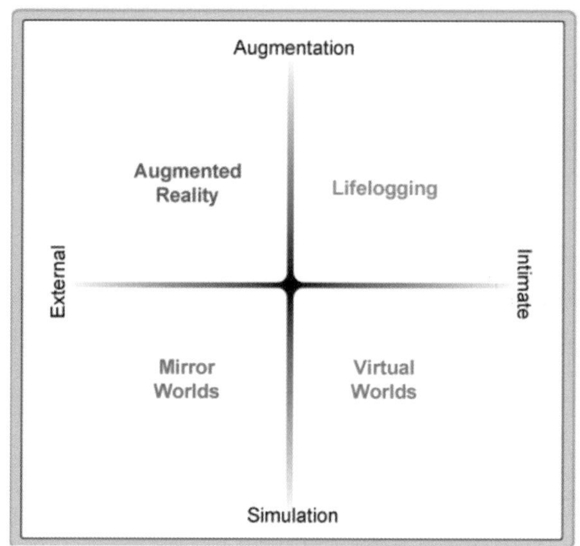

[그림 2-2] 메타버스의 유형

출처: Smart, Cascio, & Paffendorf (2007: 5).

는 메타버스의 세계가 도래할 것이라고 주창한 이후이다.

메타버스가 의미하는 '3차원 가상 세계'를 보다 쉽게 그리고 현실적으로 피부에 와 닿는 현상으로 이해하기 위해서는 메타버스가 포괄하고 있는 세부 유형을 통한 접근이 필요하다. 미국의 비영리 기술 연구 단체 ASF(Acceleration Studies Foundation)는 메타버스의 유형화를 위해서 두 가지 기준을 적용했다. [그림 2-2]에 제시한 것처럼 X축은 내재적(intimate) 요소와 외재적(external) 요소로 나뉘고 Y축은 증강(augmentation)과 시뮬레이션(simulation)으로 나뉜다. 그리고 각 요소가 교차하는 영역에 증강현실(augmented reality), 라이프로깅(lifelogging), 거울 세계(mirror worlds), 가상 세계(virtual worlds)가 각각 존재한다.

메타버스의 유형에 대해서 좀 더 상세히 알아보자(Smart, Cascio, & Paffendorf, 2007).

첫째, 증강현실은 위치 기반 기술 및 네트워크 기술을 활용하여 스마트 환경을 구축하는 것을 말한다. 스마트폰과 차량용 HUD에 위치 기반 기술을 활용하여 현실에 추가적인 정보를 통합하여 확장판 현실을 제공해 주는 것이다. 예를 들어, '포켓몬 고'나 디지털 교과서 등 실감형 콘텐츠가 이 유형에 해당한다.

둘째, 라이프로깅은 사물과 사람에 대한 일상적인 경험과 정보를 캡처, 저장, 공유할 수 있는 기술을 말한다. 웨어러블 기기와 블랙박스에 증강기술을 활용하여 일상의 정보를 디지털로 기록하게 해 준다. 예를 들어, 페이스북, 인스타그램, 삼성헬스, 나이키 플러스 등이 이 유형에 해당한다.

셋째, 거울 세계는 현실 세계를 그대로 반영하지만, 외부 환경 정보를 통합, 제공하는 것을 말한다. 지도 기반 서비스에 주로 활용되며, GPS 기술을 사용한 가상지도 및 모델링을 활용한다. 예를 들어, 구글 어스, 구글 지도, 네이버 지도, 에어비앤비 등이 이 유형에 해당한다.

끝으로, 가상 세계는 디지털 기술로 구축된 가상 세계로, 사용자의 자아를 반영한 아바타 간의 상호 작용을 기반으로 하는 특징을 갖는다. 온라인 멀티플레이어 게임에 주로 활용하며, 세컨드 라이프, 마인크래프트, 로블록스, 제페토 등이 이 유형에 해당한다(〈표 2-1〉 참조).

지금까지 확장현실과 메타버스에 대해서 살펴보았다. 가상현실을 가상 세계와 같은 개념이라고 본다면, 결국 가상현실, 증강현실, 거울 세계, 라이프로깅 등의 메타버스의 유형이 확장현실의 내용을 포함했다고 할 수 있다. 특히 라이프로깅도 증강현실 기술을

〈표 2-1〉 **메타버스 유형에 대한 상세 설명**

구분	정의	특징	애플리케이션	사용 사례
증강현실	위치 기반 기술 및 네트워크 기술을 활용하여 스마트 환경 구축	위치 기반 기술 활용	스마트폰, 차량용 HUD	포켓몬 고, 디지털 교과서, 실감형 콘텐츠
라이프로깅	사물과 사람에 대한 일상적인 경험과 정보를 캡처, 저장, 공유할 수 있는 기술	증강 기술을 활용하여 사물과 사람에 대한 정보 기록	웨어러블 기기, 블랙박스	페이스북, 인스타그램, 삼성헬스, 나이키 플러스
거울 세계	현실 세계를 그대로 반영하지만, 외부 환경 정보를 통합, 제공	GPS 기술을 사용한 가상 지도 및 모델링	지도 기반 서비스	구글 어스, 구글 지도, 네이버 지도, 에어비앤비
가상 세계	디지털 기술로 구축된 가상 세계	사용자의 자아를 반영한 아바타 간의 상호 작용이 기반	온라인 멀티플레이어 게임	세컨드 라이프, 마인크래프트, 로블록스, 제페토

활용하고 거울 세계도 현실 세계에 정보가 추가되는 혼합현실의 개념이 강하기 때문에 확장현실과 메타버스의 유형은 같은 현상에 대한 다른 이름짓기라고 할 수 있다. 그렇다면 확장현실 환경에서의 광고는 어떤 모습일까.

2. 확장현실과 광고

2022년 8월 '부산국제광고제'에서 제품 서비스 부문의 그랑프리는 인도의 '대영박물관 진실 투어(Unfiltered History Tour)'가 차지했다. 대영박물관은 세계 최초의 국립 박물관으로 유명하지만, 전시 유물의 원래 소유국에 반환하지 않아 문제가 되고 있기도 하다. 증강현실 기술을 이용한 이 캠페인은 스마트폰으로 대영박물관의 미반환 전시물을 찍으면, 해당 유물의 약탈 과정과 함께 그 국가 전문가의 동영상 설명을 들을 수 있게 만들었다. 또한, [그림 2-3]과 같이 캠페인 사이트에서 박물관을 방문하지 않고도 해당 콘텐츠를 모두 볼 수 있다.

한편 박상권(2021)은 메타버스 광고 콘텐츠의 유형과 특성을 살펴보기 위해서 2020년과 '칸 라이온즈 크리에이티브 페스티벌'의 수상작 1,042편을 전수 조사하여 앞서 살펴본 4개의 메타버스 유형에 해당하는 43편의 특징을 분석했다. 〈표 2-2〉에 제시한 것처럼

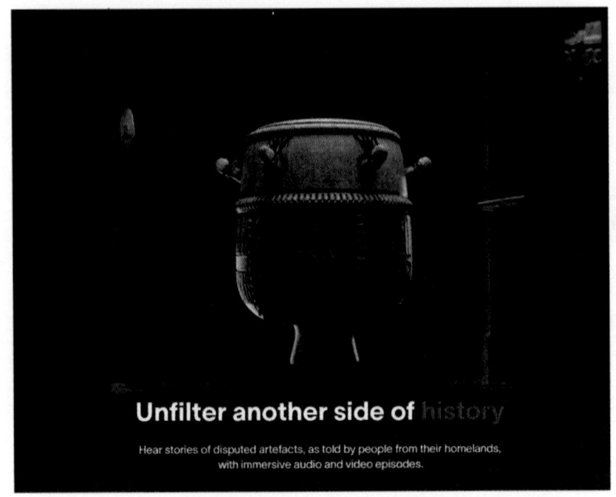

[그림 2-3] 대영박물관 진실 투어 홈페이지 화면

출처: https://theunfilteredhistorytour.com

가상 세계 16편, 거울 세계 14편, 증강현실 6편, 라이프로깅 7편을 분석한 결과, 가상 세계는 게임 플랫폼을 주로 이용하고 있으며, AI를 통해서 몰입감을 높여 주는 특징을 보였다. 거울 세계는 실시간 데이터와의 결합을 토대로 새로운 세계의 확장과 함께 기록된 과거를 재현하는 특징을 보였으며, 증강현실은 실제 콘텐츠의 변용과 함께 현실 기반의 현존감을 느낄 수 있는 특징을 보였다. 끝으로 라이프로깅은 지속적인 커뮤니케이션과 공동체를 통한 라이프로깅의 특징을 보였다.

〈표 2-2〉 메타버스 광고 콘텐츠의 유형별 특징

유형	사례 수	특징
가상 세계	16	게임 플랫폼의 활용
		가상의 화자, 화자의 가상화
		AI를 통한 몰입감
거울 세계	14	실시간 데이터와의 결합
		거울 세계의 확장
		기록된 과거의 재현
증강현실	6	실제 콘텐츠의 변용
		현실 기반의 현존감
라이프로깅	7	지속적 커뮤니케이션
		공동체를 통한 라이프로깅

출처: 박상권(2021: 279).

박상권(2021)의 분석이 사례 수가 적고, 확장현실 광고는 메타버스 개념의 등장 이전에도 존재했기 때문에 새로운 자료들을 추가하여 유형별로 광고 사례를 소개하였다.

1) 가상현실과 광고

가상현실은 흔히 VR(virtual reality)이라고 하며, 가상의 세계에 증강된 가상의 객체를 입체적으로 볼 수 있게 하는 기술이다. 레이니어(Lanier)는 가상현실을 "원초적 감각 인식을 컴퓨터에 의해서 생성된 정보와 대체함으로써, 참여자에게 실질적으로 다른 장소에 있다고 확신하도록 만드는 기술"이라고 규정했다. 또한, 크루거(Kruger)는 가상현실을 "입체 관찰이 가능한 안경과 현실체험 장갑으로 구현 가능한 3차원 공간"이라고 정의했다(권상희, 2018에서 재인용). 즉, VR은 기술적으로 가상의 공간에 360도 카메라로 찍은 동영상이나 사진을 입힌 것을 지칭한다. 일반적으로는 머리 또는 얼굴에 장착하는 디스플레이 출력기를 착용하여 눈앞에 놓인 가상공간을 자신이 직접 체험하는 것 같은 느낌을 받는 기술을 의미한다(진석, 2021).

가상현실의 구현을 위해서는 기본적으로 HMD(Head Mounted Display)와 같은 기기를 착용해야 한다. HMD의 경우 삼성 기어 VR, 오큘러스 리프트, HTC VIVE, 구글 카드 보드 등으로 시작하여 이제는 별도의 PC나 휴대 전화기와의 연결 없이 VR에서 AR까지 즐길 수 있는 마이크로소프트의 홀로렌즈2까지 출시됐다. 가상현실을 더 실감이 나게 즐기기 위해서는 센서 기반의 장갑과 토시를 손과 팔목에 착용하거나, 상호 작용 가능한 마우스를 손에 잡고 움직인다. 최근에는 운동을 실감나게 할 수 있는 버툭스 옴니(Virtuix Omni), 가상현실을 역동적으로 체감할 수 있는 4D 시뮬레이션 기계까지 다양하게 발전했다(배수진, 권오병, 2018).

가상현실은 기술적으로 스테레오 스코피(stereoscopy)를 기반으로 하는데, 왼쪽 눈과 오른쪽 눈에 서로 다른 영상을 보여 주고 뇌에서 각기 다른 영상을 합성해 입체감, 원근감을 제공한다. 또 100도 이상 넓은 시야각을 지원해 몰입감을 주고 360도 이미지를 구현해 가상 세계에 있는 듯한 착각을 일으켜 이용자들에게 강한 현실감을 주는 특징을 가진다(노기영 외, 2017).

가상현실이 보편적인 실감 미디어 기술로 활용되면서 이를 마케팅이나 광고에 활용하는 사례가 점차 증가했다. 가장 쉽게 적용할 수 있는 것이 가상 쇼핑이다. 가상의 세계를 현실의 쇼핑 환경과 유사하게 만들고 마케팅 도구로 활용하는 것이 가능하기 때문이다(Lau, Kan, & Lau, 2013). 예를 들어, 이케아가 가상의 부엌을 VR 콘텐츠로 만들고 관련 제품을 간접적으로 체험할 수 있게 만든 것이 대표적이다. 유튜브에 "이케아 VR 체험-당신의 집에 있는 주방을 체험하는 수단(IKEA VR Experience-A Way to Experience a Kitchen in your own Home!)"이라는 제목으로 관련 영상이 있으니 한번 방문해 보기를 바란다.[1]

광고는 주로 360도 영상을 기반으로 한 가상현실 기술을 활용했다. 특히 360도 회전하면서 보여 주는 것이 필요한 자동차나 아파트 모델 하우스 등에 많이 활용됐다. 현대자동차 '아이오닉'이나 토요타의 '프리우스'도 360도 VR 광고 영상을 제작했다. VR 영상의 퀄리티가 높아서 호평을 받은 바 있다. 또 무학의 소주 브랜드 '좋은데이'는 모델과 1대 1일로 술을 마실 수 있는 VR 콘텐츠를 만들었다. 역시 360도 VR 광고 영상인데, 모델 박보영과 가상의 공간이지만 마치 술을 함께 하는 몰입감을 제공해 주고 있다(이시훈, 2022).

〈표 2-3〉 **직접경험, 간접경험, 가상경험의 비교**

<table>
<tr><th>제품경험</th><th>연구 내용</th><th>매체</th><th>사용 감각</th><th>연구자</th></tr>
<tr><td>직접경험
(Direct
Experience)</td><td>• 소비자는 완전한 감각 양상을 사용한 신체 접촉을 통해 제품에 대해 학습
• 소비자들이 제품과 상호 작용을 할 때, 제품을 검토하고 평가할 때 발생
• 제품과의 물리적 접촉이 있을 때 특정 대상에 대해 개인적으로 접하는 것을 의미하며 대상에 대한 사용 및 사용으로 정의</td><td>신체
접촉</td><td>시각,
청각,
촉각,
미각,
후각,
방향성</td><td rowspan="2">Hoch & Deighton, 1989;
Hoch & Ha, 1986;
Huffman & Houston, 1993;
Wright & Lynch, 1995
Hoch & Deighton, 1989;
Hoch & Ha, 1986;
Huffman & Houston, 1993;
Wright & Lynch, 1995</td></tr>
<tr><td>간접경험
(Indirect
Experience)</td><td>• 소비자는 물리적 접촉 없이 2차 정보원으로부터 제품에 대해 학습
• 제품이 웹사이트, 광고 속에서 제시될 경우에는 간접적 경험</td><td>2차
정보원</td><td>없음</td></tr>
<tr><td>가상경험
(Virtual
Experience)</td><td>• 소비자는 공감각, 시각적 · 청각적 감각을 사용하여 매개 환경에서 제품에 대해 학습
• VR에 노출되어 VR과정과 아웃풋을 사용하는 중에 가지는 감각적 · 행동적 경험</td><td>VR</td><td>공감각,
시각,
청각,
행동</td><td>Suh & Lee, 2005
Kober & Neuper, 2013</td></tr>
</table>

출처: 김주란(2018: 66).

1) https://www.youtube. com/watch?v=1S0GO5kbMYo

광고에 가상현실 기술의 활용이 증가함에 따라 가상현실 광고의 효과에 관한 관심도 함께 증가했다. 김주란(2018)은 VR 광고효과의 원천을 '경험'에서 찾고 있다. 우리의 경험은 직접경험, 간접경험, 가상경험으로 나눌 수 있으며 VR 광고는 가상경험을 제공한다는 것이다(〈표 2-3〉 참조). 즉, 가상경험을 통해서 공감각, 시각, 청각 등의 감각을 활용하여 더 현장감 있는 경험을 할 수 있고, 이것이 긍정적인 광고효과의 근거가 된다는 것이다. 실증연구에서 김주란(2018)은 VR 경험이 광고 태도에 긍정적인 영향을 미치는 것으로 나타났고, 광고 태도는 구매의도에 긍정적인 영향을 미치는 결과를 도출했다. 구체적으로 가상현실 경험의 다섯 가지 차원 중에서 촉각적 경험과 감각적 경험이 광고 태도에 긍정적인 영향을 미치는 것으로 나타났다. 공감적 경험과 현실감 경험, 행동적 경험이 광고 태도에 미치는 영향은 나타나지 않았다.

2) 증강현실과 광고

AR(augmented reality)이라고 많이 불리는 증강현실은, 1992년 톰 카우델(Tom Caudell)에 의해 처음 사용됐으며, 이후 1997년 로널드 아즈마(Ronald Azuma)에 의해 구체화됐다. 로널드 아즈마는 AR 시스템을 현실(real world elements)의 이미지와 가상의 이미지가 결합되고, 실시간으로 상호 작용(interaction)이 가능하며 3차원의 공간 안에 놓인 것으로 정의했다. 간단히 말해 AR은 실세계의 영상 위에 가상으로 만들어진 영상을 덧입히는 방식의 혼합현실을 말한다. 혼합현실 중 가상에 가까운 것을 '증강가상(augmented virtuality)'이라 부르게 됐고 증강현실이 하나의 독립적인 분야로 인식되게 됐다(김태민, 김태균, 2010).

증강현실은 사용자가 눈으로 보는 현실 세계에 가상 물체를 겹쳐 보여 주는 기술을 적용하여 현실 세계에 실시간으로 부가정보를 추가하는 것이다. 증강현실은 단어의 구성에서와 같이 실제 공간과 가상객체가 혼합하여 현재 정보를 증강시킨 상태를 의미한다. 구현적 의미에서 증강현실은 현재 영상을 취득하여 수치적으로 해석하고 그 속에서 특정 정보를 추출하여 정합된 위치에 3차원 정보를 실시간으로 출력시킨 디지털 공간이다.

증강현실은 다감각에 의존한 표현방식을 통해 인간의 지각력을 높임으로써 정보에 대한 몰입을 증진시킨다. 동시에 증강현실의 3차원 표현방식은 물리적 공간에서 발생하는 현상들에 대한 이해를 높여 준다. 또한 실제 환경과 같은 공간 개념을 투영한 3차원 가상

객체를 통한 학습 내용의 제공은 현실감을 높여 추상적이거나 복잡한 학습 내용에 대한 직관적 이해를 가능하게 함으로써, 학습자의 심층적 이해 및 분석, 종합, 적용 능력을 향상시킬 것으로 예측된다. 또한 증강현실은 가상적 객체를 활용하는 특성으로 인해, 현실 세계에 대한 시뮬레이션뿐만 아니라 현실 세계에서 불가능한 체험을 가능하게 해 주는 장점을 지니고 있다(김태민, 김태균, 2010).

증강현실은 VR과는 달리 가상의 공간을 체험하는 것이 아니라 실제 현실 세계 위에 부가적인 정보를 띄우는 기술로 스마트 기기의 카메라나 글라스 모양의 기기를 통해 현실을 바라보면 기기의 화면 위에 관련 콘텐츠나 정보 등이 투영되는 방식이다. AR은 현실 세계의 3차원 정보들을 감지, 사용자의 위치 또는 자세에 따라 가상물체를 현실 세계 속 실제 물체와 함께 존재하는 것처럼 생성, 부가, 제시하고, 사용자가 가상 물체와 실제 물체가 서로 물리적으로 상호적인 영향을 끼침으로써 모두 실제인 것처럼 느끼도록 해 주는 기술을 의미한다(유범재, 2018).

한편 증강현실 기술이 발전함에 따라서 AR 광고에 관한 연구도 나타나기 시작했다. 김현정(2020)은 증강현실을 활용한 화장품 앱 광고에 영향을 미치는 변인들 및 증강현실 앱 광고의 효과를 파악하는 연구를 진행했다. 연구 결과, 응답자들은 증강현실 앱 광고를 통한 메이크업(가상 화장) 체험에서 자아 이미지 일치감을 경험하며, 이러한 자아 이미지 일치감이 높을수록 광고효과도 높아지는 것으로 나타났다. 또, 증강현실 화장품 앱 광고만의 특성 요인이라 할 수 있는 광고의 창의성(독특함), 몰입도, 실재감 및 증강현실 광고에 대한 유용성 지각은 광고효과에 유의미한 영향을 미치는 것으로 나타났으며, 자아일치감 지각이 광고효과에 영향을 미치는 데 있어서 증강현실 앱 광고의 특성 요인 중 광고 창의성과 유용성은 매개효과를 보였으며, '자아일치감 → 창의성 → 유용성 → 광고효과'의 다중매개효과도 나타났다고 보고했다.

한광석과 최준혁(2020)은 선행 연구를 분석하여 증강현실 광고효과는 사용자의 몰입감을 통한 제품 정보 수용성과 긍정적 경험에 영향을 미치고 광고 태도와 제품 만족도에 긍정적인 태도가 형성되어 구매에 영향을 미친다고 정리했다. 또한, 증강현실 광고는 상호 작용성(interactivity)을 통해 현실감 있는 경험과 인지 활동의 능동성 및 다중감각을 통해 감각적 몰두를 가져오는 것이 중요하며, 결국 원격현장감과 플로우의 경험이 긍정적 광고효과의 원천이라고 주장했다.

3) 거울 세계를 활용한 광고

거울 세계와 라이프로깅은 앞서 살펴본 가상현실과 증강현실보다 익숙한 개념이 아니며, 메타버스에 대한 인기가 높아지면서 관심을 끌기 시작했다. 그래서 각 개념에 대한 설명보다 광고 콘텐츠로의 활용 사례를 중심으로 설명을 하려고 한다. 이는 뒤에 소개할 라이프로깅도 마찬가지이다.

앞서 언급한 박상권(2021)이 제시한 사례 중 대표적인 것이 이케아(IKEA)의 'Buy With Your Time' 캠페인이다. 이케아의 매장이 도심 외곽에 있는 경우가 많아서, 소비자들은 방문에 대한 시간적 부담을 느낀다. 이러한 심리적 장애를 극복하기 위해서 소비자가 매장을 방문하기까지 걸린 시간을 금액으로 환산하여 소비자에게 지급하고, 이를 소비자들이 구매할 때 사용할 수 있게 만든 것이다.

원리는 간단하다. 구글 지도를 이용해서 이케아 회원이 현재 집 위치를 출발지로 설정하고 도착할 이케아 매장을 선택하면, 걸리는 시간이 저장되고 그 시간이 화폐가 된다. 이케아 매장의 상품별 가격표에는 화폐와 함께 시간도 같이 표시되어 있고, 계산 과정에서 종업원이 카드로 계산할지, 시간으로 계산할지 고객에게 질문을 한다. 고객은 시간으로 상품을 살 수 있는데, [그림 2-4]에 소개한 동영상을 보면 그 과정을 더 쉽게 이해할 수 있다.

[그림 2-4] 'Buy With Your Time' 캠페인을 소개하는 동영상 화면

출처: https://www.thedrum.com/creative-works/project/memac-ogilvy-dubai-ikea-buy-with-your-time

이 캠페인은 단순히 상품을 알리는 광고라기보다 소비자의 불편함을 파악하고 분석하여 해결방안을 제안해 주는 것이다. 상품 판매와 매출 증대까지를 목표로 하며, 마일리지로 쌓인 시간을 활용하기 위해서 재방문까지도 유도하는 일석삼조의 캠페인이라 할 수 있다.

4) 라이프로깅을 활용한 광고

라이프로깅은 일상의 일들을 메타버스와 같은 디지털 공간에 기록하는 것이기 때문에 소셜 미디어와 유사한 특성이 있다. 뉴질랜드 관광청은 세계에서 제일 먼저 해가 뜨는 나라라는 특징으로 차별화 포인트를 잡아서 매일 아침 인사 영상을 올리는 '굿 모닝 월드(Good Morning World)' 캠페인을 진행했다. 라이프로깅의 특성에 따라서 일상의 기록을 매일 매일 꾸준히 기록한 것에 불과했지만 그 효과는 놀라웠다.

1년간 365명의 아침 인사에 노출된 사람은 총 6억 5백만 명이었고 1천 2백만 개의 '좋아요'와 '댓글'이 달렸으며, 뉴질랜드에 대한 검색 증가가 무려 1,590%에 달했다고 한

[그림 2-5] 'Good Morning World' 캠페인 소개 페이지 화면

출처: https://specialgroup.com/nz/work/good-morning-world

다.[2] 라이프로깅과 뉴질랜드의 특성 그리고 꾸준하게 매일 매일 올린 콘텐츠가 뉴질랜드 관광 활성화에 기여했음이 분명하다. 박상권(2021)은 단일한 콘셉트 아래 지속적인 커뮤니케이션을 수행한 것을 성공 요인으로 꼽고 있다. 필자의 분석과 맥을 같이한다고 볼 수 있다.

3. 광고기획 접근의 변화

1) 생성형 AI가 몰고 온 변화

확장현실 환경에 대한 적응과 새로운 접근법에 대한 논의가 무르익기도 전에 광고업계에 태풍과도 같으면서도 아무도 예상하지 못한 파도가 밀려들었다. 그것은 바로 생성형 AI의 일종인 챗GPT(Generative Pre-trained Transformer)의 등장이다. 2022년이 '메타버스와 XR의 해'였다면 2023년은 단연코 챗GPT 같은 생성형 AI의 해였다.

생성형 AI 이전에도 신한라이프 '로지', 롯데칠성음료 '류이드', SK텔레콤의 '나수아' 등 AI 기반의 버추얼 모델을 광고업계에서 활용하고 있었다. 그러나 2022년 11월 30일 오픈AI사가 '챗GPT 3.5'를 출시하면서 우리에게 준 변화의 충격은 너무나도 컸다. 이후 유료 버전인 '챗GPT 4.0'이 연이어 출시되고 마이크로소프트사가 검색 엔진 '빙(Bing)'에 같은 기술을 접목하고 구글도 '바드(Bard)' 서비스로 맞서고 있는 상황이다. 국내 기업인 네이버와 카카오 등도 국어에 특화된 한국형 챗GPT를 선보였다.

GPT는 앞서 언급했듯이, Generative(생성), Pre-trained(사전 학습된), Transformer(언어처리모델 중 하나)의 약자이다. 주어진 텍스트의 다음 단어를 컴퓨터가 수리적으로 예측하여 텍스트를 생성하는 방식인데, 문자, 그림, 영상, 음악 등을 만들어 준다(장준천, 2023). 그래서 광고산업과 연계성이 높은 카피, 인쇄 광고, 영상 광고, 배경음악 등의 제작에 활용할 수 있는 것이다. 그렇다면 미래 광고산업에는 어떤 영향을 미칠까?

첫째, 향상된 개인화 서비스이다. 고급 데이터 분석 및 기계 학습을 통해 광고주는 개별 소비자에게 공감하는 고도로 개인화된 광고를 만들 수 있다. 이는 보다 효과적인 광

2) https://specialgroup.com/nz/work/good-morning-world

고 캠페인과 광고주를 위한 더 나은 투자 수익으로 이어질 수 있다.

둘째, 몰입형 기술의 더 많은 활용이다. 가상 및 증강현실 기술은 광고에서 점점 더 많이 사용되어 소비자에게 더 매력적이고 상호 작용적인 경험을 제공할 수 있게 된다.

셋째, 디지털로의 지속적인 전환이다. 더 많은 사람이 온라인에서 미디어를 소비함에 따라 텔레비전, 인쇄 및 라디오와 같은 전통적인 광고 채널의 인기는 계속해서 감소할 것이다. 이는 디지털 광고가 계속해서 업계에서 지배적인 힘이 될 것임을 의미한다.

넷째, 프라이버시에 대한 우려가 증가할 것이다. 소비자가 자신의 데이터 프라이버시 권리에 대해 더 많이 인식함에 따라 광고업계의 개인 데이터 사용에 대한 조사가 증가할 수 있다. 이로 인해 자료수집 및 타기팅에 대한 규제와 제한이 더 엄격해질 수 있다.

끝으로, 사회와 인류를 위한 공적 캠페인 중심의 광고가 강조될 것이다. 소비자는 자신의 가치와 신념에 부합하는 브랜드를 지지하는 데 점점 더 관심을 기울이고 있다. 사회적 및 환경적 이슈에 대해 효과적으로 대응할 수 있는 광고주는 경쟁 우위를 가질 수 있다.

결론적으로 광고산업은 계속 진화하고 변화하는 소비자 행동과 기술에 적응할 것이다. 그 과정에서 어려움이 있을 수 있지만, 성장과 혁신을 위한 많은 기회가 동시에 존재할 것이다. 놀라지 마시라! 앞서 제시한 광고산업에 대한 미래 전망은 필자가 한 것이 아니라 '챗GPT 3.5'가 한 것이다. 인공지능과 확장현실 시대의 광고산업의 미래 전망을 물은 것에 대한 답변이다. 일부 부자연스러운 어휘는 필자가 정리했지만 95% 이상 AI의 답변이다.

더 놀라운 것은 유승철(2023) 교수의 생성형 AI가 광고산업에 미칠 효용과 우려에 대한 전망이다. 첫째, 하이퍼 타기팅을 통한 광고 개인화, 둘째, 광고PR 콘텐츠의 대량 생산자 역할 수행, 셋째, 실시간 데이터 기반의 향상된 고객경험, 끝으로 생성형 AI와 연관된 법적, 윤리적 문제의 대두이다. 앞서 소개한 챗GPT의 예측과 큰 틀에서는 차이가 없고 세부적인 몇몇 내용에서만 차이를 보인다.

필자는 확장현실 미디어와 생성형 AI가 확산되고 대중화되면서 미치는 광고산업의 변화와 광고기획 접근법의 변화를 미디어 활용과 광고 제작 측면에서의 변화 그리고 광고기획 업무의 변화를 중심으로 살펴보고자 했다.

2) 미디어 활용의 변화

메타버스는 미디어인가? 일단은 그렇다. 메타버스가 가상현실, 증강현실, 거울 세계, 라이프로깅과 같은 유형으로 논의되지만, 한마디로 정의하면 '3D 인터넷'이라 할 수 있다. 지금 인터넷의 경험을 3차원 공간에서 경험할 수 있는 것이 메타버스의 핵심이다. 그래서 아직 장비를 착용해야 하고 장시간 이용하기 어렵고 일부 소비자는 어지럼증을 느끼기도 한다. 또한, 비싼 장비와 이용 가능한 콘텐츠의 부족으로 아직 크리티컬 매스(critical mass)에 도달하지 못했다.

하지만 하드웨어의 문제가 해결되고 나면 현실, 증강현실, 가상현실의 공간이 혼합되고 확장되는 새로운 공간에서 우리 자신 또는 우리의 아바타가 미디어를 이용하고 재화와 서비스를 소비하는 것이 공상의 영역에 머물지 않을 것이라고 확신한다. 이렇게 되면 광고 미디어의 무한 확장이 가능하다.

전통적인 매체에서 디지털 매체로의 전환과 변화가 2000년대 이후 지금까지 20여 년간 서서히 일어났다면 확장현실 환경에서의 광고 미디어의 변화는 급진적으로 나타날 것이다. 왜냐하면 확장현실은 전통적인 광고가 게재되는 물리적 공간뿐만 아니라 디지털 광고가 집행되는 인터넷 공간 그리고 새롭게 부상하는 가상의 공간에 광고를 할 수 있어서 광고주 입장에서는 선택의 폭이 넓어진다.

이용자 또는 이용자의 아바타가 모이는 공간이라면 광고주는 커뮤니케이션 메시지의 전달뿐만 아니라 제품의 경험과 판매를 위해서 매체비를 집행할 것이다. 즉, 미디어 활용의 범위가 확대되는 변화를 가져올 것이다. 이러한 변화 중 일부는 우리가 이미 경험했다. 앞서 소개한 가상현실 광고, 증강현실 광고 등이 그것이다.

따라서 미래 확장현실 환경에서는, 첫째, 광고주의 미디어 활용이 다양해질 것이다. 전통 광고 매체가 소멸되지는 않을 것이기 때문에, 기존의 전통적인 광고 매체와 디지털 광고 매체 그리고 추가로 확장현실 미디어로 광고 집행의 지평이 확대될 것이다.

둘째, 소유 미디어를 활용하는 추세가 증가할 것이다. 전통 미디어가 광고의 중심일 경우에는 구입 미디어가, 디지털 미디어와 소셜 미디어가 부상했을 때는 획득 미디어와 공유 미디어의 활용이 증가했다면, 확장현실 미디어 시대에는 소유 미디어를 중심으로 한 마케팅 활동이 증가할 것이다. 그것은 가상, 증강, 혼합현실을 구성하여 고객을 유입하고 그곳에 머물게 하면서 제품과 서비스에 대한 차별적 경험을 제공하기 위해서는 자사의 미디어 공간을 구축하는 것이 필요하기 때문이다. 거대한 가상의 플랫폼에 입주한다고 해도 광고 활동의 공간은 독점적 소유를 추구할 것으로 예상한다.

끝으로, 확장현실 환경에서는 개인화된 미디어를 통한 커뮤니케이션이 더 보편화될 것이다. 앞서 소개한 챗GPT와 유승철 교수의 예측에서도 고도의 타기팅을 통한 개인화된 광고의 확산을 공통으로 지목했다. 결국 개인화된 광고의 전달은 개인화된 미디어를 통해서 가능하므로, 현재의 모바일이나 인터넷과 같은 디지털 미디어를 통한 개인형 광고보다 더 몰입감이 높고 더 개인적인 방법으로 진화할 것이다.

3) 광고 제작의 변화

생성형 AI의 가장 큰 특징은 콘텐츠를 만들어 준다는 것이다. 그래서 광고 제작에 미치는 영향이 가장 클 것으로 보인다. 먼저 영상 광고 제작에 기초가 되는 스토리보드를 제작하는 과정의 변화가 예상된다. 이러한 변화는 이미 우리 현실이 됐다. 제14장에서 구체적으로 설명하고 있지만, 코바코가 서비스하고 있는 아이작(AiSAC)[3]에서는 필요한 장면이나 상황을 입력하면 스토리보드를 손쉽게 만들 수 있다. 생성형 AI가 강세를 보이는 이미지 생성 기능은 인쇄 광고 제작에 획기적인 변화를 가져올 것이다.

그림을 그려 주는 미드저니(Midjourney),[4] 오픈AI사의 달리2(DALL-E2)[5]가 대표적이며, 마이크로소프트는 위 서비스를 검색 엔진 빙(bing)에 통합하여 빙 이미지 크리에이터(Bing image creator) 서비스를 제공했다. 텍스트를 입력하면 이미지를 만들어 주고 이제는 파워포인트와 동영상까지 만들어 주는 세상이 됐다. 광고 제작에 드는 비용을 획기적으로 줄일 수 있게 됐다.

AI를 가장 먼저 광고업무에 활용한 것은 카피라이팅이다. 일본 덴츠는 2017년에 AI 카피라이터 아이코(AICO, AI Copywriter)를 개발하여 소개했다.[6] 당시에도 광고업계에서 큰 관심을 가졌지만, 생성형 AI가 부상하고 있는 최근에 다시 한번 시선을 끌고 있다. 앞서 소개한 '아이작'에도 AI 카피라이팅을 2023년에 추가했고, 현재까지 영어로 카피를 써

3) https://aisac. kobaco.co.kr
4) https://www.midjourney. com
5) https://openai.com/product/ dall-e-2
6) https://www.dentsu.co.jp/news/release/2017/0517-009291.html

주는 AI 서비스가 50개가 넘는다고 한다(장준천, 2023).

이상과 같은 광고 제작의 변화는 궁극적으로 광고 제작의 자동화를 의미한다. 카피 작성은 이제 아주 손쉬운 일이 됐으며, 이미지 작업은 저작권 문제까지 해결해 주는 서비스가 등장했고 동영상 광고의 제작도 가능한 수준으로 발전했다. 이제 인간의 개입을 최소화한 가운데 광고를 제작할 수 있게 됐다.

광고 제작 변화의 또 다른 축은 확장현실 광고 콘텐츠의 증가이다. 360도로 촬영하는 동영상 광고, 증강현실, 가상현실을 이용한 광고들이 증가할 것이다. 아직 확장현실 광고 콘텐츠를 자연스럽게 보고 느낄 수 있는 플랫폼의 부재로 크게 활성화되고 있지는 못하고 있는 것이 현실이다. 하지만 앞서 이야기했듯이, 여러 장애 요인들을 극복하고 메타버스와 확장현실 미디어가 대중화되는 것은 시간문제이다.

인터넷이 1969년 개발되고 웹 브라우저(Web browser)를 통해서 대중적인 이용이 가능해질 때까지 20년 이상의 시간이 걸렸다. 또 가정에 인터넷 전용선이 설치되고 초고속 인터넷망이 전국에 깔려서 인터넷이 일상 생활화되는 데 10년 이상이 걸렸으며, 모바일 무선 인터넷으로 유비쿼터스 시대가 오기까지 또 10년 이상이 걸렸다. 따라서 현재의 한계와 단점을 기준으로 확장현실 시대에 대해서 회의적 전망을 하는 것은 섣부른 판단이다.

4. 마무리

지금까지 확장현실 미디어와 생성형 AI의 등장이 광고산업에 미치는 영향을 미디어, 광고 제작의 측면에서 주로 살펴보았다. 이 장의 핵심 관심은 광고기획 접근법의 변화이지만 광고기획이라는 것이 매체와 크리에이티브의 설계도를 그리는 작업이기 때문에 매체 활용의 변화와 광고 제작의 변화를 먼저 고려해야 광고기획 접근법의 변화를 전체적으로 조망할 수 있을 것이라는 판단이 들었다. 확장현실 환경에서의 광고기획은 다음과 같은 변화가 예상되는 만큼 새로운 접근이 필요하다고 생각한다.

첫째, 상황 분석의 폭과 깊이를 더할 수 있다. 디지털 광고의 등장으로 소비자의 광고 노출에서 구매까지의 여정이 기록되고 분석이 되고 있다. 그래서 어떤 유입 경로에 어떤 메시지를 어떤 시간에 노출시키는 것이 효율을 극대화할 수 있을지를 조사해서 활용했다. 앞으로는 이러한 소비자의 행동 데이터뿐만 아니라 구매에 영향을 미치는 사회적, 경제적, 문화적 요인에 대한 분석을 보다 폭넓게 그리고 깊게 생성형 AI를 통해서 할 수 있을 것이다. 코바코의 '아이작'은 이미 트렌드 분석의 툴을 서비스에 내장시켜 활용했다.

둘째, 콘셉트 테스트를 사전에 많이 진행할 수 있다. 생성형 AI를 통해서 예비 콘셉트를 추출하는 것은 아주 손쉬운 일이 됐다. 이제는 후보 콘셉트에 대한 장단점 비교와 예상 선호도를 AI에게 물어서 광고기획 업무를 진행할 수 있게 된다. 결국 최종 판단과 책임은 인간에게 있지만, 후보 대안에 대한 평가 진행을 위해서 보조적인 업무를 AI에게 맡길 수 있는 것이다.

셋째, 크리에이티브 시안을 현실과 같은 수준으로 만들어 제시할 수 있다. 텍스트를 입력하면 이미지와 동영상을 자동으로 만들어 주기 때문에 시안 작성에 대한 비용과 시간 부담을 덜어 주게 됐다. 광고주 입장에서는 기획단계에서 체감하지 못했던 부분을, 다양한 시안을 통해서 파악할 수 있는 장점을 누릴 수 있게 된다. 궁극적으로는 광고물의 제작 업무가 자동화될 것이다.

넷째, 매체기획과 프로모션 프로그램에 대한 고려가 증가할 것이다. 증강현실, 가상현실, 혼합현실은 새로운 미디어의 등장을 의미한다. 증강 미디어, 가상 미디어, 혼합 미디어, 확장 미디어로 바꾸어 불러도 그 의미가 같기 때문이다. 따라서 광고기획 업무에서 고려해야 할 매체 관련 업무의 양이 증가할 것이다. 또 확장현실 미디어는 소비자의 참여와 경험을 기반으로 한다. 단순 노출과 같은 전통적 광고의 영역에서 탈피하여 참여하고 체험하고 경험하면서 구매까지 이르게 하는 일련의 과정을 확장현실 속에서는 편리하게 할 수 있다. 그러한 점에서 소비자의 참여 동기를 강화하기 위한 이벤트 프로모션이 광고기획 업무에서 중요한 요소로 위상을 확고히 할 것이다.

다섯째, 기술적 요소에 대한 고려가 증가할 것이다. 확장현실 환경은 결국 기술적 진화의 산물이다. 기술적인 배경과 요소에 대한 전체적인 이해가 부족하면 제대로 된 기획서를 작성할 수 없을 것이다. 그래서 광고 관련 교육 영역에서 코딩, R, 파이선, 텍스트 마이닝 등 기술 관련 과목을 신설하는 움직임이 활발하다. 실제 앱을 개발하고 실행하는 수준까지는 아니더라도, 기술적으로 구현 가능한 요소와 한계에 대한 학습은 필수적이라고 본다.

끝으로, 광고기획서 작성 업무에서 해방될 수 있을 것이다. 텍스트와 데이터를 주면 자동으로 파워포인트를 만들어 주는 생성형 AI 톰(Tome)이 등장했다.[7] 주제와 프레젠

7) https://tome.app

테이션의 스토리를 입력하면 자동으로 PPT를 만들어 준다. 앞서 소개한 달리2와 연동해 적절한 이미지를 찾아주기도 하고 그것을 활용하여 PPT의 내용을 변경할 수도 있다. 유료 서비스이지만, 광고기획서 작성 업무에 많은 시간을 보내고 있는 광고인들에게는 희소식이 아닐 수 없다. 결국 적절한 질문과 명령이 광고기획 업무의 핵심이 될 것이다.

참고문헌

권상희(2018). 가상현실 미디어 체험이 가치사슬 구조형성에 미친 영향 연구: VR-AR 수단-목적 사슬이론 적용 중심으로. 인터넷정보학회논문지, 19(1), 49-66.

김주란(2018). VR경험이 VR광고 캠페인 효과에 미치는 영향 연구. 광고PR실학연구, 11(2), 62-82.

김태민, 김태균(2010). 증강현실이 적용된 광고의 개발 방향에 관한 연구. 디자인융복합연구, 9(5), 59-68.

김현정(2020). 증강현실(AR)을 활용한 화장품 광고의 효과에 관한 연구: 이상적 자아와 실제적 자아의 자아일치감 반영을 중심으로. OOH광고학연구, 17(3), 97-135.

노기영, 이준복, 정완규, 황현석, 김선미, 강명현, 김희경, 김종하(2017). 4차 산업혁명과 실감 미디어. 한국학술정보.

박상권(2021). 마켓 5.0 환경에서의 메타버스 광고 콘텐츠에 관한 연구: 2020/2021 칸 라이언즈 수상작을 중심으로. 문화상품과 디자인 학회지, 66, 265-282.

배수진, 권오병(2018). 실재감, 공간능력, 및 심미감이 증강현실과 가상현실의 지속사용의도에 미치는 영향 비교 연구. 경영교육연구, 33(4), 355-386.

유범재(2018). 가상현실, 증강현실 및 혼합현실 개요. 로봇과 인간, 15(4), 3-7.

유승철(2023). 생성형 AI 시대의 마케팅, 어디로 가는가? KAA 저널, 268, 30-35.

이시훈(2022). 확장현실 시대의 광고기획론. 부크크.

이용수(2015). 혼합현실 정의의 문제점과 대안, 그리고 가상/증강현실의 작용관계. 디자인지식저널, 34, 193-202.

이현철, 강임철, 김은석, 허기택(2011). IPTV를 이용한 실감 미디어 서비스의 개발현황 및 발전 전망. 한국멀티미디어학회지, 15(4), 39-47.

장준천(2023). 초거대 AI 시대, 광고산업의 영향과 전망. KAA 저널, 268, 42-47.

정희경, 오창희(2014). 실감 미디어. 커뮤니케이션북스.

진석(2021). 확장현실 기기의 혁신저항과 수용에 관한 연구. 한국콘텐츠학회논문지, 21(5), 918-940.

최준명, 정태균, 황성필(2013). 실감 미디어 콘텐츠 기술 동향 및 발전 전망. **한국스마트미디어학회지**, 2013(6), 9-14.

한광석, 최준혁(2020). 증강현실 광고의 프레즌스(Presence)와 플로우(Flow)가 광고 태도와 회상에 미치는 영향. **디지털융복합연구**, 18(8), 29-35.

Lau, H. F., Kan, C. W., & Lau, K. W. (2013). How consumers shop in virtual reality? How it works?. *Advances in Economics and Business, 1*(1), 28-38.

Milgram, P., & Kishino, F. A. (1994). Taxonomy of Mixed Reality Visual Displays. *IEICE Transactions on Information Systems, E77-D*(12), 1321-1329.

Smart, J. M., Cascio, J., & Paffendorf, J. (2007). Metaverse roadmap overview. Acceleration Studies Foundation. http://www.metaverseroadmap.org/overview/index.html(Retrieved on July 15, 2021).

대영박물관 진실 투어. https://theunfilteredhistorytour.com

Buy with Your Time. https://www.thedrum.com/creative-works/project/memac-ogilvy-dubai-ikea-buy-with-your-time

Good Morning World. https://specialgroup.com/nz/work/good-morning-world

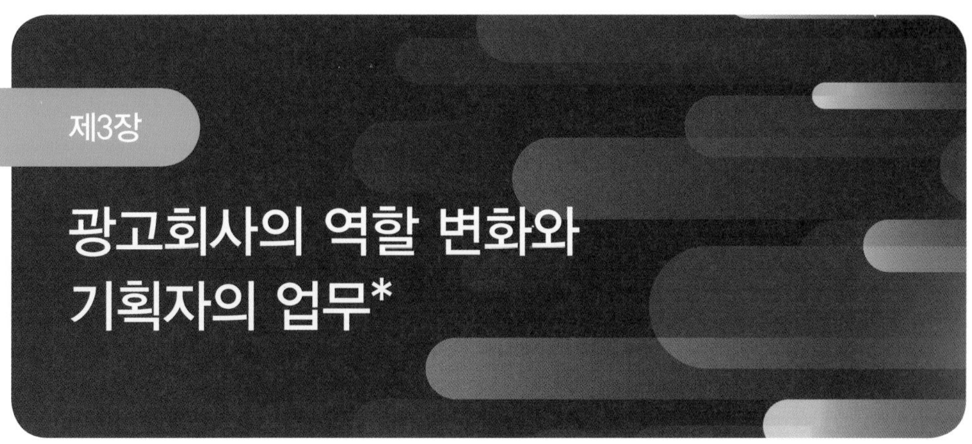

제3장

광고회사의 역할 변화와 기획자의 업무*

광고회사는 "광고주를 대신해 광고주의 제품이나 서비스에 대한 광고물을 기획, 개발, 제작하는 업무에 종사하는 전문화된 사람들이 모인 독립적인 조직체"로 정의된다(김봉철, 2021: 100). 광고와 관련된 전반적인 업무를 다뤄야만 하는 특성 때문에 광고회사 내에는 광고기획자, 카피라이터, 디자이너, 프로듀서, 미디어 플래너와 미디어 바이어 등 각 분야의 전문가들이 모여 고유한 역할을 분담한다. 이들이 진행하는 업무는 자사의 일이 됨과 동시에 광고주를 위한 일이라는 측면에서 광고 관련 업무를 대행해 주는 회사, 즉 광고대행사라고 불리기도 한다. 최근 들어 디지털이 모든 광고의 기본이 되면서 광고업의 경계도 빠르게 무너지고 있는데, 광고회사는 시대의 요구에 따라 고유한 업무 영역의 범위를 넓히거나 분화하면서 오늘에 이르고 있다.

광고회사의 역할 변화 속에서도 변함없이 중요한 역할을 담당하고 있는 직종을 하나만 꼽는다면 필자는 주저 없이 광고기획자(AE)라고 말할 것이다. 흔히 AE를 '광고회사의 꽃'이라고 한다. 광고의 기획은 물론, 크리에이티브 제작과 매체기획 등 광고회사의 업무 전반을 두루두루 총괄하는 직종이기 때문이다. 혹자는 고된 업무에 쉽게 시들고 꺾이기 때문에 꽃이라고도 하고, 또 누군가는 '에이(A) 설마 이(E)런 일까지?' 싶은 일들까지 맡는 사람들이라 에이-이(AE)라고 부른다는 말도 있다. 모두 우스갯소리지만 그 안에는

---

*이희준(대구가톨릭대학교 미디어영상광고홍보학부 조교수)

광고기획자의 애환이 고스란히 담겨 있다. 이 장에서는 광고회사의 진화 속에서도 변하지 않을 광고기획자의 업무들을 살펴보고, 과거와는 달리 지금의 광고회사에서 일하는 광고기획자에게 요구되는 새로운 역량들이 무엇인지 알아보기로 한다.

1. 광고회사의 변화

1) 광고산업 구성 주체로서의 광고회사

광고산업은 광고라는 재화를 생산, 분배, 유통, 소비하는 과정에 참여하는 모든 주체와 이들의 활동을 의미한다. 여기에는 광고주와 광고회사, 매체사 등 핵심 주체들이 포함되며, 광고회사는 광고를 제작하고 유통하는 핵심적인 역할을 담당한다.[1] 광고산업에 참여하는 주체들은 광고를 의뢰하는 광고주의 이익에 부합할 수 있는 최선의 방법을 모색함과 동시에 수익을 창출한다. 광고회사 역시 광고산업의 중요한 플레이어로서 광고를 희망하는 광고주를 대신해 광고물을 기획·제작하여 광고 매체에 싣는다. [그림 3-1]은 일반적인 광고 집행의 과정을 보여 준다. 광고주로부터 제품이나 서비스의 광고를 의뢰받은 광고회사는 광고 공간을 보유한 매체사에 광고를 의뢰한다. 이 과정에서 TV나 라디오 같은 방송 매체 광고는 미디어 렙(media rep.)을 통해 방송시간을 구매하며, 방송매체가 아닌 인쇄 매체의 지면 혹은 기타 매체인 경우 광고회사가 직접 구매하기도 한다.[2]

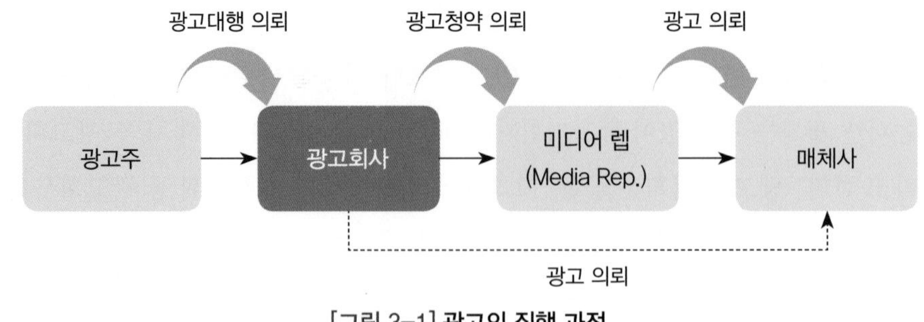

[그림 3-1] **광고의 집행 과정**

1) 최근 들어 '클라이언트(client)'라는 용어가 과거 관례적으로 사용해 온 '광고주'를 대체해 가고 있는 추세이다.

2) 미디어 렙은 Media Representative의 준말로서 매체사의 위탁을 받아 각 매체사가 보유한 광고의 지면 또는 시간대를 광고회사와 광고주에게 판매하고 수수료를 받는 회사를 의미한다.

[그림 3-1]에서 광고회사는 광고주로부터 합당한 보상(compensation)을 받는다. 여기서 보상이란 광고 회사가 광고관련 제반 활동을 대행하면서 받게 되는 금전적인 대가를 의미하는데, 이를 통해 광고회사는 자사 운영에 필요한 제반 경비를 충당한다. 광고회사가 어떤 보상제도를 채택하는가에 따라 수익 구조가 크게 달라지며 이는 광고회사의 지속적인 운영과 대행 서비스 수준에 영향을 미친다. 광고회사의 보상(agency compensation) 유형은 크게 세 가지이다. 첫째, 수수료라고도 불리는 커미션(commission) 방식이다. 커미션 제도는 1920년 미국에서 시작되어 전 세계로 파급된 가장 오래된 보상 유형이다. 커미션 방식은 광고회사의 취급액(billing)에 기초한 보상제도라고 할 수 있는데, 광고회사가 매체집행 비용이나 광고를 제작하는 데 들어간 비용에 일정 비율을 할증하여 청구하는 방식이다. 예를 들어, TV광고 매체비가 100억 원인 경우 광고회사는 100억 원의 15%인 15억 원을 매체대행 커미션으로 보상받게 되며, 해당 광고를 제작하는 데 1억 원이 소요됐다면 순수 제작비인 1억 원의 17.65%인 1천 7백 6십 5만 원을 제작대행 커미션의 명목으로 제작비에 추가하여 청구한다.[3] 최근에는 미국과 유럽 등에서 커미션 방식의 보상을 채택하는 비율이 현저하게 줄어들었으나, 우리나라의 경우 대부분의 광고회사가 커미션 방식을 받아들이고 있다.

커미션 방식에는 몇몇 장점과 단점이 있다. 우선, 취급액에 기초한 보상제도는 대부분의 수익이 매체대행을 통해 발생하기 때문에 매체대행 기능이 없는 광고회사에는 적용하기 힘들다. 아울러 매체대행을 통해 발생한 수익이 광고의 기획이나 제작 등 매체와 관련하지 않는 업무로부터 발생한 비용을 감당하기에 충분하다는 전제가 필요하다. 한편, 광고주의 입장에서 볼 때 커미션 방식은 전체적인 매체예산 및 광고 제작예산 등을 수립하면서 광고회사로 지출되는 비용이 일정 비율로 예측 가능하기 때문에 예산 관리 측면에서 추가적인 절차나 수정이 필요하지 않다.

둘째, 약정 요금제인 피(Fee) 제도이다. 피(Fee) 제도는 다수의 글로벌 광고회사들이 채택하고 있는 보상 유형인데, 광고주와 사전에 약정된 임금 비율에 따라 업무에 소요된 시간만큼을 보상받는 방식을 말한다. 피(Fee) 제도의 도입은 1970년대에 들어서면서부터 두드러지게 나타났는데, 특히 광고회사 오길비(Ogilvy)가 정유기업 쉘(Shell)의 광고

3) 글로벌 표준 매체대행 수수료(media commission) 비율은 15%이나 매체의 형태 및 국가마다 적용 비율은 상이하다. 예를 들면, 우리나라의 경우 인쇄 매체는 광고비의 15%, 전파 매체인 경우 9~14%, 온라인 매체는 20%의 커미션을 청구한다.

를 대행할 때 이 방식을 수용했던 것이 제도 확산의 계기가 됐다(Spake et al., 1999). 일반적으로 피(Fee) 제도는 시간당 요금(hourly rates)을 기반으로 한다. 프로젝트 피(project fee) 또는 매월 일정액을 청구하고 지불받는 리테이너 피(retainer fee)로 운영되는 경우가 대부분이다. 업무의 수준이나 양을 예측하기가 쉽지 않기 때문에 광고주에게 부과되는 요금을 사전에 산정하기가 어렵다는 단점이 있으나, 국내에서도 많은 글로벌 기업들과 광고회사들이 피(Fee) 방식의 보상제도를 받아들이고 있는 추세이다.

마지막으로 인센티브(incentive) 형태의 보상도 있다. 이는 상시적인 보상 시스템이 아닌 성과급 형태의 부정기적 보상이라는 점에서 앞서 설명한 커미션(commission) 또는 피(Fee) 방식과 차이가 있다. 통상적으로 광고대행 계약 금액의 20% 내외에서 광고회사가 거둔 성과에 따라 지급받게 되는데, 광고회사의 입장에선 인센티브 제도를 받아들일 경우 안정적인 수익 창출이 어려울 수 있다. 그러나 커미션과 피(Fee) 제도가 지닌 잠재적 문제 중의 하나인 광고 캠페인의 성과에 직접적으로 기반하지 않는 단점을 보완할 수 있다는 점에서 의미가 있다(Spake et al., 1999). 일반적으로는 커미션과 같은 보상 시스템을 기본으로 하고 여기에 인센티브를 혼합하는 형태가 많다. 실례로, 다국적 광고회사 디디비 니드햄(DDB Needham)은 목표 달성에 대한 인센티브와 더불어 미달성시의 보상 환불을 규정한 첫 번째 광고회사이다. 지난 1990년 디디비 니드햄은 캠페인이 성공하면 대행사에게 추가로 인센티브를 주고 대신 실패하면 보상을 삭감하는 결과보증제(Guaranteed Results) 프로그램, 즉 인센티브-보상제(incentive-compensation plan)를 광고주에게 제안했다. 그리고 캠벨(Cambell)사는 이러한 시스템에 따라 14%의 기본 커미션을 설정하고 광고 목표를 달성했을 경우 15%를, 초과 달성 시에는 기본 커미션에 인센티브를 더한 16%의 커미션을 지급한 바 있다. 지금부터는 광고회사가 어떻게 탄생하고 변해 왔는지를 살펴보고 앞으로 어떻게 변화할 것인지 예측해 보기로 하자.

2) 광고회사의 탄생과 역할의 확장

(1) 매체사의 지면 판매대행 시대

광고회사의 역할은 시대의 요구에 따라 크게 변화해 왔다. 초창기 광고회사는 지금 우리가 알고 있는 광고회사의 모습과는 사뭇 달랐다. 광고산업 초창기의 광고회사는 특정 매체의 광고 지면을 대신 판매해 주는 비교적 단순한 업무를 주로 했다. 세계 최초의 광고회사는 1786년 영국에서 처음 시작된 것으로 알려져 있으나, 구체적인 업무가 확인되는 사례는 1841년 파머(Volney B. Palmer)가 미국 필라델피아(Philadelphia) 지역에 설립한 광고회사이다(Holland, 1974). 파머는 최초로 광고대행사(advertising agency)라는 용어를 사용했으며 지금 우리가 알고 있는 광고회사의 원형이 됐다([그림 3−2] 참조).

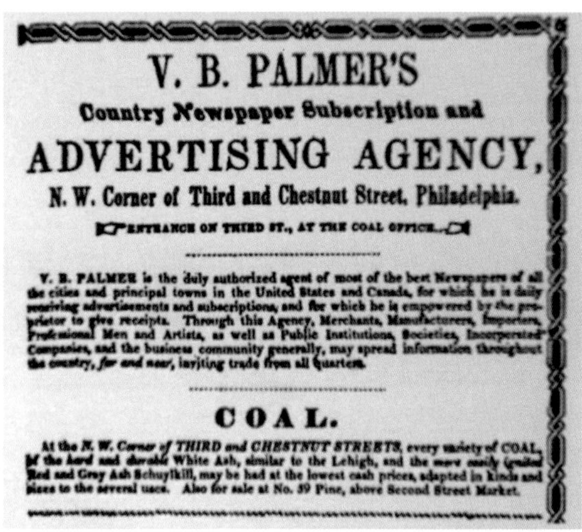

[그림 3−2] 파머(Palmer)의 자사 광고

그는 미국의 필라델피아 지역을 비롯한 다양한 지역의 신문사로부터 할인된 가격으로 많은 양의 광고 지면을 구입하고, 광고를 희망하는 광고주에게 더 높은 가격으로 재판매했다. 파머가 신문의 광고지면을 알선하는 일종의 지면 브로커(space broker) 업무를 하던 시절에 매체사(신문사)는 광고주에게 직접 광고료를 청구했고, 대리인(agent)인 파머는 20%의 커미션을 받는 관행이 있었다(Holland, 1974). 한편 파머의 광고회사는 광고 카피의 작성, 레이아웃, 아트워크를 포함한 광고의 제작에는 관여하지 않았기 때문에 광고물은 광고주가 직접 준비해야만 했던 것으로 알려진다.

이후 19세기 후반에 접어들면서부터 광고회사는 특정 신문사만의 광고지면 판매대행업에 머물지 않고 여러 신문사로부터 지면을 대량으로 구입한 뒤 광고를 희망하는 이들에게 분할 판매했다. 이 시기는 일명 조지 로웰(George P. Rowell)의 시대라고도 불리는데, 로웰은 100여 개의 신문사들로부터 주당 한 칼럼(column)씩의 지면을 구매한 뒤 광고주에게 1인치 크기의 광고를 4회 집행할 수 있도록 쪼개서 판매했다.[4] 이처럼 초기의 광고회사는 광고주보다 특정 매체의 광고지면 판매를 위해 일했기 때문에 엄밀한 의미에서 미디어 렙(media rep.)에 가까웠다. 당시의 산업규모나 경제적 상황을 고려한다면 초창기 광고회사의 역할이 매체사의 지면을 대리 판매하는 정도에 머물렀던 것이 충분히 이해 가능하다. 이 시기는 산업의 성장 초기로써 기업들 간의 경쟁이 치열하지 않은

4) 1869년 조지 로웰은 최초로 미국 신문사의 명단과 발행부수 내역을 조사하여 발표했는데 이것이 오늘날 ABC(Audit Bureau of Circulation) 제도로 불리는 신문잡지 발행부수 조사 발표 제도의 시초가 됐다.

시기에 광고의 필요성은 그다지 부각되지 않았을 것이며, 광고의 수요 대비 광고를 할 수 있는 지면은 상대적으로 여유가 있었을 것으로 추정된다. 이 때문에 광고회사는 마치 광고 영업소와 비슷한 수준의 업무를 하고 이익을 남기는 선에 머물렀던 것으로 판단된다. 실제로 매체사가 광고 에이전트(agent)에게 광고비의 20% 이상을 커미션으로 주는 것은 지금의 국제표준 커미션 비율인 15%와 비교해도 상당히 높은 수준이었다. 이는 수요에 비해 광고지면의 공급이 넘치는 상황에서 지면의 판매를 독려하기 위한 매체사의 자구책이라고 볼 수 있다.

(2) 부분적 광고 서비스의 시대

19세기 후반에 들어서면서부터 광고회사는 광고지면의 판매대행이라는 제한적 범위의 업무에만 그치지 않고 점차 광고와 관련한 부가 서비스를 늘려 가는 형태로 발전해 갔다. 이러한 변화가 초래된 가장 큰 이유는 매체사가 자체적으로 광고영업 부서를 두고 직접 판매를 시작했기 때문이다. 이렇게 되면서 지면 브로커로서의 광고회사 역할은 축소될 수밖에 없었고, 기존 광고회사는 비즈니스의 존립을 위해 차별화되고 특화된 서비스를 강구하게 되는 처지에 놓였던 것이다. 이와 같은 광고회사의 위기는 자연스레 매체사가 아닌 광고주 지향의 비즈니스 모델을 강구하도록 했다. 그 결과 광고회사는 지면의 구매대행은 물론 광고 캠페인 기획, 광고 카피의 작성, 아트 작업, 레이아웃, 매체의 선택 및 조사 등과 같은 업무를 수행하기 시작했다. 19세기 말까지 광고회사는 광고 관련 모든 서비스를 표준화했으며, 이 시대를 거치면서 현재와 비슷한 수준의 표준화된 광고 서비스와 단가 체계가 확립됐다.

(3) 종합 광고 서비스의 시대

1917년 미국광고회사협회(American Association of Advertising Agencies: 이하 AAAA)가 설립되던 시기에 맞춰 광고회사는 광고 전략의 수립, 매체 전략, 소비자 조사 등 광고활동 전반에 이르는 영역까지 이른바 풀(full) 서비스를 제공하기 시작했다. AAAA는 광고회사의 역할을 제품과 서비스에 관한 연구, 잠재시장 분석, 유통 및 판매의 이해, 사용 가능한 광고 매체에 대한 이해, 명확한 광고기획과 계확안의 집행 그리고 판매부서와의 협업을 통해 광고효과를 제고시키는 것으로 정의했다. 이러한 역할 정의에 따라 등장한 광고회사가 바로 종합광고대행사(full-service advertising agency)이다. 종합광고대행사의 주요 업무는 다음 네 가지로 나뉜다.

- 마케팅 서비스(Marketing Service): 제품의 유통, 가격, 시장상황, 경쟁요소, 소비자 조사 및 필요시 광고효과 측정
- 광고주 관련 서비스(Account Service): 광고 캠페인이나 기타 마케팅 계획을 수립하고 수행하며 다양한 광고주의 요구사항에 대응
- 광고 제작 서비스(Creative Service): 광고 소재를 제작
- 매체 서비스(Media Service): 광고를 내보낼 매체를 선택하고 예산을 수립하며, 최적의 가격에 매체를 구매

다시 말해서, 종합광고대행사는 광고주의 광고계획, 혹은 종합적 마케팅 커뮤니케이션 계획을 수립하고, 그에 맞는 광고물을 제작하여 매체별 규격에 맞게 변형하며(신문이나 잡지 광고 사이즈, TV광고 길이에 맞게 변경), 광고를 집행할 매체를 선택하고 구매를 대행하는 일련의 절차를 자사의 역량 내에서 수행할 수 있는 회사를 뜻한다. 또한 필요에 따라 광고의 효과를 측정하여 후속 캠페인에 반영한다. 이렇듯 다방면의 광고활동에 관한 총괄 서비스를 제공해 줄 수 있는 역량을 갖춘 광고회사들이 속속 등장하면서 광고회사의 외형적 규모도 크게 확대됐다. 광고대행을 의뢰하는 광고주 역시 광고회사의 선정 과정에서 과거 중시했던 매체기획 또는 구매의 능력보다 자사와 유사한 업종의 대행 경험, 독창적 크리에이티브 제작 역량, 광고기획 및 전략 수립, 광고효과 조사를 포함한 마케팅 서비스 등 종합적 서비스 역량을 더 중요하게 간주했다. 이는 광고주가 기대하는 광고회사의 역할이 광고에 관한 종합적인 전략 수립 역량으로 변화했음을 의미한다(권예지 외, 2022).

한편, 이 시기에 등장한 새로운 광고회사 형태인 크리에이티브 부티크(creative boutique)도 눈여겨볼 만하다. 1990년대 이전까지는 소비자 조사를 바탕으로 한 짜임새 있는 광고기획이 광고의 성공 여부를 판가름하는 중요한 변수였다. 그러나 점차 독창적인 크리에이티브 아이디어로 소비자의 눈길을 끌 수 있는가의 여부가 광고인의 주된 관심사가 됐다. 이때 미국에서 전문적 크리에이티브를 생산해 내는 크리에이티브 부티크라고 불리는 소규모 광고 회사가 등장했다. 크리에이티브 디렉터(Creative Director: CD), 카피라이터(Copy Writer: CW), 디자이너 등의 광고 제작 전문가들이 작은 부티크 규모의 광고 제

작에 특화된 회사를 설립하기 시작한 것이다. 아울러 광고 제작 물량이 증가하면서 광고회사의 업무 영역 가운데 광고 제작의 부분적 외주화가 증가한 것도 크리에이티브 부티크 확산에 기여했다. 크리에이티브 부티크는 광고기획과 매체대행을 하지 않고 오직 크리에이티브만을 개발하는 형태로 출발했으나, 현재는 광고기획 역량을 확충하고 AOR(Agency Of Record) 계약을 통해 매체대행 수익도 확보하는 등 종합광고회사와 크리에이티브 부티크의 중간적 형태를 취하는 경우도 늘고 있다.

(4) 통합 마케팅 솔루션 서비스의 시대

대략 2010년대 이후의 광고회사는 광고주 · 매체 · 소비자 · 커뮤니케이션을 복합적으로 고려한 마케팅 솔루션 회사로 진화했다. 이 시기의 광고회사는 광고주가 지닌 다양한 문제들에 대해 통합 마케팅 커뮤니케이션(Integrated Marketing Communication: 이하 IMC)의 관점에서 맞춤 솔루션을 제공해 주는 역할을 수행하기 시작했다. 특히 디지털 미디어의 등장 이후 광고 매체별 최적화된 메시지에 관한 전략까지 수립하고 실행해야 할 필요성이 제기됐고, 이러한 역할을 광고회사가 담당했다. 이 시기 광고회사의 역할은 고객 구매여정에서 광고 메시지 접촉 과정을 분석하고 온오프라인 매체에 적합한 광고 메시지를 구성하는 영역으로까지 확장됐다.

디지털 미디어 환경에서 소비자들은 여러 매체를 사용하고 그들의 특성 역시 세분화될 수 있으므로 다양한 커뮤니케이션 전략 수립이 필수적이다. IMC 개념은 2000년대 이후 광고회사의 중요한 전략적 패러다임으로 자리 잡았다. 이 과정에서 자연스레 기존 4대 매체(TV, 라디오, 신문, 잡지)를 매체기획의 중심에 두는 ATL(Above-the-Line)뿐만 아니라 디지털 미디어 환경에서 소비자-브랜드 간 양방향 커뮤니케이션을 시도하려는 목적의 다양한 BTL(Below-the-Line) 전략이 점차 주목받기 시작했다. 이 시기에 들어서면서 광고회사와 PR 회사 간의 경계 역시 불분명해졌으며, 광고와 PR이라는 비즈니스가 서로 경쟁하거나 상호보완적인 협력관계를 구축하기 시작했다(권예지 외, 2022).

국내의 경우 광고회사가 전통적 광고 영역에서 벗어나 종합 마케팅 솔루션을 제공하는 역할로 변모하기 시작한 시점은 2013년에 제일기획이 『지속가능 경영 보고서 2013』을 발표한 즈음으로 보는 것이 타당하다. 이 보고서는 국내를 대표하는 종합광고회사인 제일기획의 경영 철학이 "광고 차원에서 마케팅 솔루션 차원으로(제일기획, 2014: 12)" 변화했다고 설명한다. 또한, 앞으로의 제일기획은 광고주가 당면한 문제를 파악하고 해결하는 문제해결능력, 즉각적인 소비자 행동을 유발하는 크리에이티브, 브랜드에 대한 총체적 경험, 디지털 환경과 다양한 유형의 미디어를 고려한 종합 마케팅 솔루션을 제공한다고 언급했다(제일기획, 2014). '클라이언트(client)'라는 용어가 광고주를 대체하여 활발하게 사용되기 시작한 것도 바로 이즈음부터이다. 한때 브랜드가 당면한 문제를 해결하기 위해서는 주로 광고에 의존하던 시기가 있었으며, 따라서 그 시기엔 광고의 영향력이 절대적이었다. 당연히 기업은 광고에 소요되는 비용을 지불하는 주체라는 의미에서 '광고주'로 불렸다.

그러나 브랜드의 과제를 해결하기 위한 솔루션이 다양해지고 소비자의 브랜드 터치포인트가 분산된 오늘날의 기업은 단순히 광고주라기 보다 해결하고자 하는 과제 또는 니즈를 지닌 고객에 가깝다. 최근 제일기획은 자신들을 광고에만 머무르지 않고 광고주의 비즈니스에 깊숙이 연결돼 광고주의 가치를 높이고, 비즈니스를 성장시키는 '비즈니스 커넥티드 에이전시(Business-Connected Agency)'라고 소개했다(제일기획, 2020). 제일기획이 광고는 물론 리테일, 디지털, 데이터 등 필요한 모든 리소스를 연결해 광고주에게 꼭 필요하고, 이 시대 소비자들이 진정으로 원하는 최적의 '커넥티드 솔루션(Connected Solution)'을 제공하겠다고 선언한 것도 이러한 맥락이다(제일기획, 2020). HS애드 역시 지난 2010년에 과거 LG애드에서 지금의 사명으로 변경하고 새로운 CI를 선포했다. HS애드의 'HS'는 '하이브리드 솔루션(hybrid solution)'의 첫 머리글자에서 따온 것으로써 소비자 인사이트(insight)를 바탕으로 다양한 커뮤니케이션 수단의 조합을 통해 최적의 마케팅 솔루션을 광고주에게 제공하겠다는 의미를 내포했다(HS Adzine, 2010). 즉, 과거 광고회사의 역할이 제품이나 서비스의 판매를 위해 광고를 잘 만드는 것에 초점을 두었다면, 현재의 디지털 미디어 환경에서는 광고주의 목표와 환경을 종합적으로 진단하고 그에 따른 솔루션을 제공하는 방향으로 더욱 진화하게 됐다.

(5) 데이터 기반 마케팅 솔루션의 시대

제4차 산업혁명 시대의 진입과 더불어 2020년 촉발됐던 코로나19 팬데믹은 디지털 전환(digital transformation)의 패러다임을 가속화했다. 이른바 비대면 커뮤니케이션이 일상의 삶 전반에 일반화되기 시작했으며, 이 시기에 접어든 광고회사는 모든 업무 영역에 디지털 역량을 강화하려는 노력을 더욱 강화하기 시작했다. 사실 디지털 미디어로 불리는 여러 유형의 신매체가 등장하면서 소비자와 제품의 접점이 오프라인을 넘어서 온라인으로 확대된지 이미 오래됐다.

과거 광고의 역할과 효과가 지금과 비교할 수 없을 만큼 절대적이었던 시기에 오프라인 4대 매체(TV, 라디오, 신문, 잡지) 중심의 광고를 제작하고 매체에 집행하는 역할이 업무의 주를 이뤘던 광고회사에게 체질적 변화가 요구됐다. 과거에는 광고의 노출이 광고주가 의도하는 순서대로 이루어지리라 예상할 수 있었지만, 디지털 미디어 환경 속 광고 메시지의 노출은 미디어 이용자(소비자)가 능동적으로 선택하고 통제하는 영역이 됐다. 따라서 광고회사의 역할은 기존 광고기획과 제작, 매체지면의 판매대행을 넘어서 소비자의 광고 메시지 접촉 과정을 분석하고 다양한 매체에 적합한 광고 메시지를 구성하는 영역으로 확장될 수밖에 없었다.

광고회사의 역할이 디지털 미디어 환경에서의 마케팅 솔루션 제공으로 변화함에 따라, 액센츄어(Accenture), PwC, 딜로이트(Deloitte), IBM, KPMG, 맥킨지(McKinsey) 등의 경영 컨설팅 회사들이 새롭게 주목받고 있다. 이들은 자사의 고유한 업무 영역, 즉 데이터에 기반한 마케팅 커뮤니케이션 전략 컨설팅이라는 서비스를 제공하며 광고 비즈니스에 발을 내딛기 시작한 것이다. 〈표 3-1〉에서 볼 수 있듯이 굴지의 글로벌 컨설팅 기업들은 데이터 분석에 기초한 마케팅 역량을 적극 내세우며 세계 10대 광고회사 순위에 진입했고 현재도 그 지위를 굳건히 지키고 있다(Johnson, 2022). 사실 기업에 대한 컨설팅이란 기업의 비즈니스 전략에서부터 마케팅 커뮤니케이션에 이르기까지 일련의 서비스

〈표 3-1〉 **2010년과 2021년의 세계 광고회사 순위**

순위	2010년	2021년
1	WPP	WPP
2	Omnicom	Omnicom Group
3	Publicis Groupe	Publicis Groupe
4	Interpublic Group	Accenture's Accenture Interactive
5	Dentsu	Interpublic Group
6	Aegis Group	Dentsu Group
7	Havas	PwC's PwC Digital Services
8	Hakuhodo DY Holdings	Deloitte's Deloitte Digital
9	Acxiom Corp.	Hakuhodo DY Holdings
10	Mdc Partners	IBM Corp.'s IBM iX
11	Epsilon	Cheil Worldwide

출처: 권예지 외(2022); 광고정보센터(2022).

를 제공하는 것을 의미하므로 컨설팅 회사들이 광고산업의 영역에 진출하게된 것은 어쩌면 당연한 귀결이라고 할 것이다.

한편, 2000년대 이후부터 디지털 마케팅에 특화된 광고회사들도 속속 등장했다. 단순히 인지도 제고만을 위한 광고 예산의 집행을 지양하고, 소비자의 의사 결정 과정(Consumer Decision Journey)에 따라 더 정확한 ROI(Return on Investment)를 측정할 수 있는 소위 퍼포먼스 마케팅(performance marketing) 서비스를 표방하는 광고회사가 늘고 있다. 이러한 형태의 광고회사는 주로 디지털 광고에 특화되어 있다. 구매 여정 모델을 기초로 소비자가 제품의 구매에 도달하는 과정에서 어디에 있는지를 파악하고 가장 효과적인 채널을 활용하여 적재적소에 광고 메시지를 전달할 수 있는 솔루션을 보유했다. 과거 매스 커뮤니케이션에 의한 소비자 인지도 제고가 강조되던 시기는 이제 지났다. 디지털화된 마케팅 환경에서 디지털 광고의 초점은 소비자 행동 데이터에 기반을 둔 직접적인 세일즈 창출에 초점을 둔다.

소비자의 브랜드 경험 대부분이 온라인 환경에서 이루어지는 디지털 시대에 인지를 거쳐 구매에 이르는 전 과정에 대한 구체적 접근이 가능한 IT 기반의 컨설팅 기업이나 디지털 마케팅 기업들은 기존 광고회사 대비 경쟁력을 가질 수밖에 없다. 다만 최근 들어 제3자 데이터(third party data)의 수집이 개인정보를 침해한다는 지적이 계속되면서 퍼포먼스 마케팅의 위기설이 제기되기도 했다. 실제로 스마트폰 OS의 90% 이상을 점유하고 있는 구글(Android), 애플(iOS)이 사용자 데이터를 수집하고 활용하는 데 제한을 두는 정책을 현실화하면서 정확도 높은 타기팅 광고를 선보이던 메타(페이스북)가 직격타를 맞게 됐다.[5] 매체의 타기팅 정확도가 떨어지면, 광고주는 다른 매체를 찾아 떠나기 마련이고 이는 광고 매출에 타격을 가져오기 때문이다.

이에 따라 데이터 기반 마케팅 역량을 갖춘 광고회사들은 제3자 데이터가 아닌 소비자가 자발적으로 공개하는 제1자 데이터(first party data)를 기반으로 고객의 제품 조회와 구매 이력을 활용해 고객관리(Customer Relationship Management: CRM)를 강화하는 방식의 마케팅을 모색했다. 예를 들면, 오랫동안 구매가 없는 고객에게 쿠폰을 보낸다거나, 장바구니에 담아둔 제품의 재고가 소진되어 간다는 리마인드 메일을 보내고, 특정 제품

5) 애플은 2021년 iOS 14.5 업데이트부터 사용자 데이터 수집을 금지하는 공식적인 옵트인(Opt-in) 옵션을 앱의 기본값으로 제공하기 시작했으며, 구글은 2023년까지 크롬 내 제3자 쿠키 지원을 중단하기로 선언했다.

을 주로 구매하는 고객에게 신제품의 출시를 고지하는 등의 방식으로 고객의 구매를 유도하는 방식이다.

〈표 3-2〉 **광고회사 WPP의 업무 영역과 분야별 계열사**

<table>
<tr><th colspan="2">구분</th><th colspan="2">내용</th></tr>
<tr><td rowspan="4">업무 영역</td><td>커뮤니케이션</td><td colspan="2">사람들을 움직이고 문화를 알리며 변화를 주도하는 아이디어를 만들고 배치</td></tr>
<tr><td>경험</td><td colspan="2">브랜드에 생명을 불어넣는 경험을 디자인하고 생산</td></tr>
<tr><td>커머스</td><td colspan="2">연결된 상거래(connected commerce)의 혁신을 설계</td></tr>
<tr><td>기술</td><td colspan="2">글로벌 기술 파트너십, 고유한 확장 플랫폼 및 기능을 활용하여 고객의 요구에 맞는 기술 및 데이터 솔루션을 구축</td></tr>
<tr><td rowspan="10">계열사</td><td>통합 네트워크</td><td>Akoa
GREY</td><td>Ogilby
Vmly & R</td></tr>
<tr><td>미디어</td><td>Group M
Mindshare
Essence</td><td>Mediacom
Wavemaker
XAXIS</td></tr>
<tr><td>데이터 분석</td><td>Choreograph</td><td>Kantar</td></tr>
<tr><td>PR</td><td>BCW
FGS Global</td><td>Ogilvy</td></tr>
<tr><td>브랜드 컨설팅</td><td>Landor & Fitch</td><td>Superunion</td></tr>
<tr><td>제작</td><td colspan="2">Hogarth Worldwide</td></tr>
<tr><td rowspan="3">건강과 웰니스</td><td colspan="2">CMI Media Group
Wunderman Thompson</td></tr>
<tr><td>Vmly & R</td><td>Ogilvy</td></tr>
<tr><td>GREY</td><td></td></tr>
</table>

출처: 권예지 외(2022).

글로벌 대형 광고회사의 업무 또한 디지털 전환에 발맞춰 꾸준히 진화했다. 예를 들어, 세계 최대 광고회사 WPP는 자신들의 업무 영역을 커뮤니케이션(communication), 경험(experience), 커머스(commerce), 기술(technology)로 구분한다(〈표 3-2〉 참조). WPP의 계열사는 전통적 광고회사 업무 외에 통합 네트워크(integrated networks), 데이터 분석(data & insight), 브랜드 컨설팅(brand consulting) 등의 핵심 역량을 강화하고 있는데, 오길비(Ogilvy) 역시 자신들의 역할을 브랜드 전략, 광고, 고객 참여 및 상거래, PR 및 영향력, 디지털 혁신, 파트너십(partnership)과 같은 여섯 가지 핵심 기능 중심으로 소개한다.

이처럼 지금은 광고회사가 기존 광고회사들끼리 경쟁하는 시대가 아닌 IT 테크놀로지 기반의 비즈니스 컨설팅 회사, 데이터 기반 퍼포먼스 마케팅 회사 등 다른 비즈니스 영역의 업종들과 경쟁하는 시대가 됐다. 즉, 광고회사가 지배해 왔던 마케팅 커뮤니케이션 서비스 시장의 정의와 역할이 완전히 변화한 것이다. 지금까지의 내용을 종합하면 다음과 같다. 먼저, 초창기 광고회사의 역할이 매체사의 광고지면이나 시간을 대신 구입하고 판매를 대행하는 것에 중심을 두었다면, 이후의 광고회사는 통합적 마케팅 커뮤니케이션 전략 수립 역량을 갖춘 종합광고회사를 거쳐, 현재는 소비자의 구매 여정을 추적 분석하여 가장 적확한 광고를 제공하는 데이터 기반 마케팅 솔루션을 제공하는 비즈니스로 그 역할을 확대했다. 지금부터는 디지털과 모바일 중심 업무로 광고회사의 패러다임이 변화하는 가운데 광고회사 내에서 변함없이 중요한 역할을 담당하고 있는 광고기획자(AE)란 어떤 사람들이며, 이들의 역할은 무엇인지에 대해서 알아보기로 하자.

2. 광고회사와 광고기획자

1) 광고기획자란 누구인가?

우선 광고기획자(AE)라는 명칭에 관한 얘기로부터 시작을 해 보자. 광고회사의 기획자는 영어 'Account Executive'의 약칭인 AE로 불린다.[6] 일반적으로 AE는 광고회사의 기획팀을 의미하는 어카운트 서비스(Account Service)팀에 소속되는데, 광고회사 기획팀의 경우 직급체계에 따라 사원, 대리, 과장, 차장, 국장, 수석국장 등의 순차적인 직급이 있지만 AE는 이러한 직급과 상관없이 광고기획자를 통칭하여 부르는 말이다. 최근에는 광고를 포함한 전략커뮤니케이션 비즈니스에서 광고주를 상대하는 담당자 역시 AE로 부르고 있는데, 일례로 온오프라인 광고회사뿐만 아니라 홍보대행사에서도 AE란 직종을 두고 있다.

---

6) 광고회사에 따라 기획팀 입사 1~2년차의 신입 AE에게 주니어 어카운트 이그제큐티브(Jr. Account Executive)라는 직위를 부여하는 경우도 있다. 이후 어카운트 이그제큐티브(Account Executive)를 거쳐 경력이 쌓여감에 따라 어시스턴트 매니저(Assistant Manager), 어카운트 매니저(Account Manager), 시니어 어카운트 매니저(Sr. Account Manager), 어카운트 디렉터(Account Director)의 순으로 직위가 높아진다.

광고기획자(AE)의 첫 머리글자인 '어카운트(account)'라는 용어는 언뜻 보기엔 광고회사와는 어울리지 않는 용어이다. 어카운트는 회계상의 구좌 혹은 계좌를 의미하기 때문이다. 우리가 은행의 계좌를 어카운트라고 부르는 것처럼 어카운트 이그제큐티브(account executive)의 원래 의미는 은행에서 고객의 계좌(account)를 관리하는 사람을 뜻한다. 그렇다면 왜 광고회사에서 광고주를 관리하는 사람을 AE라고 부르게 됐을까? 사실 이그제큐티브(executive)를 집행자 혹은 담당자라고 이해하는 것은 어렵지 않다. 이해가 안 되는 것은 아마도 광고주를 왜 '어카운트'라고 부르는가이다. 어카운트는 예금 계좌, 즉 돈이 들어 있는 계좌라는 의미이다. 광고회사의 입장에서 보면 각각의 광고주는 자사의 수입원 즉, 돈이 되는 구좌로 볼 수 있다. 각 광고주를 돈이 들어 오는 계좌의 개념으로 보고 각 계좌를 담당하는 사람, 즉 어카운트(account)를 관리하는 사람(executive)을 AE로 부르게 됐다. 사실 AE가 하나의 광고주만 관리하는 경우는 없다. 대개는 AE로 소속된 기획팀에서 관리하는 핵심 광고주를 포함하여 3~4개 정도의 광고주를 동시에 담당하는 것이 일반적이다.

광고기획자는 자신이 속한 광고회사와 담당 광고주를 잇는 가교(假橋, bridge)이자 연락원이다. 여기에서 가교는 광고회사와 광고주 사이의 연락을 담당하는 책임자라는 의미이다. 앞서도 언급했듯이 모든 AE에게는 담당 어카운트가 부여되는데, 이 말은 곧 광고주는 자사의 광고 캠페인을 담당하는 책임 AE를 통해서 광고회사와 커뮤니케이션 한다는 것을 의미한다. 이처럼 AE는 광고회사 내 다른 직종과 달리 양면성을 지닌 매우 독특한 직종이다. 광고회사가 볼 때 AE란 회사를 대표해 자사가 기울인 모든 노력(예: 광고 시안, 매체기획안 등)을 광고주로부터 승인받고 그 결과에 대한 합당한 보상을 요구하는 사람이며, 광고주의 일방적 요청을 적절히 조율함으로써 자신과 함께 일하는 광고회사 내 여러 구성원들이 최적의 노력을 업무에 투입할 수 있도록 하는 조율사이다. 그러나 한편으로 AE는 담당하고 있는 광고주를 대신하여 그들의 니즈를 광고회사에 명확히 전달하고 솔루션을 도출해야만 하는 위치에 선다. 즉, AE라는 직종은 광고회사 혹은 광고주 어느 한 쪽의 이익만을 대변할 수도 없으며 그렇게 해서도 안 된다. AE는 광고회사 내에서 광고주와 직접적으로 관계를 맺는 가장 핵심적인 인물이다. 따라서 광고회사와 어떤 기업이 좋은 관계 속에서 오랫동안 광고 관련 업무 대행계약을 유지했다는 말은 담당 AE와 해당 브랜드 담당자와의 관계가 매우 좋게 오래도록 유지되고 있다는 말과도 같다.

광고회사의 인력구조상 AE는 가장 큰 비중을 차지한다. 예를 들어, 제일기획의 경우 국내 본사에 근무하는 전체 인원의 약 25% 정도가 AE라고 할 수 있을 정도이다. 그만큼 AE의 역할이 중요하고 업무의 범위가 넓다는 방증이다. 앞으로 AE의 업무를 구체적으로 살펴보겠으나, 대략적으로 AE가 하는 일들을 두서없이 적어 보면 다음과 같다.

- TV, 라디오, 신문, 잡지, 인터넷, 패키징 등 모든 종류의 매체를 활용한 마케팅 커뮤니케이션 콘셉트 수립
- 광고기획서 및 브리프 작성
- 광고주 미팅 조율 및 각종 프레젠테이션
- 광고 제작물 견적서 작성
- 광고 제작비, 매체비 청구 업무
- 모델 계약 추진
- 광고 심의 해결
- 경쟁사 동향 파악, 광고 분석, 광고 집행 결과 분석, 예산 관리
- 광고 및 제품 퍼블리시티(publicity) 원고 작성
- 광고주 매출 및 트래픽 분석
- 제작팀, AP팀, 프로모션팀, 매체팀, 제작관리팀, 재무팀 등과의 업무조율
- 그 외 담당 광고주가 요구하는 모든 종류의 일!

위는 AE의 명시적 업무로 볼 수 있는 것들만 적어본 것이다. 당연히 위의 업무들은 AE가 하는 일의 일부일 뿐 전부가 아니다. 광고회사에서 벌어지는 일들 가운데 이 업무는 누가 해야 할지 직종을 특정하기 어려울 때는 AE가 할 일이라고 보면 된다. 광고주 미팅을 위해 제작팀 및 기타 매체, 프로모션, AP들과 이동할 때 회사차를 운전하는 사람은 당연히 AE라고 생각하는 것처럼 말이다. 낮은 연차의 AE는 정기적인 리포팅 자료의 작성, 광고 캠페인 기획을 위한 2차 자료 수집과 분석 등이 주된 업무가 되며, 연차가 높아질수록 광고주와의 중요한 커뮤니케이션, 캠페인 기획 및 제안, 내부 제작팀 핸들링을 하게 된다.

2) 광고기획자의 업무 영역

앞서 살펴본 것처럼 AE의 업무 영역은 매우 넓고 다양하지만 크게 3P 1B의 업무로 구분해 볼 수 있다. 3P 1B란 플래너(Planner), 프로듀서(Producer), 프레젠터(Presenter), 그리고 비즈니스 맨(Businessman)의 첫 머리글자이다. 지금부터 각각의 영역들에서 AE가 하는 일들을 살펴보기로 하자.

(1) 플래너로서의 광고기획자

광고기획자라는 명칭에서도 드러나듯이 플래너(planner)로서의 AE란 광고물의 제작 방향을 조정하는 역할을 의미한다. 광고기획에 관해서는 이 책의 다른 장에서 자세히 다루고 있으므로 이 장에서는 AE의 주요 역할 중 하나인 플래닝에 관해서만 언급하고자 한다. 먼저 '플래닝(planning)'의 의미에 대해 알아보자. 플래닝이란 광고를 기획(planning)하는 과정에서 적절한 광고 전략을 고민하고 제안하는 일련의 행위를 뜻하며, 광고를 의뢰한 어카운트(광고주)를 위한 제반 행위라는 점에서 어카운트 플래닝(account planning)이라고도 부른다. 사실 광고회사에는 어카운트 플래닝을 전문적으로 수행하는 직종이 따로 있다. 바로 어카운트 플래너(Account Planner, 이하 AP)라고 불리는 전문가들이다. AP는 광고 전략의 수립을 위해 필요한 제반 업무를 수행하는데, 소비자 조사 및 2차 자료를 바탕으로 마케팅 커뮤니케이션 전략을 수립하고, 최신 마케팅 커뮤니케이션 이론을 입수하여 적용함으로써 광고주의 합리적 의사 결정을 지원한다. AP는 한 마디로 광고회사의 마케터인 셈이다.

그러나 모든 광고회사가 AP를 두고 있지는 않다. 예를 들어, 제일기획, 이노션, HS애드, 대홍기획 등과 같이 광고주가 요구하는 풀 서비스(full service)를 제공할 수 있는 역량을 지닌 광고회사인 경우 대개는 AP라는 직종의 전문가들이 있지만, 소규모의 광고회사는 AE가 AP의 업무를 겸하는 경우가 일반적이다. 다시 말해, AP를 별도로 두지 않은 조직인 경우 플래너로서의 AE 역할이 상대적으로 더 강조된다. 기본적으로 플래너로서의 AE는 담당하고 있는 제품에 대해서 광고주 못지않게 많이 알고 있어야함을 의미한다. 그리고 광고를 제작하는 전 과정에서 소비자의 관점이 투영되도록 해야 한다. 소비자들이 무엇을 생각하고, 담당 제품이나 그 경쟁 제품의 무엇을 좋아하거나 싫어하는지, 지금까지 무엇이 소비자에게 어필을 했는가, 앞으로 무엇이 새로운 소비자를 창출할 수 있을 것인가 등에 대한 깊은 고민은 기본이다. 이 작업은 AE의 머릿속에서 추측으로 이루어져서는 안 된다. 소비자의 습관이나 태도조사, 광고 콘셉트에 대한 사전조사, 광고효과조사 등 정량조사와 정성조사 등의 결과를 기초로 해야만 한다. 이를 통해 AP 못지않게 목표 수용자에 대한 깊은 이해를 하고, 이러한 이해를 바탕으로 간결하고 명확한 광고 콘셉트(advertising concept)를 제시할 줄 알아야 한다.

좋은 광고의 콘셉트는 소비자 인사이트(insight)에 기초해야만 한다. 독자들에게 질문을 하나 해 보기로 하자. 성공한 광고가 탄생하기 위해선 어떤 것들이 필요할까? 우선은 AE와 AP의 숙고를 통해 탄생한 좋은 광고 콘셉트가 필수일 것이다. 좋은 광고 콘셉트를 바탕으로 제작팀은 창의적인 크리에이티브 콘셉트를 수립하며, 소비자의 눈길을 사로잡는 광고 크리에이티브와 그러한 크리에이티브를 소비자에게 전달하기 위한 매체운용 전략이 뒤를 따르기 마련이다. 성공한 광고를 위한 첫 걸음인 광고 콘셉트를 수립하기 위해 소비자 인사이트를 발견하는 것, 그것이 어카운트 플래닝의 요체이고 핵심이다. 인사이트를 우리말로 번역하면 '통찰력' 정도로 말할 수 있다. 사전적 의미로는 사물이나 현상을 예리한 관찰력으로 꿰뚫어 보는 능력으로 해석되는데, 사람이나, 사건, 현상 등을 깊게 관찰하는 것에 그치는 것이 아니라 관찰을 통해 발견한 유의미한 점을 해석하는 행위가 바로 인사이트의 도출이다(이희준, 2020).

그래서 우리는 인사이트의 개념을 어떤 해석이자 발견이라고 말한다. 예를 들어, 주말에만 마트에 가서 장을 보는 30대 초반의 맞벌이 부부가 오래 저장해 두고 먹을 수 있는 통조림 같은 식료품을 주로 구매하는 것에 주목해 보자. 어떤 AE는 이러한 관찰을 두고 '젊은 맞벌이 부부는 통조림을 선호한다.'라는 표면적 해석에 그칠 수도 있을 것이다. 그러나 통찰력 있는 AE라면 '신선한 채소와 샐러드 그리고 금방 만든 반찬 등의 신선 식품에 대한 구매욕구가 있지만 매번 장볼 시간이 없기 때문에 어쩔 수 없이 저장 식품을 주로 사는 것.' 이라는 소비자의 속마음을 발견해 낼 수도 있다. 그리고 이러한 인사이트의 발견은 [그림 3-3]과 같은 마켓컬리 '샛별배송' 광고로 이어지게 되는 것이다.

그렇다면 소비자 인사이트는 어떻게 찾을 수 있을까? 광고회사의 동료들과 하루 종일 브레인스토밍을 하면 될까? AP팀으로부터 소비자 행동 데이터를 받아 와서 꼼꼼하게 살펴보면 발견되는 것일까? 아니면 일상적인 삶 속에서 갑자기 "유레카!"처럼 떠오르는 순간을 기다려야 할까? 안타깝게도 소비자는 자신이 무엇을 원하는지 좀처럼 말해 주지 않는다. 더 정확히 말하자면, 소비자는 자신이 무엇을 원하는가에 대한 질문에 쉽게 대답

[그림 3-3] 마켓컬리 샛별배송 광고

출처: 마켓컬리

할 수 없다. 사실 소비자는 자신이 진짜 원하는 것이 무엇인지 잘 모르며, 안다고 하더라도 그것을 언어로 잘 표현하지 못한다. 소비자는 여러 상황적 맥락 속에서 의도하지 않게 드러나는 눈빛, 제스처 등과 같은 비언어적 표현이나 평소의 습관적 행동 속에서 속마음을 보여 줄 뿐이다(이희준, 2020). 좋은 플래닝을 위해서는 소비자의 인사이트를 발견하는 능력이 매우 중요하게 요구된다. AE 자신의 역량 또는 광고회사의 인적, 시스템적 자원에 따라 플래닝의 수준은 차이가 있을 수 있겠으나, 잊지 말아야 할 점은 최종 플래닝의 결과를 책임지는 것은 AP가 아니라 AE라는 점이다.

(2) 프로듀서로서의 광고기획자

프로듀서로서의 AE란 광고회사 내 다양한 전문가들 사이에서 업무를 조율하고 프로젝트의 시작부터 끝까지 안정적으로 관리하는 것을 말한다. 광고회사가 방송국도 아닌데 프로듀서 업무라니 감이 안 올지도 모르겠다. 그렇다면 방송국의 프로듀서를 떠올려 보자. 드라마 프로듀서의 역할은 뭘까? '드라마의 기획 단계에서 해당 드라마의 방향에 맞는 작가와 배우 등을 조합하고, 제작예산 등을 결정한다. 그리고 드라마의 기획 단계에서부터 적극적으로 관여하여 최종적으로 방송이 되기까지 제작 전반에 대해 책임을 지는 것'이 드라마 프로듀서의 역할이다(한국방송공사, 2020. 9. 17.). 여기서 드라마를 광고로 바꾸고 작가와 배우 등을 광고회사에 맞는 직종으로 대체해 보자. '광고의 기획 단계에서 해당 광고의 방향에 맞는 제작팀 등을 조합하고, 광고의 기획 단계에서부터 적

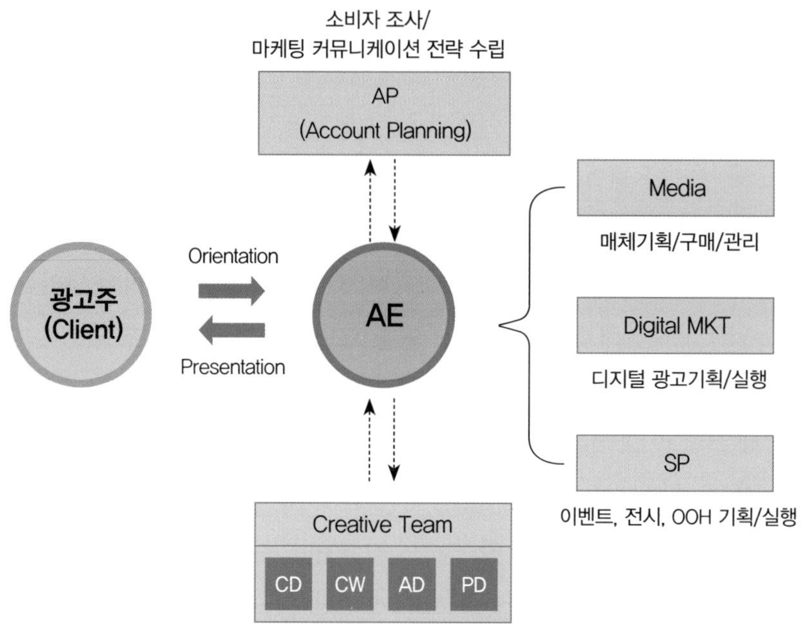

[그림 3-4] **광고기획자(AE)는 광고 캠페인의 중심**

극적으로 관여하여 최종적으로 집행이 되기까지 제작 전반에 대해 책임을 지는 것'이 된다. 이게 바로 프로듀서로서의 AE가 수행하는 역할이다.

우리는 먼저 광고 제작 프로세스를 떠올릴 필요가 있다. 광고의 제작은 광고주가 제공하는 오리엔테이션(orientation)에서부터 시작된다. 광고주 오리엔테이션에는 광고를 계획 중인 제품 또는 서비스의 특성, 광고 예산, 대략적인 캠페인 기간, 시장 상황 등의 마케팅 데이터를 비롯해 광고주가 광고회사에 요청하는 핵심적 요구사항들이 담긴다. 광고주 오리엔테이션은 사안의 중요도에 따라 담당 기획팀의 팀장급 AE를 비롯한 전체 AE가 참석하기도 하고, 선임 AE와 주니어 AE 한 명 정도가 참석할 때도 있다. 이때 AE의 판단에 따라 제작팀이나 매체팀 인원을 동반하기도 한다. 광고주 오리엔테이션을 받은 AE는 의뢰된 업무의 해결을 위해 팀을 조직한다. [그림 3-4]에서 보여 주듯이 담당 AE를 중심으로 크리에이티브 디렉터(Creative Director: CD), 카피라이터(Copywriter: CW), 아트 디렉터(Art Director: AD), 디자이너, 어카운트 플래너(Account Planner: AP) 그리고 필요에 따라 PR, 세일즈 프로모션(Sales Promotion: SP), 매체부서의 일원도 포함한다. 경쟁 프레젠테이션 상황이 아닌 경우라면 광고주별, 제품군별로 이미 팀이 조직되어 있기 때문에 이들을 소집하는 형태로 보면 된다. 이때 해당 제작팀, 매체팀 등은 대개 다른 프로젝트를 진행하고 있는 상황일 것이므로, 이들이 진행하고 있는 기존 업무와 AE가 담당하고 있는 광고주의 신규 프로젝트를 조율하는 작업은 필수이다.

광고기획자는 담당 광고주의 이익만을 위해 함께 일하는 동료들에게 일방적으로 업무를 강요해서도 안 되며, 그렇다고 무작정 눈치를 보며 대기할 수만도 없다. 가정을 하나 해 보기로 하자. 어떤 AE가 퇴근길에 담당 광고주로부터 전화를 받았다. 갑자기 다음 주에 라디오 광고를 내보낼 일이 생겼다며, 3일 안에 녹음까지 마쳐 달라는 요청이다. 그 AE는 우선 제작팀에게 달려가 하던 일을 모두 멈추고 라디오 광고 카피먼저 써달라는 부탁을 해야만 한다. 갑작스런 부탁을 듣게 될 담당 카피라이터는 순순히 그러겠다고 할까? 만에 하나 마침 여유가 있어서 카피 작업이 가능하다 하더라도 담당 CD는 제작팀장으로서 이렇게 막무가내로 들어온 카피 작업을 해 주도록 허락할까? 통상 광고회사의 모든 프로젝트는 철저한 계획과 일정 하에 진행된다. 특히 제작팀은 합의된 제작 방향에 근거하여 약속된 기일에 광고 시안을 AE에게 전달하는데, 이 약속을 지키는 것은 기획팀과 제작팀 사이에서 일종의 불문율과 같다. 같은 이치로 AE는 미리 약속되지 않은 업무를 제작팀에게 강요할 수 없다. 아무리 광고주를 위한 일이라고 해도 말이다.

그러나 필자가 광고기획자(AE)로 일하던 시절의 경험을 떠올려 보면 종종 예상치 않게 스케줄 변동이 생기곤 한다. 앞서 예를 든 것처럼 급히 광고 시안 작업을 요청할 일이 벌어진다거나, 광고주로부터 시안 제시 일정을 앞당겨 달라는 요청도 빈번하다. 이럴 땐 대부분의 경우 담당 제작팀도 AE의 부탁을 들어 준다. 말 그대로 불가피한 상황임을 서로가 알고 있기 때문이다. 그러나 일의 우선순위 및 중요도 등을 종합적으로 고려하여 일정을 관리하는 것은 AE의 매우 중요한 역할이다. AE 자신에게 과중한 업무가 몰리는 것을 막기 위함은 물론이거니와, AE와 함께 일하는 광고회사 내 모든 직종을 위해서도 중요하다. 실제로 TV 광고 한 편을 만들기 위해서는 광고주와의 미팅 일정, 광고 예산, 온에어 시점, 모델 선정 등에서 문제가 생기거나 방향이 바뀌는 경우가 허다하다. 심지어 광고 촬영이 끝나고 후반부 영상 편집과정에 들어간 상황에서 광고주로부터 브랜드 네임이 바뀌었다는 어이없는 연락이 오기도 한다. 이 모든 것을 조율하며 무리 없이 프로젝트가 진행되도록 하는 것. 그것이 바로 프로듀서로서의 AE 역량이다.

(3) 프레젠터로서의 광고기획자

프레젠테이션(presentation)은 설득 커뮤니케이션을 위해 매우 중요한 행위이다. 프레젠테이션이란 발표자가 원하는 목적을 달성하기 위해 정해진 시간 안에 청중에게 사실이나 정보, 자신의 주장 등을 전달함으로써 청중을 설득하는 일련의 과정으로 정의된다. 프레젠터(presenter)는 준비된 제안을 효과적으로 전달하는 사람이다. 모든 커뮤니케이션에는 메시지 송신자와 수신자가 있다. 프레젠테이션 역시 커뮤니케이션의 한 형태인데, 단순히 메시지를 전달하고 수신하는 데 그치는 것이 아니라 그 메시지를 수신한 결과로써 의도된 결과가 나타나도록 하는 데 목적을 둔다는 점에서 설득 커뮤니케이션의 한 형태라고 할 수 있다. 광고 프레젠테이션은 광고회사 측의 생각을 영상이나 이미지, 텍스트로 표현한 제안서 또는 광고 제작물을 광고주에게 설명하고 최종 승인을 획득하는 행위이다. 그 승인이 있어야만 비로소 본격적인 광고 제작으로 이어진다. 소비자를 설득하기 전에 광고주를 설득하지 못하면 힘들게 만든 크리에이티브는 빛을 볼 수 없게 된다는 뜻이다.

광고업계에서는 '시안을 판다'라는 표현을 종종 한다. 광고회사 AE는 일상적으로 크고 작은 프레젠테이션을 하게 되는데, 그 대표적인 예가 광고 시안의 프레젠테이션이다. 제작팀이 AE 손에 광고 시안을 쥐어줬다면 그것을 광고주에게 팔아 오는 것은 오롯이 AE의 몫이다. 담당 AE는 TV광고 스토리보드 혹은 편집영상, 인쇄 광고 시안, 라디오 광고 카피, 인터넷 광고 시안 등을 들고 광고주를 상대로 프레젠테이션을 실시한다. 해당 광고 시안의 콘셉트는 무엇이며, 왜 그러한 방향으로 가야만 하는가에 대해 설명하고 광고주의 동의를 구해야 한다. 각각의 광고 시안을 실감나게 설명할 줄 알아야 하며, 다른 대안에 대해 숙지하고 있어야만 한다. 그래야 시안을 팔 수 있다. 만약 파는 데 실패한다면 제작팀이 며칠 밤을 새며 완성한 광고 시안은 버려지게 되거나 수정을 거쳐 다시 광고주를 찾아가야만 하는 상황을 맞게 된다. 시안을 팔지 못하고 광고회사로 돌아오는 AE의 무거운 발걸음을 상상해 보라. 광고회사로 돌아가 제작팀을 만나 수정해 달라거나 다시 만들어 달라는 아쉬운 소리를 해야만 하는 심정이 어떤지는 경험해 보지 않은 사람은 가늠하기 어려울 듯하다. 오죽하면 현대광고에 많은 영향을 미친 데이비드 오길비(David Ogilvy)조차 프레젠테이션을 잘 하지 못하면 절대로 일급 AE가 될 수 없다고까지 말했을까. 자신이 기획한 광고물을 광고주에게조차 팔지 못하는 AE가 어떻게 소비자를 설득하겠는가.

광고기획자의 업무 가운데 어느 것 하나 중요하지 않은 것이 없지만, AE에게 프레젠테이션의 중요성은 아무리 강조해도 지나침이 없다. 앞서 얘기한 것처럼 AE가 프레젠테이션을 망치는 순간 그동안 쏟아 부은 모든 이들의 노력이 한 순간에 물거품이 되기 때문이다. 특히 신규 광고주 영입을 위한 경쟁 프레젠테이션은 광고회사가 지닌 모든 역량을 집약해서 보여 주는 그야말로 결전의 순간이다. 이 중요한 순간을 책임지는 사람이 프레젠터이며, AE가 주로 그 중요한 역할을 맡는다. 물론 경우에 따라 타 직종의 스태프와 프레젠테이션을 나눠 진행하는 경우도 있다. 예를 들어, 광고기획서의 전반부 기획파트는 실제 업무를 하게 될 총괄 AE가, 후반부 광고 제작물에 관한 설명은 담당 제작팀의 CD가 프레젠테이션을 하는 식이다. 그러나 광고주와의 크고 작은 미팅에서 이루어지는 거의 대부분의 발표와 보고는 대개 AE의 역할이다.

(4) 비즈니스맨으로서의 광고기획자

비즈니스맨(businessman)을 우리말로 번역하면 영업사원 정도로 번역될 것이다. 그런데 왜 영업직이란 의미를 지닌 세일즈맨(salesman)이라는 단어를 사용하지 않고 비즈니스맨의 역할이라고 말할까? 필자가 생각하기에 AE는 일반 영업직과 크게 다른 점이 있다. 세일즈맨과 비즈니스맨 모두 제품의 판매라는 절대적 목표를 지향한다. 세일즈맨은 자신에게 할당된 제품을 있는 그대로 잠재적 구매자의 심리적인 의사 결정만을 돕는 도우미이다. 즉, 해당 제품의 개발과 제작에 관여하기보다 제품을 판매하는 데 집중한다. 그러나 AE는 그렇지 않다. AE는 광고회사를 대표하는 커뮤니케이션 전문가로서 경쟁 프레젠테이션을 통해 광고주를 영입하고 광고대행권을 얻어 내는 비즈니스맨이다. 예를 들어, 자동차 회사의 영업직은 주어진 자사의 차량 그대로를 받아 판매만 할 뿐이다. 그러나 광고회사의 AE는 광고라는 서비스 상품의 제작에 처음부터 직접적으로 관여하며, 자신의 최종 동의하에 완성된 광고물을 광고주에게 판매한다. 수동적이기보다 매우 능동적이다.

독자들은 이미 눈치챘겠지만, 필자는 이 장에서 '광고대행사'라는 용어 대신 '광고회사'를 사용했다. 광고회사의 태동기에 광고 매체를 구매대행한다는 의미로 대행사(agency)라는 단어가 사용됐으나, 앞서도 살펴봤듯이 지금의 광고회사는 단순히 광고 업무를 대행하는 것을 넘어, 광고주의 고민을 해결하고 비즈니스에 대한 전반적인 솔루션을 제공하는 역할을 수행한다. 사실 광고대행사라는 용어부터 이미 주체적 업무 수행 역량을 지닌 조직체가 아닌 수동적인 혹은 말 그대로 업무 대행이라는 제한적 역할 범위에 스스로를 묶어둔다는 어감이 없지 않다. 지금부터라도 업무를 부여하는 '갑'과 이를 대행하는 '을'의 관계가 아닌 동등한 비즈니스 파트너로서 광고회사의 위상을 수립해 가야만 할 것이다. 그러므로 이 글을 읽는 독자들도 앞으로는 광고대행사가 아닌 '광고회사'라는 용어를 사용해 주길 바라며, 특히 AE의 위치에서 광고주를 '주님'으로 모시듯 부르며 스스로를 '을'의 위치에 두는 인식은 지양되어야 한다. 광고주를 존중하는 것과 광고주에게 복종하는 것은 엄연히 다르다. 이런 자조적 농담이 위험한 이유는 자칫 스스로 느끼지 못하는 사이에 광고주와의 관계 정립이나 업무수행에서 능동적이고 자립적인 위치에 서지 못하게 될 수 있기 때문이다. 이 말은 곧 AE의 주체적 판단에 따라 업무를 수행하는 것이 아니라 광고주가 지시한 업무 범위 내에서만 수동적으로 움직이는 것을 의미한다.

사실 능동적으로 일을 한다는 것은 여간 힘든 일이 아니다. 스스로 업무를 찾아하기보다 광고주가 보낸 메일이나 전화에 대처하는 게 일반적이고 쉽게 일하는 방식일지도 모른다. 그러나 매일매일 이런 방식으로 일하는 것에 익숙해지는 순간 말 그대로 대행사라는 광고 하청업체의 직원이 되고 만다. 필자가 HS애드의 AE로 현업에 몸담고 있던 시절에 회사를 출입할 때마다 마주하던 문구가 생각난다. 당시 HS애드 각 층의 출입문마다 자동문이 열리면 '프로액티브(Proactive)'라는 영어 문구가 벽에 새겨져 있었다. 마치 중고등학교 시절 교실 문을 열고 들어설 때마다 마주하던 급훈처럼 당시 필자는 '프로액티브'라는 단어를 매일 아침마다 마주했다. '프로액티브'의 뜻을 사전적으로 해석한다면 '상황을 앞서서 주도하는' 또는 '사전에 대책을 강구하는'이라는 의미이다. HS애드는 모든 직원들에게 프로액티브한 광고주 서비스를 강조했다. 실시간으로 광고주의 반응에 능동적으로 대응하고, 이를 바탕으로 선제적으로 광고 캠페인의 내용을 변경해 최적의 효과를 창출해 내는 것이 프로액티브한 광고주 서비스이다. 주체적이고 능동적인 AE란 한 마디로 프로액티브한 AE이다. 필자가 미래의 AE를 꿈꾸는 독자들에게 강조하고 싶은 업무 수행의 자세를 한 마디로 규정한다면 바로 '프로액티브'이다. 물론 이와 같은 마음의 자세는 비단 AE에게만 요구되는 것이 아니라 모든 광고인에게 요구되는 마음의 자세임도 잊지 말자.

3. 마무리

이제 독자들에게 드리는 몇 가지 조언으로 이 장을 마무리하고자 한다. 필자는 대학에서 광고 관련 학문을 가르치는 교수가 되기 이전에 과거 십여 년 동안 광고회사에서 AE로 근무했다. 국내외 다양한 브랜드의 광고와 마케팅 커뮤니케이션을 진행했던 AE로서 성공적인 캠페인을 탄생시키기 위해 고민했으며, 치열한 업무의 현장 속에서 AE만이 겪는 애환을 경험했다. 돌이켜보건대, 신입 기획자로 광고회사에 입사한 이후로 정든 현업을 떠날 때까지 줄곧 스스로 자문했던 것이 하나 있다. 'AE로서의 내가 가진 전문성은 무엇일까?' 라는 질문이다. 그 전문성을 갖추기 위해 나름의 노력을 기울였고, 그것을 입증할 만한 경력을 쌓기 위한 시간을 보냈다. 여러분들이 생각하는 AE의 전문성이란 무엇인가? 유능한 AE가 되기 위해서는 어떤 자질이 필요할까? 혹시 이 글을 읽은 이들 중에 앞으로 AE가 되어 광고업계에 몸담기를 희망하는 독자가 있다면 다음의 열 가지 덕목을 한 번 보길 바란다. 일찍이 데이비드 오길비(David Ogilvy)는 AE에게 필요한 덕목을 다음과 같이 이야기했다.

- 높은 윤리의식
- 사소한 일에 신경 쓰지 않는 대범함
- 스트레스와 실패를 뚫고 나갈 수 있는 패기와 쾌활함
- 주어진 일만 하기보다 튀는 두뇌
- 밤새도록 일할 수 있는 체력
- 매력과 설득력을 지닌 카리스마
- 전통에 얽매이지 않는 창조적 혁신
- 가혹한 결정을 내릴 수 있는 용기
- 열광적으로 부하직원들을 일에 매달리게 할 수 있는 리더십
- 유머감각

이 열 가지 덕목 중에서 나는 몇 개나 해당되는지 스스로를 평가해 보자. 몇 개는 나도 갖추고 있다고 생각할 것이고, 몇몇은 해당 안 된다고 생각할지도 모르겠다. 물론 오길비의 기준이 절대적일 수는 없다. 지금의 광고업계는 오길비가 경험했던 시대와는 다르며, 따라서 지금의 시대를 살아가는 AE에게 더 요구되는 역량이나 새롭게 필요한 자질이 있을 것이다. 오길비가 강조하는 덕목 외에도 AE가 갖추면 좋을만한 자질은 더 있다. 몇 가지 예를 들어 본다면, 문제를 찾아내고 다양한 각도에서 분석할 줄 아는 분석력, 이 과

정에서 필요한 정보를 될 수 있는 한 많이 모을 줄 아는 정보 수집력, 무심코 간과했던 일 혹은 당연하다고 생각하고 있는 것에 의문을 갖고 들여다보며 숨겨진 인사이트를 발견해 내는 통찰력, 핵심을 발견한 순간 모든 것을 집중하고 몰입하는 집중력, 말과 글을 통한 설득력, 실현 가능한 스케줄에 맞는 실행 계획을 세우고 필요한 자원을 확보하는 실행력 등이다. 사실 AE에게 필요한 자질과 역량을 말하자면 끝이 없다. 세상에 AE 업무에 도움이 되지 않은 자질이 존재하겠는가. 그러나 이 모든 자질을 갖춰야만 AE가 될 수 있는 것도 아니며, 그러한 자질을 갖춘 슈퍼 AE를 찾기도 어렵다.

여러분들이 유능하고 인정받는 AE가 되고 싶다면 필자는 다음의 세 가지를 당부하고 싶다.

첫째, 디지털을 잘 아는 AE가 되기를 바란다. 최근 들어 디지털 융합(digital convergence) 혹은 디지털 전환(digital transformation)이라는 용어를 들어봤을 것이다. 디지털 기술과 전통적 매체의 결합 그리고 디지털 기술을 활용한 새로운 비즈니스 모델의 등장은 모바일, SNS, AR, VR, AI, 메타버스 등 새롭고 다양한 디지털 미디어의 폭발적인 성장을 이끌어 왔다. 그동안 소비자의 미디어 이용 행태가 바뀌었고, 그들의 소통 방식과 라이프스타일도 변해 왔다(조창환, 이희준, 2018). 광고회사의 역할이 어떻게 변해 왔는가에서 확인했듯이 과거 일방향적 노출 위주의 4대 매체 광고대행 업무에 머물던 광고회사는 데이터에 기반한 마케팅 솔루션을 제공하는 회사로 변했다. 앞서 3P 1B의 업무로 살펴본 AE의 업무는 과거에도 그러했으며 앞으로도 변치 않을 AE의 기본적 역할이다. 여기에 더해 이제는 디지털 역량을 갖추기를 당부한다. 유능하고 전문적인 AE란 IT에 대한 상당한 지식을 갖추지 않고서는 오를 수 없는 자리가 되어버렸다. 광고가 변하고 있으니 그 광고를 기획하는 AE도 변해야만 하는 것은 당연하다. 지금은 한 마디로 디지털 광고의 시대이다. 디지털 시대에서는 광고회사의 경쟁자가 IT 테크놀로지 기반의 비즈니스 컨설팅 기업 또는 데이터 기반 퍼포먼스 마케팅 비즈니스 기업이 된 것을 상기하자. 이제 광고회사 AE의 경쟁자도 전통적 AE에만 한정되지 않고 디지털 마케팅 AE, 데이터 애널리스트, 퍼포먼스 마케터가 됐다. 새롭고 다양한 디지털 미디어를 활용한 광고가 폭발적으로 성장하는 추세 속에서 시대를 잘 알고, 그 시대를 살아가는 소비자들에게 다가갈 줄 아는 방법을 잘 아는 AE가 되기를 바란다.

둘째, 광고주가 찾는 AE가 되자. 담당 광고주가 찾지 않는 것만큼 슬프고 초라한 AE가 없다. 광고회사와 광고주 사이의 연락을 담당하는 가교의 역할을 맡는 직종이 바로

AE이다. 그런데 광고주가 담당 AE를 패스하고 제작팀 카피라이터와 직접 커뮤니케이션 한다거나, 매체팀에게 바로 연락해서 업무를 처리한다고 생각해 보라. AE의 존재 이유가 사라지는 것이다. 아주 드문 경우이긴 하지만 광고주의 요청으로 담당 AE가 교체되기도 한다. 이 경우 무조건 AE의 잘못이라고 볼 수는 없다. 그러나 광고주가 AE와의 대화를 꺼린다는 건 문제가 매우 심각하다. 그 AE와는 업무를 하기 싫다는 뜻이니 말이다. 광고주가 신뢰하고 존중하는 AE는 그냥 만들어지지 않는다. 프레젠테이션을 할 때마다 말을 멋지게 잘한다고 해서, 패션 센스가 남달라서 옷을 잘 입는다고 해서, 가는 곳곳마다 어디에 맛집이 있는지를 알고 있다는 이유로 광고주가 AE를 존중해 주진 않는다. AE의 말과 행동 하나하나를 믿고 따르게 될 만큼 업무에서 신뢰를 쌓아야만 하며, 부단한 자기계발을 통해 나름의 전문성을 갖췄을 때만 가능한 일이다. 한때 광고회사의 AE라면 커뮤니케이션 전문가로서 대우받으며 광고에 관해서 만큼은 뭐라 말해도 소위 '말빨'이 먹히던 시절이 있었다. 아쉽게도 다 지난 옛날 얘기이다. 과거 기업의 홍보와 마케팅 담당자들이 자사 제품에 관한 전문성은 높지만 광고 영역의 전문성은 다소 낮은 경우가 많았다. 그러나 지금은 광고회사 출신 광고주도 많고, 마케팅 커뮤니케이션 분야에 상당한 지식을 갖추고 있는 실무자들이 대부분이기 때문에 광고회사 AE가 웬만큼 잘하지 않으면 예전처럼 대우받기 힘들다. 카피라이터는 광고 카피의 전문가이고, 디자이너는 감각적인 광고 디자인을 할 수 있는 전문가이며, 미디어 플래너는 해박한 매체 지식을 바탕으로 최적의 매체예산을 뽑아내는 전문가이다. 나는 AE로서 무슨 전문가라고 말할 수 있을지 깊게 자문해 봐야 한다. 자칫 잘못하다가는 광고 시안이나 배달하는 '철가방'이라는 오명을 얻게 될 수도 있다.

셋째, 동료가 신뢰하는 AE가 되자. 앞서 설명했듯이 광고회사의 AE는 담당하는 제품 혹은 서비스의 광고는 물론 마케팅 활동 전반에 깊숙이 관여한다. 그런데 흥미로운 사실이 하나 있다. AE는 모든 광고 업무에 직접적이거나 간접적으로 깊숙이 관련되어 있지만 실제로 자신의 손에 의해 이루어지는 일은 거의 없다. 물론 크리에이티브 브리프(creative brief)를 작성한다거나 광고기획서를 쓰는 것은 AE의 몫이지만 AE의 역할은 기본적으로 다른 직종의 전문성을 최대한 끌어내어 활용하는 것이다. 그렇기 때문에 같이 일하는 동료들의 신뢰를 얻지 못하면 어느 일 하나 진행이 안 되며, 동료들의 적극적인 지원이 없이 만들어진 광고물은 절대로 광고주의 신뢰를 얻을 수 없다. 이 말은 곧 동료들로부터의 신뢰와 지원이 절대적이라는 의미이다. 프로듀서로서의 AE 역할을 설명했던 내용을 떠올려 보면 이해가 쉬울 것으로 생각된다. 급히 라디오 광고 카피를 부탁할 일이 생겼을 때 아마도 사전에 원만한 관계와 신뢰가 구축되어 있지 않다면 이런 부탁을 들어줄 제작팀은 어디에도 없다는 점을 명심하자. 모쪼록 이 장의 내용이 광고회사의 역할과 AE의 업무를 이해하는 데 도움이 되기를 바란다.

참고문헌

광고정보센터(2022). [Close up] 2022년 애드에이지 글로벌 에이전시 랭킹 발표.

권예지, 이희준, 이혜선, 장시연(2022). 디지털 트랜스포메이션 시대 광고의 새로운 영역 검토 방안. 한국방송광고진흥공사 연구보고.

김봉철(2021). 광고산업의 구조와 특성. 김병희 외 공저, **디지털 시대의 광고학 신론**(pp. 89-116). 학지사.

이희준(2020). 디지털 시대의 광고 인사이트. 윤일기 외 공저, **한국광고학회 광고지성총서6: 디지털 시대의 광고 크리에이티브**(pp. 79-107). 학지사.

제일기획(2014). 지속가능경영 보고서 2013. https://www.cheil.com/upload/sustainability/Cheil_Sustainability_Report_2013_kr.pdf.

제일기획(2020). CONNEC+. https://www.cheil.com/upload/move/Cheil_Brochure_2020_KOR.pdf.

조창환, 이희준(2018). **디지털 마케팅 4.0.** 청송미디어.

한국방송공사(2020). 직종별 업무 소개: 드라마PD. https://recruit.kbs.co.kr/board/fieldworkDetail.do?boardId=5&boardNo=1119

HS Adzine (2010. 8. 11.). 2008/05-06: HS Ad News-HS애드로 사명변경. https://blog.hsad.co.kr/886

Holland, D. R. (1974). Volney B. Palmer: The Nation's First Advertising Agency Man. *The Pennsylvania Magazine of History and Biography, 98*(3), 353-381.

Johnson, B. (2022. 4. 25.). Agency Report 2022: Biggest companies and networks. https://adage.com/article/datacenter/agency-report-2022-biggest-companies-and-networks/2412566

Spake, D. F., D'souza, G., Crutchfield, T. N., & Morgan, R. M. (1999). Advertising agency compensation: An agency theory explanation. *Journal of Advertising, 28*(3), 53-72.

디지털 시대의 광고기획 신론

제 2 부

광고기획을 위한 환경 분석

제4장 디지털 환경에서 제품 이해하기*

코로나 팬데믹 이후 디지털 도약(digital leaping) 시대를 맞이한 현재 뉴노멀은 시작에 불과하다. 구글의 검색 엔진 모델을 대신해 챗GPT 기반의 광고 캠페인이 새로운 광고 인터페이스로서 가능성과 대안을 제시해 주고 있다(Lim, 2023). 급변하는 디지털 미디어 환경 속에서 자사와 경쟁사의 주요 제품과 서비스에 대한 이해와 분석은 필수적이다. 이 장의 전반부에서는 전통적인 광고 · 마케팅 전략 수립의 관점에서 제품과 서비스의 정의 및 분류체계와 주요 고려사항을 살펴본다. 특히, 유형의 제품과 서비스를 구분하여 심도 있게 논의한다. 제품은 물리적 형태를 지닌 유형재부터, 서비스 등의 무형재 및 이들이 결합된 하이브리드 형태의 확장된 제품까지 다양하다(최은정, 2020). 자사 및 경쟁사 제품 및 서비스의 차별적 특성과 유 · 무형의 가치를 이해하고 분석하는 것은 소비자 설득의 첫걸음이다.

이 장의 후반부에서는 문화상품(cultural goods)인 미디어 상품의 특성에 대해 설명한다. 레거시 미디어를 포함해 최근 넷플릭스나 쿠팡플레이 등 OTT 서비스, 이커머스 및 유통업체 등의 전방위적 융합과 합종연횡은 콘텐츠가 주요한 제품이나 서비스라는 사실을 보여 주고 있다(트렌드 리포트, 2021). 디지털 미디어는 제품과 서비스를 소구하는 전달자이자 매개체지만 동시에 그 자체로 콘텐츠의 가치와 상품성을 지니고 있다. 또한 일

---

*이진균(홍익대학교 광고홍보학부 교수)

반적인 제품 및 서비스와 다른 상품으로 미디어 콘텐츠의 차별적 특성이 있다. 이 장에서는 제품, 서비스, 미디어 콘텐츠에 대한 이해를 바탕으로 디지털 시대에 성공적인 광고기획과 실행을 위한 제반 지식을 얻을 수 있을 것이다.

1. 경쟁분석

경쟁사는 다양한 수준과 차원에서 분석할 수 있다. 국제 정세가 불안하면 등락을 거듭하는 경유 값, 반도체 부족 현상, 탄소 중립을 위한 환경 정책 변화 등은 소비자의 구매에 직간접적인 영향을 미치는 거시적 요인이다. 또한 소비자(consumer), 자사(company or corporation), 경쟁사(competitor)를 칭하는 미시 환경 분석 또는 3C 분석이 필요하다. 그렇다면 자사 및 경쟁사의 제품이나 서비스가 앞서 언급한 거시 및 미시 환경 분석과 어떤 관련성이 있을까? 제품과 서비스에 대한 이해는 기본적으로 기업과 소비자를 둘러싼 대내외적 환경의 이해로부터 시작하기 때문에 이를 파악하는 것은 중요하다. 예를 들어, 대기 오염을 줄이기 위해 내연기관차 대신 전기자동차에 대한 수요가 증가하는 현상을 들 수 있다. 이후 단계로 장점(strengths), 단점(weaknesses), 기회(opportunities) 및 위협(threats)을 의미하는 SWOT 분석을 해야 한다.

그 다음 절차로 시장세분화(segmentation), 목표시장선정(targeting), 포지셔닝(positioning) 수립 전략을 뜻하는 STP 분석을 실시한다. 이를 토대로 제품(product), 장소(place), 가격(price), 프로모션(promotion)을 뜻하는 4P 전략과 마케팅 커뮤니케이션 전략을 수립한다(최은정, 2020; Kerin & Hartley, 2021; Kotler & Armstrong, 2021). 제품과 서비스는 지금 말한 이 모든 경쟁분석의 수준에서 분석될 수 있으나 최소한 거시 환경 분석에서 SWOT 분석 단계까지 맥락을 이해할 필요가 있다. 이 단계는 일반적으로 일방향성을 띠지만 필요에 따라 단계를 건너뛰거나 전 단계에 영향을 미치며 또한 동시에 분석될 수 있다. 이 단계를 도식화하면 다음 [그림 4-1]과 같다.

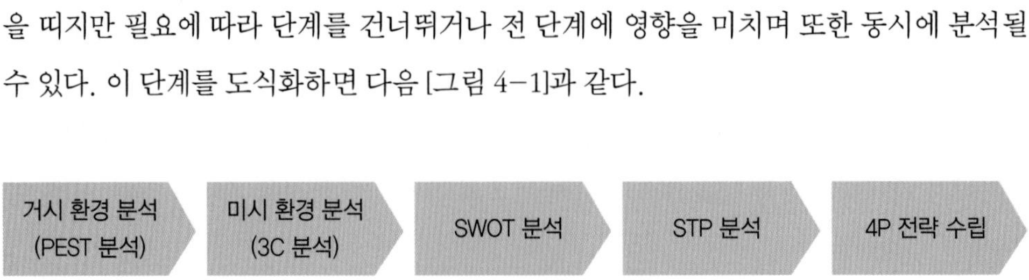

거시 환경 분석 (PEST 분석) → 미시 환경 분석 (3C 분석) → SWOT 분석 → STP 분석 → 4P 전략 수립

[그림 4-1] 경쟁분석 단계

1) 거시 환경 분석(PEST 분석)

거시 환경 분석은 인구통계적, 경제적, 자연적, 기술적, 정치적, 문화적 요인들을 분석하는 것이다(Armstrong, Kotler, & Opresnik, 2021). 거시 환경 분석은 페스트(PEST) 분석이라고도 하는데 이는 정치(politics), 경제(economics), 사회(social), 기술(technology)의 약자이다. 거시 환경 분석인 메가트렌드 분석을 거쳐 기업 외부의 통제할 수 없는 정책, 경제동향 및 기술 트렌드 등을 조망해 시장 조사나 전략 분석 및 의사 결정에 반영해야 한다. 먼저 기업은 정치적 환경에 적절히 대응할 필요가 있다. 실례로, 정책, 제도 규제, 세금, 무역 제재, 환경법, 관세, 정치적 안정성 등 정부나 국가 차원에서 진흥이나 제재하는 분야를 포함한다. 경제적 환경은 경제성장률, 금리, 환율, 인플레이션, 소득분포, 이자 등을 뜻하며 경제 주체인 기업의 의사 결정에 막대한 영향을 미친다. 사회적 환경은 트렌드 및 문화적 요소와 교육 환경, 가치관 및 태도 변화, 인구성장률의 변화를 뜻한다. 최근 코로나19 여파로 인한 세계 경제의 위축과 정보통신 기술 기반의 비대면 소통 증가 등이 고려되어야 한다. 기술적 환경은 기술혁신, 자동화, 기술 관련 인센티브 등의 요인을 뜻하는데 빅데이터나 AI, 무인자동차 기술 등이 그 사례이다.

이 외에도 법적 환경으로 차별법, 소비자법, 고용법, 독점금지법 등을 들 수 있다. 코로나19 상황에서 플랫폼 기업과 배달 대행기사 간 개별사업자나 근로자 지위 논쟁이 그 사례이다. 끝으로 환경적 변화는 생태학적, 환경적 요소로 날씨, 기후, 기후변화 등을 의미한다. 특히 최근 기후위기로 친환경 제품의 사용이 증가하고 있으며 이는 사회적 환경 변화일 뿐만 아니라 기업의 경영철학이나 핵심 가치에 영향을 미친다. 또 관광, 농업, 보험업계 등에도 영향을 주며 제품 생산 및 경영, 신시장 개척, 기존 제품의 단종과 변화, 시장 개발 또는 축소에 영향을 주기도 한다.

페스트(PEST) 분석 이외에도 ETRIP 분석, STEEP 분석 등 유사한 분석기법이 있다. ETRIP 분석은 글로벌 거시 환경 분석을 위해 경제(economic), 국제무역(trade), 원자재(raw material), 산업(industry), 정치지형(political)을 분석하고 전망하는 것이다. STEEP 분석은 국내 거시 환경 분석으로 사회 및 문화(social), 기술(technology), 생태학(ecological), 미시 및 거시 경제(economic), 정책 및 법규(political)를 포함한다.

2) 미시 환경 분석(3C 분석)

미시 환경 분석은 기업 가까이에 존재하면서 고객을 대하는 능력에 영향을 주는 구성원인 기업, 공급업자, 중간상, 고객 시장, 경쟁자, 공중 등을 분석하는 것이다(Armstrong, Kotler, Opresnik, 2021). 미시 환경 분석의 대표적인 방법으로 3C 분석이 있다. 3C 분석은 일본의 비즈니스 전략가이자 컨설턴트인 겐이치 오마에(Kenichi Ohmae)가 고안했다. 전략적 사고는 소비자, 자사, 경쟁사의 세 가지 요인으로 구성된다. 이 요인들은 상호의존적으로 하나의 요인이 변화하면 다른 요인에 영향을 미치게 된다. 예를 들어, 고객의 태도, 가치관, 의식이 변하면 이에 대응하기 위해 기업과 경쟁자 역시 제품 생산이나 기업 운영 및 관리방식이 변할 수밖에 없다. 3C 분석의 첫째 요인은 소비자 분석이다. 소비자는 자사의 제품이나 서비스를 구매하는 고객을 뜻한다. 소비자 분석은 세분화된 시장 중에서 선정한 구체적인 시장과 니즈를 파악함을 의미한다. 소비자에 대해 여러 질문을 던져볼 수 있는데, 예를 들어 자사 제품을 구매하는 사람은 어떤 생각을 할지, 몇 시에 주로 구매하는지, 어떤 날씨에 어떤 장소에서 구매를 하는지, 성별과 지역은 무엇인지 등이 있다. 또 구매력, 소비규모, 성장가능성 및 잠재고객 존재 여부 등을 생각해야 한다. 친구와 카페에서 어울리기 위해 커피를 마시는 소비자와 밤늦게까지 공부하기 위해 마시는 소비자는 분명히 다르다.

3C 분석의 둘째 요인으로 자사 분석이 필요하다. 기업은 자사의 핵심영역에 집중함으로써 강점을 극대화해야 한다. 자사의 가용한 인적 및 물적 자원, 기획력, 조달 파워, 마케팅 및 영업 능력 등을 업계 대비 분석 및 파악해야 한다. 이를 통해 자사 상황에 적합한 전략을 수립하고 타사와 비교해 강점을 부각할 수 있다. 즉, 가용한 자원의 종류와 규모를 파악하고 동시에 약점도 정확히 알고 있어야 한다. 이를 통해 강점은 부각하고 약점을 보완하는 광고 전략을 수립할 수 있다. 예를 들어, LG홈쇼핑의 자사 분석의 경우 LG홈쇼핑의 시장 점유율, 브랜드 이미지, 기술력 및 품질, 이익률, 자원, 인지도 등을 파악하고 시사점을 도출할 수 있다. 또 네이버의 '검색–쇼핑–결제'의 일원화된 구매패턴과 높은 포인트 적립률은 쿠팡 대비 네이버의 장점일 것이다.

3C 분석의 셋째 요인으로 경쟁사 분석이 있다. 경쟁사는 자사와 동일한 또는 비슷한 욕구를 충족시키는 제품군으로 경쟁관계에 있는 기업을 뜻한다. 특히 동일한 목표시장을 두고 경쟁했다면 경쟁사에 대한 분석이 꼭 필요하다(White, 2022). 라이벌 제품과 자

사 제품 간 장단점과 마케팅 전략 및 전술 차이 등도 고려해야 한다. 경쟁사의 취약점을 파악한다면 보다 효율적인 고객 확보 및 경쟁사 고객의 브랜드 전환이 가능하다. 나아가 여러 복수 경쟁사의 리스트를 확보하고 각 경쟁사의 기술력, 인지도, 점유율, 장단점을 분석할 수 있다. 이를 통해 자사 제품이 우위를 점하는 제품 개선, 시장 선정 및 포지셔닝 전략을 수립할 수 있다. 앞서 언급한 예로 쿠팡은 로켓배송으로 무장해 '로켓와우멤버십' 가입자가 1,000만을 넘었고 최근 스포츠, 영화, 드라마 등 다양한 콘텐츠를 제공하는 쿠팡플레이로 이커머스 업체에서 OTT 서비스로 사업을 확장했다. 한편, 스마일클럽은 G마켓 스마일캐시 지급과 스타벅스 할인 등 차별적 서비스를 제공했다. 이들 업체의 혜택을 비교하면 [그림 4-2]와 같다(한전진, 2022).

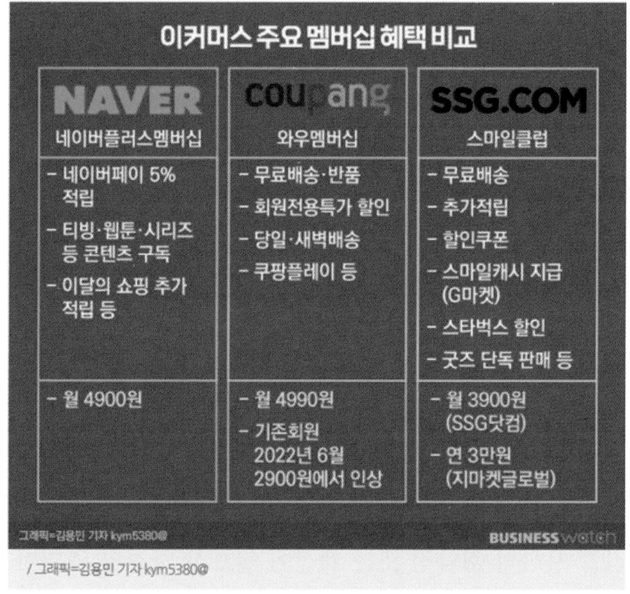

이커머스 주요 멤버십 혜택 비교

NAVER 네이버플러스멤버십	coupang 와우멤버십	SSG.COM 스마일클럽
- 네이버페이 5% 적립 - 티빙·웹툰·시리즈 등 콘텐츠 구독 - 이달의 쇼핑 추가 적립 등	- 무료배송·반품 - 회원전용특가 할인 - 당일·새벽배송 - 쿠팡플레이 등	- 무료배송 - 추가적립 - 할인쿠폰 - 스마일캐시 지급 (G마켓) - 스타벅스 할인 - 굿즈 단독 판매 등
- 월 4900원	- 월 4990원 - 기존회원 2022년 6월 2900원에서 인상	- 월 3900원 (SSG닷컴) - 연 3만원 (지마켓글로벌)

그래픽=김용민 기자 kym5380@ BUSINESS watch

/ 그래픽=김용민 기자 kym5380@

[그림 4-2] **이커머스 주요 멤버십 혜택 분석**

출처: 한전진(2022. 6. 27.).

3) 스왓(SWOT) 분석

스왓(SWOT) 분석은 미시 환경 분석 이후 실시되는 전략기획의 기본 틀이다(유동근, 서승원, 2017). 손자병법의 글 중 '지피지기 백전불태(知彼知己 百戰不殆)'라는 유명한 말이 있다. 적을 알고 나를 알면 백 번 싸워도 위태로울 것이 없다는 뜻이다. 백전백승은 아닐

지라도 적어도 위태롭지는 말아야 한다는 의미이다. 기업은 항상 경쟁사가 누구인지 결정하고 그들이 판매하는 제품이나 서비스를 분석해야 한다. 경쟁사의 영업 전략과 가격 나아가 마케팅 전략을 전반적으로 살펴봐야 한다. 또 어떤 콘텐츠를 생산하고 콘텐츠 전략은 어떤지 그리고 어떤 검색 엔진이나 소셜 미디어 채널을 통해 콘텐츠를 소비자에게 전달하는지 주의 깊게 관찰해야 한다. 이를 파악하기 위해 쉽게 활용할 수 있는 분석이 SWOT 분석이다. 아래 〈표 4-1〉과 같이 SWOT은 총 4개의 측면에서 구분할 수 있다.

〈표 4-1〉 SWOT 분석

	긍정	부정
	강점(strengths)	약점(weaknesses)
내부 (통제 가능)	• 무엇을 잘하나? • 소비자가 특히 무엇을 좋아하나? • 자사 제품이나 서비스의 차별적 우위는? • 우리가 가진 지적 재산, 기술, 자본은 무엇인가?	• 무엇을 못하나? • 개선할 부분은? • 소비자가 불만족하는 부분은 무엇인가? • 우리가 가지지 못한 기술이나 자본은 무엇인가?
	기회(opportunities)	위협(threats)
외부 (통제 불가능)	• 유리한 최신 트렌드는? • 잠재적 소비자에게 어필하는 강점은? • 진입에 유리한 시장이 존재하는지? • 소비자의 인식이 어떻게 변화했는지?	• 경쟁자는 무엇을 하고 있나? • 외부에서 다가올 위기는 무엇인가? • 인지하지 못한 부정적인 시장의 트렌드는? • 사업에 부담을 주는 경제적, 정치적 논란은 무엇인가?

구체적으로 살펴보면, 통제 가능한 내부 환경으로 자사가 보유한 강점이나 유리한 강점의 측면 그리고 자사의 취약점 또는 개선이 필요한 약점의 측면이 존재한다. 반면에 통제 불가능한 외부 환경으로 경쟁사가 누구인지, 소비자나 산업의 트렌드는 어떤지를 의미하는 기회의 측면, 마지막 위협의 측면으로 예를 들자면 신규 경쟁자의 등장, 정치 · 경제 환경의 변화 등의 외부요인이 있다. 그러나 SWOT의 4개의 각각 측면만을 파악하는 것은 불완전하다. 실질적으로 계획을 수립하기 위해 〈표 4-2〉와 같이 각 측면을 교차 분석한 S/O 전략, S/T 전략, W/O 전략, W/T 전략을 세워야 한다. 이를 통해 실행 가능한 유의미한 결과를 도출해 낼 수 있다.

〈표 4-2〉 SWOT 교차 분석

	기회(O)	위기(T)
강점(S)	S/O 전략	S/T 전략
	• 파악한 강점을 극대화하여 기회를 살릴 수 있는가?	• 파악한 강점을 극대화하여 위기를 회피하거나 극복할 수 있는가?
약점(W)	W/O 전략	W/T 전략
	• 약점을 최소화하여 기회를 살릴 수 있는가?	• 약점을 최소화하여 위기를 회피하거나 극복할 수 있는가?

예를 들어, 현재 음료 시장의 트렌드가 '건강'과 '다이어트'라는 점을 고려해 코카콜라의 SWOT 교차 분석을 실시해 보면 다음과 같다. 코카콜라가 건강한 이미지를 가진 브랜드는 아니지만 다이어트 코카콜라를 출시한 점을 중심으로 살펴보자. 먼저 S/O 전략으로 다양한 제품, 높은 시장 점유율과 브랜드 인지도를 극대화해 시장 점유율 1위를 유지할 수 있다. S/T 전략으로 높은 다이어트 코카콜라의 인지도와 시장 점유율을 토대로 건강 및 웰빙 트렌드에 효과적으로 대응할 수 있다. W/O 전략의 경우 다이어트 코카콜라 시장을 활성화하여 지속적으로 시장 점유율을 확대한다. 끝으로, W/T 전략의 경우 다이어트 코카콜라 시장을 활성화하여 건강에 좋지 않은 음료라는 인식을 최소한 불식시킬 수 있다. 이러한 유용성에도 불구하고 SWOT 분석 및 교차 분석은 요인이 부적절하게 정의되거나, 분석을 하는 사람의 주관성 개입, 또 각 요인의 중요성이 과대 또는 과소 평가될 수도 있다. 지금까지 제품과 서비스 이해를 위한 경쟁분석의 단계를 살펴보았다. 지면의 제약으로 STP 전략과 4P 수립은 마케팅 및 광고 전공 서적을 참조하기 바란다.

2. 제품에 대한 이해

제품은 유형적 또는 무형적 제품 속성으로 구성되어 소비를 통해 소비자의 효용을 증대시키는 상품을 의미한다. 또 다른 정의로 소비자의 필요나 욕구를 충족시키고자 제공되는 모든 것을 제품이라고 한다. 일반적으로 제품은 유형의 제품을 뜻하나 광의의 의미로 무형적 제품인 서비스를 포함하기도 한다. 또 제품(製品, product)과 상품(商品, goods)은 혼용되기도 하지만 엄밀하게 의미의 차이가 있다. 제품은 회사가 원자재를 구매해 생산 공정을 통해 제조한 완성품을 뜻한다. 반면, 상품은 판매하고자 하는 제품을 외부 거래처로부터 구매해 일정한 마진을 더한 후 고객에게 판매하는 것을 의미한다. 즉, 제품은 원자재 구매부터 완성품을 거쳐 소비자에게 판매되는 물건을 의미하지만, 상품은 제조과정을 거치지 않고 구매한 물품이 소비자에게 판매되는 것으로 볼 수 있다. 예를 들어, 갤럭시 스마트폰은 삼성전자의 제품 또는 제조품이라고 할 수 있지만, 대형 마트나 전자제품 판매처에서 판매하는 물품은 상품이다. 제품의 분류 기준은 상당히 다양하다. 설득력 있는 메시지를 전달하기 위해서는 광고 대상인 제품의 특성을 고려해 정확히 분류해야 한다. 제품은 물질적 형태, 구매목적, 구매욕구 등 다양한 기준에 따라 분류된다.

1) 제품의 정의와 분류

먼저 위에서 설명한 대로 제품은 물질적 형태의 유무에 따라 유형재(tangible goods)와 무형재(intangible goods)로 구분된다(최은정, 2020). 유형재는 재화라고도 하는데 촉각을 통해 지각할 수 있는 유형의 제품이다. 형태가 존재하기 때문에 재고 축적이 가능하고 생산시점과 소비시점이 시공간적으로 일치할 필요가 없다. 대조적으로 무형재는 서비스(service)를 뜻하며 손으로 만질 수 없는 무형의 제품을 뜻한다. 유형재와 달리 형태가 존재하지 않기 때문에 재고 축적이 불가능하며 서비스를 이용하기 위해 생산시점과 소비시점이 시공간적으로 반드시 일치해야 한다. 다음에서 유형재에 대해 먼저 살펴보고, 무형재인 서비스는 다시 설명하기로 한다.

(1) 구매목적에 따른 분류

구매목적에 따른 제품 분류로 소비재(consumer goods)와 산업재(industrial goods)로 구분할 수 있다(Kerin & Hartley, 2021). 소비재는 최종 소비자를 대상으로 판매하는 재화이다. 소비재는 보다 구체적으로 소비자들이 구매과정에 보이는 행동에 따라 하위 항목인 편의품(convenience goods), 선매품(shopping goods), 전문품(specialty goods)으로 나눠진다. 편의품은 소비자가 많은 노력을 기울이지 않고 쉽게 구매할 수 있는 제품으로 정기적으로 구매해야 하는 필수품(예: 소금, 설탕, 치약), 충동적으로 구매할 수 있는 충동품(예: 잡지, 껌, 주류), 응급 상황이나 예기치 못한 상황에서 필요한 긴급품(예: 소독약, 밴드, 우산) 등이 있다. 선매품은 보다 고가의 고관여 제품으로 가구, 냉장고, TV 등 많은 인지적 노력이 필요한 제품이며 구매주기도 길다. 전문품은 소비자의 정체성, 개성 및 상징성이 반영되는 고가의 제품으로 명품 시계, 고급 향수, 스포츠카 등이 있으며 브랜드 충성도가 높다.

산업재는 기업이 제조 및 생산을 목적으로 구매하는 제품으로 추가적인 가공을 하거나 사업 활동을 영위하기 위해 구매한다. 산업재는 크게 원자재(raw material)와 부품(parts), 자본재(capital items), 소모품(supplies) 등이 있다. 먼저 산업재는 밀, 채소, 원유, 철광석 등과 같이 자연 속에 존재하는 원자재(raw material)와 전기자동차의 배터리와 같이 최종제품을 만들기 위해 들어가는 부품(parts)이 있다. 자본재는 제품의 일부분을 구성하지 않지만 원활한 제품 생산을 위해 투입되는 설비품이다(예: 공장 건물, 사무실, 엘리베이터, 컴퓨터). 설비품은 생산 초기에 투자비용이 막대하고 단가가 높기 때문에 진입장벽으로 작용할 수 있다. 예를 들어, 반도체 생산을 위해 제조 설비를 마련하는 것은 천문학적 비용이 소요되어 경쟁사의 시장 진입 장벽으로 작용한다. 이 외에도 사무실 책상, 집기, 공장 내 운송 수단인 지게차 등의 보조 장비 등이 자본재에 포함된다. 또한 완제품 생산에는 전혀 투입되지 않으나 공장이나 회사의 운영을 위해 소모품(예: 볼펜, A4 용지, 청소도구) 등이 필요하다. 다음 [그림 4-3]은 자동차 생산을 위한 산업재인 산업용 로봇을 보여 주고 있다(연선옥, 2022).

[그림 4-3] 현대차 전기차 '아이오닉 5' 생산 과정에 투입된 산업용 로봇

출처: 연선옥(2022. 2. 7.).

(2) 구매욕구에 따른 분류

다음으로 구매욕구에 따른 제품의 분류가 있다(안광호 외, 2018). 우선 기능재(functional goods)는 소비자가 기능적 욕구를 충족하고자 제품의 본원적 기능을 구매하는 것이다.

예를 들어, 시계를 구매하는 이유는 시간을 알기 위함이고 이동 수단으로 자동차를 구매한다. 신축성과 통기성이 뛰어난 아웃도어 의류는 야외활동을 위해 구매한다. 한편, 소비자는 쾌락적 욕구를 충족하고자 쾌락재(hedonic goods)를 구매한다. 감각적 즐거움을 위해 오감에 소구하는 제품으로 향수, 치약, 스포츠카 등은 기능적 욕구 충족을 뛰어넘어 감각적, 심미적, 쾌락적 니즈를 만족시켜 준다. 마지막으로, 상징재(symbolic goods)는 자신의 개성, 정체성, 소속감 등 소비자의 자아표현적(self-expressive), 상징적 욕구를 만족시켜 준다. 대표적인 예로, 버버리 양복, 메르세데스 벤츠, 대학교 소속을 드러내는 과잠 등이 있다. 이 세 가지 분류가 반드시 상호배타적이지는 않다. 예를 들어, 벤츠는 이동수단으로 기능적 욕구와 감각적, 경험적 욕구를 충족시키고 동시에 사회경제적 지위를 보여 주는 상징성을 지닌다. 다음 [그림 4-4]와 같이 생로랑 테이크어웨이박스 핸드백, 구찌 지우개, 티파니 빨대 등 명품 브랜드가 일상 생활용품으로 출시 범위를 확대해 '일상의 명품화'가 진행되고 있다.

[그림 4-4] 상징재인 명품 브랜드: 생로랑 테이크어웨이 박스 핸드백

출처: 김성윤(2023. 1. 29.).

(3) 품질평가 시점에 따른 분류

제품 품질을 평가하는 시점에 따라 탐구재(search goods), 경험재(experience goods), 신용재(credence goods)로 구분할 수 있다. 유형재와 비슷한 탐구재는 제품의 구매나 사용 이전에 제품 속성을 직접 탐색하여 평가할 수 있다. 예를 들어, 소비자는 가전제품 매장에서 진공청소기의 디자인, 기능, 소음, 무게 등 다양한 부분들을 직접 경험해 보고 타사 제품과 비교해 볼 수 있다. 경험재는 일정한 형태가 존재하지 않기 때문에 제품을 경험한 후에 가격이나 품질에 대한 평가가 가능하다. 경험재의 예로 미용실, 약품, 음식점, 여행, 법률 서비스, 컨설팅 서비스 등이 해당된다. 또한 미디어 콘텐츠(예: 영화) 등이 경험재로 분류되는데 제품 또는 상품으로서 미디어 콘텐츠에 대한 논의는 이후에 다시 언급할 예정이다. 일반적으로, 온라인 구매결정 상황에서 객관적 평가가 가능한 탐색재는 긍정적 온라인 후기나 리뷰에 더 영향을 받지만, 주관적 평가가 중요한 경험재는 부정적 정보가 더 큰 영향을 미친다(박은아, 2007). 마지막으로, 신용재는 경험재와 비교할 때 제품을 경험한 이후에도 효용성(utility)의 평가가 매우 어렵거나 불가능한 제품이다. 이는 서비스 제공자와 이용자 간 정보 비대칭성(information asymmetry)에 기인하는데, 예를 들어 자동차 수리, 다이어트 보조식품, 치과 치료, 심장수술 같이 일반적인 소비자가 결과를 쉽게 평가하기 어려운 점이 있다.

2) 제품 분석을 위한 다섯 가지 요인

제품 분석을 위해 다양한 요인을 고려해야 하나 여기서는 제품 품질, 제품 특성, 제품 스타일, 포장, 브랜드명 다섯 가지를 간략히 살펴본다(안광호 외, 2018; Kotler & Armstrong, 2021).

(1) 제품 품질

제품 품질(product quality)은 제품이나 서비스에 대한 고객의 다양한 요구와 기대를 충족시키는 생산, 기술 및 마케팅에 대한 전체적 성질 또는 바탕을 의미한다. 기본적으로, 제품 품질은 성능 품질(performance quality)과 품질 일관성(conformance quality)으로 구분된다. 성능 품질은 제품이 구매목적에 맞게 기능을 제대로 수행하는가이다. 예를 들어, 습도 조절을 위한 가습기라면 전원을 켰을 경우 정상적으로 작동을 해야 한다. 다음으로 품질 일관성은 제품과 서비스에 대한 기존 지식을 바탕으로 소비자가 기대한 기준과 목적에 일관되게 부합하는가를 뜻한다. 같은 스마트폰이라도 프로세서, 메모리, 디스플레이, 카메라 등 핵심부품이나 소재에 따라 가격 차이가 발생한다. 소비자는 고장 없이 잘 작동하더라도 최신 스마트폰과 중저가 스마트폰을 동일한 수준에서 고려하지 않을 것이다. 따라서 소비자의 기존의 기대와 목적을 충족할 때 품질 일관성을 만족했다고 본다.

(2) 제품 특성

제품 특성(product feature)은 제품이나 서비스가 가진 기능이나 특성이다. 즉, 경쟁 브랜드 대비 자사 브랜드가 가진 기능적, 외양적 차별점을 뜻한다. 최근 출시된 갤럭시 S23의 고사양 성능 대비 저발열 기능, 보다 선명한 해상도, 512GB 램메모리 등은 차별적인 제품 특성이다. 나아가 유형적인 제품뿐만 아니라 제품과 함께 제공되는 무형의 서비스나 혜택 등도 제품 특성에 폭넓게 포함될 수 있다. 다음 [그림 4-5]는 삼성 갤럭시 S23 사전판매와 함께 제공되는 추가 혜택이다.

[그림 4-5] 삼성닷컴 갤럭시 S23 사전판매 혜택

출처: https://www.samsung.com

(3) 제품 스타일 및 디자인

세 번째 분석 요인은 스타일 또는 디자인이다. 제품이 가진 전형적 또는 차별적 스타일과 디자인은 소비자의 제품에 대한 성능추론에 영향을 미치고 이목을 끈다(권정은, 김상훈, 2020). 또한 매력적인 디자인은 지속적으로 다음 모델에 적용될 가능성이 높으며, 다른 브랜드로 확장 가능성도 높다. 최근 현대자동차 브랜드가 지속적으로 도입하고 있는 '파라메트릭 쥬얼(parametric jewel)' 디자인의 경우 콘셉트카에서 멈추는 것이 아니라 양산 자동차에 적용되어 디자인적, 기능적 성능을 향상시킨 것을 알 수 있다. 또 우리에게 진공청소기로 잘 알려진 다이슨(Dyson)은 '형태(디자인)는 기능을 따른다(Form follows function)'라는 제임스 다이슨(James Dyson)의 경영 철학을 30년 이상 유지하고 있다. 디자인을 위한 디자인이 아니라 기능성 향상에 초점을 두다 보면 최적화된 디자인이 자연스럽게 수반된다는 의미이다. 이러한 철학은 진공청소기를 넘어 헤어 드라이어, 공기청정기, 헤드폰, 조명 등 다양한 제품 디자인에 반영되고 있다. [그림 4-6]은 다이슨의 철학이 반영된 헤어 드라이어 기술이 어떻게 디자인에 영향을 미쳤는지 보여 준다.

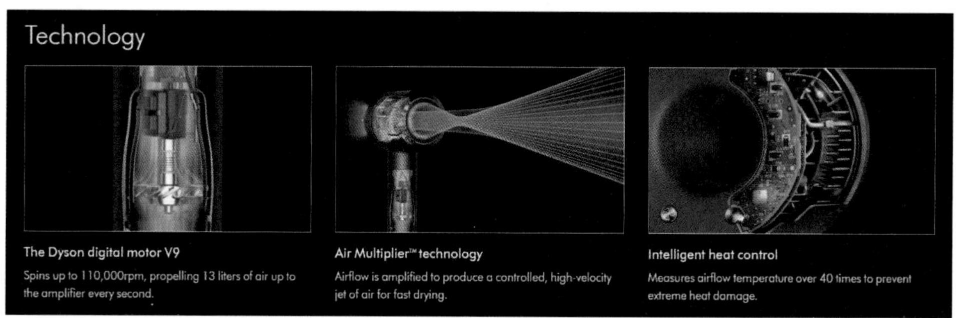

[그림 4-6] 다이슨 기술 철학이 반영된 헤어 드라이어 디자인

출처: https://www.dyson.com/hair-care/hair-dryers/supersonic/blue-copper-case

(4) 포장

미국의 카툰 캐릭터인 뽀빠이(Popeye)는 항상 시금치를 먹고 힘을 낸다. 시금치도 날 것 그대로가 아니라 '통조림'에 들어있는 시금치라는 점이 흥미롭다(Wikipedia, 2023). 한편, 전쟁에서 음식물을 보관하기 위해 프랑스의 니콜라스 애퍼트(Nicolas Appert)가 1809년 발명한 '병조림'은 병사들에게 만족스런 식사를 제공했으나 운반 도중 병이 깨지는 등 문제가 발생했다(Can Manufacturers Institute, 2023). 이후 영국의 주석(朱錫) 기술자 피터 듀란드(Peter Durand)는 1810년 주석으로 만든 깡통 통조림으로 특허를 받기에 이른다. 양철을 잘라 땜질 후 캔을 만드는 것도 고역이지만 캔을 따는 것도 여간 어려운 일이 아니었다. 제1차 세계 대전 이후 캔을 만드는 기계나 캔 오프너 등이 차례로 발명되어 지금까지 전 세계적으로 다양한 음식이 들어있는 통조림이 애용된다. 뽀빠이 캐릭터가 대중적인 인기를 얻은 시기와 통조림이 저변화된 시기가 1930년대라는 점에서 우연의 일치는 아닐 것이다. 힘이 필요할 때마다 시금치를 애용한 뽀빠이에게 시금치 통조림은 포장으로 그 역할을 충실히 했음에 틀림없다.

포장의 역할은 우선 제품을 감싸고 보호(protection)하는 것이다. 외부의 충격, 진동,

압력, 온도, 습도, 빛, 해충이나 균 등 물리적, 화학적, 생물학적인 측면의 외부 요인으로부터 내용물을 보호한다. 둘째, 보호의 기능과 동시에 내용물을 담는 용기(containment)의 기능을 한다. 셋째, 편리성(convenience) 측면에서 뽀빠이의 예처럼 제품의 운송, 적재 및 특정 양을 분출하는 디스펜서(dispenser)의 기능을 한다. 넷째, 포장은 제품의 판매 촉진을 위한 사후광고(post advertising)의 기능을 한다. 디자인 측면에서 경쟁사와 차별화하고 시각적으로 인지도를 높일 수 있다. 다섯째, 정보(information) 전달의 기능이다. 소비자, 포장업자, 운송업자에게 제품 정보를 제공한다. 예를 들어, 내용물의 성분이나 파손주의 상품, 위험물 여부 등의 정보를 제공한다. 끝으로, 포장은 필요 이상으로 배출될 수 있다는 점에서 환경보호(environment protection)에 기여할 수 있다. 과대포장을 지양하고 생분해성 플라스틱 필름 등 친환경적 소재 개발로 자연보호에 도움이 되어야 한다. 최근 코로나19를 거치면서 비대면 온라인 배송으로 늘어난 포장지와 재활용 분리 배출 문제가 맞물려 사회적 문제가 되고 있다. 예를 들어, [그림 4-7]과 같이 쿠팡은 재사용 보랭 백 '프레시백'으로 연간 1억 개의 스티로폼 상자를 절약하고 더욱 친환경적으로 신선식품을 배송하고 있다(쿠팡 뉴스룸, 2022).

[그림 4-7] 쿠팡의 재사용 보랭 백 '프레시백'

출처: 쿠팡 뉴스룸(2022. 1. 27.).

(5) 브랜드명

브랜드란 특정한 제품이나 서비스를 식별하는 데 사용되는 명칭·기호·디자인 등의 총칭을 말한다. 브랜드는 구두로 표현할 수 있는 브랜드명(名)과 말로 표현할 수 없는 기호, 디자인, 레터링 등의 브랜드 마크가 있다. 브랜드는 무엇보다 자사 브랜드를 경쟁 브랜드와 구별 지어 주며 소비자에게 제품의 기능과 혜택을 약속한다. 예를 들어, 똑같은 효능을 가진 복제 두통약과 게보린 브랜드를 연상할 때 사람들은 게보린을 선호하는데 이는 '두통약=게보린'이라는 등식이 머릿속에 있기 때문이다. 통합적 마케팅 커뮤니케이션을 통해 제품의 혜택과 기능을 브랜드가 소비자와 오랜 기간 반복적으로 약속했으며 그 결과 소비자는 브랜드가 신뢰를 저버리지 않을 것이라는 믿음을 갖게 된다. 요컨대 브랜드는 소비자와의 혜택에 대한 약속이자 믿음이다. 강력한 브랜드명을 통해 다른 브랜드와 공동 브랜딩(co-branding)을 할 수도 있다(Keller, 2015). [그림 4-8]은 고전적 예시인데 1975년에 출시된 보니 벨(Bonne Bell)사의 닥터 페퍼(Dr. Pepper) 맛 립밤(lip balm)은 당시 10대들에게 큰 인기를 끌었다. 브랜드는 마케팅, 광고기획 및 주요 혜택, 타깃 소비자와 포지셔닝 등 전 과정에 걸쳐 고려되어야 한다. '포드(Ford)' 하면 떠오르는 것은 무엇인가? 대부분 소비자는 미국 자동차 브랜드라고 알고 있다. 그러나 일개 인명(人名)인 포드가 누구나 알고 있는 자동차 브랜드라는 사실은 마케팅의 힘이 얼마나 큰지 새삼 보여 주는 사례이다.

[그림 4-8] 보니 벨과 닥터 페퍼의 공동 브랜딩

출처: https://clickamericana.com/topics/beauty-fashion/lip-smackers-bonne-bell-1973-1983

3. 서비스에 대한 이해

서비스는 앞서 설명한 대로 광의의 의미에서 제품에 속하기도 하지만 유형의 제품과 무형의 서비스를 완전히 구분하기 어렵다. 의료서비스, 상담, 법률, 회계 서비스는 순수한 무형재이지만 식당의 음식과 서비스 또는 호텔의 숙소와 서비스를 생각해 보면 생각보다 구분이 쉽지 않음을 알 수 있다. 다른 예로, 정수기 렌탈 업체인 코웨이는 정수기 제품을 판매함과 동시에 정기적으로 필터를 교체하고 관리해 주는 서비스를 제공했다. 사무용품 렌탈 업체의 경우 복사기를 판매 또는 렌탈 서비스를 제공하면서 토너 등 관련 소모품을 관리해 준다. 이와 같이 제품과 서비스가 혼종화되어 각각의 성격을 동시에 띠는 경우가 많다. 이러한 현상을 제품의 서비스화(product servitization) 또는 서비스의 제품화(service productization)라고도 한다(최은정, 2020). 그렇다면 서비스의 정의와 특성이 무엇인지 또 어떻게 분류될 수 있는지에 대해 살펴보기로 한다.

1) 서비스의 정의와 분류

서비스에 대한 학자마다의 정의와 개념은 실로 다양하다(최은정, 2020; Kotler & Armstrong, 2021). 예를 들어, 미국 마케팅 학회는 서비스를 독자적으로 판매되거나 상품 판매와 관련되어 제공되는 모든 활동, 편익, 만족으로 개념화했다. 코틀러는 서비스를 직접 또는 간접적으로 구매되는 무형의 편익이나 유형적 또는 기술적 부분을 포함하기도 한다고 했다(Kotler & Armstrong, 2021). 한편, 이유재는 고객과 기업과의 상호 작용을 통해 고객의 문제를 해결해 주는 일련의 활동으로 상당히 폭넓게 정의했다. 이 외에도 여러 학자의 정의가 있으나 공통적으로 무형성, 부가성, 생산과 소비의 동시성을 바탕으로 고객만족과 고객경험을 향상시키는 일련의 활동으로 정의할 수 있다. 서비스 또는 용역은 무형의 가치를 뜻하기 때문에 유형의 제품을 제외한 고객만족과 고객경험 향상에 이르게 하는 모든 활동을 뜻한다고 볼 수 있다.

앞서 언급한 정수기의 예를 들어 설명해 보자. 우리는 집안에서 갈증을 안전하게 해소하기 위한 욕구 충족을 위해 수돗물을 정수하는 정수기 제품을 사용하는데 여기서 정수기는 핵심제품(core product)을 의미한다. 정수기 제품을 유형화시키는 요인으로 제품 기능, 제품 품질, 브랜드, 제품 디자인, 포장 등이 있으며 이는 오감을 통해 차별적으로 지각할 수 있다. 이 모든 요인을 통틀어 유형재 또는 유형제품(tangible product)이라고 한다. 이 외에 고객경험과 만족도를 높이는 배달, 보증, 관련 장비 제공, A/S, 대금결제방식, 설치 등은 확장제품(augmented product)이라고 하며 대부분 무형의 서비스가 확장제품에 포함된다(Armstrong, Kotter, & Opresnik, 2021). 또한 서비스는 '사람 기반'과 '장비 기반' 서비스로 대분류가 가능하다. 사람 기반은 미숙련 노동자(예: 잔디관리원, 청소용역원), 노동자(예: 가전제품 수리공, 배관공), 전문가(예: 회계사, 변호사)가 있다. 반면, 장비 기반은 자동화기기(예: ATM, 자동차 세차장), 미숙련 운영자(예: 세탁소, 택시), 숙련된 운영자(예: 항공사, 컴퓨터 네트워크)등으로 구분된다(Kerin & Hartley, 2021). 즉, 기본적으로 사람이 제공하는 서비스인지 기기나 장비에 의존한 서비스인지에 따라 세분화된다. 〈표 4-3〉은 통계청의 한국표준산업분류 기준 서비스업 대분류이다.

〈표 4-3〉 한국표준산업분류 기준 서비스업 16개 대분류

한국표준산업분류 기준 서비스업 해당 대분류	E : 수도, 하수 및 폐기물 처리, 원료재생업, G : 도매 및 소매업, H : 운수 및 창고업, I : 숙박 및 음식점업, J : 정보통신업, K : 금융 및 보험업, L : 부동산업, M : 전문, 과학 및 기술서비스업, N : 사업시설 관리, 사업지원 및 임대서비스업, O : 공공 행정, 국방 및 사회보장 행정, P : 교육 서비스업, Q : 보건업 및 사회복지 서비스업, R : 예술, 스포츠 및 여가관련서비스업, S : 협회 및 단체, 수리 및 기타 개인 서비스업, T : 가구 내 고용활동 및 달리 분류되지 않은 자가소비 생산 활동, U : 국제 및 외국기관
비고	서비스업 조사에서는 중복조사 지양 등을 고려하여 「K(금융 및 보험업), O(공공 행정, 국방 및 사회보장 행정), T(가구 내 고용활동 및 달리 분류되지 않은 자가소비 생산 활동), U(국제 및 외국기관)」은 연간 조사 대상에서는 제외(대분류 K, O는 5년 주기의 경제총조사에서는 조사)하고 있으며, 「H(운수 및 창고업)」에 대해서는 운수업조사를 실시하고 그 외의 11개 산업대분류에 대해서는 서비스업조사를 실시함

출처: 통계청(2023).

2) 서비스 특성과 강화전략

무형재인 서비스의 특성 및 강화전략에 대해 살펴보도록 하자. 첫째, 서비스의 무형성(intangibility)이다. 형태가 없기에 저장 및 진열이 불가능하고 가격설정의 근거가 추상적이며 특허 보호나 커뮤니케이션 활동에 어려움이 있다. 무형성의 단점을 보완하기 위해 손에 잡히고 눈에 보이는 구체화 및 시각화 과정이 필요하다. 예를 들어, 의료 서비스의 경우 치료를 위해 첨단화된 의료 기기 도입, 최신 의료 시설, 의료진의 교육 및 경력 등의 정보가 포함된 브로셔나 웹사이트 및 SNS를 활용한 존재감을 강조할 필요가 있다. 기업의 이미지 관리나 대인 서비스의 경우 만족도를 높이거나 구전 커뮤니케이션을 강화해야 한다. 기존 연구 결과 제품기업보다 서비스기업에서 소셜 미디어 구전효과가 브랜드 자산 강화 및 기업성과에 더 강력한 영향을 미친다(이중원, 박철, 2019). 유형재와 비교해 서비스의 무형성과 비균질성은 소비자의 지각된 위험을 높이기 때문에 소비자는 긍정적 소셜 미디어 구전효과를 바탕으로 형성된 브랜드 자산에 더 의존하는 경향이 있다.

둘째, 생산과 소비의 비분리성(inseparability)으로 생산과 소비가 동시에 이루어지며 대규모 생산이 불가능하다. 소비자 만족과 경험을 위해 직원 선발 및 교육에 집중하고 고객관리에 중점을 두어야 한다. 스타벅스는 고객에게 호불호가 적은 브랜드로 알려져 있다. 철저한 직원교육을 통해 맛과 서비스를 표준화한 결과이다. 전 직원의 정규직화로 내부 직원의 만족도를 높이고 줄설 필요 없이 미리 주문하는 '사이렌 오더'를 도입해 고객만족도를 높였다. 사이렌 오더는 위치인식 기술인 비콘(beacon)을 이용해 주문과 생산의 효율성을 높였다고 할 수 있다. [그림 4-9]는 사이렌 오더 주문 및 결제 기능을 보여주고 있다.

[그림 4-9] 사이렌 오더 주문 및 결제 기능

출처: 신세계그룹뉴스룸(2021. 5. 3.).

셋째, 이질성(heterogeneity) 또는 불일치성(inconsistency)으로 서비스 품질의 표준화와 품질통제가 유형재에 비해 어려운데 서비스 품질은 서비스를 제공하는 사람에 따라 달라지기 때문이다. 비분리성과 마찬가지로 직원 선발 및 트레이닝을 통해 고객만족을 높일 수 있도록 해야 하며 일대일 커스터마이제이션 전략을 실시할 수 있다. 이는 위에서 언급한 생산과 소비의 비분리성과 같은 맥락에서 논의할 수 있는데, 기본적으로 서비스 직원의 선발과 훈련에 과감히 투자하고 서비스 과정을 표준화해야 할 것이다. 또한 고객만족과 불만족의 피드백을 반영해 지속적으로 서비스를 개선할 수 있다.

넷째, 소멸성(perishability)은 유형재와 달리 보관이나 재고 축적이 불가능하다. 이를 보완하고자 수요와 공급 간 균형을 맞추도록 하고 예약 시스템을 도입해 수요를 관리할 수 있다. 예를 들어, 영화관의 조조할인이나 놀이공원의 주말할인 등 시간대, 목표수용자에 맞는 차별화된 프로그램이나 패키지를 제안할 수 있다. 이와 같은 서비스의 특성을 이해할 때 기업은 소비자를 대상으로 성공적인 외적 마케팅(external marketing)을, 철저한 직원교육과 보상을 통해 직원에게 만족도를 높일 수 있는 프로그램, 즉 내적 마케팅(internal marketing)을 실행할 수 있다(Kotler & Armstrong, 2021). 최근 MZ세대의 반려동물을 키우는 '펫팸족'을 대상으로 하는 애견카페, 애견스쿨, 애견호텔이 떠오르는 서비스 업종이다. 애견카페에서 커피와 스낵, 인터넷을 자유롭게 즐기는 좌석과 장소를 제공함과 동시에 소비자가 반려동물과 함께 행복감을 느낄 수 있는 최상의 서비스가 외적 마케팅을 통해 이용자에게 제공되어야 한다. 동시에 직원들에게는 성과에 대한 보상과 동기부여를 통해 업무에 대한 만족감을 줄 수 있도록 해야 한다. 고객과 직원의 긍정적 경험과 높은 만족도는 서비스 상황에서 지속적인 선순환을 가능하게 하는 성공적

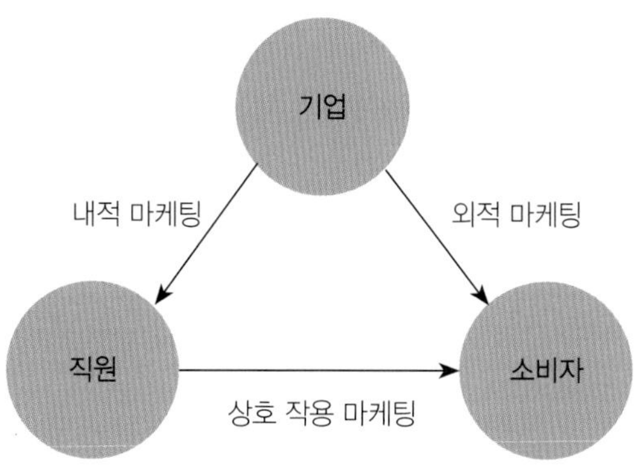

[그림 4-10] 세 가지 유형의 서비스 마케팅

인 상호 작용 마케팅(interactive marketing)으로 이어질 것이다. 이를 도식화하면 [그림 4-10]과 같다.

4. 미디어 콘텐츠에 대한 이해

앞에서 일반적인 마케팅 관점의 제품과 서비스에 관한 정의와 분류를 소개했다. 지금부터는 디지털 미디어 시대의 제품 또는 상품으로서 미디어 콘텐츠(예: 음악, 영화, 오리지널 콘텐츠 등 미디어 장르)에 대한 다양한 해석과 논의를 위해 할애하고자 한다. 미디어 경제학 관점(media economics)에서 상품으로서 미디어 콘텐츠에 대한 논의는 결코 새로운 것이 아니다(김지운, 정회경, 2005; 장병희, 2015; 조세형, 2022). 전통적인 마케팅적 관점에서 미디어 또는 매체는 유・무형의 제품과 서비스의 인지도, 매출 및 시장 점유율 제고를 위한 하나의 소통 채널이자 수단에 불과했다. 전통적 마케팅 및 광고 목표 달성을 위한 관점에서 미디어를 보는 시각을 벗어나 미디어 콘텐츠 자체를 하나의 제품 또는 상품으로 보고 접근할 필요성이 대두되고 있다. 그 주된 이유는 첫째로 마샬 맥루한(Marshall McLuhan)의 '매체가 메시지이다(The medium is the message)'라는 말에서 찾을 수 있다. 인스타그램의 주 사용층인 10~20대를 타깃으로 아무리 크리에이티브한 광고라도 종이 신문에 광고를 집행한다면 무용지물이 될 것이다. 즉, 메시지도 중요하지만 매체의 특성과 매체를 통해 전달되는 콘텐츠가 사회 변혁의 주 동력원이 될 수 있음에 주목해야 한다.

둘째, 구체적으로 매체를 통해 전달되는 메시지 캐리어(carrier)로서 콘텐츠의 변화이다. 최근 수용자 분화 및 소셜 미디어의 발전으로 상업적 메시지가 콘텐츠(예: 뉴스, 영화, 드라마)와 자연스럽게 융합되는 현상이 커뮤니케이션 전 분야에 걸쳐 목도되고 있다. 이를 네이티브 광고(native advertising), 브랜디드 콘텐츠(branded contents), 브랜드 저널리즘(brand journalism), 콘텐츠 마케팅(contents marketing), 스텔스 마케팅(stealth marketing) 등의 용어로 개념화하고 있는데 미디어, 콘텐츠, 상품(예: 간접광고, 브랜드 노출)이 하나로 융합된다는 점에서 이에 대한 심도 깊은 논의가 필요하다. 최근 전 세계의 뜨거운 반응을 일으킨 넷플릭스 〈더 글로리〉 파트 1의 발포비타민 노출이나 〈오징어 게임〉의 삼양라면 노출 등은 PPL을 공식적으로 하지 않는 넷플릭스지만 상업적 메시지를 포함한 미디어 콘텐츠가 얼마나 효과적인지를 단적으로 보여 주는 예라고 할 수 있다(강효진, 2023; 이효성, 2021). 이에 상품으로서 미디어 콘텐츠의 주요한 특성에 대해 살펴보도록 한다.

1) 상품으로서 미디어 콘텐츠

(1) 공공재에서 사적재로

최근 미디어 콘텐츠는 과거 공공재(public goods)에서 준공공재(pseudo-public goods)를 거쳐 사적재(private goods)로 변모했다. 대표적인 공공재의 예로 국방, 치안, 공중파 TV, 무료국립공원, 도로, 항만 등이 있다(KDI 경제정보센터, 2023). 공공재는 크게 '비경합성(non-rivalry)'과 '비배제성(non-excludability)'이라는 두 가지 특성을 가진다(김지윤, 정회경, 2005; 정회경, 2013).

비경합성은 한 사람이 그것을 소비한다고 해서 타인이 소비할 기회를 박탈하지 않음을 의미한다. 비배제성은 비용 등 대가를 지불하지 않더라도 소비에서 배제할 수 없음을 뜻한다. 먼저, 비경합성을 생각해 보자. 미디어 콘텐츠를 수많은 사람이 동시에 집합적 소비(collective consumption)를 하더라도 콘텐츠가 소모되지 않는다. 비교를 위해 유형재(예: 빵)를 생각해 보면 제품 생산 과정에서 원재료(예: 밀가루) 투입을 위한 변동비(variable cost)가 발생하고, 기계, 공장 등 고정 설비 투자 및 운영을 위한 고정비(fixed cost)가 지출된다(기획재정부, 2020). 그러나 미디어 콘텐츠는 제작 단계에서 투입되는 상당한 비용의 제작비 등 고정비가 거의 전부를 차지하며 일단 콘텐츠가 완성되면 복제 비용을 제외한 단위 생산 증가에 따른 변동비가 증가하지 않는다. 특히, 대중매체의 경우 대량 복제가 가능해 불특정 다수가 동시에 소비하더라도 추가 비용이 들지 않아 손익분기점 이후 이익률이 크게 증가된다. 즉, 규모의 경제(economies of scale)가 매우 강력하게 작동하고 초기 제작비 유치, 초판비용 투자 자본 확보 여부가 시장 성공에 결정적인 역할을 한다. 그러나 역으로 유형재의 경우 판매가 부진할 경우 마케팅 전략이나 제품 향상을 통해 상당 기간 제품 수명을 연장하거나 장수 브랜드로 재활성화가 가능하지만 미디어 콘텐츠는 일정 시간 내 흥행에 성공하지 못하면 경제적 가치를 상실한다. 가격 전략 차원에서도 판매가 증가할 때 유형재는 제조, 유통, 판매비용 등 단위가격이 한계적으로 감소함에 따라 대형마트 '1+1' 행사, 묶음 상품 행사 등 수량할인(quantity discount) 효과가 크지만, 미디어 콘텐츠는 원가에 따른 가격설정이 어렵다(Maxwell,

1995).

다음으로 비배제성은 일단 완성된 콘텐츠에 대해 비용을 지불하지 않더라도 소비에서 배제되지 않음을 뜻한다. 예를 들어, 공중파 방송을 생각해 보면 공공재 성격이 강해 시청 인원 수나 자격에 대한 제한을 두지 않는다. 즉, 어느 한 사람의 소비가 다른 사람의 소비를 배제하지 않는다. 종이 신문이나 잡지의 경우 구독자가 아니라도 2차, 3차 소비가 가능하다. 2000년대 초중반만 하더라도 지하철이나 공공장소에서 다른 사람들이 읽던 신문을 돌려 보는 경우가 흔했고 현실적으로도 이용대가를 치르게 하는 것이 불가능했다. 이런 특성으로 인해 비용을 부담하지 않으면서 소비만 하려는 무임승차자(free-rider)의 문제가 흔히 발생했다.

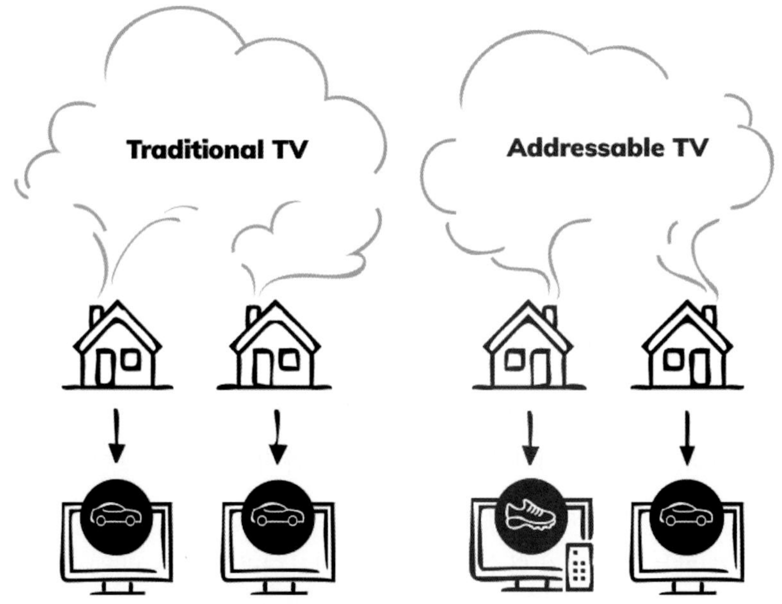

[그림 4-11] 배재성이 강한 어드레서블 TV

출처: https://theviewpoint.com/insights/blog/why-you-should-look-into-addressable-tv-advertising/

디지털 기술의 발전으로 구독 여부에 대한 파악이 가능해 기존 공중파나 대중 미디어가 가졌던 공공재로서의 비배제성이 점차 약화되는 추세이다. 디지털 미디어 환경에서 어드레서블(addressable) TV, IPTV 및 모바일 등은 구독자와 비구독자를 구분하고 계정 공유를 금지시키는 등 콘텐츠 소비를 배제했다. 또한 [그림 4-11]처럼 어드레서블 TV에서 소비자 개인정보를 바탕으로 차별화된 광고 송출이 가능하다. 최근 넷플릭스 OTT의 계정공유 금지 관련 이슈 등 사실상 수익성 확대 차원에서 실행여부를 두고 시기를 저울질하는 것으로 볼 수 있다(임지선, 2023). 요컨대 과거 공공재적 성격이 강했던 대중매체에서 점차 배제적인 성격을 띤 준공공재로 변화하고 있으며 대가를 치른 사람만이 콘텐츠를 소유하고 독점적 이용이 가능한 사적재로 변화할 것으로 예상된다. 그럼에도 정보격차나 디지털 격차 등 시장실패로 인한 치유 차원에서 공공재로서 양질의 미디어 콘텐츠 공급을 위한 국가나 정부의 최소한의 역할은 계속 필요할 것이다.

(2) 경험재로서 미디어 콘텐츠

미디어 콘텐츠는 경험재(experience goods)이다(조세형, 2022). 경험재는 무정형성인 특징을 갖고 있어 제품을 경험한 후에 가격이나 품질에 대한 평가가 가능하다. 미디어를 통해 접하는 방송프로그램, 음반, 영화, 게임, 책, 모바일 등 대부분의 콘텐츠는 경험재의 특성을 가진다. 형태가 없기 때문에 직접 소비 또는 관람하기 전까지 품질을 짐작하거나 평가하기 어렵다. 극장에 갓 개봉한 영화를 생각해 보자. 이러한 특성으로 소비자는 다른 소비자의 관람평이나 리뷰를 참고해 불확실성을 최소화한 후 영화를 관람하게 된다. 영화 마케터의 입장에서 영화 광고 예고편이나 티저 광고(teaser advertising)를 통해 소비자의 관심과 흥미를 돋우는 마케팅 전략을 취하기도 한다. 또 구독 기사의 경우 기사의 일부분만 무료 공개하거나 기능이나 이용 기간에 부분적 제약을 두는 게임 콘텐츠도 같은 맥락에서 이해할 수 있다. 이처럼 일반에게 공개하기 전에 흥미를 불러일으켜 수요를 창출할 수 있다. 또한 헐리우드 영화 산업처럼 스타 시스템을 통해 흥행을 보장할 수 있는 저명한 배우, 감독, 제작자를 고용하여 수요의 불확실성을 감소시키거나 예측할 수 있다.

스타 시스템과 함께 수요의 불확실성을 해소하기 위한 방법이 콘텐츠를 정형화된 형식이나 포맷에 맞게 만드는 것이다. 기본적으로 문화상품인 미디어 콘텐츠는 표준화가 불가능하다. 유형재인 자동차의 엔진 배기량, 크기, 연비, 안전성 등 물리적인 표준화가 가능하지만 미디어 콘텐츠는 미적, 감성적 욕구 등 문화적 특성으로 인해 물리적 표준화가 어렵다. 이는 무형재인 서비스와 비슷한 속성을 가지고 있다고 볼 수 있다. 다만 제작자와 소비자의 편의를 위해 내용적인 측면에서 분류는 가능하다. 앞에서 제품 분류의 기준에 대해 설명했듯이 미디어 콘텐츠 역시 분류가 가능하며 이를 '장르(genre)'라고 한다. 장르는 제작자와 소비자 간 묵시적 계약, 기호체계나 관습이다. 장르를 통해 제작자는 특정 장르의 수요를 예상할 수 있고 익숙한 네러티브와 스토리텔링을 전개한다(McQuail, 2010). 예를 들어, 서부영화는 서부개척시대를 배경으로 남성성, 터프함, 권선징악의 구도를 설정할 수 있다. 로맨스 코미디 영화라면 그 영화가 대략 어떤 내용과 흐름으로 발전할지 영화 제작자와 관객 모두 예상할 수 있다. 책의 경우도 소설과 수필은 다른 장르이며 독자의 기대도 달라진다. 최근 SF퓨전사극이나 국악힙합(국힙) 등 실험성을 중시한 장르 융합과 파괴 현상이 자주 나타나고 있는데 이는 기성 장르를 더욱 풍성하고 다양하게 만든다.

(3) 생산과 소비의 비동시성

앞서 서비스의 특성으로 생산과 소비의 비분리성(inseparability)을 설명했다. 서비스 제공자 또는 생산자와 서비스 이용자 또는 소비자 간 동일한 시간과 공간을 점유해야 한다. 그러나 미디어 콘텐츠는 대중매체나 인터넷 등 디지털 미디어를 통해 비동시적이고 집합적 대량 소비가 가능하다. 이는 일반적인 서비스와 큰 차이점이다. 예를 들어, 연극이나 콘서트는 같은 공간을 점유하지 않거나 시간이 지나면 상품이 소멸되지만 미디어 콘텐츠는 매체에 기록되어 반영구적으로 소비가 가능하다. 환언하자면 연극, 콘서트, 오페라, 페스티벌, 스포츠 직접 관람 등은 '공연예술 상품' 또는 '체험형 상품'으로 시간적, 공간적, 물리적 제약이 뒤따른다. 반면, 영화, 음반, 공중파 방송, OTT 서비스 등은 '상영 상품' 또는 '미디어 의존형 상품'으로 매체에 기록되어 언제 어디서나 필요할 때 소비가 가능하다. 공연예술 상품은 동일한 시공간을 점유해 인간들의 상호 작용이 발생하지만 미디어 의존형 상품은 미디어에 기록되어 균일한 콘텐츠를 전달하고 시차를 둔 소비가 가능하다는 점에서 대인 간 상호 작용도 제한적이다(조세형, 2022).

물론 최근 정보통신기술의 발달로 체험형 상품이 미디어를 통해 대중에게 실시간 전송 또는 기록물로 판매되지만 경험적 가치(experiential value)에서 큰 차이가 발생한다(전범수, 박조원, 박성복, 2016; Mathwick, Malhotra, & Rigdon, 2001). 예를 들어, [그림 4-12]와 같이 직접 야구장에서 야구 경기를 관람하는 것은 실시간 생중계나 녹화방송에 비해 그 생동감이나 현장감을 비교하기 어렵다. 연극, 콘서트 등의 문화예술 상품은 엄밀하게 생산과 소비의 동시성이 전제된다. 체험형 상품과 미디어 의존형 상품은 모두 오감을 통한 경험을 토대로 하지만 현장에서 직접 경험하는 것과 미디어를 매개로 경험하는 것은 질적인 차이가 크다. 이처럼 미디어 콘텐츠와 체험형 상품은 그 특성이 다르다고 할 수 있으나 이 장에서는 미디어 콘텐츠 상품에 초점을 둔다. 문화상품으로서 체험형 상품의 생산과 소비의 동시성에 대한 자세한 설명은 문화예술 경영이나 마케팅 관련 서적을 참고하기 바란다.

[그림 4-12] **생산과 소비가 동시에 발생하는 스포츠 직접 관람**

(4) 둘 이상의 목표시장

이중 상품 미디어 모델(The Dual Product Media Model)에 따르면 미디어 콘텐츠 상품은 소비자와 광고주라는 두 개의 시장을 대상으로 한다(Pennings, 2011). 먼저 미디어는 흥미롭고 유용한 콘텐츠를 생산해 소비자에게 제공한다. 그 다음 미디어는 시청률 또는 구독률로 나타나는 소비자를 광고주에게 판매하는 이중상품의 역할을 한다. 대부분 대중매체 콘텐츠는 국경과 언어 등 문화장벽을 넘어 전 세계의 많은 사람들에게 소구할 수 있는 소재와 내용들이 대부분이다. 많은 소비자들의 관심과 주목을 받은 콘텐츠는 높은 시청률과 구독률로 측정되어 높은 가격에 광고주에게 팔리게 된다. 미디어 콘텐츠 자체가 소비자를 만족시킨다면 동시에 광고주에게 매력적인 콘텐츠가 되는 것이다. 미디어 콘텐츠가 이용과 충족(uses and gratification) 관점에서 소비자의 주체적 소비와 저항적 해독이 가능하다고 볼 수 있지만 비판적인 관점에서 소비자의 시청이나 구독 행위는 광고주를 위한 노동력 제공이라고 볼 수 있다. 때때로 밤늦게까지 수면 시간을 줄여 가며 미디어를 소비하는 것은 개인적인 측면에서 사회적 자본의 축적을 위한 생산적 행위에 들어가야 할 시간을 뺏기는 셈이다.

(5) 문화상품으로서의 미디어 콘텐츠

미디어 콘텐츠는 주요한 문화상품(cultural goods)이다(김평수, 윤홍근, 장규수, 2018; 장병희, 2015). 먼저 문화상품과 문화 산업에 대해 정의해 보자. 문화상품은 문화 영역과 경제 영역이 결합해 산업적 생산물과 소비의 대상물로 나타나는 문화 산업의 결과물로 경제적 부가 가치를 창출하는 유형 또는 무형의 재화와 서비스를 뜻한다. 넓은 의미로 영화, 도서, 음반, 신문, 잡지, 애니메이션, 출판, 텔레비전 프로그램 등의 콘텐츠가 속하며, 협의로는 한국적인 소재, 표현기법, 제작기술 등을 차용한 공예, 생활문화상품, 미술복제품, 캐릭터 상품 등이 포함된다. 문화상품은 특히 예술성, 창의성, 오락성, 여가성, 대중성 등의 문화적 특성을 띠고 있다. 한편, 「문화산업진흥기본법」 제2조에 따르면 문화상품을 기획, 개발, 제작, 생산, 유통, 소비하는 과정과 관련된 서비스를 행하는 산업을 문화 산업이라 한다(조세형, 2022). 문화 산업은 공익성, 다양성, 예술성 등 문화적 의미가 내포되어 일반적인 재화나 서비스와 달리 효용성(utility)이나 만족감을 객관적으로 측정하는 것이 더 어렵다. 예를 들어, 인기 있는 영화라면 누구나 극장에서 봐야 한다거나 사회 통념상 수용하기 어려운 내용이라면 사회에 부정적 영향을 미친다는 점에서 파급효과나 영향력이 일반 재화에 비해 더 크다.

미디어 콘텐츠는 지역문화 및 인간의 문화적 주체성(cultural identity)과 관련성이 깊고 문화적 선호도나 의미에 의해 결정되는 경우가 많다(전범수, 박조원, 박성복, 2016; 조세형, 2022). 문화상품은 언어, 관습, 선호 장르 등의 차이로 다른 문화권으로 진입하기가 쉽지 않다. 이를 '문화적 장벽'이라고 하는데 이는 문화적 할인율(cultural discount)로 설명할 수 있다. 문화적 할인율은 한 문화권에서 다른 문화권으로 문화상품이나 콘텐츠가 이동했을 때 문화 차이로 인해 그 가치가 상대적으로 저평가되는 현상을 뜻한다. 보통 문화적 장벽이 높을수록, 문화적 할인율이 높고, 문화적 장벽이 낮으면 문화적 할인율도 낮다. 장르별로 게임, 애니메이션, 다큐멘터리 등은 문화적 요소가 약해 할인율이 낮은 반면 가요, 영화, 드라마 등은 문화적 색채(예: 문화유산, 생활양식, 창의적 아이디어, 가치관)가 강해 이질적으로 받아들여져 문화적 할인율이 높은 특성을 가진다. 특히 한국어처럼 자국의 모국어가 존재할 경우 문화적 전통 계승 및 발전에 도움이 되는 장점이 있으나 타국 문화의 진입 및 수용에 진입장벽으로 작동하기도 한다.

세계적인 반향을 일으켰던 넷플릭스의 〈오징어 게임〉은 한국인 감독의 각본과 연출, 한국 어린이 놀이 소재, 한국 배우, 한국어로 제작된 순수 한국 콘텐츠지만 각국의 이질적인 문화적 장벽을 넘었다. 이는 문화상품으로서 한국적인 것이 그만큼 세계적으로 보편화됐음을 보여 주지만 그 저변에는 글로벌 콘텐츠를 생산 및 유포할 수 있는 있는 유튜브(YouTube) 등 소셜 미디어 생태계의 발전에 그 이유를 찾을 수 있다. 콘텐츠를 각 지역에서 직접 수급하거나 제작하고 글로벌 플랫폼을 통해 배포하려는 넷플릭스의 글로컬 전략(glocalization strategy)이 어우러진 결과라고 볼 수 있다(Brennan, 2023). 한국 콘텐츠를 이해할 수 있는 취향이나 문화자본이 유튜브 등 소셜 미디어를 통해 전 세계로 전파됐으며 이 문화자본은 글로벌 소비자들의 시청을 통해 더욱 굳건히 축적되는 선순환 효과가 발생한다(전범수, 박조원, 박성복, 2016). 즉, 케이팝 등 한국문화를 즐겨 소비할수록 한국 콘텐츠를 소비할 수 있는 문화자본이 더욱 축적되고 이는 문화적 코드를 이해하는 밑거름이 된다.

추가적으로 문화상품의 세계화를 설명하는 두 가지 이론에 대해 설명하고자 한다. 먼저 문화제국주의(cultural imperialism) 이론에 따르면 제3세계로 수입되는 문화상품은 자본주의 가치를 미화하고 동경하게 만들어 제3세계가 미국으로 대표되는 서방 자본주의 국가에 문화적으로 종속되게 만든다는 것이다(임동욱, 2012; Adum, Kenechukwu, & Abuah, 2015; McQuail, 2010). 지난 세기 미국 등 서방 국가는 개발도상국이나 제3세계 국가에서 문화 지배를 통해 자본을 증식하고 정치적, 이념적 통제력을 공고히 했다. 일례로, 미디어 재벌 루퍼트 머독(Rupert Murdoch)은 익히 알려진 월스트리트 저널, 뉴욕 포스트, 팍스 뉴스, 뉴스 코퍼레이션 등 미디어 제국을 소유해 전 세계적인 영향력을 행사

[그림 4-13] **미디어 제국을 건설 중인 루퍼트 머독**

출처: https://www.ft.com/content/82fcb8fc-2254-11e4-9d4a-00144feabdc0

하고 미디어 교차 소유(media cross-ownership)로 편집권의 독립 및 소수의 목소리를 위한 다양성에 위협이 되고 있다(Wikipedia, 2023). [그림 4-13]은 미디어 제국을 건설하려는 머독의 모습을 풍자했다. 이러한 구조적 한계 속에 종속의 결과로 특정 국가의 문화산업의 자본, 제도, 기술, 형식 등 하드웨어적 요소뿐만 아니라 문화상품의 내용, 이데올로기, 가치 등 소프트웨어적인 요소에도 주종관계를 형성한다는 것이다. 과거 20세기 초 제국주의 시대 침탈의 도구가 물리적, 폭압적 군사력 등 공권력이라면 현재 문화의 세계화 및 주류문화를 지배하는 미디어 기업이 지식, 정보, 문화를 사용해 주변국을 통제하는 데 앞장서고 있다는 것이다.

이에 대한 대안적 이론으로 문화혼종이론(cultural hybridity theory)이 있다(Marotta, 2021; Ortega, 2020). 문화혼종이론은 기존 전통 문화나 특정 문화의 정체성이 약화되거나 다른 문화와 서로 혼종화되어 새로운 문화를 만들어 내는 현상을 설명하는 이론이다. 최근 전 세계적으로 문화 다양성의 가치가 중요해지고 쌍방향성을 중시하는 소셜 미디어 등 디지털 플랫폼의 등장으로 특정 지역의 문화가 세계화되는 추세이다. 예를 들어, 유튜브 등에서 케이팝이나 한국 콘텐츠가 높은 조회수를 기록했다는 점을 이 두 이론으로 어떻게 설명할 수 있을까? 한국이 문화의 주변국에서 중심국으로, 일방적인 문화 수입국에서 수출국으로 콘텐츠 소비의 주체에서 생산의 주체가 됐음을 문화제국주의이론으로 설명할 수 있다. 동시에 과거 미국 등 서방 문화 중심의 획일화된 문화에서 한국문화가 주체적 수용 과정을 거쳐 문화적 정체성과 자생력이 강해지고 있음을 문화혼종이론으로 이해할 수 있다. 문화제국주의 이론 대비 문화혼종이론은 문화의 생명력과 자기교정적 능력을 좀 더 폭넓게 인정하고 있음을 알 수 있다. 정치 · 경제학적 관점에서 문화상품으로서 미디어 콘텐츠에 대해 더 관심이 있다면 미디어 경제학이나 매스 커뮤니케이션 관련 서적을 참조하기 바란다.

(6) 미디어 콘텐츠의 창구효과(window effect)

여러분은 아마도 철지난 오래된 영화를 TV나 케이블에서 무료로 시청한 적이 있지 않은가? 정말 보고 싶은 영화라면 개봉과 동시에 극장을 찾았겠지만 기회를 놓쳤다면 시간이 지났더라도 편하게 안방에서 시청을 할 수 있다. 이처럼 하나의 콘텐츠를 시점 차이를 두고 서로 다른 플랫폼과 가격 차별화를 통해 부가 가치를 높이는 유통방식을 창구효과라고 한다. 예를 들어, 흥행한 영화는 이후 케이블 TV, 위성 방송, 인터넷 다시보기,

DMB, IPTV, 모바일, 이후 수출에 이르기까지 다양한 창구를 거치면서 재판매된다. 미디어 콘텐츠는 앞서 전술한 바와 같이 단위 생산 증가에 따른 비용이 증가하지 않는 특성이 있어 소비자들의 지각된 가치가 콘텐츠 가치를 결정하는 특이점이 있다.

윈도우 효과를 통해 차별적 가격이 부여되며 소비자는 자신이 원하는 가격에 극장에서 이후에 안방에서 TV로 콘텐츠를 이용할 수 있게 된다. 하나의 1차 콘텐츠를 활용하여 영화, 방송, 게임, 음반, 출판 등 다양한 2차, 3차 콘텐츠로 재생산하여 고부가 가치를 생산하는 원 소스 멀티 유스(One Source Multi Use: OSMU)의 유통전략도 윈도우 창구효과의 변형된 채널로 볼 수 있다. 잘 만들어진 콘텐츠는 최소의 투자비용으로 최대의 수익을 창출한다는 장점이 있다. 예를 들어, TV 애니메이션 〈뽀로로〉의 경우 캐릭터를 활용한 완구 팬시용품을 거쳐 스토리를 활용한 출판물, 최종적으로 영화나 애니메이션으로 활용된다. 웹툰 〈신과 함께〉의 경우 소설책, 캐릭터를 활용한 게임 그리고 영화나 공연 등으로 제작됐다. 이 외 다큐멘터리, UCC, 지식 정보 등 다양한 소재들을 콘텐츠로 제작하고 다양한 경로로 상품화 및 유통하는 방식을 멀티 소스 멀티 유스(Multi Source Multi Use: MSMU)라고 한다. 끝으로 스마트 기기의 발달과 함께 N스크린 시대 기기별 특성에 적합한 맞춤형 콘텐츠를 기획 및 제작하는 ASMD(Adaptive Source Multi Device)도 있다.

콘텐츠는 기본적으로 특정 매체 또는 플랫폼에서 구속받지 않는 자유로운 내용이나 텍스트이기에 재구성 및 재가공을 통해 다양한 미디어로 소비된다. 이러한 콘텐츠들은 반드시 지켜야 할 기업의 자산으로 법적인 보호를 받는다. 지식재산권은 크게 저작권, 특허권, 디자인권, 상표권, 부정경쟁방지법이 있다. 특히 저작권은 문화 · 예술 창작물에 대한 권리, 저작물 완성 시 자동 발생, 저작자 사후 70년 유지, 문화체육관광부 한국저작권위원회 등록 가능한 점들을 유의할 필요가 있다. 콘텐츠 제작자들은 사전에 저작권을 등록해 저작권 침해 시 발생할 수 있는 절차와 비용을 최소화하도록 해야 하며, 특히 해외 진출을 준비할 경우 자사 보유 콘텐츠 보호와 분쟁 예방을 위해 한국지식재산보호원을 거쳐 해외 출원 · 등록을 할 수 있다(한국지식재산보호원, 2023).

5. 마무리

이 장에서는 디지털 환경에서 성공적인 광고기획을 위한 제품의 이해를 화두로 논의했다. 제품은 마케팅 및 광고의 주요한 대상이라는 점에서 마케터와 광고주의 주의 깊은 분석과 이해가 필요하다. 이를 위해 이번 장에서 거시 환경 분석, 미시 환경 분석, SWOT 분석의 일환으로 제품을 연결해 설명했다. 또한 제품은 관점에 따라 그 정의와 분류가 상이하게 달라진다. 이에 구매목적, 구매욕구, 품질평가 시점 등 다양한 제품의 정의와 분류법에 대해 소개했으며 제품 분석을 위한 다섯 가지 요인인 제품 품질, 제품 특성, 제품 스타일 및 디자인, 포장, 브랜드명에 대해 부가적으로 설명했다.

광의의 의미로 서비스는 제품에 포함되지만 이 장에서는 이를 분리하여 서비스의 정의와 분류법 그리고 서비스 특성과 강화전략에 대해 알아보았다. 끝으로, 전통적인 마케팅 및 광고 관점에서 탈피해 문화상품으로서 미디어 콘텐츠의 주요 특성에 대해 고찰했다. 미디어는 설득을 위한 주요 채널이기도 하지만 그 자체로 무형재인 상품이자 메시지이다. 문화상품이자 경험재인 미디어 콘텐츠가 가진 공공재적 성격, 생산과 소비의 비동시성, 다수의 목표시장 및 창구효과 등에 대한 전반적인 지식을 습득했을 것이다. 이번 장을 통해 디지털 시대의 제품이나 서비스뿐만 아니라 미래 고부가 가치 산업으로 등장한 미디어 콘텐츠까지 기획을 위한 첫걸음에 도움이 되기를 바란다.

참고문헌

강효진(2023. 1. 5.). '넷플릭스에서 PPL을?'…'더 글로리', 이도현 발포비타민에 숨겨진 비밀. SPOTVnews. https://www.spotvnews.co.kr/news/articleView.html?idxno=577792

권정은, 김상훈(2020). 제품의 디자인이 성능 추론에 미치는 영향: 디자인 전형성과 제품 유형의 차이를 중심으로. **마케팅연구**, 35(3), 47-67.

기획재정부(2020). 경제배움e. https://www.moef.go.kr/sisa/dictionary/detail?idx=443

김성윤(2023. 1. 29.). 구찌 지우개, 티파니 빨대, 고야드 개 밥그릇… 일상으로 진격하는 명품들. 조선일보. https://www.chosun.com/culture-life/fashion-beauty/2023/01/28/2ZF3KHCY6NH2RJAV3LOBLNEUZI/

김지운, 정회경(2005). **미디어경제학: 이론과 실제**. 커뮤니케이션북스.

김평수, 윤홍근, 장규수(2018). **문화콘텐츠 산업론**. 커뮤니케이션북스.

박은아(2007). 온라인 사용후기가 구매의사결정에 미치는 효과: 후기방향성, 브랜드인지도, 제품유형에 따른 차이. **광고학연구**, 18(5), 7-22.

신세계그룹뉴스룸(2021. 5. 3.). 스타벅스 사이렌 오더 누적 주문건수 2억 건 돌파. https://www.

shinsegaegroupnewsroom.com/59673/

안광호, 하영원, 유시진, 박흥수(2018). 마케팅원론(7판). 학현사.

연선옥(2022. 2. 7.). 파업 안 하고 위험한 일도 척척… 車 공장 파고드는 로봇. 조선비즈. https://biz.chosun.com/industry/car/2022/02/07/GAJRMDFFI5CTZHX64ZSWSGRF6M/

유동근, 서승원(2017). 통합 마케팅. 법문사.

이중원, 박철(2019). 소셜 미디어 구전량이 브랜드자산을 매개하여 기업성과에 미치는 영향: 제품과 서비스의 차이. 경영학연구, 48(3), 653-681.

이효성(2021. 10. 17.). [이효성 칼럼] '오징어 게임'의 세계적 반향. 아시아투데이. https://www.asiatoday.co.kr/view.php?key=20211017010008785

임동욱(2012). 세계화와 문화제국주의. 커뮤니케이션북스.

임지선(2023. 2. 21.). '넷플릭스 계정 공유 단속' 오보였다…"시작되면 알릴 것". 한겨레. https://www.hani.co.kr/arti/economy/it/1077984.html

장병희(2015). 미디어 경제학. 커뮤니케이션북스.

전범수, 박조원, 박성복(2016). 문화 상품 소비 규모 결정 요인-취향, 미디어 이용, 인구사회학적 요인의 영향. 문화정책논총, 30(1), 182-203.

정회경(2013). 미디어 경영 · 경제. 커뮤니케이션북스.

조세형(2022). 정보제공과 관계혜택이 문화상품 온라인구매의도에 미치는 영향: 공연상품과 상영상품의 차이. 한국콘텐츠학회논문지, 22(7), 149-163.

최은정(2020). 마케팅 관리: 디지털 시대의 뉴 마케팅. 정독.

쿠팡 뉴스룸(2022. 1. 27.). 쿠팡 친환경 프레시백으로 연간 1억 개 스티로폼 상자 절약했다. https://news.coupang.com/archives/13290/

통계청(2023). 서비스업 분류. http://kostat.go.kr/understand/info/info_qst/11/2/index.board?bmode=read&bS eq=&aSeq=71996&pageNo=1&rowNum=15&navCount=10&currPg=&searchInfo=&sTarget=title&sTxt=

트렌드 리포트(2021). 유통업계의 커머스와 콘텐츠 융합을 통한 시너지 시도. Media Issue & Trend, 43(3/4), 74-86.

한국지식재산보호원(2023). 주요사업. https://www.koipa.re.kr/home/main.do

한전진(2022. 6. 27.). [인사이드 스토리]네이버 vs 쿠팡 혈투…'왕관'은 누구에게. 비즈니스워치. http://news.bizwatch.co.kr/article/consumer/2022/06/27/0016

KDI 경제정보센터(2023. 2. 21.). 공공재와 시장실패. https://eiec.kdi.re.kr/material/conceptList.do?depth01=00002000010000100008&idx=135

Adum, A. N., Kenechukwu, S., & Abuah, F. (2015). Media Technology and Cultural

Imperialism in Developing Countries. *Communication Panorama African and Global Perspectives, 1*(1), 1-13. http://www.rex.commpan.com/index.php/cpagp/article/viewFile/10/10

Armstrong, G., Kotler, P., & Opresnik, M. O. (2020). *Marketing An Introduction* (14th ed.). 정연승, 박철, 이형재, 조성도 역(2021). Kotler의 마케팅 입문. 교문사.

Brennan, L. (2023. 2. 21.). How Netflix Expanded to 190 Countries in 7 Years. Harvard Business Review. https://hbr.org/2018/10/how-netflix-expanded-to-190-countries-in-7-years

Can Manufacturers Institute (2023. 2. 21.). History of Can: An Interactive Timeline. https://www.cancentral.com/can-stats/history-of-the-can

Keller, K. L. (2012). *Strategic brand management: building, measuring and managing brand equity* (4th ed.). 김준석 역(2015). 전략적 브랜드 관리. 시그마프레스.

Kerin, R. A., & Hartley, S. W. (2019). *Marketing* (8th ed.). 김성영, 임채운, 채명수, 강민정, 배정호, 송상연 역(2021). KERIN 핵심마케팅. 교문사.

Kotler, P., & Armstrong, G. (2020). *Principles of Marketing* (18th ed.). 김건하, 서주환, 서찬주, 송유진, 송정미 역(2021). Kotler의 마케팅 원리. 시그마프레스.

Lim, S. (2023). ChatGPT in Advertising: Will Clients Pay the Same for AI-Generated Campaigns? Campaign. https://www.campaignasia.com/article/chatgpt-in-advertising-will-clients-pay-the-same-for-ai-generated-campaigns/483021

Marotta, V. (2021). Cultrual Hybridity. Deakin University. https://onlinelibrary.wiley.com/doi/10.1002/9781405165518.wbeos1616

Mathwick, C., Malhotra, N., & Rigdon, E. (2001). Experiential Value: Conceptualization, Measurement and Application in the Catalog and Internet Shopping Environment. *Journal of Retailing, 77*(1), 39-56.

Maxwell, S. (1995). What Makes a Price Increase seem 'Fair'?. *Pricing Strategy & Practice, 3*(4), 21-27.

McQuail, D. (2010). *McQuail's Mass Communication Theory* (6th ed.). Sage Publications.

Ortega, É. (2020). Media and Cultural Hybridity in the Digital Humanities. Cambridge University Press. https://www.cambridge.org/core/services/aop-cambridge-core/content/view/C2523A71E70020AB6559015986631BB9/S0030812900127609a.pdf/media_and_cultural_hybridity_in_the_digital_humanities.pdf

Pennings, A. J. (2011. 1. 24.). The Dual Product Media Model. https://apennings.com/media-strategies/the-dual-product-media-model/

White, K. (2023. 2. 21.). What's a Competitive Analysis & How Do You Conduct One? https://blog.hubspot.com/marketing/competitive-analysis-kit

Wikipedia (2023). List of Assets Owned by News Corp. https://en.wikipedia.org/wiki/List_of_assets_owned_by_News_Corp

Wikipedia (2023). Popeye. https://en.wikipedia.org/wiki/Popeye

삼성전자. https://www.samsung.com

Click Americana. Lip Smackers from Bonne Bell: The super trendy vintage lip gloss from the 70s, 80s & 90s. https://clickamericana.com/topics/beauty-fashion/lip-smackers-bonne-bell-1973-1983

Dyson USA. https://www.dyson.com/hair-care/hair-dryers/supersonic/blue-copper-case

Financial Times. https://www.ft.com/content/82fcb8fc-2254-11e4-9d4a-00144feabdc0

Theviewpoint. https://theviewpoint.com/insights/blog/why-you-should-look-into-addressable-tv-advertising/

제5장 디지털 환경에서 시장 이해하기*

광고기획자에게 시장은 어떤 의미가 있을까? 시장은 마케팅이라는 각축전이 일어나는 곳이자 기업의 매출이 발생하는 현장이다. 그렇기에 광고기획자에게 시장을 다루는 전략과 스킬은 대단히 중요하다. 지금도 기술과 생활양식의 변화로 끊임없이 진화하는 시장에 대응하기 위해, 광고기획자는 시장의 트렌드를 보는 동시에 패러다임 변화와 작동 원리를 잘 살펴야 한다. 디지털 트랜스포메이션(digital transformation)이 한창 중인 지금, 시장은 어떻게 진화 · 발전하고 있을까? 그리고 이러한 시장에 어떻게 대응하는 게 좋을까?

광고에 대한 개념이 '알리는 일'에서 '모이게 하는 일'로 새롭게 정의되고, 광고의 기능이 '메시지의 전달'에서 '플랫폼에서의 만남'으로 확장되고 있는 중이므로, 광고기획자는 그동안 다뤄왔던 전통적인 전략 프레임을 파악하는 동시에, 디지털로 인해 연결되고 확장되는 시장에서의 대응 전략도 준비해야 한다. 이 장에서는 디지털로 인해 변화된 시장의 개념을 비롯해, 광고와 유통의 결합, 플랫폼의 등장, 플랫폼 기반의 새로운 시장의 출현 등 온라인과 오프라인을 통합해서 생겨나는 다양한 시장의 유형을 살펴보고, 디지털 시장의 작동 원리와 그에 따른 광고의 중요성에 대해 재조명해 보고자 한다.

---

*김유나(서울예술대학교 커뮤니케이션학부 광고창작과 교수)

1. 고객 관점에서 본 시장의 정의

1) 마케팅에서 보는 시장의 정의

마케팅의 아버지라 불리는 코틀러(Kotler)는 일찍이 마케팅을 '고객을 위한 가치 창출과 교환 활동'으로 정의한 바 있다. 일반적으로 마케팅은 고객을 관여시켜 강력한 고객 관계를 구축하고, 그 대가로 고객으로부터 상응하는 가치를 얻는 과정을 말한다(Kotler, 2000). 따라서 성공적인 마케팅을 수행하기 위해서는 일단 고객의 욕구 및 고객과의 거래가 이루어지는 시장에 대한 이해가 있어야 한다.

그렇다면 시장(market)이란 무엇인가? 시장의 사전적 의미는 여러 가지 상품을 '사고파는 장소'를 뜻하지만, 마케팅에서는 수요가 생길 수 있는 곳에 시장이 형성된다는 점에 착안하여 시장을 곧 '고객'으로 인식한다. 그러므로 마케팅에서 시장을 논할 때는 상품의 생산자(기업)와 구매자(고객) 간의 '가치 교환 활동'이 근저에 내포되어 있다는 것을 염두에 두어야 한다. 시장의 작동 원리인 '효율적인 교환의 촉진'을 위해서 일단 기업은 소비자의 욕구를 잘 읽고, 이를 충족시켜 줄 수 있는 제품과 서비스를 시장에 공급해야 한다. 따라서 시장을 볼 때는 거래되는 물건 이면에 숨어 있는 소비자 욕망의 크기와 욕망의 실체를 함께 볼 수 있어야 한다.

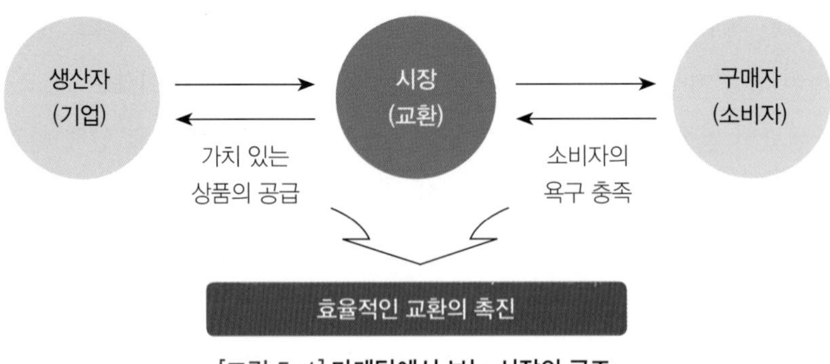

[그림 5-1] 마케팅에서 보는 시장의 구조

2) 마케팅 패러다임의 변화

시장에서 교환은 어떤 방식으로 이루어져 왔을까? 마케팅의 전략적 흐름을 이해하기 위해서는 시장 교환방식의 변화에 대해 주목할 필요가 있다. 지금의 마케팅 개념이 있기까지 근 백여 년 동안 시장을 바라보는 관점은 몇 차례 변화를 거쳐 왔다. 이러한 관점의 변화는 마케팅 전략의 지침이 되는 철학적 의사 결정의 근간이 된다. 조직이 마케팅 전략을 실행하는 데 바탕이 되는 마케팅 관리 철학은 다음의 다섯 가지 흐름에 따라 진화해 왔다. 생산 개념, 제품 개념, 판매 개념, 마케팅 개념, 사회적 마케팅 개념이 바로 그것이다.

가장 먼저 등장한 것은 '생산 개념(production concept)'의 마케팅이다. 2차 산업혁명이 한참이었던 1910년에는 제품 생산이 기업의 중요한 화두였다. 당시는 제품을 값싸게 많이 만들면 팔려나가던 시기였으므로, 기업은 원가절감과 생산량 증대를 통해 규모의 경제를 갖추는 것을 목표로 했다. 생산 개념에서는 소비자가 저렴하고 쉽게 구입할 수 있는 제품을 선호한다고 가정한다. 따라서 기업의 경영진은 생산과 유통의 효율성을 향상하는 것에 주력했다. 이런 관리 철학이 주를 이루던 시대에는 업무 향상에 역량을 집중했던 생산자 관점의 시장 논리가 지배적이었다.

두 번째 흐름은 1920년대 등장한 '제품 개념(product concept)'의 마케팅이다. 생산 개념에 기반한 천편일률적인 제품들은 소비자의 다양한 욕구를 채워 주기에 부족함이 있었다. 따라서 이때는 제품에 다양한 기능들이 추가되면서 상품 품질을 개선하는 노력과 더불어 여러 가지 종류의 상품 구색을 갖추기 위한 본격적인 제품 개발이 시작됐다. 여기에는 소비자가 최고의 품질, 성능, 혁신적 특성이 있는 제품을 선호한다는 가정이 내포되어 있다. 당시에는 제품 품질 개선을 핵심 전략으로 여겼는데, 이러한 접근은 제품 자체에만 초점을 맞추기 때문에 마케팅 근시안(marketing myopia)에서 벗어나기 어렵다는 한계를 보인다.

그 이후에 등장한 '판매 개념(selling concept)'의 마케팅은 경제성장으로 인해 생활이 윤택해지고 시장에 물건이 넘쳐나게 되는 1970년대부터 시작됐다. 당시는 기업이 직접 고객을 찾아 나서 물건을 판매하지 않고서는 경쟁 우위를 차지하기가 어려웠으므로, '생산'에서 '영업'으로 패러다임이 전환되던 시기였다. 기업이 가만히 있으면 고객이 자사 제품을 알아주지 않는다는 인식이 확산되며, 기업은 영업조직과 채널 관리를 통해 공격적으로 판매를 독려하기 시작했다. 하지만 이러한 접근은 기업이 잠재 고객을 찾아내어 제품 편익을 어필하고 설득해서 매출을 증대해야 하므로, 판매 거래를 일으키는 데만 초점을 맞춘다는 한계가 있다.

1980년대에 이르러 수요가 공급을 초과하게 되면서 시장에 진정한 '마케팅 개념(marketing concept)'이 등장하기 시작했다. 당시 시장경쟁이 더욱 치열해지자, 기존의 제품 지향의 마케팅에서 벗어나 '고객이 진정으로 원하는 것이 무엇인가'에 대한 고민을 중심으로 소비자 지향적 마케팅으로의 전환이 일어났다. 기업의 모든 마케팅 활동은 기업 목표에 맞는 시장을 규정하고, 소비자의 니즈에 근거하여 시장을 분류한 뒤 그들에게 영향을 미치는 방향으로 집중됐다. 이런 방식으로 기업은 고객 가치와 만족을 기반으로 고객과의 지속적 관계를 창출함으로써 이익을 얻는다. 이와 같은 고객 지향적 마케팅은 기업이 고객에 대한 이해가 깊을수록 효과를 거두게 된다. 그러므로 이때부터 시장의 개념은 고객과 일맥상통한다는 의미로 통용되기 시작했다. 기업은 충족되지 않은 고객의 욕구를 경쟁사보다 더 잘 충족시키기 위해 전사적 노력을 기울이는 전략을 취하게 됐다.

마지막으로 최근에 등장한 마케팅 철학은 '사회적 마케팅 개념(social marketing concept)'에서 비롯됐다. 오늘날의 소비자는 물건 하나를 구입하더라도 단순히 그들의 소비 욕구를 충족시키는 것 이상으로, 공익에 바탕을 둔 윤리적인 가치까지 고려하는 특성을 보인다. 이런 기조에서 발전된 사회적 마케팅은 기업이 소비자와 사회의 복지를 유지하고 기여하는 방식으로 소비자에게 가치를 제공해야 한다고 주장한다. 여기에는 '지속가능한 마케팅(sustainable marketing)'을 통해 사회적 및 환경적으로 책임 있는 마케팅 활동을 수행하는 것이 포함된다.

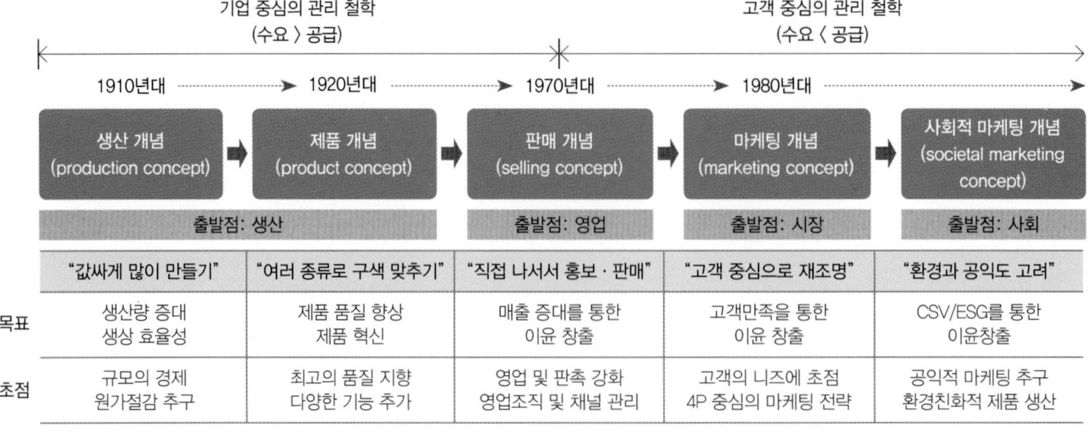

[그림 5-2] **마케팅 관리 철학**

3) 디지털로 인한 소비자 중심 마케팅의 극대화

2000년대 이후, 인터넷과 스마트폰의 보급 그리고 4차 산업혁명으로 인한 IT 혁명이 일어나면서 소비자 중심의 마케팅 개념도 한 단계 도약했다. 2010년대 들어 오면서 소셜 네트워크 서비스(Social Network Service: SNS)로 소통하는 것이 일상화되면서, 항상 타인과 연결되어 생활을 영위하는 오늘날의 소비자에 대한 새로운 통찰이 필요해졌다. 이에 코틀러는 연결의 시대 변화에 맞춰 소비자의 구매의사 결정을 '5A'로 설명하였다. 5A는 인지(Aware), 호감(Appeal), 질문(Ask), 행동(Act), 옹호(Advocate)의 단계로 이루어져 있다. 이러한 구매의사 결정 과정에서는 구매 이전 정보탐색과 구매 이후의 행동들에 진성 소비자의 살아 있는 정보가 큰 영향을 미친다는 것이 핵심이다. 또한 이러한 단계에서 자사 브랜드에 열광하고 옹호하는 팬을 많이 만드는 것이 연결 시대의 생존 법칙이라고 설명한다(Kotler, 2016).

이제 마케팅의 주체는 기업 단독에서 소비자와 병행하는 패러다임으로 변화를 맞이하고 있다. 이제 마케팅은 시장을 세분화하던 단계에서 벗어나, 자사 제품과 서비스에 관심을 보이는 개인 소비자(시장)를 찾아서 그들이 관심을 가질만한 정보와 콘텐츠를 제공하며, 이들이 자사 마케팅 활동에 더 많이, 더 자주, 더 깊게 반응하는 일을 만들어 내는 것을 목적으로 한다. 따라서 디지털에서는 직접적으로 구매를 독려하는 방식보다, 오히려 관심을 이끌고 참여를 만들어서 자연스럽게 구매로 연결되는 흐름을 만드는 것이 중요하다.

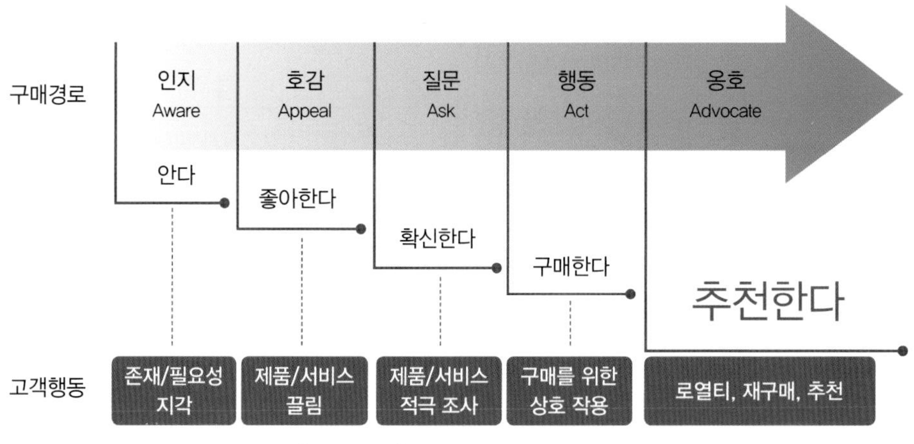

[그림 5-3] 코틀러의 5A 고객경로

2. 전통 마케팅에서의 시장경쟁 전략

1) 경쟁 우위 확보를 위한 STP 전략

그렇다면 전통 마케팅에서는 시장을 어떻게 규정하고 어떻게 대응할까? 전통 마케팅에서 해결해야 할 이슈는 '경쟁'이다. '자사와 경쟁하는 브랜드는 무엇인가?' '그들의 강점과 약점은 무엇인가?' '자사는 경쟁 브랜드에 비해 어떤 우월점을 갖는가?' 등 소비자 마음속에 경쟁의 판도가 어떻게 형성되어 있는지, 어떻게 그들 마음에 1등 브랜드가 될 수 있는지가 전략의 핵심이 된다. 이를 위해 대표적으로 사용하는 것은 시장을 세분화하고, 자사 브랜드에 맞는 타깃 시장을 선정한 후, 이 세분시장에서 포지셔닝을 구축하는 'STP(Segmentation, Targeting, Positioning) 전략'이다. STP 전략은 마케팅 활동을 전방위적으로 분산시키지 않고, 가장 효율적인 성과를 낼 수 있는 곳에 집중하여 마케팅 역량을 강화하는 것을 목표로 한다. 따라서 STP 전략은 세분화된 고객을 사로잡기 위해 마케팅 활동을 어디로 향할 것인지를 선택하고 집중하는 마케팅 믹스의 지침이 된다(Kotler & Armstrong, 2020).

[그림 5-4] STP 전략 프로세스

2) 1단계: 시장세분화

그럼, 시장을 나누는 이유는 뭘까? 소비자의 욕구가 천양지차 다양해진 만큼 기업이 모든 소비자를 만족할 수 있는 제품과 서비스를 제공하는 것이 실제로 불가능해졌기 때문이다. 따라서 전체 시장을 공략하는 대신, 자사 브랜드가 가장 성공적으로 공략할 수 있는 세분시장을 선택하는 것이다. '대량 마케팅(mass marketing)'에서 '표적시장 마케팅(target marketing)'으로 전략이 이동하는 순간이다.

'시장세분화(segmentation)'는 다양한 니즈를 가지고 있는 이질적인 전체 시장을 세분화 기준들을 사용하여 동질적인 몇 개의 세분시장으로 나누는 과정이다. 시장을 세분화하는 데 있어서 가장 중요한 것은 시장을 구분하는 기준, 즉 시장 내의 잠재 고객들을 어떤 기준으로 구분해서 관리할 것인지를 결정하는 것이다. 서로 다른 욕구를 가진 시장을 충족시키기 위해서는 서로 다른 전략적 접근이 필요하다. 따라서 광고기획자들은 예상 고객들을 세분화하기 위해 소비자들의 심리적, 행동적 특성들을 활용하여 시장을 들여다봐야 한다.

이 단계에서는 하나 또는 그 이상의 시장세분화 변수를 선정하여 전체 시장을 세분화한 다음, 각 세분시장의 특성을 분석한다. 그리고 시장 구조를 파악하는 최고의 방법을 찾기 위해, 여러 가지의 시장세분화 변수를 살펴서 현재 브랜드가 처해 있는 시장 상황에 맞게 시장을 나눠서 접근한다. 이때 시장세분화 변수로 지리적, 인구 통계적, 심리 묘사적, 행동적 변수들을 주로 활용한다.

첫 번째 세분화 변수는 지리적(geographic) 변수이다. 이는 국가, 지역, 주, 도시, 동네, 인구밀도, 기후 등의 변수에 의해 시장을 구분하는 것이다. 이는 국가나 지역, 동네에 따라 소비자의 생활수준이나 생활양식에 차이가 있고, 이에 따라 다른 제품・서비스, 광고, 촉진, 판매 노력이 필요하기 때문이다. 두 번째 세분화 변수는 인구 통계적(demographic) 변수이다. 이는 나이, 생애주기, 성별, 소득, 직업, 교육 수준, 종교, 인종, 세대와 같은 변수로 시장을 구분하는 것을 말한다. 인구 통계적 변수는 다른 세분화 변수보다 측정이 용이해서 가장 널리 이용되고 있지만, 소비자가 제품을 구매하는 이유를 설명해 주지 못한다는 단점이 있다. 세 번째 심리 묘사적(psychographic) 변수는 라이프스타일, 개성 등의 심리적 변수를 기준으로 시장을 세분화하는 것이다. 같은 인구 통계적 집단에 속하는 사람들이라 하더라도 심리 묘사적 특징이 서로 매우 다를 수 있기 때문이다. 요즘같이 소비자의 취향과 니즈가 파편화되는 시대에는 심리 묘사적 변수에 대한 중요도가 높아지고 있지만, 이것은 수치화가 어렵고 논리적인 세분화가 어렵다는 단점이 있다. 마지막으로 행동적(behavioral) 변수는 소비자의 지식, 태도, 사용 상황, 제품에 대한 반응 등 소비자의 행동 특성에 따라 시장을 구분하는 것을 말한다. 보통 제품의 사용량이나 사용률, 제품에서 추구하는 편익, 충성도 등의 변수가 활용되기 때문에, 최근 빅데이터를 활용한 데이터 기반의 마케팅 환경에서 활용도가 높아지는 세분화 변수라고 할 수 있다.

〈표 5-1〉 **주요 세분화 변수들**

세분화 변수	사례
지리적 변수	국가, 지역, 주, 도시, 동네, 인구밀도(도시, 교외, 지방), 기후
인구 통계적 변수	나이, 생애주기, 성별, 소득, 직업, 교육 수준, 종교, 인종, 세대
심리 묘사적 변수	라이프스타일, 개성
행동적 변수	상황, 혜택, 사용자 상태, 사용률, 충성도 수준

여러 변수를 활용해서 시장을 세분화할 경우, 다음과 같은 조건들을 충족해야 마케팅 전략을 현실적으로 펼칠 수 있다. 일단 세분시장은 그 크기나 구매력 등에서 측정 가능해야 하고(measurable), 적은 비용과 노력으로도 접근 가능해야 하고(accessible), 수익을 창출할 만큼 충분한 규모를 갖춰야 하고(substantial), 타 시장과 개념적 · 실질적으로 차별화 가능해야 하고(differentiable), 효과적인 마케팅 믹스를 펼칠 만큼 실행 가능해야(actionable) 한다. 이렇듯 시장을 구분하는 일은 시장을 관망하는 광고기획자의 정확하고 논리적인 분석과 통찰에 근거한 전략적인 과정이라 할 수 있다.

3) 2단계: 타기팅(targeting)

'타기팅(targeting)'은 각 세분시장의 매력도를 평가하여, 기업의 마케팅 역량을 집중할 목표 세분시장(들)을 선정하는 것이다. 따라서 이 단계에서는 무엇을 기준으로 세분시장을 평가할 것인가와 어떤 시장을 목표시장으로 선정할 것인가가 중요한 과제가 된다.

세분시장의 매력도 평가는 크게 세 가지 차원에서 이루어진다. 이는 수요 측면, 경쟁 측면, 자사 역량 측면으로 구분된다. 첫째, 수요 측면에서의 매력도는 시장 규모, 성장잠재력, 안정성, 가격탄력성, 구매자 파워 등의 관점에서 시장의 크기와 성장 가능성을 살피는 것이다. 이때 가장 크고 성장 속도가 빠른 세분시장은 누구에게도 매력적이라 경쟁이 심화될 우려가 있으므로, 적정규모와 성장 가능성 간의 이율배반(trade-off) 관계를 잘 살펴야 한다. 둘째, 경쟁 측면으로는 경쟁자 수, 점유율 분포, 대체상품의 유무, 공급자 파워 등 시장 내 경쟁 상황들을 살피는 것이다. 이미 시장에 강력하고 공격적인 경쟁자가 많거나 새로운 경쟁자가 쉽게 시장에 진입할 수 있다면 이 세분시장은 구조적으로 매력적인 시장으로 보기 어렵다. 따라서 광고기획자는 경쟁이 일어나는 판도를 잘 읽을 수 있도록 시야를 밖으로 돌려 레이더를 켜고 있어야 한다. 셋째, 자사 역량 측면에서는 장기적 목표, 보유 기술 및 자원, 기업 문화 등의 요소를 살펴서 세분시장을 평가해야 한다. 아무리 매력적으로 평가된 시장이라도 자사의 장기적인 목표에 부합하지 않거나, 이에 필요한 자원과 기술을 갖추지 못했다면 바로 고려 대상에서 제외해야 한다. 따라서 광고기획자는 모든 마케팅 활동에 있어 기업의 비전과 목표에 맞는 방향성을 갖추고 있어야 한다.

여러 세분시장을 평가한 후에는 어떤 세분시장을 공략할지 그리고 얼마나 많은 세분시장을 공략할지를 결정해야 한다. 목표시장의 선정은 시장 상황과 기업의 역량에 따라 결정된다. [그림 5-5]에서 보듯이 기업은 하나의 제품으로 전체 시장을 공략하는 '비차별적 마케팅(대량 마케팅, mass marketing)'을 선택하여 넓은 목표시장에서 비즈니스를 펼치거나, 2개 이상의 세분시장을 표적하는 '차별적 마케팅(세분화 마케팅, segmented marketing)'이나, 1개 세분시장만을 표적 하는 '집중적 마케팅(틈새 마케팅, niche marketing)'을 통해 특정 시장 내에서만 비즈니스를 펼치거나, 지역 또는 개인을 기반으로 하는 '미시 마케팅(개인화 마케팅, micro marketing)'을 실시하여 아주 좁은 목표시장만을 공략하는 전략을 선택적으로 펼칠 수 있다.

보통 세분시장 간의 차이가 없거나 전체 시장을 포괄할 역량이 있다면 대량 마케팅을 통해 표준화된 대응을 할 수 있지만, 시장 내 소비자 욕구가 차별화되고 세분시장 내에서 높은 점유율을 차지하고자 한다면 세분화 마케팅이나 틈새 마케팅이 적합하다. 또한, 소비자의 취향과 니즈가 섬세하게 구분되는 시장이라고 한다면 개별 고객의 욕구에 일일이 반응하는 방식의 미시 마케팅이 효과적이라 할 수 있다. 넓은 목표시장을 선택하게 되면 단일 마케팅 믹스로 시장을 대응하므로 비용 절감 효과로 인한 규모의 경제를 얻을 수 있다. 하지만, 세분시장 간의 차이를 무시하므로 소비자 욕구가 분화되고 있을 시에

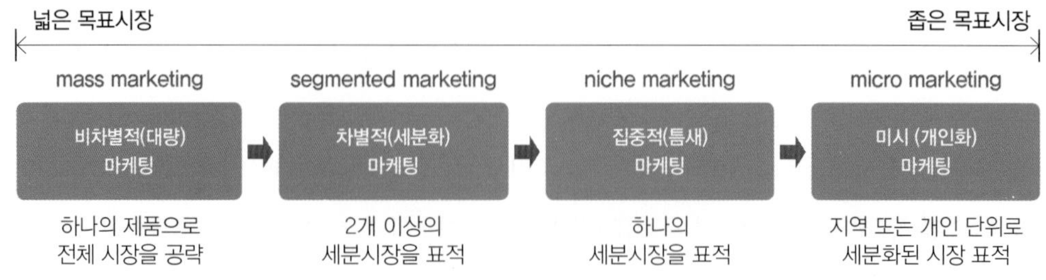

[그림 5-5] **시장 표적화 전략**

는 경쟁력이 떨어지는 한계를 보인다. 반면, 좁은 목표시장을 선택할 경우에는 소비자의 세밀한 욕구에 대응할 수 있다는 장점이 있지만, 각 세분시장을 차별적으로 관리해야 하므로 상품 개발이나 전략 구축에 비용이 많이 드는 단점도 있다. 따라서 충분한 자원을 보유하지 못한 기업은 먼저 한두 개의 세분시장에 진출하여 경쟁 우위를 확보한 다음, 단계적으로 다른 세분시장으로 진출하는 장기적인 차별적 마케팅 전략을 고려하는 것이 유리하다. 이렇듯 광고기획자는 공략할 표적시장을 선정하는 데 있어, 항상 자사 브랜드에 맞는 수익 창출의 공식을 염두에 두어야 한다.

4) 3단계: 포지셔닝(positioning)

기업이 공략할 세분시장이 선정됐으면, 이제 시장 내에서 경쟁사와 구별되는 차별적인 위치를 선점하는 단계로 넘어가야 한다. 표적 세분시장의 고객 마음속에 경쟁 제품과 구별되는 상대적으로 분명하고, 독특하며, 바람직한 위치를 차지한 뒤, 효과적으로 전달하는 것을 '포지셔닝(positioning)'이라고 한다. 보통 기업의 광고 전략은 경쟁적 포지션을 토대로 수립되므로, 포지셔닝은 광고 전략의 수립과 실행에 결정적인 영향을 미치게 된다. 포지셔닝은 소비자의 마음속에 자사 제품을 경쟁사 제품과 어떻게 차별적 우위로 인식시킬 것인지에 대한 전략이므로, 소비자의 의식에 제품의 이미지를 심어 주는 과정이자 고객의 마음을 사는 일이라 할 수 있다.

포지셔닝 전략을 펼치기 위해서는 다음과 같은 절차가 필요하다. 첫 번째 단계로 경쟁 브랜드들을 확인한다. 자사와 대체 관계에 있는 경쟁자는 누구이며, 그들은 어떤 상품, 서비스, 이미지를 가지고 경쟁하는지를 파악해야 한다. 이 단계에서는 소비자 입장에서 자사 브랜드와 함께 고려하는 제품 카테고리를 찾는 안목이 중요하다. 두 번째는 표적

시장 내에서 자사의 포지셔닝을 확인하는 것이다. 경쟁자와 자사 브랜드가 소비자 머릿속에 어떤 위치로 자리 잡고 있는지 확인하기 위해 '포지셔닝 맵(positioning map)'을 그려 본다. 세 번째는 자사가 경쟁자보다 어떤 점에서 우위가 있는지 경쟁 우위의 요소를 점검해 본다. 경쟁 우위의 영역은 제품, 서비스, 유통, 사람, 이미지 등 다각적인 차원에서 살펴볼 수 있다. 네 번째는 올바른 경쟁 우위를 선정하기 위해 '고유판매제안(Unique Selling Point: USP)'를 도출하는 단계이다. USP는 경쟁자와 차별화된 자사의 경쟁 우위를 독특한 판매 제안으로 제시하는 것으로, 소비자가 자사 제품을 꼭 선택해야 하는 이유를 담고 있어야 한다. 다섯 번째는 전반적으로 포지셔닝 전략을 선정하는 마지막 단계이다. 포지셔닝은 경쟁자와 차별화된 나의 위치를 고객에게 정확하게 커뮤니케이션하는 것이므로, 자사의 포지션이 고객이 선택할 수 있는 가치로 정확하게 전달되고 있는지 적절한 '가치 제안(value proposition)'으로 표현되어야 한다. 또한 이는 결정된 포지션에 적합한 마케팅 믹스 계획을 수립하고 실행하는 과정으로 연결된다. 이렇듯 광고기획자는 시장 트렌드나 소비자 기호의 변화에 따라 이들의 욕구를 충족시킬 수 있는 새로운 포지션을 설계하고, 이에 맞는 마케팅 믹스 전략을 계획하고 실행하는 과정을 이어 나가야 한다.

〈표 5-2〉 포지셔닝 전략 수립 과정

포지셔닝 전략 단계	수립 내용
① 경쟁 브랜드 확인	• 자사 브랜드와 대체 관계에 있는 경쟁자는 누구인가? • 그들은 어떤 상품 · 서비스 · 이미지를 가지고 있는가?
② 표적시장 내에서의 포지션 파악 (positioning map)	• 경쟁자와 자사가 소비자 머릿속에 어떤 위치로 자리 잡고 있는가?
③ 차별적 가치와 경쟁 우위 확인	• 자사는 어떤 유형의 가치로 차별적 경쟁 우위를 점할 것인가?
④ 올바른 경쟁 우위 선정 (USP development)	• 경쟁자와 차별화된 자사의 경쟁 우위를 무엇으로 제시할 것인가? • 소비자가 자사 제품을 꼭 선택해야 하는 이유는 무엇인가?
⑤ 전반적 포지셔닝 전략 선정 (value proposition)	• 자사의 포지셔닝은 고객이 선택할 수 있는 가치로 정확하게 전달되고 있는가?

포지셔닝 전략을 수립하는 과정에서 중요하게 다뤄져야 할 역량은 '경쟁 우위(competitive advantage)'를 획득하는 일이다. 경쟁 우위란 낮은 가격으로 더 많은 가치를 제공하거나 높은 가격을 정당화할 만큼 더 많은 혜택을 제공함으로써 경쟁자에 비해 우위를 얻는 것이다. 유명한 광고인인 로서 리브스(Rosser Reeves)는 올바른 경쟁 우위를 선정하기 위해

서 "마케터는 목표시장에서 단 하나의 혜택(편익)을 알려야 하며, 이를 잘 표현할 수 있는 USP를 개발하여 이를 고수해야 한다"고 말했다. 소비자는 무수한 커뮤니케이션 정보가 쏟아지는 환경에서 일등 브랜드를 더 잘 기억하는 경향이 있으므로, USP의 중요성은 각 브랜드가 하나의 속성을 선정하고 그 속성에서 자신이 최고임을 홍보해야 한다는 논리에 근거한다.

소비자의 선택을 받을 수 있는 차별점, 즉 좋은 USP는 다음과 같은 조건을 충족할 때 추진할 가치가 있다. 자사의 차별점이 목표 고객에게 중요한가의 '중요성(important)', 차별점이 경쟁사보다 더 독특한 방식으로 제안됐는가의 '독특성(distinctive)', 차별점이 경쟁사가 제공하는 혜택보다 우월한가의 '우월성(superior)', 차별점이 고객에게 전달될 수 있고 눈에 띄는가의 '의사소통 가능성(communicable)', 경쟁사가 차별점을 쉽게 모방할 수 없는가의 '선점 가능성(preemptive)', 차별점이 소비자가 구매할 수 있는 가격대인가의 '구매 가능성(affordable)', 차별점은 고객에게 이익을 줄 수 있는가의 '수익 가능성(profitable)'이 그것이다.

또한, 강력한 USP를 도출하기 위해서는 '차별점(Point-Of-Difference: POD)'과 '동등점(Point-Of-Parity: POP)'의 절충안에서 자사에게 맞는 적절한 안을 선택해야 한다. POD는 경쟁자보다 우수한 특성을 통해 차별성을 획득하는 것이고, POP는 제품군을 가장 대표할 수 있는 특성을 통해 제품군의 전형성을 획득하는 것이다. USP 개발에서 적절한 차별점을 찾아내는 것도 중요하지만, 이외의 부분에서도 경쟁자들과 최소한 동등한 속성과 편익을 제공해 줄 수 있을 때 소비자에게 가치 있는 대안으로 어필된다. POD와 POP가 절충되는 지점에서 USP가 개발될 때, 그 브랜드는 선택될 강력한 이유를 확보하게 된다.

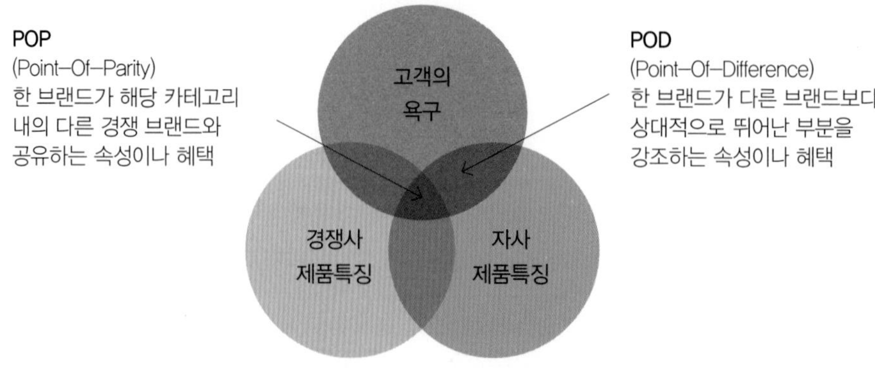

[그림 5-6] POP와 POD에 근거한 차별화 포인트 개발

이렇게 USP가 명확해졌을 때, 그 브랜드는 경쟁 우위를 갖춘 상태에서 소비자에게 명확한 구매 결정 요인이 되는 가치 제안으로 다가갈 수 있게 된다.

3. 디지털 환경이 가져온 시장의 확장과 융합

1) 디지털 중심의 마케팅 환경 변화

시장을 구획으로 나눠 경쟁 우위를 점하려는 전통적인 마케팅 전략은 연결의 인프라를 가지고 있는 디지털 세계에서 다소 적용이 어려울 수 있다. 이는 모바일을 중심으로 소비자의 매체 이용행태, 정보처리행태 그리고 궁극적으로 구매행태에 혁신적인 변화가 생겼기 때문이다. 디지털 중심이 가져온 소비자 중심의 매체 이용행태의 변화는 다음의 흐름에 따라 설명 가능하다.

초기에는 TV, 라디오, 신문, 잡지 등의 4대 매체를 중심으로 한 ATL(Above The Line) 중심의 '대중 커뮤니케이션(mass communication)'이 대세였다. 그러다 옥외의 접점들이 BTL(Below The Line) 미디어로 생겨나면서, ATL과 BTL의 역할이 분리된 상태에서 '미디어 믹스(media mix)' 개념이 등장했다. 그러다 디지털 매체가 뉴미디어로 급성장하게 되면서 ATL, BTL 그리고 디지털을 통합한 'IMC(Integrated Marketing Communication) 전략'이 꽃을 피우기 시작했고, 모바일이 개인화된 매체의 중심으로 떠오르면서 온오프라인

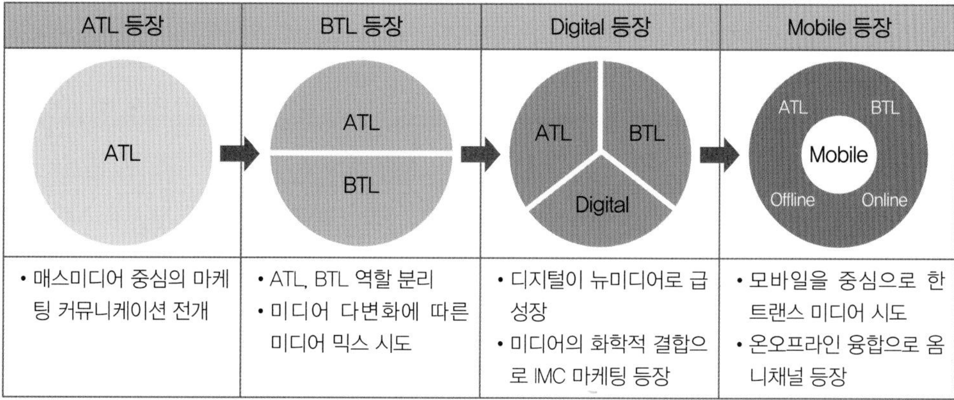

[그림 5-7] **마케팅 커뮤니케이션 매체의 진화**

이 융합되는 O2O(Online to Offline) 마케팅, O4O(Online for Offline) 마케팅 등의 '옴니채널(omni-channel) 전략'이 각광을 받으며 마케팅 환경은 소비자를 중심으로 재편되기 시작했다(김유나, 2018).

매체가 변화하면서 소비자의 커뮤니케이션 방식에도 변화가 생겼다. 디지털 이전에는 기업이 주도적으로 메시지를 배포하는 일방적인 커뮤니케이션(one-way communication)이 주를 이루었다면, 디지털 환경에서는 다양한 SNS를 통해 네트워크가 끝없이 생성되면서 누구나 기업 못지않은 메시지를 발신하고 수신할 수 있는 쌍방향 커뮤니케이션(two-way communication)이 대세가 되었다. 이는 곧 소비자가 곧 채널이 되는 미디어 혁신으로 연결됐다. 모바일 환경이 일상화되면서 많은 서비스가 모바일 앱을 중심으로 플랫폼화됐고, 빅데이터와 AI 기술의 발달로 개인 맞춤형 소비가 촉진됐으며, 다양한 콘텐츠로 소비자를 유인하며 그들의 관심과 참여를 독려하고 있다.

2) 디지털 시장, 플랫폼의 등장

디지털의 등장으로 시장의 개념도 변화를 맞이했다. 시장의 본질적인 의미는 공급자와 수요자가 만나서 가치를 교환하는 '거래의 장'이다. 이러한 시장의 본질이 디지털 생태계에서는 '**플랫폼(platform)**'으로 구현되고 있다. 플랫폼 비즈니스는 생산자와 소비자가 상호 작용하며 형성하는 가치 창출을 목적으로 한다. 따라서 플랫폼의 가장 중요한 존재 가치는 사용자들끼리 꼭 맞는 상대를 만나서, 상품이나 서비스, 또는 사회적 통화를 서로 교환하게 해줌으로써 모든 참여자가 가치를 획득하게 하는 데 있다(Van Alstyne, Choundary, & Parker, 2016).

그렇다면 플랫폼 비즈니스를 한다는 것은 어떤 의미가 있을까? 많은 기업이 착각하는 것 중의 하나이지만 플랫폼은 사이트(site)를 개설하는 것이 아니다. 플랫폼은 '디지털 시장(digital market)'을 만드는 일이다. 일단 디지털 시장(플랫폼)을 만들려면 그 안에서 거래가 어떻게 일어나는지부터 살펴봐야 한다. 플랫폼에서 제품이 팔리는 방식을 보면 '검색(search)'과 '발견(discover)'으로 이루어져 있음을 알 수 있다. 구매자는 필요에 의해 물건을 '고르기도(검색)' 하지만, 여기저기 기웃거리다가 눈에 띄는 제품을 '만나(발견)' 구매하는 경우도 다반사이기 때문이다. 여기서 디지털 시장을 작동시키는 두 가지 전략이 있다. 하나는 디지털상의 구매의사 결정 단계에 있는 고객들을 구매로 유도하는 '푸시

(push) 전략'이고, 다른 하나는 디지털의 많은 사이트를 유영하고 있는 고객들을 자사 플랫폼으로 유인하는 '풀(pull) 전략'이다(김유나, 2021).

연결의 생태계에서 바로 소비자와 접촉하려는 D2C(Direct to Customer) 비즈니스가 각광받고 있는 만큼, 많은 기업은 자사 몰을 구축하는 것을 새로운 비즈니스의 활로로 보고 있다. 그렇다면 기업이 자체적으로 디지털 시장을 만들면 성공할 수 있는가? 자사 몰의 목표는 이커머스와 같은 매출의 극대화가 아니다. 자사 몰은 디지털 플랫폼에서 구현하는 새로운 브랜드 전략의 장이어야 한다. 자사 몰에서는 브랜드 가치를 고객경험으로 승화시켜, 브랜드와 취향과 스타일이 맞는 단골 고객들을 확보하고, 이들의 데이터를 다시 제품 개발과 마케팅에 투입시키는 선순환 구조를 만들어야 성공에 이를 수 있다.

3) 디지털로 인한 시장 구조의 변화

광고기획자에게 있어 디지털 시장의 가장 큰 변화는 소비자의 커뮤니케이션 방식이 달라지고 있다는 점이다. 가장 두드러진 변화는 '미디어(media)'와 '커머스(commerce)'의 결합이다. 원래 미디어는 '정보전달'의 채널, 유통은 '상품 판매'의 채널로써 각기 분리된 상태였는데, 정보 노출과 판매 연결이 자연스럽게 이루어지는 디지털의 특성으로 인해 광고와 유통이 결합되는 일이 잦아지고 있다. 최근에 등장한 '리테일 미디어(retail media)'라는 신조어 역시, 이커머스 플랫폼에서 구매목적을 가지고 방문한 고객에게 바로 그 시점에 노출하는 광고를 일컫는다. 그만큼 디지털에서는 고객 접점에서 구매 전환율을 높이는 것이 무엇보다 중요하다.

이와 더불어 디지털 채널별로 소비자의 행동 데이터가 쌓이게 되면서 실시간 개인행동 이력에 따른 차별화된 마케팅이 가능해진다. 여기에 소비자 간의 소통이 활발해지는 커뮤니티가 결합되면서, 디지털 시장은 미디어(media), 커머스(commerce), 개인화(personalization), 실시간(live), 커뮤니티(community)가 복합된 생동감 있는 거래 기반의 소통 플랫폼이 되고 있다. 최근 라이브 커머스가 각광받는 것도 이런 흐름 때문이다. 디지털 기술로 인한 광고 성과의 즉시성, 판매 지향의 디지털 생태계, 검색과 구매 포털의 결합, SNS 리뷰 · 추천 영향력 증가로 인해 점차 광고는 '대중매체 광고'에서 '커머스 결합형 광고'로, 더 나아가 '라이브 커머스 결합형 광고'로 진화하는 중이다.

실제로 '오늘의집'이나 '지그재그'처럼 버티컬(vertical) 플랫폼이라고 불리는 카테고리

[그림 5-8] **오늘의집 플랫폼 확장 구조**

전문 앱들의 성장 과정을 보면 이러한 과정이 확연히 드러난다. 이들은 통상 '미디어'로 시작해서 '커뮤니티'가 된 후에 '커머스'로 진화하는 수순을 밟는다. 미디어는 사람들을 불러 모으게 하는 최적의 비즈니스 포맷이다. 이때 미디어 역할을 하기 위해서는 '콘텐츠'가 필요하다. 그래서 '광고'가 아닌 '콘텐츠'로 전환해야 한다는 이야기가 나오는 것이다(김유나, 2021).

4) 다양한 디지털 시장 유형들

디지털에서 마케팅을 하기 위해서는 전통적인 시장에서 STP 전략을 짜던 접근보다 좀 더 복잡한 시장에 대한 이해가 요구된다. 광고와 유통이 융합되는 시점에서 매체별로 적절한 전략을 세우기 위해서는 일단 플랫폼으로 일컬을 수 있는 다양한 디지털 시장 유형들과 그 안에서 일어나는 소비자 커뮤니케이션 방식들을 살펴보는 것이 필요하다. 이런 관점에서 플랫폼을 구분할 때는 '소통 플랫폼' '콘텐츠 플랫폼' '커머스 플랫폼' '커뮤니티 플랫폼' '온오프 통합 플랫폼'의 다섯 가지 유형으로 나눠 보는 것이 유용하다.

(1) 소통 플랫폼

소통 플랫폼으로 대표적인 것은 소셜 미디어(Social Network Service: SNS)이다. 소셜 미디어는 처음에 트위터를 중심으로 시작됐는데, 현재는 페이스북, 인스타그램, 유튜브 등의 다양한 미디어로 확대되며 개인 일상을 자유롭게 공유하는 플랫폼으로써 널리 활용되고 있다. 소셜 미디어가 갖는 주요한 성격은 '공유'와 '확산'이다. 소셜 미디어는 사회적 상호 작용이 가능한 소통의 도구로서, 소셜 네트워크 기반 위에서 개인의 의견, 경험, 정보 등을 서로 공유하고, 타인과의 관계를 생성 또는 확장할 수 있는 개방화된 온라인 플랫폼이다. 기업 입장에서 소셜 미디어는 단절된 고객들과 직접 커뮤니케이션할 수 있는 소통의 창구가 된다. 기존의 마케팅 커뮤니케이션이 다수를 대상으로 일방적인 메시지를 전달하는 '푸시(Push)' 방식이었다면, 소셜 미디어는 개인과의 관계를 기반으로 고객이 자발적으로 참여하고 대화하는 '풀(Pull)' 방식을 통해 연결된 네트워크 위에서 지속적으로 확산하는 형태를 띤다.

소셜 미디어를 통한 마케팅을 진행할 경우, 다음과 같은 효과를 얻을 수 있다. 일단 제품이나 서비스에 대한 자연스러운 노출을 유도하며 인지도를 높일 수 있다. 그리고 '좋아요' '댓글' '공유' 등의 커뮤니케이션 기능을 바탕으로, 브랜드와 고객 간의 인게이지먼트(engagement) 향상도 꾀할 수 있다. 또한, 관심사를 기반으로 캠페인 목표에 부합하는 진성 고객을 발굴할 수 있으므로 잠재 고객의 관심을 유도하기에도 유리하다. 뿐만 아니라, 고객 참여형 이벤트를 통해 효과적으로 콘텐츠를 확산하고 버즈를 전파하기에도 적합하다. 그 외에도 소셜 미디어상의 정보는 소비자의 일상에 자연스러운 콘텐츠로 노출되기 때문에, 매장 유입이나 매출 등의 전환에도 효과적이다.

(2) 콘텐츠 플랫폼

콘텐츠 플랫폼은 '동영상 플랫폼'과 '숏폼(short-form) 플랫폼'이 대표적이다. 먼저, 글로벌 no 1. 동영상 플랫폼인 유튜브(YouTube)는 검색을 대체할 정도로 일상화가 되어 있으므로 최근 가장 주목받는 디지털 광고 포맷으로 꼽히고 있다. 동영상은 다양한 플랫폼에서 자체적으로 기획된 콘텐츠 영상과 더불어, 고객을 유입하는 데 활용되는 광고 영상까지 다채로운 형태로 생성되고 운영된다. 최근에는 소비자의 정보탐색 수준이 증가하면서 진성 정보를 찾는 안목이 높아진 탓에, 광고 포맷이 아닌 콘텐츠 포맷으로 소비자의 유입을 강화하기 위한 시도들이 급증했다. 더불어 데이터 기반의 **퍼포먼스 마케팅(performance marketing)**이 화두가 되면서 콘텐츠 마케팅에도 정교한 타기팅 기법이 결합되어, 개별 소비자의 미디어 시청행태에 따른 콘텐츠 노출 및 구매 전환 노력이 계속되고 있다.

숏폼 플랫폼은 Z세대의 놀이터라고 할 만큼 짧고 빠른 영상들을 기반으로 틈날 때마다 즐길 수 있는 미디어로 이용된다. 대표적인 숏폼 플랫폼으로 '틱톡(Tiktok)' '유튜브 쇼츠

(Shorts)' '인스타그램 릴스(Reels)'가 있다. 최근 많은 기업은 각 플랫폼별로 자사의 강점을 활용한 채널 운영에 힘쓰는 중이다. 예를 들어, 틱톡은 이용자가 콘텐츠 제작을 활발히 할 수 있도록 지원하고, 쇼츠는 숏폼을 기반으로 롱폼 콘텐츠의 유입을 유도하며, 릴스는 시각적 콘텐츠를 통해 브랜딩 활동을 지원하는 등의 방식이다. 숏폼 콘텐츠가 지금의 인기를 구가하기까지 **'밈 챌린지'**가 기여한 바가 크다. 밈(meme)은 **'흉내낸다'**는 의미의 그리스어 'mimene'과 유전자 'gene'의 유사한 발음으로 변형된 단어인데, 디지털 커뮤니티 안에서 다양한 콘텐츠가 마치 생물학적 유전자처럼 모방, 변이, 복제되면서 전파되고 이어지는 것을 '밈 현상'이라고 한다. 디지털에서 형성된 밈은 수많은 웹 커뮤니티 안에서 개인 소비자의 결속력을 강화하고 문화를 전파하는 역할을 하면서 숏폼 콘텐츠의 위상을 높였다. 이처럼 숏폼 콘텐츠가 MZ세대 커뮤니케이션의 중요한 요소로 자리 잡자, 최근에는 많은 기업이 숏폼 콘텐츠에 마케팅 예산을 집중시키는 추세이다.

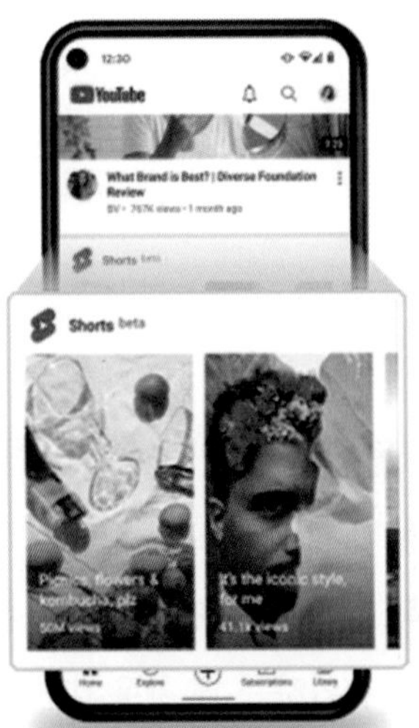

[그림 5-9] **유튜브 쇼츠 노출 예시**

짧은 영상은 제품 정보를 생생하게 전달해서 구매욕구를 자극하기 좋으므로, 최근에는 숏폼 콘텐츠가 커머스와 결합하는 일이 잦아지고 있다. 재미를 위한 스낵 콘텐츠였던 숏폼 영상이 이제는 제품 구매를 유도하는 중요한 장치가 된 만큼, 숏폼과 커머스의 결합을 통해 구매 전환 효과를 노리는 시도는 더욱 커질 것으로 전망된다.

(3) 커머스 플랫폼

이전에 언급한 바와 같이, D2C 트렌드를 타고 모든 플랫폼이 커머스화되기 시작했다. 다양한 플랫폼이 커머스 기능을 붙이기 시작하면서 광고 커뮤니케이션의 영역은 유통까지 확대됐다. **미디어 커머스(media commerce)**의 핵심 전략은 크게 두 가지로 나눌 수 있다. 하나는 자사 브랜드에 관심을 갖거나 구매 의향이 있는 타깃을 찾아 그들에게 자사 메시지를 전달하는 '타기팅 전략'이고, 다른 하나는 구매율을 높이는 콘텐츠의 기획과 제작 노하우를 담은 '콘텐츠 전략'이다. 영상을 통해 제품을 판매하는 미디어 커머스는 구매 전환율을 높여 준다는 점에서 주목받고 있는데, 성공하는 미디어 커머스 영상을 기획하기 위해서는 공감과 재미, 직관적으로 보이는 기능과 효과, 정교한 타기팅 옵션 기획 등의 방법이 사용된다.

또한 디지털의 실시간성을 반영한 '라이브 커머스 플랫폼(live-commerce platform)'도 새로운 쇼핑 환경을 제공한다는 차원에서 많은 기업에게 각광받고 있다. **라이브 커머스**란 오프라인에서 판매하는 매장 상품을 모바일에서 실시간 방송으로 소개하고 판매하는 방식을 말한다. 대표적인 라이브 커머스 플랫폼으로 '그립(Grip)' '네이버쇼핑라이브' '카카오쇼핑라이브' '쿠팡라이브' '배민쇼핑라이브' 등을 들 수 있다. 라이브 커머스는 제품에 대한 시연을 통해 자연스러운 정보를 제공하며, 실시간 영상으로 소비자와의 커뮤니케이션을 통해 생생한 리뷰를 공유한다는 장점이 있다. 더불어 제품과 브랜드에 대해 엔터테인먼트적 요소를 가미한 자연스러운 콘텐츠로 소비자의 높은 주목도와 참여도를 이끌고 있다.

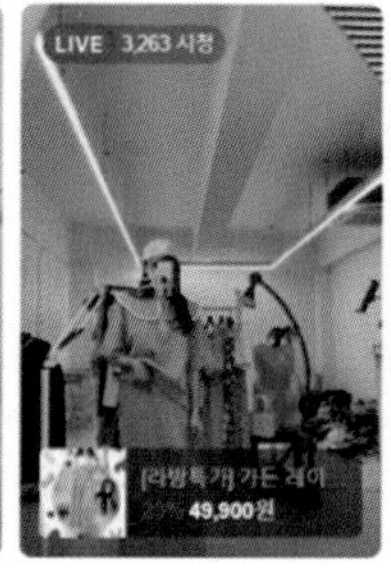

[그림 5-10] **네이버쇼핑라이브**

라이브 커머스가 다른 커머스 플랫폼과 차별화된 점은 '실시간 소통'에 기반을 둔 쇼핑이라는 점이다. 소비자들은 자신이 궁금한 점을 바로 댓글 창에 올리면서, 물건을 판매하는 셀러와 자신과 같은 입장의 소비자들과 자유롭게 의견을 주고받으며 새로운 형태의 쇼핑을 즐긴다. 더군다나 최근에는 오락성을 겸비한 '콘텐츠 커머스'로 쇼핑 트렌드가 진화하고 있어, 소비자의 유입과 체류를 증가시키며 커머스의 영역을 재미와 체험으로 확장시키고 있다. 따라서 최근에는 광고가 아닌 콘텐츠를 즐기는 소비자들을 모으기 위해, 다양한 셀럽들과 콜라보레이션을 하며 콘텐츠형 라이브 커머스를 제작하려는 사례가 크게 늘고 있다.

(4) 커뮤니티 플랫폼

디지털 생태계를 이야기할 때 놓치지 말고 중요하게 살펴봐야 할 것은 바로 커뮤니티(community)이다. 커뮤니티는 비슷한 관심사나 취향을 가지고 있는 소비자들이 모여서 서로 영향력을 행사하는 공간이기 때문이다. 이러한 디지털 특성을 살려 새로운 비즈니스 흐름을 만든 것이 '커뮤니티 플랫폼(community platform)'이다. 커뮤니티 플랫폼으로 대표적인 것은 '무신사' '오늘의집' '당근마켓' 같은 버티컬 앱이다. 이들의 비즈니스는 '무진장 신발이 많은 곳(무신사)' '온라인 집들이(오늘의집)' '당신 근처의 마켓(당근마켓)' 등 자신만의 독특한 콘셉트를 기반으로 고객이 다양한 정보와 콘텐츠를 찾고 즐기고 나눌 수 있는 디지털 놀이터를 만들었다는 데서 성공 요인을 찾을 수 있다. 이들은 정보 매거진, 소통 공간, 제품 리뷰, 브랜드 콘텐츠 등을 기반으로 한 커머스 플랫폼의 형태를 띠고

[그림 5-11] 무신사 스냅 갈무리 이미지

있으나, 다른 커머스와는 달리 커뮤니티 기능을 앞세워 플랫폼을 작동시킨다. 이처럼 커뮤니티 플랫폼은 무수한 롱테일(long tail)을 이루고 있는 소비자들의 참여와 확산을 유도할 수 있다는 점에서 디지털 성공 공식으로 꼭 참조해야 하는 요소이다.

(5) 온오프 통합 플랫폼

모바일 디바이스 이용이 일상화가 되면서, 소비자들은 온오프라인 구분 없이 언제 어디서나 자신이 원하는 제품을 찾고 합리적인 가격으로 구매할 수 있게 됐다. 이러한 흐름에 대응하기 위해 온라인과 오프라인의 다양한 채널들을 소비자 중심으로 유기적으로 통합시키는 '옴니채널(omni-channel)' 전략이 등장했다. 옴니채널은 모든 것을 의미하는 라틴어의 '옴니(omni)'와 상품의 유통경로를 의미하는 '채널(channel)'의 합성어로, 기업이 보유한 모든 온오프라인 채널을 유기적으로 연결하여 통합된 고객경험을 제공함으로써 판매를 증대시키는 채널 전략을 의미한다. 옴니채널 전략의 핵심은 고객 위주로 모든 채널을 통합하여 일관된 브랜드 경험을 제공하는 것이다.

초기에는 온라인의 불편을 해소하기 위해 오프라인 매장을 보완 채널로 삼는 O2O (Online to Offline) 전략이 주로 활용됐지만, 최근에는 고객경험 제공에 유리한 오프라인 접점을 강화하여 온라인과 오프라인을 결합하는 O4O(Online for Offline) 전략이 주목받고 있다. 더 나아가 최근에는 상품 판매 자체보다 경험을 제공하는 데 더욱 집중하여, 오프라인 매장을 경험 판매의 공간으로 진화시키려는 'CX몰(customer experience mall)' 움직

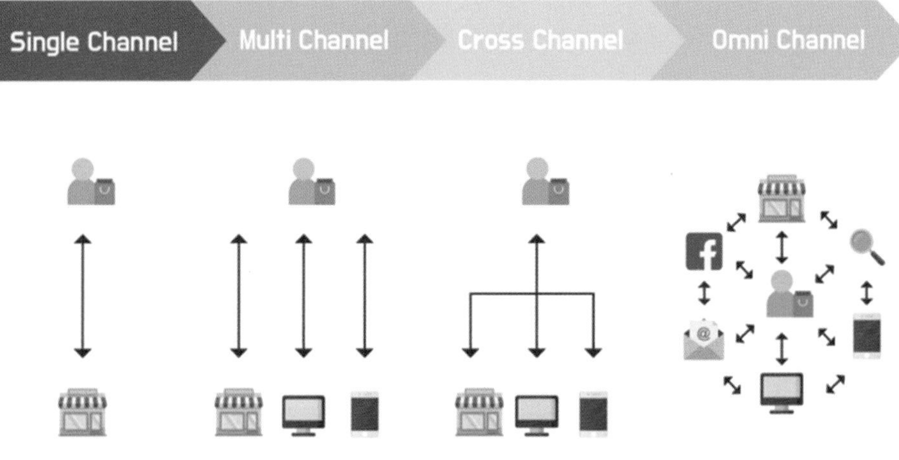

[그림 5-12] 유통채널 변천사

임이 일고 있다. 이러한 움직임은 오프라인 매장을 전략적으로 활용하여 디지털 쇼핑 경험을 강화하는 온오프 통합형 옴니채널 전략을 더욱 고도화시키고 있다.

4. 디지털 시장의 작동 원리

1) 시장 경쟁 축의 변화

다양한 디지털 시장을 보았으니, 이제 디지털 시장의 작동 원리를 살펴보자. 가장 두드러진 특성은 디지털은 '구매'가 아닌 '생활'의 공간이라는 점이다. 소비자들은 모바일을 들고 다니면서 하루 24시간을 디지털 안에서 연결되어서 생활한다. 그들은 카카오톡을 통한 채팅, 페이스북이나 인스타그램을 통한 소셜 네트워킹, 유튜브를 통한 영상 콘텐츠 시청뿐만 아니라, 교통, 뱅킹, 쇼핑, 영화, 운동, 교육, 뷰티 등 생활 곳곳의 다양한 문제들을 디지털에서 해결한다. 그러다 보니 매스 커뮤니케이션 시대에는 상상하기도 어려운 고객 생활로의 침투가 가능해졌다. 이러한 상황이 마케팅에 주는 함의는 과거의 시장경쟁 우위를 나누던 STP 전략은 무색해지고, 소비자의 생활반경에서 고객의 TPO를 살피며 데이터 기반의 개인화 마케팅을 시도하는 접근으로 전략의 흐름이 바뀌고 있다는 점이다(김유나, 2021).

전략의 축이 '시장경쟁'에서 '시간경쟁'으로 옮겨 갔다는 것은 무엇을 뜻하는 것일까?

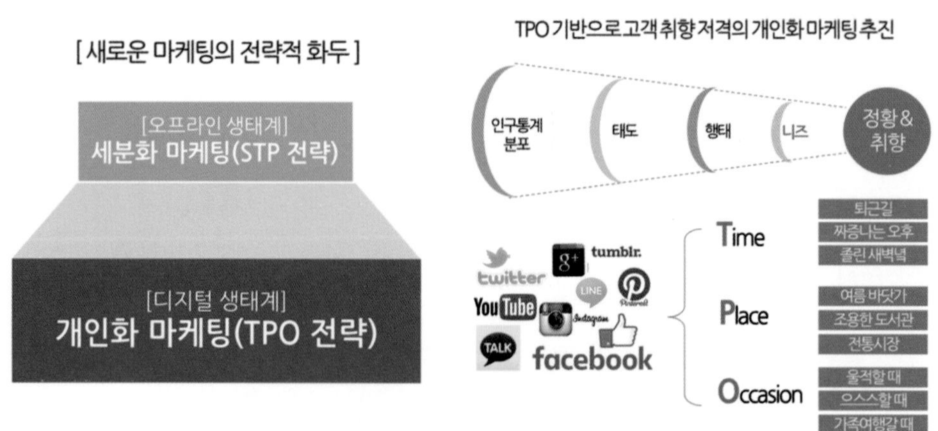

[그림 5-13] STP에서 TPO로 마케팅 전략의 축 이동

이는 지금까지의 '제품 중심'의 마케팅이 온전히 '소비자 중심'의 마케팅으로 전환됐음을 의미한다. 앞으로는 시장세분화를 통해 경쟁 우위를 통한 차별화로 수익을 창출하는 '시장 점유율(market share)' 확대 방식보다, 고객의 구매 여정을 연구해서 소비자 시간 안으로 들어가는 '시간 점유율(time share)' 확대 방식이 더욱 빛을 발할 것이다. 앞으로 고객의 일상과 밀접하게 연관성을 가진 브랜드만이 소비자와 함께하며 높은 성장 가능성을 가지고 지속적인 수익을 올릴 수 있는 브랜드가 될 것이다.

2) 시장 작동 프레임의 변화

디지털 생태계가 오프라인 생활 공간을 점령하게 되면서 **고객 구매 여정**(Customer Decision Journey: CDJ)에 대한 중요도는 점점 더 증가하고 있다. '고객 구매 여정'은 고객이 제품이나 서비스를 구매하기까지의 과정을 설명하는 모델이다. 이 모델은 제품을 홍보하고 고객이 제품을 구매하는 것으로 끝나는 전통적인 마케팅 모델과는 다르다. 고객의 구매 여정을 파악하고 있으면 고객이 구매 결정을 내리기까지 어떤 과정을 거치는지 이해할 수 있다. 소비자는 디지털 세상에서 제품이나 서비스를 구매하기 위한 다양한 경로를 선택할 수 있으므로, 고객의 구매 여정은 광고기획자가 어떤 채널을 활용해 제품이나 서비스 정보를 전달할지, 어떤 채널을 통해 판매를 진행할지 결정하는 데 중요한 역할을 한다.

고객 구매 여정(CDJ)과 더불어 중요하게 파악해야 하는 개념은 '**구매 퍼널**(purchase funnel)'이다. 구매 퍼널은 원래 마케팅에서 고객의 구매의사 결정 과정을 단계적으로 설명하는 모델이었으나, 디지털 마케팅에서 사용하는 퍼널은 특정 목적을 가진 마케팅 캠페인의 결과를 분석하고 개선하기 위한 성과 관리 모델을 말한다. 대표적인 퍼널 마케팅의 모델은 다음과 같은 5단계로 구성되어 있으며, 각 단계는 매출 성장을 위한 핵심 KPI(Key Performance Index)를 관리 지표로 삼는다.

- 획득(Acquisition): 브랜드 인지도를 높이기 위해 방문자를 유입시키는 단계
- 활성화(Activation): 방문자가 웹사이트를 사용하고 이용자로 전환하는 단계
- 유지(Retention): 이용자가 서비스를 계속 사용하도록 유도하는 단계
- 수익(Revenue): 이용자가 실제로 구매를 결정하고 결제를 완료하는 단계

• 추천(Referral): 이용자가 서비스를 추천하고 다른 사람들에게 홍보하는 단계

구매 퍼널은 고객 구매 여정 각 단계에서의 성과를 측정하여 문제점을 파악하고, 이를 해결하는 방법을 찾아 마케팅의 효율성을 높이는 데 주로 활용되는 프레임이다. 퍼널 마케팅의 목표는 가급적 많은 소비자를 유입시켜서, 각 단계에서 고객의 이탈을 최소화하고 전환(conversion)을 극대화하는 것이다. 따라서 디지털 마케팅에서 주요하게 다뤄야 하는 전략의 핵심은 전반적인 고객 여정을 상세히 이해한 후, 많은 사람을 모으고, 머무르게 하고, 구매로 유도하고, 관계를 유지시키는 방법을 연구하는 것이다.

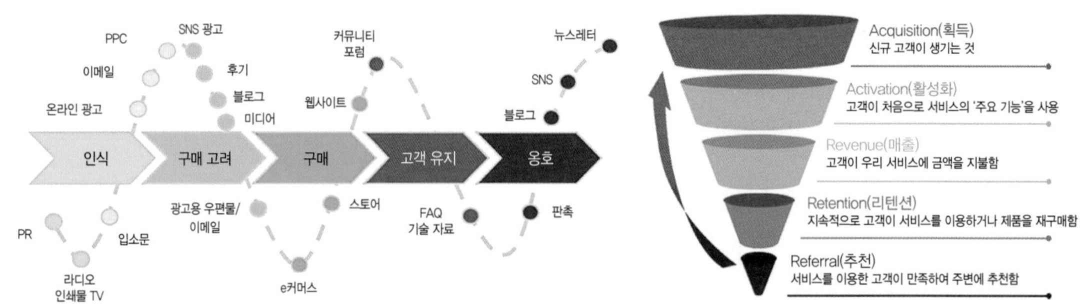

[그림 5-14] **고객 구매 여정과 마케팅 퍼널**

3) 디지털 시장에서 광고의 중요성

디지털에서는 지금도 실시간 무수한 사이트와 콘텐츠가 생성되기 때문에, 디지털 마케팅을 하는 데 있어서 가장 중요한 일은 트래픽(traffic)을 만드는 일이라고 할 수 있다. 즉, 소비자가 자발적으로 자사 사이트에 방문할 이유를 만들어 주는 일이 어떤 것보다 우선시되므로, 광고기획자는 가급적 많은 고객을 유입시키고, 체류시키고, 유지시키는 전략을 구축해 놓아야 한다. 전통 마케팅에서는 제조사 중심으로 '제품 → 유통 → 광고 → 구매 → 고객관리'의 단계로 마케팅 프로세스가 분리되어 있었다. 하지만 디지털 마케팅에서는 데이터 기반의 플랫폼 위에서 철저히 소비자를 중심으로 '고객 유입 → 체류 → 전환 → 구매 → 확산'의 단계로 마케팅 프로세스를 유기적으로 작동시킨다. 이처럼 디지털 시장에서 잠재 고객을 불러 모을 수 있는 마케팅 커뮤니케이션의 역할은 어느 때보다 중요해지고 있다.

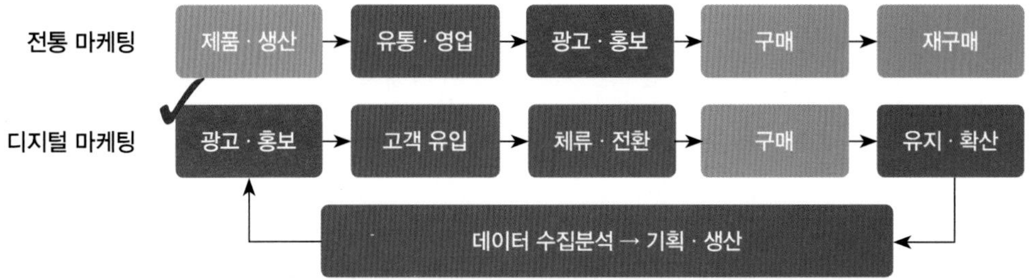

[그림 5-15] **전통 마케팅과 디지털 마케팅 프로세스 비교**

5. 마무리

광고기획자에게 시장은 숙명과도 같은 존재이다. 광고기획자가 시장을 어떻게 관리하는지에 따라 소비자 개개인이 수요를 만들어 주는 고객으로 전환되기 때문이다. 공급자와 수요자가 가치를 교환하는 시장의 본질은 예나 지금이나 변함없다. 하지만 마케팅 환경에 따라 시장의 작동 원리가 달라지고 있음을 현대를 사는 광고기획자들은 간과하지 말아야 한다. 그렇다면 디지털의 영향으로 하루가 다르게 진화하는 미래의 시장에 광고기획자는 어떤 자세로 대응하는 것이 좋을까? 그러기 위해 먼저 시장을 움직이는 중요한 축이 무엇인지부터 살펴보자.

첫 번째 축은 AI가 가져올 '마케팅 자동화(marketing automation)'이다. 오픈AI가 개발한 GPT-4 기술은 인간이 보여 주는 지적 수준 이상의 결과물들을 가지고 광고 시장에 빠르게 접목되고 있다. 타기팅에 기반한 매체 최적화, 성과 극대화를 위한 그로스 마케팅 등 기획 영역 외에도, 카피라이팅, 광고 소재 제작 등 크리에이티브 영역에서도 괄목할 만한 성과를 만들어 내고 있다. 마케팅 자동화가 가져올 시장의 변화는 개인화 마케팅의 촉진이다. 다양한 플랫폼을 옮겨 다니면서 디지털 라이프를 사는 소비자 개개인의 디지털 여정에 대한 설계와 관리가 점점 더 중요해질 것이다. 더 이상 제품 범주에 따라 시장을 규정하고 세그멘테이션을 나눠서 제품을 포지셔닝시키는 과거의 방식만으로는 수익을 만들어 내기가 쉽지 않게 되었다.

두 번째는 축은 '플랫폼의 융합(platform integration)'이다. 과거에도 통합 마케팅 커뮤니케이션(IMC)이 있었지만, 앞으로의 IMC(integrated marketing communication)는 플랫폼 기반으로 다양한 소비자 접점들을 유기적으로 연결하는 고차원적인 융합 마케팅에 대한 시도로 나타날 것이다. 지금은 오프라인과 온라인 외에 가상이라는 새로운 세상이 열리고 있는 시점이므로, 앞으로 광고기획자가 관리해야 하는 시장의 유형과 작동 원리는 상상하기 어려운 수준으로 입체적이 될 것이다. 마케팅 관리 철학이 생산 → 제품 → 유통 → 마케팅 → 사회적 마케팅 개념으로 진화하면서도 여전히 시장 내에서 병행되어 왔던 것처럼, 경쟁 우위를 통해 시장 점유율을 극대화하려는 오프라인 시장, 소비자의 시간 점유율을 극대화하려는 디지털 시장과 더불어 메타버스를 중심으로 멀티 페르소나들이 활개를 칠 가상 시장에 대한 관리 방법들이 기업의 수준과 목적에 따라 병행되어 운영될 시기가 가까워지고 있다.

세 번째 축은 '콘텐츠 창의성(contents creativity)'이다. 이미 디지털에는 소비자의 관심과 유입을 끌기 위해 많은 플랫폼을 중심으로 콘텐츠 전쟁이 일어나고 있다. 소비자의 한번 클릭으로 디지털 여정이 생성되는 디지털 세계에서는 콘텐츠가 중요한 소통의 교두보 역할을 한다. 좋은 콘텐츠는 스킵(skip)과의 전쟁에서 소비자의 시선을 사로잡게 하고, 타깃이 저절로 모이게 하며, 자발적으로 유통되게 하는 자생력을 갖는다. 또한, 구매 전환율을 높여 ROI(Return On Investment)에 기여하고, 브랜드 정체성(brand identity)을 담아 고객과의 관계를 형성하며, 종국에는 자사 브랜드의 팬(fan)으로 남게 하는 구심점을 만들어 준다. 더 나아가 단순히 메시지 전달에만 그치는 것이 아니라, 다양하게 분화되고 있는 플랫폼들을 채울 고객경험의 실체를 만들어 주는 중요한 역할을 수행하기도 한다. 메시지 크리에이션(message creation)을 넘어서 경험의 크리에이션(experience creation)을 설계하는 데 필요한 브랜드 세계관과 스토리텔링 영역으로 콘텐츠 창의성이 중요하게 다뤄질 시대가 눈앞에 펼쳐지고 있다.

코틀러는 저서 『마켓 5.0』에서 앞으로의 마케팅에 대해 이런 인사이트를 언급한 바 있다. '고객 여정 내내 가치를 창출, 전달, 제공, 강화하기 위해 인간을 모방한 기술을 적용하는 것'. 이 구절에서 그가 바라보는 미래의 시장 작동 원리에 대한 고견을 얻을 수 있다. 기계의 처리 방식과 인간의 대응 방식에 대한 깊은 이해와 협업만이 앞으로 진화하는 시장에 대응하는 광고기획자의 자세가 되어야 할 것이다.

참고문헌

김유나(2018). 광고 캠페인. 김병희 외 공저. 디지털 융합시대 광고와 PR의 이론과 실제(pp. 287-315). 학지사.

김유나(2021). 브랜드 유니버스 플랫폼 전략. 학지사.

김형택(2022). 디지털트랜스포메이션 시대의 디지털마케팅 커뮤니케이션 전략. 비제이퍼블릭.

메조미디어(2022. 8. 11.). 2022년 숏폼 콘텐츠 마케팅 리포트. https://www.mezzomedia.co.kr/data/insight_m_file/insight_m_file_1500.pdf

소비자평가(2021. 3. 11.). 플랫폼으로 소비자를 레버리지 해라. http://cms.iconsumer.or.kr/news/articleView.html?idxno=15512

소비자평가(2021. 4. 20.). 전통 기업은 어떻게 플랫폼 비즈니스를 시작하는가? http://cms.iconsumer.or.kr/news/articleView.html?idxno=17100

소비자평가(2021. 9. 3.). 브랜드 유니버스, 브랜드가 플랫폼으로 거듭나는 방법. http://www.iconsumer.or.kr/news/articleView.html?idxno=21246

신강균(2017). 뉴미디어시대 광고기획론. 한경사.

은종성(2020). 디지털 마케팅 레볼루션. 책길.

Kotler, P., & Armstrong, G. (2020). *Principles of Marketing* (18th ed.). Pearson Education.

Kotler, P., Kartajaya, H., & Setiawan, I. (2016). *Marketing 4.0: moving from traditional to digital*. 이진원 역(2017). 필립 코틀러의 마켓 4.0: 4차 산업혁명이 뒤바꾼 시장을 선점하라. 더퀘스트.

Kotler, P., Kartajaya, H., & Setiawan, I. (2021). *Marketing 5.0: technology for humanity*. 이진원 역(2021). 필립 코틀러의 마켓 5.0: '휴머니티'를 향한 기업의 도전과 변화가 시작된다! 더 퀘스트.

Van Alstyne, M. W., Choudary, S. P., & Parker, G. G. (2016). *Platform Revolution: How Networked Markets Are Transforming the Economy-and How to Make Them Work for You*. 이현경 역(2017). 플랫폼 레볼루션: 4차 산업혁명 시대를 지배할 플랫폼 비즈니스의 모든 것. 부키.

제6장

디지털 환경에서 소비자 이해하기*

디지털 환경에서는 인구통계학적 속성(예: 성별, 연령 등)을 기반으로 소비자를 분류하는 것을 넘어서서 온라인 행동(예: 사이트 방문, 검색, 구매 이력 등)을 기반으로 다양한 정보를 수집하여 소비자를 세분화함으로써 광고효과를 증진시키고자 한다. 디지털 광고는 크게 소비자들의 인지와 태도에 영향을 미칠 수 있다. 광고가 유발하는 인지적 효과는 광고에 대한 노출, 주목, 이해, 기억 등과 같은 소비자의 정보처리 과정을 기반으로 발생한다. 한편, 태도적 효과는 소비자의 설득지식과 디지털 환경에 대한 이해와 활용 능력인 디지털 리터러시에 의해 영향을 받는다.

이 장에서는 디지털 환경에서 소비자를 분류하는 방법을 살펴본 다음 소비자들의 인지와 관련하여 다중매체이용(또는 미디어 멀티태스킹) 현상을 소개하고자 한다. 왜냐하면 다중매체이용은 광고효과를 감소시킬 가능성이 있으므로, 소비자들의 정보처리를 돕기 위한 광고 전략이 필요하기 때문이다. 한편, 소비자들의 태도와 관련하여 소비자들의 설득지식을 살펴보고자 한다. 그 이유는 소비자들의 설득지식은 광고 태도를 부정적으로 유도할 수 있기 때문에 소비자들의 설득 저항을 감소시키기 위한 광고 전략이 필요하기 때문이다.

---

*정세훈(고려대학교 미디어학부 교수)
*최인호(넥스텔리전스 수석연구원)

1. 디지털 환경에서 소비자 분류

1) 전통적 매체의 소비자 분류

전통적으로 소비자는 여러 가지 인구통계학적 속성을 기반으로 분류됐다. 예를 들어, 성별, 연령, 결혼 상태, 자녀 유무, 지역, 소득과 같은 인구통계학적 변수를 이용하여 소비자들을 분류하고, 이 중 타깃(target) 수용자에 해당하는 인구통계학적 속성을 지닌 소비자들을 대상으로 광고를 타기팅(targeting)했다. 예를 들어, 20대 여성의 경우 일반적으로 화장품에 관심이 많기 때문에 이들을 대상으로 화장품 광고를 내보내는 것이 적절할 것이라는 판단이다. 즉, 관심사 예측을 위해 인구통계학적 변수를 사용하는 것이다. 이러한 인구통계학적 표적 설정은 가장 전통적이고 기본적인 유형의 타기팅 방식이었다.

하지만 이러한 인구통계학적 타기팅의 문제는 특정 인구통계학적 속성을 지니고 있다고 해서, 그 제품 · 서비스 군에 꼭 관심이 있는 건 아니라는 데에 있다. 화장품에 관심이 없는 20대 여성들도 있는데, 이들을 대상으로 화장품 광고를 내보내는 것은 광고비 낭비가 될 수도 있다.

2) 디지털 매체의 소비자 분류

인구통계학적 속성을 기반으로 한 소비자 분류의 문제점을 해결할 수 있는 방안으로서 특히 디지털 매체에서는 온라인 행동을 기반으로 한 소비자 분류를 시도했다. 예를 들어, 온라인 행동을 바탕으로 특정 개인의 관심사를 예측하고, 이를 통해 타깃 수용자를 설정하는 방법이다.

행동 타기팅이라고도 불리는 타기팅 방법은 개인들의 실제 온라인 행동(예: 사이트 방문 이력, 앱 사용 이력, 검색 기록, 구매 이력 등)을 이용해 소비자들의 관심사를 예측하기 때문에 기존 인구통계학적 타기팅에만 의존할 때보다 훨씬 더 정확한 소비자 관심사 예측이 가능하다. 예를 들어, 유튜브에서 화장 관련 영상을 시청한 개인이나 올리브영 사이트 방문자에게 화장품 광고를 집행하는 것이다. 실제 광고 실무에서는 인구통계학적 타기팅과 행동 타기팅 기법을 모두 사용하여 광고를 노출하고자 하는 수용자를 설정한다. 인구통계학적 속성 중 연령과 성별 같은 정보와 행동 정보를 결합시키는 것이다. 즉, 20대 여성 중에 관련 사이트를 방문했거나 관련 콘텐츠에 노출된 개인들을 대상으로 광고를 집행하는 것이다. 관련 사이트를 방문했거나 관련 콘텐츠에 노출된 개인들은 그렇지 않은 개인들에 비해 훨씬 화장품 제품군에 관심을 가질 가능성이 크기 때문이다.

이처럼 성별, 연령, 지역, 가계 소득 범위 등과 같은 인구통계학적 속성뿐만 아니라 웹사이트 방문 이력, 앱 사용 이력, 구매 및 검색 이력 등과 같은 행동 데이터를 기반으로 소비자에게 맞춤형 광고를 제공하는 광고 기법을 온라인 맞춤형 광고(Online Behavioral Advertising: OBA)라고도 부른다.

2. 디지털 환경에서 광고의 인지적 효과

1) 소비자의 정보처리와 광고 인지

소비자들은 광고에 대해 일련의 정보처리 과정을 거치게 된다. 이러한 정보처리 과정에는 노출, 주목, 이해, 기억 등의 단계가 있다. 즉, 소비자들은 광고 정보에 노출된 이후에 주목을 하고, 정보를 이해한 이후 정보를 기억하는 일련의 정보처리 과정을 겪게 된다.

첫째, 노출(exposure)은 소비자들이 광고 정보에 대해 시각이나 청각 등의 감각기관을 통해 물리적으로 접하는 행위를 의미한다. 이러한 노출에는 의도적이고 목적 지향적인 노출뿐만 아니라 비의도적인 노출도 있으며, 소비자들은 관심이 가는 정보에 선택적으로 노출될 수 있다.

둘째, 주목(attention)은 특정 정보에 대한 정보처리가 시작되는 과정이라고 볼 수 있다. 즉, 정보에 노출됐다고 해서 반드시 주목으로 이어지는 것은 아니다. 정보를 처리할 수 있는 동기와 능력이 있어야 주목을 할 수 있다.

셋째, 이해(comprehension)는 노출, 주목의 단계를 지나 정보의 의미를 해석하는 과정으로서 이를 위해 기존에 소비자들이 가지고 있는 지식을 활용하기도 한다.

넷째, 기억(memory)은 노출과 주목 과정을 통해 처리된 정보가 저장되는 과정으로서 단기기억에 일시적으로 저장된 이후 장기기억에 영구적으로 저장되기도 한다.

이러한 소비자의 정보처리 과정과 광고의 인지적 효과는 기존의 전통매체 환경과 디지털 환경에서 다르게 나타날 수 있다. 그 이유는 소비자들이 디지털 미디어를 이용하면서 단일매체만 이용하지 않고 여러 매체를 동시에 이용하는 다중매체 이용, 즉 미디어 멀티태스킹을 하기 때문이다.

미디어 멀티태스킹이란 "두 가지 이상의 업무를 수행하는데, 그중 하나가 미디어인 경우"(Lang & Chrzan, 2015)로 정의할 수 있다. 여기에는 ① 미디어를 이용하면서 다른 일(예: TV를 보면서 식사나 공부)을 하는 행위, ② 두 개 이상의 매체를 동시에 이용(예: TV를 보면서 스마트폰)하는 행위 그리고 ③ 한 매체에서 동시에 두 가지 이상의 콘텐츠를 이용(예: 스마트폰 내에서 온라인 메신저와 뉴스)하는 행위를 모두 포함한다(Jeong & Hwang, 2016).

2022년 방송 매체 이용행태 조사([그림 6-1])에 따르면, TV 시청 시 타 매체 이용자 중 SNS, 문자, 메신저와 정보검색 이용률은 86.5%로 나타났는데 이는 디지털 환경에서 멀티태스킹이 얼마나 폭넓게 이루어지고 있는가를 보여 준다.

소비자들의 멀티태스킹은 정보처리를 저해하기 때문에 광고에 대한 노출, 주목, 이해, 기억 등에 부정적 영향을 미칠 수 있다. 이러한 멀티태스킹의 영향은 정보처리의 제한 용량 모형(limited capacity model of information processing; Kahneman, 1973)으로 설명할 수 있는데, 모형에 따르면 인간의 인지적 자원은 무한하지 않고 제한되어 있기 때문에 인지적 자원을 넘어서는 양의 정보가 제공되면 사람들은 더 이상 정보를 처리하지 못하게 되므로 과다하게 제공되는 정보는 결국 손실로 이어진다. 예컨대, 그릇에 물을 계속 부으면 밖으로 흘러넘쳐서 일정량 이상의 물은 손실될 수밖에 없는 것과 같다.

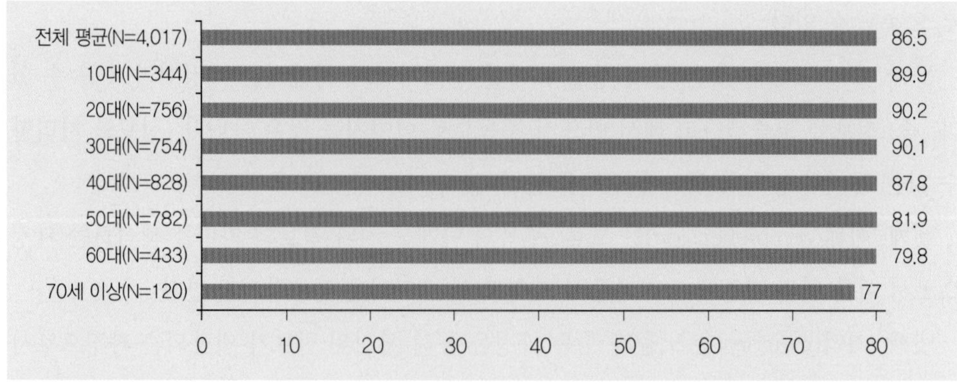

[그림 6-1] TV 시청 시 타 매체 이용자 중 SNS, 문자, 메신저와 정보검색 이용률(중복응답, 단위 %)

출처: 방송통신위원회(2022).

멀티태스킹을 하는 상황에서는 매체별로 인지 자원을 나누어 써야 하므로 각 매체별 인지 자원이 줄어들기 때문에 광고에 대한 노출, 주목, 이해, 기억 등이 감소할 수 있다. 멀티태스킹의 효과에 관한 메타분석 연구 결과에 따르면, 멀티태스킹을 할 경우 정보의 이해와 기억 등이 감소하는(d=−.71) 것으로 나타났다(Jeong & Hwang, 2016).

멀티태스킹은 광고 노출 자체를 차단할 수 있는데 이는 감각기관의 간섭으로 이해할 수 있다. 청각매체와 시각매체는 각각 청각기관과 시각기관으로 처리되기 때문에 감각기관의 간섭이 없다. 하지만 시각매체와 시각매체는 둘 다 시각기관으로 처리되기 때문에 감각기관의 간섭이 있다. 따라서 두 개의 시각매체를 동시에 이용하기 위해서는 시각기관을 나누어 써야 하고, 이는 하나의 시각매체와 하나의 청각매체를 동시에 이용하는 것보다 어려울 수 있다. 또 시청각매체는 청각매체와도 간섭이 있고 시각매체와도 간섭이 있다.

〈표 6-1〉 **멀티태스킹 조합에 따른 감각기관의 간섭**

멀티태스킹 조합	감각기관	간섭
청각매체 (예: 라디오 또는 스마트폰 음악)	청각기관(귀)	없음
시각매체 (예: 책, 신문)	시각기관(눈)	
시각매체 (예: 책)	시각기관(눈)	있음
시각매체 (예: 책, 신문)	시각기관(눈)	
청각매체 (예: 라디오 또는 스마트폰 음악)	청각기관(귀)	있음
시청각매체 (예: TV 또는 스마트폰 동영상)	시각기관(눈) 및 청각기관(귀)	
시각매체 (예: 책)	시각기관(눈)	있음
시청각매체 (예: TV 또는 스마트폰 동영상)	시각기관(눈) 및 청각기관(귀)	

감각기관의 간섭이 정보처리에 미치는 영향을 살펴본 연구에서는, 멀티태스킹 상황에서 감각기관의 간섭이 정보처리를 저해하는 것으로 나타났다(Jeong & Hwang, 2016). 연

구 결과에서는 시각을 요구하는 설득적 글을 읽는 조건(통제 조건)에 비해, 시각을 요구하는 설득적 글을 읽으면서 청각을 요구하는 라디오 광고를 들을 경우(감각기관의 간섭이 적은 조건)에는 설득적 글에 대한 기억과 이해도가 감소하지 않은 반면, 시각을 요구하는 설득적 글을 읽으면서 시각을 요구하는 지면 광고를 볼 경우(감각기관의 간섭이 많은 조건)에는 설득적 글에 대한 기억과 이해도가 감소하는 결과를 발견했다. 이러한 연구 결과는 감각기관의 간섭이 없는 경우 정보처리에 큰 어려움이 없는 반면, 감각기관의 간섭이 있는 경우 정보처리에 어려움을 겪을 수 있음을 보여 준다. 따라서 원활한 정보처리는 단순히 멀티태스킹 여부보다 얼마나 감각기관의 간섭이 있느냐에 따라 달라질 수 있다.

감각기관의 간섭은 멀티태스킹의 인지적 차원 모형(cognitive dimensional model of media multitasking; Wang et al., 2015)을 기반으로 이해할 수 있다. 인지적 차원 모형에서는 특정 조합의 멀티태스킹이 다른 조합의 멀티태스킹보다 더 많은 인지적 자원을 요구하기 때문에 덜 선택될 것이라고 예측한다. 예를 들어, 청각매체+청각매체 조합은 청각매체+시각매체 조합에 비해 더 많은 인지적 자원을 요구하기 때문에 덜 선택된다는 것이다.

그렇다면 소비자들은 실제로 감각기관의 간섭에 따라 선택하는 멀티태스킹 조합이 다를까? 감각기관의 간섭을 기준으로 멀티태스킹 빈도를 조사한 연구에 따르면, 다음 순서대로 멀티태스킹 빈도가 나타났다. 시청각+시각 > 청각+시각 > 시각+시각 > 시청각+시청각 > 시청각+청각 > 청각+청각 순으로 이용 빈도가 감소했다(염정윤, 최인호, 정세훈, 2019).

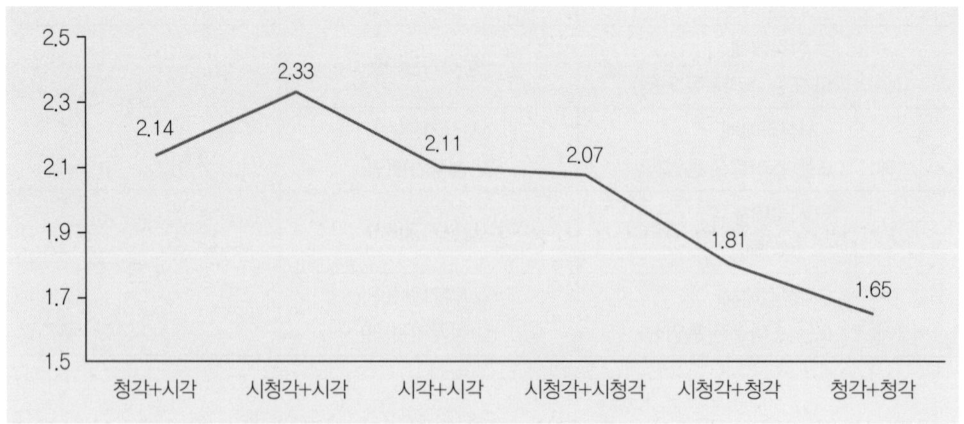

[그림 6-2] **감각기관 간섭 유형별 멀티태스킹 빈도**

출처: 염정윤, 최인호, 정세훈(2019).

연구 결과에 따르면, 감각기관의 간섭이 증가할수록 멀티태스킹 이용 빈도가 감소하는 경향이 발견됐다. 청각+청각 조합(예: 라디오와 스마트폰 전화 통화)이 가장 빈도가 낮게 나온 이유는, 이러한 멀티태스킹 조합에서는 감각기관의 간섭이 분명히 존재하고 실제로 이용하기 어렵기 때문일 것이다. 예를 들어, 라디오를 들으며 전화 통화를 하는 경우 라디오를 배경 매체로 사용하고 전화 통화에만 집중할 가능성이 크다. 이때 라디오를 통해 전달된 정보는 손실될 수밖에 없다. 만약 통화 중에 라디오의 소리에 주목하게 된다면 통화 내용에서 그만큼의 정보 손실이 발생할 것이다. 즉, 서로 다른 정보가 동일한 감각기관을 통해 전달된다면 정보의 손실은 불가피하다는 것이다.

그런데 시청각+시청각 조합(예: TV와 스마트폰 동영상)의 경우 멀티태스킹 빈도가 상대적으로 상당히 높게 나타났다. 이 조합의 경우에도 감각기관의 간섭이 분명히 존재하지만, 소비자들이 선택하기에 따라 감각기관의 간섭이 적거나 없는 방식으로 이용 가능하다. 구체적으로, 시청각매체의 경우 한 매체에서 청각요소를 제거하고(스마트폰 음소거) 시각요소에만 주목(스마트폰 동영상 화면 보기)하는 방식으로 이용한다면 다른 매체의 청각요소(TV 소리)를 통해 전달되는 정보를 처리하는 데 문제가 없을 수 있다. 특히 이용자가 상황에 따라 어떤 매체의 시각요소나 청각요소를 사용할지 통제할 수 있기 때문에 시각+시각 조합과 같이 하나의 감각기관을 통해 정보가 전달되는 멀티태스킹에 비해 정보처리 면에서는 더욱 유리할 수 있다. 이러한 이유로 감각기관의 간섭이 있을 수 있음에도 불구하고 시청각+시청각 또는 시청각+시각 조합을 많이 이용했을 수도 있다. 실제로 인스타그램이나 페이스북 등의 소셜 미디어 앱에서 동영상을 이용할 때 영상의 재생은 자동으로 시작되지만, 소리는 화면을 한번 터치하거나 음소거를 해제해 주어야 나오기 시작하는 것은 장소에 따른 재생방식 선택의 이유도 있겠지만 디지털 환경에서 소비자들의 멀티태스킹을 고려했을 때에도 적합한 정보전달 방식으로 보인다.

2) 소비자 유형별 미디어 이용방식의 차이

디지털 환경에서 미디어를 이용하는 방식으로 멀티태스킹 행위가 보편적으로 이뤄지고 있지만, 소비자 유형별로 개인차도 존재하기 때문에 누가, 어떤 이유로 멀티태스킹을 많이 하는가를 살펴보는 것은 효과적 매체기획을 위해 필요하다고 할 수 있다. 멀티태스킹 행위는 미디어 이용 모형(Webster, Pharen, & Lichty, 2000)으로 설명할 수 있다.

미디어 이용 모형에서는 매체 이용 행위를 '구조적 요인'과 '개인적 요인'으로 나누었는데, 예를 들어, 매체 이용 행위는 새로운 서비스 개통(예: 5G 스마트폰)과 같은 구조적인 요인과 이용자들의 사회적 욕구나 동기와 같은 개인적 요인에 의해 영향을 받는다. 일단, 구조적 요인으로서 가장 중요한 것은 새로운 서비스의 가용성인데 스마트폰이 보편화된 현재 멀티태스킹을 위한 구조적 요건은 충족됐다고 볼 수 있다.

멀티태스킹 행위에 영향을 미칠 수 있는 또 다른 구조적 요인에는 이용자의 가용성(audience availability)이 있다. 이용자 가용성은 특정한 시간대에 특정 매체를 이용할 수 있는 이용자의 수를 의미하는 것으로서, 이는 계절별, 요일별 그리고 시간대별로 특정한 패턴을 보인다. 이 중 가장 특징적인 변화를 보이는 것은 시간대별 패턴이다. 예를 들어, 웹스터 외(Webster, Phalen, & Lichty, 2000)에 따르면 오전 출근 시간대에는 라디오 청취율이 증가하고, 저녁 시간대에는 집에서 TV 시청률이 증가한다는 것이다. 시간대별 매체 이용행태는 다양한 매체들이 공존하면서 동시에 이용되는 멀티태스킹 상황에서 더욱 주목해 볼 필요가 있다. 멀티태스킹에 영향을 미치는 또 다른 예측 요인에는 소비자들의 연령, 성별, 소득, 학력 등의 변수들이 있다(정세훈 외, 2017).

〈표 6-2〉 멀티태스킹에 영향을 미치는 예측 요인과 멀티태스킹 빈도

예측 요인	변수	멀티태스킹 빈도
인구통계적 요인	연령	연령이 적을수록 멀티태스킹 많이 함
	성별	여성일수록 멀티태스킹 많이 함
심리적 요인	신경증	높을수록 멀티태스킹 많이 함
	자극추구성향	높을수록 멀티태스킹 많이 함
	오락적 동기 정보적 동기 습관적 동기 관계적 동기	강할수록 멀티태스킹 많이 함
문화적 요인	복합시간성 시간압박감	강할수록 멀티태스킹 많이 함

앞의 선행연구에 따르면, 첫째, 연령은 멀티태스킹과 부적 관계가 있다. 연령이 감소할수록 멀티태스킹 빈도가 증가하는 반면, 연령이 증가할수록 멀티태스킹 빈도가 감소하는데, 이는 다양한 새로운 기기에 대한 수용도 및 유연성이 감소하기 때문으로 설명되

기도 한다.

둘째, 성별에 따른 차이도 발견됐는데, 여성이 남성보다 멀티태스킹을 많이 하는 것으로 나타났다. 이는 여성과 남성이 이용하는 매체와 콘텐츠의 차이로 설명되기도 한다. 구체적으로, 여성의 경우 멀티태스킹을 하기 상대적으로 쉬운 매체와 콘텐츠(예: SNS나 메신저)를 이용하는 반면, 남성의 경우 멀티태스킹을 하기 상대적으로 어려운 매체와 콘텐츠(예: 게임)를 이용하기 때문으로 설명된다. SNS나 메신저는 계속 주목할 필요가 없기 때문에 멀티태스킹을 하기 쉬운 반면, 게임은 계속 주목해야 하므로 멀티태스킹을 하기 어렵다. 이처럼 성별로 이용하는 미디어 콘텐츠가 다르고 멀티태스킹의 난이도가 다르기 때문에 멀티태스킹 이용 빈도가 다르게 나타나는 것으로 해석할 수도 있다(정세훈 외, 2017).

셋째, 심리적 요인도 있는데, 성격 요인 중에서 신경증(neuroticism)이나 새로운 경험과 변화를 즐기는 자극추구 성향(sensation seeking) 등이 영향을 미치는 것으로 나타났으며, 동기 요인 중에서는 오락적 동기, 정보적 동기, 습관적 동기, 관계적 동기 등이 있는 것으로 나타났다. 특히 심리적 동기는 이용과 충족 이론(Katz et al., 1974)으로 설명할 수 있는데, 이용과 충족 이론에 따르면 "욕구와 동기에 대한 사회적, 심리적 원인이 미디어 이용 행위를 유발하고, 이것은 충족으로 이어진다."라고 설명한다(Katz, Blumler, & Gurevitch, 1974: 20). 예를 들어, 신문이나 TV 등의 이용은 정보, 오락, 동반자, 탈출, 습관 동기에 의해 설명된다. 이와 유사하게 멀티태스킹 역시 오락, 효율, 정보, 사회적 동기 등의 심리적 요인으로 설명할 수 있다. 예를 들어, 사람들이 멀티태스킹을 하는 이유는 제한된 시간을 효율적으로 사용하면서, 즐거움을 얻고 지루함을 회피하기 위해서일 텐데 이러한 효율성과 오락성 동기 외에도, 스마트폰 등과 같은 온라인 매체를 기반으로 한 멀티태스킹의 주요 동기는 정보 탐색과 공유가 될 수 있다. 온라인 기반 멀티태스킹의 경우, TV를 보다가 궁금한 점이 생기거나 추가적인 정보를 탐색하기 위해 스마트폰으로 검색을 하는 형태의 멀티태스킹을 할 수 있다.

3) 디지털 환경에서 광고 인지효과 증진 전략

소비자들의 멀티태스킹 증가에 따라 광고 전략 수립에 감안해야 할 점에는 무엇이 있을까? 첫째, 광고 메시지의 난이도를 적절히 조정해야 할 필요가 있다. 멀티태스킹을 하지 않는 상황에서는 인지적 자원이 풍부하기 때문에 복잡한 메시지도 잘 처리할 수 있지만, 멀티태스킹 상황에서는 하나의 메시지를 처리하는 데 있어 활용할 수 있는 인지 자원이 줄어들기 때문에 메시지가 복잡해지면 정보처리를 제대로 하지 못할 수 있다. 따라서 광고 제작 관점에서 멀티태스킹 증가는 간결한 광고 크리에이티브가 유리하다는 것을 의미한다.

둘째, 광고 메시지의 반복이 필요할 수 있다. 왜냐하면 멀티태스킹은 반복광고의 효과 증가(wear-in)와 효과 감소(wear-out)에 영향을 미칠 수 있기 때문이다. 반복광고의 효과 증가라 함은 광고의 반복적 노출에 따라 효과가 발생하기 시작하는 상황을 의미하며, 효과 감소는 광고의 지속적 노출에 따라 효과가 정체되거나 반감되는 상황을 의미한다. 초기에는 반복광고가 효과를 증가시키는 양상을 보이다가 반복이 일정 수준을 넘어가게 되면 반복광고가 효과를 감소시키는 양상을 보이는데 멀티태스킹으로 인해 효과 증가와 효과 감소가 발생하는 광고 노출 빈도가 변화할 수 있다. 즉, 멀티태스킹 상황에서는 광고에 충분한 관심을 기울이지 못하게 되기 때문에, 긍정적 반응이 시작되는 광고 노출 빈도도 올라가게 되고, 부정적 반응이 시작되는 광고 노출 빈도 역시 증가할 수 있다. 즉, 매체에 집중할 경우 반복광고에 쉽게 지루함을 느끼게 될 수 있지만, 매체 동시 이용을 할 경우에는 반복광고에 쉽게 지루함을 느끼지 않기 때문에 반복 노출이 더 필요할 수 있다. 이는 다시 말해 유효 반응을 이끌어 내기 위한 광고 빈도가 매체 동시 이용이 증가하면서 더 커질 수 있음을 시사한다. 따라서 멀티태스킹의 증가는 광고 빈도 전략에 있어서도 중요한 함의를 지닌다.

셋째, 멀티태스킹의 증가로 인해 통합적 마케팅 커뮤니케이션(IMC)의 중요성이 더 커질 것이다. 통합적 마케팅 커뮤니케이션은 광고, 판매촉진, PR 등 다양한 커뮤니케이션 수단들의 전략적인 역할을 비교·검토하여, 최대의 커뮤니케이션 효과를 거둘 수 있도록 이들을 통합하는 총괄적인 계획의 수립과정이다. 통합적 마케팅 커뮤니케이션은 강력하고 통일된 브랜드 이미지 형성을 위해 각 마케팅 커뮤니케이션 도구들에 대한 조정 및 통합이 필요한데, 이는 멀티태스킹 상황에서 더욱 유용할 수 있다. 멀티태스킹 상황에서는 광고 메시지에 대한 관심과 주의가 감소하기 때문에, 각 마케팅 커뮤니케이션 메시지끼리의 통합이 이루어지지 않을 경우, 동일한 캠페인 메시지임을 인지하지 못할 가능성이 크고, 따라서 캠페인의 효과가 감소할 수 있다. 따라서 캠페인 효과의 극대화를 위해서는 통합적인 마케팅 커뮤니케이션 전략이 필요하다. 예를 들어, TV로 본 광고를 배너광고로 보았을 때 두 광고가 동일한 브랜드의 동일한 광고인 것을 쉽게 인지할 수 있도록 캠페인 전체의 조정과 통합이 필요하다. 특히, 스마트폰을 이용한 멀티태스킹이 빈번한 현실을 고려할 때, 오프라인 광고와 연계하여 온라인에서 구매 결정을 위한 정보를 쉽게 얻을 수 있는 전략이 효과적일 것이다.

통합적 메시지를 통해 멀티태스킹으로 인한 감각기관의 간섭을 보완할 수 있다. 매체 이용에 있어 시각이 기본적으로 가장 많이 사용된다는 것을 감안했을 때, 시각은 이미 타 매체 이용에 할애되고 있을 가능성이 크므로 광고 메시지 전달에 있어 청각적 요소를 적절히 이용하는 것이 효과적인 접근이 될 수 있다. 즉, 핵심 메시지나 브랜드명을 오디오로 전달함으로써, 멀티태스킹으로 인해 시각을 이용할 수 없는 소비자들에게 청각 신호를 통해서라도 메시지를 전달할 필요가 있는 것이다.

통합적 마케팅 커뮤니케이션(IMC)과 관련하여 특히 고려할 사항은 다음과 같다.

첫째, 통합적 메시지를 통해 메시지 간 관련성을 증대시킬 필요가 있다. 메시지 관련성이란 동시에 이용하고 있는 미디어에서 전달되는 메시지 내용 사이에 얼마나 높은 관련성이 있는지를 다룬다. 예를 들어, 모바일 뉴스를 읽으면서 동일한 주제의 TV 뉴스를 시청하는 경우는 모바일 뉴스를 읽으면서 다른 주제의 TV 뉴스를 시청하는 경우에 비해 관련성이 높다. 또한, TV와 모바일에서 동일한 광고에 노출되는 경우가, 두 매체에서 서로 다른 광고에 노출되는 경우에 비해 관련성이 높다고 할 수 있을 것이다. 관련성이 높은 경우는 관련성이 낮은 경우에 비해 정보 손실이 감소할 수 있다. 이는 제한된 인지적 자원을 넘어서는 양의 정보가 제공되어 정보 손실이 발생할 수 있는 상황에서 메시지의 관련성이 높은 경우, 두 메시지 사이에 유사성으로 인해 처리해야 하는 정보의 양이 줄어들 수 있기 때문이다. 따라서 정보 손실이 발생할 가능성도 줄어들게 되는 것이다.

그렇다면 멀티태스킹 상황에서의 메시지 간 관련성이 광고 전략에 시사하는 점은 무엇일까? 멀티태스킹 상황에서 동일한 광고가 집행된다면, 정보 손실을 최소화하고 광고 효과를 극대화할 수 있음을 의미한다. 동기화 광고(synced advertising)의 경우 멀티태스킹 상황에서의 관련성을 극대화함으로써 적절한 광고 전략이라 할 수 있다. 동기화 광고란 개인화된 모바일 커뮤니케이션의 한 형태로, 모바일 기기에 등장하는 메시지가 소비자의 실시간 미디어 이용을 반영하여 동시에 제시된다. 즉, 개인의 현재 미디어 행동을 모니터하고 관련 정보를 수집해서 사람들에게 본인의 현재 미디어 행동을 반영한 개인화된 광고를 송출하는 것이다. 예를 들어, 만약 한 개인이 TV나 라디오를 이용하고 있다면 TV나 라디오에서 현재 광고하고 있는 동일한 브랜드의 광고가 동시에 모바일 기기에 노출되는 시스템이다. 이를 위해 워터마킹(watermarking) 등의 기법이 이용되는데, 워터마킹은 텔레비전이나 라디오의 음성 정보를 모바일 기기에 있는 애플리케이션이 받아서 활용하는 기법을 의미한다. 이러한 동기화 광고는 네덜란드 등 유럽에서 실제로 사용되고 있다.

둘째, 사용자 통제성에 대한 고려이다. 사용자 통제성이란 미디어를 이용하는 데 있어서 이용의 속도나 순서를 얼마나 통제할 수 있는가를 의미한다. 예를 들어, 실시간 방송의 경우 미디어 이용자가 속도나 순서를 통제할 수 없다는 점에서 사용자 통제성이 낮은 반면, VOD 방송의 경우 이러한 것들을 조절할 수 있다는 점에서 사용자 통제성이 높다. 멀티태스킹에 이를 확장시켜 생각해 보자면, 두 매체에서 모두 사용자 통제성이 높을 경우에 사용자 통제성이 가장 높고, 한 매체에만 사용자 통제성이 있을 경우에는 사용자 통제성은 중간 수준 그리고 두 매체 모두에서 사용자 통제성이 없을 경우에는 사용자 통제성이 가장 낮다. 예를 들어, TV 실시간 방송과 유튜브 라이브 방송을 동시에 보는 경우, 어떤 매체도 일시 정지를 할 수 없기에 사용자 통제성이 가장 낮고, TV 실시간 방송과 유튜브 동영상을 동시에 볼 경우는 유튜브 동영상을 일시 정지할 수 있으므로 사용자 통제성이 중간 정도이며, TV VOD와 유튜브 동영상을 동시에 이용할 경우에는 둘 다 일시 정지를 하고 앞뒤로 왔다 갔다 할 수 있으므로 사용자 통제성이 가장 높다고 말할 수 있다. 멀티태스킹 상황에서 사용자 통제성의 중요성은 더욱 커지게 된다. 이는 사용자 통제성이 멀티태스킹에 수반되는 인지 과부하 상황을 줄여 결국 정보 손실을 줄여 줄 수 있기 때문이다. 미디어 이용자들은 일시 정지 등의 기능을 이용하여, 이용 매체를 정지한 후 다른 매체에 관심을 기울일 수 있는 것이다. 예를 들어, TV와 유튜브 콘텐츠를 이용하는 상황에서 어느 한쪽에 더 집중하고 싶다면, 다른 쪽을 멈추고 한쪽에 집중할 수 있기 때문에 사용자 통제성이 높은 경우는 멀티태스킹으로 인한 정보 손실이 적게 발생하게 된다.

그렇다면 사용자 통제성이 광고 전략에 시사하는 점은 무엇일까? 우선 광고가 삽입되는 매체가 사용자 통제성이 높은 매체인가 아니면 낮은 매체인가에 따라 광고 전략이 달라질 수 있다. 보다 구체적으로, 사용자 통제성이 높은 매체의 경우, 수용자들이 메시지를 처리할 수 있는 인지적 자원이 충분할 가능성이 크기 때문에, 정보의 난이도가 높은 메시지를 전달하는 것이 무방하다. 하지만 사용자 통제성이 낮은 경우 정보 손실이 늘어날 가능성이 크기 때문에 메시지 난이도를 낮춰 손실이 어느 정도 발생하더라도 쉽게 이해할 수 있도록 광고를 제작할 필요가 있다는 것이다.

지금까지는 멀티태스킹으로 인한 정보처리의 방해와 그에 맞춘 광고 전략에 대해 주로 설명했다. 멀티태스킹은 정보처리의 방해를 가져오기도 하지만, 검색이나 공유를 통해 정보처리를 촉진시키기도 한다. 예를 들어, TV를 보면서 PC 또는 모바일 인터넷을 이용할 경우, TV 광고를 접하고 제품에 대해 더 많은 정보를 얻기 위해 인터넷 검색을 하고 그 내용을 주변 사람들에게 공유할 수 있다. 따라서 멀티태스킹이 가져오는 검색이나 공유가 광고와 관련해서 갖는 함의를 생각해 볼 필요가 있다.

3. 디지털 환경에서 광고의 태도적 효과

1) 소비자의 설득지식과 광고 태도

소비자들의 광고 태도를 이해하기 위해서는 소비자의 설득지식에 대해 이해할 필요가 있다. 소비자들이 광고에 대해 부정적인 태도를 가지고 회피하는 경향은 디지털 환경 이전에도 발견됐다. 하지만 소비자들의 광고 회피와 이에 대응하는 전략은 디지털 환경에서 다양하게 제시됐다.

설득지식은 소비자들의 광고에 대한 저항과 회피를 설명할 수 있다. 설득지식은 설득지식모형(persuasion knowledge model; Friestad & Wright, 1994)의 핵심 개념으로서, 설득과정에 대한 소비자들의 지식을 의미한다. 구체적으로 설득지식은 ① 마케터의 설득 목표와 전략에 대한 지식, ② 마케터의 전략의 효율성과 적절성에 대한 지식, ③ 마케터의 전략이 소비자 자신의 심리적 반응에 미치는 영향에 대한 지식 그리고 ④ 소비자 자신이 설득에 대응하는 전략에 대한 지식 등을 포함한다. 소비자들은 교육을 통해 설득지식을 얻기도 하지만, 주변 사람과의 대화와 같은 대인적 채널이나 뉴스와 같은 미디어 채널을 통해 설득지식을 증가시킨다. 따라서 설득지식은 시간에 따라 점차 증가하는 경향이 있다. 예를 들어, 과거에는 블로그 등과 같은 소셜 미디어 인플루언서를 활용한 마케팅이 일정 부분 효과가 있었다. 하지만 인플루언서 마케팅에 대한 뉴스에 노출이 되면 설득지식이 증가함으로써 그 효과가 감소할 수 있다.

설득지식이 광고효과에 미치는 결과에 대한 여러 연구를 메타분석한 연구 결과에서 몇 가지 흥미로운 점이 발견됐는데(Eisend & Tarrahi, 2021), 설득지식은 인지적 측면보다 감정과 행동에 영향을 더 크게 미친다는 사실이다. 설득지식은 광고와 브랜드에 대한 기억을 일정 부분 증가시키는 긍정적인 역할도 하지만, 마케터가 의도한 효과(예: 브랜드에 대한 평가나 구매 행동)에 부정적인 영향을 미칠 뿐만 아니라 신뢰도나 감정에 부정적인 영향을 미치고 마케터가 의도하지 않은 효과(예: 의심이나 회피 반응)를 유발한다는 점에서 매우 심각하게 고려해야 한다.

소비자들은 전통적이고 직접적인 형태의 광고에 대해 많은 설득지식을 가지고 설득에 저항하려는 경향이 있기 때문에 대안으로써 제품이나 브랜드를 엔터테인먼트 콘텐츠와 결합시키는 브랜드화된 엔터테인먼트, 즉 브랜디드 엔터테인먼트(branded entertainment) 전략이 제기됐다.

이러한 브랜디드 엔터테인먼트의 고전적인 사례로 제품 배치 또는 브랜드 배치가 있다. 제품 배치 또는 브랜드 배치란 "엔터테인먼트 콘텐츠에 브랜드를 눈에 띄지 않게 넣는(unobtrusive entry) 유료의 메시지"를 의미한다(Balasubramanian, 1994: 31). 이러한 브랜드 배치는 TV 드라마, 영화, 음악, 게임 등 대부분의 미디어에서 발견된다.

제품 배치 또는 브랜드 배치는 전통적 광고에 비해 덜 명시적이고 더 은밀한(covert) 형태의 광고이다. 제품 배치나 브랜드 배치가 디지털 환경에서 새로운 것은 아니며, 1982년 영화 〈E.T〉에서 리세스(Reese's) 제품 배치 이후 판매량이 증가한 사례와 같이 제품 배치 및 브랜드 배치의 효과는 여러 연구에서 검토된 바가 있다(Babin et al., 2021; van Reijmersdal, Neijens, & Smit, 2009).

제품 배치 및 브랜드 배치의 효과에 대한 메타분석 연구를 살펴보면, 브랜드 베치의 현저성(prominence)이 높은 경우 브랜드에 대한 기억은 증가하지만, 태도는 좋아지지 않는 것으로 나타났다. 한편, 브랜드–콘텐츠의 연결성(connection)이 높은 경우에는 기억도 증가하면서 태도 역시 호의적으로 증가하는 경향성이 발견됐다(Babin et al., 2021).

제품 배치 및 브랜드 배치에 관한 연구는 아니지만, 서희정, 김류원, 정세훈(2018)의 연구에서는 온라인 광고의 강제 노출이 소비자의 광고 태도에 미치는 영향에 대해 브랜드와 콘텐츠의 연결성 혹은 일치성에 따라 달라질 수 있으며, 그 이유가 심리적 반발 때문이라고 말한다. 즉, 브랜드와 콘텐츠의 연결성이 높고 맥락이 일치할 경우에는 광고에 강제 노출되더라도 심리적 반발이 일어나지 않는 데에 비해 브랜드와 콘텐츠의 연결성이 낮고 맥락이 불일치할 경우에는 광고에 강제 노출되면 심리적 반발이 일어나서 태도

현저성	
낮음	높음
tvN 미스터 션샤인 – 파리바게뜨 https://n.news.naver.com/entertain/article/382/0000667494	ENA 이상한 변호사 우영우 – 가히 멀티밤 http://woman.chosun.com/news/articleView.html?idxno=103485

연결성	
낮음	높음
tvN 지리산 – 에그드랍 https://www.ytn.co.kr/_ln/0117_202111011640462387	YouTube 차린 건 쥐뿔도 없지만 – 술방(술 먹는 방송) https://n.news.naver.com/article/018/0005315972?sid=102

[그림 6-3] 제품 또는 브랜드 배치에서 현저성과 연결성이 높은 사례와 낮은 사례

가 부정적이 된다는 것이다.

이처럼 브랜드를 엔터테인먼트 콘텐츠에 포함시킬 경우 브랜드와 엔터테인먼트 콘텐츠 간의 연결성이 중요한데, 현실적으로 광고주 입장에서 자신의 브랜드와 정확하게 일치하는 엔터테인먼트 콘텐츠를 찾는 것이 쉬운 일은 아니다. 따라서 대안으로 제시된 것이 브랜드에서 직접 엔터테인먼트 콘텐츠를 제작하는 것이다. 이러한 사례에는 특정 브랜드가 영화를 제작하는 애드무비(ad movie)와 특정 브랜드가 게임을 제작하는 애드버게임(advergame)이 있다.

특히 애드버게임은 게임 형태의 광고로서 게임을 통해 궁극적으로 브랜드 관여(brand engagement)를 증가시키고자 하는 목적을 가지고 있다(Terlutter & Capella, 2013). 애드버게임의 설득 효과에 대한 메타분석 연구에서 애드버게임이 광고 태도와 브랜드 태도를 증가시키고 구매 행동을 증가시킬 뿐만 아니라 설득 의도를 파악하는 설득지식을 감소시켜 설득에 대한 저항을 줄이는 데 효과적인 전략으로 나타났다(van Berlo, Neijens, & Smit, 2021). 흥미로운 점은 애드버게임의 효과가 나이에 따라 다르게 나타났다는 점이다. 나이가 어린 10대에는 애드버게임의 효과가 더 강력한 반면 20~40대로 갈수록 점점 효과가 감소하는 경향이 나타났는데, 이는 상대적으로 젊은 소비자들을 대상으로 한 브랜드의 경우 애드버게임을 효과적인 도구로 고려해 볼 수 있다는 뜻이 된다.

	브랜드	
애드무비	한진	단편영화 '백일몽' https://www.youtube.com/watch?v=p2k6fjQKKdY https://www.edaily.co.kr/news/read?newsId=02646966632561472&mediaCodeNo=257&OutLnkChk=Y 

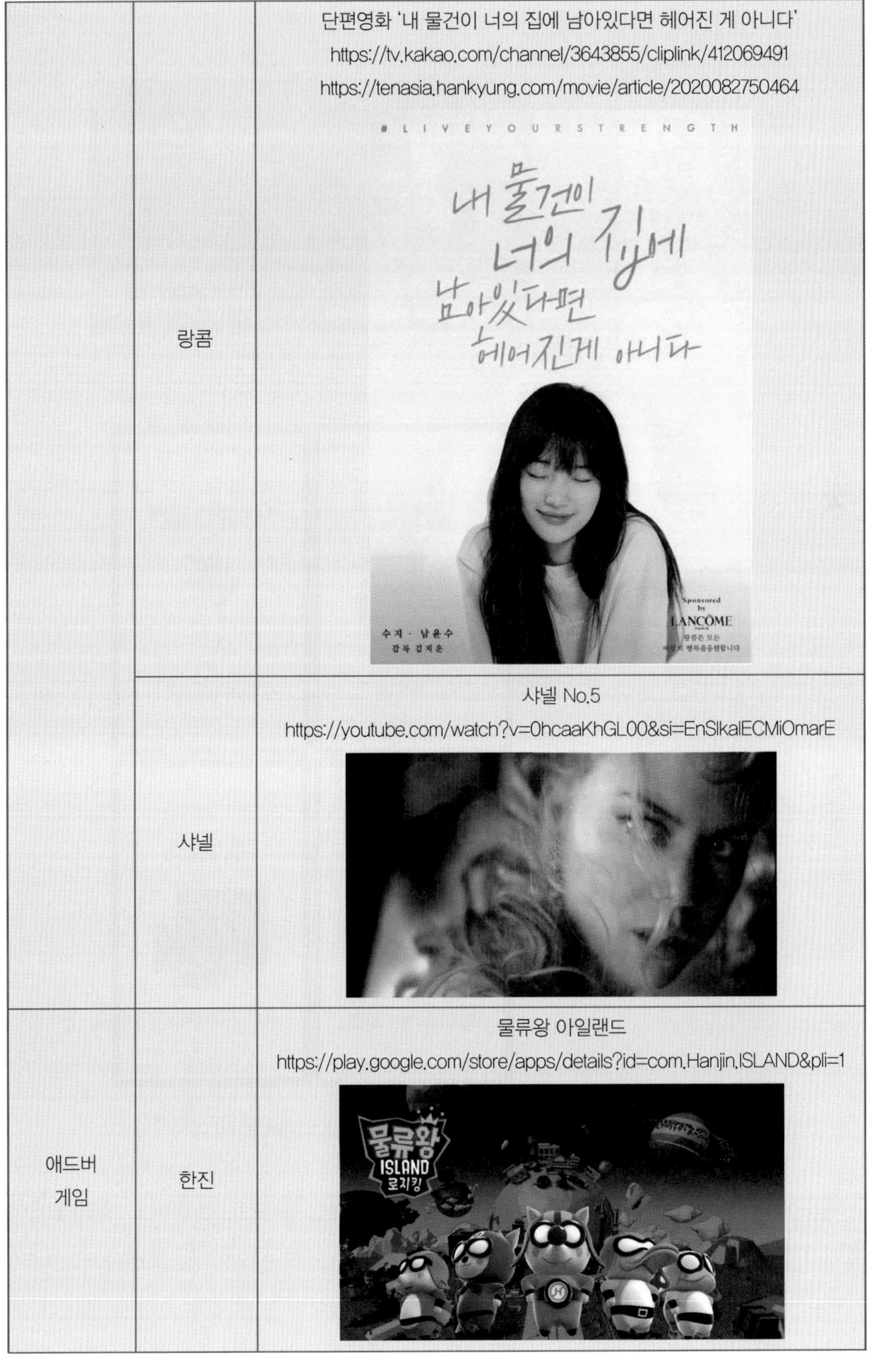

	랑콤	단편영화 '내 물건이 너의 집에 남아있다면 헤어진 게 아니다' https://tv.kakao.com/channel/3643855/cliplink/412069491 https://tenasia.hankyung.com/movie/article/2020082750464
	샤넬	샤넬 No.5 https://youtube.com/watch?v=0hcaaKhGL00&si=EnSlkalECMiOmarE
애드버 게임	한진	물류왕 아일랜드 https://play.google.com/store/apps/details?id=com.Hanjin.ISLAND&pli=1

	펩시	펩시맨 https://youtu.be/nqs-g3WoZBI
	루이비통	LVxYK-AR미니게임으로 쿠사마 야오이와의 콜라보레이션 제품 홍보 https://play.google.com/store/apps/details?id=com.louisvuitton.lvxyk

[그림 6-4] **애드무비(ad movie)와 애드버게임(advergame) 예시**

제품 배치나 브랜드 배치 또는 애드무비나 애드버게임 등 모든 브랜디드 엔터테인먼트에서 중요한 것은 브랜드의 후원을 받았는가에 대한 공개 여부이다. 브랜디드 엔터테인먼트가 전통적인 광고에 비해 효과적인 이유는 명시적이지 않고 암묵적인 형태의 설득이기 때문인데, 브랜드의 후원을 받은 사실을 공개하는 것은 브랜드화된 엔터테인먼트의 효과를 감소시키는 다소 모순되는 상황에 처하게 되는 것이다. 콘텐츠에서 후원 공개를 하는 것의 효과에 대한 메타분석 연구에서는 후원 공개가 브랜드 태도와 신뢰도에 부정적인 영향을 미치고 설득지식과 설득 저항을 증가시키는 것으로 나타났다(Eisend et al., 2020). 따라서 이와 같은 부정적 효과를 충분히 상쇄할 적절한 브랜드 마케팅 전략이 필요하다.

2) 소비자 유형별 광고 전략

디지털 환경에서는 소비자에게 개인화된 광고가 가능하다. 물론 과거 전통매체 환경에서도 소비자들을 인구통계학적 속성에 따라 분류하고, 타깃 소비자에 가까운 인구통계학적 속성을 지닌 그룹에게 맞는 메시지를 제공하기도 했다. 하지만 디지털 환경에서는 개개인의 인구통계학적 속성뿐만이 아니라 온라인 행동 추적을 통해 개개인이 가진 관심사를 추정하고 이에 따라 개개인의 특성을 고려하여 더 세분화된 맞춤형 광고 메시지를 제공할 수 있게 됐다.

행동 타기팅(behavioral targeting)이라고도 불리는 이러한 타기팅 방법은 개인들의 실제 온라인 행동(예: 사이트 방문 이력, 앱 사용 이력, 검색 기록, 구매 이력 등)을 이용해 소비자들의 관심사를 예측하기 때문에 기존 인구통계학적 타기팅에만 의존할 때보다 훨씬 더 정확하게 소비자 관심사 예측이 가능하다. 행동 타기팅 유형 중에는 리타기팅(retargeting)이 있는데, 리타기팅이란 특정 웹사이트를 방문했던 이용자를 선별하여 관심을 가졌던 상품의 광고를 다시 보여 주는 기법이다(Lambrecht & Tucker, 2013). 뉴스 사이트 등을 이용할 때, 본인이 특정 쇼핑몰에서 살펴보았던 제품과 연관 제품의 광고가 따라다니는 것이 리타기팅의 전형적인 예이다.

이렇듯 성별, 연령, 지역, 가계 소득 범위 등과 같은 인구통계학적 속성뿐만 아니라 웹사이트 방문 이력, 앱 사용 이력, 구매 및 검색 이력 등과 같은 행동 데이터를 기반으로 소비자에게 맞춤형 광고를 제공하는 온라인 맞춤형 광고의 경우, 일반광고와 구분하기 위해서, 광고 플랫폼들은 다양한 표식을 사용했다. 가장 전통적으로 온라인 맞춤형 광고를 표시하기 위해서 이용해 왔던 표식은 삼각형 안에 알파벳 기호 i가 들어가 있는 애드초이스(AdChoices) 아이콘이라 할 수 있다. 애드초이스 아이콘은 미국 디지털 광고 유관기관들의 연합체인 디지털 광고 연합(Digital Advertising Alliance)에서 맞춤형 광고를 표시하기 위해 개발한 표식이다. 개별 광고 플랫폼들도 온라인 맞춤형 광고를 표시하기 위해 다양한 표식을 개발했는데, 구글 · 유튜브 광고 같은 경우 원 안에 알파벳 i가 들어가 있는 ⓘ 기호를 사용함으로써 해당 광고가 온라인 맞춤형 광고임을 나타낸다. 이 ⓘ 기호를 클릭하게 되면, 소비자는 해당 광고가 왜 본인한테 표시됐는지를 확인할 수 있다. 네이버 같은 경우에도 사각형 내부 왼쪽에 Ad 표시와 오른쪽에 X 표시가 함께 있는 표식을 사용함으로써, 해당 광고가 온라인 맞춤형 광고임을 표시했다. 페이스북이나 인스타그램 같은 경우, 맞춤형 광고를 일반광고와 따로 구분해서 표시하지는 않지만 "이 광고가 표시되는 이유"를 제공하여 맞춤형 광고를 선택하는 데 이용된 정보를 확인할 수 있다.

3) 광고 태도 효과의 증진과 디지털 광고환경 변화

온라인 맞춤형 광고는 실시간 개인 타기팅과 광고 개인화 기술을 통해 발전되어 왔다(Boerman, Kruikemeier, & Borgesius, 2017). 사용자가 웹사이트에 접속할 때 사용자 웹브라우저에 저장되는 작은 텍스트 파일인 쿠키(cookie)나 안드로이드 기기의 ADID, 애플 기기 IFDA와 같은 광고 ID가 개인의 온라인 활동을 추적하는 데 사용되며, 이 정보를 바탕으로 실시간으로 맞춤형 광고가 광고 플랫폼에서 표시되는 것이다.

온라인 맞춤형 광고의 장점과 단점은 동전의 양면과 같다. 우선, 온라인 맞춤형 광고

[그림 6-5] 온라인 맞춤형 광고에서 제공하는 정보

는 개인의 관심사를 반영하여 개개인에게 개인화된, 관련성 높은 메시지를 제공한다는 점에서 소비자 효용을 높일 수 있다. 하지만 한편으로는 개인정보 침해 이슈로부터 자유로울 수 없다. 특히 디지털화가 확산되며 온라인 공간의 개인정보보호 이슈는 전 세계적으로 더욱 강화되고 있는 추세이며 디지털 광고 역시 이러한 흐름 속에서 기술적, 구조적 변화를 겪고 있는 중이다.

2020년대에 들어서면서 애플과 구글은 개인정보 보호의 중요성을 들어 웹브라우저의 서드 파티(third party) 쿠키 제공 중단 계획을 발표하면서 디지털 광고, 마케팅 시장에 큰 변화를 예고했다. 쿠키는 웹사이트 방문자의 이용 내역 등의 정보가 저장되는 작은 텍스트 파일로, 웹브라우저 접속 시 접속자의 개인 장치에 다운로드되고 브라우저에 저장되는 방문자의 행동 데이터를 가리킨다. 웹사이트를 소유하고 있는 주체가 직접 생성하는 쿠키를 퍼스트 파티(first party) 쿠키라고 하며, 이를 활용하여 방문자의 웹사이트 내 행동 데이터를 수집할 수 있다. 서드 파티(third party) 쿠키는 제3자가 발행한 쿠키로, 웹사이트 소유자가 아닌 제3자(예: 디지털 광고기술 기업 등)가 소비자의 행동, 이동 경로 등을 파악할 수 있게 만들어 주는 행동 데이터로서 그동안 강력한 행동 기반 타기팅을 가능하게 해 준 도구라고 할 수 있다.

행동 기반 디지털 광고의 바탕을 이루고 있는 서드 파티 쿠키가 사라지게 되면 지금까지와 같이 강력한 행동 기반 타기팅이 어려워질 수 있고 이처럼 크게 변화될 환경에서 생존하기 위해 디지털 광고업계도 다양한 대책이 필요하다. 애플과 구글을 비롯하여 브라우저, 플랫폼 등을 제공하는 여러 기업과 디지털 광고 관련 기업 및 단체는 쿠키리스(cookieless) 시대에 맞는 디지털 광고와 정확도 높은 타기팅을 위해 암호화 방식, 코호트(cohort) 방식 등 개인정보보호에 문제가 없는 다양한 접근을 시도하고 있는 중이다.

우리나라의 방송통신위원회도 2017년에 온라인 맞춤형 광고와 관련된 개인정보보호 원칙 가이드라인을 제시한 바 있다. 해당 가이드라인은 행태정보를 수집 · 이용함을 투명하게 밝혀야 하고 최소의 행태정보가 수집되어야 하며, 개인 식별정보와의 결합 시 해당 이용자로부터 사전 동의를 받아야 함을 제시했다. 또한, 온라인 맞춤형 광고에서 이용자들이 맞춤형 광고에 대한 통제권(예: 맞춤형 광고의 차단)이 보장되어야 한다고 제시했다. 빠르게 변화하는 디지털 기술과 강화되는 개인정보보호에 대한 원칙은 앞으로 서로 접점을 찾아가며 새로운 디지털 광고 환경을 만들 것이다.

4. 마무리

매체 환경의 디지털화가 진행되면서 소비자의 광고 소비 행태에도 많은 변화가 생겼고 이는 광고가 유발하는 인지적, 태도적 효과에도 많은 변화를 가져왔다. 디지털 환경에서 미디어 멀티태스킹이 보편적 현상이 되면서 소비자에게 광고를 노출해야 하는 매체 간의 경쟁은 더욱 심화됐고 소비자의 제한된 인지 자원을 효과적으로 확보해야 하는 과제는 실무자들에게 더욱 복잡한 해법을 요구했다. 멀티태스킹으로 인한 광고 인지효과 저하를 어떻게 최소화할 수 있는지, 소비자 특성별로 미디어 멀티태스킹 행태는 어떻게 달라지는지, 멀티태스킹 조합에 따라서 광고효과 차이가 어떻게 나타나는지 정확히 파악해서 충분한 광고효과가 나타날 수 있도록 끊임없이 고민할 필요가 있다.

한편, 디지털 매체 환경에서 광고는 소비자의 설득지식과 광고 태도에 긍정적인 또는 부정적인 영향을 미칠 수 있다. 다양한 디지털 콘텐츠의 확산과 함께 제품・브랜드 노출의 기회도 늘어났고 애드무비, 애드버게임을 비롯한 여러 가지 형태의 브랜디드 엔터테인먼트를 통해 소비자의 설득지식을 낮추고 광고 태도를 향상시킬 수 있는 접근방식이 다양해졌다. 하지만 광고효과를 저하시키는 후원 공개를 어떤 방식으로 처리할지, 제품・브랜드 배치의 연결성과 현저성을 어떻게 적정 수준으로 조정해서 최선의 광고효과를 끌어낼 수 있는지가 실무 현장에서 끊임없이 도전 요인으로 작용할 것이다.

디지털 매체 환경의 변화 속도는 전통매체에 비해 대단히 빨라서 잠시도 멈춰 있지 않는다. 소비자의 관심사를 파악해서 광고를 제공하던 기존의 쿠키방식 개인 맞춤형 타기팅은 이제 변화의 기로에 서 있고, 광고산업은 이런 새로운 도전 속에서 최적의 광고효과를 위해 계속해서 소비자를 파악해 나가야 할 것이다.

참고문헌

방송통신위원회(2022). 2022 방송 매체 이용행태 조사. 방송통신위원회.

서희정, 김류원, 정세훈(2018). 온라인 동영상 광고의 강제노출이 광고태도에 미치는 영향: 맥락 일치성에 따른 심리적 반발의 조절된 매개효과. **광고학연구**, 29(4), 73-93.

염정윤, 최인호, 정세훈(2019). 누가 어떤 미디어 멀티태스킹 조합을 많이 이용 하는가?: 감각기관의 간섭 유형과 성별, 연령에 따른 차이에 관한 연구. **광고학연구**, 30(2), 7-27.

정세훈, 염정윤, 최인호, 최수정, 정민혜(2017). 국내 미디어 멀티태스킹 연구 현황: 이용과 효과 연구를 중심으로. **한국광고홍보학보**, 19(1), 102-135.

Babin, B. J., Herrmann, J. L., Kacha, M., & Babin, L. A. (2021). The Effectiveness of Brand Placements: A Meta-Analytic Synthesis. *International Journal of Research in Marketing, 38*(4), 1017-1033. https://doi.org/10.1016/j.ijresmar.2021.01.003

Balasubramanian, S. K. (1994). Beyond Advertising and Publicity: Hybrid Messages and Public Policy Issues. *Journal of Advertising, 23*(4), 29-46. https://doi.org/10.1080/00913367.1943.10673457

Boerman, S. C., Kruikemeier, S., & Borgesius, F. Z. (2017). Online Behavioral Advertising: A Literature Review and Research Agenda. *Journal of Advertising, 46*(3), 363-376. https://doi.org/10.1080/00913367.2017.1339368

Eisend, M., & Tarrahi, F. (2021). Persuasion Knowledge in the Marketplace: A Meta-Analysis. *Journal of Consumer Psychology, 32*(1), 3-22. https://doi.org/10.1002/jcpy.1258

Eisend, M., Van Reijmersdal, E. A., Boerman, S. C., & Tarrahi, F. (2020). A Meta-Analysis of the Effects of Disclosing Sponsored Content. *Journal of Advertising, 49*(3), 344-366. https://doi.org/10.1080/00913367.2020.1765909

Friestad, M., & Wright, P. (1994). The Persuasion Knowledge Model: How People Cope With Persuasion Attempts. *Journal of Consumer Research, 21*(1), 1-31. https://doi.org/10.1086/209380

Jeong, S. H., & Hwang, Y. (2016). Media Multitasking Effects on Cognitive vs. Attitudinal Outcomes: A Meta-Analysis. *Human Communication Research, 42*(4), 599-618. https://doi.org/10.1111/hcre.12089

Kahneman, D. (1973), *Attention and Effort*. Prentice-Hall.

Katz, E., Blumler, J., & Gurevitch, M. (1974). Utilization of Mass Communication by the Individual. In J. Blumler & E. Katz (Eds.), *The Uses of Mass Communications: Current Perspectives on Gratification Research* (pp. 19-32). Sage.

Lambrecht, A., & Tucker, C. (2013). When Does Retargeting Work? Information Specificity in Online Advertising. *Journal of Marketing Research, 50*(5), 561-576. https://doi.org/10.1509/jmr.11.0503

Lang, A., & Chrzan, J. (2015). Media Multitasking: Good, Bad, or Ugly? *Annals of the*

International Communication Association, 39(1), 99-128. https://doi.org/10.1080/23808985.2015.11679173

Terlutter, R., & Capella, M. L. (2013). The Gamification of Advertising: Analysis and Research Directions of In-Game Advertising, Advergames, and Advertising in Social Network Games. *Journal of Advertising, 42*(2-3), 95-112. https://doi.org/10.1080/00913367.2013.774610

van Berlo, Z. M., van Reijmersdal, E. A., & Eisend, M. (2021). The Gamification of Branded Content: A Meta-Analysis of Advergame Effects. *Journal of Advertising, 50*(2), 179-196. https://doi.org/10.1080/00913367.2020.1858462

van Reijmersdal, E., Neijens, P., & Smit, E. G. (2009). A New Branch of Advertising: Reviewing Factors that Influence Reactions to Product Placement. *Journal of Advertising Research, 49*(4), 429-449. https://doi.org/10.2501/s0021849909091065

Wang, Z., Irwin, M., Cooper, C., & Srivastava, J. (2015). Multidimensions of Media Multitasking and Adaptive Media Selection. *Human Communication Research, 41*(1), 102-127. https://doi.org/10.1111/hcre.12042

Webster, J. G., Phalen, P., & Lichty, L. (2000). *Ratings Analysis* (2nd ed.). Lawrence Erlbaum Associates.

제7장

디지털 환경에서 미디어 이해하기*

아침에 일어나면 가장 먼저 하는 일로 스마트폰을 확인하는 사람들이 늘고 있다. 항상 휴대하고 다니면서 수시로 미디어 콘텐츠를 이용하고, 쇼핑을 할 때도 있으며, 앱으로 결제도 하고, 각종 정보를 확인한다. 하루 종일 가지고 다니며 이용하고 자기 직전에 다음 날 일어날 시간을 알람으로 설정하면서 잠에 든다. 그리고 다음 날이 되면 다시 같은 행동을 반복한다. 스마트폰과 같이 디지털 모바일 기기에 각종 기능이 통합되면서 말 그대로 똑똑한 디지털 기기를 통해 웬만한 일들을 해결한다. 이렇듯 디지털 미디어 환경으로 바뀌면서 미디어를 이용하는 행태도 바뀌고 있고, 이와 더불어 광고를 접하는 접점도 이전과 많은 차이를 보이고 있다.

광고를 정의할 때 기본적인 소통 채널로써 미디어를 가지고 설명한다. 미디어를 통해서 광고 메시지가 광고주로부터 소비자나 고객에게 전달되는 것이다. 과거에는 신문과 방송이 주요 광고 매체로 사용됐으나 디지털 미디어 기술이 발전하면서 다양한 매체가 광고에 이용되고 있다. 이 장에서는 디지털 미디어 환경에서 광고 매체에 대해서 살펴본다. 먼저 광고 매체의 종류와 디지털 미디어 환경 변화에 대해서 검토하고, 레거시 미디어로서 4대 매체와 디지털 미디어 시대의 새로운 매체를 살펴본다.

---

*김활빈(강원대학교 미디어커뮤니케이션학과 조교수)

1. 디지털 미디어 환경과 광고 매체

1) 광고 미디어의 의의

매체 혹은 미디어는 중간(middle)이라는 의미의 라틴어에 기원을 두고 있으며, 광고에서 매체는 특정 메시지를 수용자 혹은 소비자에게 전달하는 매개체 역할을 한다. 미국마케팅학회는 광고를 명시된 광고주가 유료로 아이디어와 제품 및 서비스를 비대인적으로 제시하고 촉진하는 일체의 형태로 정의한다. 여기서 비대인적으로 제시(nonpersonal presentation)하는 방법은 미디어를 의미하는 것이다(김병희, 2021). 커뮤니케이션 관점에서 광고를 정의하는 경우 일반적으로 커뮤니케이션 모델(SMCRE)로 설명한다. 이에 따르면 광고는 정보원인 광고주가 원하는 메시지를 특정 채널을 통해서 수용자인 소비자에게 전달하고 메시지에 설득되거나 의미를 공유하는 등의 효과를 발생시킨다. 이때 광고주의 메시지를 소비자에게 전달하는 채널이 바로 매체이고, 신문과 방송과 같은 대중매체(mass media)가 주로 이용됐다.

광고가 기획되고 제작된 이후에 실질적으로 효과를 내기 위해서는 표적 소비자에게 효과적으로 전달되어야 하는바, 효과적인 전달이라는 측면에서 광고 매체의 역할과 기능은 매우 중요하다. 예전에는 새로운 상품이나 서비스를 알리고 브랜드에 대한 호의적 태도를 형성하기 위하여 주요 일간지나 지상파 방송에 광고를 하는 것으로 충분했다. 하지만 신문의 구독율이 급감하고 지상파를 비롯한 방송 시청이 줄어들면서 상황이 바뀌고 있다. 영상을 전달해 주던 방송 미디어는 기본적으로 고정된 TV 수상기를 통해 이용했지만, 모바일 기기와 통신 기술의 발달은 더 이상 사람들이 고정된 장소에서 영상 프로그램과 콘텐츠를 소비하지 않게 만들었다. 대표적으로 스마트폰의 등장과 그 이후 태블릿PC의 등장으로 개인 미디어 기기 시대가 열렸고, 언제 어디서나 미디어 콘텐츠를 이용할 수 있는 시대가 됐다. 그에 따라 사람들은 더 많은 시간을 미디어 소비에 보내게 됐고, 광고에 대한 접점도 늘어나고 있다. 이러한 미디어 환경 변화로 인해 결국 기존의 광고 매체를 통한 광고를 사람들이 어떻게 지속적으로 접할 수 있는지 그리고 새롭게 등장하고 있는 광고 매체를 어떻게 잘 적응하고 활용할 수 있는지 등에 대한 고민이 커지고 있다.

2) 광고 매체의 분류

광고 매체는 여러 가지 기준으로 구분할 수 있는데, 불특정 다수에게 획일적인 메시지를 전달하는 데 유용한 신문과 방송과 같은 대중매체와 이를 제외한 비대중매체가 있다. 여기서는 전통 매체로서 레거시 미디어와 뉴미디어, ATL 매체와 BTL 매체 그리고 디지털 기술의 발달과 소셜 미디어의 성장으로 바뀐 미디어 환경에 따라 등장한 트리플 미디어(triple media) 분류를 소개한다.

(1) 레거시 미디어 대 뉴미디어

레거시(legacy)란 이전 세대로부터 이어받은 것이나 물려받은 것을 의미하는데, 레거시 미디어는 지금도 사용하고 있지만, 오래전에 등장하고 개발된 미디어로 전통적인 대중매체를 뜻한다. 광고에서 레거시 미디어는 신문, 잡지, TV, 라디오와 같은 4대 매체를 포함한다. 20세기까지는 레거시 미디어의 시대였으나, 정보통신기술의 발달에 따른 정보화 시대가 시작되면서 레거시 미디어의 위상이 흔들리기 시작했다. 기술의 발달은 쌍방향 커뮤니케이션, 즉 상호 작용이 가능한 매체를 등장시켰고, 이전과는 다른 새로운 미디어인 인터넷, IPTV, OTT, 소셜 미디어, 디지털 사이니지 등이 효과적인 광고 매체로서 주목을 받고 있다.

(2) ATL 대 BTL 매체

재무관리상의 효율을 위한 구분으로 시작된 ATL과 BTL은 광고회사가 광고주에게 매체대행에 대한 비용 청구 시 수수료를 기입할 수 있는 곳과 그 외의 비용을 청구하는 곳을 분리하는 회계장부의 선(line)을 통해 구분된다(이서용, 전종우, 2011). ATL(Above the Line)은 그 회계장부의 선 위에 있는 영역으로 수수료를 받을 수 있는 신문과 방송 같은 대중매체를 의미하며, BTL(Below the Line)은 선 아래에 있는 영역으로 수수료 없이 서비스 요금을 받는 매체로 텔레마케팅, 옥외광고, 이벤트, 세일즈 프로모션 등 ATL을 제외한 활동을 의미한다.

ATL은 불특정 다수를 대상으로 브랜드를 알리고 새로운 고객을 끌어들이기 위하여 대중매체를 활용하여 광고 메시지를 전달하는 방법이다(김병희 외, 2017). 하지만 직접적으로 대면하여 고객과 소통하는 방식이 아니라는 점과 비용이 많이 든다는 점이 한계로

지적된다. 이에 반해 BTL은 ATL이 갖지 못한 장점들이 있는데, 주로 소비자와의 인게이지먼트 그리고 체험 등을 활용하기 때문에 고객과의 유대감을 높일 수 있어 고객 충성도(customer loyalty)를 지속시키는 데 용이하다. ATL에 비해 비용, 기간 그리고 세부 사항들이 캠페인 실행 중 언제든지 즉시 수정하거나 종료할 수 있다는 점에서 탄력적인 방법이다. 다만 BTL 마케팅을 계획하고 구현하는 것은 ATL 방법보다 더 복잡할 수 있고, 고객을 정교하게 타기팅하기 위한 데이터가 필수적이다.

여의도에서 진행된 파이널런

롱기스트런 2022 모바일앱

업사이클링 마우스패드

아이오닉6 전시

[그림 7-1] BTL 매체를 활용한 현대자동차의 '롱기스트런' 캠페인

출처: 박필승(2022. 11. 7.).

현대자동차의 '롱기스트런' 캠페인은 BTL 마케팅이 잘 적용된 사례이다. 내연기관을 사용한 자동차는 배기가스를 배출하기 때문에 미세먼지와 같은 친환경 이슈에 민감할 수 있다. 이에 대하여 지속가능한 기업 생태계를 구축하기 위해 전기차가 대세가 되고 있다. 롱기스트런 캠페인은 디지털에서 시작됐는데, 모바일 앱을 통해 달릴수록 쌓이는 '에코 마일리지' 포인트를 통해 다양한 프로모션에 참여할 수 있는 기회를 제공했다. 특히 친환경 업사이클링 아이템인 자동차 생산 과정에서 발생하는 자투리 가죽으로 만든 마우스 패드와 교환할 수 있게 했다. 코로나 이후 일상회복이 되면서 여의도에서 마라톤인 파이널런을 진행했고, 동시에 쓰레기를 남기지 않는 제로 웨이스트 행사를 병행했다. 특히 파이널런 행사 때는 전기차인 아이오닉6를 전시하고 다양한 이벤트를 준비했다. 디지털 캠페인과 러닝대회라는 이벤트를 함께 병행하면서 친환경 캠페인을 BTL 마케팅을 통해 수행했다([그림 7-1] 참고).

최근에는 다양한 마케팅 방법을 함께 사용하게 되면서 ATL과 BTL을 구분하지 않고 통합적 마케팅 관점에서 TTL(Through the Line)이 등장했다. 기존의 신문과 방송을 활용하면서(ATL) 고객과의 인게이지먼트와 접점을 늘리는(BTL) 통합적 방식이 주목을 받고 있다. 여기에 다양한 디지털 플랫폼을 통한 광고도 함께 진행되고 있다. 하나의 접근 방법에만 초점을 두지 않고 세 가지 방법을 고려하는 것이 최근 통합 마케팅 커뮤니케이션(Integrated Marketing Communication: IMC)에 적절한 대응 방안이 될 것이다.

(3) 트리플 미디어: 페이드, 온드, 언드 미디어

디지털 미디어 환경에서 기업이나 조직은 자체 웹사이트를 구축하여 브랜디드 콘텐츠(branded content)를 직접 제작해 업로드하거나 유튜브나 페이스북과 같은 소셜 미디어에 공식 계정을 만들어 공유할 수 있게 됐다. 기존의 대중매체의 지면이나 시간을 구매하여 광고를 하는 방식 이외에도 다양한 광고 매체가 등장한 것이다. 광고 매체를 구분하는 또 다른 방식으로 비용을 지불해 광고 매체를 구매하는 전통적인 페이드(paid) 미디어와 더불어 기업이 자체적으로 보유한 광고 매체로 온드(owned) 미디어 그리고 소비자가 직접 기업과 관련된 콘텐츠를 만들고 공유하는 언드(earned) 미디어가 있다. 이렇게 세 가지로 분류하는 것을 트리플 미디어라 한다(안대천 외, 2021). 이는 2009년 미국의 IT 관련 웹사이트인 씨넷(CNET, https://www.cnet.com/)에 소개된 논문에서 사용되어 유행하게 된 용어이다(Leberecht, 2009). 디지털 미디어 환경하에서 페이드 미디어의 효과가 제한적임을 지적하면서 광고인을 포함한 마케터는 잠재 고객과의 상호 작용을 위한 미디어 채널로 트리플 미디어를 마주하게 됐다.

페이드 미디어는 기존에 사용하던 광고 매체에 해당한다. 기업이 비용을 지불하여 매체의 시간과 지면을 구매하고 광고 메시지를 전달하는 것으로, 광고를 정의할 때 항상 포함되는 요소인 유료(paid) 매체를 의미한다. 이러한 페이드 미디어는 광고 회피의 문제가 발생하는바 소비자의 주목도가 떨어지거나 외면을 받고 심지어 스팸으로 인식되기도 한다. 따라서 이러한 문제를 해결하기 위하여 온드 미디어나 언드 미디어를 통한 광고 및 마케팅 방법이 주목을 받고 있다.

페이드 미디어: 삼성전자 TV광고

온드 미디어: 삼성전자 뉴스룸

언드 미디어: 삼성멤버스 커뮤니티

[그림 7-2] **삼성전자의 트리플 미디어 활용 사례**

온드 미디어는 신문이나 방송과 같은 매체사에 비용을 지불하지 않고 기업이 보유한 미디어로써, 예를 들어 기업이 만들고 관리하는 웹사이트로 삼성전자의 뉴스룸(https://news.samsung.com/kr/)이나 현대자동차그룹의 미디어채널인 HMG저널(https://www.hyundai.co.kr/main/mainJournal) 등이 여기에 해당한다. 직접 운영하는 웹사이트나 공식 블로그뿐만 아니라 유튜브나 페이스북과 같은 SNS 공식 계정 페이지도 포함한다. 인터넷이 등장하기 이전에도 온드 미디어가 있었는데, 기업이 배포하는 잡지나 뉴스레터 등이 여기에 해당할 수 있다. 현재는 쌍방향 커뮤니케이션이 가능한 인터넷 웹사이트 및 SNS 공식 계정을 구축하여 다양한 정보를 제공하고 고객과 직접적 소통도 했다.

언드 미디어도 소셜 미디어의 등장과 관련이 깊다. 하지만 일반 이용자들이 기업의 제품과 브랜드에 대한 관심과 참여를 통해 구축한 자발적 미디어로서 블로그, 인터넷 게시판, SNS 등을 통해 소비자가 직접 만든 콘텐츠 등이 공유 및 확산된다는 점에서 온드 미디어와 차이가 있다. 일반 이용자가 콘텐츠의 제작과 공유 등에 주도적으로 참여하면서, 언드 미디어는 전략적 입소문(Word of Mouth: WOM)을 위한 플랫폼으로 중요한 마케팅 기능을 수행할 수 있다. [그림 7-2]는 삼성전자의 페이드 미디어, 온드 미디어, 언드 미디어가 활용된 사례이다.

3) 디지털 미디어 환경 변화

광고 매체로서 미디어 환경은 계속해서 변화했다. 우선 기술적 그리고 하드웨어적인 변화가 이어지고 있다. 미디어 콘텐츠를 유통하는 플랫폼이나 이용자가 이용하는 기기가 빠르게 발전하고 있기 때문이다. 과거 지상파 방송만 있던 시기에서 방송 기술이 발전하고 제도가 변화하면서 케이블 방송, 위성 방송 그리고 IPTV에 이르기까지 방송 플랫폼이 다양해지고 있다. 또한 소셜 미디어와 OTT 산업이 성장하면서 기존의 방송 미디어 시장이 위협받고 있다. 많은 사람들이 스마트폰이나 태블릿PC와 같은 개인 모바일 기기를 통해 미디어 콘텐츠를 접하면서 온라인 광고, 특히 모바일 광고 시장이 급성장 중에 있다. 2021년 기준으로 총광고비는 약 15조 5,174억 원인데 이 가운데 방송광고비는 4조 531억 원(26.1%), 인쇄 광고비는 2조 208억 원(13.0%)으로 온라인광고비 8조 36억 원(51.6%)과 비교해 차이가 점점 벌어지고 있다(한국방송광고진흥공사, 2022).

미디어 환경이 디지털 기술의 도입과 이용자의 이용 행태 변화에 따라 현재도 크게 변했다. 혁신적인 기술의 발전이 이러한 변화를 추동하는 것일 수도 있으나, 이용자들의 적극적인 욕구나 동기에 따라 이러한 기술적 요인이 따라오는 것일 수도 있다. 관계 당국이 새로운 제도와 정책을 꾸준히 도입하는 이유는 관련 산업을 진흥시키기 위한 점도 있고, 국민들의 미디어 수요에 대응하기 위한 점도 있다. 이러한 요인들이 상호 작용하면서 디지털 미디어 환경은 빠르게 변하고 있는 것이다.

한편, 이러한 미디어 환경이 변하고 있는 모습을 정리하면 다음과 같다(유종숙, 2018; 이경렬, 2019). 첫째, 디지털 미디어 시대를 지배하는 스마트폰의 대중화이다. 스마트폰은 단순한 전화기가 아닌 모바일 인터넷 기술을 통해 다양한 미디어 콘텐츠를 소비할 수 있는 디지털 기기 융합(convergence)의 대표적 사례가 됐다. 스마트폰과 같이 모바일 미디어 기기는 아침에 일어나면서부터 자기 전까지 개인이 휴대하고 다니기 때문에 이용 시간이 다른 기기에 비해 압도적으로 많다. 그만큼 광고와의 접점 기회와 시간도 늘고 있기 때문에 디지털 모바일 분야의 광고시장은 급성장하고 있다.

둘째, 빅데이터 및 AI 기술을 활용하여 개인 맞춤형의 정교한 타기팅이 가능해지고 있다. 대중매체 시대에는 주요 일간지나 지상파의 광고를 구매하고 보다 많은 사람들에게 노출시키는 것이 우선이었다. 하지만 디지털 미디어 시대에는 소비자의 빅데이터를 활용하여 원하는 소비자에게 관련 광고 메시지를 효과적으로 노출시킬 수 있다. 이러한 정교한 타기팅이나 광고 자동 구매(programatic buying)를 통해 확인된 소비자에게 광고를 노출시키는 것이 쉬워지는 디지털 미디어 시대에는 미디어 바잉(media buying) 보다 오디언스 바잉(audience buying)으로 매체기획의 패러다임이 변하고 있다.

셋째, OTT 및 N-스크린 서비스의 활성화이다. OTT(Over-the-Top) 서비스는 셋톱박스 없이 인터넷망을 이용하여 영상 콘텐츠나 방송프로그램을 제공하는 동영상 스트리밍 서비스를 의미한다. 넷플릭스, 유튜브, 웨이브, 티빙 등 국내외 OTT 사업자들이 서비스를 제공하고 있으며, 드라마, 예능, 교양 및 다큐멘터리 등 다양한 장르의 미디어 콘텐츠들이 인기를 얻고 있다. N-스크린(N-screen)이란 하나의 콘텐츠를 여러 개(N개)의 기기를 통해서 이용하는 서비스를 의미한다. N-스크린의 장점은 시간과 공간의 제약을 받지 않고 계속해서 이어보기가 가능하다는 것이다. 예를 들어, 지하철에서 스마트폰을 통해서 보던 드라마를 집에 들어와서는 PC나 스마트TV 등을 통해 계속 시청할 수 있는 것이다. OTT와 N-스크린 서비스 등이 활성화되면서 기존 방송프로그램을 실시간으로 시청하는 시청행태가 줄어들게 됐고, 이는 광고시장에도 큰 영향을 미치고 있다.

넷째, 소셜 미디어의 대중화이다. 인터넷 서비스는 기본적으로 양방향 소통이 가능한 통신 기술인데, 여기에 상호 작용성을 극대화시켜 사람들이 온라인 공간에서 사회적 네트워크를 형성하는 데 도움을 주는 미디어 플랫폼이 등장했고, 이를 소셜 미디어라 한다. 페이스북, 인스타그램, 유튜브, 트위터 등이 대표적인 소셜 미디어이며, 최근에는 짧은 동영상 플랫폼인 틱톡 등이 인기를 끌고 있다. 온드 미디어로서 기업은 공식 계정을 통해 광고와 마케팅을 활발히 하고 있다. 특히 젊은 세대는 인터넷 검색 사이트가 아닌 유튜브와 같은 영상 플랫폼을 통해 검색을 주로 하고 있기 때문에, 기업의 많은 콘텐츠와 광고가 유튜브 공식 계정을 통해 서비스되고 있다.

다섯째, 1인 미디어의 성장이다. 스마트폰과 태블릿PC 등을 통해 누구나 손쉽게 영상 콘텐츠를 제작할 수 있고, 소셜 미디어 플랫폼을 이용해 콘텐츠를 유통 및 공유시킬 수 있는 시대가 됐다. 1인 미디어란 개인이 미디어 콘텐츠를 제작 및 공유할 수 있는 새로운 커뮤니케이션 플랫폼 혹은 채널을 말한다. 이러한 1인 미디어를 운영하는 사람들을 1인 미디어 크리에이터 혹은 이른바 유튜버(YouTuber)라 부르고 있고, 실시간 채팅 창을 통해 이용자들과 즉각적인 소통을 할 수 있는 점은 기존의 레거시 미디어와의 뚜렷한 차이점이다. 1인 미디어 시장이 커짐에 따라 이를 활용한 광고와 마케팅도 증가하고 있다.

여섯째, 디지털 사이니지(digital signage)의 활성화이다. 기존의 옥외광고가 디지털 기술이 적용되어 등장한 것이 디지털 사이니지인데, 디지털 디스플레이를 통해 다양한 콘텐츠와 메시지를 제공하는 옥외 혹은 옥내 디지털 미디어를 뜻한다. 도심의 복합쇼핑몰이나 지하철역 등과 같이 생활의 접점에서 만나는 엠비언트 미디어(ambient media)로서 활용가치가 있다. 최근에는 단순한 디스플레이를 보여 주는 것에서 그치지 않고, 이용자와 상호 작용할 수 있는 디지털 사이니지도 등장하고 있다.

2. 레거시 미디어로서의 4대 매체

전통적으로 광고 매체로 활용되어 온 4대 매체는 전파 매체로서 TV와 라디오 그리고 인쇄 매체로서 신문과 잡지이다. 디지털 미디어 환경 변화에도 불구하고 4대 매체는 여전히 광고 매체로 이용되고 있으며, 환경 변화에 적응한 형태도 등장하여 새로운 광고 매체들과 경쟁하고 있다. 이하에서는 4대 매체의 유형과 특징을 살펴보고, 디지털 미디어 환경에 적응하는 모습도 소개한다.

1) 텔레비전

텔레비전 매체는 오랫동안 사람들의 사랑을 받아 온 가장 대중적인 미디어 중 하나이다. 지상파를 이용한 지상파 방송부터 케이블 방송, 위성 방송 등을 거쳐 최근에는 IPTV에 이르고 있다. 지금의 TV는 모두 디지털화되어 이전의 아날로그 방식에 비해 더 선명한 영상 및 음성 품질을 서비스하고 있고, 쌍방향 소통 기술을 활용한 양방향 광고(two-way or interactive ad)도 구현되고 있다(안대천 외, 2021).

(1) TV 광고의 종류와 판매 과정

지상파 방송광고를 대행하고 있는 미디어 렙사인 한국방송광고진흥공사(KOBACO)는 모두 일곱 가지 방송광고 유형을 제시하고 있다.[1] 방송프로그램광고는 방송프로그램의 전후(방송프로그램 시작 타이틀 고지 후부터 본방송프로그램 시작 전까지 및 본방송프로그램 종료 후부터 방송프로그램 종료 타이틀 고지 전까지)에 편성되는 광고를 뜻한다. 중간광고는 1개의 동일한 방송프로그램이 시작한 후부터 종료되기 전까지 사이에 그 방송프로그램을 중단하고 편성되는 광고로 2021년 7월부터 지상파 방송에도 도입됐다. 토막 광고(Station Break: SB)는 방송프로그램과 방송프로그램 사이에 편성되는 광고로 스팟(spot) 광고라고도 한다. 자막 광고는 방송프로그램과 관계없이 문자 또는 그림으로 보여 주는 광고로, 크기는 화면의 1/4 이하이며 가격은 프로그램광고나 토막 광고보다 저렴한 편이다. 시보 광고는 현재시간 고지 시 함께 방송되는 광고이며, 가상 광고는 방송프로그램에 컴퓨터 그래픽을 이용해 만든 가상의 이미지를 삽입하는 형태의 광고이다. 현재 스포츠 중계방송과 오락, 스포츠 보도 프로그램에서 가상 광고가 가능하다. 간접 광고는 방송프로그램 안에서 상품을 소품으로 활용하여 그 상품을 노출시키는 형태의 광고로, PPL(Product Placement)이라고도 부른다. 한편, 간접광고와 구분하여 협찬고지가 있는데, 이는 방송법에 규정되어 있다. 협찬고지란 타인으로부터 방송프로그램의 제작에 직접적 혹은 간접적으로 필요한 경비, 물품, 용역, 인력 또는 장소 등을 제공받고 그 타인의 명칭 또는 상호 등을 고지하는 것을 의미한다. 다만, 협찬고지는 한국방송광고공사가 아닌 각 매체사가 담당한다.

방송광고 판매방식은 업프론트, 정기물, GRPs 보장판매, 임시물, 선매제(Preemption), CM순서 지정판매, 임시물 경매 방식 등이 있다. 지상파 방송광고는 한국방송광고공사가 담당하고 있고, 민영방송인 SBS와 지역 민영방송은 민영미디어 렙사인 SBS M&C가 그리고 4개의 종합편성채널 방송사는 각각의 미디어렙사를 통해 방송광고를 판매하고 있다.

(2) TV 매체의 장단점

텔레비전은 여전히 주요한 광고 매체로 활용되고 있는데, 이는 다양한 장점이 있기 때문이다. 먼저 TV는 다른 매체에 비해 영향력이 크다(정차숙, 2020). 인쇄 매체 그리고 라

---

1) https://www.kobaco.co.kr/site/main/content/broad_ad_type

디오와 달리 동영상으로 제작되기 때문에 시청자 혹은 소비자의 주목을 잘 이끌 수 있고, 광고 메시지의 전달이 용이하며, 소비자들이 이해하고 기억하기에 유리하다. 특히 지상파 방송은 전국에 걸쳐 단기간에 광고를 전달할 수 있어, 보편적인 내용의 광고 메시지를 활용하거나 브랜드 아이덴티티를 형성하는 데 유리하다. 비용효율성 측면에서도 다른 매체에 비해 효과적인데, TV 수상기 보급률이 높고 거의 모든 계층의 사람들이 TV를 이용하기 때문에 비용 대비 효율성이 높은 편이다.

하지만 TV는 고비용이 주요한 단점으로 지적된다. 다른 매체와 비교해서 광고를 제작하는 데 소요되는 비용과 광고비도 고가인 편이다. 특히 TV는 저관여 매체이므로 광고효과를 위해 반복해서 노출하는 것이 필요하기 때문에 광고비 집행이 많이 드는 편이다(정차숙, 2020). 상호 작용적 미디어와 달리 일방적 메시지 전달로 인한 시청자의 피로감이 쌓일 수 있고, 재핑(zapping)과 같은 광고회피현상도 많은 편이다(안대천 외, 2021). 디지털 미디어 환경에서 TV 매체는 수용자 세분화가 어려운 점이 큰 단점이 된다. 온라인 매체는 사용자의 인구학적, 심리학적 그리고 행태적 요인 등을 파악하여 수용자 세분화를 할 수 있지만 TV 매체는 세분화가 어렵고, 따라서 개인 맞춤형 광고를 집행하기에 적절하지 않다. 다만, 최근에는 방송과 통신이 융합된 IPTV를 통하여 TV 매체가 지닌 단점을 극복하고 있으며, 어드레서블 광고와 같이 맞춤형 타깃이 가능한 형태로 진화하고 있다.

2) 라디오

라디오는 전파를 이용해 음성을 전달하는 매체로, 오랫동안 4대 매체로 활용됐으나 TV 방송의 등장과 그 이후 디지털 미디어 시대에는 광고 시장에서 그 위상이 약화되고 있다. 최근에는 라디오 시장을 진흥시키기 위하여 라디오 방송에 대한 규제를 완화하고 디지털 기술을 활용한 라디오 방송에 대한 논의가 진행되고 있다(안대천 외, 2021).

라디오 광고의 장점은 TV와 비교해 수용자를 세분화할 수 있고, 그에 따른 매체 전략을 취할 수 있다는 점이다. 라디오는 프로그램 장르와 시간대 그리고 주중과 주말에 따라서 청취자가 뚜렷이 구분되는 경우가 많다. 따라서 광고하고자 하는 제품이나 서비스의 타깃에 맞는 맞춤형 광고 제작과 집행이 용이하다(정차숙, 2020). 라디오는 또한 광고의 제작비와 광고 비용이 TV 광고에 비해 저렴하며, 개인적 친밀성이 높은 매체로 청취자의 충성도가 높은 편이 광고 매체로서 장점이다. 라디오는 시각적 요소 없이, 소리로

만 전달되는 매체이기 때문에 상상력을 자극하며 오히려 창의적인 방식으로 광고를 제작하고 전달하는 것이 가능하다.

하지만 시각적 요소가 없는 점이 단점으로 작용하는 경우도 많다. 광고 제작에서 한계로 작용하는데, 청취자가 광고 메시지를 명확하게 이해하거나 오랫동안 기억하기가 쉽지 않다. 라디오는 또한 다른 일을 병행하면서 듣는 청취자가 많기 때문에 광고 메시지에 대한 주목도가 낮은 편이며, TV에 비해 도달률도 낮다.

3) 신문

신문은 새로운 소식을 전달해 주는 정보 매체로 시작하여 다양한 의견과 논평을 다루며 여론을 형성하는 민주주의 사회에서 매우 중요한 역할을 수행했다. 전국에 배포되는 중앙일간지, 지역에 배포되는 지역일간지 그리고 경제지와 같은 전문지 등으로 분류된다. 전국적으로 매일매일 배포가 가능했기 때문에 광고 매체로서도 매우 중요했는데, 2000년까지 총광고비에서 가장 높은 비중을 차지할 정도였다(정차숙, 2020). 하지만 새로운 디지털 미디어가 등장하고, 한국에서는 인터넷 포털 사이트를 통한 뉴스 서비스가 제공되면서 점차 신문에 대한 구독율이 하락했다.

신문 광고는 형태에 따라 크게 디스플레이 광고, 분류 광고, 간지 광고로 구분할 수 있다. 디스플레이 광고(display ad)는 일반적인 광고로 광고면 광고(1면, 사회면 등), 돌출 광고, 제호 광고 등이 있다. 분류 광고(classified ad)는 신문의 일정한 면에 묶어서 내는 간략한 형태로 주로 구인이나 구직, 매매와 같은 안내 광고와 공고, 부고, 성명서 등과 같은 임시물 광고가 있다. 간지 광고(pre-printed ad)는 신문지 사이에 삽입된 전단지 형태의 광고이다. 참고로 동아일보의 광고 단가의 경우 종합섹션면의 1면 4단 광고는 6천 105만 원, 사회면 5단 광고는 2천 775만 원, 뒷면의 전면광고는 1억 9천 980만 원이며, 제호광고(컬러)의 경우 종합섹션은 3백 50만 원, 경제 섹션은 1백 50만 원, 기타 섹션은 1백 20만 원이다.[2)]

광고 매체로서 신문의 장점은 무엇보다 전국에 매일 배포되어 넓은 커버리지를 갖고 있고, 최신 정보를 신속하게 전달할 수 있다는 점이다. 지역일간지와 경제지의 경우 독

2) 동아일보 광고요금표. https://www.donga.com/docs/ilbo/advertisement/sub_m/sm_01_02.htm

자층에 따라 차별적인 광고 메시지를 전달할 수 있으며, 방송 매체와 달리 시간의 제약에서 자유롭고 큰 지면을 통해 상세한 정보가 필요한 광고에도 적합하다(이경렬, 2019). 또한 신문의 저널리즘 기능으로 사회적으로 신뢰성이 높은 편이기 때문에 신문에 대한 신뢰가 신문에 실린 광고로 전이되는 효과를 볼 수 있다(정차숙, 2020).

신문의 가장 큰 단점 중에 하나는 매일 발행되기 때문에 짧은 수명이다. 발행된 날이 지난 신문을 읽는 독자는 거의 없기 때문에, 잡지에 비해 회독률이 낮다. 중앙일간지의 경우에는 방송 매체와 마찬가지로 수용자 세분화가 어렵기 때문에 특정 소비자를 타깃으로 하는 광고는 적합하지 않다. 방송 매체와 비교하여 청각적 요소와 영상을 활용할 수 없기 때문에, 광고 크리에이티브 측면에서 한계가 있으며, 잡지와 비교하여 인쇄 품질이 낮은 편이다.

하지만 이러한 단점들은 신문사의 웹사이트를 통한 디지털 광고를 통해 어느 정도 극복될 수 있을 것이다. 다만 한국에서는 신문 기사를 보기 위해 각 신문사 웹사이트나 인터넷 신문사의 웹페이지를 직접 방문하는 경우가 많지 않아 해당 웹사이트의 광고에 노출되는 경우가 많지 않다. 한국에서는 인터넷 포털 사이트를 통해 기사와 정보를 접하는 이용자들이 많기 때문에, 포털 사이트가 광고 매체로서 활용도가 더 큰 편이다.

4) 잡지

잡지 매체는 일주일 혹은 한 달, 사계절과 같이 정기적으로 발행되는 간행물로 다양한 정보를 담고 있는 종합잡지와 전문화된 분야를 다루는 전문지로 구분할 수 있다. 잡지 광고는 위치에 따라 표지 광고와 내지 광고로 나뉘는데, 표지 광고는 주목도가 높기 때문에 광고주가 선호하며 광고단가도 가장 비싸다. 형태에 따라 블리드, 삽입 광고, 접지 광고, 기사 내 광고, 기사형 광고, 돌출 광고 등으로 구분된다(정차숙, 2020). 블리드(bleed) 광고는 페이지의 가장자리 끝까지 광고의 배경 이미지가 확대되는 광고로 일반 페이지 광고보다 극적인 효과를 낼 수 있다. 삽입 광고는 별지를 잡지 사이에 끼워 넣는 형태로, 독자에게 쉽게 노출되어 주목도가 높고 할증 요금이 적용된다. 접지 광고(folder)는 말 그대로 해당 페이지에 맞춰서 접혀 있는 광고이다.

잡지 매체의 가장 큰 장점은 수용자 세분화가 가능하다는 점이다. 전문지의 경우 특정 독자층이 형성되어 있기 때문에, 그에 맞는 광고를 계획하여 집행하면 광고효과가 크게 나타난다. 잡지는 발행주기가 길기 때문에 보관을 오래하는 경우가 많아 반복해서 보거나 많은 사람들에게 노출되기 쉽다. 따라서 신문이나 방송 매체에 비해 회독률이 높은 편이다. 또한 신문에 비해 종이의 질이나 칼라 인쇄 품질이 우수하다.

하지만 잡지는 광고지면이 일부 섹션에 집중적으로 배치되는 경우가 많아 독자들이 주목하지 않고 지나치는 경우가 많은 문제가 있다. 또한 발행주기가 신문에 비해 길기 때문에 신속성과 유연성이 떨어지며, 다른 매체에 비해 도달율이 낮은 편이다.

잡지 역시 디지털화가 진행되고 있다. 기존의 잡지사들이 자사 웹페이지를 통해 기사와 정보를 제공하고 있고 웹으로만 발행되는 온라인 잡지도 증가했다. 이렇게 온라인에서 발행되는 잡지에 실리는 광고는 온라인 매체 광고로서 기존 잡지 광고의 한계점을 극복하고 있다. [그림 7-3]은 세계적인 뉴스매거진인 『타임』지의 인터넷판으로 첫 페이지에 배너 형태의 디스플레이 광고가 등장한다. 광고를 클릭하면 해당 광고 브랜드의 웹사이트로 연결된다.

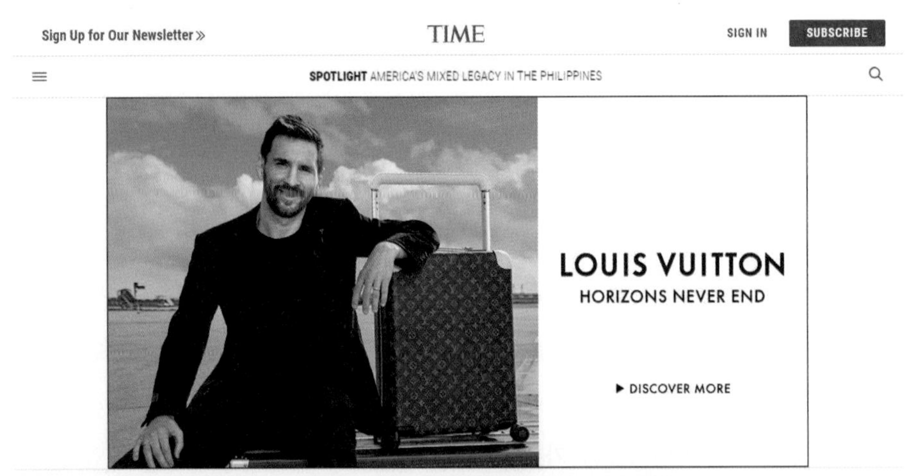

[그림 7-3] 인터넷판 『타임』 잡지

3. 디지털 미디어 시대의 새로운 광고 매체

인터넷이 상용화되고 정보통신기술이 발전하면서 레거시 미디어는 디지털 미디어로 진화했고, 광고 미디어 시장도 함께 변했다. 디지털 미디어 혹은 뉴미디어가 광고 매체의 중심이 되면서, 이미 광고비 총액에서 디지털 미디어 시장이 차지는 비중이 과반을 넘은 지 오래이다. 그리고 디지털 광고 시장은 계속 성장할 것으로 예측되는데, 사람들의 미디어 이용행태가 모바일 미디어 중심으로 변했고, 디지털 기술과 정보통신기술이 꾸준히 발전하고 있기 때문이다. 디지털 미디어 광고는 레거시 미디어 중심의 전통적인 광고 커뮤니케이션 패러다임을 바꾸고 있다고 할 것이다(이경렬, 2019).

한편, 스마트폰, 스마트TV, 태블릿PC, 인터넷, IPTV, 디지털 사이니지와 같이 스마트 미디어를 통해 제공되는 양방향, 맞춤형 광고를 스마트 광고라 부른다. 이러한 광고는 광고 매체가 소비자에게 일방적으로 정보를 전달하는 것에서 소비자의 참여를 이끌어 내고 상호 작용을 하는 요소가 광고에 포함되어 있는 경우도 포함한다. 여기서는 디지털 미디어 시대를 반영한 스마트 광고시장의 대표 매체들 가운데 온라인 미디어, 소셜 미디어, IPTV, OTT, 디지털 사이니지에 대해서 살펴본다.

1) 온라인 미디어

온라인 미디어는 인터넷과 같은 통신망을 통해 전자적으로 연결되어 있어서 쌍방향 커뮤니케이션이 가능한 상호 작용 미디어이다. 인터넷 포털사이트인 네이버와 다음카카오 등이 대표적인 온라인 매체사이다. 앞서 살펴본 레거시 미디어들도 인터넷 네트워크를 이용해 쌍방향 소통이 가능하게 구현되고 있는데, 인터넷 신문이나 인터넷 잡지, 디지털 방송 등이 이에 해당한다.

한국방송광고진흥공사는 온라인 미디어를 '포털 및 기타 인터넷 정보매개 서비스업'으로 분류된 사업자 가운데 실제 온라인매체를 운용 중인 사업자를 대상으로 광고비를 조사했다(한국방송광고진흥공사, 2022). 이에 따르면 온라인 미디어는 크게 PC 매체와 모바일 매체로 나눌 수 있다. 코로나19 펜데믹을 겪으며 인터넷(PC) 광고시장은 점차 하락하고 있고, 반면에 모바일 광고시장은 지속적인 성장세를 보여 주고 있다. 2021년 기준으로 온라인 광고비 가운데 PC와 모바일의 비중은 각각 22.2와 77.8%로 나타났는데, 2016년 52.3% 그리고 47.7%와 비교하면 모바일 시장의 급성장 추세를 알 수 있다(한국방송광고진흥공사, 2022). 펜데믹 이후 일상이 회복되어도 사람들은 여전히 정보검색이나 쇼핑을 모바일 기기를 통해서 주로 하고 있고 이에 따라 많은 미디어 콘텐츠와 광고를 접하고 있기 때문에 모바일 광고시장은 향후 더 증가할 것으로 예측된다. 이와 같이 모바일 광고시장이 급성장할 수 있었던 요인 가운데 하나는 온라인 플랫폼 기업들의 모바일 퍼스트 전략이라 할 수 있다. 플랫폼사들은 온라인 서비스를 보다 많은 사람들이 이용하기 위해서 스마트폰과 같은 모바일 기기를 손쉽게 이용할 수 있게 하는 디지털 미디어 환경을 조성했다. 위치가 고정된 데스크탑PC나 이동이 가능한 노트북PC 마저도 스마트폰과 태블릿PC와 비교하여 편리성에서 차이가 났고, 모바일 앱의 편리함에 더해져 앞으로 주요 경제인구를 구성할 Z세대들은 모바일에 익숙한 디지털 네이티브 세대가 됐다. 이러한 추세에 맞추어 모바일 광고시장은 더 가파른 성장을 할 것으로 예상된다.

세부적인 광고 유형으로는 디스플레이 광고(DA)와 검색 광고(SA)로 구분된다. 디스플레이 광고는 배너나 동영상 등의 형태로 웹페이지에 노출하는 광고이다. 배너 광고는 규격화된 크기의 사각형 모양의 배너 광고가 눈에 잘 띄는 위치에 삽입되어 이용자에게 노출하고, 광고 대상 사이트와 연결되어 있어 이용자가 클릭하거나 터치할 경우 이동하여 해당 제품이나 서비스에 대한 정보를 얻을 수 있게 된다. 초기에는 텍스트와 단순한 그래픽으로 구성됐으나, 최근에는 다양한 멀티미디어를 구현할 수 있는 디스플레이 광고가 널리 사용되고 있다.

검색 광고는 포털사이트 검색서비스를 통해 광고주 웹사이트를 노출하는 광고로 쇼핑 광고를 포함한다. 예를 들어, 네이버의 '파워링크' '비즈사이트' 등과 다음카카오의 '프리미엄링크' '스페셜링크' '와이드링크' 등이 검색 광고에 해당한다. 검색 광고는 광고주가 사전에 사람들이 많이 검색할 것 같은 특정 검색어를 구입하여 관련 문구나 링크를 등록해서 보여 주는 형태를 취한다. 검색 광고의 가장 큰 장점은 이용자의 의도를 반영한다는 점이다(김병희 외, 2017). 이용자는 관련 정보를 찾기 위하여 검색 서비스를 이용하는 것이고 이는 이용자의 자발적인 행동의 결과이기 때문에 이용자 혹은 소비자가 무엇을 원하는지 파악하기에 용이하다. 기업은 검색 행태와 결과에 대한 데이터를 분석하여 소비자의 주목을 끌 수 있는 제품과 서비스가 노출되도록 할 수 있다.

2) 소셜 미디어

소셜 미디어란 이용자들의 생각과 경험 등을 서로 소통하고 공유하기 위하여 사용하는 개방화된 미디어 플랫폼이다. 소셜 미디어가 성장하게 된 배경은 스마트폰과 태블릿 PC와 같은 모바일 기기의 보급과 유무선 인터넷 속도의 향상으로 언제 어디서나 다양한 사람들과 커뮤니케이션할 수 있는 네트워크 환경이 조성됐기 때문이다. 소셜 미디어의 유형으로 대표적인 것은 소셜네트워킹사이트(Social Networking Site: SNS)인 페이스북, 인스타그램, 트위터 등이다. 그밖에 블로그, 위키, UGC(User Generated Content) 등을 포함하며, 최근에는 짧은 동영상 플랫폼인 틱톡, 쇼츠(유튜브), 릴스(인스타그램) 등이 인기를 끌고 있다.

소셜 미디어 광고란 소셜 미디어를 이용한 광고로, 소셜 미디어에서 쌍방향성, 개인화, 콘텐츠 기반 특성을 활용하며 광고주체가 의도적으로 노출하는 통제 가능한 광고로 정의된다(심성욱, 김운한, 2011). 기업들이 소셜 미디어를 고객과의 커뮤니케이션 수단으로 사용하는 주된 이유는 다음과 같다. 소셜 미디어는 인터넷 포털의 디스플레이 광고, 인터넷 카페, 기업 웹페이지의 기능과 일정 부분 유사하다. 하지만 소셜 미디어에서 생성된 콘텐츠가 소비자의 생각이나 의견, 관련된 정보, 감성 등이 더해져서 다른 소비자들에게 알려지고 공유되면서 확산되는 바이럴 마케팅의 기능을 했다는 점이다(이경렬, 2019). 기존의 4대 매체의 광고는 상품 메시지를 일방적으로 전달하는 형태의 마케팅이지만, 소셜 미디어는 이용자가 자신과 관련 있는 다른 이용자들과 사회적 관계를 형성하면서 소통하기 때문에 기존 광고 방식과 차이가 있다.

소셜 미디어 광고의 장점은 다음과 같다(김병희 외, 2017). 첫째, 소셜 미디어 광고는 다양한 플랫폼을 통해 이용자들에게 동시에 광범위하게 노출시킬 수 있다. 둘째, 소셜 미디어 광고는 레거시 미디어에 비해 확산속도, 비용, 효율성 등에서 뛰어나다. 셋째, 소셜 미디어 플랫폼을 통해 시공간의 제약 없이 이용자들과 소통이 가능하고 타깃 소비자와 새로운 커뮤니케이션 채널로 활용할 수 있다. 넷째, 소비자 세분화와 그에 따른 맞춤형 광고가 가능하다. 다섯째, 소셜 미디어 광고는 이용자들 사이의 관계 형성을 목적으로 발전된 네트워크를 활용하기 때문에 레거시 미디어 광고에 비해 개인적 신뢰를 기반으로 하여 소비자들과 지속적으로 소통하고 더 나아가 정서적인 유대관계를 형성할 수 있다.

한편, 동영상 공유 사이트에서 시작해 사회관계망적 요소를 추가하여 SNS로도 분류되는 유튜브는 대표적인 광고 매체로 인기를 얻고 있다. 세계적인 경기 침체에 따라 최근에는 다소 주춤하고 있지만, 유튜브의 광고 매출은 펜데믹 상황에서도 지속적인 성장을 거듭했다. 광고 매출이 2017년에는 약 81.5억 달러에서 2021년 288.4억 달러에 이르기까지 4년 동안 연평균 37%라는 엄청난 상승세를 보였다(한국방송광고진흥공사, 2022). 이러한 상승세는 젊은 세대일수록 인터넷 포털사이트를 통한 검색이 아닌 유튜브를 통해 자신이 원하는 것들을 검색하고 있고, 각종 영상 콘텐츠의 이용은 물론 기존의 방송프로그램이나 영화 등도 유튜브 채널을 통해 이용하고 있기 때문이다.

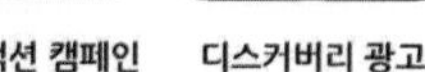

[그림 7-4] **유튜브 쇼츠 지면에 노출되는 비디오 액션 캠페인과 디스커버리 광고**

출처: 유튜브 광고 상품소개서

유튜브의 비디오 액션 캠페인은 유튜브 홈피드, 인스트림, 관련 영상, 검색 결과 등 모든 페이지에서 광고가 노출돼 도달율이 높다. 단순한 광고 영상의 노출이 아닌 사이트 링크, 리드 양식, 제품 피드 등 상호 작용이 가능한 특정 액션 설정을 통해 구체적인 광고 성과를 만들어 가고 있다. 예를 들어, 유튜브 광고 상품소개서에서 제공한 디스커버리 광고는 유튜브 내에서 동영상이 아닌 이미지 형태로 노출된다([그림 7-4] 참고). 광고를 클릭하면 상품 구매 또는 서비스 이용 페이지로 이동하게 된다. 이렇게 타기팅 된 고객에게 광고 노출을 통해 브랜딩 효과도 거둘 수 있고, 광고에 반응하여 특정 액션을 기대할 수도 있다(한국방송광고진흥공사, 2022).

3) IPTV와 어드레서블 광고

IPTV(Internet Protocol Television)는 초고속 인터넷을 사용해 방송프로그램이나 영상 콘텐츠 그리고 각종 데이터 정보 등을 TV 수상기로 제공하는 방송 서비스를 의미하며, 방송과 통신이 융합된 디지털 컨버전스의 대표적 사례이다. IPTV는 셋톱박스가 설치된 TV를 통해 인터넷으로 연결되어 쌍방향 커뮤니케이션이 가능하다. 따라서 상호 작용성을 통한 양방향 광고가 가능한데, 셋톱박스에 저장된 데이터를 수집하고 분석하여 가구별 특성에 따라 그에 맞는 광고가 제공되는 IPTV 어드레서블(addressable) 광고가 시행 중이다. 어드레서블 광고의 효과를 조사한 연구에 따르면 일반적인 TV 광고에 비해 IPTV의 어드레서블 광고가 선호도와 구매의도 모두 증가시키는 것으로 밝혀져(최승은, 2022. 10. 22.), 디지털 미디어 시대에 효과적인 방송광고로 활용될 것으로 기대된다.

2021년 이후 지상파 방송사인 MBC와 EBS가 어드레서블 광고를 도입해, 기존의 PP 채널인 KBS N, SBS 미디어넷, CJ ENM 등 약 30여 개의 방송 매체가 어드레서블 광고를 사용 중이다. 현재 TV 광고는 광고주가 특정 프로그램의 광고 시간대를 구매하는 방식(program buying)이었지만, IPTV의 어드레서블 광고는 타기팅한 시청자 혹은 가구를 따라다니며 광고가 노출되는 방식(audience buying)으로 바뀌는 것이다. 이러한 어드레서블 광고는 기존의 TV 광고에 비해 몇 가지 장점이 있다(양성필, 2022). 첫째, 방송사 입장에서 TV 시청률의 제약을 극복하고 디지털 미디어에 대응하는 방안으로 활용하여 광고

트렌드	라이프스테이지	라이프스타일
FLEX #FLEX #YOLO	맘앤대디1 #키즈 #초등	펙팸족 #1인가구 #냥냥펀치
Economist FIRE족 #주식 #부동산	맘앤대디2 #1020 #입시	스포츠매니아 #축구 #두산베어스
레이어드홈 #방꾸미기	밀레니얼 여성 #2030 #뷰티 #다이어트	언택트족 #집콕 #운동스타그램
휴먼터치 #힐링 #치유	밀레니얼 남성 #2030 #자동차 #틱톡	바디매니아 #요가 #운동스타그램
롤코라이프 #틱톡 #메타버스	신중년 여성 #제2의청춘 #건강	프로여행러 #여행에미치다 #휴가
팬덤의 시대 #페르소나 #최애	신중년 남성 #제2의청춘 #골프 #낚시	뷰티관심족 #뷰티 #패피 #OOTD
다만추 #이방인 #타인의삶	액티브 시니어 #실버 #액티브시니어	e-sports매니아 #소환사의협곡 #현질

[그림 7-5] MBC와 EBS의 어드레서블 광고 시청자 세분화

효율과 매출을 증가시킬 수 있다. 둘째, 광고주 입장에서는 자사의 제품과 서비스에 적합한 소비자 타기팅을 통해 광고 집행 효과를 높일 수 있다. 특히 광고 예산 규모가 작은 중소 광고주에게도 지상파 광고시장으로 진입할 수 있는 계기가 될 것이다.

어드레서블 광고 타기팅의 핵심인 시청자 세분화(audience segmentation)는 최근 3개월 동안 셋톱박스별 TV 시청 데이터를 통해 추출 및 분류된다. 예를 들어, MBC와 EBS의 어드레서블 광고는 [그림 7-5]와 같이 3개의 대분류(트렌드/라이프스테이지/라이프스타일)로 먼저 나뉘고, 그 아래 7개의 세부 분류를 하여 모두 21개의 시청자 세분화를 제공한다(양성필, 2022).

IPTV 광고의 특성을 보여 주는 사례를 정리하면 다음과 같다(이형석, 2020). 첫째, 실시간 채널, VOD, 홈쇼핑 시청 이력 등 고도화된 개인 시청 빅데이터를 분석할 수 있다. 개인 관심사에 따라 시청자를 집단별로 나누고(grouping), 브랜드에 적합한 TV 시청 가구 또는 개인에게만 광고를 집중적으로 노출하여 효과적이고 효율적인 광고 집행이 가능해진다. 둘째, 콘텐츠 내용과 시청 상황에 맞는 상이한 광고 메시지를 소구하여 높은 광고 몰입도를 형성할 수 있다. 셋째, 메인 타깃의 TV 시청 소비 시간에 광고를 집중 노출하여 타깃 접점을 극대화하는 시간 타기팅이 가능하다. 넷째, VOD 시청 전 광고뿐만 아니라 시청 중에도 콘텐츠 내용과 관련된 자연스러운 광고 노출이 가능하다.

4) OTT

OTT(Over-the-Top)는 인터넷망으로 연결된 셋톱박스를 통해 TV 프로그램이나 영화, 각종 영상 콘텐츠 등을 시청할 수 있는 서비스를 의미하며, 최근에는 셋톱박스의 유무와 관계없이 인터넷망을 통해 동영상 콘텐츠를 이용할 수 있는 서비스를 지칭한다(이형석, 2020). OTT 서비스의 수익 모델은 크게 두 가지로 구성되는데 가입 기반 스트리밍 서비스(Subscription Based VOD: SVOD)와 광고 기반 서비스(Advertising Based VOD: AVOD)이다(유승철, 2022). AVOD는 OTT 콘텐츠의 시작과 중간에 광고가 등장하며 광고주에게 광고비를 청구하는데 유튜브, 네이버TV 등이 이러한 형태이다. SVOD는 이용자가 구독료를 지불하는데 월정액을 내거나 콘텐츠 건당으로 이용료를 지불하는 방식이 있다. 넷플릭스, 아마존프라임, 왓챠플레이, 웨이브, 티빙 등이 SVOD에 속한다.

OTT는 영상 미디어 시장에서 레거시 미디어인 TV의 자리를 위협하고 있다. 하지만 넷플릭스, 디즈니플러스, 웨이브, 티빙 등 많은 OTT 플랫폼들의 경쟁이 치열해지고 있고, OTT 시장 자체가 포화 시장에 근접하고 있어서 새로운 수익모델에 대한 논의가 진행 중이다. 예를 들어, SVOD였던 넷플릭스는 2022년 11월부터 광고 기반의 저가형 구독서비스를 한국에 도입했다. 기존의 요금제보다 저렴한 구독료를 제시하지만 1시간 콘텐츠 기준으로 4분의 광고를 시간당 최대 1회 그리고 1일 최대 3회의 광고에 노출된다. 하지만 OTT 콘텐츠 가운데 영화나 드라마의 특성을 고려할 때 중간 광고(mid-roll)에 대한 시청자들의 거부감이 크기 때문에 넷플릭스의 광고 기반 저가형 구독서비스가 성공할지는 미지수이다.

한편 OTT 업체들은 새로운 광고 UX 개발, 오리지널 광고 콘텐츠 추가, 기업 이미지 광고주 유치 및 PPL 등 다양한 시도를 하고 있다(유승철, 2022). 예를 들어, 아마존 프리비(Amazon Freevee)는 구독 없이 사용할 수 있는 광고 지원 무료 비디오 스트리밍 서비스이다. 아마존은 가상 PPL(Virtual Product Placement: VPP)을 사용할 수 있는 다양한 방법을 제시했는데, [그림 7-6]과 같이 상품이나 브랜드가 화면에서 가상의 이미지로 구현되어 노출된다. 영화나 드라마 촬영 당시에는 없던 상품이나 브랜드가 사후 작업을 통해 배치될 수 있는 것이다. 광고주의 입장에서 VPP의 장점은 제품 광고를 위한 새로운 기회를 만들어 준다는 것이다. 제작자 입장에서도 VPP는 도움이 될 수 있는데, PPL에 대해 미리

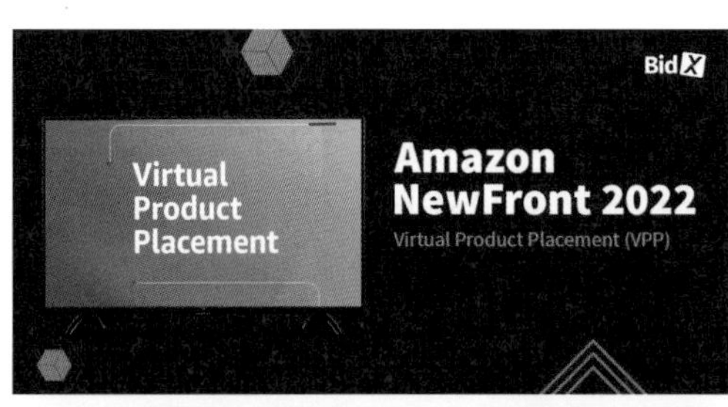

[그림 7-6] Amazon Freevee가 선보인 VPP

출처: Einschütz (2022. 6. 21.).

고려할 필요 없이 영화나 드라마를 촬영할 수 있고, 편집 과정에서 PPL이 적절하게 배치될 수 있는 위치나 시간을 고려할 수 있기 때문이다(Einschütz, 2022. 6. 21.). 사후 작업에서 VPP를 넣을 수 있고, 경우에 따라서는 수용자 세분화를 통해 이용자에 따라 해당 위치에 들어가는 상품이나 브랜드를 다르게 할 수도 있다. 즉, 어드레서블 광고의 원리가 시청 행위 중에 즉각적으로 적용되어 시청자마다 다른 VPP 효과를 거둘 수도 있다. 따라서 넷플릭스가 이러한 VPP 모델을 도입하고 다양한 스폰서십과 AI 기반의 정교한 타기팅을 시도한다면 디지털 광고 시장에 큰 영향을 가져올 것으로 예상된다(유승철, 2022).

5) 디지털 사이니지

디지털 사이니지(digital signage)란 네트워크를 통한 원격제어가 가능한 디지털 디스플레이를 공공장소나 상업공간에 설치하여 정보, 엔터테인먼트 프로모션, 광고 등의 다양한 콘텐츠를 제공하는 디지털 매체이다(안대천 외, 2021). 기존의 옥외광고 매체와 달리 인터넷 네트워크를 활용하여 사람들이 많이 모이는 장소나 지역에 원하는 메시지나 콘텐츠, 광고 등을 전달할 수 있고, 양방향 커뮤니케이션이 가능한 상호 작용 기능을 통해 소비자에게 상품이나 브랜드에 대한 흥미로운 경험을 제공해 준다. 〈표 7-1〉은 기존의 옥외광고 매체와 디지털 사이니지의 차이점을 보여 준다.

디지털 사이니지는 기존의 옥외광고가 취하던 푸쉬(push)형 방법이 아닌 양방향 구조로 광고 커뮤니케이션의 방식을 바꾸고 있다. 디지털 사이니지는 시간과 공간을 특정하여 해당 장소에 있는 사람들의 특성을 파악하고, 맞춤형 메시지를 전달할 수 있다. 또한

〈표 7-1〉 기존의 옥외광고 매체와 디지털 사이니지의 비교

역할	기존의 옥외광고 매체	디지털 사이니지
노출유형	수동적 노출(push)	능동적 노출(pull)
커뮤니케이션 패러다임	일방향(one-way)	양방향(two-way), 상호 작용
정보처리과정 (효과위계모형)	수동적 정보처리과정 (예: AIDMA모형)	능동적 정보처리과정 (예: AISAS, AIMSCAS모형 등)
광고효과	타깃 커버리지, 타깃 OTS (opportunity to see)	타기팅효과, 인게이지먼트, 체험, ROI효과, 구전효과, Lead(잠재고객창출)
효과측정방법	기억에 의존하는 설문조사	로그파일 분석 등 추적(tracking)조사

출처: 이경렬(2019).

[그림 7-7] IMC 전략의 일환으로 교통 광고 및 디지털 사이니지가 적용된 사례
출처: 유지선(2023. 3. 21.).

이벤트나 세일즈 프로모션을 실시하여 사람들의 직접적인 반응을 유도할 수도 있다. 디지털 사이니지를 비롯한 옥외광고물에 부착된 QR코드를 통해 커머스 기능을 구현하여 실시간 구매도 가능하다.

향후 디지털 사이니지는 다른 광고 매체를 보조하는 역할을 넘어 통합 마케팅 커뮤니케이션을 구현할 것으로 예상되고 있다. 예를 들어, LG전자의 뷰티케어 브랜드인 LG 프라엘은 TV 광고로 생긴 관심을 디지털 내에서 단절되지 않도록 고객과 만나는 다양한 접점을 고려하고자 통합 마케팅 커뮤니케이션 전략을 사용했다([그림 7-7] 참조). 해당 브랜드의 긍정적이고 차별화된 경험으로 신제품에 대한 기대감을 고조시키기 위해 TV 광고와 체험 이벤트를 함께 펼쳤다. 그 이후 디지털 접점을 늘리기 위해 디지털 광고를 진행하고 인기 프로그램에 PPL과 버스 외부 광고, 쇼핑몰 및 백화점 등에 디지털 사이니지 캠페인을 진행하여 오프라인의 주요 접점에서도 다양한 매체를 통해 해당 브랜드 캠페인이 이어지도록 하는 통합 마케팅 커뮤니케이션 전략을 실시했다.

4. 마무리

광고기획은 광고주가 정한 특정 목표를 달성하기 위해 전략적으로 수립하는 효율적인 광고활동 계획을 의미한다. 광고기획의 핵심은 가장 적절한 광고 메시지를 가장 적합한 타깃 소비자에게 효과적으로 전달하는 것이다. 이때 전달하는 채널 혹은 매체를 선택하는 일도 매우 중요해지고 있다. 이는 앞서 살펴본 바와 같이 미디어 환경이 너무나 빠르게 변하고 있기 때문이다. 소비자와의 접점이 4대 매체로 충분하게 이루어지던 시대와는 달리 접점 자체가 늘고 있고, 접점이 이루어지는 방식도 다양해지고 있다. 아무리 잘 작성된 광고 전략과 핵심 메시지 그리고 크리에이티브 전략이라 하더라도 소비자와의 접점이 부적절하다면 광고효과가 크게 반감될 것이다. 따라서 미디어 환경 변화에 뒤처지지 않고 최신 정보를 지속적으로 수집하고 분석하여 적용 가능성을 고려하는 노력이 필요하다.

미디어 환경 변화는 기술적 혹은 하드웨어적 측면만 고려해서는 안 된다. 새로운 미디어를 이용하는 소비자의 이용 행태의 변화에도 똑같이 주목해야 한다. 최신 미디어 플랫폼과 기기가 등장했을 때 인기를 끌고 유행하며 대중화되는 것이 있는가 하면 그렇지 못하고 사장되는 것들도 많기 때문이다. 기본적으로 인간에 대한 이해를 충분히 하는 것이 미디어를 이해하고 광고기획을 이해하는 데 중요하다.

참고문헌

김병희(2021). 광고의 정의와 유형. 김병희 외 공저, **디지털 시대의 광고학 신론**(pp. 19-48). 학지사.

김병희, 김찬석, 김효규, 이유나, 이희복, 최세정(2017). **100개의 키워드로 읽는 광고와 PR**. 한울아카데미.

박필승(2022. 11. 7.). 현대자동차 롱기스트런 캠페인, 다시 함께 세상을 바꾸는 레이스가 되다. HS Adzine. https://blog.hsad.co.kr/3300

심성욱, 김운한(2011). 대학생들의 소셜 미디어 이용동기가 소셜 미디어 광고 이용의향에 미치는 영향. **한국광고홍보학보**, 13(2), 342-376.

안대천, 김동후, 이진균, 권오윤(2021). **광고학원론**. 정독.

양성필(2022). 어드레서블TV광고 현황과 전망. KAA저널, 2022(11-12), 30-33.

유승철(2022). 광고기반 OTT, 광고산업을 어떻게 바꿀 것인가? KAA저널, 2022(11-12), 24-29.

유종숙(2018). 4차 산업혁명 시대의 광고 기획 솔루션. 한울아카데미.

유지선(2023. 3. 21.). 고객과의 접점에서 360도로 만나고, 프라엘몰로 연결되는 LG 프라엘 더마 쎄라 런칭 캠페인. HS Adzine. https://blog.hsad.co.kr/3348

이경렬(2019). 디지털 시대의 광고 매체론. 서울경제경영출판사.

이서용, 전종우(2011). ATL과 BTL 광고 수용에 영향을 미치는 소비자 문화 차원의 역할. 옥외광고학연구, 8(1), 90-112.

이형석(2020). 스마트 미디어. 박현수 외 공저, 광고 미디어의 현재와 미래(pp. 133-155). 학지사.

정차숙(2020). 전통적인 4대 매체. 박현수 외 공저, 광고 미디어의 현재와 미래(pp. 93-131). 학지사.

최승은(2020. 10. 22.). 어드레서블TV광고, 제품 구매의도 14% 증가. 매드타임즈. madtimes.org/news/articleView.html?idxno=15048.

한국방송광고진흥공사(2022). 2022 방송통신광고비 조사 보고서. 한국방송광고진흥공사 연구보고.

Einschütz, L. (2022. 6. 21.). Amazon NewFront 2022: Virutal Product Placement(VPP). https://www.bidx.io/blog/amazon-newfront-virtual-product-placement-vpp

Leberecht, T. (2009. 5. 11.). Multimedia 2.0: From paid media to earned media to owned media and back. CNET. https://www.cnet.com/culture/multimedia-2-0-from-paid-media-to-earned-media-to-owned-media-and-back/

동아일보. 신문광고 단가안내. https://www.donga.com/docs/ilbo/advertisement/sub_m/sm_01_02.htm

한국방송광고진흥공사. 방송광고 판매유형 및 방식. https://www.kobaco.co.kr/site/main/content/broad_ad_type

디지털 시대의 광고기획 신론

제3부

광고기획을 위한 실무 과정

제8장

광고 전략 모델의 이해와 적용*

광고 전략을 수립하기 위해서는 고려해야 할 요소가 많다. 자사 브랜드, 경쟁사 브랜드, 제품시장, 소비자, 매체 환경은 기본이다. 그러나 기본만으로 수립된 광고 전략은 빛을 발할 수 없다. 각 요소에 대한 깊이 있는 분석과 요소들 간의 상호 영향관계에 대한 추가 분석이 필요하다. 이를 통해 그 어딘가에 있을 인사이트를 도출해야 하기 때문이다. 문제는 이러한 작업이 한도 끝도 없이 무한정 이어질 수 있다는 것이다. 인사이트 도출은커녕 미궁에 빠질 가능성이 크다. 광고 전략 모델이 필요한 이유이다. 다시 말해, 광고 전략 모델이란 광고 전략 수립 시 고려해야 하는 무수히 많은 요소 중 어떤 요소에 집중해야 하는지, 해당 요소에 대해 구체적으로 무엇을 분석하고 결정해야 하는지 그리고 이러한 분석 및 결정 작업을 어떤 관점 및 어떤 순서에 따라 진행하는 것이 효과적인지 제시한 가이드라인이다.

광고 전략 모델에 대한 수요가 최고조에 달했던 시점은 1980년대에서 1990년대 말까지이다. 대부분의 광고 전략 모델 또한 이 시기에 개발됐다. 반면, 2000년대에 들어와 광고 전략 모델의 활용은 눈에 띄게 줄어들었다. 디지털 시대로의 전환이 결정적 이유이다. 모든 분야의 디지털화로 인해 브랜드, 시장, 소비자, 매체 관련 데이터가 넘쳐나기 때문이다. 광고 전략의 수립을 위한 가이드라인보다는 숫자로 채워진 엑셀파일과 도표로

*지준형(국민대학교 미디어광고학부 교수)

가득한 PPT 속에 해답이 있다는 믿음도 강해졌다. 퍼포먼스 마케팅에 대한 맹신도 이러한 믿음을 강화시켰다. 그러나 심각한 오해일 가능성이 크다. 동일한 데이터라 할지라도 관점 및 분석방법에 따라 전혀 다른 결과가 도출 수 있기 때문이다. 디지털 시대에도 여전히 광고 전략 모델이 필요한 이유이다. 이를 고려하여 이 장에서는 전통적인 광고 전략 수립 시 사용됐던 대표적 모델들 및 최근 디지털 광고 전략 수립 시 사용되고 있는 모델들을 정리한 뒤, 각 모델의 장점만을 종합하여 최적의 디지털 광고 전략을 수립할 수 있는 통합 광고 전략 모델을 제시하고자 한다.

1. 전통적 광고 전략 모델들

1) 계층적 효과 모델(Hierarchy of Effects Model)

(1) AIDA

AIDA(아이다)는 소비자의 의사 결정 과정에서 발생하는 광고효과의 단계를 나타내는 고전적 마케팅 모델로서 주의(Attention), 관심(Interest), 욕구(Desire), 행동(Action)의 머릿글자를 따서 만든 약어이다. 19세기 후반 미국의 광고 및 영업의 선구사인 루이스(Lewis, 연도 미상)에 의해 처음 제시됐다(Barry & Howard, 1990). 각 단계의 의미는 다음과 같다.

- 주의(Attention): AIDA의 첫 번째 단계는 소비자의 주목을 끌거나 제품 또는 서비스에 대해 알게 하는 것이다. 주의 없이는 소비자가 의사 결정 과정에서 더 나아갈 수 없기 때문이다. 이 단계에서 마케터는 광고, 소셜 미디어 게시물, 홍보 캠페인 등 눈길을 끄는 매력적인 콘텐츠를 만들어 소비자의 주목을 끌어야 한다.
- 관심(Interest): 소비자의 주목을 끈 후에는 제품 또는 서비스에 대한 관심을 유도해야 한다. 이를 위해 마케터는 소비자의 필요, 선호, 또는 문제점과 관련이 있는 정보를 제공해야 한다. 스토리텔링, 사실 제시, 제품의 특징 및 혜택을 제시하는 등 다양한 방법을 사용할 수 있다.
- 욕구(Desire): 욕구 단계에서는 소비자를 설득해 제품 또는 서비스가 자신이 원하거

나 필요한 것이라고 생각하게 만드는 것이 목표이다. 이를 위해 마케터는 제품 또는 서비스가 소비자의 욕구를 충족시키거나 문제를 해결하여 삶을 개선할 수 있음을 보여 줌으로써 소비자와 감성적 연결을 추구해야 한다.

- 행동(Action): AIDA의 최종 단계는 소비자에게 동기를 부여하여 구매, 뉴스레터 가입 또는 더 많은 정보를 얻기 위해 기업에 연락하는 등의 행동을 유도하는 것이다. 이를 위해 마케터는 마감일을 설정해 긴급성을 조성하거나, 명확한 콜투액션(Call-to-Action: 웹사이트, 랜딩페이지, 이메일 또는 광고에서 소비자로 하여금 원하는 작업을 수행하도록 유도하는 짧은 문구)을 제시하거나, 할인이나 프로모션과 같은 인센티브를 제공하는 등 다양한 방법을 사용할 수 있다.

(2) AIDMA

AIDMA(아이드마)는 AIDA에 기억(Memory) 단계를 추가해 확장한 것이다. AIDA와 달리 특정 개인에 의해 개발된 모델은 아니다. 마케팅 전문가들이 소비자의 의사 결정 과정에 영향을 미치기 위해 지속적 인상을 남기는 것이 중요하다는 것을 인식함에 따라 등장하게 됐다.

(3) DAGMAR

DAGMAR(다그마)는 소비자의 의사 결정 과정에서 발생하는 광고효과의 계층을 나타내는 동시에 광고 캠페인의 명확하고 측정 가능한 목표를 설정하는 것이 중요함을 강조하는 모델이다. '광고효과 측정을 위한 광고 목표 정의(Defining Advertising Goals for Measured Advertising Results)'의 머리글자를 따서 만든 약어이다. 러셀 콜리에 의해 제안됐으며(Colley, 1961), 인지(Awareness), 이해(Comprehension), 확신(Conviction), 행동(Action)의 네 단계로 구성된다. 각 단계의 의미는 다음과 같다.

- 인지(Awareness): DAGMAR에서 첫 번째 단계는 제품 또는 서비스에 대한 소비자의 인지를 형성하는 것이다. 매력적이고 기억에 남는 광고 콘텐츠를 통해 소비자의 주의를 유도하는 것도 포함된다. 이를 통해 제품 또는 서비스에 대한 기억을 증가시키는 것이 핵심 목표이다.
- 이해(Comprehension): 소비자가 제품 또는 서비스에 대해 인지했다면 다음 단계

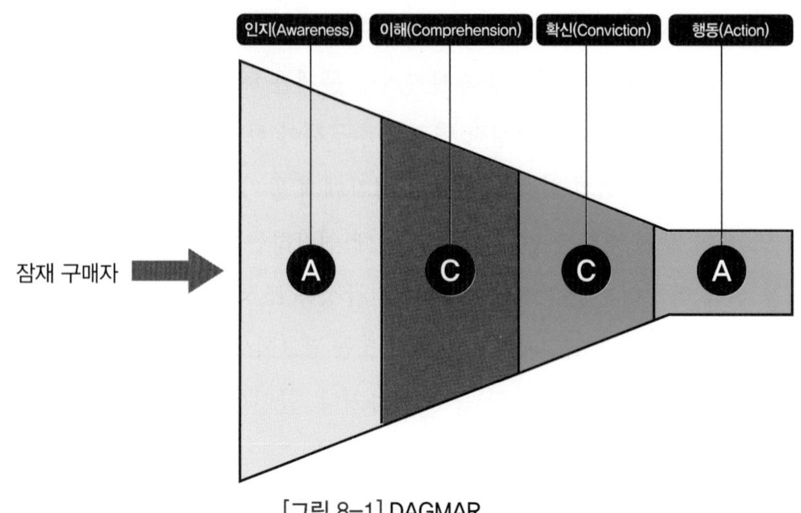

[그림 8-1] DAGMAR

에서는 제품 또는 서비스가 소비자에게 어떤 이익을 줄 수 있는지 이해시켜야 한다. 이를 위해 마케터는 제품 또는 서비스의 차별적 판매 소구점(unique selling proposition: USP), 특징 및 혜택을 명확하고 효과적으로 전달해야 한다. 이를 통해 소비자에게 제품 또는 서비스를 교육하는 것이 핵심 목표이다.

- 확신(Conviction): 다음으로 확신 단계에서는 소비자가 제품 또는 서비스에 대해 긍정적 태도를 갖도록 설득하고, 제품 또는 서비스를 자신의 필요를 충족시킬 수 있는 실용적 옵션으로 고려하도록 만들어야 한다. 이를 위해 마케터는 소비자의 감정, 가치 및 선호에 호소하며, 증언, 사례 연구 또는 데모 등을 제시해 주장을 뒷받침할 수 있다.
- 행동(Action): DAGMAR의 최종 단계는 소비자를 행동으로 이끌어 구매, 뉴스레터 가입 또는 더 많은 정보를 얻기 위해 기업에 연락하는 등의 행동을 유도하는 것이다. 이를 위해 마케터는 마감일을 설정해 긴급성을 조성하거나, 명확한 콜투액션(Call-to-Action)을 제시하거나, 할인이나 프로모션과 같은 인센티브를 제공하는 등 다양한 방법을 사용할 수 있다.

(4) 래비지-스타이너 모델(Lavidge-Steiner Model)

래비지-스타이너 모델은 래비지와 스타이너에 의해 개발됐다(Lavidge & Steiner, 1961). 소비자가 마케팅 커뮤니케이션에 노출된 후 최종적으로 행동을 취하기 전에 일반적으로 거치는 인지적(cognitive) · 감성적(affective) · 의도적(conative) 단계를 다음과 같이 여섯 단계로 세분한다.

- 인지(Awareness): 첫 번째 단계는 소비자의 주의를 끌어 제품 또는 서비스에 대한 인지도를 증가시키는 것을 목표로 한다. 이를 위해 마케터는 광고, 홍보 또는 소비자의 주의를 끌 수 있는 다양한 마케팅 방법을 사용할 수 있다.
- 지식(Knowledge): 지식 단계에서는 제품 또는 서비스의 특징 및 혜택에 대한 정보를 제공하는 데 초점을 둔다. 이를 통해 소비자에게 제품 또는 서비스 관련 내용을 교육함으로써 제품 또는 서비스가 소비자의 요구, 선호 또는 문제점을 해결할 수 있는 방법을 이해시키는 것이 목표이다.
- 호감(Liking): 세 번째 단계는 소비자와 제품 또는 서비스 간에 긍정적 태도나 감성적 연결 관계를 만드는 것이다. 이를 위해 마케터는 소비자의 감정, 가치 및 선호에 호소하거나 제품 또는 서비스의 개성과 차별점을 강조할 수 있다.
- 선호(Preference): 선호 단계에서 마케터는 제품 또는 서비스를 경쟁 제품 또는 서비스보다 더 선호할 만한 옵션으로 위치(positioning)시키는 것을 목표로 한다. 이를 위해 제품 또는 서비스의 차별적 판매 소구점(USP)을 강조하고 이를 선택하는 이점을 보여 주는 등의 방법을 사용해 소비자의 공감을 유도할 수 있다.
- 확신(Conviction): 확신 단계에서는 소비자를 설득해 제품 또는 서비스가 소비자의 요구에 맞는 올바른 선택이라고 믿게 하는 것이 목표이다. 이를 위해 마케터는 증거 자료, 사례 연구 또는 전문가 지지 등을 제시해 신뢰와 신빙성을 구축할 수 있다.
- 구매(Purchase): 래비지-스타이너 모델의 최종 단계는 제품 또는 서비스를 구매하거나, 뉴스 레터 가입 또는 소비자센터 문의 등과 같은 행동을 유도하는 것이다. 이를 위해 마케터는 마감일을 설정해 긴급성을 조성하거나 명확한 콜투액션을 제시하거나 할인 또는 프로모션과 같은 인센티브를 제공하는 등 다양한 방법을 사용할 수 있다.

2) 그 외 주요 광고 전략 모델

(1) 수단-목적 사슬 모델(Means-End Chain Model)

수단-목적 사슬 모델은 구트만에 의해 개발됐다(Gutman, 1982). 제품 또는 서비스의 속성(Attributes), 속성으로부터 얻는 혜택(Consequences), 혜택과 관련된 개인의 가치(Values)를 소비자가 어떻게 연결시켜 기억하고 있는지 설명하는 데 초점을 맞춘다. 이와 관련해 수단-목적 사슬 모델의 전제는 소비자의 결정 과정이 특정 목표를 달성하거나 개인의 가치를 충족시키기 위한 욕구에 의해 주도된다는 것이다. 주요 구성 요소는 다음과 같다.

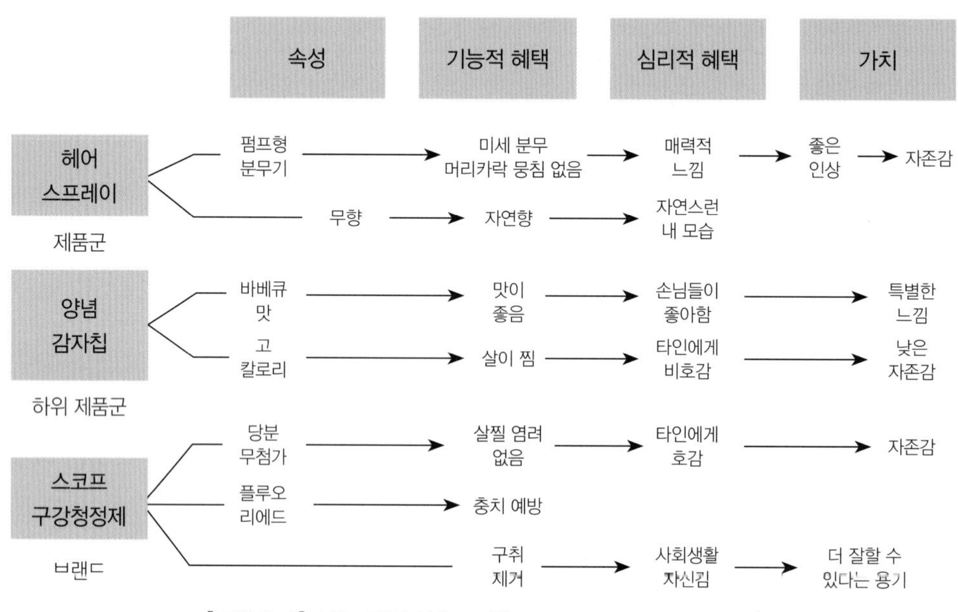

[그림 8-2] **수단-목적 사슬 모델(Means-End Chain Model)**

- 속성(Attributes): 제품 또는 서비스의 기능적(예: 내구성, 가격 등) 또는 감성적(예: 디자인, 브랜드 이미지 등) 특성을 말한다.
- 혜택(Consequences): 제품 또는 서비스의 속성에서 소비자가 얻을 것으로 기대하는 긍정적 결과 또는 장점을 말한다. 기능적(예: 편의성, 성능 개선 등) 또는 심리적(예: 행복, 성취감 등)일 수 있다.
- 가치(Values): 제품 또는 서비스에서 소비자가 얻는 혜택을 통해 달성되는 더 높은 개인적 또는 사회적 목표를 말한다. 개인적(예: 자존감, 즐거움 등) 또는 사회적(예: 소속감, 사회적 인정 등)일 수 있다.

이와 같은 특징을 바탕으로 수단-목적 사슬 모델은 광고 전략이 제품 또는 서비스의 속성을 소비자의 가치와 연결하는 데 초점을 맞춰야 한다고 주장한다. 이를 위해 마케터는 제품 또는 서비스의 핵심 속성을 파악하고, 속성에서 얻는 혜택이 소비자가 원하는 최종 가치를 달성하는 데 어떻게 도움이 되는지 제시해야 한다.

(2) FCB 격자(FCB Grid)

FCB 격자(FCB Grid)는 본(Vaughn, 1980)이 푸트콘앤벨딩(Foote, Cone & Belding; 현재는 FCB Global)의 기획이사로 일하면서 개발한 광고 전략 모델이다. 핵심은 소비자의 관여도(고 vs. 저)와 메시지 처리 방식(이성 vs. 감성)에 따라 제품 및 서비스를 분류하는 것이다. 이에 따라 구분되는 네 개의 사분면(Grid)을 바탕으로 마케터는 소비자의 의사 결정 과정을 이해하고 그에 부합하는 광고 전략을 수립할 수 있다. 각 사분면의 의미는 다음과 같다.

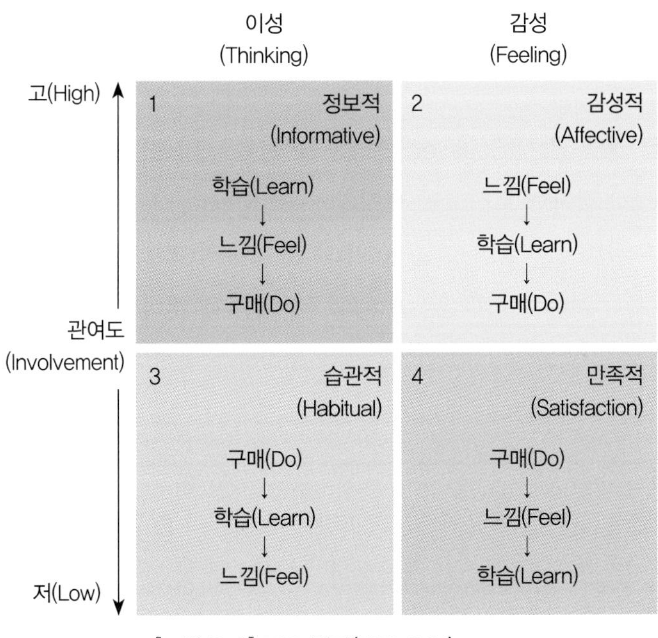

[그림 8-3] FCB 격자(FCB Grid)

- 제1사분면(고관여도 & 이성): 소비자가 합리적 고려를 바탕으로 결정하는 제품 및 서비스가 해당된다. 따라서 광고 전략은 자세한 정보 제공, 제품 또는 서비스의 특징 및 혜택 강조, 전문가의 보증 또는 비교를 제공하는 데 초점을 맞춰야 한다. 자동차, 가전제품, 투자 상품 등이 대표적인 예이다.

- 제2사분면(고관여도 & 감성): 소비자의 관여도가 높지만 감정적 고려를 바탕으로 결정하는 제품 또는 서비스가 해당된다. 따라서 광고 전략은 소비자의 감정에 호소하며 제품 또는 서비스를 동경의 대상으로 만들기 위해 관련 감정을 일으키는 데 초점을 맞춰야 한다. 명품, 휴가지, 결혼식장 등이 대표적인 예이다.
- 제3사분면(저관여도 & 이성): 최소한의 소비자 관여도가 요구되며, 이성적 판단을 바탕으로 결정하는 제품 또는 서비스가 해당된다. 따라서 광고 전략은 제품 또는 서비스의 특징을 제시하고 인센티브(할인, 프로모션 등)를 제공하며, 반복 노출을 통해 인지도를 높이는 데 초점을 맞춰야 한다. 가정용 청소제, 사무용품, 식료품 등이 대표적인 예이다.
- 제4사분면(저관여도 & 감성): 최소한의 소비자 관여도가 요구되며, 감정적 요소에 의해 결정하는 제품 또는 서비스가 해당된다. 따라서 광고 전략은 소비자의 감정을 자극하고, 재미나 흥분을 불러일으키며, 눈길을 끄는 시각적 또는 청각적 요소를 활용하는 데 초점을 맞춰야 한다. 패스트푸드, 화장품 등이 대표적인 예이다.

(3) 로시터-펄시 격자(Rossiter-Percy Grid)

로시터-펄시 격자는 로시터와 펄시(Rossiter & Percy, 1987)가 개발한 광고 전략 모델이다. 핵심은 소비자의 관여도(고 vs. 저)와 동기 유형(정보적 vs. 전환적)에 따라 제품 또는 서비스를 분류하는 것이다. 이에 따라 구분되는 네 개의 사분면을 바탕으로 마케터는 소비자의 의사 결정 과정을 이해하고 그에 부합하는 광고 전략을 수립할 수 있다. 각 사분면의 의미는 다음과 같다.

- 제1사분면(고관여도 & 정보적): 소비자의 관여도가 높고 정보 기반의 합리적 판단이 필요한 제품 또는 서비스가 해당된다. 따라서 광고 전략은 제품 또는 서비스의 특징과 장점을 강조하거나 전문가의 추천 또는 비교를 제공하는 등 자세한 정보를 제공하는 데 초점을 맞춰야 한다. 자동차, 가전제품, 보험 상품 등이 대표적인 예이다.
- 제2사분면(고관여도 & 전환적): 소비자의 관여도가 높은 동시에 개인적 변화나 향상을 바라는 욕구에 따라 결정이 이루어지는 제품 또는 서비스가 해당된다. 따라서 광고 전략은 제품 또는 서비스와 관련된 소비자의 개인적 성장이나 자기 개선 가능성, 욕구 또는 감정 호소에 초점을 맞춰야 한다. 명품, 피트니스 프로그램, 자기개발 관

		동기 유형(Type of Motivation)	
		정보적(Informational)	전환적(Transformational)
결정 방식 (Type of Decision)	저관여 (Low Involvement)	대표적 제품군 (구체적 브랜드는 다를 수 있음) • 아스피린 • 라이트 맥주 • 세제 • 반복구매 제품	대표적 제품군 (구체적 브랜드는 다를 수 있음) • 캔디 • 일반 맥주 • 소설책
	고관여 (High Involvement)	대표적 제품군 (구체적 브랜드는 다를 수 있음) • 전자레인지 • 보험 • 주택 개조 • 신제품	대표적 제품군 (구체적 브랜드는 다를 수 있음) • 여행 • 패션/의류 • 자동차 • 기업 이미지

[그림 8-4] **로시터-펄시 격자(Rossiter-Percy Grid)**

련 제품 또는 서비스 등이 대표적인 예이다.

- 제3사분면(저관여도 & 정보적): 소비자의 정보 중심적 고려를 바탕으로 하지만 관여도는 낮은 제품 또는 서비스가 해당된다. 따라서 광고 전략은 제품 또는 서비스의 특징을 제시하고, 인센티브(할인, 프로모션 등)를 제공하며, 반복 노출을 통해 인지도를 높이는 데 초점을 맞춰야 한다. 가정용 청소제, 사무용품, 식료품 등이 대표적인 예이다.
- 제4사분면(저관여도 & 전환적): 소비자의 개인적 변화나 향상을 원하는 욕구에 따라 선택되지만 관여도는 낮은 제품 또는 서비스가 해당된다. 따라서 광고 전략은 소비자의 감정을 자극하고, 재미나 흥분을 불러일으키며, 주목을 끄는 시각적 또는 청각적 요소를 활용하는 데 초점을 맞춰야 한다. 간식, 화장품, 패션 액세서리 등이 대표적인 예이다.

2. 디지털 광고 전략 모델들

1) 계층적 효과 모델(Hierarchy of Effects Model)

(1) AISAS

AISAS(아이사스)는 디지털 기술과 소셜 미디어가 소비자의 의사 결정 과정에 미치는 영향을 반영해 AIDA 및 AIDMA를 업데이트한 모델이다. 일본의 주요 광고 대행사인 덴쯔(Dentsu)가 개발했다(Rochman & Iskandar, 2015). 주의(Attention), 관심(Interest), 검색(Search), 행동(Action), 공유(Share)의 약어로서 마케팅 커뮤니케이션에 노출된 소비자가 구매를 결정하기까지 거치는 다섯 단계를 나타낸다. 각 단계의 의미는 다음과 같다.

- 주의(Attention): AIDA 및 AIDMA와 마찬가지로 AISAS의 첫 번째 단계는 소비자의 주의를 끌거나 제품 또는 서비스를 인식시키는 것이다. 이를 위해 마케터는 다양한 온라인 플랫폼에서 소셜 미디어, 블로그 또는 디스플레이 광고와 같은 매력적인 콘텐츠를 만들어 소비자의 주의를 끌고 제품 또는 서비스의 인지도를 높이기 위해 노력해야 한다.
- 관심(Interest): 두 번째 단계에서는 소비자의 관심을 유도하는 것이 목표이다. 이를 위해 마케터는 소비자의 필요, 선호 또는 문제점을 해소할 수 있는 정보를 제공해야 한다. 또한 디지털 콘텐츠를 통해 스토리를 전달하거나, 사실을 제시하거나, 제품 또는 서비스의 특징 및 장점을 보여 주는 등 다양한 방법을 활용할 수 있다.
- 검색(Search): 검색 단계는 AISAS만의 차별적 단계로서 소비자가 제품 또는 서비스에 대해 더 많은 정보를 추구하도록 하는 것이 목표이다. 디지털 기술과 검색 엔진의 발전으로 인해 구매를 결정하기 전에 제품 또는 서비스 관련 정보를 검색하는 소비자가 많아졌기 때문이다. 이를 고려해 마케터는 검색 엔진 최적화(Search Engine Optimization: SEO), 콘텐츠 마케팅, 사용자 친화적 웹사이트 디자인 등을 통해 제품 또는 서비스의 온라인 존재감을 극대화함으로써 소비자가 필요한 정보를 쉽게 찾고 접근할 수 있도록 해야 한다.
- 행동(Action): 소비자로 하여금 구매, 뉴스레터 가입 또는 추가 정보를 요청하는 등

의 행동을 취하도록 유도하는 단계이다. 이를 위해 마케터는 마감일을 설정해 긴급성을 조성하거나, 명확한 콜투액션을 제시하거나, 할인이나 프로모션과 같은 인센티브를 제공하는 등 다양한 방법을 사용할 수 있다. 이와 함께 웹사이트나 전자상거래 플랫폼을 최적화함으로써 매끄럽고 사용자 친화적인 경험을 제공하는 것이 중요하다.

- 공유(Share): 소비자의 의사 결정 과정에서 소셜 미디어와 온라인 구두전달(word-of-mouth)의 중요성을 반영한 AISAS 모델의 또 다른 독특한 단계이다. 제품 또는 서비스와 관련해 특정 행동을 취한 소비자는 소셜 미디어, 온라인 리뷰 또는 다른 디지털 채널을 통해 자신의 경험, 의견 또는 추천을 다른 사람들과 공유하는 경향이 있다. 이를 고려해 마케터는 공유 가능한 콘텐츠를 만들고, 추천에 대한 인센티브를 제공하거나, 소셜 미디어에서 소비자와 상호 작용하여 제품 또는 서비스에 대한 선호도를 높이고 관계를 발전시키는 등의 방법을 활용함으로써 소비자의 공유를 촉진할 수 있다.

(2) RACE 모델

RACE(Reach, Act, Convert, Engage, 레이스) 모델은 디지털 광고 전문가이자 저자인 데이브 채피(Dave Chaffey)가 디지털 광고에 대한 체계적 접근 방식을 제공하기 위해 개발했다. 핵심은 디지털 광고 전략의 수립 과정을 소비자 참여의 관점에서 다음과 같이 네 단계로 나누어 제시하는 것이다.

- 도달(Reach): 우선 웹사이트, 소셜 미디어 플랫폼, 이메일 캠페인 등을 사용해 제품 또는 서비스의 가시성을 높이고, 트래픽을 유발해 제품 또는 서비스에 대한 관심을 높여야 한다. 이를 위해 마케터는 검색 엔진 최적화(SEO), 클릭당 비용(CPC) 광고, 소셜 미디어 마케팅, 콘텐츠 마케팅 등 다양한 방법을 사용할 수 있다.
- 행동(Act): 다음으로 행동 단계에서는 소비자가 제품 또는 서비스와 상호 작용하고 전환으로 이어지는 첫 단계를 밟도록 유도하는 데 초점을 맞춘다. 방문자가 콘텐츠에 참여하도록 유도하거나, 뉴스레터에 가입하도록 하거나, 자료를 다운로드하거나, 설문조사에 참여하도록 하는 것 등이 포함된다. 이를 위해 마케터는 매력적인 콘텐츠를 제작하고, 부가 가치가 있는 자료를 제공하며, 효과적인 콜투액션 등을 사

용할 수 있다.

- 전환(Convert): 전환 단계는 구매, 서비스 구독, 연락처 작성 등의 행동을 수행하도록 장려함으로써 소비자를 고객으로 전환시키는 것이 목표이다. 이를 위해 마케터는 전환 경로를 최적화하고, 설득력 있는 판매 메시지를 작성하며, 행동을 유도하기 위해 인센티브 또는 프로모션을 제공해야 한다. 이와 함께 전환율 최적화(convert ratio optimization), 리타기팅(re-targeting), 개인화된 마케팅 등도 사용할 수 있다.
- 몰입(Engage): 마지막 단계인 몰입은 소비자와 장기적 관계를 구축하고, 충성도를 높이며, 반복적 거래를 유도하는 데 초점을 맞춘다. 이를 위해 마케터는 개인화된 커뮤니케이션을 통한 관계 유지, 지원 프로그램 제공, 소비자가 제품 또는 서비스와 계속 연결되도록 보상 및 인센티브를 제공할 수 있다. 이와 함께 제품 또는 서비스에 대한 소비자의 지지도를 높이기 위해 후기 작성 또는 추천을 장려하거나 사용자 생성 콘텐츠 등도 사용할 수 있다.

(3) 보기–생각하기–행동하기–관리하기 모델(See–Think–Do–Care Model: STDC Model)

보기–생각하기–행동하기–관리하기 모델은 구글의 디지털 마케팅 선도자인 카우쉬크(Kaushik)가 개발한 디지털 마케팅 모델이다(Jilkova, 2019). 핵심은 인터넷상에서의 소비자 여정을 네 단계로 구분한 뒤 각 단계에 해당하는 소비자를 대상으로 광고 전략을 수립하는 것이다.

	대상	패션 제품군 예
보기(See)	제품 또는 서비스 구매 가능성이 있는 소비자 모두	옷이 있는 사람들 (매우 많은 소비자)
생각하기(Think)	제품 또는 서비스 구매 의도를 보이는 소비자	옷이 있는 사람들 중 새 옷이 필요한 사람들
행동하기(Act)	제품 또는 서비스 구매 의도를 보이는 소비자	옷이 있는 사람들 중 지금 바로 새 옷을 사려는 사람들
관리하기(Care)	현재 고객	자사의 옷을 구매한 사람들

[그림 8-5] 보기–생각하기–행동하기–관리하기 모델(See–Think–Do–Care Model)

- 보기(See): 보기 단계에 있는 소비자는 제품 또는 서비스에 아직 관심을 갖고 있지 않은 상태이다. 따라서 소비자의 니즈, 선호도 또는 관심사에 맞는 적절하고 매력적인 콘텐츠를 전달해 제품 또는 서비스에 대한 인지도를 구축하고 긍정적 인상을 남기는 것이 중요하다. 이를 위해 마케터는 디스플레이 광고, 콘텐츠 마케팅 및 소셜 미디어 마케팅 등을 사용할 수 있다.
- 생각하기(Think): 생각하기 단계에 있는 소비자는 제품 또는 서비스에 관심을 갖고 있지만 아직 결정을 내리지 않은 상태이다. 따라서 마케터는 제품 또는 서비스와 관련해 가치 있는 정보를 제공하고, 소비자의 질문에 답하며 걱정을 해소시켜 줌으로써 소비자가 정보에 근거해 결정을 내릴 수 있도록 안내해야 한다. 이를 위해 마케터는 검색 엔진 최적화(SEO), 콘텐츠 마케팅, 이메일 마케팅, 리타기팅 등을 사용할 수 있다.
- 행동하기(Do): 행동하기 단계에 있는 소비자는 구매, 뉴스레터 가입 또는 기업에 연락 등 구체적 행동을 취하는 상태이다. 따라서 마케터는 설득력 있는 판매 메시지를 만들고, 제품 또는 서비스의 혜택을 강조하며, 인센티브나 프로모션을 제공하고, 명확한 콜투액션을 제공해야 한다. 이를 위해 마케터는 검색 엔진 마케팅(SEM), 전환율 최적화(CRO), 리마케팅(re-marketing) 등을 사용할 수 있다.
- 관리하기(Care): 이전 단계에서 특정 행동을 취한 소비자에 대해서는 적극적 관계를 형성하고 재구매를 유도하며 충성도를 높이는 등의 관리가 필요하다. 따라서 마케터는 탁월한 서비스, 맞춤형 커뮤니케이션, 소비자가 제품 또는 서비스와 추구할 수 있는 가치 등을 제공해야 한다. 이를 위해 마케터는 이메일 마케팅, 소셜 미디어 참여, 충성도 프로그램 등을 사용할 수 있다.

2) 그 외 주요 디지털 광고 전략 모델

(1) SOSTAC

SOSTAC(소스타크)는 스미스가 개발한 디지털 광고 전략 모델이다(Smith, 2011). 핵심은 디지털 광고 전략을 수립하고 실행하기 위해 필요한 과정을 여섯 단계로 나누어 제시하는 것이다. 각 단계의 의미는 다음과 같다.

- 상황 분석(Situation analysis): 첫 번째 단계는 비즈니스, 산업 및 시장 환경의 현재 상태를 평가해 기회, 도전 및 동향을 파악하는 것이다. 경쟁사 활동, 소비자 행동 및 기술 발전 분석 등도 포함된다. 이를 바탕으로 마케터는 제품 또는 서비스가 시장에서 어디에 위치하고 어떤 요인들이 디지털 광고효과에 영향을 미칠 수 있는지 파악해야 한다.
- 목표 설정(Objectives): 이 단계에서는 비즈니스 목표와 일치하는 명확하고, 측정 가능한 디지털 광고 목표를 설정한다. 이러한 목표는 스마트(Specific, Measurable, Achievable, Relevant, Time-bound: SMART) 기준을 바탕으로 실행 가능하도록 설정되어야 한다. 이와 관련된 대표적 목표로는 제품 또는 서비스 인지도 상승, 웹사이트 트래픽 유입, 리드 생성, 매출 증대 등이 있다.
- 전략 수립(Strategy): 전략 수립 단계에서는 디지털 광고 전략의 접근 방식과 방향을 수립한다. 시장을 정의하고, 가장 적합한 마케팅 채널을 선택하며, 제품 또는 서비스의 주요 메시지와 포지셔닝을 결정하는 작업이다. 이를 통해 전 단계에서 설정된 목표를 달성하기 위한 구체적 로드맵을 제공해야 한다.
- 전술 결정(Tactics): 전술 결정 단계에서는 전 단계에서 수립된 전략을 실행하는 데 사용되는 구체적 디지털 광고 활동과 도구를 결정한다. 검색 엔진 최적화, 클릭당 지불(PPC) 광고, 콘텐츠 마케팅, 이메일 마케팅 및 소셜 미디어 마케팅 등이 이에 해당한다. 이러한 전술은 목표 달성 가능성 및 소비자와 효과적으로 상호 작용할 수 있는 잠재력을 고려하여 선택되어야 한다.
- 실행(Action): 실행 단계에서는 디지털 광고 전술을 실행하기 위한 세부 계획을 수립한다. 이를 위해 책임을 할당하고, 마감 기한을 설정하며, 예산 및 인력 등의 자원을 배분한다. 잘 구성된 실행 계획은 이러한 작업을 조직화함으로써 효과적 · 효율적으로 목표를 달성할 수 있게 한다.
- 통제(Control): 마지막 단계인 통제는 디지털 광고의 성과를 모니터링, 측정 및 평가하는 작업이다. 이를 위해 주요 성과지표를 추적하고, 캠페인 결과를 분석하며, 필요에 따라 전략을 조정하여 디지털 광고 전략을 최적화한다. 아울러 정기적 모니터링 및 평가를 통해 개선할 영역을 파악함으로써 디지털 광고가 원하는 결과를 가져오는지 확인한다.

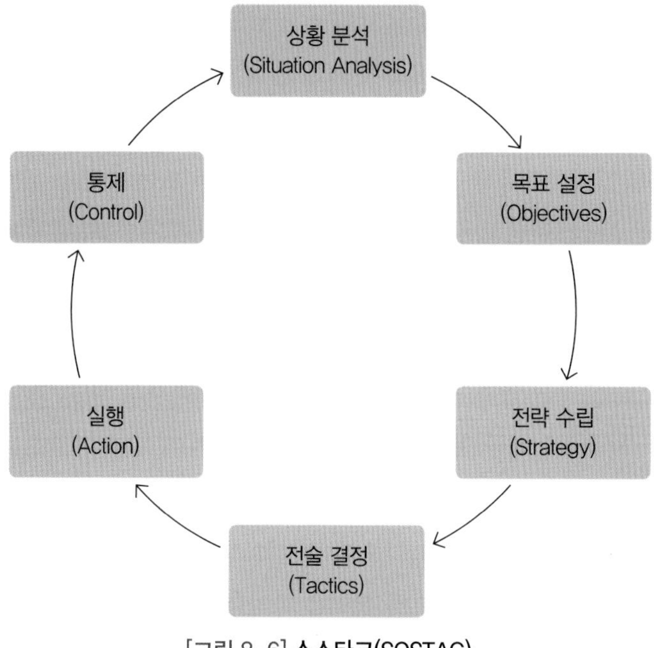

[그림 8-6] **소스타크(SOSTAC)**

(2) 그로스 마케팅(GROWTH Marketing)

그로스 마케팅은 지속가능한 비즈니스 성장을 달성하기 위해 빠른 실험, 데이터 기반 의사 결정 및 지속적인 최적화를 강조하는 종합적 디지털 광고 전략이다. 그로스(GROWTH)는 이를 위해 진행하는 목표 설정(Goal setting), 연구(Research), 최적화(Optimization), 웹 분석(Web analytics), 테스팅(Testing), 가설 기반 실험(Hypothesis-driven experimentation)의 여섯 단계를 의미하는 약어이다. 각 단계의 의미는 다음과 같다.

- 목표 설정(Goal setting): 효과적 · 효율적 디지털 광고 전략의 수립을 위해서는 명확하게 정의된 측정 가능하며 실현 가능한 목표가 필요하다. 이러한 목표는 비즈니스 목표와 일치하도록 설정되어야 하며, 스마트(Specific, Measurable, Achievable, Relevant, Time-bound: SMART) 기준에 따라야 한다. 이를 바탕으로 마케터는 디지털 광고 전략의 기초를 확립하고 전략의 성과를 측정할 수 있다.
- 연구(Research): 디지털 광고 전략에서 필수적인 부분으로서 소비자, 경쟁사, 시장 동향에 대한 데이터 수집 및 분석을 의미한다. 이러한 연구는 마케터가 기회를 파악하고 소비자의 문제점을 발견하여 경쟁 환경을 이해하는 데 도움이 된다. 이를 바탕

으로 마케터는 효과적 디지털 광고 전략을 수립할 수 있다.

- 최적화(Optimization): 디지털 광고 전략은 인터넷상에서의 소비자 경험 및 이동 경로에 따라 지속적으로 변화되어야 한다. 이를 위해 마케터는 광고 성과를 분석하고, 데이터 기반 인사이트를 적용해 디지털 광고 전략의 모든 측면을 최적화해야 한다. 광고 창작물 개선, 랜딩 페이지 개선, 이메일 캠페인의 개인화, 웹사이트 및 앱 사용자의 경험 향상 등이 이에 포함된다.
- 웹 분석(Web analytics): 다양한 웹 분석 도구를 사용해 디지털 광고 전략의 성과를 수집, 분석, 보고하는 단계이다. 이러한 도구들은 소비자의 행동, 참여 및 전환 패턴에 대한 인사이트를 제공함으로써 마케터가 구체적 정보를 기반으로 디지털 광고 전략에 대한 결정을 내리는 데 도움을 준다. 이와 함께 주요 성과지표를 바탕으로 디지털 광고 전략의 효과를 정기적으로 추적하고 모니터링함으로써 해당 전략의 성공 여부를 측정하고 개선이 필요한 영역을 파악할 수 있다.
- 테스팅(Testing): 디지털 광고 전략의 목표를 달성하는 가장 효과적인 전략과 전술을 판단하기 위해 실험을 진행하는 단계이다. 에이비(A/B) 테스팅, 다변량 테스팅, 사용자 경험 테스팅 등이 대표적이다. 이를 통해 디지털 광고 전략의 다양한 요소를 테스트함으로써 어떤 요소가 소비자의 공감을 불러일으키며 더 나은 결과와 높은 투자 회수율(Return On Investment: ROI)를 이끌어 내는지 판단할 수 있다.
- 가설 기반 실험(Hypothesis-driven experimentation): 데이터, 연구 및 인사이트에 기반해 가설을 수립한 뒤 수립한 가설을 검증하거나 반박하기 위해 실험을 설계하고 실행하는 단계이다. 이러한 접근 방식을 통해 마케터는 디지털 광고 전략의 성공과 실패로부터 깨달음을 얻게 되고, 데이터 기반 인사이트에 따라 지속적으로 전략을 개선할 수 있게 된다.

3. 전통적 광고 전략 모델의 디지털 환경 적용 가능성

1) 계층적 효과 모델(Hierarchy of Effects Model)

전통적 광고 전략 모델 중 계층적 효과 모델인 AIDA, AIDMA, DAGMAR 및 래비지-

스타이너 모델은 인터넷상에서 이루어지는 소비자 여정의 단계를 이해하고, 이를 바탕으로 효과적 · 효율적 디지털 광고 전략을 수립하는 데 적용될 수 있다. 이를 위한 구체적인 방법은 다음과 같다.

(1) AIDA/AIDMA

- 주목(Attention): 소셜 미디어 플랫폼, 검색 엔진, 디스플레이 광고와 같은 디지털 채널에서 소비자의 주목을 끌기 위해 독창적 요소, 창의적 제목, 매력적인 콘텐츠를 사용한다.
- 관심(Interest): 제품 또는 서비스에 대한 소비자의 관심을 유지할 수 있도록 블로그 글, 동영상, 인포그래픽 등 정보로서의 가치가 높은 매력적인 콘텐츠를 개발한다.
- 욕구(Desire): 제품 또는 서비스의 혜택과 특징을 강조하는 설득적 광고 문구, 소비자의 증언, 사례 연구 또는 제품 데모 등을 통해 제품 또는 서비스에 대한 욕구를 유발한다.
- 기억(Memory): AIDA 대비 AIDMA는 소비자의 기억에 남을 만한 경험과 메시지 개발의 중요성을 강조한다. 이를 위해 리마케팅 캠페인, 일관된 브랜딩 및 스토리텔링을 활용해 소비자의 기억에 남는 인상을 형성한다.
- 행동(Action): 웹사이트, 랜딩 페이지, 이메일 캠페인 등을 활용하거나 명확하고 매력적인 콜투액션을 제시함으로써 구매, 가입, 문의 등과 같은 소비자 전환이 일어나도록 유도한다.

(2) DAGMAR

효과적 · 효율적 디지털 광고 전략의 수립을 위해 스마트(Specific, Measurable, Achievable, Relevant, Time-bound: SMART) 목표를 설정한다. 특정 기간 내에 웹 트래픽을 늘리거나, 리드를 생성하거나, 매출을 증대시키는 것 등이 예가 될 수 있다. 이와 함께 웹 분석 도구를 사용해 디지털 광고 전략의 성과를 목표와 비교하며, 결과의 최적화를 위해 필요에 따라 전략을 조정한다.

(3) 래비지-스타이너 모델(Lavidge-Steiner Model)

- 인지(Awareness): 소셜 미디어, 검색 엔진 및 디스플레이 광고와 같은 디지털 채널

을 통해 브랜드 인지도를 높인다.

- 지식(Knowledge): 블로그 게시물, 동영상, 웨비나, 전자책과 같은 콘텐츠 마케팅을 통해 소비자에게 제품 또는 서비스에 대한 정보를 전달한다.
- 호감(Liking): 제품 또는 서비스의 개성과 가치를 드러내고 소셜 미디어 플랫폼에서 소비자와 소통함으로써 긍정적 이미지를 구축하고 호감도를 높인다.
- 선호(Preference): 차별적 판매 포인트 또는 가격 경쟁력을 강조해 경쟁사와 구별되는 이미지를 형성한다.
- 확신(Conviction): 소비자 후기, 추천사, 사례 연구 또는 인플루언서의 지지를 통해 신뢰도와 신용도를 높인다.
- 구매(Purchase): 설득적 광고 문구, 콜투액션 및 최적화된 랜딩 페이지 또는 구매 프로그램을 통해 전환을 유도한다.

2) 그 외 주요 광고 전략 모델

전통적 광고 전략 모델 중 그 외 주요 광고 전략 모델인 수단–목적 사슬 모델, FCB 격자, 로시터–펄시 격자는 인터넷상에서 판매되는 제품 또는 서비스의 특징을 이해하고, 이를 비탕으로 효과적 · 효율적 디지털 광고 전략을 수립하는 데 적용될 수 있다. 이를 위한 구체적인 방법은 다음과 같다.

(1) 수단–목적 사슬 모델(Means–End Chain Model)

- 제품 속성 식별: 제품 또는 서비스의 기능, 특성, 실질적 측면을 파악한다. 이러한 속성은 디지털 광고 전략의 기초를 제공하며 제품 또는 서비스를 소비자와 연결시키는 핵심 요소가 된다.
- 기능적 · 감성적 혜택 결정: 각 속성을 분석함으로써 소비자에게 제공되는 기능적 · 감성적 혜택을 파악한다. 기능적 혜택은 제품 또는 서비스가 제공하는 실용적 이점이나 해결책을 의미하며, 감성적 혜택은 이를 사용할 때 소비자가 느끼는 감정이나 기분을 의미한다.
- 소비자 가치 파악: 각 혜택을 통해 충족되거나 강화되는 소비자 가치를 파악한다. 소비자 가치란 소비자에게 중요하여 구매뿐만 아니라 다양한 의사 결정에 영향을

미치는 원칙이나 신념을 말한다.

- 수단-목적 사슬 생성: 속성, 혜택 및 소비자 가치를 연결하여 제품 또는 서비스와 관련해 소비자가 추구하는 동기 및 가치에 이르는 명확한 경로를 구축한다. 이러한 경로를 통해 소비자가 깊은 수준에서 제품 또는 서비스를 어떻게 인식하는지 이해할 수 있다.
- 디지털 광고 메시지 개발: 수단-목적 사슬을 사용해 소비자의 동기와 가치를 소구하는 디지털 광고 메시지를 구성한다. 구체적 속성과 관련된 혜택을 강조하고 이를 소비자 가치와 연결함으로써 소비자가 공감하는 감성적으로 매력적인 콘텐츠를 만들 수 있다.
- 효과적 · 효율적 디지털 채널 선택: 소셜 미디어, 콘텐츠 마케팅, 이메일 마케팅, 디스플레이 광고, 검색 엔진 마케팅 등 광고 메시지 전달에 가장 적합한 디지털 채널을 선택한다. 아울러 소비자에게 효과적 · 효율적으로 메시지를 전달할 수 있도록 소비자의 매체 사용 취향과 습관을 고려한다.
- 실행 및 모니터링: 디지털 광고 캠페인을 시작하고 웹 분석 도구 및 광고 목표와 관련된 주요 성과지표를 사용해 성과를 모니터링한다. 또한 데이터를 분석해 수단-목적 사슬을 기반으로 설정된 광고 메시지의 효과를 판단하고 결과를 최적화하기 위해 필요한 조정을 한다.

(2) FCB 격자(FCB Grid)

① 제품 또는 서비스가 속한 사분면 확인

② 각 사분면에 적합한 디지털 광고 전략 개발

- 제1사분면(고관여 & 이성): 제품 또는 서비스의 특징, 혜택, 품질을 강조한다. 소비자가 정보를 기반으로 결정을 내릴 수 있도록 블로그 글, 동영상, 인포그래픽 등과 같은 정보 및 교육 콘텐츠를 제공한다. 이와 함께 검색 엔진 최적화 및 클릭당 지불 광고를 활용해 제품 또는 서비스를 적극적으로 검색하는 소비자에 대한 광고 도달률을 높인다.
- 제2사분면(고관여 & 감성): 스토리텔링, 매력적인 시각 자료, 열망을 자극하는 메시지 등을 통해 소비자와의 감성적 연결을 형성한다. 소셜 미디어 플랫폼 및 인플루언

서 마케팅을 활용해 화제를 조성하고 차별적 느낌을 형성하는 것 또한 효과적이다. 이와 함께 동영상 콘텐츠, 상호 작용 경험, 몰입형 스토리텔링도 효과를 기대할 수 있다.

- 제3사분면(저관여 & 이성): 제품 또는 서비스의 편리함, 실용성, 가성비 등을 강조한다. 이와 함께 명료하고 간결한 메시지를 사용해 프로모션, 할인, 인센티브 등을 제공함으로써 빠른 구매 결정을 촉진한다. 디스플레이 광고, 이메일 마케팅, 리타기팅 등을 통해 소비자에게 메시지를 전달함으로써 영향을 미칠 수도 있다.
- 제4사분면(저관여 & 감성): 기억에 남거나 즐겁고 시각적으로 매력적인 디지털 광고를 만들어 소비자와 감성적으로 공감하고 호응할 수 있게 한다. 이와 함께 소셜 미디어, 동영상 콘텐츠, 디스플레이 광고 등을 활용해 공유 및 입소문을 유도할 만한 매력적인 경험을 제공한다.

③ 디지털 광고 활동의 지속적 모니터링 및 최적화

웹 분석 도구와 주요 성과지표를 사용해 캠페인의 성과를 추적한다. 이를 통해 취합된 데이터를 분석하고 필요에 따라 전략을 조정함으로써 광고 콘텐츠, 타기팅, 채널 및 메시지 등을 최적화해 결과를 개선한다.

(3) 로시터-펄시 격자(Rossiter-Percy Grid)

① 제품 또는 서비스가 속한 사분면 확인

② 각 사분면에 적합한 디지털 광고 전략 개발

- 제1사분면(고관여 & 정보적): 제품 또는 서비스의 특징, 혜택, 가성비 등을 강조한다. 이와 함께 명료하고 간결한 메시지를 사용하고 프로모션 또는 할인을 강조함으로써 빠른 구매 결정을 유도한다. 이를 위해 검색 엔진 최적화, 클릭당 지불 광고, 디스플레이 광고 등을 활용해 실용적 해결책을 찾는 소비자에 대한 광고 메시지 도달률을 높인다.
- 제2사분면(고관여 & 전환적): 기억에 남고 재미있으며 매력적인 디지털 광고를 제작한다. 소셜 미디어 플랫폼, 동영상 콘텐츠, 인플루언서 마케팅 등을 통해 해당 광고를 집행함으로써 화제를 조성하고 공유를 유도한다. 또한 제품 또는 서비스의 감성

적 · 경험적 혜택을 제시한다.

- 제3사분면(저관여 & 정보적): 제품 또는 서비스의 특징, 혜택, 품질에 대해 자세한 정보를 제공해 소비자가 정보에 기반한 결정을 내릴 수 있도록 한다. 특히 소비자의 의사 결정 과정에 도움이 되는 정보 및 교육 콘텐츠(예: 블로그 글, 동영상, 인포그래픽)를 제공한다. 또한 제품 또는 서비스를 적극적으로 조사하는 소비자에 대한 도달률을 높일 수 있도록 검색 엔진 최적화 및 클릭당 지불 광고를 활용한다.
- 제4사분면(저관여 & 전환적): 열망을 자극하는 메시지, 스토리텔링, 매력적인 시각 자료를 통해 소비자와 감성적 연결을 형성한다. 또한 소셜 미디어 플랫폼, 동영상 콘텐츠, 인플루언서 마케팅을 활용해 긍정적 감정을 불러일으키고 차별적 느낌을 형성한다. 제품 또는 서비스와 관련된 특별한 혜택 및 차별적 경험을 제공하는 것도 좋은 방법이다.

③ 디지털 광고 활동의 지속적 모니터링 및 최적화

- 웹 분석 도구와 주요 성과지표를 사용해 캠페인의 성과를 추적한다. 이를 통해 취합된 데이터를 분석하고 필요에 따라 전략을 조정함으로써 광고 콘텐츠, 타기팅, 채널 및 메시지 등을 최적화해 결과를 개선한다.

4. 통합적 디지털 광고 전략 모델의 제시

지금까지 전통적 광고 전략 및 디지털 광고 전략의 수립을 위해 사용되는 주요 모델들의 특징을 살펴보고, 전통적 광고 전략 모델의 디지털 광고 전략 적용 가능성을 확인해 보았다. 디지털 광고 전략이 최적의 결과를 거두기 위해서는 해당 전략의 목표를 달성하는 것뿐만 아니라 비(非) 디지털(non-digital) 광고 전략과 연결되어 시너지를 거둘 수 있어야 한다. 이를 위해서는 디지털 광고 전략을 수립할 때 디지털 광고 전략 모델뿐만 아니라 전통적 광고 전략 모델 역시 고려해 digital과 non-digital을 결합한 '통합적' 광고 전략을 수립할 수 있어야 한다. 이를 위해 본 장에서 제시하는 '통합적 디지털 광고 전략 모델'은 다음과 같다.

- 제품 또는 서비스의 포지셔닝 결정: FCB 격자, 로시터-펄시 격자 및 수단-목적 사슬 모델을 사용해 제품 또는 서비스에 대한 소비자의 관여도, 동기 유형(정보적 또는 전환적) 및 제품 속성, 혜택, 소비자 가치 사이의 연결을 결정한다. 이를 통해 소비자에게 가장 적합한 광고 접근 방식을 파악한다.
- 소비자 여정(Consumer Journey) 파악: 전통적 계층 효과 모델(AIDA, AIDMA, DAGMAR, Lavidge-Steiner Model)을 활용해 소비자 여정의 단계를 파악한다. 이 단계를 레이스(RACE: Reach, Act, Convert, Engage), AISAS 및 보기-생각하기-행동하기-관리하기 모델과 같은 디지털 모델과 연계해 모든 접점에서 매끄러운 소비자 경험을 제공한다.
- 명확한 목표 설정: DAGMAR 및 SOSTAC를 활용해 통합적 디지털 광고 전략에 대한 구체적이고, 측정 가능하며, 달성 가능하고, 관련성이 있고, 시간이 정해진(SMART) 목표를 수립한다. 이와 함께 진행상황과 성공을 추적하기 위한 주요 성과지표를 정의한다.
- 연구 및 분석 수행: 그로스 마케팅 원칙을 적용해 소비자, 경쟁사 및 시장 동향에 대한 데이터를 수집한다. 수집한 정보를 사용해 기회를 파악하고, 타깃을 결정하며, 타깃 소비자에 맞춘 메시지를 만든다.
- 콘텐츠 전략 개발: 소비자 여정의 각 단계에 맞춘 정보 제공, 설득, 감정적 몰입 등이 가능한 콘텐츠 전략을 개발한다. 이를 위해 전통적 광고 전략 모델과 레이스 모델 및 보기-생각하기-행동하기-관리하기 모델과 같은 디지털 광고 전략 모델을 결합해 가장 효과적인 커뮤니케이션 채널을 결정한다.
- 다양한 디지털 채널 활용: 다양한 디지털 플랫폼을 통해 소비자에게 메시지를 전달한다. 이를 위해 검색 엔진 최적화, 클릭당 지불 광고, 소셜 미디어 마케팅, 이메일 마케팅, 콘텐츠 마케팅, 인플루언서 마케팅, 디스플레이 광고, 리마케팅 등을 사용한다.
- 테스트 및 최적화: 데이터 기반 실험, 에이비 테스트 및 디지털 광고 캠페인의 지속적 최적화를 위해 그로스 마케팅 및 SOSTAC 원칙을 사용한다. 웹 분석 도구를 사용해 캠페인 성과를 측정하고 측정한 데이터를 바탕으로 개선을 위한 결정을 내린다.
- 소비자 참여 및 충성도 제고: 레이스 모델의 '몰입' 단계와 보기-생각하기-행동하기-관리하기 모델의 '관리하기' 단계를 활용해 소비자와 지속적 관계를 구축한다.

탁월한 소비자 경험, 개인화, 판매 후 지원 등을 제공해 재구매 또는 추천을 유도하는 데 초점을 맞춘다.

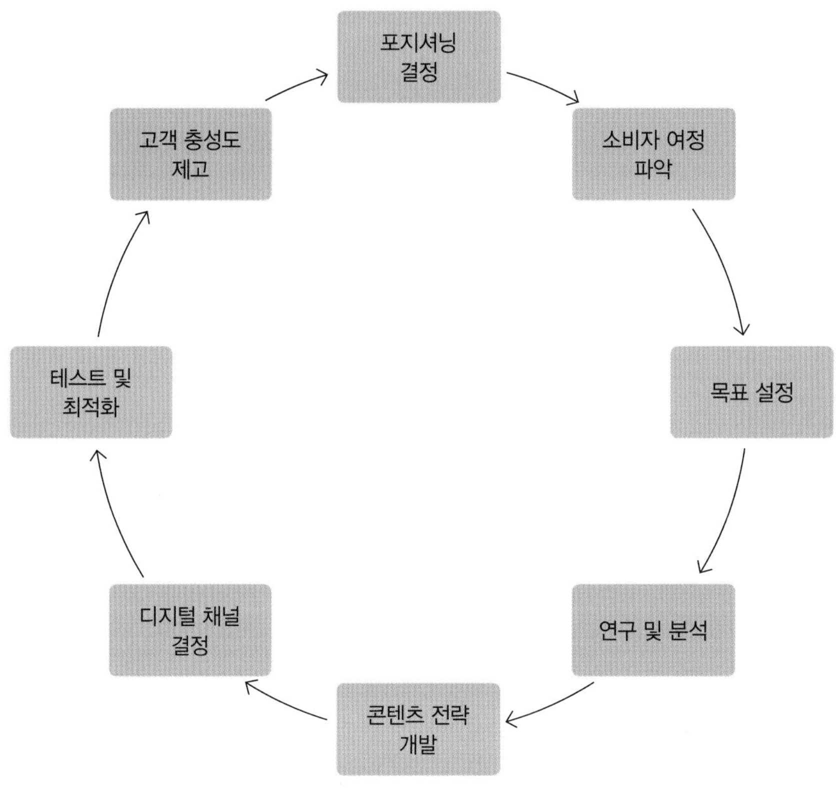

[그림 8-7] **통합적 디지털 광고 전략 모델**

5. 마무리

바야흐로 '디지털' 시대이다. 디지털이 아니면 왠지 진부하게 느껴질 정도이다. 광고 시장 역시 '디지털 광고'가 주도하고 있다. 그렇다면 디지털 광고란 매체의 관점에서 디지털 매체를 사용해 집행하는 광고란 의미일까? 아니면 그 이상의 패러다임 쉬프트, 즉 광고 전략의 본질적 변화를 의미하는 것일까? 디지털 시대를 살아가는 광고인 또는 광고인이 되길 꿈꾸는 사람이라면 반드시 한 번쯤 고민해 봐야 할 질문이다. 이 장을 집필한 저자의 견해는 전자이다. 디지털 이전 '아날로그' 시대에 개발됐던 광고 전략 모델들에 포함되어 있는 광고의 본질에 대한 고민들은 여전히 유효하다고 믿기 때문이다. 다만, 디지털 매체가 아날로그 대비 차별적 특징을 갖고 있는 것 또한 부인할 수 없는 사실이다. 따라서 최적의 디지털 광고 전략은 아날로그 시대에 제시됐던 광고의 본질에 대한 고민들을 디지털 매체의 특징에 맞춰 적용하는 과정을 통해 도출될 것으로 믿는다. 본 장에서 제시한 '통합적 디지털 광고 전략 모델'은 이러한 믿음의 결과물이다. 아무쪼록 이 모델을 통해 디지털 광고 전략이 한 단계 더 발전할 수 있길 기대한다.

참고문헌

Barry, T. E., & Howard, D. J. (1990). A Review and Critique of the Hierarchy of Effects in Advertising. *International Journal of Advertising, 9*(2), 121-135.

Colley, H. R. (1961). *DAGMAR*. Association of National Advertisers.

Gutman, J. (1982). A Means-End Chain Model Based on Consumer Categorization Processes. *Journal of Marketing, 46*(2), 60-72.

Jilkova, P. (2019). Online Marketing Campaign in Context of Influencer Marketing. In Scientific Conference of Business Economics Management and Marketing 2019. p.57.

Lavidge, R. J., & Steiner, G. A. (1961). A Model for Predictive Measurements of Advertising Effectiveness. *Journal of Marketing, 25*(6), 59-62.

Rochman, E. A., & Iskandar, B. P. (2015). Users' Engagement toward the Brand Accounts in Instagram based on the AISAS Model. *Journal of Business and Management, 4*(8), 890-900.

Rossiter, J. R., & Percy, L. (1987). *Advertising and Promotion Management*. McGraw-Hill.

Smith, P. R. (2011). The SOSTAC(r) Guide to Writing the Perfect Marketing Plan. www.PRSmith.org

Vaughn, R. (1986). How Advertising Works: A Planning Model Revisited. *Journal of Advertising Research, 26*(1), 57-66.

제9장

차별적인 광고 전략 수립하기*

이 장에서는 기본적인 광고 전략을 알아보고 디지털 시대에 주목해야 할 광고 전략의 측면을 살펴보고자 한다. 광고 전략의 각 단계에서는 데이터와 AI의 측면을 중점적으로 살펴볼 것이다. 광고 전략은 논리적이고 합리적인 방식으로 광고를 차별화하여 목표를 달성하기 위한 방법이다. 광고 전략의 과정은 일반적으로 문제점 분석, 기회 찾기, 광고 목표 수립, 광고 타깃 설정, 콘셉트 도출, 운영 전략 수립, 광고 결과 분석 그리고 다시 최적화 및 개선으로 이어지는 사이클이 반복되는 과정이다.

현재 미디어 환경은 매우 역동적으로 급변하고 있다. 디지털 미디어 환경에서 소비자의 의사 결정 과정은 점점 더 다양해지고 세분화되고 있다. 하나의 광고 전략으로는 변화하는 미디어 환경과 소비자의 다양한 니즈를 따라잡기 어려울 수 있다. 방대한 온라인 데이터를 활용하고 AI 기술을 접목할 수 있다는 점은 광고 전략을 수립하는 데 있어서, 광고기획자에게 기회이자 도전의 장을 마련해 주고 있다.

---

*조준혁(서원대학교 광고홍보학과 교수)
김희은(제일기획 커넥션 플래닝팀 팀장)

1. 광고 전략

1) 광고 전략이란

광고 전략은 광고 목표를 달성하기 위해 기본적인 계획을 수립하여 논리적이고 합리적으로 표현한 것이다(송기인, 2014). 광고 전략은 특정 목표에 집중하고 모든 요소가 일관되게 작동하도록 하기 때문에 효과적이고 영향력 있는 광고 캠페인을 만드는 데 필수적이다. 강력한 광고 전략은 뚜렷한 브랜드 개성을 창출하고 브랜드 충성도를 구축하며 사용자 신뢰를 높이는 데 도움이 된다. 광고 전략의 단계는 대체로 환경 분석, 문제점 및 기회 요인 도출, 광고 목표 수립, 광고 타깃 설정, 광고 콘셉트 도출, 광고 운영 전략 수립, 결과 측정 및 최적화 방안, 개선 방안 도출 순서로 정리할 수 있다. 국내외 광고대행사는 고유한 광고 전략 프레임워크를 개발해 왔지만, 광고 전략에 영향을 미치는 기술 발전의 속도가 빨라지면서 끊임없이 새로운 전략을 발굴할 필요가 있다. 이 장에서는 광고 전략의 주요 단계를 살펴보고, 디지털, AI 시대에는 각 단계별로 어떻게 차별적인 광고 전략을 수립할 수 있는지를 집중해서 살펴보고자 한다. 먼저 디지털 시대의 광고 전략의 특징을 알아보기로 한다. 특히 데이터와 AI에 중점을 두고 설명을 진행하고자 한다.

2) 디지털 시대의 광고 전략의 특징 1: 데이터

디지털 시대는 광고 환경에 많은 변화를 가져왔다. 먼저 미디어의 세분화로 인해 적절한 메시지를 적시에 타깃 고객에게 도달하도록 하는 것이 점점 더 어려워지고 있다. 경쟁업체의 시장 진입과 고객 관심을 끌기 위한 경쟁이 쉬워지면서 이러한 과제는 더욱 복잡해졌다. 또한 온라인 네트워크를 통해 좋은 소식과 나쁜 소식이 빠르게 확산되면서 온라인에서 브랜드 평판을 관리하는 것도 매우 중요해졌다. 이러한 환경에서 데이터는 빠른 속도로 대량으로 축적되면서 중요한 자산이 됐다.

디지털 시대의 광고 전략에서 가장 중요한 특징 중 하나가 바로 데이터의 수집과 활용이다. 데이터는 광고 목표를 수립하고, 광고를 타기팅하고, 광고 콘셉트를 개발하는 광고 전략의 단계마다 의사 결정에 중요한 역할을 한다. 아침에 일어나 날씨와 뉴스를 확인하고, 점심 식사를 위해 레스토랑을 검색하고, 리뷰를 작성하고 사진을 게시하고, 소셜 미디어에 댓글을 다는 등 우리는 일상생활에서 온라인에 방대한 양의 데이터를 남기고 있다. 퇴근 후 유튜브로 동영상을 보고 온라인 쇼핑을 하는 것도 모두 데이터로 기록되는 활동이다. 이 데이터는 우리의 행동을 드러낼 뿐만 아니라 감정과 만족도에 대한 인사이트도 제공한다.

과거에는 주로 정량적 설문조사나 정성적 인터뷰를 통해서만 소비자에 대한 이해가 가능했다. 하지만 디지털 시대에는 데이터를 통해 소비자의 인식, 태도, 행동에 대한 인사이트를 얻을 수 있다. 데이터를 효과적으로 활용하기 위해서는 먼저 어떤 데이터가 존재하는지 이해하는 것이 중요하다. 데이터는 수집 주체에 따라 퍼스트 파티(first party) 데이터, 세컨드 파티(second party) 데이터, 서드 파디(third party)데이터 등 세 가지 유형으로 분류할 수 있다.

퍼스트 파티 데이터는 사용자가 회원 가입 시 입력하는 기본 정보, 사용자의 방문 기록이나 행동 이력 등 회사에서 직접 수집하는 데이터이다. 가입 정보에는 전화번호, 주소, 이메일, 연령, 성별 등이 해당된다. 로그인을 언제 했고, 어떤 유입 경로를 통해 해당 기업의 사이트를 방문했고 사이트에서 체류 시간은 얼마나 되는지 등의 방문 이력은 물론이고, 사이트에서 어떤 키워드로 어떤 상품을 탐색하고 장바구니에 담고 구매를 했는지 등의 행동 데이터도 퍼스트 파티 데이터에 포함된다. 이 데이터는 일반적으로 고객 데이터 플랫폼(Customer Data Platform: 이하 CDP)에서 관리한다.

세컨드 파티 데이터는 다른 회사의 퍼스트 파티 데이터이며 제휴 계약을 통해 수집된다. 퍼스트 파티 데이터와 마찬가지로 고객 프로파일과 고객 행동에 대한 정보를 포함한다. 그러나 퍼스트 파티 데이터와의 차이점은 데이터가 다른 기업에서 수집된다는 점이다. 예를 들어, 카드회사와의 제휴 계약을 통해 카드회사의 소비자 데이터를 구매해서 받아보는 데이터가 세컨드 파티 데이터이다. 다만 세컨드 파티 데이터를 잘 활용하기 위해서는 회사마다 데이터를 수집, 저장, 관리하는 기준이 다르므로 서로의 기준을 맞추어 데이터를 분석하는 작업이 필요하다.

마지막으로 서드 파티 데이터는 데이터 전문 회사로부터 제공받는 제3자 데이터이다. 서드 파티 데이터는 방대한 데이터를 갖고 있으며 경쟁사 공략을 위해 활용될 수 있다. 당연하게도 자사의 데이터가 아니라 제3자의 데이터이기 때문에 자사에게 제공되는 정보의 수준에는 한계가 있고 경쟁사에도 제공될 수 있다는 단점은 있다. 한편, 개인

정보 보호법이 강화되고 구글(Google), 애플(Apple)과 같은 주요 기업이 서드 파티의 브라우저에서 쿠키를 수집하는 것을 제한하면서 퍼스트 파티 데이터에 대한 관심이 높아지고 있다.

이와 같은 배경으로 인해 제로 파티(zero party) 데이터 개념도 등장하게 됐다. 제로 파티 데이터는 포레스트 리서치(Forrester Research)가 최초로 제안한 개념인데, 소비자가 자발적으로 회사에 직접 제공하는 데이터를 말한다. 예를 들면, 의류 회사가 운영하는 자사 쇼핑몰에 소비자가 자신의 키와 몸무게, 좋아하는 패션 스타일 등 정보를 제공하면 자신에 맞는 스타일을 분석 받고 추천도 받을 수 있다. 이때 고객이 자발적으로 제공하는 신상 정보와 취향 정보가 제로 파티 데이터이다. 고객이 제공한 제로 파티 데이터는 머신러닝 알고리즘의 정확한 예측을 위한 정답용 학습 데이터 세트로 활용될 수 있어 최근 주목을 받고 있는 데이터 유형이다.

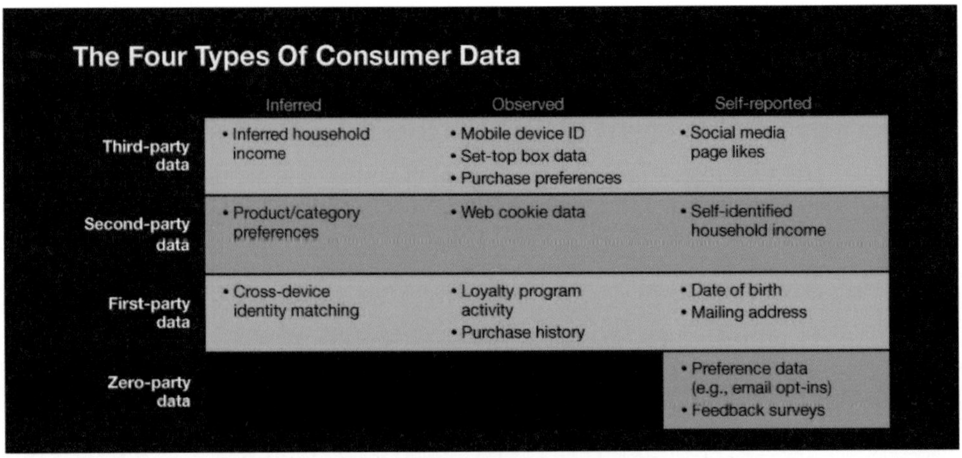

The Four Types Of Consumer Data

	Inferred	Observed	Self-reported
Third-party data	• Inferred household income	• Mobile device ID • Set-top box data • Purchase preferences	• Social media page likes
Second-party data	• Product/category preferences	• Web cookie data	• Self-identified household income
First-party data	• Cross-device identity matching	• Loyalty program activity • Purchase history	• Date of birth • Mailing address
Zero-party data			• Preference data (e.g., email opt-ins) • Feedback surveys

[그림 9-1] 포레스터 리서치의 네 가지 소비자 데이터 유형

기업이 온라인에서 많은 디지털 데이터를 축적할수록 여러 시스템에 분산되어 있는 데이터는 활용이 어려워진다. 또한 데이터를 수집하고 정제하는 과정에 많은 시간이 소요되고 정작 중요한 데이터를 효과적으로 분석하지 못할 우려도 있다. 따라서 각 기업은 모든 소스에서 데이터를 수집하여 구조화된 방식으로 저장하고 효율적이고 쉽게 사용할 수 있도록 하는 데이터 관리 플랫폼(Data Management Platform: 이하 DMP) 솔루션을 구매하거나 구축하고 있다. DMP는 개인 식별이 불가능한 정보, 즉 주로 서드 파티 데이터

를 활용한다. 데이터를 관리하는 또 다른 데이터 플랫폼의 형태로는 CDP가 있다. CDP는 개인 식별이 가능한 퍼스트 파티 데이터를 사용하여 데이터를 관리하는 또 다른 데이터 플랫폼이다. CDP는 자사에 방문 또는 행동 이력이 있는 고객을 대상으로 마케팅하는데 특히 유용하다. 특히 개인화된 데이터를 기반으로 반복 구매를 유도하고 이탈을 방지하는 등의 마케팅 목표를 달성하는 데 사용할 수 있는 유용한 플랫폼이다. 반면, DMP는 개인 식별이 불가능하지만 기존 고객 세그먼트와 유사한 관심사나 특성을 가진 그룹을 타기팅하고 신규 고객을 유치하는 데 유용하다.

최근에 각 기업들은 위 데이터 유형 중 퍼스트 파티 데이터 수집 및 관리를 강화하고 있다. 광고 플랫폼을 통해 광고 진행을 할 경우, 데이터는 광고 플랫폼의 소유이므로 해당 데이터를 기준으로 고객 마케팅 전략을 수립하기에는 한계가 있다. 반면, 자체적으로 고객의 프로파일 데이터와 행동 데이터를 수집하고 구축하면, 고객의 라이프 사이클(life cycle) 및 관심사, 취향에 따른 최적화된 개인화된 마케팅을 할 수 있는 장점이 있다. 이를 위해 각 기업들은 중간 유통 채널을 거치지 않고 자체 온라인 및 오프라인 매장을 통해 제품을 판매하는 D2C(Direct 2 Consumer) 모델을 강화하고 있다. 대표적인 회사가 애플, 나이키 등이다. 이들 회사는 자사 직영 온라인 몰, 오프라인 매장을 중심으로 제품을 판매하고, 자사에 쌓인 고객들의 구매 데이터를 바탕으로 개인화된 마케팅을 진행하여 고객 충성도를 높이고 재구매를 유도하고 있다.

나이키는 2020년부터 수많은 거래선들을 축소해 나가며 직영 브랜드 몰(웹/앱)에 집중해 왔다. 또한 통합된 고객 데이터로 고객의 행동과 태도를 파악할 수 있는 시스템을 구

다양한 채널 내 고객 데이터를 통합 관리하여 브랜드 D2C 모델 구축

브랜드 직영 판매 채널 | 관계 형성 채널

브랜드 직영 몰 웹/앱

한정 상품 판매 채널

나이키 트레이닝 클럽 커뮤니티

나이키 러닝 클럽 커뮤니티

[그림 9-2] **나이키 D2C 플랫폼 사례**

축했다. 구체적으로 브랜드 충성도가 높은 고객 대상으로 한정 제품을 소개하고 판매하는 채널인 나이키 SNKRS 플랫폼, 스포츠를 즐기는 고객들이 활용할 수 있는 커뮤니티 플랫폼(Nike Running club, Nike Training club) 그리고 오프라인 매장에 이르기까지 여러 채널을 통해 통합된 고객 데이터를 쌓아 왔다. 이를 통해 하나의 멤버십 ID로 각 고객의 구매 주기, 주요 구매 품목, 사이즈, 스포츠 관심사, 주요 방문 오프라인 매장 위치 등의 데이터를 확보할 수 있다. 이러한 데이터를 수집하고 분석함으로써 나이키는 고객의 특성, 관심사, 선호도에 따라 개별 고객에게 맞춤화된 광고 콘텐츠를 제공할 수 있다. 이는 고객 충성도를 높이고 재구매를 유도하는 데 도움이 될 뿐만 아니라 장기적으로 고객을 브랜드의 에코시스템(eco system) 내에 고정(lock-in)시키는 데도 도움이 된다.

3) 디지털 시대의 광고 전략의 특징 2: AI

취향에 따라 영화를 추천해 주는 넷플릭스부터 관심사에 맞는 상품을 제안하는 네이버까지 AI는 이미 우리 일상의 일부가 됐다. 인간 MD 대신 AI인 '클로바 MD'가 구매자의 이력을 파악해 비슷한 상품을 추천해 주는 네이버 쇼핑 상품의 경우 판매자가 직접 등록한 경우보다 클릭률이 약 24% 높은 것으로 나타난 바 있다. 광고의 효과와 효율을 높이기 위한 다양한 기술이 개발되면서 광고 전략에 AI가 점점 더 많이 접목되고 있다. AI는 빅데이터를 활용해 광고 콘셉트를 더 신속히 결정할 수 있도록 도와줄 수 있고 광고

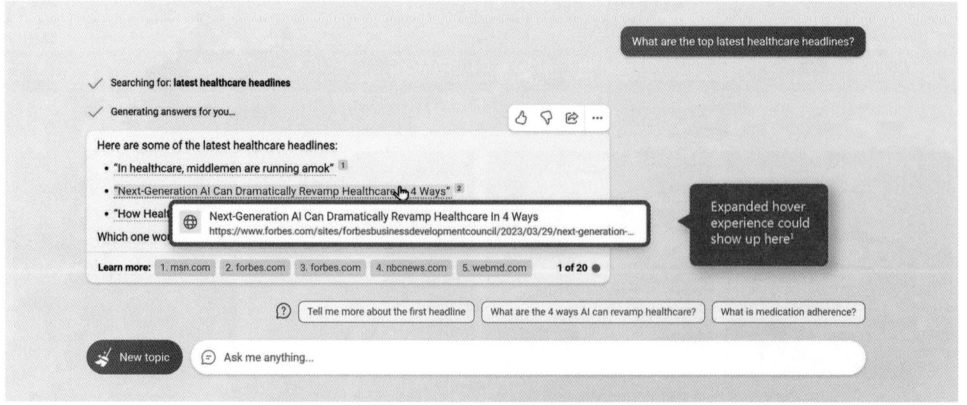

[그림 9-3] **마이크로소프트 Bing의 대화형 검색 결과에서 최적화된 사이트를 제시**

출처: https://blogs.bing.com/search/march_2023/Driving-more-traffic-and-value-to-publishers-from-the-new-Bing

창작자가 빠지기 쉬운 주관적인 판단을 객관적 자료로 보완해 주는 역할을 한다(김병희, 2022). 타기팅과 개인화는 AI가 활용되고 있는 두 가지 핵심 영역이다. AI는 방대한 양의 데이터를 분석하여 사용자의 행동, 선호도, 관심사에 대한 인사이트를 확보하고 개인화된 광고를 제공할 수 있다. 또한 AI는 광고 카피와 헤드라인을 작성하고 사용자의 반응과 행동을 기반으로 광고를 실시간으로 최적화할 수 있다.

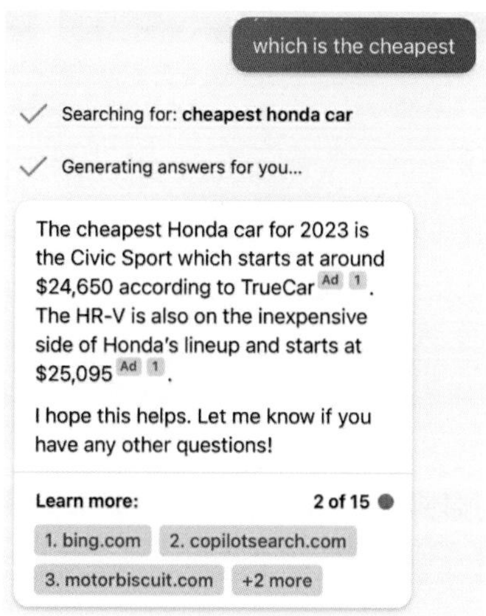

[그림 9-4] **생성형 AI를 통한 광고 예시**

출처: Coldeway (2023. 3. 30.).

데이터의 패턴과 관계를 학습하고 그 지식을 바탕으로 새로운 콘텐츠를 생성하는 생성형 AI(Generative AI)는 최근 폭발적으로 활용도가 증가하고 있다. 예를 들어, Bing의 대화형 검색 결과에는 대표적인 생성형 AI 서비스인 챗GPT가 파트너가 제공한 정보를 반영해 더 자세한 정보를 얻을 수 있는 파트너 페이지 링크를 표시한다(Microsoft Bing, 2023. 3. 29.). 구글도 광고주의 콘텐츠를 기반으로 광고를 전략화, 제작, 집행하는 데 생성형 AI를 활용하는 것을 목표로 하고 있다(Financial Times, 2023. 4. 20.). 생성형 AI 기반 챗봇은 소비자의 고유한 관심사를 파악하여 구매 여정에 따라 제품을 제안하고 광고를 표시할 수 있다(Techcrunch, 2023. 3. 29.). 또한 구매 과정에서 문제가 생겼을 때 사람이 없어도 신속히 대응하며 충성도를 높일 수 있는 역할도 가능하다.

생성형 AI는 텍스트 뿐 아니라 이미지도 생성이 가능하다. 예를 들어, 오픈AI(OpenAI)사의 달.E(Dall.E) 솔루션을 활용하면 단순한 코딩을 통해서 하나의 이미지를 변형하여 새로운 이미지를 무한대로 재생산할 수 있다. 매번 광고 제작물을 실제로 촬영하거나 일러스트 작업을 해야 했던 이전과 비교하면, 최적화된 광고를 제작하는 과정이 훨씬 더 효율적이 되었다.

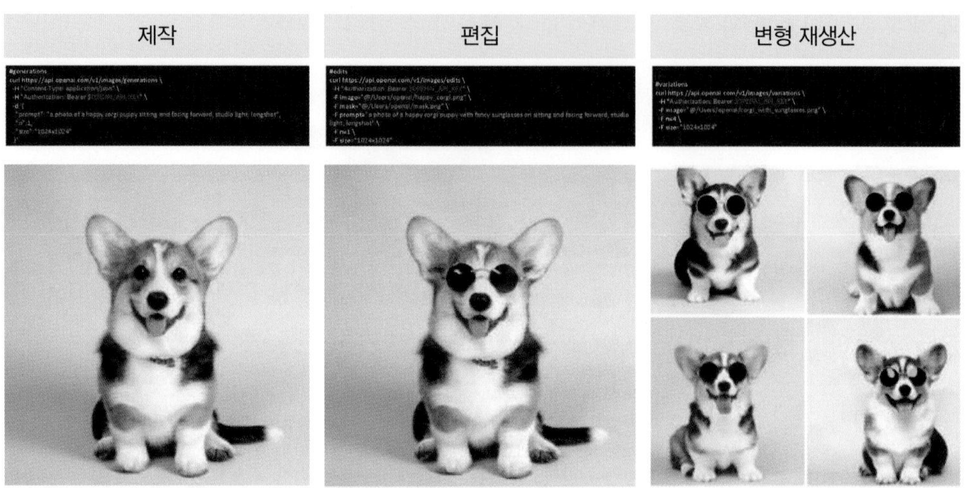

[그림 9-5] 생성형 AI를 활용, 이미지 제작 코드 및 결과물 사례

출처: https://openai.com/blog/dall-e-api-now-available-in-public-beta

[그림 9-6] 챗GPT를 활용한 광고 시나리오 기반 영상 시리즈 광고 사례 – 배스킨라빈스

출처: https://www.youtube.com/@baskinrobbinskorea

최근에는 제작 과정에 대한 효율화를 넘어 AI가 고객 데이터를 분석하여 초세분화된 고객 그룹별로 최적화된 맞춤형 카피를 제작하는 데에도 활용되고 있다. 또한 광고 제작물의 시나리오 자체를 AI를 통해 제작하는 사례도 생겨나고 있다. 전반적으로 AI는 디지털 시대의 광고 전략에 혁신을 일으키며 개인화, 효율성, 창의성을 위한 새로운 가능성을 제시하고 있다.

2. 광고 목표

1) 광고 목표란

DAGMAR 모델에 따르면 광고 목표는 특정 기간 동안 명확하게 정의된 대상으로부터 달성하고자 하는 구체적인 커뮤니케이션 과업을 의미한다(Colley, 1961). 이 모델에 따르면 광고 목표는 기준이 되는 시작점이 있어야 하고 잠재 고객이 정의되어야 하고 커뮤니케이션 효과가 측정 가능해야 한다. 커뮤니케이션 효과의 단계로는 '인지(awareness) → 이해(comprehension) → 확신(conviction) → 행동(action)'을 제시하고 있다.

광고의 목적은 결국 소비자가 제품이나 서비스를 사용해 보거나 구매하는 등 원하는 행동을 취하도록 설득하는 것이다. 예를 들어, 신제품이 출시됐는데 제품 판매가 잘 안 되는 이유가 인지도가 낮아 소비자를 설득하기가 힘들 경우, 광고의 목표는 인지도 제고가 될 것이다. 이처럼 소비자를 설득하기 위해서는 인지도가 문제인지, 태도가 문제인지 소비자의 구매의사 결정 과정을 파악하고 이를 해결하기 위한 광고 목표를 도출하는 것이 중요하다.

2) 디지털 시대의 광고 목표

디지털 시대에는 광고의 목표가 브랜드 인지도를 높이거나 판매를 촉진하는 것을 넘어 참여 유도, 커뮤니티 구축, 다양한 접점에서 일관된 브랜드 경험 창출 등 다양한 새로운 목표로 확장되고 있다. 기존에 대중매체를 통해 소비자의 구매의사 결정 과정을 설명하는 데 이용되던 AIDMA(Attention → Interest → Desire → Memory → Action) 모델은 디지털 미디어의 특성을 반영한 AISAS(Attention → Interest → Search → Action → Share) 모델로 대체됐다. 여기에 소셜 미디어에서의 소비자 행동을 반영하기 위해 SIPS(Sympathize → Identify → Participation → Share & Spread) 프로세스가 추가됐다. 과거에는 소비자별로 구매의사결정 과정에서 어떠한 단계에 있는지 인지하기가 힘들었다. 디지털 시대의 가장 큰 차이점은 데이터를 통해 소비자의 위치가 어디인지를 파악할 수 있게 됐다는 점이다. 따라서 데이터를 기반으로 구매 여정 중 어떤 단계가 구매에 부정적인 영향을 미치는지 파악하고 이를 극복할 수 있는 광고 목표를 설정해야 한다.

전통 미디어 시대에는 힘 있는 브랜드 메시지를 하나의 캐치프레이즈와 잘 만들어진 15초 · 30초 영상을 통해 전달하기 위한 광고 목표 수립이 가장 중요했다. 지금도 단일화된 메시지 전달 목적의 광고도 여전히 존재하고 중요하다. 하지만 오늘날의 역동적인 디지털 미디어 환경에서는 소비자의 의사 결정 과정이 점점 더 다양화되고 세분화되면서 실질적인 소비자의 행동 변화가 중요한 광고 목표가 됐다. 또한 세부적인 고객 의사 결정 여정을 설계하는 것이 매우 중요하다. 소비자에게 광고가 노출되는 장소 및 시점을 고려하는 등 이전보다 훨씬 더 다양해진 맥락에 따라 최적화된 방식으로 메시지를 전달하고 소비자 의사 결정 단계의 다음 단계로 넘어갈 수 있도록 유도하여, 궁극적으로 브랜드가 원하는 소비자 행동 결과가 나타날 수 있도록 해야 한다. 그에 따라 최근의 알지에이(R/GA)와 같은 해외 광고회사에서는 기존의 브랜드 광고 전략(brand strategy) 직무 외에, 광고 실행 전략(activation strategy)과 같은 전략 업무에 중점을 두고 마케팅 및 캠페인 목적을 구체적으로 설계하고, 그에 따라 실제 실행 가능한 솔루션들을 제시하는 등 전략 업무 영역을 확장해 나가고 있다.

[그림 9-7] 애플의 새로운 색상 신제품 런칭 영상 광고

예를 들면, 애플사의 아이폰은 신제품 출시 광고와 카메라 기능에 대한 광고의 목표가 서로 다르다. 신제품 출시 광고의 경우 다양한 미디어 포맷을 통해 하나의 메시지를 전달하여 제품 출시를 알리고 애플 직영 몰로 트래픽을 유도한다. 하지만, 애플의 상징적인 아이폰 카메라 기능에 대한 마케팅은 사진에 대한 소비자의 관심사를 활용하여 애플 사용자가 인스타그램에 #ShotonIphone이라는 해시태그를 사용하여 직접 찍은 고품질

[그림 9-8] 애플의 #ShotonIphone 캠페인 사용자 참여 콘텐츠 예시

의 사진을 공유하도록 장려한다. 또한 다른 소비자들도 이런 공유 활동에 영감과 자극을 받고 참여하도록 유도하거나, 혹은 아이폰으로 촬영한 단편영화를 제작해서 유튜브에서 퍼뜨릴 수 있도록 하는 것과 같이 보다 다양한 접점을 활용한다.

그 결과, 애플의 인스타그램 계정은 대부분 제품 소개 콘텐츠보다 '#ShotonIphone' 캠페인에 참여한 소비자 참여 콘텐츠가 대부분을 차지하고 있다. [그림 9-7]과 같이 애플은 새로운 색상의 제품 런칭을 알리는 광고의 경우, 영상 혹은 배너 광고를 통해 소비자들의 신제품에 대한 관심 제고를 유도하고 있다. [그림 9-8]은 애플 스마트폰의 카메라 기능 우수성에 대한 직접적 설명 없이 아마추어 사진작가 혹은 영상 제작자들의 진정성 있는 콘텐츠 소개를 통해 자연스럽게 제품의 우위성에 대해 지속적으로 커뮤니케이션하고 있다.

3. 타깃 설정

1) 타깃이란

타깃(target)은 제품이나 서비스를 구매하거나 사용할 가능성이 높은 목표 소비자를 의미한다(유종숙, 2018) . 광고를 통해 소비자를 설득하여 광고 목표를 달성하기 위한 대상이 바로 광고 타깃이다. 따라서 타깃을 정의하려면 타깃의 취향, 관심사, 인구 통계 등에 대한 정보가 필요하다.

2) 디지털 시대의 광고 타깃 설정

기존에는 연령, 성별, 소득, 지역과 같은 인구통계학적 특성과 라이프스타일, 취미와 같은 심리학적 특성을 기반으로 타깃 그룹을 정의했다. 하지만 디지털과 AI 시대에 접어들면서 타기팅은 소비자의 행동과 문맥(context) 기반으로 집중하는 방향으로 전환되고 있다. 이제 데이터를 통해 특정 오디언스의 규모를 측정하고, 적절한 오디언스를 파악하고, 광고 메시지를 타기팅 및 개인화할 수 있다. 따라서 타깃 오디언스를 명확하게 이해하는 것 그리고 그들의 요구와 선호도를 충족하는 타기팅 광고 전략을 개발하는 것이 더욱 중요해졌다.

예를 들어, 메타(Meta)의 '오디언스 인사이트(Audience Insight)' 툴을 활용하면 페이스북 및 인스타그램 사용자 기준으로 특정 관심사 주제어와 관련한 타깃의 규모가 얼마나 되는지 확인할 수 있다. 또한 다른 주제어와 타깃 규모 및 세부 항목도 비교할 수 있다. 구글의 '구글 트렌드(Google Trend)' 혹은 '키워드 플래너(Keyword Planner)' 툴을 활용하면 누구나 쉽게 특정 검색어의 검색량과 트렌드를 국가별, 기간별로 세분화해서 파악하여 해당 키워드와 관련된 타깃 그룹의 정량적 규모와 시의성(Seasonality)을 파악할 수 있다.

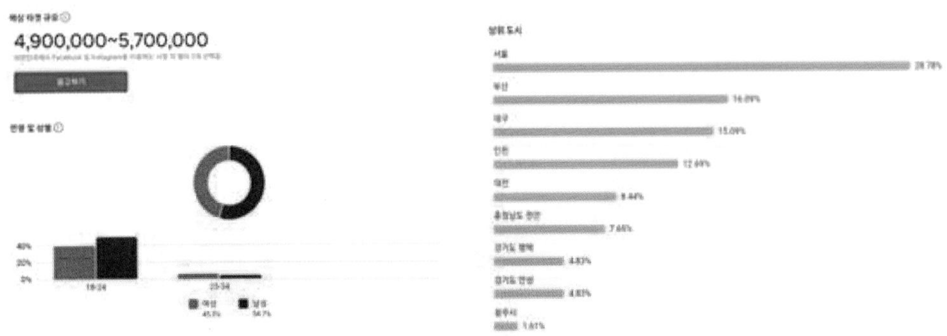

[그림 9-9] 메타 오디언스 인사이트(Meta Audience Insight) 활용 예시
– 한국시장 내 현재 [여행]에 관심 있는 18~25세 페이스북 사용자 규모

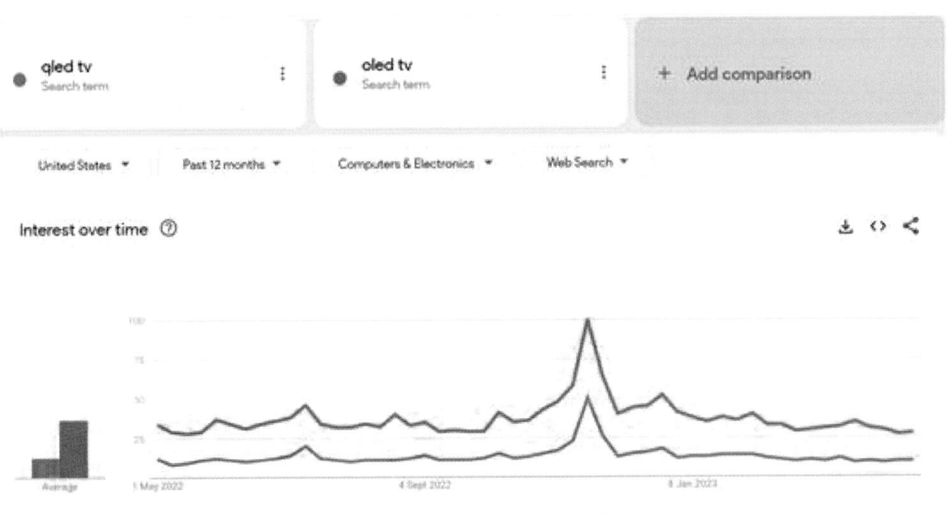

[그림 9-10] 구글 트렌드(Google Trend) 활용 예시
– 미국 시장 내 1년간 'OLED TV'와 'QLED TV' 키워드 검색량 추이 비교

다양한 데이터 소스와 알고리즘을 사용하면 소비자 행동과 선호도를 이해하고 개인화되고 관련성 높은 메시지를 전달하는 데 더욱 도움이 될 수 있다. 예를 들어, 검색 트렌드, 소셜 미디어 활동, 거래 데이터 등 다양한 데이터 소스를 활용하면 각 소비자의 행동과 선호도를 파악할 수 있다.

소비자들 역시 다수의 대중에게 보내는 일반적 메시지보다는, 개개인의 라이프스타일, 취향 및 광고를 접할 때의 맥락(context)이 직접적으로 반영된 광고 메시지나 제품의 사용성 설명 메시지에 대한 관여도가 훨씬 더 높다. 삼성전자에서는 스마트싱스(SmartThings) 모바일 앱 서비스를 소개하는 광고를 위해 소비자의 인구통계학적 특성뿐

[그림 9-11] **삼성전자 스마트싱스(SmartThings) 일상도감 캠페인 사례**

만 아니라, 반려동물, 와인 및 게임 등의 주요 관심사 및 다양한 라이프스타일 요소들을 변수로 반영하여 약 50개의 각각 다른 시나리오를 구성했다. 그런 다음 각 시나리오에 맞게 개별화된 영상 및 이미지 콘텐츠를 제작하여 세분화된 타깃 소비자의 공감을 불러일으켰다.

4. 콘셉트 도출

1) 광고 콘셉트란

콘셉트(Concept)의 국어 사전상의 정의는 '어떤 작품이나 제품, 공연, 행사 따위에서 드러내려고 하는 주된 생각'이다. 광고에서 콘셉트란 "광고 전체가 지향하게 될 포괄적이면서 추상적이고 단순한 아이디어나 생각을 의미하는 것"이다(송기인, 2021). 광고 콘셉트는 "광고가 전달해야 할 메시지를 응축시킨 것이며 광고의 방향을 담은 것"이다(구

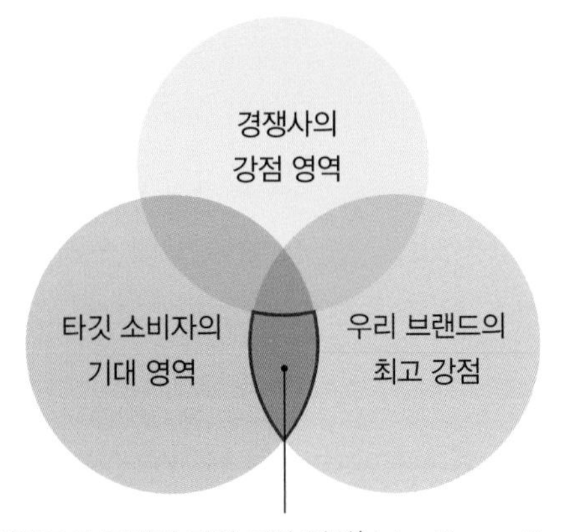

[그림 9-12] **가치 제안(Value Proposition) 도출 방식**

승회, 2018). 즉, 환경 분석을 통해 문제점과 기회를 찾고 이를 해결하기 위한 목표와 방향을 요약한 것이 바로 광고 콘셉트이다.

광고 콘셉트는 실제 광고기획에서는 다양한 다른 용어로 사용되기도 하는데, 예를 들어 USP(Unique Selling Proposition), SMP(Single Minded Proposition), 소비자 대상 약속(promise)과 같은 용어로도 불린다(송기인, 2021). 이러한 관점에서는 가치 제안(Value Proposition)에 대한 이해가 우선 필요하다. 우리가 어떤 제품이나 서비스에 대해 이야기할 때 단순히 눈에 보이는 모습이 아니라 진짜 그 제품이나 서비스가 고객에게 제공해 주는 것이 무엇인지를 제안하는 것이 중요하다. 예를 들어, 디즈니랜드는 고객에게 '판타지(fantasies)'를 제공한다. 월마트는 고객의 더 나은 삶을 위해 '항상 낮은 가격'을 제공한다. 페덱스(FedEx)는 특급 배송 서비스를 파는 것이 아니라 고객에게 '안락함과 마음의 안정'을 팔아 불필요한 고객의 걱정을 덜어 준다. 제품에 대한 가치를 제안하는 것과 마찬가지로 광고 콘셉트도 USP 전략에 따라 도출할 수 있다. 즉, 소비자가 아직 충족하지 못한 니즈와 경쟁업체가 제공하지 못하는 가치가 광고에 반영되어야 한다는 의미이다.

2) 디지털 시대의 광고 콘셉트 도출

전통적으로 USP 전략을 수립하는 과정에서 의사 결정의 근거는 정량적인 설문조사 혹은 정성적인 FGI나 개별 인터뷰를 기반으로 했다. 이와 더불어 직관, 경험, 창의적인 비전을 더하여 콘셉트를 도출하여 왔다. 하지만 디지털 시대에는 데이터 기반 인사이트가 콘셉트 개발에 점점 더 중요한 역할을 하고 있다. 디지털 시대에는 텍스트 마이닝 기법을 사용하여 온라인에서 직접 소비자 정서와 행동을 측정하고 분석할 수 있다. 예를 들면, 소셜 미디어에 자주 등장하는 키워드를 분석하면 워드 클라우드(Word Cloud)로 표현할 수 있는 대표 키워드를 발견할 수 있다. 상품 구매 후기, 방문 후기를 감성 분석하면 긍정과 부정의 비율과 감정의 변화 상황을 알아낼 수 있다. 소비자가 온라인에 남긴 방대한 데이터를 기반으로 소비자의 행동과 선호도에 대한 인사이트를 얻고 있고 이러한 인사이트를 통해 광고 콘셉트를 도출하는 것이 디지털 시대에는 중요한 과정이 됐다.

[그림 9-13] 아디다스 다이내믹 크리에이티브 이메일 마케팅 사례
– 같은 라인업 제품을 고객 데이터에 따라 맞춤화된 광고 제작물로 발신

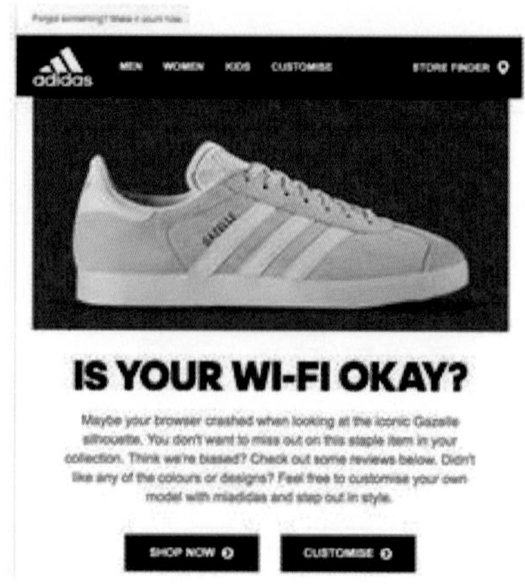

[그림 9-14] 장바구니에 담아 둔 상품이 개인별로 다른 상황, AI 솔루션을 활용하여 맞춤형 광고 발신

한편, 과거에는 킬러 콘텐츠를 제작하여 획일적으로 광고를 진행하는 방식이 대부분이었다면 현재는 DMP를 통해 타깃을 정교화하여 맞춤형 콘텐츠를 내보내고 있다(김나연, 2022). 앞서 소개한 DMP나 CDP 같은 데이터 플랫폼을 활용한 데이터 기반 콘셉트 도출의 장점 중의 하나가 바로 이 부분이다. 과거 획일적으로 송출되던 TV 광고나 USP 필름 등 메시지 중심의 콘텐츠를 개발하던 방식에서 타깃 맞춤형 콘텐츠를 개발하는 방식을 적용할 수 있게 됐다. 이제는 고객의 상황과 성향을 파악한 뒤 목표 고객이 어떤 부분에 관심이 있는지에 따라 콘텐츠를 다르게 내보내고 있다. 예를 들어, 목표 고객이 가격에 관심이 있으면 할인, 혜택 프로모션 등 가격 중심의 콘텐츠를 노출하고, 기능에 관심이 많으면 기능 중심의 콘텐츠를 노출하는 것이다(김나연, 2022).

따라서 기술 기반의 다양한 광고 솔루션(Ad-Tech) 중에서도 세분화된 소비자별로 맞춤형 광고 소재를 제작하고 발신하는 AI 솔루션을 활용하여 고객의 상황에 따라서 최적화된 이미지나 메시지를 선별적으로 보낼 수 있는 사례들이 많아지고 있다. 예를 들어, 아디다스는 이러한 솔루션을 이메일 마케팅에 활용하여, 소비자의 성별에 따라 최적화된 제품 소개 이미지를 자동으로 발신하고 있다. 또한 브랜드 사이트에서 제품을 둘러보다 장바구니에만 담아둔 고객에게는 재미있는 카피와 함께 리마인드(remind) 메일을 발신하여 구매를 다시 한번 유도한다.

5. 애드 브리프

1) 애드 브리프란

브리프는 광고주, 광고 회사 등 광고 프로젝트에 참여한 모든 사람을 위해 광고의 목표 및 전략을 작성하여 공유함으로써 같은 방향으로 가고자 하는 하나의 '룰'이다(김규철, 2013). 브리프는 외국계 광고대행사인 사치 앤 사치(Saatchi & Saatchi)의 전략 모델이기도 하며, 광고기획자가 광고의 기본적인 방향을 합의하기 위해 만드는 광고기획서의 양식으로 일종의 '지침서'의 역할을 한다(유종숙, 2018). 광고 전략의 맥락에서 '애드 브리프'는 광고 캠페인의 목표, 타깃 고객, 핵심 메시지 및 광고 캠페인 제작을 안내하는 기타 세부 사항을 개괄적으로 설명하는 문서를 의미한다.

애드 브리프의 목적은 모든 이해관계자가 광고 캠페인의 목표와 방향을 명확하고 일관되게 이해하여 광고 목표를 달성할 수 있도록 하는 것이다. 애드 브리프의 형식과 구성은 다양하다. 광고대행사별로 각자의 회사에 맞는 전략적 틀에 따라 각 사에 적합한 애드 브리프를 활용하고 있다(서범석, 2010). 브리프에는 애드 브리프 외에도 크리에이티브 개발에 중점을 두고 광고 캠페인의 핵심 메시지와 톤, 스타일을 설명하는 크리에이티브 브리프와 광고 캠페인의 미디어 계획 및 구매 측면에 집중을 하는 미디어 브리프 등이 있다.

2) 디지털 시대의 애드 브리프

과거에는 애드 브리프가 캠페인의 크리에이티브 비전을 설명하는 데 중점을 두는 경우가 많았다. 하지만 디지털 및 AI 시대에는 애드 브리프를 소비자 행동과 선호도, 플랫폼별 차이점, 업계의 새로운 트렌드 등 다양한 데이터 기반 인사이트를 바탕으로 상세하고 구체적으로 작성해야 한다. 디지털 기반의 소셜 미디어가 이미 주요한 광고 플랫폼으로 부상함에 따라 디지털 콘텐츠 전략 관점에서는 크리에이티브 브리핑이 이전보다 훨씬 더 세분화되어야 한다는 의견들이 제시되고 있다. 대표적인 전통적 광고 에이전시 중 하나인 비비디오(BBDO Worldwide)의 CEO인 앤드류 로버슨(Andrew Robertson)은 디지털 콘텐츠 전략을 반영한 '마이크로 브리프(Micro Briefs)'의 중요성을 강조했다(Robertson, 2017. 5. 14.). 즉, 타깃 소비자의 성향, 관심사, 주 사용 플랫폼 및 디바이스 및 매우 사소한 디지털 미디어 사용 패턴까지 포함된 마이크로 콘텐츠 브리프를 작성하여 서로 다른 타깃 그룹별 차별화된 광고를 제시하여야 마케팅 효율을 높일 수 있다고 주장하면서 디지털 콘텐츠 전략의 중요성을 역설했다.

또한 현재는 글로벌 컨설팅사 엑센츄어(Accenture)와 합병한 대표적인 크리에이티브 에이전시 드로가 5(Droga 5)에서도 하나의 빅 아이디어를 실현하기 위해서는 여러 스태프에게 별도의 미니 브리프를 작성 및 운영해야 한다는 의견을 제시했다(Think with Google, 2015).

따라서, 디지털 미디어를 중심으로 캠페인 진행을 진행할 때 캠페인 유형에 따라 다양한 형태의 브리프가 존재할 수 있지만, 〈표 9-1〉의 예시가 가장 기본적인 디지털 캠페인 브리프 양식이 될 수 있다.

〈표 9-1〉 **디지털 캠페인 브리프 양식 예시**

캠페인 목표	
목표 설정	소비자 의사 결정 과정 중에서 구체적 단계에 집중, 다음 유형 참고 □ 인지 증대 : 브랜드/제품 신규 출시, 포지셔닝 강화 등 □ 관심 유도 : 구체적 브랜드/제품 내용 탐색 유도 □ 관여 제고 : 브랜드/제품과의 관계 형성을 추진 □ 행동 독려 : 구매 및 방문 등 소비자의 특정 행동을 목표화
챌린지	해당 목표 달성의 핵심 문제점 명시 예: 경쟁사 대비 인지도 매우 부족

캠페인 타깃	
1. 타깃 정의	정량적 정의 인구통계학적 데이터 기준 및 측정 가능한 내용으로 설명
	정성적 정의 예상되는 타깃을 실제 인물처럼 묘사, Persona로 정의
2. 타깃 접점	타깃 도달 가능한 주요 디지털 채널 명시
3. 관심 주제	취미/취향 등의 라이프스타일 관심사(예: 모바일게임, 반려견, 요가 등) 실제 구매 관련 관심 주제어(예: 어린이날 선물 추천, 40평대 인테리어)
4. 행동 특성	주 사용 디바이스 및 사용 시간 등
	디지털 서비스/콘텐츠 사용 행태(주 사용 앱, 사용 목적 등)

캠페인 메시지 전략	
1. 브랜드 핵심 가치	소비자에게 제시할 수 있는 당사 브랜드의 핵심 가치 정의
2. 캠페인 메시지	1번 핵심 가치를 대소비자용 문구로 전달할 수 있게 방향성 제시
3. Tone & Manner Tone of Voice	2번 메시지를 전달하는 태도에 대한 의견 제시

캠페인 실행 전략	
1. 콘텐츠 전략	콘텐츠 구성(예: 제품 소개 영상 N편 + N개의 세부 기능 설명 콘텐츠)
	콘텐츠 포맷(예: 인스타그램용 숏폼 영상 중심)
	크리에이티브 가이드(예: 제품 사용성 구체적 소개 필요)
	크리에이티브 레퍼런스
2. 채널 전략	채널 활용 전략 – 어떤 채널에서 발신할 예정인지 설명 (예: Brand Owned/Earned/Paid Media 중 중요한 채널 명시)
3. 운영 전략	단발성 캠페인 인지 연간/월간/주간 등 특정 주기로 운영 예정인지 명시

KPI	
1. 주요 측정 지표	– 위에서 이야기한 캠페인 목표의 성과를 결정짓는 최우선 순위 지표 명시(KPI) – 소비자 의사 결정 단계별 세부 측정 지표 설명 ☐ 인지(예: 광고 노출 수 등) ☐ 관심(예: 광고 클릭 수, 클릭률 등) ☐ 관여(예: 소셜 미디어 반응 수, 반응율 등) ☐ 행동(예: 구매 건수, 앱 다운로드 건수 등)
2. 성과 분석 계획	캠페인 운영 기간에 따라서, 위의 주요 지표를 어떤 주기로 분석 예정인지 명시

예산	
총예산 및 예산 세분화	캠페인 예산, 채널별/기간별 등 세분화된 항목 제시 필요

산출물	
예상 결과물	캠페인 집행 전까지 예상 되는 중간 결과물 및 최종 결과물 명시 및 필요 일정

6. 광고 운영 전략 수립과 결과 측정 및 최적화

1) 디지털 시대의 광고 운영 전략

과거에는 광고 집행 전략이 TV 광고나 인쇄 광고와 같은 독립적인 단일 콘텐츠를 제작하는 데 중점을 두었다. 하지만 디지털 및 AI 시대에는 소셜 미디어, 모바일, 스트리밍 등 다양한 접점과 플랫폼에서 작동하도록 캠페인이 개발되는 경우가 많다. 따라서 광고 실행 전략은 더욱 복잡해졌고 소비자가 여러 채널에서 콘텐츠와 상호 작용하는 방식에 대해 심층적인 이해가 필요한 상황으로 변화됐다.

과거 "Got Milk?" 캠페인의 광고 전략은 소비자의 기억에 남고 눈길을 끄는 슬로건을 만드는 데 중점을 두었다. 목표는 우유 소비를 늘리고 판매 감소에 대처하는 것이었다. 이 캠페인은 광범위한 청중에게 도달하기 위해 인쇄 및 TV 광고, 광고판, 유명인의 추천과 같은 전통적인 미디어 채널을 사용했다.

2020년에 재출시된 "Got Milk?" 광고의 전략은 보다 타기팅되고 개인화된 접근 방식으로의 전환이었다. 이 캠페인은 디지털 및 소셜 미디어 채널을 사용하여 건강에 민감한 개인 및 어린 자녀를 둔 부모와 같은 특정 청중에게 도달하는 것을 목표로 했다. 또한 인플루언서를 활용하고 이용자가 자발적으로 영상을 올릴 수 있게 기획을 하여 참여도와 브랜드 인지도를 높였다. 특히 틱톡 챌린지를 통해 큰 화제를 불러일으켰는데 올림픽 수영선수 케이티 레데키는 틱톡에 우유 잔을 머리에 얹고 수영하는 영상을 올려 큰 인기를 모은 바 있다.

[그림 9-15] Got Milk 광고

[그림 9-16] 2020년에 재출시된 Got Milk 광고

[그림 9-17] 2020년 Got Milk의 틱톡 챌린지

2) 결과 측정 및 최적화 전략

과거와 달라진 대표적인 프로세스가 바로 결과 측정과 대응에 대한 부분이다. 디지털 광고는 광고 집행 후 짧은 시간 내에 결과 측정과 분석이 가능하다. 분할 테스트 혹은 버킷 테스트라고도 불리는 A/B 테스트의 경우 1~2일, 혹은 몇 시간의 테스트 결과를 보고 광고에 대한 대응 방안 및 개선안을 수립하여 적용하는 것이 가능하다. 뿐만 아니라 광고 클릭 후 랜딩 페이지의 성과도 지표로 바로바로 확인할 수 있어 랜딩 페이지에 대한 개선 전략도 마련할 수 있다. 이렇게 광고를 런칭하고 난 후 데이터를 분석하여 어떻게 대응하느냐에 따라 광고효과가 크게 달라질 수 있다는 점이 과거와는 다른 부분이다. 과거에는 가설을 검증하는 데 많은 시간과 비용이 필요했고 처음부터 제대로 된 광고를 만드는 것이 중요했다. 하지만 디지털 시대에는 규모를 작게 하더라도 실행을 빠르게 해 보는 것이 중요하고 실시간으로 가설을 검증하면서 전략을 계속 발전시켜 나가는 끈기가 무엇보다 중요하다(김성균, 2022).

3) 소비자 구매 여정별 광고 성과 분석 지표

앞에서 언급한 것처럼 디지털 환경 속에서는 궁극적으로 소비자 의사 결정 여정의 최종 단계까지 소비자를 유도하는 것이 중요하다. 따라서 각 단계별 성과뿐만 아니라 다음 단계로 넘어가는 비율을 분석하여, 소비자 의사 결정 단계 중 어떤 단계에서 성과가 떨어지는지, 이유는 무엇인지 파악하여 문제점을 지속 개선하고 최적화를 해야 한다. 과제 현황에 따라서 해당 캠페인의 성공 여부를 파악할 수 있는 가장 중요한 지표는 KPI(Key Performance Index)로 설정하되, KPI와 관련된 세부 지표들을 다면적으로 분석하여야 한다. 이러한 프로세스가 정립이 되어야 KPI 목표가 달성되지 않았을 때 문제점이 어디서 발생했는지 파악하고 다음 라운드에서 개선이 가능하다.

〈표 9-2〉 **소비자 구매 여정별 분석지표 예시**

인지	관심	관여	행동
• 노출(impression) • 도달(reach) • 영상 시청(video view) • 웹페이지 탐색, 방문, 방문자 수(page view, visit, unique visitor) • 노출당 광고 비용(cost per mille)	• 클릭, 노출 대비 클릭률(click, click rate) • 영상 시청 완료율(video view complete rate) • 웹페이지 이탈율(bounce rate) • 웹페이지 방문 지속 시간 (visit duration time) • 클릭당 광고 비용(cost per click)	• 소셜 미디어 반응 수(like/comment/share) • 구매 카트 저장 수 • 반응당 광고 비용(cost per engagement)	• 구매 건수(purchase) • 회원 가입 수(sign in) • 소비자 참여 수(participate) • 앱 다운로드 수(app download) • 행동당 광고 비용(cost per action)

7. 마무리

지금까지 광고 전략, 특히 디지털 시대의 광고 전략에 대해 중점적으로 검토하고 소개했다. 아직 디지털 시대, AI 시대에 적합한 광고 전략에 대해 완벽하게 정리된 정형화된 가이드라인은 찾기 힘들다. 자고 일어나면 변화하는 다이내믹한 디지털 미디어 환경에서는 소비자를 둘러싼 다양한 변수들이 많아 전략에 대한 고민도 다양해질 수밖에 없다. 특히 소비자의 세분화가 가속화되면서, 개인화를 넘어 초개인화된 광고를 위한 전략이 점점 중요해지고 있는 것은 이미 일어나고 있는 상황이다.

따라서 현재의 디지털 시대의 광고 전략이 어떠해야 하는지에 대한 정답은 없다. 다만 분명한 방향은 광고 전략 수립에 있어서 데이터를 이용하는 능력, AI 기술을 접목하거나 이해하는 능력이 점점 더 중요해지고 있다는 점이다. 또한 데이터 분석 및 AI의 도움을 통해 처음의 광고 전략을 지속적으로 최적화하고 개선하면서 다시 전략을 세우는 과정이 반복되어야 한다는 점, 이 주기가 점점 짧아지고 있다는 점도 분명하다. 마지막으로 가장 중요한 것은 그럼에도 불구하고 전략의 기본은 바뀌지 않는다는 것이다. 이 장을 통해 전략의 기본을 숙지하고 데이터와 AI를 활용하여 최적화된 전략을 수립할 수 있기를 기대한다.

참고문헌

구승회(2018). 콘셉트 추출. 윤일기 외 공저, 한국광고학회 광고지성총서6: 디지털 시대의 광고 크리에이티브(pp. 111-115). 학지사.

김규철(2013). 광고창작기본. 서울미디어.

김나연(2022). 시장과 소비자를 이해하는 법: DMP의 활용. 한국광고총연합회 저, 데이터 드리븐 마케팅 101: 데이터로 광고하기 실전 매뉴얼. 하나로애드컴.

김병희(2022. 7. 25.). AI-META 시대 미래전략17: 광고. 전자신문. https://n.news.naver.com/mnews/article/030/0003032909?sid=110

김성균(2022). 데이터 드리븐 마케팅의 시작. 한국광고총연합회 저, 데이터 드리븐 마케팅 101: 데이터로 광고하기 실전 매뉴얼. 하나로애드컴.

서범석(2010). 현대광고기획론. 나남.

송기인(2014). 커뮤니케이션 광고기획 방법. 커뮤니케이션북스.

송기인(2021). 광고기획 과정과 실행. 김병희 외 공저, 디지털 시대의 광고학 신론(pp. 254-287). 학지사.

유종숙(2018). KADPR 지식총서2: 4차 산업혁명 시대의 광고기획 솔루션. 한울.

Coldewey, D. (2023. 3. 30.). That was fast! Microsoft slips ads into AI-powered Bing Chat. Techcrunch. https://techcrunch.com/2023/03/29/that-was-fast-microsoft-slips-ads-into-ai-powered-bing-chat/

Colley, R. H. (1961) *Defining Advertising Goals for Measured Advertising Results*. Association of National Advertisers.

Criddle, C., & Murphy, H. (2023. 4. 20.). Google to deploy generative AI to create sophisticated ad campaigns. Financial Times. https://www.ft.com/content/36d09d32-8735-466a-97a6-868dfa34bdd5

Katie Ledecky, K. (2020. 8. 3.). It's an all new freestyle for the #gotmilkchallenge! What can you do without spilling a drop? [Video]. Tiktok. https://www.tiktok.com/@katieledecky/video/6856530534991006981

Robertson, A. (2017. 5. 14.). Capture, Then Captivate: the Science and Magic Behind Video Ads That Connect. Adweek. https://www.adweek.com/brand-marketing/capture-then-captivate-the-science-and-magic-behind-video-ads-that-connect/

Wallace, A. (2020. 4. 5.). The 'Got Milk?' ads are back but they're not like the ones you: remember. CNN Business. https://edition.cnn.com/2020/08/03/business/got-milk-slogan-dairy/index.html

삼성전자 스마트싱스. www.samsung.com/sec/event/dothesmartthings/

Baskinrobbinskorea. https://www.youtube.com/@baskinrobbinskorea

Forrester. https://twitter.com/forrester/status/949002552003235840

Microsoft Bing Blog. https://blogs.bing.com/search/march_2023/Driving-more-traffic-and-value-to-publishers-from-the-new-Bing

Microsoft. https://dynamics.microsoft.com/ko-kr/ai/customer-insights/what-is-a-data-management-platform-dmp/

Openai. https://openai.com/blog/dall-e-api-now-available-in-public-beta

Popsugar. https://www.popsugar.com/celebrity/Vintage-Got-Milk-Ads-32317031#photo-32317058

Think with Google. www.thinkwithgoogle.com/future-of-marketing/creativity/how-should-creative-brief-change-in-always-on-world/

제10장

창의적인 크리에이티브의 전개*

디지털 시대가 열리고 챗GPT 같은 생성형 AI가 활성화되면서 기술 환경, 데이터 환경, 비즈니스 환경에서 큰 변화가 발생했다. 그리고 이런 변화들이 크리에이티브 프로세스 전반에 영향을 미치게 됐다. 가장 대표적인 영향은 크리에이티브에 '효율과 속도'라는 관점이 더해졌다는 것이다. 그에 따라 크리에이티브 목표, 콘셉트, 전략, 브리프 등의 방향성이 재설정됐고, 새로운 개념들이 도입됐다. 그래서 이 장에서는 변화된 크리에이티브 방향성에 실무적 차원을 더해 크리에이티브 전반을 다뤘다. 우선 '좋은 목표는 좋은 모델에서 나온다'는 실무적 명제에 따라 AARRR, 그로스 루프, ICE 등 소비자 여정을 중시한 모델과 그에 따른 크리에이티브 목표를 설명했다. 또한 소비자 구매 행동 모델과 마케팅 믹스에 따른 새로운 크리에이티브 콘셉트인 7C를 소개했다. 그리고 소비자 라이프 사이클에 따른 크리에이티브 전략인 활성화, 수익화, 리텐션 전략과 시대 변화에 발맞춘 전략 등을 언급했다. 마지막으로 협업형 크리에이티브 브리프와 콘텐츠 크리에이티브 브리프를 제시했다.

한편, 이 장에서 주목할 만한 부분은 크리에이티브 관련 여러 새로운 개념들이 스타트업을 기반으로 고안됐거나 스타트업 비즈니스에서 파생됐다는 사실이다. 그도 그럴 것이 스타트업이 최근 비즈니스 환경 변화를 주도하고 있기 때문이다. 특히, 스타트업을

---

*민병운(대구가톨릭대학교 미디어영상광고홍보학부 조교수)

배경으로 만들어진 여러 개념들을 기존 레거시 기업들이 차용하는 흐름도 감지되고 있다. 왜냐하면 디지털과 AI 시대에는 큰 기업이 작은 기업을 이끄는 것이 아니라 빠른 기업이 느린 기업을 선도하기 때문이다. 여기에 챗GPT 등 생성형 AI 영역에서도 스타트업의 약진이 두드러지고 있다. 그래서 이 장에서는 카피라이팅, 이미지, 음악, 영상, 버추얼 모델 제작 등 크리에이티브 관련 스타트업을 별도로 소개했다.

1. 크리에이티브 목표

1) 크리에이티브 관점의 변화

크리에이티브는 일상에서도 많이 쓰이고, 광고와 마케팅 현업에서도 폭넓게 쓰이는 용어이다. 포괄적으로 크리에이티브는 '창의성'으로 해석되고, 창의성은 독창성, 상상력 이외의 발명, 혁신, 통찰력, 창의적 사고, 직관, 새로움과 같은 의미로 쓰인다(이희복, 2022). 이를 광고에 적용하면 창의성은 세 가지 관점으로 이해할 수 있다. 우선 연상 과정으로 보면 창의성은 낡은 요소들을 새롭게 조합해 그들 사이의 관련성을 제시하는 과학적인 능력이다. 또한 문제 해결책 제시 관점으로 보면 창의성은 경쟁 관계에서 문제 해결책을 제시하고 이를 창의적으로 표현하는 아이디어나 방법을 뜻한다. 그리고 상호 작용 시스템 관점으로 보면 창의성은 상호 작용 시스템을 마련하는 것으로 볼 수 있다(김병희, 2022). 이를 실무에 적용하면 현업에서의 크리에이티브란 광고와 관련된 모든 프로세스를 뜻하기도 한다. 즉, 제품과 서비스에서 새로운 의미와 가치를 발견해 아이디어를 일으켜 소비자에게 어떻게 전달할 것인가의 콘셉트를 만들고, 그것을 전략적·구체적으로 콘텐츠화하는 모든 프로세스를 말한다.

그런데 디지털 시대가 열리고 AI 활용도가 높아지자 다음과 같이 크게 세 가지 환경에서 변화가 생겼고, 그에 따라 크리에이티브 관점에도 변화가 생기기 시작했다.

- 기술 환경의 변화: 기존 디지털 기술에 챗GPT(ChatGPT)를 비롯한 생성형 AI가 상용화되면서 광고, 마케팅, 크리에이티브 실무 전반에서 다양하고 빠른 시도를 할 수 있는 여건이 마련됐다. 애드테크(ADTech), 프로그래매틱 광고(programmatic advertising), 개인 맞춤형 광고, OTT 광고, 확장현실(XR) 등이 지금 이 순간에도 진화 중이다.

- 데이터 환경의 변화: 기술 환경의 변화에 따라 소비자 여정의 각 단계에서 소비자 행동이 데이터로 측정되고 관리되다 보니 광고회사가 소비자 데이터를 주도하는 것이 아니라 광고주가 데이터의 주체가 되는 경우가 일반화됐다. 그래서 광고주 입장에서 크리에이티브에 대한 효과와 동시에 효율 측정이 중요한 지향점이 되고 있다.
- 비즈니스 환경의 변화: 최근 기술의 진화는 웹과 앱 중심의 플랫폼 비즈니스를 등장시키고 활성화시켰는데, 여기서 스타트업의 약진이 두드러졌다. 스타트업의 핵심 가치인 혁신과 속도가 플랫폼 비즈니스의 작동원리와 맞아떨어졌기 때문이다. 그래서 스타트업에서 고안한 소비자 구매 행동 모델이나 비용 효율에 중점을 둔 성과 측정 지표들이 주목받고 있다.

결과적으로 기술, 데이터, 비즈니스 환경의 변화에 따라 '효율과 속도'라는 관점이 더욱 중요해졌고, 이에 따라 기존 크리에이티브 개념에 **'효율적으로 효과를 내는 것'**이라는 가치가 더해지기 시작했다.

2) 아르(AARRR)에 따른 크리에이티브 목표

그렇다면 효율적으로 효과를 내려면 어떻게 그리고 어떤 크리에이티브 목표를 설정해야 할까. 여기서 중요한 실무적 명제인 **'좋은 목표는 좋은 모델에서 나온다'**를 적용할 필요가 있다. 좋은 모델은 기술, 데이터, 비즈니스 환경의 변화를 반영한 모델이고, 그것이 바로 아르(AARRR)이다. AARRR는 미국 실리콘밸리의 대표적인 벤처 캐피털인 500스타트업(500 Startups)의 창업자이자 대표인 데이브 맥클루어(Dave McClure)가 2007년 고안한 모델로, 투자자 입장에서 광고나 마케팅 활동을 평가하고 스타트업의 성장성을 전망하기 위한 목적을 갖고 있다. 그리고 AARRR는 허무 지표(vanity metrics)에 시간을 쏟기보다 실행 지표(actionable metrics)에 집중한 모델이다. 구체적으로 AARRR는 [그림 10-1]과 같이 획득(Acquisition), 활성화(Activation), 유지(Retention), 추천(Referral), 수익(Revenue) 단계를 거친다. 그리고 각 단계마다 크리에이티브 목표가 달라진다(Hugo Lancel, 2019. 12. 17.).

중요한 것은 AARRR가 등장하면서 크리에이티브 목표에 대한 패러다임이 바뀌었다는 것이다. 즉, 그동안 광고나 크리에이티브의 목표는 '널리 알리는 것'에서 '폭넓게 모이게 하는 것'으로 변해왔는데, AARRR에 따라 크리에이티브의 목표는 '폭넓게 모이게 하는 것'에서 **'효과를 집중시키는 것'**으로 전환됐다. 왜냐하면 최근 소비자 여정을 관리하면서 크리에이티브를 실행하는 것이 관건이고, 구체적인 소비자 여정에 따라 실질적인 목표를 설정하고 달성하고자 노력하는 것이 AARRR이기 때문이다.

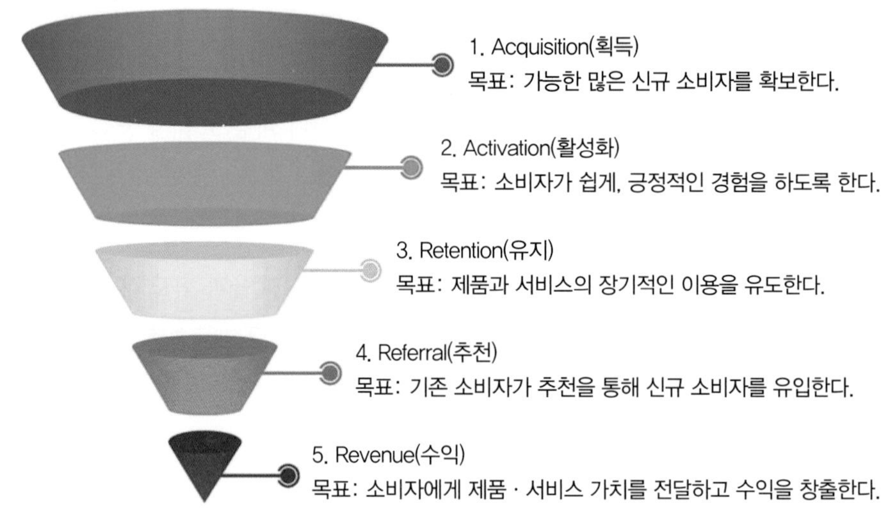

[그림 10-1] **AARRR와 단계별 목표**

(1) 획득(Acquisition)

획득 단계의 목표는 다양한 채널을 통해 최대한 많은 신규 소비자를 확보하는 것이다. 이를 위한 활동은 검색 엔진 최적화(SEO), 온라인 검색 광고(SEM), 소셜 미디어 마케팅 등이다. 그리고 평가 지표는 하루 서비스 이용자 수(DAU), 한 달 서비스 이용자 수(MAU), 유입 경로, 페이지뷰 수 등이다. 이를 좀 더 세분화하면 다음과 같다.

- 유료 크리에이티브를 통해 신규 소비자 유입을 목표로 한다.
- 유료 크리에이티브를 통해 기존 소비자 재유입을 목표로 한다.
- 자연 유입으로 신규 소비자 유입을 목표로 한다.
- 자연 유입으로 기존 소비자 재유입을 목표로 한다.

특히, 신규 소비자 확보를 위해 '아하 모먼트(aha moment)'를 발견해서 목표로 하는 것이 중요하다. 아하 모먼트는 신규 소비자가 제품과 서비스에서 처음으로 가치를 느낀 순간이다. 예를 들어, 페이스북은 10일 내 7명의 친구와 연결, 트위터는 30명 팔로우, 드롭박스(Dropbox)는 1개 기기의 폴더에 1개 이상의 파일을 저장, 슬랙(Slack)은 팀 내에서 2,000개의 메시지가 오고 갔을 때, 징가(Zynga)는 회원가입 후 하루 만에 돌아오는 것을 아하 모먼트로 설정하고 그것을 크리에이티브 목표로 삼았다.

(2) 활성화(Activation)

활성화 단계의 목표는 소비자가 제품과 서비스를 처음 접했을 때 그것을 쉽게, 긍정적으로 경험하도록 하는 것이다. 이를 위한 활동은 쉽게 이용 가능한 UI와 UX 설계, 간편한 회원가입과 구매 프로세스, 제품과 서비스의 핵심 기능 강조 등이다. 그리고 평가 지표는 구매 전환율(CVR), 구매율, 평균 구매 금액(AOV) 등이다. 즉, 소비자가 제품과 서비스를 처음 접한 뒤 이탈하는 비율은 얼마나 되는지, 구매를 시작했다면 이후의 활성화는 어떻게 되는지, 객단가는 얼마나 높아지는지 등을 파악하는 것이다. 그리고 이를 바탕으로 목표로 하는 것은 결국 구매 전환율을 높이는 것이다. 구매 전환율은 웹과 앱 등에서 광고 또는 랜딩 페이지를 본 후 특정 활동을 시작하는 소비자의 비율을 측정하는 지표이다. 만약 구매 전환율이 낮다면 크리에이티브가 제대로 작동하지 않고 있다는 뜻으로 구매 전환율을 높이는 방법은 다음과 같다.

- 사용자 친화적인 웹과 앱: 소비자가 웹과 앱 사용 방법을 알 수 없다면 회원가입과 같은 초기 활동뿐만 아니라 구매 등이 불가능하다. 따라서 웹과 앱을 사용자 친화적으로 디자인하여 사용자가 웹과 앱을 보다 쉽고 빠르게 이해할 수 있도록 한다.
- 효과적인 마케팅: 크리에이티브에서 소비자가 웹과 앱의 가치를 잘 알게 하고, 그것을 사용해야 하는 이유를 직관적으로 알 수 있게 한다. 이를 위해서 크리에이티브가 필수 이미지 및 정보를 포함하고 있는지 확인해야 한다.
- 데이터 추적 및 접근 방식 최적화: 시간 경과에 따라 구매 전환율을 추적하고 그에 따라 크리에이티브를 조정하는 것뿐만 아니라 전환율 최적화 수준에 따라 상위 크리에이티브를 결정하기 위해 A/B 테스트를 실행하여 크리에이티브의 목표를 유지하는 것도 중요하다.

(3) 유지(Retention)

유지 단계의 목표는 소비자 여정을 지속적으로 관리하여 제품과 서비스에 대한 장기적인 사용, 즉 소비자 재구매를 유도하는 것이다. 이를 위한 활동은 밀접한 소비자 지원, 개인화 광고와 마케팅, 유저 커뮤니티 구성 등이다. 그리고 평가 지표는 재구매율, 이탈율, 평균 구매 빈도 등이다. 만약 제품과 서비스 만족도가 높다면 꾸준한 구매로 높은 재구매율을 나타낼 것이고, 재구매율이 낮으면 해당 제품과 서비스는 지속가능하지 않을 것이다. 이 경우 낮은 재구매율을 끌어올리기 위한 노력으로 푸시, 메일링 리마인드, 리뉴얼 등의 다양한 크리에이티브가 필요하다.

(4) 추천(Referral)

추천 단계의 목표는 기존 소비자가 자발적으로 추천을 통해 신규 소비자를 유입시키는 것이다. 이를 위한 활동은 소셜 미디어 공유 기능 제공, 지인 초대 유도 기능 제공, 추천 보상 프로그램 도입 등이다. 그리고 평가 지표는 추천인 수, 추천율, 리워드 이용률 등이다. 이 단계를 통해 유입된 신규 소비자의 이용률이나 구매율을 측정하여 추천에 대한 효과적인 크리에이티브가 무엇인지 확인하고, 추천 활동을 지속적으로 발전시켜 나갈 수 있다.

(5) 수익(Revenue)

수익 단계의 목표는 소비자에게 제품과 서비스의 가치를 전달하고 궁극적으로 매출을 높이는 것이다. 이를 위한 활동은 일반적으로 구매 혜택 제공, 구독 서비스 제공, 치밀한 광고 및 마케팅 등이 있다. 그리고 이를 뒷받침하기 위해 가격 정책이나 결제 방법 간편화 등을 지원하기도 한다. 그리고 평가 지표는 매출, 이익률, 소비자 생애 가치(LTV) 등이다. 여기서 중요한 지표가 소비자 생애 가치인데, 이는 소비자가 제품과 서비스를 사용하는 기간 동안 창출하는 총수익의 추정치이다. 최근에는 한 번의 구매가 아닌 소비자 생애 가치를 높이는 것을 수익 단계의 최종 목표로 삼는다.

(6) 기존 모델과 AARRR의 차이

소비자 구매 행동 모델에 따라 크리에이티브 목표가 달라지는 만큼 기존 모델과 AARRR의 차이를 이해하면 AARRR에 따른 크리에이티브 목표를 보다 선명하게 이해할 수 있다. 우선 AARRR 이전에도 AIDA(Attention-Interest-Desire-Action), AIDMA (Attention-Interest-Desire-Memory-Action), AIDCA(Attention-Interest-Desire-Conviction-Action), AISAS(Attention-Interest-Search-Action-Share) 등 여러 모델이 있었다. 하지만 기존 모델과 AARRR는 근본적으로 차이가 있다.

- 기존 모델은 주목(Attention)에 중점을 두었다. 즉, 미디어가 소비자에게 강력하고 즉각적인 영향을 미친다는 탄환이론(bullet theory)과 단순 · 반복 노출효과에 따라 제품과 서비스를 소비자에게 각인시키는 것에 주력했다. 하지만 AARRR에서는 신규 소비자와 기존 소비자 등 소비자의 체계적 구분과 함께 실제 소비자 획득이 중요해졌다.
- 기존 모델은 행동(Action)이나 공유(Share)로 끝이 난다. 그리고 여기에서 '행동'이 실제 구매로 연결됐는지는 알기 어려웠다. 하지만 AARRR에서는 마지막 단계를 수익으로 설정하고 이것을 구체적으로 측정하는 것에 초점을 맞추었다. 즉, 수익을 '소비자 유입 × 클릭률(CTR) × 구매 전환율(CVR) × 평균 구매 금액(AOV)'으로 구체화하고, 궁극적으로는 소비자 획득 비용(CAC)을 최대한 낮추고, 소비자 생애 가치(LTV)를 최대한 높이는 것을 목표로 했다,
- 기존 모델은 선형 모델(linear model)을 기반으로 하기 때문에 앞선 단계에서의 크리에이티브 효과가 끝까지 이어질 것이라는 기대를 했다. 하지만 AARRR는 퍼널 모델(funnel model)이다. 퍼널은 '깔때기'를 뜻하는데, 깔때기 모양처럼 각 단계를 거듭할수록 소비자가 이탈할 수밖에 없고, 각 단계별 이탈률을 최대한 줄여서 전환율을 높이는 것을 크리에이티브 목표로 한다.

결과적으로 AARRR는 각 단계별 크리에이티브 목표를 측정할 수 있다는 '효과'와 재원 투입에 따른 결과를 관리할 수 있다는 '효율'의 관점이 적용된 모델이다. 흥미로운 것은 AARRR가 최근 산업적으로 주목받고 있는 스타트업 업계를 바탕으로 도출된 모델이고, 스타트업뿐만 아니라 기존 레거시 기업에도 영향을 미치고 있다는 점이다. 그렇기 때문에 AARRR에 더욱 주목해야 할 당위성이 있다.

3) 그로스 루프에 따른 크리에이티브 목표

그로스(growth) 교육 기관 리포지(Reforge)의 창업자이자 대표인 브라이언 발포어(Brian Balfour)는 AARRR를 퍼널 모델이 아닌 루프 모델(loop model)로 개선했다. 루프 모델은 크리에이티브가 결과 단계에서 끝나는 것이 아니라 어떻게 크리에이티브가 재투입되는지를 보여 준다. 즉, AARRR를 순환 모델로 발전시킨 것이 그로스 루프(growth loops)이고, 각 섹터에 따라 크리에이티브 목표가 달라질 수 있다.

우선 그로스 루프는 [그림 10-2]와 같이 비용 지불(paid)과 비용 미지불(non-paid)을 나타내는 가로축과 지원 전환(supported conversion)과 직접 전환(direct conversion)을 나타내는 세로축으로 구성된다. 가로축은 소비자를 획득하는 방식이고 세로축은 소비자가 의사 결정을 하는 변화를 나타낸다. 각 섹터의 전환은 섹터별 목표가 달성되어야 이뤄진다(오피노마케팅, 2022. 9. 3.).

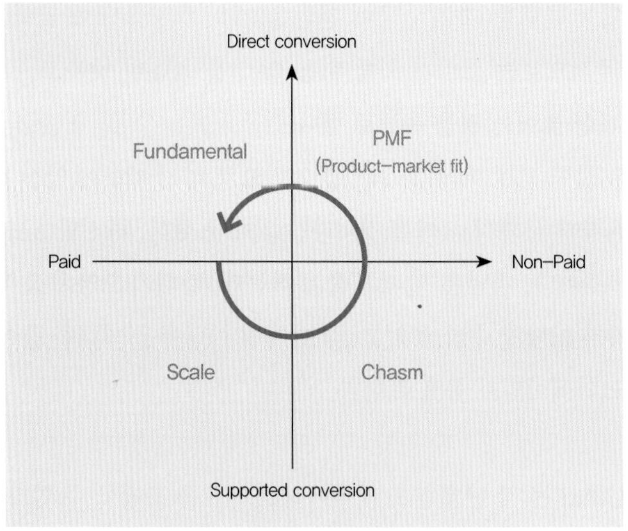

[그림 10-2] 그로스 루프와 섹터별 목표

(1) 제품-시장 적합성(Product-market fit)

제품-시장 적합성 섹터는 제품이나 서비스가 소비자의 문제를 해결했는가를 확인하는 것이다. 그래서 이 섹터에서의 크리에이티브는 소비자가 제품이나 서비스에 만족하여 그 사용을 유지, 재구매, 확대, 추천하도록 하는 것을 목표로 한다. 이 섹터의 주요 지표는 재구매율과 재방문율 등이다. 만약 이 목표를 달성하지 못했다면 미디어 확장 운영, 대규모 브랜딩 캠페인, 가격 경쟁, 경쟁사 활동 견제, CRM 마케팅 등을 진행한다.

(2) 수익 기초(Fundamental)

수익 기초 섹터는 소비자를 획득하는 비용보다 소비자로부터 얻는 가치가 큰 구조를 만드는 것이고, 궁극적으로 수익을 만들어가는 것이다. 그래서 이 섹터에서의 크리에이티브는 어떻게 하면 적은 비용으로 소비자를 획득할 것인가 그리고 그렇게 획득한 소비자를 통해 얼마나 지속가능한 구매를 이끌어 낼 것인가를 목표로 한다. 그렇기 때문에 이 섹터의 주요 지표는 소비자 획득 비용(CAC), 소비자 생애 가치(LTV) 등이고, 구체적으로 다음과 같은 크리에이티브 목표를 설정하게 된다.

- 소비자 획득 비용(CAC) 개선: 구매 전환율(CVR) 증가, 콘텐츠 위닝 가이드 발굴, 소셜 미디어를 통한 바이럴 루프 개발, 효과적인 사은품(GWP) 기획 등
- 소비자 생애 가치(LTV) 개선: 평균 구매 금액(AOV) 향상, 구매 횟수(NRP) 증가, 아하 모먼트 발견과 확장 등

(3) 시장 확장(Scale)

시장 확장 섹터는 대규모 소비자 확장을 목적으로 다양한 채널로 진출하는 것이다. 그래서 이 섹터에서의 크리에이티브는 신규 소비자를 확대하고, 기존 소비자의 재구매를 빠르게 늘리는 것을 목표로 한다. 이 섹터의 주요 지표는 지원 전환 수보다 직접 전환 수가 높아지는 것이다. 이를 위해 수익 기초 섹터의 콘텐츠 위닝 가이드에 따라 콘텐츠 노출을 늘리고 운용 매체의 수를 늘려야 하며, 그에 따라 미디어 믹스를 적극적으로 시행해야 한다.

(4) 정체 극복(Chasm)

정체 극복 섹터는 시장 확장 후 성장의 정체를 겪을 때, 이를 극복하기 위해 보다 공격적이고 다양한 활동을 펼치는 것이다. 그래서 이 섹터에서의 크리에이티브는 대규모 신규 소비자 획득 및 소비자층 다양화를 위한 노출을 목표로 한다. 이 섹터의 주요 지표는 신규 소비자 증가, 가입 해지율 대비 높은 재구매율 등이다. 이를 위해 제품과 서비스를 더 많이

노출 및 인지시킬 수 있는 미디어를 선택하고, 이를 통해 단기간에 다중 시장에 진출하는 크리에이티브를 실행하거나 대규모 재원 투입을 통한 빅 캠페인도 고려할 수 있다.

4) ICE에 따른 크리에이티브 목표

크리에이티브의 관점이 '효율적으로 효과를 내는 것'으로 나아가고 있다면 크리에이티브 실행의 목표도 '효율'에 초점을 맞출 필요가 있다. 실제로 어도비가 발표한 「2023 디지털 트렌드 보고서」에 따르면 마케팅 실무자의 44%가 우수한 소비자 경험을 제공하기 위한 장애물로 크리에이티브를 발휘할 시간이 부족한 점을 꼽았다(ITWorld, 2023. 2. 15.). 그래서 이러한 크리에이티브 실행 효율의 문제를 극복하기 위해 등장한 것이 ICE이다. ICE는 드롭박스의 성장을 이끌고 그로스 해킹(growth hacking)이란 용어를 만든 션 엘리스(Sean Ellis)가 2015년 고안한 개념으로 영향력(Impact), 확신(Confidence), 재원(Ease)의 세 가지 기준에 따라 크리에이티브나 아이디어에 1~10점의 점수를 매겨서 우선순위를 정하고 크리에이티브를 실행하는 것이다(https://growthhackers.com). 그래서 ICE는 크리에이티브 실행의 목표이자 평가 요소로도 활용될 수 있다.

(1) 영향력(Impact)

영향력은 크리에이티브가 핵심 목표 달성에 얼마나 많은 영향을 미칠까를 고려하는 것이다. 구체적으로 특정 크리에이티브가 얼마나 많은 사람들에게 노출되는지, 크리에이티브에 노출되는 소비자 중 어느 정도가 실질적인 반응을 할 것인지를 두고 점수를 매긴다.

(2) 확신(Confidence)

확신은 크리에이티브의 구현과 성공 가능성에 대해 얼마나 확신하는가를 고려하는 것이다. 구체적으로 시장과 소비자에 대한 이해를 바탕으로 하고, 기존 크리에이티브에 대한 경험과 결과를 근거로 판단하여 점수를 매긴다.

(3) 재원(Ease)

재원은 크리에이티브를 구현하는 데에 얼마만큼의 시간과 자원을 투입해야 하는지, 실제로 크리에이티브를 실행하기까지의 시간이 얼마나 걸리는지를 고려하는 것이다. 구체적으로 크리에이티브 프로세스에 관여된 모든 이해관계자나 팀이 각각 들여야 하는 시간과 자원을 추정해서 점수를 매긴다. 즉, 크리에이티브를 실행하기 위한 재원 판단이 ICE의 중요한 평가 기준이 된다는 점이 핵심이다.

2. 크리에이티브 콘셉트

무엇을 말할 것인가(what to say)가 광고 콘셉트라면 어떻게 말할 것인가(how to say)는 크리에이티브 콘셉트에 해당한다. 즉, 크리에이티브 콘셉트는 광고 콘셉트를 좀 더 구체적으로 표현한 것으로, 어떻게 효과적으로 소비자에게 제품과 서비스의 핵심 가치를 전달할 것인가에 더 초점을 맞춰야 한다. 그리고 크리에이티브 콘셉트는 소비자 관점, 활용 매체에 대한 이해 그리고 시장 환경과 트렌드를 반영해야 더욱 경쟁력이 생긴다(류진한, 2022). 그래서 경쟁력 있는 크리에이티브 콘셉트는 소비자와 강력한 정서적 연결고리를 갖는다.

결국 크리에이티브 콘셉트의 핵심은 제품 및 서비스와 소비자의 연결고리를 발견하는 지점에 있다. 그 연결고리는 6W · 3H 질문에 대한 답을 정리하면서 구체화할 수 있다. 기본적으로 누가(who) 사용하는지, 누구에게(whom) 판매할 것인지, 무엇(what)이라고 말할 수 있는지, 언제 사용하는지(when), 어디서 사용하는지(where), 왜 사용하는지(why) 등의 6W 질문과 어떻게 사용하는지(how), 얼마나 많이 구매하는지(how much), 얼마나 자주 구매하는지(how often) 등의 3H 질문을 활용하는 것이 중요하다(조용석, 오창일, 2007).

1) 크리에이티브 목표에 따른 크리에이티브 콘셉트

크리에이티브 콘셉트는 구매 행태, 마케팅 요소, 타깃에 따라 다양하게 도출될 수 있다. 여기서 구매 행태에 따른 크리에이티브 콘셉트 도출은 쇼루밍, 웹루밍, 앱루밍이나 AIDA, AIDMA, AIDCA, AISAS 등 소비자 구매 행동 모델을 기반으로 한다. 또한 마케팅 요소에 따른 크리에이티브 콘셉트 도출은 4P, 4C, 4S 등 소비자 및 마케팅 믹스에 따른 것이다. 그리고 타깃에 따른 크리에이티브 콘셉트 도출은 합리성(생각하는 사람들), 능동성(저지르는 사람들), 창의성(만들어 내는 사람들), 개인성(특색 있는 사람들), 다양성(제각각인 사람들), 정보 탐색성(찾고 비교하는 사람들), 상호 작용성(서로 소통하는 사람들), 관계 형성(연결하는 사람들), 네트워킹(인연 맺는 사람들), 스토리텔링(이야기하는 사람들) 등 특정 타깃에 맞춘 것이다(류진한, 2022).

이 부분을 최근 실무 관점에서 보면 변화하고 있는 소비자 구매 행동 모델에 따라 크리에이티브 콘셉트를 도출할 수 있다는 것을 알 수 있다. 즉, 앞서 최근 소비자 구매 행동 모델로 AARRR를 살펴봤는데, 이에 따라 크리에이티브 콘셉트를 정할 수 있다는 것이다. 즉, [그림 10-3]과 같이 AARRR의 소비자 여정에 따라 소비자를 크게 여섯 가지로 분류할 수 있고, 그것을 4단계로 구분하여 그에 맞는 크리에이티브 콘셉트를 정할 수 있다(https://blog.nnt-consulting.com).

- 신규 소비자(New User): 제품과 서비스를 처음 접하는 소비자
- 기존 소비자(Current Users): 제품과 서비스를 일정 주기로 사용하는 소비자
- 공헌 소비자(Power Users): 제품과 서비스에 높은 친밀도를 갖고 매출에 공헌하는 소비자
- 돌아온 소비자(Resurrected Users): 제품과 서비스에서 멀어졌다가 다시 돌아온 소비자
- 정체된 소비자(Churn Users): 제품과 서비스를 더이상 사용하지 않는 소비자
- 이탈한 소비자(Uninstall Users): 웹과 앱 등 제품과 서비스의 접점을 삭제한 소비자

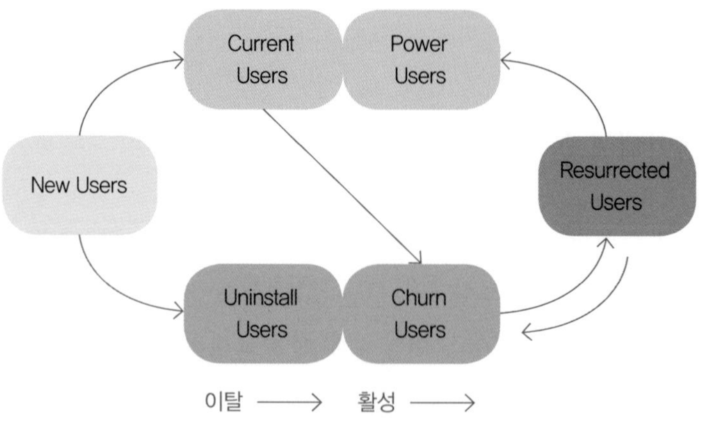

[그림 10-3] **소비자 여정에 따른 소비자 구분**

(1) 신규 소비자 확보 콘셉트

제품과 서비스에 새롭게 소비자를 유입시킬 수 있는 크리에이티브 콘셉트이다. 즉, 최근 점점 심해지는 개인 정보 규제로 크리에이티브 효율이 낮아지고 있는 상황에서 신규 소비자의 정보 획득 및 서비스 사용 습관 생성은 안정적인 소비자 확보에 필수적인 요소로 자리 잡았다. 그래서 신규 소비자가 제품과 서비스를 이해하고, 핵심 가치를 느낄 수 있도록 유도해야 한다.

(2) 구매 유도 콘셉트

제품과 서비스를 일정 주기로 사용하게 하고 높은 친밀도를 갖고 매출에 공헌하게 하는 크리에이티브 콘셉트이다. 여기서는 소비자의 행동을 분석하여 소비자가 구매를 결심할 만한 순간에 구매를 유도하는 부드러운 개입인 넛지(nudge)가 필요하다. 즉, 소비자의 관심 상품이 무엇인지, 구매하기 전에 소비자는 어떤 행동을 하는지 분석하여 이를 기반으로 크리에이티브 콘셉트를 잡아야 한다.

(3) 재활성화 콘셉트

제품과 서비스에서 멀어진 소비자를 다시 활성화시키기 위한 크리에이티브 콘셉트이다. 최근 고객 획득 비용이 증가하면서 한 번 획득한 소비자를 재활성화시키고, 그들을 충성 고객으로 만드는 것이 매우 중요해졌다. 그래서 여기서는 제품 및 소비자와 소비자 간 유대감을 쌓기 위해 다양한 캠페인을 진행해야 한다. 예를 들어, 새로운 제품과 기능이 출시됐거나 작은 정보라도 업데이트됐을 때, 이를 소비자에게 적절하게 알리고 소비자의 데이터를 최신 상태로 유지시키는 것이 중요하다. 그래서 소비자가 제품과 서비스에서 이탈하지 않도록 지속적인 커뮤니케이션을 통해 리텐션을 높여야 한다.

(4) 이탈 회복 콘셉트

제품과 서비스를 더이상 사용하지 않거나 제품과 서비스의 접점을 삭제한 소비자를 회복시키는 크리에이티브 콘셉트이다. 여기서는 기존 소비자 정보와 활동 내역을 바탕으로 소비자와 소통할 수 있는 메시지 채널을 확인하고, 그들에게 전달할 콘텐츠가 무엇인지 고민해야 한다. 예를 들어, 휴면 소비자 대상 프로모션, 앱 재설치 캠페인, 제품과 서비스의 콘텐츠 조회 유도 등의 활동을 할 수 있다.

2) 마케팅 믹스와 타깃에 따른 크리에이티브 콘셉트

크리에이티브 콘셉트는 소비자 구매 행동 모델뿐만 아니라 마케팅 요소와 타깃에 따라서도 도출될 수 있다. 특히, 마케팅 요소에 따르면 4P, 4C, 4S 등 소비자 및 마케팅 믹스를 바탕으로 크리에이티브 콘셉트를 도출할 수 있다. 그런데 최근 실무에서 기업 관점이 아닌 소비자 관점을 더욱 강조하기 시작했고, 그것을 구체화한 7C에 주목했다. 왜냐하면 최근 플랫폼 비즈니스가 확대됨에 따라 사용자 경험(UX)이 디지털과 AI 시대의 주요 키워드가 되고 있기 때문이다. 사용자 경험이란 소비자가 어떤 제품이나 서비스를 이용하면서 축적하게 되는 모든 지식, 기억, 행동, 감정의 총체적 경험이라 할 수 있는데, 이를 잘 구체화한 것이 7C이고, 〈표 10-1〉에 따라 크리에이티브 콘셉트가 도출된다(Carniel, 2019. 12. 27.).

〈표 10-1〉 **기업 관점 7P와 소비자 관점 7C**

기업 관점 7P		소비자 관점 7C	
4P	제품(Product)	소비자 혜택(Customer Benefit)	4C
	가격(Price)	소비자 비용(Customer Cost)	
	유통(Place)	소비자 편의(Convenience)	
	판매촉진(Promotion)	소통과 체험(Communication)	
+			+
3P	과정(Process)	소비자 중심 프로세스 (Customer Oriented Process)	3C
	물리적 증거(Physical Evidence)	맥락적 증거(Contextual Evidence)	
	사람(People)	소비자 참여(Creator of Value)	

(1) 소비자 혜택 강조 크리에이티브 콘셉트

제품(Product)은 기업 관점에서 소비자에게 전달하고 싶은 제품과 서비스의 뛰어난 스펙, 다양한 기능에 집중하는 것이다. 반대로 소비자 혜택(Customer Benefit)은 제품과 서비스를 통해 소비자가 실제로 받을 수 있는 혜택에 집중하는 것이다. 아무리 기능적으로 뛰어난 제품과 서비스를 만들고, 경쟁사 대비 우월한 스펙과 기능을 자랑하는 크리에이티브 콘셉트를 설정한다고 해도 그것이 소비자 혜택을 위한 것이 아니라면 소비자의 선택을 받을 수 없다. 그래서 소비자가 실질적으로 얻을 수 있는 혜택이 무엇인지를 강조하는 크리에이티브 콘셉트가 중요하다.

예를 들면, 아디다스의 '리퀴드 빌보드(liquid billboard)'가 있다. 중동 국가에서는 여성들이 노출이 있는 수영복을 입는 것은 매우 어려운 일이다. 그래서 아디다스는 이 문제를 해결하기 위해 신체 전부를 가릴 수 있는 '부르키니(Brukini)'라는 수영복을 출시했다. 부르키니는 무슬림 여성의 의상인 '부르카(bruqa)'와 '비키니(bikini)'를 합친 신조어이다. 이를 알리기 위해 아디다스는 세계 최초로 실제 물 43,500kg을 담은 수족관 형태의 옥외광고를 두바이 해변에서 구현했다. 그리고 이 옥외광고에서는 한쪽 다리를 잃은 철인 3종 경기 선수 '다린 바바(Dareen Barbar)'와 에베레스트산을 오른 세계 최초 여성 등반가 '라하 모라학(Raha Moharrak)'이 수영을 하는 퍼포먼스를 보였다. 옥외광고에는 '표면 너머(Beyond the Surface)'라는 슬로건이 적혀 있는데, 이는 중동의 여성들이 자유롭게 수영하기를 바라는 응원과 혜택을 담은 것이다.

[그림 10-4] 아디다스, 리퀴드 빌보드

(2) 소비자 비용 보상 크리에이티브 콘셉트

기업 관점에서 가격(Price)은 '가격 정책'과 같다. 즉, 경쟁사와 비교해서 제품 가격을 1원, 10원이라도 싸게 책정하여 경쟁 우위를 점하려고 했던 것이다. 하지만 소비자 관점에서의 비용(Customer Cost)은 실제로 제품과 서비스를 얻을 때까지 소요되는 모든 시간과 노력이 포함된다. 즉, 기업은 제품 개발비, 유통, 마케팅 비용 등을 고려하여 가격을 결정하는 반면, 소비자는 제품과 서비스를 얻기 위해 자신들이 부담하는 총비용을 중시한다. 따라서 소비자 관점에서 소비자가 들인 노력을 보상해 줄 수 있는 크리에이티브 콘셉트가 중요하다.

예를 들면, 이케아의 '당신의 시간으로 쇼핑하세요(Buy with your time)'가 있다. 이케아는 소비자들이 도심 외곽에 있는 이케아 매장을 방문하기까지 많은 시간과 노력을 들이고 있다는 문제를 발견했다. 그래서 이케아는 소비자들이 이케아 매장까지 올 때 걸리는 시간을 돈으로 환산한 뒤 실제 구매할 때 사용할 수 있게 했다. 만약 소비자가 집에서 이케아 매장까지 오는 데 5분이 걸렸다면 핫도그를, 49분이 걸렸다면 랙(Lack) 테이블을, 1시간 55분이 걸렸다면 빌리(Billy) 책장을 살 수 있는 가치를 돌려받는 것이다. 이를 위해 소비자들은 이케아 매장까지 오는 데 걸린 시간을 구글맵 타임라인에서 확인하고, 결제할 때 현금, 카드, 시간 가치 중 원하는 방식으로 지불할 수 있다. 소비자의 시간을 돈으로 보상해 주는 크리에이티브 콘셉트인 것이다.

[그림 10-5] **이케아, 당신의 시간으로 쇼핑하세요**

(3) 소비자 편의 중시 크리에이티브 콘셉트

기업 관점에서의 유통(Place)은 얼마나 많은 물량을 효율적으로 유통시킬 수 있는가에 초점이 맞춰져 있다. 그래서 특정 제품을 백화점, 대형마트, 로드샵, 이커머스 등 어떤 채널에 유통시키느냐를 결정하고, 단순히 유동 인구가 많은 곳에서의 유통, 접근성이 좋은 번화가 중심의 유통을 중요시했다. 하지만 소비자 편의(Convenience)를 중시하는 유통은 제품과 서비스를 '원하는 곳'에서 '원하는 시간'에 '원하는 방법'으로 얻는 것이고, 그것이 강조된 크리에이티브 콘셉트가 중요하다. 즉, 소비자 편의를 중시한다는 것은 단순히 배송의 관점이 아니라 주차장, 드라이브 스루 등도 중요한 크리에이티브 콘셉트 요소가 될 수 있다는 가능성을 제시한다.

[그림 10-6] **아마존, 차고 배송**

예를 들면, 아마존의 '차고 배송(in-garage delivery)'이 있다. 아마존은 2020년부터 프라임(Prime) 회원을 대상으로 차고 배송 서비스를 무료로 제공하기 시작했다. 즉, 아마존에서 주문하면 배송 기사가 임시 비밀번호를 통해 차고에 물건을 넣어 놓고 가는 것이다. 여기서 중요한 점은 배송 기사가 차고 앞에 도착하면 '지금 도착(Arriving Now)' 알림을 한 번 더 보내고, 배송 기사의 캠으로 배송 현황을 실시간으로 모니터링할 수 있다는 것이다. 이를 통해 아마존에서 배송한 물품의 도난이나 날씨로 인한 물품 손상을 최소화하고, 안전 배송이라는 소비자 편의가 높아지게 됐다. 최근 네이버가 빠른 배송이 아닌 정확한 도착일을 보장하는 '도착 보장' 서비스를 도입한 것도 같은 맥락이다. 최근 소비자들은 빠른 배송보다 원하는 날짜에 물건을 받길 원하기 때문이다. 그래서 업계에서는 '도착 보장'이 배송 서비스의 선택지를 넓혔다는 평가가 나오고 있다.

(4) 소통과 체험 중심의 크리에이티브 콘셉트

그동안 기업이 진행해 왔던 판매촉진(Promotion)은 단기적이고 순간적인 판매 활성화에 목적이 있었다. 하지만 소비자는 제품과 서비스에 대한 정보를 특별한 방법으로 접하길 원하고, 소통과 체험(Communication)으로 접한 정보를 통해 제품과 서비스에 감화되는 것을 중요하게 생각하기 시작했다. 그리고 그 소통과 체험을 통해 창출된 소비자 데이터가 제품과 서비스를 개선하는 데에 활용되기를 기대한다.

이를 잘 구현한 곳이 구글의 '구글 스토어(Google Store)'이다. 구글은 새로운 기술을 오프라인에서 가장 먼저 체험할 수 있는 공간을 2021년 뉴욕에 마련했다. 구글 스토어에서는 구글과 관계사들이 만드는 다양한 제품을 한 자리에서 직접 만져볼 수 있고, 구글 제품의 모든 것을 마스터한 직원의 설명을 듣고 궁금한 점을 해결할 수 있다. 특히, 구글이 주력으로 서비스하고 있는 구글 번역 기능을 보다 입체적으로 체험할 수 있도록 방문객의 말을 24개 언어로 번역해 들려 주는 '이매지네이션 스페이스(Imagination space)'를 만들어 놓기도 했다. 이 외에도 집의 거실, 침실, 게임 공간 등을 그대로 구현한 공간을 마련해서 구글의 많은 제품들이 집 안에서 활용될 수 있음을 직관적으로 표현했다. 이렇게 소비자 체험 공간을 구성하는 것도 중요한 크리에이티브 콘셉트이다.

[그림 10-7] **구글, 구글 스토어**

(5) 소비자 중심 프로세스 강조 크리에이티브 콘셉트

기업 관점에서의 중요한 과정(Process)은 원재료의 생산 · 유통 등 모든 공급망 단계를 최적화하는 공급망 관리(SCM)이다. 하지만 소비자 입장에서는 제품과 서비스가 소비자에게 전달되는 모든 프로세스가 투명하게 공개되고, 또 편리하게 전달 및 관리되는 소비자 중심 프로세스(Customer Oriented Process)가 중요하다.

[그림 10-8] **배달의 민족, 배민1 라이더 실시간 위치 확인**

예를 들면, 배달의 민족의 '배민1 라이더 실시간 위치 확인'이 있다. 이 서비스는 소비자가 주문한 음식을 배달하는 라이더의 위치가 어디인지 확인할 수 있게 하는 것이다. 그래서 소비자가 주문한 음식이 늦지는 않는지, 혹시나 다른 집에 들렀다가 오지는 않는지에 대한 소비자의 궁금증과 불안을 해소시켜 준다. 이는 우버의 '드라이버 트래킹(driver tracking)'과 매우 유사하다. 우버의 드라이버 트래킹은 드라이버가 어디쯤 왔는지, 본인이 현재 어디쯤 있는지, 목적지까지 잘 가고 있는지 등을 우버 맵에 위치와 경로를 노출시켜 소비자의 불편함을 해소시켜 준다.

(6) 맥락적 증거 중심 크리에이티브 콘셉트

기업 관점에서의 물리적 증거(Physical Evidence)는 사옥, 공장, 오프라인 매장, 직원 등 제품 및 서비스가 창조되고 전달되는 과정에서 소비자가 접하는 물리적 환경 그 자체를 뜻한다. 반면, 소비자 관점에서의 맥락적 증거(Contextual Evidence)는 제품 패키지, 원산지 표기, 각종 인증, 직원의 복장과 표정 등 소비자가 어떤 인상이라도 받을 수 있는 모든 것을 포함한다.

예를 들면, 힐튼의 '힐튼 클린스테이(Hilton CleanStay)'가 있다. 힐튼은 코로나19에 따라 객실 점유율이 떨어지자 미국 최고의 종합 병원 중 하나인 메이오 클리닉(Mayo Clinic)과 함께 이 프로그램을 개발했다. 힐튼 클린스테이는 객실에서 가장 손이 많이 가는 세면대, 샤워실, 침대, 커튼과 각종 스위치, 손잡이, 리모컨, 온도 조절 장치 등을 집중적으로 소독하고, 체크 리스트를 통해 청소가 완벽하게 완료된 객실에만 문에 인증 스티커를 붙이는 프로그램이다. 이 인증 스티커는 객실에 손님이 들어오기 전까지 뗄 수 없도록 하여 불신을 해소했다. 이를 바탕으로 힐튼은 점진적으로 객실 점유율이 회복됐고, 여행객들 사이에서 믿고 방문할 수 있는 호텔로 자리매김했다. 여기서 중요한 것은 객실을 깨끗하게 청소하는 과정과 결과를 소비자에게 인증하는 맥락적 증거 제시가 주효했다는 점과, 이를 크리에이티브 콘셉트로 한 세부적인 전략과 실행이 효과를 거뒀다는 점이다.

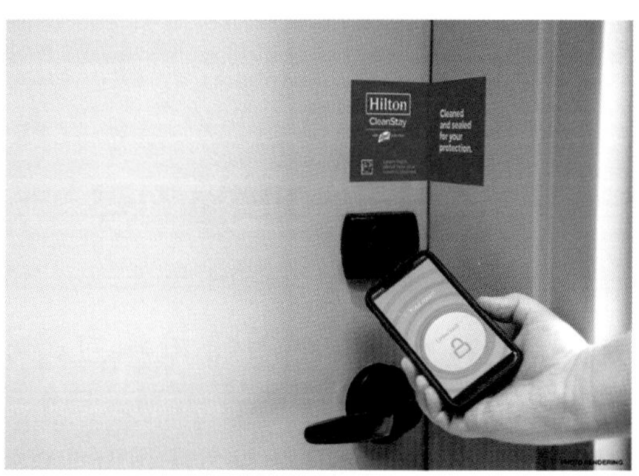

[그림 10-9] 힐튼, 힐튼 클린스테이

(7) 소비자 참여 크리에이티브 콘셉트

기업 관점에서의 사람(People)은 주요 이해관계자, 즉 내부 임직원, 투자자, 협력사 등 인적자원 관리에 중점을 두는 것이다. 반면, 소비자 관점에서는 소비자 역시 기업의 주요 이해관계자로서 주요 제품과 서비스를 개발하고 개선시키는 것에 적극 참여하는 소비자 참여(Creator of Value)를 중요하게 생각한다. 왜냐하면 소비자가 참여하는 제품과 서비스일수록 신뢰도와 구매 의사가 높아지는 경우가 많기 때문이다. 최근 브랜드 팬덤과 브랜드 커뮤니티를 활용하는 크리에이티브 콘셉트와 그에 따른 다양한 활동들이 여

[그림 10-10] **배달의 민족, 배민 신춘문예**

기에 해당한다.

예를 들면, 배달의 민족의 '배민 신춘문예'가 있다. 배민 신춘문예는 창작시 공모전으로, 음식을 소재로 한 25자 이내의 짧은 시를 창작해 응모하는 것이다. 이를 통해 소비자가 직접 배달의 민족의 카피라이팅에 참여하는 것이다. 독특한 카피로 눈길을 사로잡는 배달의 민족은 매년 '배민 신춘문예'를 통해서 음식과 관련한 재미있는 문구들을 수집했다.

3. 크리에이티브 전략

1) 소비자 여정에 따른 크리에이티브 전략

크리에이티브 전략이란 어떻게 말할 것인가(how to say)를 고민했던 크리에이티브 콘셉트에 따라 실제로 커뮤니케이션하는 방법을 구상하는 것이다. 즉, 어떤 메시지나 콘텐츠를 보다 쉽고 정확하게 목표한 소비자들에게 도달시키기 위한 아이디어 발상이 크리에이티브 전략이다. 이에 대해 기본적으로 USP 전략, 브랜드 이미지 전략, 포지셔닝 전략, 어젠다 세팅 전략, 선점 전략 등이 논의되어 왔고, 프레이저의 일곱 가지 크리에이티브 전략에 따라 본원적 전략, 선점 전략, 고유판매제안 전략, 브랜드 이미지 전략, 포지셔닝 전략, 공명 전략, 정서 전략이 제시되기도 했다(이희복, 2022). 그러나 디지털과 인공지능 시대에 따라 소비자 여정을 측정하고 관리하는 것이 중요해진 만큼 그에 따른 크리에이티브 전략도 달라져야 한다는 것이 실무적 관점이다. 이에 실시간 개인화 마케팅 플랫폼 브레이즈(Braze)는 소비자 여정과 라이프 사이클에 따라 크리에이티브 전략을 수립하는 것을 다음과 같이 제안했다(https://www.braze.com).

(1) 활성화 전략(Activation)

소비자 획득에 성공했다고 해도 그 소비자가 제품이나 서비스를 효과적으로 이용할 준비가 된 것은 아니기 때문에 활성화 전략이 필요하다. 구체적으로 제품과 서비스 내에서 발송되는 메시지를 활용하여 소비자들의 가입을 유도하는 계정 생성 전략, 소비자가 처음 웹이나 앱을 탐색할 때 소비자 라이프 사이클에 딱 맞는 적절한 정보를 제공함으로써 더 깊은 인게이지먼트를 이끌어 내는 온보딩 전략, 소비자들에게 인센티브를 제공하거나 얻을 수 있는 혜택을 설명하여 다양한 채널로 메시지 받기와 필수 정보 공유를 독려하는 옵트인(opt-in) 전략, 인앱 메시지에 설문 템플릿을 넣어 소비자들이 불편함 없이 정보를 제공할 수 있도록 하는 고객 선호 전략, 소비자에게 보상을 제공하면 신규 소비자를 만들 수 있고, 기존 소비자는 새로운 인센티브를 받을 수 있는 추천 전략 등이 이에 해당한다.

(2) 수익화 전략(Monetization)

소비자를 획득하고 더 깊은 참여를 유도해 낸 이후에도 더 자주, 규모가 큰 구매를 유도하는 전략이다. 이를 통해 메시지 캠페인의 다양한 전략을 활용해 소비자의 결제 과정 완료를 돕거나 타깃이 명확한 소통을 통해 특별 행사에 대해 알리는 등 소비자의 소비를 유도할 수 있다. 구체적으로 소비자가 결제를 완료하기 전에 제품 내 메시지를 활용하여 관련 서비스 및 제품의 업그레이드 버전과 추가 제품을 강조해 보여 주는 업셀링(upselling) 전략, 과거 구매 이력과 브라우징 활동 데이터를 활용하여 소비자에게 개인화 제품 추천 메시지를 보내는 크로스 셀링(cross-selling) 전략, 소비자가 다시 결제 절차로 돌아올 수 있도록 하거나 스페셜 오퍼를 제공하는 리마인더 전략, 지역 · 국가의 명절과 기념일에 따라 때마다 적절한 세일즈와 메시지를 잘 파악한 타임 마케팅 전략, 프리미엄 경험으로 소비자 단계를 업그레이드하는 유료 전환 전략 등이 이에 해당한다.

(3) 리텐션 전략(Retention)

소비자와 정기적이고 일관성 있는 소통을 하는 것은 기업과 브랜드의 지속 성장을 위해 매우 중요하고, 그것이 리텐션의 기반이 된다. 구체적으로 튜토리얼(tutorial) 콘텐츠를 제공해서 소비자의 구매 습관을 형성시키는 교육 콘텐츠 전략, 소비자가 제품과 서비스를 이용할 때 어떤 혜택을 받을 수 있는지, 얼마나 돈과 시간을 절약할 수 있었는지를 강조해 보여 주는 가치 콘텐츠 전략, 소비자가 빠르고 명확하게 알아야 할 정보를 업데이트하고 전달함으로써 구매를 유도하는 긴급 콘텐츠 전략, 소비자의 구매 이력과 경험을 종합해서 웹과 앱에서 한 해 동안 얼마나 많은 활동이 있었는지를 종합해 보여 주는 연간 리뷰 콘텐츠 전략, 소비자의 연속적인 인게이지먼트를 칭찬하고, 다음 행동을 지속적으로 유도하는 리츄얼(ritual) 전략, 특정 숫자가 쌓여감에 따라 보상을 해 줌과 동시에 즉각적인 맞춤 메시지를 전달하는 마일스톤(milestone) 전략, 게임과 퀴즈 등 상호 작용이 가능한 요소를 통해 소비자 상호 작용을 강화시켜 나가는 게임화(gamification) 전략, 할인과 추천 등에 대한 독점 접근권을 부여하는 로열티 전략, 온라인 그룹이나 오프라인 모임을 통한 소비자간 소통을 강조하는 커뮤니티 전략 등이 이에 해당한다.

2) 시대 변화에 따른 새로운 크리에이티브 전략

크리에이티브 전략은 시대 변화에 따라 지속적으로 변화해 왔지만 최근 코로나19에 따라 이전과는 매우 다른 양상을 보이기 시작했다(김병희, 2020. 7. 8.). 즉, 소비자 행동을 예측하기 어렵고, 미디어 이용 패턴 역시 급변하면서 크리에이티브 전략이 지향해야 할 방향이 새롭게 제시됐다. 여기에 디지털과 AI라는 기술이 더해지면서 여섯 가지 새로운 크리에이티브 전략이 제시될 수 있다.

(1) 유결점 전략

코로나19 이후에 광고회사와 광고주의 관계 그리고 소비자와의 변화된 관계 속에서 두드러진 키워드는 진정성이다. 즉, 제품 · 서비스와 소비자 사이의 진정성 있는 유대 관계를 구축해야 소비자 신뢰가 형성되고, 소비자들은 제품과 서비스에서 진정한 가치를 발견할 수 있다. 특히, 최근 상황은 자극 과잉의 시대로 나아가고 있기 때문에 더욱더 진정성이 중요해지고 있다.

이에 따라 주목할 만한 것이 유결점 전략이다. 유결점 전략이란 약점을 감추지 않고 오히려 강점으로 내세우는 전략이다. 즉, 제품과 서비스의 결점을 솔직하게 인정하고, 그 결점이 사실은 장점이었다는 것을 강조하여 소비자들을 적극적인 옹호자로 만드는 것이다. 예를 들어, '못난이 농산물'을 구독 서비스하는 어글리어스(UglyUs)가 대표적이다. 어글리어스는 친환경 농산물을 기르는 농가에서 모양이나 중량, 크기가 시장 기준에 미달돼 판로가 막힌 농산물을 판매한다. 어글리어스는 표면에 자국이 있거나 곧게 자라지 못한 채소를 못난이 농산물이라고 부르지만 오히려 가격이 저렴하고 농약을 치지 않은 친환경 제품이라는 강점으로 어필한다.

특히, 이와 관련해서 과소비를 조장하는 인플루언서의 움직임에 반발하는 '디인플루언싱(deinfluencing)'에 주목할 필요가 있다. 디인플루언싱이란 인플루언서의 과장 리뷰에 속지 말고 그들의 제품을 구매하지 말라는 메시지를 전달하는 것으로, 틱톡에는 '해시태그 디인플루언싱(#deinfluencing)'이 달린 게시물이 5억 4,270만 개 이상 올라와 있다. 이에 대해 월스트리트저널은 디인플루언싱에 대해 "각종 플랫폼에서 끝없이 쏟아지는 제품 권장과 홍보 콘텐츠, 과잉 소비에 대한 반발이 커지고 있다는 신호"라고 평가했다(O'Brien & Florsheim, 2023. 2. 2.).

[그림 10-11] 틱톡의 '해시태그 디인플루언싱' 게시물

(2) 오피니언 마이닝 전략

코로나19 이후에도 국가 간 갈등, 개인 간 갈등이 첨예해지면서 초갈등의 시대가 이어지고 있다. 그렇기 때문에 기업과 브랜드에 대한 감정 분석에 따라 긍정적 감정을 유발할 수 있는 포인트를 잡고, 그것을 전략적으로 활용하는 것이 중요해졌다. 그것이 오피니언 마이닝(opinion mining) 전략인데, 이는 웹이나 SNS 등에 나타난 여론과 의견 등의 텍스트를 분석해 사람들의 감정과 의견을 객관적 정보로 바꾸는 빅데이터 기술이다. 최근에는 '이모티콘 감정 분석'도 가능해졌다. 오피니언 마이닝을 이용하면 구매 후기, 상품 평가, 사용 리뷰 등 정량화하기 힘든 텍스트 데이터에서 유용한 객관적 정보를 추출할 수 있고, 그에 따른 크리에이티브 전략을 수립할 수 있다(김광우, 2022. 1. 21.).

예를 들어, 노스페이스에 대한 오피니언 마이닝을 분석한다면 긍정 감정은 45.1%, 그리고 긍정 감정의 연관어로 '좋다, 추천, 따뜻하다, 저렴하다, 괜찮다' 등의 단어들이 추출된다. 이에 따라 노스페이스의 크리에이티브 전략 방향은 가격은 합리적이지만 따뜻하다는 것을 지속적으로 어필하는 것으로 설정될 수 있다(김경섭, 2019).

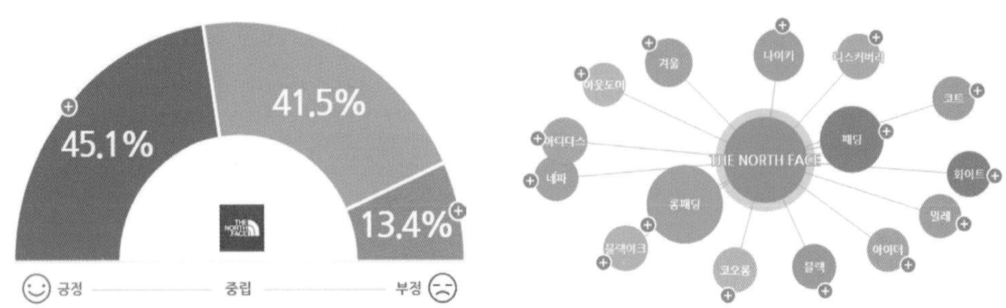

[그림 10-12] **노스페이스의 오피니언 마이닝과 연관 키워드 분석 결과**

(3) 패스트버타이징 전략

최근 모든 비즈니스 변화의 핵심은 '신속함'이다. 빠른 변화에 따른 빠른 적응과 피봇(pivot)이 크리에이티브의 성패를 좌우하는 것이다. 그래서 크리에이티브 전략을 수립하고 실행하는 데에 있어서도 속도가 매우 중요하고, 때로는 소비자 반응에 따라 크리에이티브를 신속하게 개선하고 업데이트해야 할 필요가 있다. 이런 배경에 따라 등장한 것이 패스트버타이징(fastvertising) 전략이다. 패스트버타이징은 빠른(fast)과 광고(advertising)의 합성어로 마케팅 기업 맥시멈 에포트(Maximum Effort)의 창업자이자 MNTN의 최고

[그림 10-13] **챗GPT 이슈를 하이재킹해 만든 민트 모바일 유튜브 광고**

창의성 책임자(CCO)를 맡고 있는 라이언 레이놀즈(Ryan Reynolds)가 고안한 개념이다(Masters, 2023. 1. 18.).

패스트버타이징 전략은 이슈를 하이재킹하고(hijack), 이슈가 꺼지기 전에 빠르게 광고를 내놓는 것이다. 즉, 현재 이슈나 밈(meme)에 대한 소비자 관심이 정점에 달했을 때 그것에 빠르게 올라타서 광고를 내놓는 것이다. 이를 위한 시간은 빠르면 48시간, 길어야 5일이다. 그리고 이슈는 1년 365일 동안 있을 수 있는 모든 시즈널 마케팅에서 참고하고, 심지어 다른 회사 기념일도 활용한다. 요컨대 패스트버타이징 전략의 핵심은 이슈가 있으면 빠르게 활용하고, 복잡하고 대단한 것보다 쉽게 실행하며, 친숙한 소재로 다가가 기본에 웃음과 재미를 더한다는 데에 있다. 이런 패스트버타이징 전략의 효과에 따라 라이언 레이놀즈는 2020년 미국 마케팅 전문지 애드위크(Adweek)로부터 '브랜드 선구자(Brand Visionart)'로 선정되기도 했다.

(4) 핀스킨 전략

디지털과 AI 기술에 따라 다양한 분야에서 개인화가 가능해졌고, 그것이 크리에이티브 전략에도 영향을 미치고 있다. 즉, 크리에이티브 전략에서도 소비자 라이프 스타일과 데이터에 따른 '세분화'가 중요해졌다. 이에 따라 주목받고 있는 것이 핀스킨(pinskin) 전략이다. 핀스킨은 핀셋(pincette)과 스킨십(skinship)의 합성어로 특정 소비자층을 적극 공략하는 핀셋 타기팅을 통해 소비자와의 적극적인 소통을 만들어 가는 전략을 뜻한다. 이에 대해 『스타트업 바이블』의 저자 빌 올렛(Bill Aulet) MIT대 교수는 이렇게 타깃을 좁히면 '강력한 시장 포지션, 안정적인 현금흐름, 성패를 가르는 입소문'이 가능하다고 강조하기도 했다.

핀스킨 전략은 온드 미디어(owned media)를 사용하고, 브랜디드 콘텐츠(branded contents)를 만들며, 소비자와 사적 트래픽(private traffic)을 하는 것으로 구체화된다. 우선 온드 미디이 활용은 인스타그램, 페이스북, 블로그, 브런치, 뉴스레터뿐만 아니라 유튜브나 동영상 플랫폼을 활용한 웨비나(webinar)로 활용 미디어를 확장해 나가는 것이다. 특히, 온드 미디어와 연결되는 브랜디드 콘텐츠는 기업이나 브랜드가 관련 업계 트렌드, 선진 사례, 자체 리포트 등 전문성이 돋보이는 콘텐츠를 통해 자신들의 능력을 보여주고, 자사 정보도 폭넓게 공개하는 것이다. 마지막으로 사적 트래픽이란 기업과 브랜드의 브랜딩 · 마케팅 담당자, 또는 광고 모델이 소비자와 사적인 커뮤니케이션을 하는 것을 말한다. 사적인 커뮤니케이션을 통해 제품과 브랜드는 소비자와 친밀감이 형성될 수 있다. 예를 들어, 코카콜라의 닥터페퍼는 씨엘을 광고 모델로 내세웠는데, 코카콜라는 씨엘에 반응하는 소비자들과 사적인 커뮤니케이션을 하기 위해 코카콜라 공식 트위터 계정을 닥터페퍼와 씨엘로 바꾸고 씨엘이 소비자와 사적 커뮤니케이션을 할 수 있도록 지원해 소비자의 큰 호응을 이끌어 냈다.

[그림 10-14] **닥터페퍼와 씨엘의 핀스킨 전략**

(5) 멀티포맷 전략

미디어 채널이 다양해짐에 따라 소비자들이 어떤 미디어 플랫폼에서 시간을 많이 보내는지 파악하는 것이 중요해졌다. 특히, 미디어 플랫폼에 따라 콘텐츠 포맷도 달라지는데, 최근 실무의 흐름은 숏폼(short-form)과 함께 롱폼(long-form)을 복합적으로 고려하는 방향으로 나아가고 있고 그것을 잘 조합하는 것이 멀티포맷 전략이다.

우선 여전히 콘텐츠 시장을 주도하는 것은 숏폼이다. 숏폼은 모바일 화면에 최적화된 세로형이나 정방향의 짧은 콘텐츠로 10~60초 사이의 길이로 제작된다. 기업과 브랜드가 숏폼에서 효과를 거두려면 중요한 메시지부터 전달하는 것으로 시작해야 하고, 감성적 소구를 활용해 소비자들과 연결점을 만들어야 한다. 이를 위해 오디오와 배경 음악을 적극 활용한다. 그런데 최근 롱폼도 주목받고 있다. OTT 스트리밍과 커넥트 TV의 성장에 따라 큰 화면에 적합한 높은 품질의 스토리텔링 콘텐츠가 막대한 제작비를 투자받으며 발전하고 있기 때문이다. 특히, 소비자들은 높은 완성도의 롱폼 영상에 몰입하고 나면 시간을 잘 보냈다는 만족감을 느끼는데, 주로 엔터테인먼트, 정보탐색 그리고 서로 연결감을 얻기 위해 롱폼 영상을 시청하고 있는 것으로 나타났다(황신재, 2023. 2.).

중요한 것은 숏폼과 롱폼 중 하나를 택하는 것이 아니라 같은 콘텐츠를 숏폼과 롱폼에 특화해 조합하는 전략이다. 소비자들은 세로형 숏폼 동영상을 시청할 때는 휴대기기 사용을 선호하고, 좋아하는 크리에이터의 롱폼 온라인 동영상을 시청할 때는 TV와 같은 익숙한 다른 기기를 사용하는 경우가 증가하고 있기 때문이다. 그리고 Z세대의 59%가 숏폼 동영상 앱을 사용해 콘텐츠를 찾은 후, 해당 콘텐츠의 긴 버전을 다시 시청하는 것으로 나타났다(Weinstein, 2022. 12.).

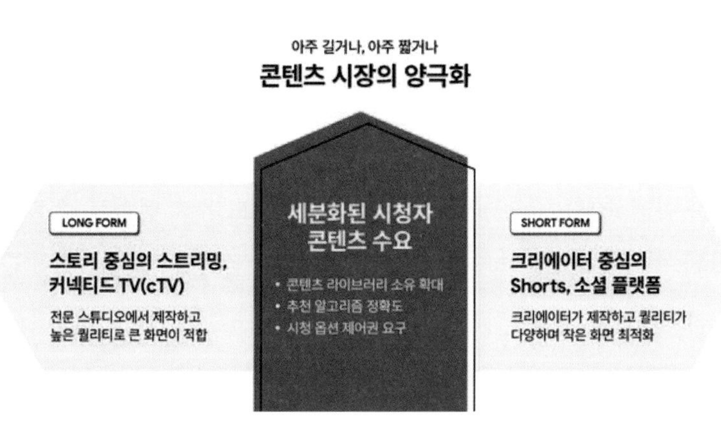

[그림 10-15] **숏폼과 롱폼 콘텐츠 시장의 양극화와 멀티포맷 전략**

(6) 초 프리미엄 전략

코로나19를 겪으면서 신뢰도가 높은 프리미엄 옵션에 대한 소구가 높아졌다. 프리미엄 옵션에 따라 불확실성이 어느 정도 해소될 수 있기 때문이다. 이 프리미엄 옵션은 미디어 채널을 선택할 때도 적용되지만 크리에이티브 전략을 수립할 때도 유효하다. 구체적으로 프리미엄 라인을 강화하거나 폐쇄형 프라이빗 서비스를 제공하거나 제품과 브랜드에 대한 플래그십 스토어를 전개하는 것이 가능하다.

실제로 가전제품의 경우 프리미엄을 강조한 삼성전자의 '비스포크', LG전자의 '오브제컬렉션'은 코로나19 상황에서도 오히려 매출이 증가했고, 최근 글로벌 경기침체 속에서도 선전했다. 화장품의 경우 프리미엄 화장품인 아모레퍼시픽의 '설화수'와 LG생활건강의 '후'가 독보적인 성장세를 보였다. 이에 따라 아모레퍼시픽은 최근 북촌에 '설화수의 집'이라는 플래그십 스토어를 전개했다. 특히, 폐쇄형 프라이빗 서비스를 기획하고 운영하는 것 역시 좋은 크리에이티브 전략인데, 예를 들어 아난티(Ananti)는 프라이빗 휴식공간에 대한 수요 증가에 따라 인프라를 지속적으로 리노베이션했고, 이를 전략적으로

[그림 10-16] **설화수 플래그십 스토어인 북촌 설화수의 집**

소통하여 창사 이래 최대 실적을 거두고 있다. 이 외에도 유료 멤버십, 유료 콘텐츠 플랫폼 등을 활용하여 제품과 서비스가 잘 선별된 것이라는 점을 어필하는 것이 중요하다.

4. 크리에이티브 브리프

1) 협업형 크리에이티브 브리프

브리프는 리서치 브리프, 광고 브리프, 크리에이티브 브리프, 캠페인 브리프, 마케팅 브리프, 디자인 브리프 등 다양하지만 기본적인 크리에이티브 브리프는 크리에이티브에 있어서 주요 이해관계자들에게 개요, 업무 범위, 목표, 예산과 일정 등을 알려 주기 위해 작성하는 문서이다. 특히, 최근 현업에서는 플랫폼 비즈니스의 활성화에 따라 '**협업**'이 매우 중요해졌고, 크리에이티브 창출과 실행에 있어서도 협업이 관건이 됐다. 따라서 여기서는 협업에 좀 더 초점을 맞춘 아사나(Asana)의 협업형 크리에이티브 브리프를 살펴보고자 한다(〈표 10-2〉 참조). 아사나는 팀 프로젝트를 위한 업무관리 협업툴을 개발하고 서비스하는 기업으로 구글, 나사(NASA) 등에서도 활용하는 곳이기 때문에 디지털과 AI 시대에 맞는 크리에이티브 브리프를 제시했다고 할 수 있다.

협업형 크리에이티브 브리프는 디자이너, 카피라이터, 콘텐츠 마케팅, 기타 부서 사이의 협업이 이루어지는 업무에 영감을 불어넣고 가이드를 제공하는 역할을 한다. 협업형 크리에이티브 브리프의 목표는 모든 이해관계자가 크리에이티브 요건을 이해하고, 주요 메시지를 결정하고, 기대하는 바를 관리하고, 크리에이티브 팀이 성공적으로 업무를 수행할 수 있게 하는 것이다. 특히, 협업형 크리에이티브 브리프는 많은 이해관계자들의 효율적인 협업을 하기 위한 것으로 2C에 따라 최대한 중요 내용만(compact) 모두 다루는 것(comprehensive)이 중요하다. 협업형 크리에이티브 브리프의 주요 요소는 다음과 같다(Martins, 2022. 10. 2.).

(1) 제목 및 배경설명

팀원이 크리에이티브 업무에 참여하는 이유와 해당 업무의 목적을 알 수 있도록 크리에이티브 업무에 관한 짧은 설명을 제공한다.

- 제목: 신제품 출시를 위한 광고 캠페인
- 설명: 특정 기업의 신제품 출시를 준비하며 시장에 제품을 소개하기 위해 일련의 광고를 준비하려 한다.

(2) 목표 및 목적

구체적인 비즈니스의 필요성과 이루고자 하는 것을 정의한다. 이 업무가 성공하게 되면 어떤 성과를 얻을 수 있는지 구체적이고 측정 가능한 목표를 기재한다. 프로젝트가 마무리될 때 이러한 목표를 되돌아보며 목표를 달성했는지 명확하게 파악할 수 있다.

- 예시: 한 달 동안 유료 검색을 통해 잠재 소비자 50만 명에게 도달하고 이메일 리스트에 신규 소비자 5천 명 추가하기

(3) 타깃 구체화

크리에이티브를 소비하는 타깃이 누구인지 구체적으로 세분화해야 한다. 나이, 성별, 소득 수준, 혼인 여부, 교육 수준과 같은 인구통계학적 정보뿐만 아니라 라이프 스타일 정보를 고려해 크리에이티브의 타깃을 최대한 현실적이고 구체적으로 만든다. 또한 목표 타깃이 가치를 두고, 관심을 가지고, 원하고, 필요로 하는 것이 무엇인지 파악하여 그 질문에 가능한 구체적이고 꼼꼼하게 대답할 수 있도록 정리한다.

- 예시: 남성, 30세~65세, 중산층, 고등학교 졸업 이상. 이들은 밖에서 보내는 시간을 소중히 여기며, 도구나 기계를 사용하거나 손으로 직접 작업하는 것을 좋아한다.

(4) 메시지 및 톤

목표 타깃 구체화에 따라 이들에게 제시할 메시지를 명확하게 구축해야 한다. 이와 더불어 목표 타깃이 메시지를 받았을 때 생각하고, 느끼고, 원하고, 행동해야 하는 것은 무엇인지 메시지의 분위기와 어조를 브랜드의 분위기 및 어조와 일치되게 한다. 적절한 분위기 및 어조에 대한 가이드가 없다면 관련된 팀원들과 함께 협력하여 해당 크리에이티브 업무에서 따라야 하는 톤과 어조에 대한 정보를 정리한다.

- 예시: 목표 타깃이 크리에이터가 되어 특정 기업의 신제품을 가장 유용한 툴 중 하나로 사용하길 원한다. 광고기획자는 목표 타깃이 자사의 툴을 직접 사용하여 스스로 작품을 만드는 것을 자랑스럽게 여기도록 만들어야 한다.

(5) 에셋 및 결과물

크리에이티브 에셋(assets)과 결과물이 무엇인지 설명해야 한다. 즉, 다양한 크리에이티브 소재들을 명시하고, 크리에이티브 결과물의 치수, 버전 개수, 디자인 요소와 같은 요건을 구체적으로 설명한다.

- 예시: 서로 다른 태그라인과 이미지를 가진 250×250, 728×90, 120×600 크기의 세 가지 광고물

(6) 이해관계자

크리에이티브 업무에는 대체로 여러 부서 간 협업이 필요하다. 이는 다양한 팀에서 여러 사람이 모여 원하는 결과를 목표로 협력한다는 것을 의미한다. 따라서 모든 주요 이해관계자를 미리 파악하는 것이 중요하다. 즉, 각 팀에서 누가 참여하는지와 무엇을 담당하는지를 파악한다.

- 예시: 크리에이티브 팀 A(광고 카피), B(광고 디자인) | 마케팅팀 C(팀 리더), D(이메

일 마케팅 구성), E(광고 배포) | 제품팀 F(제품 매니저) 등

(7) 예산

시작부터 예산을 책정해 놓으면 재정 계획에 맞춰 크리에이티브를 진행할 수 있고 의사 결정을 할 수 있다. 전체 예산은 정확하지 않더라도 미리 간략하게 조사를 실시하여 표기되어 있어야 한다.

- 예시: 전체 예산은 1억 원이다. 5천만 원은 광고에, 3천만 원은 디자인에, 2천만 원은 카피라이팅에 배정된다.

(8) 타임라인

크리에이티브를 위한 타임라인을 미리 설정해 놓으면 팀이 업무를 계획대로 진행할 수 있다. 먼저 시작일과 마감일을 정한 뒤, 단계별 중요한 마감일을 설정한다. 이에 따라 모든 이해관계자가 자신의 업무가 얼마나 소요될지 감을 잡을 수 있고, 이해관계자 사이의 일정 충돌을 사전에 조율할 수 있다. 따라서 전체 타임라인과 단계별 마감일은 최대한 명확하게 지정해야 한다.

- 예시: 킥오프 미팅(5월 5일) | 크리에이티브 브리프 최종 마감(5월 10일) | 광고 카피 마감(5월 30일) | 광고 디자인 마감(6월 10일) | 광고 구매 계획 마감(6월 15일) | 광고 집행(7월 1일~7월 31일) | 광고 성과 측정(계속 진행됨) | 마무리(8월 15일) 등

(9) 배포 프로세스

목표 타깃에게 크리에이티브를 어떤 미디어를 통해 전달할 것인지 파악하는 것은 매우 중요하다. 구체적으로 소셜 미디어, OTT, 디지털 옥외광고 등 어떤 방법으로 메시지를 전달할 것인지 결정한다.

- 예시: Google Ads 플랫폼을 통해 광고를 배포한다.

(10) 리뷰

협업형 크리에이티브 브리프에서 실제로 작성되는 항목은 아니지만 전체 과정에서 빼놓을 수 없는 부분이 리뷰이다. 즉, 주요 요소 중 빠진 부분, 중복된 부분, 불필요한 부분을 체크하고, 레퍼런스와 같이 참고하면 도움이 되는 자료들도 확인하는 과정이 리뷰이다. 리뷰는 다음과 같이 세 가지 기준에서 진행된다(최수정, 2022. 1. 24.).

- 전략과의 연계성: 사업 전략, 브랜드 전략, 마케팅 연간 전략, 타깃 전략과 같은 상위 전략과 협업형 크리에이티브 브리프의 방향성이 어긋나지 않았는지 판단한다.
- 상호배제와 전체포괄(mutually exclusive & collectively exhaustive): 모든 정보가 다 포함되어 있으면서 중복되는 내용이 없는지를 점검하는 것이다. 즉, 주요 이해관계자들이 추가 정보를 요청할 일이 없어야 하고, 불필요하게 중복되어 혼란을 만들거나 문서를 복잡하고 길게 만들어 이해를 어렵게 만들지 않아야 한다.
- 해야 할 일과 하지 말아야 할 일(do's & don'ts): 어떤 우발적 상황이 발생했을 때 상황에 맞는 판단을 내릴 수 있도록 방향성이 명시되어 있어야 한다. 즉, 목표를 구체적이고 분명하게 쓴다면 어떤 일은 하고, 하지 말아야 하는지 구분할 수 있다.

〈표 10-2〉 **협업형 크리에이티브 브리프 가이드**

항목	내용
제목 및 배경설명	이해관계자들이 크리에이티브 업무에 참여하는 이유, 크리에이티브의 배경 기술
목표 및 목적	구체적인 크리에이티브의 필요성과 크리에이티브 목표 기술
타깃 구체화	인구통계학적 정보와 라이프 스타일 정보를 고려해 크리에이티브의 타깃 구체화
메시지 및 톤	구체화된 타깃에게 제시할 메시지를 명확하게 구축, 메시지의 분위기와 어조 일치 등 가이드 제시
에셋 및 결과물	크리에이티브 소재, 크리에이티브 결과물의 치수, 버전 개수, 디자인 요소와 같은 요건을 구체적으로 설명
이해관계자	중요한 모든 이해관계자를 파악하고, 역할과 책임(R&R) 명시
예산	전체 예산과 항목별 예산 명시
타임라인	시작일, 마감일, 단계별 중요한 마감일을 설정
배포 프로세스	크리에이티브를 전달할 매체와 플랫폼 선정
리뷰	• 빠진 부분, 중복된 부분, 불필요한 부분을 체크 • 전략과의 연계성 체크 • 상호배제와 전체포괄 체크 • 해야 할 일과 하지 말아야 할 일 체크

2) 콘텐츠 크리에이티브 브리프

최근 크리에이티브를 구현함에 있어서 콘텐츠의 역할이 매우 중요해졌고, 다수의 플랫폼들이 콘텐츠 비즈니스를 전개했다. 특히, 콘텐츠의 경우 협업을 통해서도 만들어지기도 하지만 1인 크리에이터 및 소수 구성원이 제작하는 경우도 많아 그에 맞는 콘텐츠 크리에이티브 브리프가 필요한 상황이다(〈표 10-3〉 참조). 따라서 콘텐츠 크리에이티브 브리프만의 특징을 담은 주요 요소를 다음과 같이 설명했다(레버, 2022. 1. 25.).

- 타이틀: 콘텐츠를 정의한 한 문장을 적는다. 적당한 타이틀이 없다면 '가제'를 붙이고 요약한 내용을 적는다.
- 레퍼런스: 아이디어에 도움을 주었거나 영감을 받은 콘텐츠를 기입한다. 링크, 이미지 등 콘텐츠 소스나 톤 앤 매너를 참고할 만한 자료를 모두 넣는다.
- 목표: 독자에게 기대하는 액션이나 비즈니스 관점에서 달성해야 할 목표를 적는다. 콘텐츠의 목표가 명확하지 않으면 투입된 비용, 시간을 낭비하게 된다.
- 타깃: 콘텐츠를 봐야 하는 사람이 누구이고, 어떤 사람에게 필요한 콘텐츠인지, AARRR에서 해당 콘텐츠는 어떤 단계에 위치하는지를 설정한다. 콘텐츠를 노출시킬 타깃에 따라 콘텐츠의 톤 앤 매너도 달라지기 때문에 타깃은 분명해야 한다.
- 검색 엔진 최적화(SEO): 한 번 만들어진 콘텐츠는 비용을 투입하지 않아도 계속해서 트래픽을 가져올 수 있다. 따라서 소비자의 자연 검색을 위해서라도 콘텐츠 기획에서 검색 엔진 최적화를 함께 고려해야 한다. 이 단계에서 메인 키워드와 서브 키워드를 세분화할 수도 있다. 메인 키워드는 검색 노출에서 최상단에 노출시킬 단어로, 콘텐츠의 시작 부분, 문단별 소제목 등에 포함시켜 준다. 서브 키워드는 검색 시 부분적으로도 노출될 수 있는 점을 고려해서 정한다.
- 아웃라인: 서론-본론-결론이나 기승전결 형태로 콘텐츠 구성 개요를 적는다.
- 기간: 콘텐츠 제작부터 배포 완료 시점을 적는다. 모든 작업이 완료되는 기간을 기준으로 잡아도 되고 텍스트, 디자인, 영상 등 영역별로 나눠서 적을 수도 있다.
- 담당자: 콘텐츠 기획부터 작성 및 관리를 담당하는 사람을 적는다. 콘텐츠에 텍스트, 이미지, 영상까지 포함되어 있다면 각 영역별 담당자를 나눠서 적을 수도 있다.
- 분량: 분량은 주제의 복잡성과 내용 그리고 콘텐츠 형식에 따라 달라질 수 있다. 텍

스트의 경우 A4 1~2장 정도, 동영상의 경우 숏폼과 롱폼에 따라 영상 시간을 정할 수 있다.

〈표 10-3〉 **콘텐츠 크리에이티브 브리프 가이드**

타이틀	콘텐츠를 정의한 문장 또는 가제 기술
레퍼런스	콘텐츠 소스나 톤 앤 매너를 참고할 만한 자료 기술
목표	소비자에게 기대하는 액션이나 비즈니스 관점에서 달성해야 할 목표 기술
타깃	콘텐츠를 봐야 하는 사람, 콘텐츠가 어떤 사람에게 필요한지, AARRR에서 해당 콘텐츠는 어떤 단계에 위치해 있는지 기술
검색 엔진 최적화	• 메인 키워드: 콘텐츠의 시작 부분, 문단별 소제목 등 설정 • 서브 키워드: 검색 시 부분적으로도 노출될 수 있는 키워드 설정
아웃라인	서론-본론-결론 등 콘텐츠 구성 개요 기술
기간	콘텐츠 제작부터 배포 완료 시점, 텍스트, 디자인, 영상 등 영역별 완료 시점 명시
담당자	전체 담당자와 텍스트, 이미지, 영상 등 영역별 담당자 명시
분량	텍스트의 경우 A4 1~2장, 숏폼과 롱폼에 따른 영상 시간 설정

5. 크리에이티브 관련 스타트업 소개

디지털과 AI 시대에 최근 화두는 챗GPT를 비롯한 '생성형 AI'의 상용화이다. 생성형 AI는 콘텐츠의 생성자와 만들어진 콘텐츠를 평가하는 판별자가 끊임없이 서로 대립하고 경쟁하며 새로운 콘텐츠를 생성해 내는 기술이다. 그리고 이제 생성형 인공지능이 활성화됨에 따라 크리에이티브 프로세스 전반에서 효율과 효과를 극대화할 수 있는 방법들이 논의되기 시작했다.

그런데 생성형 AI를 논하면서 주목해야 할 부분이 관련 스타트업들의 약진이다. 챗GPT 역시 실리콘밸리의 대표 스타트업인 오픈AI(OpenAI)에서 탄생했고, 카피라이팅, 이미지, 음악, 영상, 버추얼 모델 제작 등 스타트업들이 개발한 생성형 AI가 두드러지게 성장했다. 흥미로운 것은 이들이 광고 기반 기업이 아닌 기술 기반 기업이라는 점이고, 이런 스타트업들이 등장하면서 전문 광고회사가 아닌 AI 기반의 기업들이 광고와 크리에이티브 비즈니스에 영향력을 넓히기 시작했다는 점이다. 이는 기존 레거시 기업들이 시도하지 않았던 영역으로 실제 그들이 온전한 크리에이티브를 구현한다고 단언하기는 어렵지만 생성형 AI를 통해서 크리에이티브에 들어가는 시간과 노력을 줄여 주거나 다양한 시도를 할 수 있도록 도움을 주는 것은 분명하다. 그리고 그런 방향성을 거꾸로 기존 레거시 기업들도 받아들이기 시작했다.

특히, 크리에이티브 관련 스타트업은 크게 두 가지로 나눌 수 있다. 하나는 크리에이티브의 가치가 '효율과 속도' 중심으로 나아가고 있고, 궁극적으로 크리에이티브는 '효율적으로 효과를 내는 것'이라는 관점에서 성과측정을 기반으로 하는 퍼포먼스 광고 스타트업들이다. 대표적으로 몰로코(Moloco), 아드리엘(Adriel) 등이 있고, 최근에는 AI로 옥외광고효과를 측정하는 스타트업인 애드(ADDD)도 등장했다. 또 하나는 크리에이티브를 제작에 한정하여 카피라이팅, 이미지, 음악, 영상, 버추얼 모델 제작 등 크리에이티브 제작 프로세스 전반에 관여하는 스타트업들이다. 이 장에서는 주로 크리에이티브에 도움을 주는 스타트업을 소개하고자 한다.

1) AI 카피라이팅 서비스 '뤼튼(Wrtn)'

뤼튼은 최신 광고 트렌드를 학습한 AI가 광고 카피를 작성해 주는 서비스이다. 간단히 키워드만 입력해도 효과적인 광고 카피 문장을 생성할 수 있는 것이 특징으로 소셜 미디어 광고문구, 세일즈 이메일 등 업무에 필요한 활동을 위한 50개 이상의 서비스를 사용할 수 있다. 나아가 뤼튼은 광고 카피와 같이 짧은 글뿐만 아니라 블로그 아티클과 같이 장문의 글쓰기를 완성할 수 있는 단계별 글쓰기, 제목 추천 등 광고 카피 이외에도 다양한 글쓰기 상황을 돕는 데에 초점을 맞춘 업데이트들을 완료했다.

2) AI 이미지 생성 서비스 '미드저니(Midjourney)'

미드저니는 원하는 이미지를 삽입하거나 영어로 텍스트로 입력하면 AI가 그림을 생성해 주는 서비스이다. 미드저니는 사실적인 묘사에 강하면서도 추상적 표현을 잘해 예술적인 부분에 특화되어 있지만 브랜드 아이덴티티, 브로슈어나 리플렛 이미지, 책 표지 등 상업적인 목적을 가진 이미지를 생성하는 것도 가능하다.

3) AI 작곡 플랫폼 '크리에이티브마인드(Creative-mind)'

크리에이티브마인드의 AI 작곡 엔진 '이봄(EvoM)'은 몇십 초 만에 새로운 곡을 작곡할 수 있는 성능을 갖추고 있다. 특히, 이봄 작곡 엔진은 기존 음원 데이터의 조합만으로 작곡을 하는 것이 아니라 전체 음악 이론을 이해해 그것을 프로그래밍화했다는 것이 특징이다. 그래서 그 이론을 바탕으로 음악적인 특성과 장르 · 스타일을 반영해 짜임새와 대중성을 확보한 곡을 만들어 낼 수 있다. 그래서 이봄 작곡 엔진은 세계 3대 AI 작곡가로 평가받고 있다.

4) AI 광고 영상 생성 플랫폼 '브이캣(Vcat)'

브이캣은 제품 키워드를 입력하면 수분 내에 광고 영상과 배너 영상을 수십 건씩 제작할 수 있는 서비스이다. 브이캣을 활용하면 전문 디자인 인력을 고용하지 않고도 쉽게 광고 영상과 배너 영상 소재를 생산하고, 단순 반복형 디자인 업무를 AI로 자동화할 수 있다. 그래서 브이캣은 영상 크리에이티브 분야에서의 AI 기술 활용 분야를 넓혔으며, 성장성을 더욱 높였다는 평가를 받고 있다.

5) AI 버추얼 모델 제작 플랫폼 '이너버즈(Innerverz)'

이너버즈는 사실적이고 정교한 얼굴을 만들어 내기 위한 3D 모델링 기술, 자연스러운 움직임을 구현할 수 있는 모션 캡처 기술, 모델을 원하는 방식으로 변형하는 AI 기술 등을 바탕으로 실제 인간과 매우 흡사한 버추얼 모델을 만들어 낸다. 그래서 인간과 어설프게 비슷해질수록 불쾌감을 느낀다는 '불쾌한 골짜기'의 우려를 지웠다는 평가가 나온다. 특히, 이너버즈의 딥 러닝 기반 영상 합성 기술은 영화나 뮤직 비디오와 같이 높은 퀄리티를 필요로 하는 영상에서도 원활하게 버추얼 모델이 활동토록 하는 데 중점을 두고 있다. 그래서 최근 BTS로 유명한 하이브의 투자를 받기도 했다.

6. 마무리

PR위크(PR Week)에 따르면 챗GPT를 활용해 아이디어, 에셋 크리에이션(creating assets), 카피라이팅 등의 작업을 할 수 있고, 크리에이티브를 산출하고 실행하는 시간을 단축할 수 있으며, 클라이언트 및 크리에이티브 팀과의 커뮤니케이션을 향상시킬 수 있는 것으로 나타났다(Perrakis, 2023. 2. 1.). 실제로 현대백화점은 광고 카피, 판촉 행사 소개문 등 마케팅 문구 제작에 특화된 AI 카피라이팅 시스템 '루이스'를 2023년 3월 도입했다. 중국 최대 미디어 광고 그룹 블루포커스도 생성형 AI 도입을 통해 카피라이터, 디자이너, 단기 계약직 등의 비용을 즉시 절감할 것이라고 밝혔다. 특히 콘텐츠 시장에서는 과거 UCC(User Created Contents)가 콘텐츠 크리에이터 시장을 주도했던 것과 같이 챗GPT 등장 이후 GCC(GPT and user Created Contents)의 시대가 도래했다는 말도 나온다(송이라, 2023. 4. 12.).

그런데 이에 대한 반론도 제기되고 있다. 생성형 AI가 활성화되는 만큼 인간의 고유성과 인간만이 지닌 창의성이 더욱 두드러진다는 것이다. 이에 대해 샤오우엔 혼(Hsiao-Wuen Hon) 마이크로소프트 아시아 R&D 그룹 총괄은 지능의 단계를 다음과 같이 정의했다. 지능은 [그림 10-17]과 같이 '연산 · 기억-지각-인지-창의성-지혜' 등 지능의 5단계(intelligence hierarchy)로 구성되고, 이 중에서 창의성과 지혜는 인간 고유의 영역

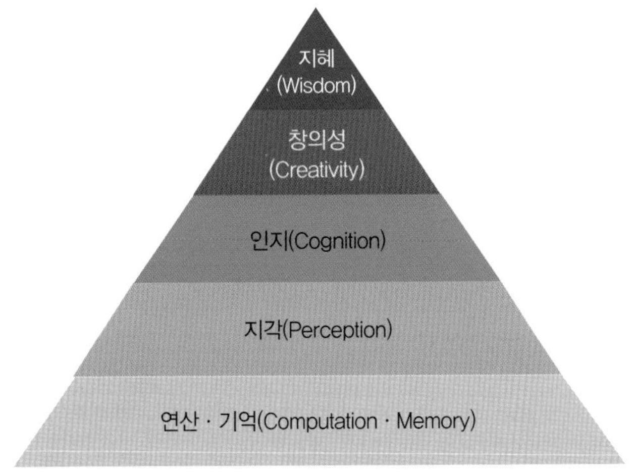

[그림 10-17] 지능의 5단계

이라는 것이다. 그리고 그는 '연산 · 기억–지각–인지' 등 지능의 3단계까지는 AI가 이미 인간을 초월했으나 '창의성–지혜' 단계에서는 인간의 지능이 여전히 유효하다고 주장했다. 즉, AI는 많은 데이터(big data)와 적은 지능(small intelligence)을 가지는 반면 인간은 적은 데이터(small data)와 높은 지능(big intelligence)을 갖고 있어 창의성과 지혜는 인간만이 발휘할 수 있는 영역이라는 것이다(김윤진, 2020. 1.).

그래서 기술능력, 인지능력, AI, 감성지능 중 마케터가 갖춰야 할 능력으로 감성지능이 꼽힌다. 감성지능이란 소위 공감 능력을 뜻한다. 감성지능이 주목받는 이유는 마케터의 감성지능이 높을수록 공감 능력이 발휘되어 사람들에게 실질적인 도움을 줄 수 있는 기술이 확산될 확률이 커지기 때문이다. 물론 감성지능이 주목받고 있다고 해서 AI를 간과해서는 안 된다. 이미 인류의 기술력은 AI를 기술사에서 몰아낼 수 없는 지점에 와 있기 때문이다. 뿐만 아니라 감성지능은 AI와 상호보완적인 관계를 유지할 때 그 효용성이 극대화되는 경향을 보인다. 결국 인간은 감성의 중요성을 인지하고 있기 때문에 AI가 감성적 교감의 확대를 동반하며 인공 감성지능(AEI)으로 발전될 수 있다.

마지막으로 뉴욕 타임스 칼럼니스트이자 베스트셀러 『소셜 애니멀』을 쓴 데이비즈 브룩스(David Brooks)는 최근 칼럼에서 "AI와 관련해 가장 중요한 것은 AI가 잘 하지는 못하는 것을 파악하여 우리가 어떤 존재인지, 우리가 뭘 더 잘할 수 있는지를 알아내는 것이다"라고 말했다. 즉, 더욱 인간적이 되어야 한다는 것이다. 그러면서 그는 더욱 인간적인 능력을 계발하기 위해 다음과 같이 여섯 가지 노력을 해야 한다고 강조했다. 그것은 '독특한 자신만의 목소리를 키우기, 다수 대중과 소통하는 프레젠테이션 능력를 키우기, 아이 같은 창의성을 키우기, 역발상 세계관을 키우기, 타인의 관점을 이해하는 공감능력을 키우기, 역사와 상황에 대한 감수성을 키우기'이다(Brooks, 2023. 2. 2.). 결국 AI를 적절히 활용하면서 보다 인간적이 되는 것이 크리에이티브의 핵심 가치가 될 것이다.

참고문헌

김경섭(2019). 오피니언 마이닝 분석을 활용한 아웃도어웨어 브랜드 비교 · 분석 연구: 국내 Top 10대 아웃도어웨어 브랜드를 중심으로. **한국여가레크리에이션학회지, 43**(2), 35-50.

김광우(2022. 1. 21.). 여론의 감성에 마케팅을 입힌다 '오피니언 마이닝'. 테크42.

김병희(2020. 7. 8.). 광고학계 교수 스페셜 칼럼 #3: 코로나 이후의 광고 크리에이티브. HS

Adzine.
김병희(2022). 광고 창의성의 개념과 크리에이티브 철학. 김병희 외 공저, **디지털 시대의 광고학 신론**(pp. 19-47). 학지사.
김윤진(2020. 1.). 인간 창의성이 100이면 AI는 0 두 개체가 함께 가야 하는 이유가 여기에. DBR.
류진한(2022). 크리에이티브 브리프와 콘셉트 도출. 김병희 외 공저, **디지털 시대의 광고학 신론**(pp. 81-111). 학지사.
레버(2022. 1. 25.). 콘텐츠 기획할 때, 크리에이티브 브리프를 왜 제작해야 할까? 오픈애즈.
송이라(2023. 4. 12.). 챗GPT, '마케팅'의 모든 것을 바꿨다 …… 이젠 GCC 시대. The Miilk.
오피노마케팅(2022. 9. 3.). 그로스 사이클에 따른 콘텐츠 전략: 마케팅 지표 설정. 매드타임스.
이희복(2022). 광고 크리에이티브의 기본 전략. 김병희 외 공저, **디지털 시대의 광고학 신론**(pp. 113-136). 학지사.
조용석, 오창일(2007). **제일기획 출신 교수들이 쓴 광고 · 홍보 실무 특강**. 커뮤니케이션북스.
최수정(2022. 1. 24.). 마케터의 일상 소통도구 브리프. 패션포스트.
황신재(2023. 2.). 2023년을 위한 숏폼 롱폼 크리에이티브 전략. Think with Google.
ITWorld (2023. 2. 15.). 어도비, 2023 디지털 트렌드 보고서 발표……"콘텐츠 전략 강화하려면 협업 및 워크플로우 개선 필요". ITWorld.

Brooks, D. (2023. 2. 2.). In the Age of A.I., Major in Being Human. The New York Times.
Carniel, A. (2019. 12. 27.). The ultimate guide to marketing mix: 4Ps, 7Ps, 8Ps, 4Cs, 7Cs.
Lancel, H. (2019. 12. 17.). The AARRR Framework. Medium. https://medium.com/@hugolancel/the-aarrr-framework-6efe8ac52a10
Martins, J. (2022. 10. 2.). 크리에이티브 브리프 작성 완벽 가이드. Asana.
Masters, R. (2023. 1. 18.). Ryan Reynolds Uses ChatGPT to Write Hilarious Ad Copy. Medium.
O'Brien, S. A., & Florsheim, L. (2023. 2. 2.). 'De-Influencers' Want You to Think Twice Before Buying That Mascara. The Wall Street Journal.
Perrakis, M. (2023. 2. 1.). ChatGPT is already impacting our client work-here's how. PR Week.
Weinstein, D. (2022. 12.). 시청자 및 크리에이터 사례로 보는 브랜드가 숏폼과 롱폼을 함께 활용해야 하는 이유. Think with Google.

그로스해커. https://growthhackers.com
브레이즈. https://www.braze.com
NNT. https://blog.nnt-consulting.com

제11장

브랜드 전략과 통합 캠페인의 전개*

소비자를 둘러싼 환경이 디지털로 변환되면서 소비 권력의 변화가 나타났다. 소비자는 이제 더 이상 수동적으로 소비만을 하는 계층이 아니라, 능동적으로 정보를 수집하고, 이를 기반으로 브랜드에 영향을 미칠 수 있는 존재로 진화하였다. 디지털 미디어를 통해 브랜드뿐 아니라, 소비자 간의 상호 작용과 소통이 가능해졌기 때문에 소비자는 이제 기업과 수평적 관계를 요구하고 있고, 기업은 새로운 형태의 브랜드 관리의 필요성을 느끼고 있다. 때문에, 기존의 브랜드 개념과 브랜딩 전략은 대폭의 수정이 필요한 상황이고, 이를 받아들이지 못하는 브랜드는 도태할 가능성이 커지고 있다.

사실, 일각에서는 소비자의 정보 획득 능력이 향상됨에 따라, 합리적이고 객관적인 구매 결정이 가능해지고, 이로 인해 브랜드의 힘은 약화될 수 있다고 예상하기도 한다. 하지만 브랜드는 단순히 기업에서 제시한 약속(brand promise)에 국한되는 것이 아니라 소비자가 경험하고 느끼고 인식한 모든 것의 총합이라는 점에서 브랜드-소비자 접점이 어느 때보다 확장된 지금의 디지털 시대는 사실 브랜드의 역량을 강화할 시기로 받아들여질 수도 있다. 이런 현상에 주목해 이 장에서는 디지털 시대의 브랜드 전략과 이를 수행하기 위한 통함 캠페인에 대해 중점적으로 살펴볼 예정이다.

---

*김동후(중앙대학교 광고홍보학과 교수)

1. 브랜드의 개념

1) 브랜드의 어원과 의미

브랜드의 어원에 대해서는 다양한 견해가 존재하는데, 대표적인 것은 '불로 달구어 지진다'라는 의미의 노르웨이 고어 'brandr'에서 왔다는 유래설이다. 초기 브랜드는 자신들의 가축에 낙인을 찍어 가축의 소유주를 분명히 하거나, 제품의 질을 보증하는 용도로 사용되었다. 실제로 16세기 영국의 위스키 제조업자들은 위스키를 저장하는 오크통 위에 제조업자의 이름을 새겨 넣어 제조업자를 소비자에게 인식시키고, 저가의 모방 제품으로부터 스스로를 보호하였다. 이렇듯 브랜드는 제품의 식별 역할에서 비롯되었지만, 19세기 이후 산업화가 진행되어 대량 생산의 시대에 들어가게 됨에 따라, 단순 식별 이상의 의미를 지니게 되었다. 특히, 생산 기술이 발전하고, 경쟁 상황이 치열해지면서, 제품 속성과 기능, 특징만으로는 차별화가 어려운 환경이 조성되었기 때문에, 기업들은 새로운 차별화 수단을 모색하였고, 이를 브랜드에서 찾게 되었다.

미국마케팅학회(American Marketing Association: AMA)에서 정의한 브랜드 개념을 살펴보면 이를 보다 명확히 확인할 수 있다. AMA는 브랜드를 "판매업자가 자신의 제품이나 서비스를 식별시키고 경쟁업자의 제품이나 서비스와 차별화 목적으로 사용하는 이름, 용어, 기호, 상징, 디자인 혹은 이들 모두의 결합체"라고 규정했다. 다시 말해, 브랜드는 소비자와의 커뮤니케이션을 기반으로 그들의 인식 속에 다른 제품과는 차별화되는 독특한 정체성(Identity)을 확립시키는 상징 체계라고 할 수 있다.

예를 들어, 대한민국에는 셀 수 없을 정도의 커피 전문점 브랜드가 존재한다. 그중에서 압도적인 시장 점유를 보이는 브랜드는 스타벅스이다. 스타벅스가 압도적으로 시장을 장악할 수 있었던 원동력은 무엇일까? 스타벅스가 제공하는 커피의 맛이 다른 경쟁 브랜드 대비 압도적으로 우월하기 때문일까? 소비자가 스타벅스에 매료되는 이유는 스타벅스 커피가 우수한 질의 커피를 제공하는 것 이외에, 스타벅스라는 브랜드가 내포하고 있는 편안함과 고급스러움이라는 상징적 의미에서 찾는 것이 더 합리적이다. 실제로 스타벅스는 스스로를 "일상을 풍요롭게 하는 제3의 공간으로서 커피 이상의 특별한 경험을 소개하는 브랜드"로 정의하고 있다(스타벅스, 2023). 커피가 아닌 하나의 문화를 표방하는 스타벅스 브랜드에 소비자가 공감하고, 이것이 현재 스타벅스의 압도적인 시장 장악력을 야기한 것으로 이해할 수 있다.

디지털 시대 소비자는 다양한 채널을 통해 자신의 의견을 기업이나 다른 소비자에게 전달하고, 그들의 경험을 공유할 수 있다. 때문에, 브랜드를 바라보는 관점 역시 소비자 중심으로 바뀔 필요가 있다. 소비자의 관점에서 본다면, 브랜드는 제품과 서비스 관련 정보를 수집하거나 처리하는 데 도움을 줄 뿐 아니라, 그들의 인식과 경험을 토대로 새로운 가치를 생성하고, 구매에 확신을 주는 존재로 그 역할을 할 필요가 있다. 다시 말해, 브랜드는 기업이 제품과 서비스에 대해 의도적으로 창조하는 상징체계에서 벗어나, 소비자 인식과 경험을 기반으로 소비자와 긴밀한 관계를 추구하는 관계 중심의 체계로 전환해야 한다.

2) 브랜드의 가치와 역할

브랜드는 기업과 소비자 모두에게 중요한 역할을 한다. 우선 기업 측면에서 브랜드는 경쟁 제품이나 서비스와의 차별화를 가능케 하는 중요한 마케팅 수단이다. 제품의 특징이나 혜택을 통해 선명하게 구축된 브랜드 정체성은 경쟁 시장 상황에서 해당 브랜드를 돋보이게 하고, 소비자의 관심 및 사용 의도를 증진시킬 수 있다. 명확한 정체성이 확보된 브랜드는 다른 제품군으로 확장이 용이해지고, 이는 지속적인 성장의 원동력이 된다. 지속적인 성장은 시장 점유율과 연결이 됨과 동시에, 고객의 충성도를 높이는 데 일조하게 된다. 예를 들어, 애플은 2001년 1세대 아이팟(iPod)를 선보이며, MP3 시장의 혁신적인 브랜드로 자리매김을 했다. 아이팟을 통해 소비자의 머리 속에 강력하게 자리매김한 애플의 혁신적 브랜드 이미지(Think different)는 소비자의 브랜드 충성도를 강화하였고, 이후 침체를 겪고 있던 애플 전반에 활력을 불어 넣었다. 이후 등장한 아이폰(iPhone), 아이패드(iPad), 애플워치(Apple Watch) 등의 후속 브랜드의 성공뿐 아니라, 애플의 주력 제품이었던 맥북(MacBook)에도 긍정적인 영향을 미치며, 애플이 전자제품 시장을 선도하는 기업으로 확고한 위치를 차지할 수 있도록 하였다.

강력한 브랜드는 기업의 마케팅 커뮤니케이션 활동에도 도움이 된다. 강력한 브랜드는 일반적으로 높은 인지도를 가질 뿐 아니라, 소비자 인식 속에 차별화되고 다양한 연상작용을 일으키게 된다. 때문에, 강력한 브랜드를 소유한 기업은 단순히 인지도를 높이기 위한 마케팅 활동을 하지 않아도 되고, 이러한 비용을 다른 곳에 투입함으로써, 더 강한 시장 경쟁력을 확보할 수 있다. 또한, 단순 판촉 메시지가 아닌, 다양한 메시지를 소비자에게 전달함으로써, 보다 강력한 소비자 관계를 구축할 수 있다.

소비자 측면에서 브랜드는 정보원(information source)의 역할을 한다. 제품의 출처를 쉽게 파악할 수 있고, 품질에 대한 보증의 척도 역할을 통해, 브랜드는 소비자의 선택을 도와주고, 선택에 대한 확신을 유도한다. 신뢰할 수 있는 브랜드는 소비자의 의사 결정 과정을 단축시켜 의사 결정의 효율성을 증대시킬 수 있다. 또한, 소비자는 브랜드를 통해 자신의 자아를 표현하기도 한다. 자아실현과 표현이 소비자가 가질 수 있는 상위 단계의 욕구임을 감안할 때, 브랜드를 통해 소비자는 제품 구매 이상의 가치를 실현할 수 있다.

3) 브랜드 자산

브랜드 자산에 대한 정의는 많은 학자들에 의해 조금씩 다르게 이루어지고 있다. 펠드윅(Feldwick, 1996)은 이러한 정의들을 크게 세 가지로 분류했는데, 첫 번째가 '회계학적 브랜드 자산'이다. 대차대조표상에 나타나는 브랜드의 판매가격으로 보통 브랜드 가치(brand value)로 표현이 된다. 두 번째는 '소비자의 브랜드에 대한 애착의 정도'로 이는 브랜드 선호도 혹은 브랜드 강도(brand strength)로 표현된다. 마지막은 '소비자의 브랜드 연상과 브랜드 신념'으로 이는 브랜드 이미지(Brand image)로 널리 알려져 있다. 마케팅 그루로 널리 알려진 데이비드 아커(Aaker, 1991)는 브랜드 자산을 브랜드와 이름, 상징과 관련된 자산과 책임의 총체로서, 제품이나 서비스가 기업과(혹은) 소비자에게 제공하는 가치를 증진시키거나 경감시킬 수 있는 것으로 규정했다. 그에 따르면, 브랜드 자산은 다면적 개념으로 브랜드 충성도(brand loyalty), 브랜드 인지(brand awareness), 브랜드 연상(brand associations) 그리고 지각된 품질(perceived quality)로 구성이 된다고 한다.

케빈 켈러(Keller, 1993)는 보다 소비자에 집중하여 소비자 기반 브랜드 자산(Customer-Based Brand Equity: CBBE) 개념을 소개하였다. CBBE는 브랜드 지식(brand knowledge)의 효과에 방점을 둔 개념으로, 소비자가 가지고 있는 브랜드 지식이 브랜드 마케팅 활동의 성공 여부에 영향을 준다고 밝히고 있다. CBBE 관점에서 브랜드는 소비자의 인식 구조 안에서 역할을 하기 때문에, 소비자가 브랜드를 어떻게 인지하고, 어떠한 이미지를

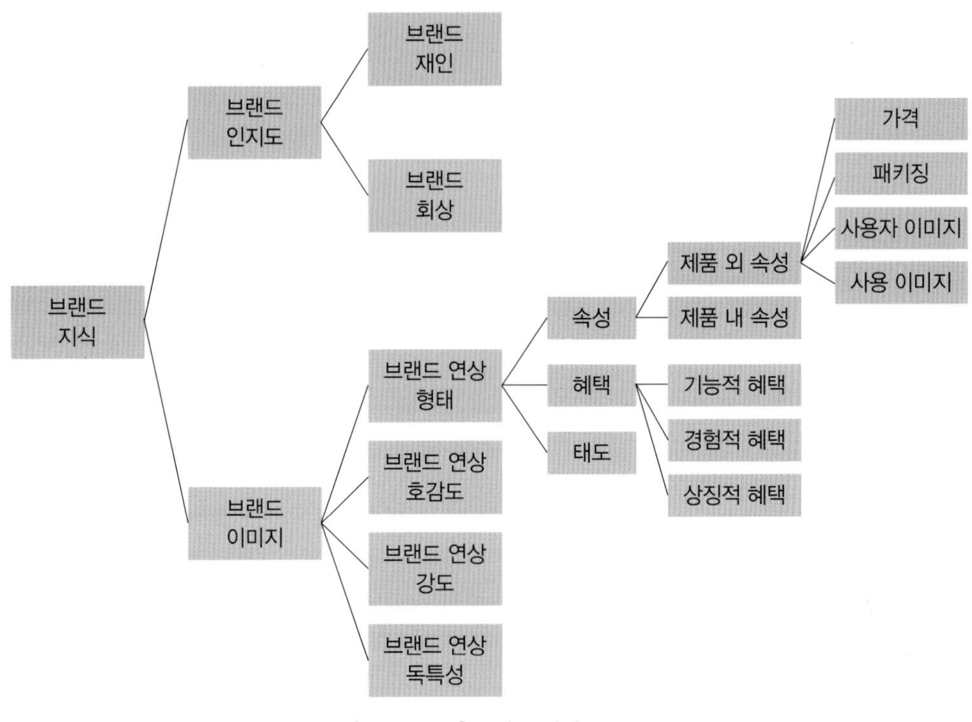

[그림 11-1] **브랜드 지식 구조**

출처: Keller (1993).

생성하고 있는지가 브랜드의 영향력을 결정짓는 중요 요인이 된다. 효과적인 브랜드 관리를 위해서는 브랜드 지식의 형성 과정과, 구성 요소에 대해 이해하는 것이 중요하다.

브랜드 지식은 소비자가 특정 브랜드를 생각할 때 무엇을 떠올릴지에 영향을 주는 요소이기에 브랜드 자산과는 밀접한 관계를 맺고 있다. 심리학자들은 브랜드 지식 구조를 파악하기 위해 연상 네트워크기억 모델(associative network memory model; Wyer & Srull, 1989)을 제안했는데, 이에 따르면 브랜드 지식은 핵심 콘셉트를 포함하고 있는 노드(Node: 마디)와 이를 연결하는 링크(Link: 연결고리)로 구성된다고 한다. 노드는 외부 정보가 새롭게 들어오거나, 내부적인 기억으로부터의 정보가 다시 재생될 때 다른 노드를 활성화하는 근원이 된다.

하나의 노드가 다른 노드를 활성화하고, 이를 기반으로 다른 노드가 활성화되는 과정을 통해 기억 속의 특정 정보가 처리되고, 하나의 지식이 형성된다. 예를 들어, 소비자가 탄산음료를 구매하고자 할 때, 코카콜라와 같은 특정 브랜드가 떠오를 것이다. 이는 그 브랜드가 탄산음료 제품군과 밀접한 연관성이 있을 뿐 아니라, 독특한 병의 모양, 강렬한 브랜드 색깔, 광고 등의 콘셉트를 포함하고 있는 다양한 노드들이 각기 활성화되며, 코카콜라라는 특정 브랜드를 연상시키는 것이다. 때문에, 브랜드 지식에 대한 이해는 강력한 브랜드 자산을 구축하는 기반이 된다. 브랜드 지식은 다음과 같은 구조를 가진다.

(1) 브랜드 인지도(Brand awareness)

브랜드 인지도란 소비자가 특정 브랜드를 인지하거나, 회상할 수 있는 능력을 뜻하는 것으로 크게 브랜드 재인(brand recognition)과 브랜드 회상(brand recall)으로 나뉠 수 있다. 브랜드 재인은 브랜드에 대한 단서가 제공되었을 때, 해당 브랜드를 인지할 수 있는지에 대한 능력을 뜻한다. 이런 측면에서 브랜드 재인은 보조 상기도로 불리기도 한다.

예를 들어, 매장에서 맥콜이라는 브랜드를 접하고, 맥콜이 청량음료 군에 속하는 음료라는 것일 인식할 수 있다면, 브랜드 재인이 이루어졌다고 할 수 있다. 브랜드 재인은 낮은 단계의 브랜드 인지도로서, 브랜드에 의해 제품에 대한 니즈를 발생시킬 수 있다는 점에서 활용가치가 있다. 마트를 방문해 보면, 보통 껌, 사탕, 초콜릿 브랜드들이 계산대 앞에 진열된 것을 볼 수 있는데, 이는 브랜드를 노출시킴으로써, 소비자들이 브랜드를 인지하고, 이를 사고 싶다는 욕구를 유도하기 위함이다. 브랜드 재인은 이러한 측면에서 활용가치가 높다.

반면에 브랜드 회상은 브랜드에 대한 단서가 주어지지 않은 상태에서 소비자가 특정 브랜드를 기억해낼 수 있는 능력을 뜻한다. 따라서 브랜드 재인에 비해 브랜드 회상은 높은 수준의 인지도이며, 시장 장악력이 높은 브랜드들에서 발견이 된다. 브랜드 회상이 가능한 브랜드들은 소비자가 브랜드가 속한 제품군에 관심을 가지거나, 구매 의사가 발생할 때 소비자가 자연스럽게 연상할 수 있는 브랜드이기 때문에, 구매 결정 과정에서 큰 영향을 미칠 수 있다. 예를 들어, 소비자가 휴대전화를 구매할 의사가 있다면, 아이폰이나, 갤럭시와 같은 브랜드들을 자연스럽게 떠올리게 되는데, 이 브랜드들을 중심으로 구매가 이루어질 확률이 높다.

이렇게 구매 관련 자연스럽게 떠오는 브랜드들의 군집을 구매 고려 상표군(consideration set)이라 부른다. 통상적으로 고려 상표군의 브랜드들은 강력한 브랜드 인지도, 속성 및 이미지 차별성을 기반으로 소비자와 강한 정서적 관계를 맺고 있다. 강력한 정서적 관계를 형성하고 있는 고려 상표군 내의 브랜드들은 다른 브랜드가 고려 상표군에 진입하는 것을 막고, 소비자와의 장기적인 관계 구축을 형성한다. 고려 상표군 내에서도 가장 먼

〈표 11-1〉 **고려 상표군 평균 숫자**

제품군	고려 상표군 평균크기	제품군	고려 상표군 평균크기
자동차 (미국)	8.1	세탁세제	5.0
자동차 (노르웨이)	2.0	마가린	4.3
맥주 (미국)	2.6	조제약	3.0
맥주 (캐나다)	7.0	진통제	3.0
커피	3.3	샴푸	4.0
데오도란트	3.0	피부관리용품	5.0
식기세척제	5.6	음료수	5.0
패스트푸드 식당	5.4	냅킨	5.0
식품	2.9	차(tea)	2.6
휘발유	3.0	cldir	3.1

출처: Hauser & Wernerfelt (1990).

저 인지가 되는 브랜드를 최초 상기 인지(Top of Mind: TOM) 브랜드라고 하는데, 이러한 브랜드는 일반적으로 시장을 지배하는 강력한 브랜드이다. 고려 상표군에 속하는 브랜드 수는 제품군에 따라 상이하지만, 일반적으로 3~4개 정도로 많지 않기 때문에, 기업들은 자사의 브랜드를 소비자 구매 고려군에 위치하기 위해 많은 노력을 하고 있다.

(2) 브랜드 이미지(Brand image)

소비자는 일반적으로 어떠한 목적을 기반으로 제품이나 서비스를 소비한다. 그러므로, 소비자는 하나의 브랜드가 자신이 설정한 목적에 기능적으로 또는 감정적으로 부합하는지를 여러 기준을 가지고 평가하는데, 이러한 기준들이 소비자의 주관적 인식(subjective perception)을 형성하게 된다. 이러한 인식들이 모여, 브랜드에 대한 총체적 연상을 구성하고, 이를 브랜드 이미지라 한다. 코틀러(Kotler)는 브랜드 이미지를 특정 브랜드에 대한 믿음의 종합이라 정의했고, 딧처(Ditcher)는 브랜드 이미지를 제품의 개별 특징들이 아닌, 소비자 마음속의 종합적인 인상으로 묘사했다.

이러한 브랜드 이미지는 브랜드를 연상시키는 여러 요인들에 의해 다양하게 형성이 된다. 하나의 제품군에서 특정 브랜드가 두각을 나타내는 경우 이는 제품군 전체를 대표하는 브랜드가 되고, 브랜드 자산 구축에 큰 영향을 준다. 가령, 온라인 검색(searching engine)이라는 서비스에 대해 소비자가 생각할 때, 구글이라는 브랜드가 자연스럽게 떠오를 것이다. 이는 소비자가 구글이 곧 검색 서비스라는 이미지를 가지고 있음을 뜻한다. 실제로 구글은 검색이라는 하나의 동사(Googling)로 활용이 될 정도로 강한 이미지를 가지고 있다. 제품의 속성이 브랜드 이미지와 연결되어 강력한 차별화 요소로 활용될 수도 있다. 페덱스(Fedex)는 '무조건, 확실하게 하루 밤사이에 도착해야 할 때(When it absolutely, positively has to be there overnight)'라는 슬로건을 통해, 배송 서비스의 가장 중요한 속성인 신속 정확이라는 이미지를 구축하였다.

브랜드를 사용하는 사용자(user imagery) 혹은 사용용도(usage imagery)에 관한 연상을 통해 이미지가 형성되는 경우도 있다. 브랜드를 사용할 법한 사람들을 보여 주거나, 제품이 사용되는 용도 혹은 배경을 활용하여 이미지를 형성하는데, 샤넬(Chanel)의 대표적 향수 샤넬 넘버 파이브(Chanel No.5)는 매년 자신과 어울릴만한 유명인을 섭외하여 짧은 영화 형식의 콘텐츠를 지속적으로 제작하고 있다. 이를 통해 이 브랜드의 럭셔리한 이미지는 공고히 유지되고 있다.

마지막으로 브랜드 개성(brand personality)이 하나의 이미지로 활용되는 예도 있다. 사람들이 개성을 가지고 있듯, 브랜드 역시 개성을 가질 수 있다는 가정에서 시작된 브랜드 개성 개념은 제니퍼 아커(Aaker, 1997)의 연구를 통해 하나의 모델로 확정이 되었다. 아커는 브랜드 개성을 "브랜드와 연결된 인간의 성격의 집합체(the set of human characteristics associated with a brand)"로 정의했다. 인간관계에서 사람을 판단할 때 성격이나 개성이 중요한 기준이 되는 것처럼, 하나의 브랜드가 분명한 개성을 가지고 있다면, 소비자들의 판단을 용이하게 하고, 경쟁 브랜드와 차별화하는 데 도움이 될 수 있다.

많은 브랜드가 이러한 개성을 활용하여 마케팅 활동을 하고 있는데, 애플(Apple)사의 맥북(Macbook)의 경우, 맥(Mac)과 피씨(PC)라는 이름의 인물을 등장시켜, 맥북의 개성을 극명히 보여 주는 광고 캠페인을 진행하여 많은 호응을 받기도 하였다. 차별적 기능 차이가 쉽게 모방될 수 있는 요즘의 마케팅 상황에서 브랜드 개성은 차별화의 중요한 수단이 될 수 있다. 또한, 소비자는 자신을 표현하는 수단으로 브랜드를 활용하는 경우가 많기 때문에, 자신의 개성과 유사하거나, 자신이 표현하고자 하는 개성을 가지고 있는 브랜드에 매력을 느낄 확률이 높다. 이를 일치효과(congruent effect)라고 하는데, 브랜드 개성이 소비자의 개성과 유사할수록, 소비자는 더 큰 매력을 느끼게 된다.

[그림 11-2] **브랜드 이미지 예시(Chanel No.5 & Mac vs. PC)**

2. 디지털 시대의 브랜드

인터넷의 등장으로 시작된 디지털 기술은 소비자가 브랜드를 대하는 방식을 완전히 변화시켰다. 디지털 이전의 소비자는 마케터가 제공하는 정보와 한정된 선택지 내에서 그들에게 가장 적합하다고 생각되는 제품을 선택해야만 했다. 당시의 소비자들은 이러한 마케팅 환경에 불만조차 느끼지 않을 정도의 수동적 구매자였다. 또한, 브랜드는 소비자가 자신의 제품을 구매하는 것에 더 많은 초점을 두고, 구매 이후의 소비자에게는 큰 관심을 두지 않았다. 하지만 디지털 시대의 소비자들은 다양한 매체를 통해 때로는 브랜드가 예상하지 못하거나, 알지 못하는 다양한 정보를 획득하고 이를 통해 그들의 소비 환경을 스스로 조성하고 있다. 덧붙여, 구매 이후에도 구매에 대한 평가와 입소문을 통해 브랜드에 관여하는 정도를 높여 가고 있다.

따라서 능동적으로 변모한 소비자에 적절히 대응하지 못하는 브랜드는 시장에서 그 힘을 잃어가고 있다. 전통적인 마케팅 개념과 전략을 전면적으로 수정해야 하는 시기가 도래한 것이다. 다시 말해, 기존의 마케팅 전략이 가용한 예산과 노력을 브랜드 인지도를 구축하는 것에 사용하고, 소비자 구매 시점에 집중했다면, 디지털 시대 브랜드 전략은 소비자들이 브랜드를 접하는 지점(consumer touch points)을 정확히 파악하고, 그 접점에 대한 이해와 동시에, 소비자들과 접점들의 관계를 알아내는 것이 중요해졌다.

마케터들은 소비자들의 브랜드 접점을 이해하기 위해 전통적으로 '마케팅 퍼널 모형(marketing funnel model)'을 사용해 왔다. 이 개념은 소비자들이 구매에 이르는 과정을 인지(awareness)와 고려(consideration) 그리고 전환(aonversion) 등의 하향식 의사 결정 과정을 통해 시장 속 수많은 브랜드 중을 하나씩 제거해 나가며, 자신에게 가장 적합한 최종 브랜드를 선택한다고 설명하고 있다. 이 개념은 소비자의 구매를 최종 목적(브랜드 충성도 포함)으로 상정하고 이후의 과정에는 큰 관심을 두지 않기 때문에, 구매 이후의 소비자 관여도가 중요해진 지금의 디지털 시대와는 맞지 않는 개념이라고 할 수 있다.

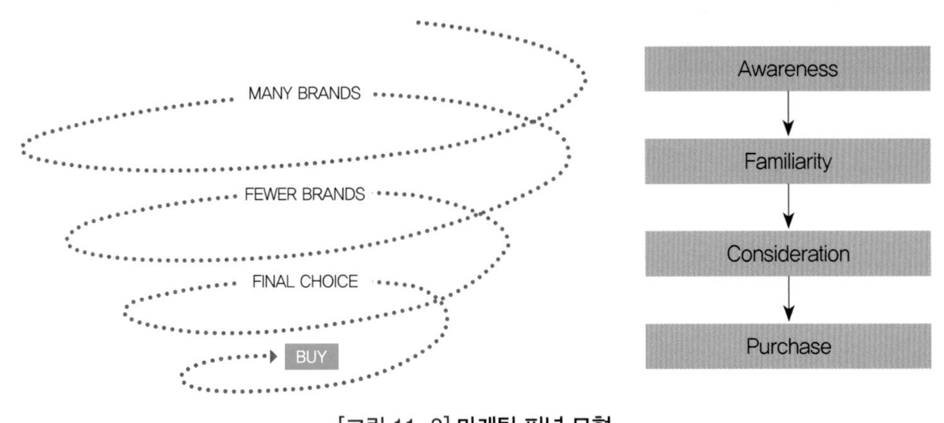

[그림 11-3] 마케팅 퍼널 모형

출처: Edelman (2010).

달라진 마케팅 환경에서 소비자가 브랜드와 관여하는 방식을 설명하기 위해 코트와 그의 동료들(Court et al., 2009)은 '소비자 구매 여정(Consumer Decision Journey: CDJ)' 개념을 소개하였다. 초기의 많은 잠재 대안에서 점차 브랜드를 줄여 나가 최종적으로 하나의 브랜드를 구매하는 순차적 과정의 퍼널 모형과는 다르게 소비자 구매 여정 모델은 브랜드 선택의 과정을 고려, 적극적 대안평가, 구매, 구매 후 경험, 공유, 확산의 단계를 반복하는 순환적 과정으로 설명한다. 또한, 각 단계를 위계적으로 따라가는 것이 아니라, 구매 후 경험을 통해 브랜드와 긴밀한 관계(brand bond)가 이루어지면 '충성도 루프(the loyalty loop)'를 통해 앞의 단계들을 건너뛰고 구매에 이를 수도 있다고 한다.

소비자 구매 여정 모델에 따르면, 때때로 소비자는 적극적인 평가 과정 속에서 브랜드를 줄여 가는 것이 아니라, 새로운 브랜드를 구매 고려 브랜드군에 추가할 수도 있다고 한다. 이는 소비자의 정보 탐색 행위의 중요성을 나타내는 것으로 소비 권력이 소비자로 상당히 이전되었음을 보여 주는 현상이다. 전통적으로 브랜드들은 다양한 마케팅 활동을 통해 해당 브랜드의 인지도를 증가시키고, 특정한 이미지를 형성하기 위해 많은 노력

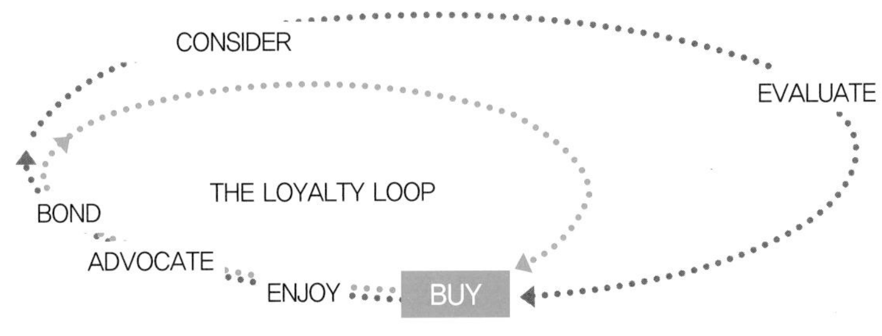

[그림 11-4] **소비자 구매 여정**

출처: Court, Elzinga, Mulder, & Vetvik (2009).

을 해 왔다. 이를 기반으로 형성된 구매 고려군(consideration set)이 최종 결정에 큰 영향을 미치는 것으로 알려져 있는데, 소비자 구매 여정 모델에 따르면 형성된 구매 고려군의 영향력이 그렇게 크지 않을 수 있다고 제안하고 있다. 대신에 구매 여정 모델은 소비자와의 접점의 중요성에 주목하고 있다. [그림 11-5]는 소비자의 적극적인 평가에 의해 초기 브랜드 고려군에 평균적으로 몇 개의 브랜드가 추가될 수 있는지를 보여 주고 있다.

	Share of purchases, %			**Average number of brands**	
Sector	**Initial consideration**	**Active evaluation**	**Loyalty loop**[1]	**In initial-consideration set**	**Added in active consideration**
Autos	63	30	7	3.8	2.2
Personal computers	49	24	27	1.7	1.0
Skin care	38	37	25	1.5	1.8
Telecom carriers	38	20	42	1.5	0.9
Auto insurance	13	9	78	3.2	1.4

[그림 11-5] **소비자 구매 여정 단계별 고려 브랜드 수의 변화**

출처: Court, Elzinga, Mulder, & Vetvik (2009).

소비자가 기업이나 브랜드를 직간접적으로 경험할 수 있는 모든 지점을 소비자 접점이라고 하는데, 이 접점을 통해 소비자는 브랜드나 제품에 대한 정보를 획득하고 경험할 수 있다(Court et al., 2009). 기술의 발달로 다양한 미디어와 채널들이 소비자에게 제공됨에 따라, 소비자들은 보다 능동적으로 정보를 획득하고 활용할 수 있게 되었다. 특히, 대다수 소비자가 구매 이후에도 소셜 미디어나, 로열티 프로그램, 검색 광고 등의 접점을 통해 브랜드에 대한 정보 탐색을 지속하고, 자신의 경험과 획득한 정보를 리뷰와 '좋아요' 등을 통해 확산시켜 다른 소비자들에게 영향을 주고 있는 현상에 주목할 필요가 있다. 이러한 측면에서 소비자 접점에 대한 이해도를 높이고 활용 방안을 모색하는 것이 브랜드에는 중요해지고 있다. 다시 말해, 디지털 시대의 브랜드 전략은 소비자가 어디에서 정보를 탐색하고 접하게 되는지(touch point) 그리고 관련 정보를 어떤 상황(mindset)과 어떤 내용(content)으로 접하게 되는지를 중심으로 수립할 필요가 있다(조정식, 홍혜현, 김유승, 2020).

3. 디지털 브랜드 캠페인 기획의 A to Z

1) 브랜드 캠페인의 기획 과정

브랜드 기획의 첫 출발점은 해당 브랜드가 당면하고 있는 문제점들을 정확히 인식하고, 어떠한 문제점이 가장 우선 해결되어야 하는지를 선정하는 것이다. 이 지점에서 중요한 것은 그 문제점들이 커뮤니케이션으로 해결되는 것인지를 판단하는 것이다. 가령, 적정 가격을 산출하거나, 유통 채널의 확충 등은 커뮤니케이션으로 해결될 수 있는 성질의 것이 아니기에, 브랜드 캠페인에서는 다루어지기 힘들다. 반면, 낮은 브랜드 인지도, 명확지 않은 브랜드 이미지, 혹은 약화된 대(對) 소비자-브랜드 관계 등은 브랜드 캠페인으로 해결될 수 있다.

문제점을 확인하는 데는 자사(Company), 경쟁사(Competitor) 그리고 소비자(Consumer)의 3C 측면이 주로 고려된다. 브랜드 인지도, 평판 조사 등을 통해 현재 브랜드에 대한 소비자 인식 수준을 살펴보거나, 시장 점유율 자료를 통해 브랜드가 시장에서 차지하고 있는 위치를 파악하는 것이 문제점을 구체화하는 데 도움이 될 수 있다. 또한, 소비자가 브랜드에 대해 기대하고 있는 점들이나 만족 혹은 불만족 요소들을 파악하는 것 역시 도움이 될 수 있다.

1960년대 미국의 렌터카 브랜드 에이비스(Avis)는 압도적으로 시장을 주도하고 있던 허츠(Hertz)에 의해 존재감을 드러내지 못하고 있었다. 에이비스는 자신들이 처한 문제를 서비스의 질적 차이에서 찾는 것이 아닌, 허츠가 렌터카 시장군에서 가지고 있는 존재감이 소비자에게 너무 강력하게 인식되고 있는 점에서 찾았다. 때문에 에이비스는 기존의 소비자들이 가지고 있는 렌터카 브랜드에 대한 인식틀(consumer perception structure)을 흔드는 것이 중요하다고 판단했다. 이를 위해 그들은 언더독(Under dog: 약자) 전략을 사용하기로 했고, 스스로를 업계의 2위 브랜드로 포지셔닝시켰다.

제2위의 브랜드(No.2 Brand)이기에 더욱 노력하고 소비자에게 더 큰 만족감을 주기 위해 노력하겠다는 브랜드 약속을 제시함으로써, 에이비스는 허츠를 대체할 수 있는 브랜드로 소비자들에게 인식되기 시작했고, 렌터카 시장의 새로운 강자로 등극할 수 있었다. 문제점을 소비자의 인식 속에서 찾고, 소비자 인식의 전환 계기를 제2위 브랜드(No.2 brand) 광고 캠페인으로 마련한 것이다. 문제점에 대한 정확한 인식이 어떠한 결과를 만들어 낼 수 있는지를 보여 주는 좋은 예시라고 할 수 있다. 흥미롭게도 에이비스의 이러한 브랜드 전략이 성공에 이르자 이에 위기감을 느낀 허츠는 경쟁 브랜드인 에이비스가 왜 2등밖에 할 수 없는지 그리고 자신들이 왜 시장 선도 브랜드(No.1 Brand)인지를 밝히는 캠페인을 진행하여 이에 대응하였다.

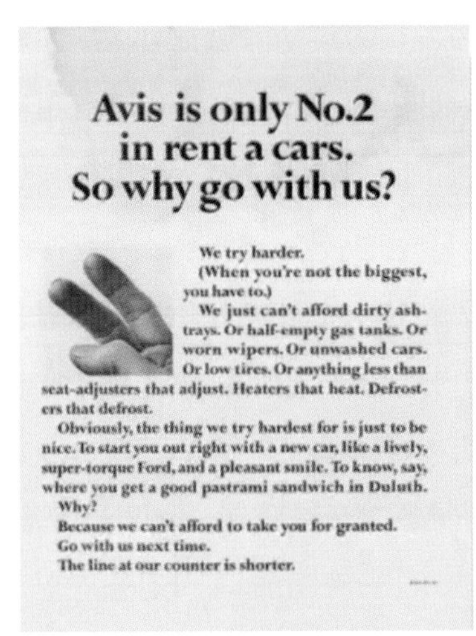

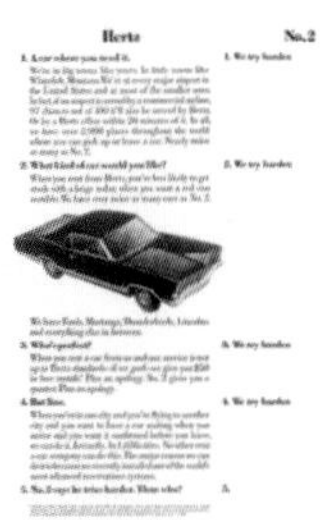

[그림 11-6] 에이비스와 허츠의 광고

문제점을 인식하게 되면 그 문제점을 기반으로 캠페인 목적을 설정하는 것이 중요하다. 브랜드 캠페인을 기획함에서 목적을 설정한다는 것은 캠페인을 통해 최종적으로 성취하고자 하는 바를 공표하는 것과 같다. 따라서 목적이 명확지 않은 상태에서 전략을 수립한다는 것은 목표지점 없이 항해를 시작하는 것처럼 위험천만한 행위이다. 예를 들어, 브랜드의 인지도를 높이는 것이 목적인 캠페인에서, 소비자의 행동을 유발하는 전략을 수립하는 것은 투입되는 예산을 낭비하는 결과를 초래할 뿐이다. 캠페인 실행 이후, 해당 캠페인의 효과는 캠페인 목적을 얼마나 달성하였는지에 의해 평가되기 때문에, 명확하고 수치화된 캠페인 목적을 수립하는 것의 중요성은 아무리 강조해도 지나치지 않다.

캠페인 목적이 수립된 이후에는 목적을 달성하기 위한 브랜드 전략과 전술을 마련하는 단계에 돌입하게 된다. 전략은 장기적이고 캠페인의 전반적인 효과를 고려하는 반면, 전술은 단기적이고 지엽적인 효율성에 초점을 맞추는 활동이라고 할 수 있다. 좀 더 구체적으로 설명하면, 전략은 브랜드 캠페인 기획이 캠페인 목적에 얼마나 부합하는지 그리고 어느 정도의 목적달성을 할 수 있는지에 대한 효과 측면에 집중하는 것이고, 전술은 해당 전략을 이행하면서, 얼마나 예산과 노력을 절감할 수 있는지, 혹은 얼마나 빠르게 목표를 달성할 수 있는지에 대한 효율성 측면에 초점을 두는 것이다. 일반적으로 전략이 먼저 마련이 되고, 해당 전략에 적합한 전술을 수립하는 단계로 캠페인 기획이 진행된다.

가령 브랜드에 대한 소비자의 태도를 긍정적으로 만드는 캠페인을 기획한다고 했을 때, 소비자에게 브랜드와 관련된 긍정적인 경험을 선사하는 방안을 모색하는 것을 전략이라고 한다면, 이 전략을 수행하기 위해 특정 매체나 이벤트를 활용하는 방안을 마련하는 것을 전술이라 할 수 있다. 몇 해 전 맥도널드는 자신의 메뉴를 소개함과 동시에 소비자에게 친숙하고 긍정적인 브랜드 이미지를 확립하기 위해 독특한 캠페인을 진행했었다. '인스타그램 메뉴(Instagram Menu)'로 명명된 이 캠페인은 젊은 세대에게 인기가 있는 소셜 미디어인 인스타그램을 활용하여 소비자 스스로가 맥도널드 메뉴를 소개하는 기회를 얻는 캠페인이었다. 맥도널드 소비자들은 맥도널드 제품을 먹는 모습을 찍어 그 제품명 해시태그(예: #Bigmac, #McFries, #Sundae 등)와 함께 그 사진을 본인의 인스타그램에 업로드하였다.

맥도널드는 인스타 이용자의 해시태그를 이용하여 가장 매력적이고 식욕을 자극하는 사진을 선택하고, 이를 맥도널드 매장의 메뉴판에 등장시켰다. 자신의 사진이 실제 매장 메뉴판에 등장한다는 사실은 소비자들의 흥미를 자극하였고, 맥도널드 관련 포스팅을 올리며 적극적으로 맥도널드의 캠페인에 참여하도록 하였다. 소비자의 능동적인 참여 유도를 위해 소셜 미디어를 활용하겠다는 것이 전략적 차원이라면, 가장 인기 있는 비주얼 중심 소셜 미디어 플랫폼인 인스타그램을 선택하고 소셜 미디어의 특정 기능인 해시태그를 활용하겠다고 결정한 것이 전술적 차원의 활동이라고 할 수 있다. 이 예시에서 볼 수 있듯, 성공적인 전략과 전술을 기획하기 위해서는 시장과 자사 브랜드 그리고 경쟁 브랜드에 대한 이해와 더불어 소비자의 브랜드 이용 방식, 미디어 이용 방식, 라이프스타일 등에 대한 폭넓은 이해와 연구가 필요하다. 특히, 소비자에 대한 심도 있는 이해가 바탕이 되어야 핵심 메시지를 가장 적합한 방식으로 전달하는 것이 가능해진다.

[그림 11-7] **맥도널드 인스타그램 메뉴 캠페인**

전략과 전술이 확립된 이후에는 브랜드 캠페인을 집행하는 수순이 남아 있다. 이 단계에서는 미디어의 활용이 중요해지는데, 미디어의 속성과 특징 그리고 소비자의 미디어 이용 행태를 정확히 파악하는 것이 중요하다. 예를 들어, 넓은 범위의 타깃들에게 브랜드 인지도를 증진시키는 것이 캠페인 목표라면 도달률(Reach)이 높은 TV와 같은 매체를 활용하는 것이 효과적인 반면, 소비자 참여(Engagement)를 독려하는 캠페인이라면 상호작용이 원활한 디지털 미디어를 활용하는 것이 효과적이다. 특히, 지금의 마케팅 환경에서는 다양한 디지털 미디어가 폭발적으로 증가하고 있기 때문에, 미디어 활용에 대한 심도있는 고민이 필수적이다. 구체적으로 말하자면, 디지털 미디어와 활용이 높아지면서,

즉각적이고 정확한 효과 측정이 가능해졌기 때문에 캠페인 목적이 구체화되고 수치화되는 추세에 있다. 실시간 광고 구매(Real Time Buying: RTB)나 자동화된 광고 성과의 최적화(Advertising performance optimization) 등의 디지털 미디어 집행 방식이 사용되면서 즉각적이고 효율적 캠페인 집행에 관심이 높아지고 있다.

캠페인의 집행 이후에는 캠페인의 효과에 대한 정확한 평가가 이루어져야 한다. 사후조사를 통해 집행된 캠페인이 목적을 어느 정도 성취하였는지를 확인하고, 장단점을 파악하여 차기 캠페인 기획에 활용하는 것이 필요하다. 또한, 소비자 구매 여정(CDJ)에서 소개하였듯, 구매 이후의 소비자 행동들이 더욱 중요해지고 있는 지금의 상황에서 구매 이후 소비자들에게 만족감을 주고, 제품에 대한 긍정적인 평가를 다른 소비자들과 나눌 수 있는 장치들을 마련하는 것이 중요해지고 있다. 소비자들끼리 자신의 구매 경험을 긍정적으로 공유하고, 브랜드에 대한 애착과 충성도를 증진시킬 수 있는 방법들이 모색되고 있는데, 온라인 브랜드 커뮤니티(Brand community)나 소셜 미디어의 팬 페이지(Fan page) 등이 관심을 받고 있다.

2) 디지털 시대의 특징

디지털 미디어의 다양화와 폭발적 증가는 캠페인 기획에 미디어의 중요성을 크게 부각시켰다. 전통적 브랜드 캠페인에 있어 미디어는 캠페인의 메시지를 전달하는 하나의 수단에 불과했다면, 디지털 시대의 브랜드 캠페인에서 미디어는 메시지를 전달함과 동시에 소비자와의 관심을 유도하고, 관계를 형성하고 공고히 할 뿐 아니라, 직접적인 행동을 유발하는 중요한 동인이 되고 있다. 그러므로 디지털 브랜드 기획에서 디지털 미디어에 대한 정확한 이해는 필수적이다. 디지털 미디어의 주요 특징은 다음과 같다.

(1) 상호 작용성

디지털 미디어 환경의 특징 중에 가장 많은 주목을 받고 있는 것이 상호 작용성(interactivity)이다. 기술적 의미에서 상호 작용성은 상향(upstream) 및 하향(downstream) 전송이 가능해지면서, 메시지 송신자와 수신자 간에 대면 커뮤니케이션과 같은 양방향 소통이 가능해지는 상태를 말한다. 상호 작용성은 과거 일방적 정보 제공을 통해 수동적 소비를 하던 소비자의 개념을, 자신의 목적에 맞게 적극적으로 정보를 찾고, 때로는 정보를 생산, 공유할 수 있는 능동적 참여의 소비자 개념으로 변모시켰다. 이 점에서 브랜드들은 소비자를 설득하려는 콘텐츠에 집중하기보다, 소비자가 공감하고, 그들과 관계를 형성할 수 있는 다양한 경험을 제공하고 만족시킬 수 있는 콘텐츠를 활용해야 한다.

(2) 이용자 맞춤성

디지털 환경에서는 소비자의 정보들이 데이터로 축적이 될 수 있고, 이러한 방대한 데이터들이 마케팅 활동을 기획하는 데 중요한 자료로 활용이 될 수 있다. 고객 데이터베이스, 이전 구매 경력, 최근 검색어 입력 내용 등이 모두 활용이 될 수 있으므로 브랜드 입장에서 브랜드에 관심이 있는 혹은 구매 가능성이 높은 소비자들을 세분화시켜 그들에게 적합한 콘텐츠를 송출하는 것이 가능해졌다.

〈표 11-2〉 **타기팅 분류와 유형**

콘텐츠 기반의 타기팅	사용자 기반의 타기팅	기타 타기팅
검색어(키워드) 타기팅 주제(카테고리) 타기팅 문맥(컨텍스트) 타기팅	인구통계 타기팅 관심사 타기팅 행동 타기팅 리타기팅 CRM 데이터 타기팅	OS 타기팅 브라우저 타기팅 크로스 디바이스 타기팅 시간 및 요일 타기팅 위치 기반 타기팅

출처: 이경렬, 최원수, 이경아(2019).

콘텐츠 기반의 타기팅은 사용자의 웹사이트 활동 내용을 기록한 쿠키 혹은 광고 ID로 수집한 데이터를 활용하는 방식이고, 사용자 기반 타기팅은 자사가 직접 수집한 로그인 정보와 비로그인 정보에 해당하는 쿠키 혹은 광고 ID 정보(고객 비식별 정보)의 두 가지 데이터를 병합한 형태를 뜻한다. 예를 들어, 리타기팅 광고는 자사 사이트를 방문한 내역이 있는 소비자를 선별하여 해당 브랜드 광고가 최우선으로 노출되게 설정하는 타기팅 방식이다. 리타기팅 방식은 이전 브랜드 노출 경험이 소비자들의 해당 브랜드에 대한 관심을 고조시킬 수 있다는 점에서 빠른 구매 확정과 전환율을 유도하는 장점이 있다.

최근에는 미디어 계획과 구매를 실시간 경매 방식으로 활용하는 프로그래매틱 바잉(programatic buying) 기법이 큰 관심을 끌고 있다. 프로그래매틱 바잉은 기존의 매체 중심이 아닌 소비자와 매체 데이터를 바탕으로 설정한 알고리즘을 기반으로 자동으로 관련 요인들을 반영하는 혁신적인 광고 거래 시스템이다(최세정, 2022). 관심 소비자를 타깃으로 선정할 수 있으므로 불필요한 소비자들에게 광고를 노출시키는 데 있어 발생하는 비용을 절감할 수 있다.

(3) 이동성

지금의 소비자는 휴대전화를 항시 소재하고 있지 않으면 불안감을 느낀다. 스마트폰을 위시로 하는 다양한 디지털 기기는 소비자 생활과 밀접하게 연결되어 있고, 소비자는 시간과 장소의 제약을 받지 않고, 그들이 원하는 활동을 디지털 기기를 통해 수행하고 있다. 디지털 기기의 휴대성(Portability)과 무선인터넷(Wifi)의 활성화 같은 미디어 환경의 변화는 소비자가 별다른 제약 없이 자유롭게 미디어를 이용할 수 있게 해 주었고, 브랜드는 이러한 환경적 특징을 마케팅 활동에 십분 활용하고 있다. 독일의 자동차 브랜드인 폭스바겐은 '길 위의 이야기(Road Tales)' 캠페인(2020)을 통해 위치 기반 데이터가 브랜드 커뮤니케이션에 어떻게 활용될 수 있는지 좋은 예를 보여 주었다.

네덜란드의 모든 주의 고속도로(5,000km 이상)를 스캔하여, 그 고속도로에서 눈에 띌 만한 대상들(예: 풍차, 다리, 터널 등)을 데이터화하고, 그 대상들을 소재로 하는 짧은 동화 이야기들을 만들었다. 자체 제작한 어플리케이션(App)과 폭스바겐 자동차의 오디오가 연결되어 소비자가 해당 대상들이 있는 지역을 통과하면, 그와 관련된 이야기가 구현되게끔 만들었다. 자동차 여행을 힘들어하는 아이들에게 재미와 흥밋거리를 제공하여 자동차 여행에 대한 거부감을 줄일 수 있는 계기를 마련하여 긍정적인 브랜드 태도를 형성할 수 있게 하였다. 또한, 유년기의 긍정적 기억이 추후 브랜드 관계에 긍정적 영향을 줄 수 있다는 점에서, 장기적 관점의 브랜드 커뮤니케이션의 효과를 기대해 볼 수 있

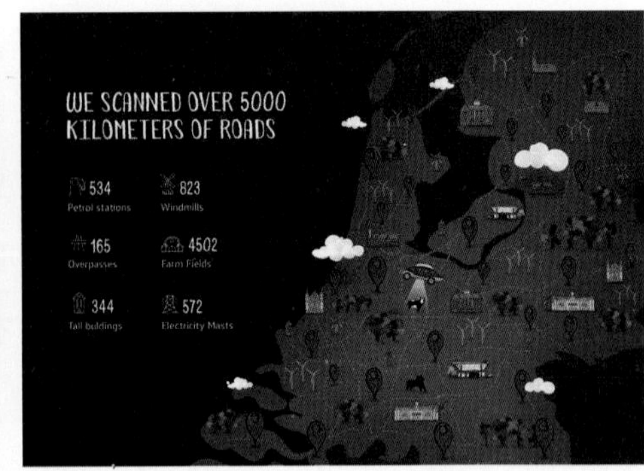

[그림 11-8] 폭스바겐 Road Tales 캠페인

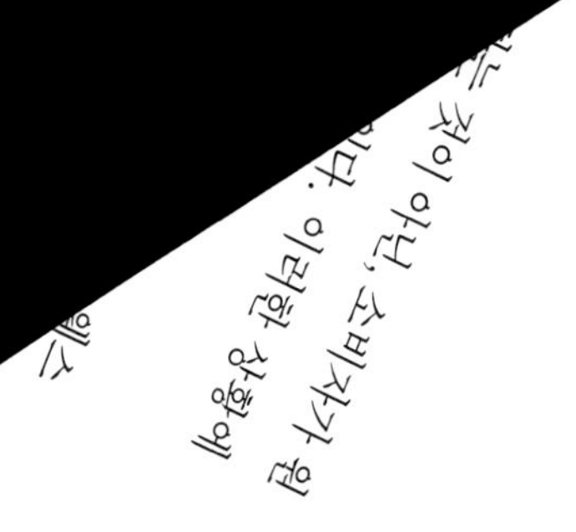

는 정확한 광고효과를 측정하
할 만한 프로그램이나 지면을 구
-램의 시청률이나 지면의 열독률을
나. 브랜드의 콘텐츠(예: 광고)가 실제
어려웠다. 하지만 디지털 미디어 환경
때의 행동들을 기반으로 효과를 측정하는
한 효과 측정이 가능해졌다. 디지털 광고가
한 주동력이 여기에 있다고 할 수 있다.
(Cost Per Click), CPI(Cost Per Install), CPA(Cost
) 등이 이에 해당된다. CPC는 소비자가 콘텐츠에
것이고, CPI는 앱을 설치하는 비용, CPA와 CPE는 브
을 하는 데 들어가는 비용을 뜻한다. 보다 정확한 효과
므로 디지털 환경에서 브랜드 캠페인을 기획하는 기획
떠한 활동이 소비자에게 더 어필할 수 있는지를 파악하는
으로 캠페인을 수정 보완하여 효과를 극대화하는 것이 가능
기획하여 미디어를 통해 노출시키고 반응을 기다리던 전통적
디지털 시대의 브랜드 캠페인에서는 이러한 정보를 이용한 수정
도하는 유연함(flexibility)을 발휘하는 것이 중요해지고 있다.

캠페인 기획

페인의 기획 역시 앞서 설명한 브랜드 캠페인 기획의 일반적 과정을
하다. 어떠한 캠페인이던 브랜드가 당면한 문제점을 발견하고, 그 문
을 캠페인 목적으로 설정, 이를 달성하기 위한 전략과 전술을 개발하는
때문이다. 하지만, 디지털 시대에서는 미디어 환경과 소비자의 역할이
, 변화하고 있는 환경에 맞게 기존의 캠페인 기획에 소비자와 미디어의 역

할의 비중을 높일 필요가 있다. 기업이 하고 싶은 말을 전달하[illegible] 하는 이야기를 소비자가 원하는 형태로 전달하는 것이 중요해지고 있[illegible] 서 브랜드 캠페인을 기획하고 진행하는 방식 역시 변화하고 있다.

'통합 마케팅 커뮤니케이션(Integrated Marketing Communication: IMC)'은 미국 노스[illegible] 턴대학의 슐츠 교수에 의해 소개된 이후(Schultz, 1991), 마케팅 커뮤니케이션의 핵심 개념으로 자리 잡았다. 그는 IMC를 "소비자, 고객, 잠재 고객, 종업원, 그 밖의 모든 사내외 이해관계자들을 대상으로 장기적인 관점에서 측정 가능하고 설득력 있는 브랜드 커뮤니케이션을 기획, 개발, 실행, 평가하는 전략적 비즈니스 과정"으로 정의 내렸다. 다시 말해, IMC는 하나의 마케팅 목표 혹은 핵심 개념(Big Idea)을 중심으로 다양한 마케팅 요소들을 통합적으로 관리하여 효율성을 극대화하는 전략이라 할 수 있다. 1990년대 중반까지만 하더라도 광고나 프로모션, 이벤트 등 커뮤니케이션 수단들은 개별 목적을 가지고 독립적으로 운영되었는데, 각 수단들이 연계되어 창출할 수 있는 시너지 효과를 획득하지 못하는 문제점이 드러났다. 하지만 다양한 마케팅 수단들을 유기적으로 연결하는 IMC 전략을 통해서는 다양한 소비자 접점들을 일관된 메시지로 관리하는 것이 가능해지므로, 소비자를 설득하고 장기적인 소비자-브랜드 관계를 구축, 유지하는 것이 쉬워졌다.

코카콜라는 제로 칼로리 제품인 코카콜라 제로(Coke Zero)를 선보이며, '마실 수 있는 광고(Drinkable AD)' 캠페인을 진행했다. 칼로리가 없는 제품은 보통 맛이 없다는 소비자 편견을 깨고, 칼로리는 낮지만 맛은 변함이 없다는 점을 강조하기 위해 기획된 이 캠페인은 소비자가 이 제품을 맛보게 하는 것에 초점을 두었다. 일단 소비자가 맛을 보게 되면 코카콜라 제로의 존재 이유를 이해할 것이라는 확신이 있었기 때문이다. 이러한 이유로 코카콜라는 무엇보다 소비자들에게 콜라에 대한 음용 욕구를 자극하는 것이 필요했다, 흥미롭게도 코카콜라는 소리를 이용한 마케팅 전략을 구상했는데, 여기에는 샤잠(Shazam)이라는 앱(APP)의 음성 인식 기술이 활용되었다. 콜라를 따를 때 나오는 청량감 있는 소리를 샤잠이 인식하고, 이를 통해, 미디어 속성과 부합되는 광고물들이 다양한 미디어를 통해 노출되었다. TV를 비롯하여 라디오, 이벤트, 소셜 미디어 등 소비자를 둘러싸고 있는 여러 미디어들이 코카콜라 제로를 마시고 싶게 만드는 하나의 콘셉트(Drinkable AD)를 구체화하기 위해 사용이 되었고, 소비자는 일관된 메시지를 통해 코카콜라 제로에 관심을 가지게 되었다.

[그림 11-9] 코카콜라 'Drinkable AD' 캠페인

다양한 미디어 속성들을 활용하여 소비자 접점을 넓히고 이를 통해 마케팅 효율성을 증대하는 것이 IMC의 핵심이라고 할 수 있다. 디지털 시대에서도 IMC의 이러한 기본 개념들은 널리 활용되고 있다. 하지만 디지털 미디어의 발달로 인해 소비자들이 브랜드를 직간접적으로 체험할 수 있는 기회가 더욱 확대됨에 따라, IMC도 진화하고 있고, 이 진화의 핵심에 '체험(experience)'의 개념이 도입되기 시작했다. 실제로 에이치피(HP), 인텔(Intel), 아디다스(Adidas), 타깃(Target) 같은 브랜드들은 이러한 변화를 체감하고 체험 마케팅(experiential marketing)의 비중을 높이는 IMC 전략을 활용하고 있다(Smith & Hanover, 2016).

최근 들어 많은 브랜드가 팝업 스토어(pop-up store)를 활용하여 브랜드 가치를 소비자들에게 인지시키려고 노력하는 현상도 이와 관련이 있다. 체험 마케팅의 핵심은 타깃 소비자들이 원하고, 그들과 연관이 있는 가치 있는 체험의 기회를 제공하여, 그들의 자연스러운 참여를 유도하고, 이를 통해 브랜드가 설정한 마케팅 목표를 성취하는 것에 있다. 소비자들은 자신의 의지로 체험 마케팅 프로그램에 참여하기 때문에, 보다 명확한 타기팅이 가능하고, 자연스러운 참여가 전제가 되기 때문에 광고를 스킵하는 등의 행동이 배제되는 특징이 있다.

또한, 생생한 체험은 소비자에게 강력하게 인식이 되기 때문에 캠페인의 설득력이 배가되고, 이로 인해 캠페인 속 제품이나 서비스를 직접 사용하거나 구매하는 확률이 높아지게 된다. 소비자를 최종 구매 단계로의 유도하는 확률이 높은 효율적 전략이라 할 수 있다. 체험 마케팅 개념을 창시한 번 슈미트는 체험 마케팅이 현존하는 브랜드를 강화시키고, 경쟁 브랜드와의 차별화를 용이하게 하며, 브랜드 이미지와 아이덴티티를 확립시킬 뿐 아니라, 제품의 사용을 촉진, 구매 의도를 높이는 데 효과적이라고 말했다(Schmitt, 1999). 효과적인 체험 마케팅을 수행하기 위해 슈미트는 '전략적 체험 모듈(Strategic Experiential Modules: SEMs)'을 제시하였는데, 이 모듈은 총 다섯 가지의 체험 요소로 이루어져 있다.

첫 번째는 감각(Sense) 요소로 시각, 촉각, 청각, 미각, 후각의 오감을 활용하여 소비자에게 미학적 즐거움, 흥분, 만족감을 제공함으로써 브랜드의 차별화와 구매 동기를 부여할 수 있다. 특히 감각은 광고와 같은 외부 자극을 인식하게 만드는 관문 역할을 하기 때문에, 흥미롭고 자극적인 감각적 요소는 소비자들의 관심을 끌기 위해서는 필수적이다. 두 번째는 감성(Feel)으로 체험의 수단을 통해 브랜드에 특정 감정을 유발하는 전략이자 실행 요소를 뜻한다. 소비자는 일반적으로 좋은 감정을 유지하고, 나쁜 감정은 회피하려는 속성을 가지고 있어서, 긍정적인 감정을 지속적으로 자극하는 브랜드는 소비자에게 브랜드 충성도를 구축하고 유지하는 것이 용이하다. 특히, 감성적 자극으로 인한 체험은 브랜드와 소비자 간에 강력한 유대감을 창출할 수 있다. 세 번째는 인지(Think) 요소로 소비자에게 브랜드 관련 정교하고 창조적인 사고를 하도록 유도한다. 인지 마케팅의 핵심은 연상 작용에 관여하는 다양한 언어들을 사용하여 소비자의 사고를 자극하고, 기존의 인식 틀을 흔들어 브랜드 사용에 대한 동기를 부여하는 것이다. 놀라움과, 호기심 유발 그리고 도발을 결합시키는 것이 성공적인 인지 요소 활용의 핵심이라 할 수 있다. 네 번째는 행동(Act) 요소로 신체를 이용한 직접적 체험을 강조할 뿐 아니라, 다른 사람 혹은 사회와의 상호 작용을 통해 자신의 정체성을 확립하고 밝히는 행동들을 모두 아우른다. 소비자들은 자아를 표현하기 위해 브랜드의 상징성을 활용하기도 하는데, 쉽게 전파될 수 있는 상징성은 한 사회에서 널리 통용되는 라이프 스타일에서 찾아지기도 한다. 이런 의미에서 마케터는 라이프 스타일 트렌드에 민감해야 하고, 이를 활용하여 타깃 소비자에게 행동을 유발할 수 있는 체험의 기회를 제공할 필요가 있다. 마지막으로는 관계(Relate) 요소로 소비자 자아 개념을 브랜드가 연계된 더 넓은 사회적, 문화적 맥락과 연결시킴으로 체험을 개인의 사적 감각, 감정, 인지 그리고 행동을 넘어 확장하게 만든다. 성공적인 관계 마케팅을 위해서는 소비자에게 사회적으로 인정받는 정체성(identity)에 대한 욕구를 자극하고, 사회 문화적 의미의 상호 작용을 촉진할 수 있는 체험의 기회를 제공하여 소비자와 브랜드를 넘어, 소비자와 소비자 간의 폭넓은 관계를 형성하는 것이 중요하다.

디지털 시대의 특성과 체험 마케팅의 다섯 가지 모듈이 결합되면, 보다 강력한 통합적 마케팅 전략이 탄생될 수 있다. 앞서 IMC의 핵심이 다양한 미디어를 통해 소비자와의 접점을 넓힘과 동시에 일관된 메시지를 전달하여 효율성을 극대화하는 것이라 설명했다. 체험 마케팅의 특징이 IMC에 투영이 되면, 단순히 일관된 메시지를 제공하는 것을 넘어, 소비자가 관여하는 구체적 체험이 중심이 되어, 즉각적이고 명확한 소비자 반응을 이끌어 낼 수 있다. 또한, 체험을 구현함에 있어 소비자와의 상호 작용성 그리고 이용자 맞춤성과 같은 디지털 속성이 활용되기 때문에, 디지털 환경에 익숙한 소비자들이 자연스럽게 체험을 자신의 삶 속에 투영시킬 수 있다. 덧붙여, 소비자의 행동(예: 구매유도)에 초점을 맞추는 체험의 속성상 다른 업종 간의 협업도 활발히 이루어질 수 있다. 기존 IMC가 상이한 미디어의 특성을 융합하는 미디어 시너지 효과를 창출할 수 있었다면 체험 요소가 접목된 새로운 IMC는 업종 간의 특성을 활용하는 더 큰 시너지 효과를 창출할 수 있는 것이다.

예를 들어, 나이키는 마이클 조던 덩크 콘테스트 30주년을 기념하기 위해 '에어조던3 팅커(Air Jordan III Tinker sneakers)' 신제품(한정판)을 출시하고 이를 광고하기 위해 증강현실(Augumented Reality) 기술을 활용한 체험 마케팅 캠페인을 선보였었다. 마치 포켓몬 게임을 하듯, 나이키의 한정판 제품에 관심이 있는 소비자들은 나이키가 선정한 특정 장소(Staples Center, LA)에 모여 소셜 미디어인 스냅챗(Snapchat)을 통해 마이클 조던의 덩크슛 장면을 받을 수 있었다. 스냅챗을 통해 얻어진 조던의 이미지에는 나이키의 한정판 제품이 있었고, 이를 클릭함으로써 소비자는 현장에서 바로 제품을 주문할 수 있었다. 주문된 제품은 다크스토어(Darkstore)라는 온라인 소매점을 통해 소비자에게 배송되었다. 마이클 조던을 매개로 하는 하나의 체험에 나이키, 스냅챗, 다크스토어라는 여러 비즈니스 파트너가 결합이 되어 소비자에게 강렬한 체험의 기회를 제공했고, 23분 만에 완판이라는 즉각적인 효과를 창출하였다. 다양한 미디어의 결합이라는 기존의 IMC의 개념을 넘어, 이제는 다양한 산업계의 연결이 가능한 새로운 개념의 IMC를 선보인 것이다.

[그림 11-10] 나이키 'A/R Jordan' 캠페인

소비자 일상 속에서 아이디어를 찾아 이를 활용하는 캠페인도 인기를 끌고 있다. 파스타를 요리할 때, 파스타 면을 적절하게 삶는 것은 늘 어려운 일이다. 파스타 면 브랜드인 바릴라(Barilla)는 이 점에 착안하여 소비자에 파스타 면을 쉽게 조리할 수 있는 방법을 제공하는 '플레이 리스트 타이머(playlist timer)' 캠페인을 진행하였다. 이 캠페인 역시 다른 업종의 브랜드와 협업이 이루어졌는데, 바릴라와 함께 이 캠페인을 진행한 브랜드는 세계 최대 음원 스트리밍 서비스인 스포티파이(Spotify)였다. 바릴라는 파스타 면의 종류에 따라, 면을 익히는 시간이 달라야 함을 쉽게 소비자에게 전달하고, 이를 실행시키기 위해, 면의 종류에 따라 조리 시간에 맞는 음악 리스트를 만들었다.

예를 들어, 푸질리 파스타(fusilli pasta)를 조리하기 위해서는 11분이 필요한데, 이 시간을 정확히 알려주기 위해 스포티파이는 11분짜리 음악 리스트인 〈Boom bap fusilli〉를 소비자에게 제공하였다. 푸질리 파스타를 조리하는 소비자는 이 음악 리스트를 재생함과 동시에 면을 삶기 시작해서, 음악이 끝나면 조리를 멈추면 완벽하게 익혀진 면을 얻을 수 있었다. 음악을 통해 전달되는 긍정적인 체험과 완벽하게 조리된 파스타의 결과물은 소비자에게 잊을 수 없는 경험을 선사했고, 이는 브랜드 자산 구축에 큰 힘이 될 수 있다.

4. 마무리

디지털 시대에서 브랜드는

활용할 방안을 디지털 기술에서 찾을

고, 전략의 중심을 그들에게 두는 것이 얼마

소비자와의 소통과 상호 작용에 민감하게 반응하고

험의 기회를 제공함으로써 브랜드와 소비자 간의 관계를

해야 한다. 단순히 제품과 서비스를 판매하는 것이 아닌,

구축하고 유지하는 것에 더 많은 관심을 기울여야 한다.

필립 코틀러는 저서 『마켓 5.0』에서 새로운 기술들이

개선하는 방향으로 진행되어야 한다고 제언하였다. 쏟아지

상호 작용 기술들은 단순하게 신기하고, 새롭다는 것에

어떠한 혜택을 얼마나 정확히 전달할 수 있는지에 초점이

털 시대의 브랜드 전략의 핵심은 소비자에게 해당 브랜드

비자의 입장에서 소비자의 라이프 스타일에 맞추어 전달

를 접목한 기술을 통해 소비자들을 더 잘 이해하고, 그들

가야 하는 것이 필요하다는 코틀러의 제언을 새겨들을 필

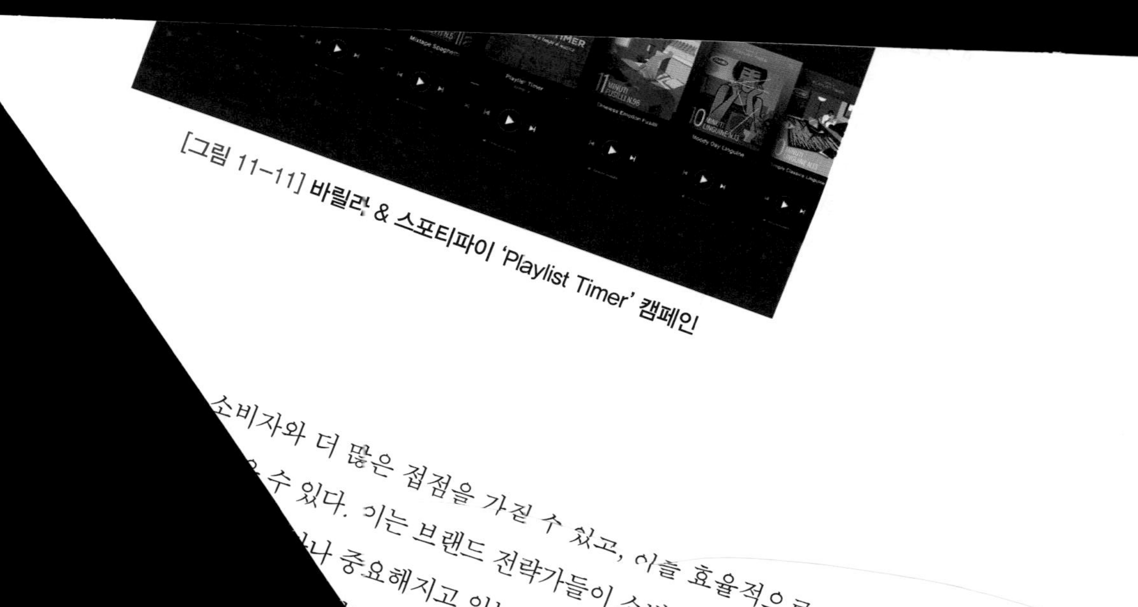

[그림 11-11] 바릴라 & 스포티파이 'Playlist Timer' 캠페인

소비자와 더 많은 접점을 가질 수 있고, 이를 효율적으로
수 있다. 이는 브랜드 전략가들이 소비자를 이해하
나 중요해지고 있는지를 확인시켜주고 있다
고, 그들에게 적합하고, 의미
를 긴밀히

디지털 시대의 광고기획 신론

제4부

광고기획의 완성과 실행

제12장 주목받는 광고기획서 작성하기

제13장 돋보이는 크리에이티브 완성하기

제14장 AI를 활용한 광고기획 실무

제15장 효과적인 미디어 전략 제시하기

제16장 감동적인 프레젠테이션으로 승리하기

제12장

주목받는 광고기획서 작성하기*

광고기획자는 광고주에게 광고와 관련된 전반적인 서비스를 제공하는 업무를 담당할 뿐 아니라 광고주의 브랜드가 당면한 문제를 적극적으로 해결하기 위하여 소비자의 총체적인 경험을 설계하고 관리해 주는 역할을 담당한다. 이에 따라 최근 광고기획서에서 제시되는 전략의 범위 또한 넓어졌다. 오늘날의 소비자는 단순한 디지털 환경에 만족하지 않고 다양하고 새로운 경험적 소비에 열광하기 때문에(이제영, 정조, 2022), 광고기획자는 디지털 환경에 적합한 전략뿐 아니라 AI, AR, VR 등 기술을 광고에 적극적으로 활용하여 소비자 경험을 확장하고 소비자와 더 긴밀하게 소통하기 위하여 다양한 접점을 통한 효과적인 전략을 수립하고 제안해야 한다.

광고 전략의 수립 및 실행에서의 변화에 따라 광고기획서의 양식 또한 더 다채로워졌다. 이와 같은 현실에서 주목받는 광고기획서란 무엇인지 직접적으로 정의하기는 매우 어렵다. 광고회사마다 또는 광고기획자 그리고 광고주가 처한 문제와 해결점에 따라 기획서의 양식과 특성은 다를 수 있기 때문이다. 이 장에서 제시하는 주목받는 광고기획서 작성법은 실무에서 기본적으로 적용되는 지침을 중심으로 살펴보고자 했다. 기획서의 일반적인 형식에 대하여 숙지한 후에는 상황과 목표에 따라 더 부합되는 자신만의 광고기획서를 완성할 수 있게 될 것이다.

---

*염　철(이노션 기획본부장)
유은아(중앙대학교 커뮤니케이션대학원 강사)

1. 광고기획서의 역할

일반적으로 광고회사에서 특정 광고주가 진행하는 경쟁 프레젠테이션에 초대받았을 때 가장 먼저 진행되는 일은 광고주가 초청한 광고회사를 대상으로 자사의 브랜드에 대한 전반적인 설명과 과제에 관한 오리엔테이션을 실시하는 것이다. 이러한 오리엔테이션이 진행되고 대략 3~4주 후 프레젠테이션이 실시되므로 광고기획자는 이 기간 안에 환경 분석, 광고 목표 및 타깃, 콘셉트의 설정, 크리에이티브 전략 및 제작과 IMC 차원의 다양한 매체 및 콘텐츠 접점 기획과 실행 방안을 수립하고 광고기획서를 작성하여야 한다.

이와 같은 광고기획의 전반적인 프로세스를 진행하기 위해서는 다양한 직종과 경험을 지닌 전문가 또는 협업부서와 수많은 회의와 아이디어 생성 및 선별 작업을 거치며, 이후 최종적으로 선택된 전략을 중심으로 광고기획서는 작성된다. 그러므로 광고기획서는 단순히 뛰어난 광고기획자의 빛나는 아이디어의 산물이 아니다. 광고기획서는 광고 전략이 수립되는 동안 아이디어를 생성하고 선별하며 정교화했던 과정에 참여한 모든 이들의 노력과 열정을 보여 주는 집약체가 되어야 한다. 이러한 광고기획서의 역할에 대하여 살펴보기 위하여 간략한 예시를 들어 볼 것이다.

A씨는 며칠 전부터 목이 따끔따끔하더니 오늘은 급기야 열이 났다. A씨는 이대로는 안 되겠다 싶어서 병원에 갔다. 진료실에 들어가서 앉자 의사는 A씨에게 질문했다.

"증상이 어떻습니까?"

A씨는 본인의 증상을 의사에게 상세하게 이야기했다. 의사는 A씨의 이야기를 다 듣고 난 후 진찰을 시작했다. A씨의 배에 청진기를 대보기도 하고 체온을 재보기도 하며 A씨의 증상을 꼼꼼하게 살펴본 후 의사는 진단을 내렸다.

"독감입니다."

진단이 끝난 의사는 빠르게 A씨가 복용할 약을 처방해 주며 이야기했다.

"처방전에 따라 약을 먹으면 증상은 개선될 것입니다."

이러한 환자와 의사의 진찰 과정을 통하여 광고기획자의 역할을 생각해 볼 수 있다. 광고기획자는 나쁜 증상이 나타나는 기업이나 브랜드를 진단하고 명확한 처방전을 써야만 한다. 광고기획자는 아픈 환자를 청진기와 체온계로 진찰하는 의사처럼 좋지 않은 징후가 나타나는 브랜드를 세밀하게 진찰하고 진단하여야 한다. 진단이 정확하고 신속할수록 처방은 쉬워질 것이다. 자사 브랜드를 대체할 경쟁 브랜드의 움직임은 어떠한가? 시장에서 소비자의 욕구나 취향이 변화된 것은 아닌가? 다양한 진찰이 이루어진 후 능력 있는 광고기획자라면 브랜드가 당면한 문제를 발견하게 될 것이다. '아, 소비자의 취향 변화에 우리가 제대로 대처하지 못하고 있구나.' 증상에 대한 정확한 원인, 즉 문제가 발견되면 해결은 그만큼 쉬워진다.

광고기획서는 브랜드에 대한 증상과 문제 그리고 해결방안이 명쾌하게 제시되어야 한다. 광고기획서는 아픈 환자에게 의사가 내리는 명확한 처방과 같은 역할을 해야만 한다. 우리가 아픈 몸을 이끌고 병원에 갔을 때 의사가 진찰을 제대로 하지 못하거나 증상의 문제를 모호하게 이야기한다면 우리는 그 의사가 내린 처방에 고개를 갸우뚱할 것이다. 광고기획서 또한 광고주가 당면한 증상을 제대로 파악하고 문제를 정의하며, 이 문제를 해결하기 위한 명확한 해결책이 제시되어야 한다.

대학생을 위한 다수의 공모전뿐 아니라 최근 많은 광고주가 경쟁 프레젠테이션을 본격적으로 실시하기 전에 광고기획서의 제출을 요구한다. 광고기획서가 채택되지 못하면 프레젠테이션을 할 기회조차 얻지 못하는 경우가 허다하다. 광고기획서는 기업이나 브랜드가 가진 문제를 해결하는 명확한 처방전과 같은 역할을 하면서도 동시에 광고기획자에게는 전략을 최종적으로 팔기 위한 첫 번째 관문이 될 수 있다. 이는 우리가 주목받는 광고기획서를 써야 하는 이유가 된다.

[그림 12-1] **증상과 문제해결**

2. 광고기획서 작성법

이 장에서는 본격적으로 광고기획서 작성법을 살펴본다. 먼저 광고기획서의 형식적인 측면에서 어떠한 요인들이 고려되어야 하는지를 점검하고 이후 광고기획서에 제시되어야 할 내용에 대하여 단계별로 살펴볼 것이다.

1) 기술적 측면

(1) 기획서의 글쓰기

흔히 광고기획서를 '쓴다'라고 표현한다. 광고기획서는 소설이나 시와 같은 문학 작품은 아니지만, 광고기획서는 단어와 문장, 그림이나 표로 구성된다. 그렇다면 광고기획서를 어떻게 쓸 것인가? 일본의 소설가 무라카미 하루키는 소설을 쓰기 위해서는 먼저 새로운 언어와 문체가 필요하다고 주장했다. 기획서를 쓰기 위하여 완전히 새로운 언어와 문체를 창조해 낼 필요는 물론 없을 것이다. 그러나 본격적으로 기획서를 쓰기 위하여 사전에 점검해야 하는 몇 가지 요소가 있다.

첫째, 광고기획서 작성에 있어서 시점을 어떻게 할 것인가의 문제이다. 이러한 광고기획서는 삼인칭 시점에서 분석을 중심으로 쓸 수 있고, '우리는'과 같이 일인칭 시점에서 기획서를 쓸 수도 있다. 또한, 이러한 삼인칭과 일인칭 시점의 문장 사용은 하나의 기획서 안에서도 다양하게 변주되어 사용될 수 있다. 일반적으로 일인칭 시점의 경우 화자와 광고주를 동질화하여 전략과 방향성에 대한 공감을 끌어내고자 할 때 더 효과적인데, [그림 12-2]를 살펴보면 기획서 내에서 주장하는 바에 대하여 더 임팩트 있게 제시하고 설득하고자 할 때 일인칭 시점의 문장은 효과를 발휘한다. 즉, 일인칭 시점의 문장은 환경분석과 문제점 도출 등을 끝내고 그에 따른 해결방법, 전략의 핵심으로 나아갈 때 주로 사용되는 반면 삼인칭 시점의 경우 문제와 상황을 객관화할 때 주로 사용하게 된다. 즉, 광고기획서의 앞부분에서 환경 분석 내용과 같이 객관적인 사실을 제시할 때는 삼인칭 시점을 통하여 제시되지만, 분석을 마치고 전략을 제안하는 과정에서는 일인칭 시점이 더 효과적일 수 있다.

또한, 프레젠테이션을 할 때 기획서는 삼인칭 시점으로 표현하더라도 프레젠터는 일인칭 시점으로 기획서의 내용을 발표하기도 한다. 예를 들면, 텍스트는 '빅데이터가 찾은 소비자 인사이트는 000'이라 하더라도, 프레젠테이션 시에는 '우리는 빅데이터를 통해 자칫 간과할 수 있었던 소비자 인사이트 000을 확인할 수 있었습니다'라고 할 수 있다. 결론적으로는 일인칭 시점인가 삼인칭 시점인가에 대하여 원칙은 없지만 서면 보고나 기획서 제출로 끝나는가 아니면 프레젠테이션을 동반하는가와 같이 직면한 상황에 따라 제시된 가이드라인을 적용해 나갈 것을 권장한다.

우리가 가야 할 길
다시 새로운 Difference의 영역으로

[그림 12-2] 1인칭 문장의 활용 예시

둘째, 문장의 어미와 관련해서도 위와 같은 원칙이 적용될 수 있는데 어미를 '했음'과 같이 쓸 때는 사실(fact)의 전달에 효과적이지만 '했습니다' 같은 서술형 어미의 경우에는 주장이나 의견 제시에서 주로 사용하는 편이다. [그림 12-3]의 예시를 보면 명사형 어미의 경우 사실 분석의 내용을 좀 더 간결하게 전달할 수 있다. 한편, 기획자의 주장을 전달하기 위해서는 동사형 서술 어미를 사용하는 것이 더 효과적일 수 있다. 그러나 이 또한 기획서 작성자마다 또는 광고주의 특성이나 단순 제출용 기획서인지 프레젠테이션을 동반하는 기획서인지에 따라서 달라질 수 있으므로 광고기획서의 작성 목적에 맞추어 효과적으로 선택할 필요가 있다.

카테고리 리더가 되기 위해서는
본질에 집중
아파트까지 확장을 하더라도
우리가 잘 하는 원룸, 오피스텔에 더 집중하는 모습
탄탄히 다진 후 추후 확장

본질에 집중해서
T.O.M을
올리기로 했습니다

[그림 12-3] 문장 어미의 예시

(2) 기획서의 시각화

많은 광고기획자가 기획서를 본격적으로 쓰기 전에 물론 전략에 대한 고민이 가장 크겠지만 동시에 전략을 어떤 템플릿에 어떻게 담아낼 것인가라는 고민도 그에 못지않게 크기 마련이다. 기본적으로 템플릿은 텍스트와 도표, 그림 등이 시각적으로 돋보일 수 있는 배경색과 단순한 레이아웃을 사용한다. 일반적으로 기획서의 컬러나 배경색은 기업이나 브랜드의 CI(Corporate Identity) 색상을 기본으로 사용하거나 중간에 강조하고 싶은 장에서 활용하기도 한다. 요즘은 많은 기업에서 그 기업의 전용 서체를 개발해서 쓰는 경우가 많은데 이때는 그 광고주의 고유한 서체를 사용하는 것도 좋은 방법이다.

전략의 핵심이나 콘셉트의 제시 등 중요한 장에서는 템플릿을 단순화하여 주장이 잘 드러날 수 있도록 시각화한다. 그림과 표를 기획서 내에 적절하게 활용함으로써 주장이나 전략을 직관적으로 보여 주어 주목도를 높일 수 있다. 하지만 너무 자주 사용하게 되면 피로도를 높이고 몰입도를 깨뜨릴 수 있기에 적절한 사용이 필요하다. 또한, 주목도를 높이기 위해 텍스트를 비주얼화하는 장표를 적절히 활용하기도 한다. 기획서 내 전략의 핵심이나 중요한 주장 부분에서 텍스트를 비주얼화하여 몰입도를 높이는 방법을 사용한다. [그림 12-4]의 예시를 살펴보면 텍스트만으로 적절한 레이아웃을 통하여 임팩트 있게 제시했다.

정밀함 완벽함
치밀함 분석적
과학적 체계적
심플함 공학적

Back to Basic

[그림 12-4] **텍스트의 비주얼화 예시**

흔히들 광고에서 창의성이 가장 돋보이는 부분은 제작물이라 한다. 그러나 기획서의 작성에서도 창의성은 필요하다. 기획서 내에서 어떻게 주장과 핵심을 가장 보기 좋고 이해하기 편하게 제시할 것인가에 대한 고민은 기획서 작성의 과정에서 꼭 필요한 부분이다. [그림 12-5]는 기획서 내 주장을 비주얼과 적절한 문장으로 제시하여, 기획서이지만 한 편의 광고와 같은 시각적 효과를 주고 있다. 이러한 기획서의 장은 프레젠테이션 시

청중들이 자연스럽게 발표자의 주장과 생각을 따라가게 만드는 힘이 있다.

[그림 12-5] **비주얼과 문장의 결합 예시**

기획서의 시각화 작업은 매우 중요한 기획서 쓰기의 단계에 해당한다. 특히, 기획서 한 장 한 장마다 깔끔하고 정리된 레이아웃을 보여 주면서 전체적인 광고기획서의 논리와 흐름을 해치지 않아야 한다. 공을 들인 기획서는 티가 나기 마련이다. 자신의 생각을 도표나 비주얼로 정리하기는 사실 어려운 작업이다. 청중이나 독자에게 단지 문장이 아니라 하고 싶은 이야기를 어떻게 가장 임팩트 있게 전달할 것인지 시각화하는 작업은 기획자의 역량이기도 하다.

2) 내용적 측면

(1) 표지의 작성

표지는 광고기획서의 얼굴과 같다. 깔끔하고 군더더기가 없으며, 전문가다워야 한다. '표지'에 꼭 들어가야 할 내용은 다음과 같다.

- 광고주 이름
- 대행사 이름(학생이라면 학교명/학생 이름 또는 팀이름)
- 날짜
- 기획서의 명확한 주제 의식이 담긴 타이틀
- 기타 요소(슬로건/로고)

표지에 들어가야 할 내용이 일반적으로 공통적인 내용일지라도 표지만으로 기획서의 개성을 보여 주고 전략의 목표, 주제 의식과 아이덴티티를 명확하게 각인시켜야 한다. [그림 12-6]의 비맥스 메타의 광고기획서 표지(좌측)는 표지의 구성 요소가 잘 배치되어 있으며 비맥스의 제품 컬러와 동일하게 기획서의 컬러를 구성하여 통일감을 주고 있다. 한편, 현대백화점 면세점 런칭 기획서의 표지(우측)를 살펴보면 런칭의 기대감을 부여해 주기 위하여 상자 모양의 비주얼을 통하여 주목도를 높였다. 실제로 이 기획서의 크리에이티브 제안은 언박싱(Un-Boxing)을 테마로 하여 기획서의 표지와 제안 내용이 일관성 있게 제시될 수 있었다. 정리하면, 광고기획서의 표지는 표지에 포함될 필수적인 요소를 깔끔하게 배치하면서도 제시되는 광고 전략의 목표와 내용에 부합될 수 있게 작성해야 한다.

[그림 12-6] 기획서 표지 예시

(2) 목차의 작성

목차를 쓸 것인가? 말 것인가? 목차는 광고기획서에서 꼭 필요한가? 필요할 수도 있고 아닐 수도 있다. 그러나 광고기획서에서 제시할 내용이 많다면 목차를 쓰는 것이 훨씬 유리하다. 광고기획서의 내용이 어떻게 제시될 것인지 목차를 미리 보여 주는 것은 광고기획서에 대한 이해도를 높일 수 있다. [그림 12-7]과 같이 광고기획서의 주요 내용과 순서를 일목요연하게 제시함으로써 기획서의 독자나 청중에게 전반적인 흐름을 알려주고 내용을 받아들일 준비를 하게 만든다.

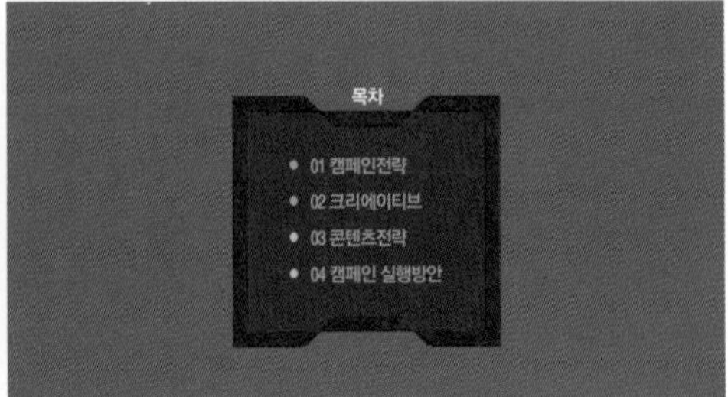

[그림 12-7] 기획서 목차 예시

(3) 광고기획서의 첫 장

흔히 광고기획서의 첫 장을 완성하면 반은 썼다는 말이 있다. 첫 장은 본격적인 광고기획서의 시작이기 때문이다. 광고기획서의 첫 장은 앞으로 펼쳐질 전략에 대한 기대감과 설렘을 주어야 한다. 이러한 기대감과 설렘이 기획서의 청중과 독자의 마음에 닿아야 한다. 광고주가 '그래, 진짜 궁금한데 앞으로 무슨 이야기를 하려나'라고 생각할 때 일단 광고기획서의 시작은 성공이다.

사례를 살펴보면 [그림 12-8]의 좌측은 '구글플레이'의 광고기획서의 첫 장이다. '구글플레이 스토어'는 게임, 음악, 영화, TV 프로그램, 도서 등 다양한 콘텐츠를 이용할 수 있는 앱 스토어로 국내 게임 앱 스토어의 선두 주자로서 한국에서 게임이란 어떤 의미인지 광고주는 궁금할 수 밖에 없다. 유한양행의 신제품 런칭 기획서(우측)의 첫 장은 잘 팔리는 제품의 비밀에 대하여 살짝 알려 준다. 신제품을 출시하는 기업은 우리 신제품이 과연 잘 팔릴 것인가라는 고민이 앞설 것이고 팔리는 제품의 비밀은 무엇인지 당연히 관심이 높을 것이다. 기획서의 첫 장은 광고물의 헤드라인(Headline)과 같다. 관심과 시선을 끄는 것과 동시에 이후에 전개될 이야기에 귀를 기울이게 만드는 역할을 해야 한다.

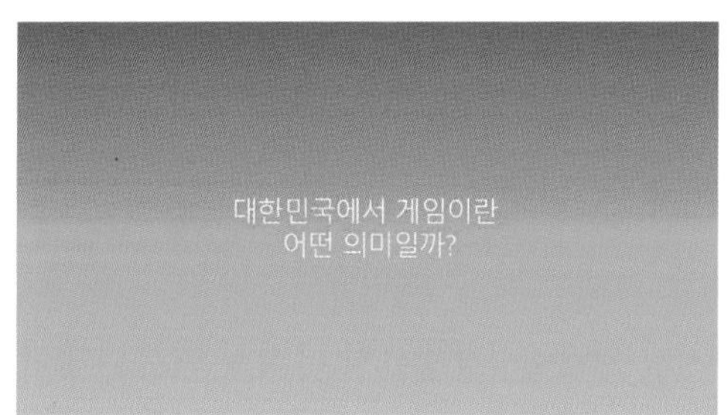

[그림 12-8] **기획서 첫 장 예시**

(4) 광고기획서의 주요 내용

일반적으로 광고기획서는 상황 분석, 문제점 정의, 광고 전략, 크리에이티브 전략, 매체 전략 및 IMC 차원의 다양한 미디어 및 경험 전략 등의 제시로 구성된다. 제시되는 내용에 있어서 점검해 볼 만한 사항에 대하여 하나씩 알아보고자 한다.

① 상황 분석은 충분한가?

최대한 최근 자료를 광범위하게 수집한다. 자료의 질(Quality)은 기획서의 질을 결정한다. 특히 지금과 같이 데이터가 곧 경쟁력인 시대에 사는 기획자는 경쟁사보다 더 경쟁력 있는 데이터를 확보했을 때 문제의 원인과 해결에 한 발 더 앞설 것이다. 그러나 이러한 자료의 수집에는 목표가 필요하다. 기획자는 자료의 수집을 위한 목표를 가지고 원하는 자료를 수집해 나가야 함과 동시에 자료를 분석해 나가야 한다. 자료의 수집과 분석 그리고 또 이러한 과정에서 더 추가되어야 할 자료는 무엇인지 자료수집의 목표를 재설정하고 자료를 수집하고 분석하는 과정을 반복해 나간다.

광고기획서 내에서 자료의 수집은 상황 분석을 통하여 제시된다. 기획서 내에서 상황 분석의 제시는 부족해도 또는 너무 과해도 안 된다. 기획서에서 가장 중요한 핵심은 설득하고자 하는 전략이다. 상황 분석의 내용은 설득하려는 솔루션과 전략의 논리적 근거이자 핵심에 도달하기 위한 사다리가 되어야 한다.

기획서의 전략과 제작물을 선택할 것인가, 말 것인가를 결정하는 이들에게 사다리가 부실하게 느껴진다면 사다리 가장 꼭대기의 핵심에 공감하고 수용할 가능성은 더 희박해질 것이다. 광고기획서는 핵심 전략과 제작물을 팔기 위해서 한 계단 한 계단씩 논리적이고 체계적으로 접근해야만 하며 이러한 논리와 체계의 근거는 상황 분석에서 시작되기 때문에 가장 적합한 자료를 적절하고 간략하게 제시해야 한다.

상황 분석에 기본적으로 들어가야 할 내용은 다음과 같다.

- 기업분석: 기업에 대한 충분한 이해가 있는가?
- 시장분석: 시장 규모 및 잠재력, 시장의 최근 트렌드 및 주요 이슈
- 경쟁사 분석: 시장 내 주요 경쟁사 현황, 시장 점유율, 경쟁사의 마케팅 커뮤니케이션 활동
- 제품 분석: 제품의 강약점, 브랜드 계층구조 관점에서 제품의 위상
- 소비자 분석: 누가 소비자인가? 소비자의 구매 동기, 핵심 주구매 소비자의 프로파일(Profile)

앞에 제시된 내용은 상황 분석의 가장 기본적인 내용이므로 주어진 제품 및 브랜드에 따라 더 다양한 상황 분석이 필요할 것이다. 특히, 최근 기술과 마케팅 환경의 변화에 따라 경쟁자에 대한 정의와 분석은 더 복잡해지고 있다. 일례로 당신은 그 어느 시장보다 경쟁이 치열한 치킨 프랜차이즈 시장에서 후발주자인 노랑 통닭의 광고기획서를 작성하

고자 한다. 노랑 통닭의 경쟁자는 누구인가? 2019년 기준으로 국내의 치킨 브랜드 수는 총 409개이다(행정안전부 지방행정 인허가 데이터 기준). 그렇다면 노랑 통닭은 치킨 브랜드 중에서 어느 수준의 브랜드까지를 경쟁사로 정의할 것인가? 시장에서 높은 점유율을 차지하고 있는 브랜드가 주요 경쟁자가 될 가능성이 높을 것이다. 노랑 통닭의 경쟁자는 치킨 시장의 1~3위 브랜드인 교촌치킨이나 BBQ 치킨, BHC 치킨으로 규정하면 될까?

배달 시장은 해마다 급성장하고 있다. 치킨은 매장에서 판매도 중요하지만, 주요 매출은 배달을 통하여 발생한다고 보았을 때, 노랑 통닭의 경쟁자는 피자나 떡볶이, 중국 음식과 같은 배달 식품의 주요 메뉴 또한 경쟁사가 될 수 있을 것이다. 이처럼 경쟁자를 정의하는 데 있어서 단지 제품 범주를 기준으로 시장을 점검하는 것만으로는 부족하다. 소비자의 행동과 경험을 세밀하게 분석하여 소비자가 자사 제품을 선택하려 할 때의 고려 제품군 및 브랜드는 무엇인지 확인해야 한다.

또한, 경쟁사를 규정한 후에는 경쟁사의 매출이나 주요 제품군의 특장점 등을 분석할 뿐 아니라 자사와 경쟁사가 유사한 시기에 어떠한 마케팅 및 광고 활동을 했는지를 꼭 분석할 필요가 있다. 지금 하나의 브랜드에 대한 광고기획서를 작성한다는 것은 과거의 브랜드 활동과 단절이 아니라 연속의 과정이라는 것을 명심해야 한다. 전략은 타이밍이다. 지금 제시하는 전략이 가장 적절한 타이밍의 전략인가를 명확하게 인지하기 위해서는 자사 및 경쟁사가 최근 적어도 5년 동안 어떠한 전략을 수립하고 실행했는지에 대하여 면밀하게 분석할 필요가 있다.

다음으로 제품 분석에 있어서 놓치기 쉬운 부분은 브랜드의 계층 구조에서 제품의 역할을 검토하는 것이다. 브랜드 계층구조(brand hierarchy)는 기업의 제품 전반에 걸쳐 있는 공통적인 브랜드 요소와 차별적인 브랜드 요소의 수와 종류를 보여 주며, 브랜드 요소의 순서를 명확하게 밝혀 준다(Keller, Parameswaran, & Jacob, 2020). 기업의 관점에서 각각의 개별 브랜드는 주어진 역할과 책임이 있다. 개별 브랜드를 위한 광고기획서의 경우 기업의 브랜드 계층구조 내 개별 브랜드는 어떠한 역할을 해야 하는지를 명확하게 분석하고 전략에 적용해야 할 것이다.

특히 광고기획서에 있어서 상황 분석은 숫자와 도표, 그림을 적절하게 사용해야 하는 부분이다. 어떻게 하면 객관적인 지표를 가장 직관적으로 보여 줄 것인가에 집중해야 한다. 정확한 숫자와 시각적인 요약을 충분히 검토해야 한다. 또한, 자료의 제시에 있어서 참고 문헌(reference)은 필수적인 항목이다. 빠지지 않고 꼼꼼히 제시되어야만 한다.

다시 한번 강조하지만, 상황 분석은 간략하고 정확하며 논리적이면서도 생략이나 부족함이 없어야 한다. 탄탄하게 쌓아 올린 논리의 지지대가 됐는지 전략의 핵심 내용과 함께 끊임없이 검토해 나간다.

② 문제 정의와 해결 방안의 도출

상황 분석을 제대로 수행했다면 문제를 찾아낼 수 있을 것이다. 문제란 현재 상태와 목표 상태 간의 차이가 존재하는 것으로 초기 상태와 목표 간의 차이를 의미한다. 차이가 발견되면 문제는 발생한다. 따라서 현재 상태에 만족하면 문제는 안 생길 것이며 현재 상태가 부족하든 과하든 그것의 인식 즉, 차이에 의해서 문제가 발생하게 된다.

사례를 들어 살펴보면, 피로 해소 음료 시장의 A브랜드는 출시 이래 십여 년 동안 굳건한 선도 브랜드였다. 그러나 최근 3년 동안 피로 해소 음료 시장의 규모는 급성장세를 보이나 A브랜드의 매출은 정체 상태이다. 매출이 시장성장률을 따라가지 못하고 정체된다는 좋지 않은 징후가 나타난 것이다. 즉, A브랜드는 지금의 정체된 매출의 상태가 아닌 A브랜드가 속한 시장성장률 또는 그 이상의 매출성장률을 달성하고자 하는 목표 지점이 있을 것이다. 그런데 현재의 상태와 목표 상태 간에 차이가 나타나며 이에 따라 '문제'가 발생한 것이다. 광고기획자가 해결해야 할 문제의 원인은 다양한 요인들이 겹겹이 둘러싼 숲속에 존재하는 것과 같다. 영리한 광고기획자는 이 숲을 하나하나 면밀히게 들추어내어 그 속에서 직면한 문제의 진짜 원인을 찾아야 한다.

그렇다면 어떻게 수집된 자료의 분석을 통하여 그 브랜드의 문제를 명확하게 정의할 수 있을까? 문제의 원인을 찾기 위한 핵심적 방법은 공통영역과 연결성을 찾는 것이다. 자료의 수집과 분석 단계를 거쳐 발견된 사항들을 나열하고 이러한 사실 간의 인과 관계를 도식화해 봄으로써 문제에 대한 원인을 발견해 나갈 수 있다. 예를 들면, 소비자와 경쟁자 그리고 우리 브랜드 간 발생하는 문제의 원인에는 공통의 영역이 존재할 것이다. 그것을 찾아서 그들의 관계를 정의해 나가는 과정이 필요하다.

이러한 지점은 소비자의 스위트 스팟(sweet spot)이 될 수 있다. 스위트 스팟이란 원래 스포트 분야에서 나온 용어이지만 소비자에게도 스위트 스팟을 생각해 볼 수 있다. 마케팅 관점에서 스위트 스팟이란 마케팅 또는 광고의 메시지가 정확하게 소비자의 심리를 파고들어서 공감을 불러일으키는 그 지점에 해당한다(문영숙, 김병희, 2015). 광고기획서에서 스위트 스팟은 단순히 문제의 원인을 찾는 지점일 뿐 아니라 해결점을 도출하는 가장 좋은 방안이 된다. 스위트 스팟을 찾는 방법은 앞에서 밝혔듯이 공통의 영역을 찾아가는 것이다.

[그림 12-9]는 새로운 비대면 세탁 서비스를 런칭하는 A사의 광고기획서의 일부이다. 이는 실제 기획서에서 소비자의 스위트 스팟을 찾아가는 과정을 보여 준다. 먼저, 범주 리더십(Category leadership)이란 제품이 속한 시장 내에서 중요하게 생각되는 가치이자 목표에 해당한다. 즉, 제품시장 내에서 선두브랜드가 되기 위해서 가져야 할 가치이다. A사는 아직은 시장 도입기에 해당하는 제품시장 내에서 확실한 범주 리더십을 구축하는 것을 캠페인 목표로 설정했다. 두 번째로 차별적 가치는 자사의 제품이나 브랜드가 경쟁사 대비 지닌 가치에 해당하며, 세 번째 소비자의 가치는 소비자가 세탁서비스에 대하여 중요하게 생각하는 가치에 해당한다. A사의 스위트 스팟은 이처럼 기업이 목표하는 바와 자사 브랜드의 차별적 가치 그리고 세탁서비스에 대한 소비자의 욕구 속에서 연결점을 찾아서 도출될 수 있었다.

스위트 스팟을 찾았다면 단순화하고 하나의 결론을 도출해야 한다. 물론 스위트 스팟은 단 하나가 아닐 수 있다. 그러나 효과적인 해결방안을 도출하기 위해서는 최대한 문제를 단순화하고 하나의 문제로 압축할 때에 문제의 해결방안도 더 명확해질 수 있다. 백 가지 문제의 해결방안은 한 가지도 제대로 해결하지 못할 가능성이 크다. 문제의 원인에 대한 연결과 단순화를 통해서 브랜드가 처한 증상의 가장 중요한 원인을 정의하고 해결방안을 도출해 나간다.

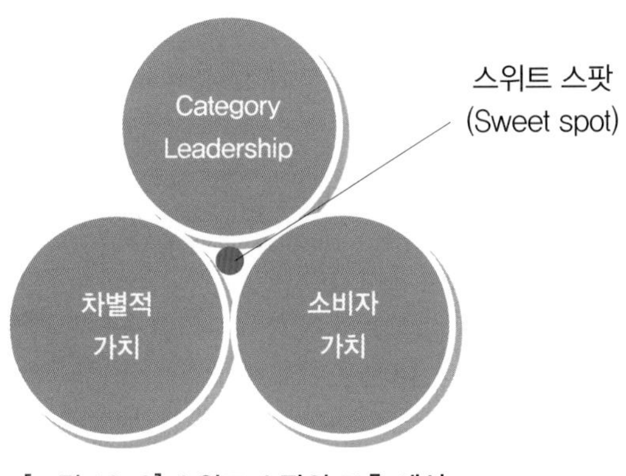

[그림 12-9] 스위트 스팟의 도출 예시

③ 광고 전략

문제가 명확하다면 도달해야 할 지점도 명확해진다. 흔히 광고기획서에서 목표는 As-is와 To-be로 요약될 수 있다. As-is는 현재 우리 브랜드의 상황이다. To-be는 광고 기획자가 이번 광고 캠페인을 통하여 도달해야 할 목표 지점에 해당한다. 앞의 이론에서 다루어졌던 목표설정에 관한 내용을 충분히 숙지하고 고려하여 목표에 대하여 구체적으로 기술하도록 한다.

광고기획서에서 가장 핵심적인 광고 전략의 내용은 광고 콘셉트의 제시일 것이다. 광고기획서에서 '광고 콘셉트'는 '커뮤니케이션 콘셉트' '핵심 메시지(key message)' '캠페인 콘셉트' 등 유사한 용어로 쓰이기도 한다. 이처럼 광고 콘셉트를 지칭하는 용어가 다양하더라도 가장 중요한 사실은 광고 콘셉트는 광고기획서의 핵심이라는 점이다. 앞에서 공을 들여서 쌓아 올린 사다리의 가장 윗부분에 빛나는 지점이 바로 광고 콘셉트이다.

또한, 광고 콘셉트는 소비자에게 제공하는 브랜드의 약속이자 크리에이티브로 풀어나가는 지점이다(Parente & Strausbaugh-Hutchinson, 2014). 즉, 광고 콘셉트는 상황 분석 및 문제점 정의를 통해 제시되는 전략의 핵심인 동시에 크리에이티브의 출발점이 된다. 일본의 크리에이티브 컴퍼니 터그보트(Tug Boat)의 리더인 오까 야스미치 CD는 '좋은 콘셉트는 크리에이터의 스위치를 켠다'라고 말했다. 논리와 과학으로 쌓아 올린 광고 콘셉트는 이후 예술의 단계인 크리에이티브로 승화된다.

광고기획서 안에서 광고 콘셉트의 제시는 가장 주목받는 순간이 되어야 한다. 환경 분석과 문제 정의, 목표 등 긴 터널을 지나와서 '바로 이것이다'라는 기대감을 폭발시키고 강하게 인식을 남겨야 할 장이 바로 광고 콘셉트의 제시이다. 광고 콘셉트를 제시하는 데에 있어서 몇 가지 가이드라인을 살펴본다.

첫째, 광고 콘셉트의 도출 과정을 충분히 논리적이고 설득적으로 제시해야 한다. 광고 콘셉트가 제시되기 바로 전 장에서 프레젠테이션을 경청하는 청중들이 광고 콘셉트를 예측할 수 있으면 제대로 기획서를 쓴 것이다. 이렇게 도출 과정을 거쳤다면 이러한 콘셉트가 나올 것이라는 논리적 예견을 빗겨나가서는 안 된다. 가장 좋은 콘셉트는 프레젠테이션을 듣는 청중이 고개를 끄덕이는 콘셉트이다. 그러기 위해서는 정성스럽고 견고하게 광고 콘셉트의 도출 과정을 제시해야 한다.

둘째, 광고 콘셉트의 단어는 임팩트 있고 간결해야 한다. 일례로 경쟁 프레젠테이션이 끝난 후 여러 광고회사의 프레젠테이션을 경청한 심사위원들은 평가할 때 각각의 광고회사가 제시한 내용 중에서 가장 임팩트 있는 단어를 사용하여 광고회사를 지칭하고 평가할 수 있다. 이때 심사위원의 머릿속에 가장 강력하게 남아야 할 단어가 광고 콘셉트이다. 광고 콘셉트는 장황하거나 긴 설명으로 부연해서는 안 된다. 간단하고 명료하며 임팩트가 있어야 한다.

셋째, 미사여구의 사용을 지양하여야 한다. 각각의 기획자마다 전략 도출법도 다르고, 그 전략을 광고 콘셉트로 떨어뜨리는 방법도 다를 수 있다. 그러나 대부분의 건강하고 적확한 광고 콘셉트는 브랜드의 맥락을 기반으로 하는 경우가 대부분이다. 하지만 가끔 이렇게 성공적으로 도출해 낸 광고 콘셉트를 광고주에게 효과적으로 또는 인상적으로 드러내기 위하여 화려한 미사여구로 포장하는 경우를 보게 된다. 문제는 이렇게 잘 포장된 미사여구가 광고 콘셉트에 복무하면 좋겠지만 표현에 치중하다 보니 본질을 놓치고 전략의 핵심에서 벗어나는 경우가 많다는 것이다. 이는 기획자가 가장 경계해야 할 부분 중의 하나이다. 광고 콘셉트는 멋진 한 단어나 한 줄로 표현되지 않을 때도 많기 때문이다. 제안을 준비하는 사람과 제안을 받는 내부 조직 그리고 소비자. 이 세 지점에서 공통된 브랜드 형상을 그릴 수 있다면 그 광고 콘셉트의 표현이 화려한 헤드라인과 같이 느껴지지 않더라도 괜찮다. 기획자의 역할은 전략의 방향을 잡는 것이지 카피라이터와는 다르기 때문이다.

광고기획서에서 광고 콘셉트를 제시한 후 왜 이 광고 콘셉트가 이번 캠페인의 문제를 해결하고 목표에 도달할 수 있는 무기가 될 수 있는지를 정확하게 제시하는 것도 좋은 방법이다. 흔히 광고기획서에서 광고 콘셉트가 공개된 후 제안된 광고 콘셉트가 가진 힘과 역할에 대하여 다시 한번 요약하고 강조해 주는 장이 제시되곤 한다. 또한, 광고 콘셉트의 향후 확장성에 관해 설명하는 것도 좋다. 단지 이번 캠페인에서만 사용되고 버려질 것이 아니라 향후 브랜드 자산의 강화에 지속해서 도움이 될 광고 콘셉트임을 소구한다면 장기적 혜안을 보여 줄 기회가 될 것이다.

④ 크리에이티브 전략

크리에이티브 전략 부문과 뒤에 언급될 매체 전략은 주로 광고회사의 제작이나 매체 전문가가 작성한다. 그러나 광고기획자는 전체적인 광고기획서의 총책임자이다. 제시된 크리에이티브 전략과 매체 전략이 광고기획서의 전체적인 흐름에서 완성될 수 있도록 점검해 나가야 한다.

광고기획서에서 크리에이티브 전략이나 매체 전략은 실질적으로 광고가 소비자와 만나는 전략에 해당하므로 매우 중요한 부분이다. 사실 광고기획서에 있어서 전략적인 부분, 즉 광고 콘셉트가 도출되고 제시되는 부분까지가 광고기획서의 핵심이라 할지라도 이러한 부분을 소비자는 직접 볼 수 없다. 소비자가 그 브랜드에 대하여 접하는 것은 실제 광고 제작물과 노출 매체를 통해서이다. 그러므로 크리에이티브 전략과 매체 전략은 실질적으로 가장 중요한 전략이 된다.

특히, 최근의 마케팅 커뮤니케이션 환경을 고려할 때 통합적 마케팅 커뮤니케이션 관점에서 크리에이티브와 매체의 다변화는 또 다른 전략의 핵심이 된다. 어떻게 소비자에게 우리 브랜드의 총체적인 경험을 제공할 수 있는 제작물과 매체 접점을 만들 것인가? 앞의 광고 전략에서 제시한 문제와 해결방안을 다시 한번 유념하고 문제의 해결에 필요한 소비자 접점에서의 크리에이티브 제안을 충분하게 제시했는가를 생각해 보는 것이 도움이 될 것이다.

⑤ 매체 전략

광고기획서에서는 메시지가 가장 효과적으로 소비자에게 도달하기 위해서 어떠한 매체를 사용하고 효율성을 높일 것인지에 대한 전략을 제시해야 한다. 특히, 최근에는 전통적인 광고 매체뿐 아니라 다양한 수단의 매체들이 통합적으로 사용되므로 새로운 매체의 제시 또한 적극적으로 개발 및 검토해야 한다.

매체 전략 부문에 구체적으로 제시되어야 할 내용은 매체 환경 및 주요 이슈, 경쟁사의 매체 집행 동향, 매체 목표와 예산, 최적의 미디어 조합에 따른 세부 미디어 전술의 제시 등이 있다. 매체별 책임과 역할을 명확하게 제시하고 그에 따른 예산의 배분도 정확하게 제시한다. 매체 전략은 광고주에게는 어떻게 막대한 비용을 지출할 것인가와 직결되기 때문에 더 정확하고 치밀한 계획과 실행 전술이 필요하다.

⑥ BTL 전략

최근의 광고기획서는 다양한 전략적 제안이 포함되며, 필수적으로 전통적 미디어(Above The Line: ATL) 위주의 매체 전략 이외에 디지털 및 경험 창출을 위한 콘텐츠 전략 등의 BTL(Below The Line) 전략이 포함된다. 일부 광고기획서는 이러한 전략의 내용에 IMC(Integrated Marketing Communication) 전략이란 용어를 사용하기도 하지만 이는 엄밀하게 말하면 부정확하다. IMC란 브랜드 커뮤니케이션의 이해 당사자들, 콘텐츠, 채널과 결과를 전략적으로 관리하는 수용자에 의해 이끌리는 비즈니스 과정이라 정의될 수 있다(Kliatchko, 2008). 이와 같은 정의는 매우 광범위한 전략의 범위와 프로세스를 제안하지만 실무에서 일부 지칭되는 IMC 전략의 내용은 전통적 미디어를 제외한 다양한 BTL 매체의 제안이 포함되곤 한다.

디지털 미디어의 발전과 소비자 경험 전략에 대한 중요성의 증대는 광고기획서 내에서 IMC 차원의 더 다양한 플랫폼과 콘텐츠를 개발하고 제안할 필요성을 대두시켰다. 일반적으로는 기획서 내 전통적인 미디어 전략 이외에 디지털 미디어 전략, 옥외광고 및 교통광고 전략, 세일즈 프로모션 전략, POP-Up 스토어 등 오프라인상 브랜드 경험 제공을 위한 공간 브랜딩 전략, 타 브랜드와 협업을 위한 협업(co-promotion) 전략 등이 포함될 수 있다. 특히, 매장 운영이 중요한 브랜드의 경우 매장에서의 경험을 관리하기 위한 다양한 도구들에 대한 제안이 추가될 수 있다. 이 외에도 소비자의 경험을 통합적이고 효과적으로 설계하고 메시지를 공감시키기 위하여 채널의 경계를 넘나드는 창의성이 요구된다.

⑦ 캠페인의 로드맵 및 평가 요인의 제시

여기까지 기획서를 완성했다면 가장 뒷부분에서 캠페인 로드맵을 제시하는 것도 좋은 방법이다. [그림 12-10]의 좌측은 현대백화점 면세점의 광고기획서 내 캠페인 로드맵이다. 이러한 캠페인 로드맵은 광고기획서에서 제시된 내용을 일목요연하게 보여 줌으로써 전략에 대한 이해도를 높이고 실행에 대한 청사진을 보여 줄 수 있다. 이와 함께 최근 광고기획서에서는 광고 캠페인이 집행된 이후 평가를 어떻게 할 것인가에 대하여 구체적으로 기술하는 경우가 늘고 있다. 즉, KPI(Key Performance Indicator)를 어떻게 제시할 것인가의 문제이다. 광고 예산에 있어서 ROI(Return On Investment)에 대한 인식이 높아지며 광고 캠페인 효과 평가에 관한 관심도 증대되고 있다.

광고 캠페인의 KPI는 구체적으로 목표를 달성했는지에 대한 여부를 측정하기 위한 지표로 광고기획서 내 제시되는 KPI는 목표를 기반으로 하여 설정된다. 일반적으로 광고 캠페인의 KPI는 커뮤니케이션 목표로 인지도, 선호도가 있으며, 매출 목표로 매출액이나 시장 점유율 증대 등이 있다. 광고 제작물의 우수성을 보여 주는 각종 광고제의 수상 실적을 KPI로 요구하는 광고주도 있다. 또한, 광고 캠페인으로 인한 소비자의 행동적 효과가 중요하게 여겨지며 구체적인 앱 다운로드 수나 방문자 수, DAU(Daily Active Users)가 지표로 활용될 수 있다. 제시된 지표 이외에 광고주가 특별히 원하는 목표나 평가지표가 있다면 충분히 고려하여 지표는 설정될 수 있다.

⑧ 부록(Appendix)

일반적으로 광고기획서의 부록은 광고기획서 내에서 제시되지 않았지만, 전략 수립을 위해 진행했던 조사의 결과나 매체 전략에서 제시하지 못했던 추가적인 자료와 세부적인 예산 배분안, 전략적 대안(예: 모델 전략) 등이 포함된다. [그림 12-10]의 우측에 제시된 기획서 내 부록의 목차를 보면 앞서 전략에서 제시된 데이터의 세부내용을 별첨함으로써 광고기획서 내 활용된 데이터에 대한 신뢰성을 높이고 광고주가 추가로 궁금해할 수 있는 내용을 부가적으로 제시했다.

광고주는 부록을 슬쩍 넘겨보거나 중요하지 않게 생각할 수 있지만, 광고기획자는 부록에 무엇을 넣을 것인지도 신중하게 검토하고 채택해야 한다. 부록은 광고기획서를 통해 더 좋은 인상을 줄 수 있는 마지막 기회이다.

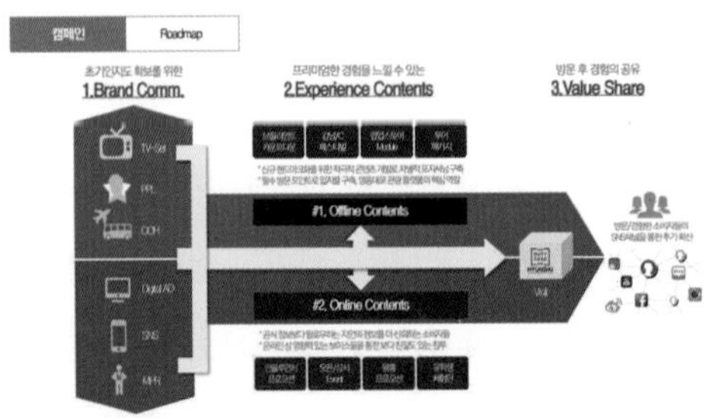

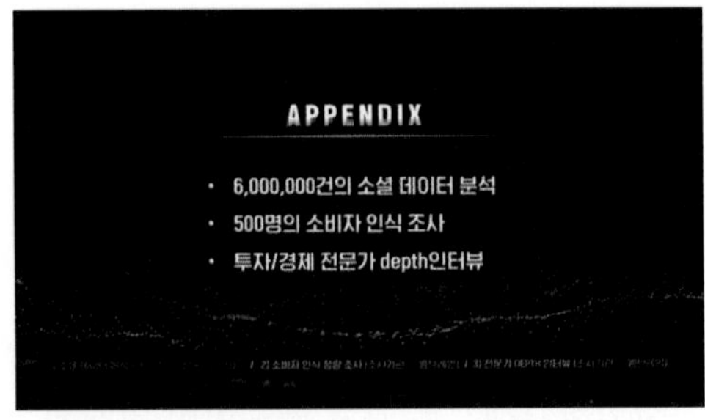

[그림 12-10] **캠페인 로드맵(좌)과 부록(우)의 예시**

3. 주목받는 광고기획서를 작성하기 위한 팁(tip)

1) 단순하고 직관적으로 써라

광고계에서 주목받는 A대행사의 기획서를 살펴보면 기획서의 형식이나 세련미가 한참 부족해 보인다. 그런데도 다수의 경쟁 프레젠테이션에서 A대행사는 선택됐다. 그 이유는 물론 A대행사가 뛰어난 제작 능력과 독창성을 가지고 있기 때문일 것이다. 그러나 기획서만을 놓고 평가했을 때 세련되지도 화려하지도 못한 A대행사의 기획서가 프레젠테이션 때 청중들을 설득하는 이유는 직관적인 기획서를 제시하기 때문이다. A대행사의 기획서는 쉽고 명료하다. 돌려 말하지 않는다. 더 근사한 제목이나 문장을 고민하기보다 어떻게 하면 우리의 아이디어를 가장 쉽고 직관적으로 보여 줄 것인가 집중하여 기획서를 작성한다.

프레젠테이션을 받는 기업은 일반적으로 자사의 브랜드에 문제가 있다고 판단하기 때문에 그 문제에 관한 해결방안을 원한다. 이러한 해결방안을 제시하기까지 나선형처럼 돌려 말하기보다 그들은 해답에 이르는 지름길을 보고 싶어 한다. 해결방안이라는 산에 오르는 방법을 가장 명확하고 간단하게 보여 줄 때 그들은 설득된다. 어려운 전문용어의 나열로 절대로 빅 아이디어는 팔리지 않는다. 자신이 원하는 것을 명확하고 거침없이 전달해야 한다. 잘 쓰인 기획서는 직관적이다. 어렵지 않다.

2) 한 편의 드라마라는 생각으로 접근하라

광고기획서는 드라마틱해야 한다. 이는 허구나 사실이 아닌 것을 꾸며서 이야기한다는 것이 아니라 광고기획서는 온전히 기승전결의 구조를 통해 논리와 전략으로 설득해야 한다는 뜻이다. 축구에서는 골을 넣기 위해 수비 진영부터 패스와 드리블로 세심하게 빌드업(Build-up)을 해 나간다. 마찬가지로 광고기획서 또한 첫 장부터 세심한 빌드업이 필요하다.

소설이나 드라마가 독자의 손에 땀을 쥐게 하는 클라이맥스를 위하여 이야기를 전개하듯이 광고기획서도 광고 콘셉트와 솔루션을 공감시키기 위해서 기획서의 논리를 증폭시켜 나가야 한다. 그렇게 설득된 전략을 기반으로 크리에이터는 소비자에게 효과적으로 다가갈 수 있는 광고 제작물을 준비하게 된다. 기획서의 전략과 광고 제작물은 유기적으로 연결되어 있기에 앞에서의 전략이 설득되지 않으면, 광고 제작물의 매력도와 공감도는 떨어지기 마련이다. 그래서 기획서는 어렵다.

3) 기획서의 개성을 만들어라

광고기획서에는 상황 분석에서 광고 콘셉트의 제시까지 기본적으로 들어가야 하는 내용이 있다. 그러나 이런 내용을 천편일률적인 순서와 양식으로 쓴다면 보는 사람도 듣는 사람도 관심을 두기 어려워서 아무리 좋은 내용과 전략이라도 받아들이기가 쉽지 않다. 모두에게 무난한 또는 이 정도면 광고주의 비위를 거스르지 않겠지 하는 기획서가 얼마나 그들의 마음을 사고 종국에는 그들의 돈을 기꺼이 쓰게 만들겠는가.

물 흐르듯이 자연스럽게 전략의 핵심을 펼쳐 내야 하겠지만 전체적으로 봤을 때는 개성이 드러나야 한다. 같은 내용을 이야기하더라도 보고 싶어지고 그 뒷장이 궁금하게 만들어야 한다. 그 개성은 독특한 레이아웃과 적절한 비주얼의 활용으로 만들어 낼 수도 있다. 하지만 이보다 더 중요한 것은 기획서의 전체적인 화법의 새로움과 낯섦이 있어야 한다는 것이다.

많은 도표와 빽빽하게 들어찬 텍스트로 가득했던 광고기획서가 주류를 이루던 시절에 짧은 단어와 한 줄의 주장만으로 페이지를 채운 기획서가 기획서 스타일의 판도를 바꾼 적이 있다. 이런 화법의 기획서를 처음 쓰기 시작한 광고기획자는 이후에도 다수의 경쟁 프레젠테이션에서 유사한 스타일로 많은 광고주에게 선택됐다. 임팩트가 있는 기획서의 구성과 흐름이 광고주를 효과적으로 설득했기 때문이다. 사실 비슷해 보이는 기획서 속에서 자기만의 개성과 스타일을 만들어 낸다는 것은 쉽지 않다. 하지만 개성 있는 기획서 화법을 만들어 냈을 때 기획서는 주목받기 마련이다.

4) 플래시백 효과를 적절하게 사용하라

플래시백(flashback)이란 영상에서 사용되는 기법으로, 영화나 드라마에서 선형적으로 놓여 있던 등장인물의 시간을 보다 앞선 시기로 되돌아가서 그 시기를 이야기하는 것을 말한다(Hayward, 2012). 기획서 작성에서도 이러한 플래시백의 효과를 이용하는 것이 도움이 된다. 기획서는 그 자체로 한 편의 이야기다. 하지만 아주 뛰어난 기획서가 아니면(내용이든, 형식이든) 재미있는 영화나 드라마처럼 끝까지 집중력을 잃지 않고 따라가기 어렵다. 이럴 때 좋은 방법이 플래시백 효과를 적절히 활용하는 것이다. 예를 들어, 20페이지에서 어떤 의견을 주장할 때 10페이지에서 언급했던 내용이나 준거를 끌어와 왜 지금 이 페이지에서 이런 주장을 하는지 그 이유를 상기시키는 것이다. 시중의 어학 교재들에서 흔히 접하는 반복 기억 학습법을 떠올리면 이해가 쉬울 것이다.

이러한 방법은 독자나 청중이 집중력을 잃지 않고 앞서 언급했던 내용을 기억하며 기획서의 논리를 따라오게 만드는 효과가 있다. 또한, 자연스럽게 기획서 전체를 이해시키는 데 도움을 준다. 결국, 기획서는 내가 아니라 내 기획서를 보고 듣는 누군가를 상상하며, 내 의견에 동의하도록 설득하는 것이 궁극의 목적이라는 것을 잊어서는 안 된다. 또한, 기획서를 작성할 때 이런 방식을 활용하면 기획서의 후반부로 갈수록 발생할 수 있는 논리의 오류를 중간에 점검하고 줄일 수 있다.

5) 불필요한 장을 모두 거둬내라

기획서를 처음 쓰는 학생의 기획서를 리뷰할 때마다 가장 자주 하는 말이 '이 장이 기획서에서 꼭 필요한 장인가'라는 질문이다. 어쩌면 그 학생은 그 장을 작성하기 위해서 밤을 꼴딱 새웠을 수도 있다. 단 한 장을 위해서 말이다. 그러나 버려야 한다. 전체적인 광고기획서의 흐름에서 도움이 되지 않는 장, 또는 장황하게 늘어놓는 느낌이 있는 장, 뭔가 쓸데없는 꾸밈이 있는 장은 무조건 버려야 한다. 거둬내야 한다. 아무리 열심히 밤을 새워 만들어진 장일지라도 기획서에서 꼭 필요한 장이 아니면 모두 거둬내라. 거둬내야 할 장을 거둬내지 않은 기획서는 호흡은 느슨해지고 핵심은 흐려진다. 아깝더라도 팔기 위해서는 버리는 용기가 필요하다.

6) 부족한 장이 있다면 채워 넣어라

아니 불필요한 장을 거둬내라는 말을 하기 무섭게 부족한 장을 채워 넣으라니 무슨 말인가? 기획서는 부족해서도 안 되고 넘쳐서도 안 된다. 논리적인 비약이 있어서는 설득할 수 없다. 설득이란 타인의 머릿속에 들어가서 한 계단 한 계단 올라갈 때 목표에 도달할 수 있다. 그래서 가장 좋은 기획서는 듣는 청중이 기획서의 다음 장을 예상할 수 있는 기획서이다. 그러기 위해서 논리적 비약이나 생략으로는 설득하기 어렵다. 논리의 사다리를 촘촘하고 견고하게 쌓기 위해서 사다리의 간격이 멀어져서는 안 된다. 더 쉽게 논리의 사다리를 올라갈 수 있도록 부족하다면 채워 넣어야 한다.

7) 새로움을 늘 고민하라

광고기획서를 검토하는 광고주나 전문가는 이미 수많은 기획서를 만나왔다. 게다가 그들은 뛰어난 마케터이자 광고기획서 내 기업이나 브랜드에 대하여 더 많은 것을 알고 있을 가능성이 크다. 제안할 전략 방향의 스토리라인이 정해졌다면, 이를 표현해 나가는 각 부분마다 인상을 남길 수 있는 장치가 필요하다. 이는 분석의 관점을 새롭게 접근하는 것과 함께 표현법의 새로움을 고민하는 것도 포함된다. 가끔 다른 사람이 작성한 기획서나 보고서를 보다가 '아, 뻔한 타깃 분석표를 이렇게 구성하니 색다르네?' '같은 시장도 경쟁 구도를 이렇게 볼 수 있군' '이 도표는 정말 보기 좋은데?'라고 생각할 때가 있다. 다 아는 내용인데도 보는 사람이 다름을 느낄 수 있고, 안다고 생각했던 내용을 제안자의 관점으로 보니 새로움을 느낄 수 있게 말이다. 시장을 분석하고 브랜드를 짚어 보고 타깃을 정의하는 각각의 내용을 지나가는 페이지로 채우지 말자. 광고기획서에 대한 평가는 전략이 제시되는 단 몇 페이지만으로 결정되지 않는다.

4. 마무리

지금까지 어떻게 주목받는 기획서를 작성할 것인지에 대하여 알아보았다. 앞에서 밝혔듯이 본 장의 내용은 기획서 작성에 있어서 실무에서 일반적으로 통용되는 내용을 위주로 제시하고자 했다. 이러한 내용을 기본적인 지침으로 응용하고 적용해 나간다면 자신만의 주목받는 기획서를 작성할 수 있을 것이다.

마지막으로 기획서 작성 시 유념해야 할 자세에 관하여 이야기하고자 한다. 예전에 한방화장품의 광고 캠페인 기획서를 우연히 접했는데 기획서의 구성이 사자성어로 된 것을 보고 놀란 적이 있다. 당시 그 화장품 기업은 본부장부터 브랜드 매니저까지 능력 중심의 조직 체계로 변화를 꾀하면서 전체적인 조직 구성원의 연령대도 젊어졌을 뿐 아니라 광고 목표 또한 엄마 화장품이란 오래된 이미지에서 벗어나는 것이었다. 상상해 보자. 사자성어로 짜인 기획서를 프레젠테이션 받는 광고주는 어떤 기분이었을까? 기획서의 내용을 떠나서 젊어지려고 하는 변화의 단계에서 사자성어로 쓰인 올드한 스타일의 기획서를 선뜻 반기기는 어려웠을 것이다.

기획서의 작성에는 세심함이 필요하다. 때로는 기획서가 기획서에서 제시된 브랜드를 끌어나가는 사람들을 어떻게 바라보고 있는가를 보여 준다. 상대방을 사로잡기 위해 광고기획자가 그들을 얼마나 진심으로 이해하고 공감하고 있는지 잘 보여 주어야 한다. 광고기획서를 작성한다는 것은 단지 하나의 브랜드에 대한 전략을 제시하는 것 이상의 의미를 지니고 있다. 기획서 내 브랜드와 기업, 기업의 역사 그리고 그 기업 내 사람들과 그들이 추구하는 가치까지 하나하나 발을 맞춰가야만 한다. 광고기획서는 과거가 아닌 미래에 대한 약속이다. 궁극적으로 광고기획서의 독자나 청중인 광고주에게 앞으로 나아갈 길을 함께 한다는 것에 대한 신뢰와 기대감을 심어 주어야 전략은 설득될 것이다.

참고문헌

문영숙, 김병희(2015). 소비자 인사이트: 심리타점의 발견과 적용. 커뮤니케이션북스.

이제영, 정조(2022). 포스트 코로나 시대의 효과적인 광고 방향에 관한 연구. 한국콘텐츠학회논문지, 22(7), 89-101.

Hayward, S. (2006). *Cinema studies: the key concepts* (3rd ed.). 이영기, 최광열 역(2012). 영화 사전: 이론과 비평. 한나래.

Keller, K. L., Parameswaran, M. G., & Jacob, I. (2020). *Strategic Brand Management: Building, Measuring, and Managing Brand Equity* (5th ed.). Pearson Education India.

Kliatchko, J. (2008). Revisiting The IMC Construct: Arevised Definition and Four Pillars. *International Journal of Advertising, 27*(1), 133-160.

Parente, D., & Strausbaugh-Hutchinson, K. (2014). *Advertising Campaign Strategy: A Guide to Marketing Communication Plans* (5th ed.). Cengage Learning.

제13장

돋보이는 크리에이티브 완성하기*

전략이 완성됐다면 이제 전술의 차례이다. 잘 짜인 논리로 임팩트 있는 콘셉트를 도출했고, 그 콘셉트를 소비자에게 전달할 크리에이티브 전략을 구상했다면 이를 눈에 띄는 아이디어로 하나하나 표현해야 한다. 소비자의 이목을 집중시키고 흥미와 호감을 유발할 수 있는 아이디어로 광고 메시지를 만들고 전달해야 하는 것이다. 크리에이티브한 광고물은 고된 광고기획의 여정을 완성하는 구체적이고 실제적인 산물이다.

이 장에서는 크리에이티브한 아이디어란 무엇이고 어떻게 좋은 아이디어를 창출할 수 있는지를 살펴보고, 이를 바탕으로 광고 크리에이티브를 완성하고 점검하는 방법을 알아본다. 특히 디지털 기술의 발달로 복합적이고 다양한 아이디어의 표현이 가능해짐에 따라 그 중요성이 증가하고 있는 콘텐츠에 대해 구체적으로 학습한다. 콘텐츠의 유형과 특징을 파악하여 디지털 시대에 돋보이는 크리에이티브의 방향성을 점검하고 완성해 보자.

---

*정승혜(서울여자대학교 언론영상학부 교수)

1. 크리에이티브와 아이디어

1) 크리에이티브한 아이디어란

광고 아이디어는 철저한 전략적 사고를 하는 과정에서 만들어지는 것이 아이디어로서의 가치를 지닌다. 전략적 사고란 '무엇을' '어떻게'라는 통제된 조건에서 창의력을 발휘하는 것이다. 답이나 길이 이미 정해진 것 같지만 전혀 예상치 못했던 방향을 발견하여 마음을 움직일 방법을 창출해 내는 것이 핵심이다. 외부에서 얻은 지식과 개인적인 경험에서 온 직관이 서로 융합하여 생겨난다.

아이디어는 별다른 노력 없이 갑자기 저절로 떠오르는 것이 아니다. 창의적 재능이 뛰어난 사람만이 낼 수 있는 개념도 아니다. 아이디어를 내는 힘, 즉 창의력은 꾸준한 노력에 의해서 생겨난다. 노력에 의한 논리적 사고는 영감을 고무시키고 이를 활용함으로써 아이디어를 창조해 낼 수 있다(Baker, 1979). 다시 말해서, 광고 아이디어는 끈질기고 치밀한 지적 활동의 최종적인 산물인 것이다.

> 창의력을 갖기 위해서는 다음 두 가지 조건이 필요하다고 생각한다. 하나는 범석하고 분석적인 사고방식이고, 또 하나는 직관적이고 창조적인 상상력이다. 이 두 가지가 서로 맞부딪히면 혹시 마찰이 일어날 수가 있다. 그러나 이 둘이 서로의 힘을 합할 때 정말로 사람의 마음을 움직일 수 있는 아이디어가 불타오르게 된다.
>
> ―짐 넬슨(Jim Nelson)

또한, 광고 아이디어는 세상에 없던 전혀 새로운 것을 의미하는 것이 아니다. 파레토(Pareto)와 제임스 웹 영(James Webb Young)에 의하면 '낡은 것들의 새로운 결합'이다. 새로운 것이 아니라 새로운 결합이 있을 뿐이다. 연관성이 없을 것 같은 것들에서 연관성을 찾아 연결하는 것이다. 그 둘의 거리가 멀면 멀수록 빅아이디어(big idea)가 된다. 볼보의 〈안전핀〉 광고는 단순하면서도 명확한 아이디어로 유명하다([그림 13-1] 참조). 자동차의 안전을 문자 그대로 안전핀과 연결하여 비주얼로 표현했다. 새로운 관련성을 발견한 것만으로 칸국제광고제(The Cannes Lions International Festival of Creativity)에서

은상을 수상했다.

결국 아이디어란 노력과 특정 훈련을 통해 얻어질 수 있는 것이다. 실제 광고인들에게 아이디어를 내는 방법을 물으면 특정한 방법은 없고, 저마다의 스타일대로 부단히 노력하는 것이라는 대답을 듣곤 한다. 정해진 방법은 없다. 다만 창의적인 일을 할 때 인간의 두뇌가 작동하는 과정을 되짚어 차근차근 풀어놓은 발상법은 참고할 수 있다. 광고인들이 스스로 터득한 스타일이란 것도 대부분 이러한 범주 안에 있다.

[그림 13-1] 볼보(Volvo)의 〈안전핀〉 광고

2) 아이디어 발상법 5단계

미국의 카피라이터 제임스 웹 영은 『아이디어 발상법(A technique for Producing Ideas)』이라는 저서에서 아이디어를 내는 방법을 다섯 단계로 제시한다. 이 다섯 단계는 순서대로 반드시 거쳐야 하며, 건너뛸 경우 아이디어를 얻을 수 없다(김병희 외, 2022).

첫째, 수집 단계(ingestion stage)이다. 원재료(raw material)를 모으는 단계로, 음식을 먹는 행위에 비유하면 음식을 차리는 단계이다. 광고 아이디어를 말할 때 원재료는 다양한 자료를 의미하는데 여기에는 두 가지 종류의 자료가 있다. 첫 번째는 특정 자료와 일반적인 자료이다. 특정 자료는 광고할 제품과 관련된 자료로, 제품에 대한 정보에서부터 관련 산업에 이르기까지 구체적인 지식들을 모아야 한다. 이 자료들은 광고주로부터 제공받거나 여러 가지 조사를 통해 비교적 단기간 내에 모을 수 있다. 두 번째 자료인 일반적인 자료는 문학, 예술, 스포츠 등 다방면에 걸친 자료로, 광고할 제품과 직접적으로 연결되지 않는 것들이다. 이러한 자료는 단기간 내에 축적하거나 구하기 어렵다. 평소에 다양한 분야에 걸쳐 관심과 호기심을 가지고 다양한 자료를 경험 속에 수집해 놓아야 한다.

둘째, 소화 단계(digestion stage)이다. 수집한 원재료를 다양한 각도에서 관찰하면서 그 자료들 사이의 연관성을 찾아야 한다. 이 단계를 '호기심 많은 문어(the curious octopus)'라고 표현하기도 한다. 여러 가지 방향에서 생각하고, 찾고, 이것저것 연결해 보고 고민해야 한다. 끊임없이 분석하고 탐구하는 가운데 아이디어가 떠오르기는 하는데, 이 단계에서 찾게 되는 아이디어들은 임시적이거나 부분적이다. 이런 과정이 계속되다 보면 결국 절망과 짜증, 자괴감 등이 들게 된다. 이때가 이 단계의 막바지이다.

셋째, 부화 단계(incubation stage)이다. 망각과 방치의 단계라고도 한다. 아이디어와 관련된 모든 일을 멈추고 머리를 비운다. 아이디어를 생각하지 않도록 다른 일을 한다. 음악을 듣거나 영화를 보거나 잠을 자도 좋다. 어떤 사람은 무념무상의 상태로 청소를 하기도 한다. 자신에 맞는 일을 하면 된다.

넷째, 탄생 단계(illumination stage)이다. 아이디어가 밀려오는 단계이다. 바로 유레카를 외치는 순간이다. 이 단계만 떼어놓고 보면 가만히 앉아 있다가 '이거야!' 하고 불현듯 떠오르는 것이 아이디어라는 착각을 하게 만든다. 그러나 기억해야 한다. 아이디어가 갑자기 떠오르는 탄생 단계 이전에는 힘들고 치열한 소화 단계가 있어야 한다. 시질 내도 지치는 길고 긴 소화 단계를 완성하지 않고는 탄생 단계는 오지 않는다. 그 이유는 뇌의 작동 과정을 알면 쉽게 이해할 수 있다. 이 단계에서 왼쪽 뇌를 통해 분석된 정보가 부화 단계를 거쳐 오른쪽 뇌의 직관적 통찰력과 충돌한다. 이때 번쩍하는 섬광과 함께 새로운 아이디어 탄생하는 것이다.

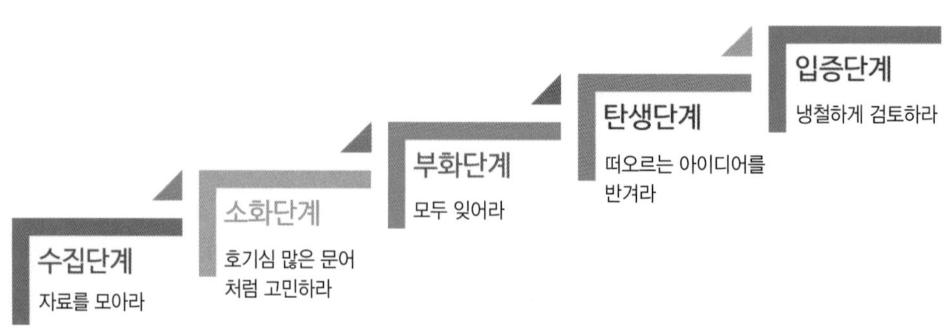

[그림 13-2] 제임스 웹 영의 아이디어 발상 5단계

다섯째, 입증 단계(verification stage)이다. 아이디어를 검증하는 단계이다. '아침의 차갑고 쓸쓸한 여명의 과정'이다. 유레카를 외쳤다고 해서 다 좋은 아이디어는 아니다. 냉정하고 객관적으로 아이디어를 판단해야 한다. 콘셉트를 잘 반영하고 있는지, 타깃에 맞는 내용인지, 실현 가능한지, 제작됐을 때 완성도가 있을지 등을 판단한다. 이 단계에서 적절하지 않은 아이디어들은 제거하고 좋은 아이디어들은 발전시킨다.

3) 브레인스토밍

광고는 팀플레이이다. 여러 직종의 사람들이 팀을 이뤄 광고 업무를 수행한다. 혼자서 창출하는 아이디어도 많지만 여러 사람이 함께 아이디어를 내야 하는 경우도 많다. 이때 적절한 아이디어 창출 방법이 바로 브레인스토밍(brainstorming)이다. 브레인스토밍은 집단적인 창의적 아이디어 발상법으로 광고회사 비비디오(BBDO)의 알렉스 오스본(Alex Faickney Osborn)이 1948년에 발간한 저서 『당신의 창의력(Your Creative Power)』과 『응용 상상력(Applied Imagination)』을 통해 소개했다. 여러 명이 한 팀이 되어 일정 시간 자유롭게 의사를 개진하고 다른 사람의 의견도 들어보는 아이디어 창출기법이다. 발상의 연쇄반응을 기대하는 기법으로 '스노우볼링(snow bowling) 효과'라고도 한다.

> "거의 모든 아이디어는 다른 아이디어에서 태어난 아들이다"
>
> – 오스본

(1) 브레인스토밍의 기본 전제

첫째, 판단을 보류할 것

둘째, 가능한 한 많은 양의 발상을 이끌어 낼 것

(2) 브레인스토밍의 네 가지 원칙

첫째, 양이 많아야 한다(Go for quantity): 하나하나의 질보다는 많은 양의 아이디어를 모으는 데 집중해야 한다.

둘째, 비판은 보류한다(Withhold criticism): 다른 사람의 의견을 비판하기보다는 아이디어를 추가하는 데 집중한다. "그런 아이디어는 너무 흔하지 않을까요?"라는 등의 비판이나 판단을 자제하고 참가자들이 자유롭게 아이디어를 개진할 수 있도록 북돋는다.

셋째, 어떠한 아이디어라도 상관없다(Welcome wild ideas): 고정관념을 탈피하고 새로운 관점에서 바라보는 아이디어들을 모으기 위해서는 관련성이 떨어지거나 혹은 미완성의 아이디어라 할지라도 수렴하는 분위기를 만든다.

넷째, 아이디어를 결합하고 발전시킨다(Combine and improve ideas): 나온 아이디어들을 연결하여 더 나은 아이디어로 발전시킨다. 다른 사람이 낸 아이디어에 추가하거나 변형하고, 이 아이디어와 저 아이디어를 연결한다. 아이디어 간의 연쇄반응을 일으켜 더 좋은 아이디어를 만들 수 있다.

(3) 브레인스토밍 실행 방법

① 준비 단계

- 리더 1명, 기록 담당 1명 포함 5~8명의 인원으로 팀을 구성한다.
- 회의 장소는 팀원 모두가 얼굴을 마주 볼 수 있는 곳(원탁 등)으로 정한다.
- 준비물은 칠판이나 화이트보드, 없을 땐 큰 종이나 포스트잇을 준비한다.

② 자유 발상 단계

- 회의 주제를 공유한다.
- 격식 없이 자유롭고 편안한 분위기에서 시작한다.
- 팀원들이 각자 돌아가면서 생각해온 아이디어를 발표한다.
- 다른 사람의 발표를 듣고 떠오른 아이디어를 추가로 발표한다.
- 가능한 많은 아이디어를 내는 것이 중요하다.
- 아이디어와 아이디어가 연쇄적으로 계속 창출되도록 해야 한다.

③ 평가, 검토, 발전 단계

- 자유 발상 단계에서 더 이상 아이디어가 나오지 않으면 회의를 종료한다.
- 평가, 검토, 발전시키는 기준을 정한다.
- 비판을 허용한다.
- 주제와 동떨어진 아이디어는 배제하고 가능성 있는 아이디어는 숙성시킨다.
- 기존에 나온 아이디어들을 서로 결합시켜 한 단계 발전된 아이디어로 만든다.

[개베이(J. J. Gabay)가 발전시킨 브레인스토밍의 아홉 가지 규칙]

① 모든 브레인스토밍은 평등하다.
② 누구도 다른 참가자의 아이디어를 평가해서는 안 된다.
③ 아이디어는 많으면 많을수록 좋다.
④ 모든 아이디어는 서로 짝지을 수 있으며, 계속 나오도록 북돋워져야 한다.
⑤ 아이디어의 질에 신경 쓰지 말고, 보다 폭넓게 임하라. 브레인스토밍 시간에는 그것이 좋건 나쁘건 간에 아주 많은 아이디어 목록이 나와야만 한다.
⑥ 모든 아이디어를 최종 목록에 포함시켜라. 아이디어를 검열하는 것은 그것을 재판하는 것이나 마찬가지다.
⑦ 참여자는 남을 이끌거나 위협적인 질문을 하면 안된다. "이 분야는 제가 좀 아는데요, 제가 보기엔 이런 아이디어가 제일 적절하다고 생각하는데 어떠세요?" 이런 식의 말은 브레인스토밍에 방해가 되는 질문이다.
⑧ 아이디어가 좋게 들리든 이상하게 들리든 간에 그것을 발전시킬 수 있도록 호기심을 북돋워라.
⑨ 참가자들 모두가 가장 적확하고 정통한 크리에이티브 선택에 대한 의견일치를 봤다면 최종 검토 단계에서는 순수한 본능적 느낌이나 직관을 고려하는 것이 중요하다.

4) 잭 포스터(Jack Foster)의 아이디어를 발상하는 자세

(1) 즐겁게 일하라

아이디어를 낼 때는 즐거운 마음으로 여유를 가지고 임해야 한다. 심각하거나 무거운 분위기, 조급한 마음은 금물이다. 유머와 크리에이티브는 친구 사이이다. 마음을 즐겁게 하고 인생을 즐긴다는 마음으로 대할 때 좋은 아이디어가 나온다.

(2) 아이디어라는 개념과 친해져라

흔히 빅아이디어만이 아이디어라는 생각에 아이디어를 내는 일을 어렵게 생각한다. 무엇이나 아이디어가 될 수 있고 얼마든지 더 좋은 것으로 발전할 수 있다. 시작은 친근한 것일 수도 있고 사소한 것일 수도 있다. 빅아이디어를 내야 한다는 부담감을 지우고 자유롭고 친근하게 접근해야 한다.

(3) 마음속에 목표를 분명히 설정하라

목표가 모호하거나 너무 클 때는 아이디어가 나오기 어렵다. 마음속에 작은 목표를 정하고 생각해 보자. 구체적일수록 좋다.

(4) 어린아이처럼 천진난만해져라

한 아이가 빨대로 우유를 먹다가 빨대 안으로 빨려 올라오는 우유를 보고 외쳤다, "와, 우유가 엘리베이터를 타고 온다!" 어린아이처럼 단순하게 보는 훈련도 필요하다. 관점을 달리해 보는 방법이기도 하다. 복잡한 생각의 얼개를 풀고 단순하고 직관적으로 다가가라.

(5) 모든 것에서 지식을 받아들여라

모든 것이 아이디어의 단초가 될 수 있다. 전혀 관련이 없어 보이는 것에서도 좋은 아이디어가 시작된다. 주위의 모든 것들에 관심과 호기심을 갖고 열린 마음으로 아이디어의 재료를 모아야 한다.

(6) 용기를 잃지 말라

아이디어는 쉽게 얻어지지 않는다. 아이디어가 잘 나오지 않는다고 지레 포기하거나 낙담할 필요 없다. 아이디어는 끊임없는 시도와 고민, 노력 끝에 얻어지는 것이다. 결국 아이디어를 내는 힘은 포기하지 않고 좋은 아이디어가 나올 때까지 시도하는 열정이다.

(7) 사고방식을 언제든지 수정하라

고정된 생각은 금물이다. 다른 사람의 말이나 내 아이디어에 대한 비판에 아이디어의 답이 있을 수 있다. 유연한 사고방식이 좋은 아이디어를 만든다.

(8) 생각을 결합하라

아이디어는 관련 없어 보이는 것들의 새로운 결합이다. 생각 또한 마찬가지이다. 여러 가지 생각과 의견들을 결합할 때 남다른 아이디어가 탄생한다. 자연스럽고 당연해 보이는 규칙을 피하고 낯설고 새로운 관계를 찾아 연결해 보라.

2. 크리에이티브로 표현하기

1) 매체별 콘셉트 녹이기

(1) 영상 광고

영상 광고는 영상으로 이루어진 광고를 말한다. 예전에는 주로 TV 광고나 극장 광고를 의미했지만 요즘은 유튜브와 같은 SNS, 디지털 사이니지를 이용한 다양한 매체에서 영상 광고를 송출하기 때문에 그 의미가 확장됐다.

영상 광고는 언어적 요소, 시각적 요소 그리고 청각적 요소를 모두 이용하기 때문에 영상 광고의 아이디어는 여러 컷의 그림과 글로 정리하게 되는데, 이 표현물을 스토리보드(storyboard)라고 한다([그림 13-3] 참조). 스토리보드 상태로 광고안을 확정하고 이를 토대로 촬영을 진행한다. 창의적인 영상 광고는 다음 내용에 유념하여 제작한다.

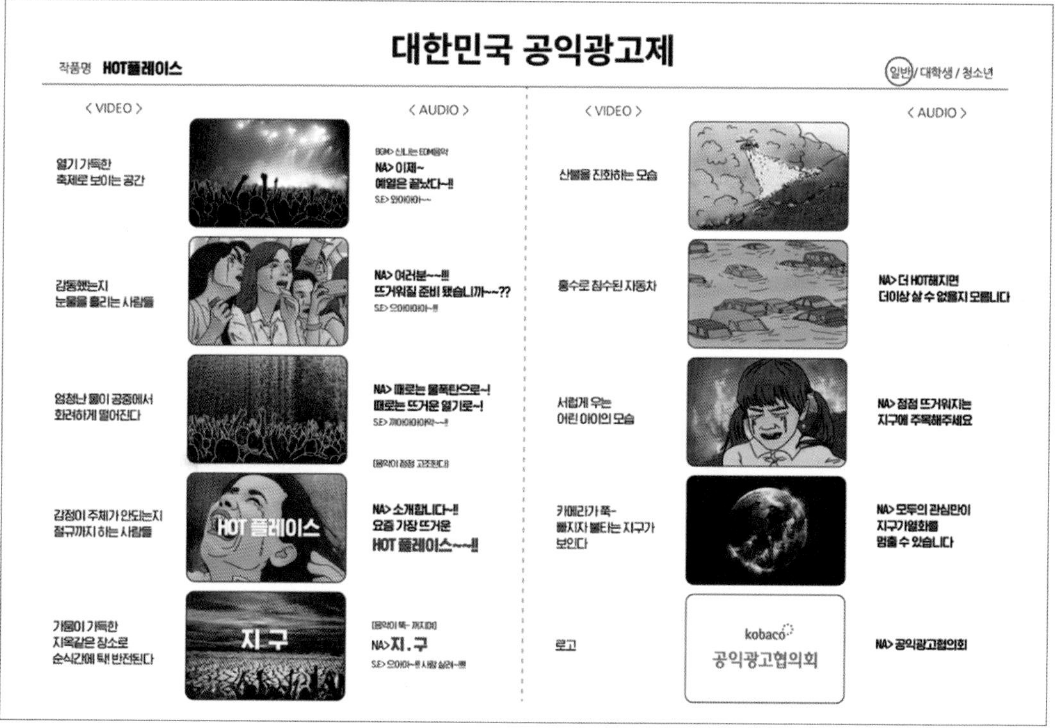

[그림 13-3] 스토리보드의 예시

출처: https://psa.kobaco.co.kr

- 언어적, 시각적, 청각적 표현을 조화롭게 활용할 것
- 크리에이티브 콘셉트 또는 키(key) 메시지에 집중할 것
- 브랜드의 아이덴티티와 밀착시킬 것
- 소비자의 이목을 집중시킬 것

(2) 인쇄 광고

인쇄 광고는 글과 그림, 즉 카피와 비주얼로 구성된 지면 광고를 말한다. 신문, 잡지, 배너, 전단, 포스터 등이 이에 속한다. 인쇄 광고는 광고 매체 중 가장 오래된 광고 형태로, 시각적 상징성과 함축성으로 광고 메시지를 표현한다. 비주얼과 카피만으로 크리에이티브를 완성하므로 이들의 조화가 매우 중요하며 모든 아이디어와 표현법이 여기에 집중된다. 인쇄 광고 아이디어를 내거나 제작할 때는 다음 내용을 유념한다.

- 카피는 흥미롭고 읽고 싶게 만들 것
- 소비자 편익을 잘 나타낼 것
- 헤드카피와 비주얼이 조화를 이룰 것

(3) OOH 광고

OOH(Out of Home) 광고는 옥외광고를 말한다. 전광판, 버스나 지하철 광고, 공공장소의 설치물, 편의점의 계산대 등 그야말로 집 밖의 모든 광고물을 통칭한다. 인쇄 광고처럼 일방향 미디어로 운영되기도 하지만 디지털 사이니지(digital signage)를 이용하여 다양한 아이디어를 여러 가지 방식으로 담아내고 있는 형태가 증가하고 있다. 디지털 사이니지란 네트워크를 통해 원격제어가 가능한 디지털 디스플레이를 통해 광고를 송출하는 디지털 미디어이다. 다양한 IT 기술이 융합되어 양방향 커뮤니케이션이 가능하다. 모바일과의 연동, AI, 투명 스크린 등 다양한 구현 기술이 계속 발전함에 따라 전에 없던 아이디어 실현이 가능하기 때문에 광고 메시지의 특성에 맞게 자유로운 아이디어를 구현할 수 있고 그에 따른 소비자 경험을 제공할 수도 있다. 크리에이티브한 결과물을 완성하려면 다음 사항을 기억해야 한다.

- 전달하고자 하는 메시지를 제대로 담을 것

- 카피와 비주얼을 적절히 활용할 것
- 매체의 특장점을 잘 살릴 것

(4) 디지털 광고

디지털 광고는 인터넷, SNS, 온라인 포털 사이트 등 뉴미디어를 매체로 하는 광고이다. 뉴미디어 광고라고도 불린다. 이들 각각은 저마다 다른 특징이 있지만 전반적으로 다음과 같은 공통적인 특성을 지닌다. 첫째, 즉시성이다. 방송 집행 시기나 신문 발행일 등 발행 시기를 기다려야 했던 전통 미디어와는 달리 뉴미디어는 원하는 시기에 맞춰 집행이 가능하다. 그만큼 신선한 아이디어를 구현할 수 있으며 소비자들의 반응에 즉각적으로 대응하기도 용이하다. 둘째, 연계성이다. 다른 유형이 광고와의 연계가 용이하여 시너지 효과를 얻을 수 있다. 예를 들어, TV 광고로는 메시지를 전달하고 SNS 광고로는 이를 공유하거나 확산시킴으로써 효율적인 전략 운용이 가능하다. 셋째, 크리에이티브 기술이다. AI 등 다양한 크리에이티브 기술을 적용되면 소비자의 인게이지먼트를 높이는 다양한 아이디어 구현이 가능하다. 디지털 광고 제작 시 고려해야 할 점은 다음과 같다.

- 타깃의 흥미를 불러일으키고 공유하고 싶게 만들 것
- 매체의 특성을 충분히 활용할 것
- 전달하고자 하는 메시지를 정확하게 전달할 것

2) 크리에이티브 점검하기

크리에이티브를 점검하는 방안들은 다양하지만 그 방안들의 핵심은 기본적으로 동일하다. 여기서는 광고회사 디디비 니드햄(DDB Needham)의 윌리엄 웰스(William Wells)가 체계화한 ROI를 중심으로 소개한다. ROI는 광고 전략 모델이기도 하지만 크리에이티브를 점검하는 척도로 많이 쓰인다. ROI에 의하면 현대의 복잡한 시장 환경에서 광고가 성공하기 위한 필수 요소가 세 가지 있다. 바로 관련성(Relevance), 독창성(Originality) 그리고 영향력(Impact)이다. 광고 제작물이 세 가지를 고루 갖추고 있는지 살펴보고 점검해야 한다.

(1) 관련성

관련성은 제품이나 콘셉트와의 관련 정도를 말한다. 광고 크리에이티브는 철저하게 제품과 광고주 또는 콘셉트와 연관되어야 한다. 제품이나 콘셉트와의 관련성이 떨어지면 목적을 상실한다. 아무리 창의적인 아이디어라 하더라도 관련성이 떨어진다면 무용지물이 된다. 광고 제작자들의 회의 시간에도 '이 아이디어는 관련성이 떨어지는데……' 라는 말이 자주 들릴 만큼 광고 제작물을 선택할 때 중요한 기준이 된다.

(2) 독창성

독창성은 본 적이 없는 새로움을 의미한다. 광고 크리에이티브의 본질이다. 독창적이지 않으면 타깃의 관심을 끌 수 없고 차별화될 수 없다. 누구도 생각하지 못했던 아이디어, 새롭고 낯선 방법으로 표현됐는가를 판단해야 한다. 수많은 광고들 속에서 이목을 집중시키고 제품에 새로운 가치를 부여하는 힘이다.

(3) 영향력

영향력은 마음을 움직일 정도로 강한 울림의 정도를 의미한다. 무심한 고객의 주의와 시선을 사로잡을 정도로 매력적인가의 문제이다. 커뮤니케이션 과정에서 발생하는 수많은 노이즈를 극복하게 하는 표현의 강도라고도 할 수 있다(조용석 외, 2007: 146). 소비자의 마음에 영향력을 줄 수 없다면 광고를 통해 받은 느낌이 오래 지속되지 못한다. 관련성과 독창성이 있는 아이디어라도 영향력이 없다면 소비자의 마음을 움직이거나 행동을 유도할 수 없을 것이다.

다음 다섯 가지 질문의 해답을 구하는 것이 ROI를 이용해 전략을 수립하는 방법이다. 마찬가지로 완성된 제작물을 대상으로 하나씩 되짚어 체크하면 올바른 광고물을 완성할 수 있다.

- 광고의 목표는 무엇인가?
- 누구에게 광고를 전달할 것인가?
- 어떤 경쟁적 편익을 소비자에게 약속할 것인가? 그리고 어떻게 그 약속을 뒷받침할 것인가?
- 어떤 개성으로 브랜드를 차별화할 것인가?

• 어떤 매체를 통해 광고 메시지를 전달할 것인가? 그리고 어떤 빈틈을 노릴 것인가?

3. 디지털 시대의 크리에이티브 완성하기

> "There is no such things as digital marketing or digital advertising. There is just good marketing and good advertising(디지털 마케팅이나 디지털 광고란 없다. 단지 좋은 마케팅과 좋은 광고가 있을 뿐이다)."
>
> "If Dove is good at digital, then what makes it good there is exactly the same as what makes it good anywhere. It is the fundamentals of marketing(도브가 디지털에 능하다면, 그건 그냥 잘하는 사람은 어디서나 잘하는 것과 같은 거죠. 마케팅의 기본입니다.)"
>
> —스티브 마일즈(Steve Miles)

> "The 'fundamentals' remain fundamental(기본은 여전히 기본이다)."
>
> —블랙호(P. Blackhaw: 네슬레의 디지털 마케팅 담당자)

디지털 환경이라고 해서 뛰어난 아이디어가 따로 있는 것은 아니다. 어디서나 빅아이디어는 빅아이디어이다. 다만 중요성이 부각되는 분야가 있을 뿐인데, 그중 하나가 콘텐츠다. 이미 빌 게이츠가 '콘텐츠는 왕이다(Content is King)'라고 말한 바 있듯이 디지털 환경에서 크리에이티브 전략을 수행하는 데 있어 가장 중요한 역할을 하는 것 중 하나가 콘텐츠이다(유종숙, 2018).

크리에이티브한 광고 콘텐츠는 전통 미디어는 물론 디지털 미디어의 핵심이 된다. 스포츠음료 레드불은 이를 입증한 첫 번째 사례로 꼽힌다. 레드불이 운영하는 글로벌 잡지 『레드불레틴(Redbulltin)』은 레드불 제품에 대한 내용은 거의 없고 레드불 브랜드 철학인 '도전'이란 콘셉트에 맞춰 익스트림 스포츠, 음악 등을 다루는 콘텐츠로 구성되어 있다([그림 13-4] 참조). 이 잡지는 발행하자마자 3백만 명이 넘는 구독자를 확보했다. 이것은 젊은 소비자층이 제품에 대한 브랜드의 지배력을 받아들였다는 신호였다.

[그림 13-4] **레드불의 『레드불레틴』**

출처: www.redbull.com/us-en/

이와 같이 어떤 콘텐츠는 자성적이어서 사람들을 끌어당긴다. 매우 실감 나는 콘텐츠는 사람들을 흠뻑 빠지게 한다. 또 어떤 콘텐츠는 매우 스마트해서 어떤 경우든 가능하게 하기도 하고, 어떤 콘텐츠는 온전히 실용적이기만 하다. 마일즈 영(Miles Young)은 이러한 콘텐츠를 두 축을 이용하여 구분했는데, 한 축은 공용적인(방대하고 대중적인) 가치와 개인화된(개인화되고 개별적) 가치, 다른 한 축은 실용적인(유용하고 정보적인) 가치와 재미있는(유희적이고 감정적인) 가치로 설정하여 네 가지 영역으로 나누었다([그림 13-5] 참조). 물론 이 네 영역은 완전히 독립적인 것이 아니며 서로 중첩되기도 한다. 예를 들

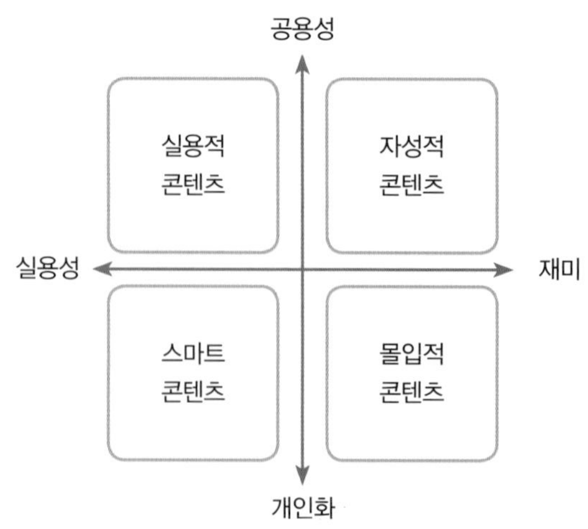

[그림 13-5] **디지털 시대의 콘텐츠 그리드**

어, 정보는 정보적이면서도 매우 재미있는 요소일 수 있다. 그러나 이러한 콘텐츠의 차이를 구분하면 크리에이티브한 콘텐츠를 개발하고 완성하는 데 보다 심도 있게 접근할 수 있다. 이 네 가지 유형을 구체적으로 알아보자.

1) 자성적 콘텐츠

자성적(magnetic) 콘텐츠는 소비자를 자석처럼 끌어당기는 콘텐츠이다. 쉽게 말해 소비자를 스스로 끌어들여 입소문으로 퍼지는 콘텐츠이다. 디지털 시대에는 어느 광고주나 이것을 원하지만 쉽지 않다. 무엇보다 기획하거나 예측하기 어렵다. 그래서 '무엇이 소비자를 스스로 다가오게 하는가'에 대한 근본적인 원인에 대한 이해와 준비가 필요하다.

오길비앤매더(Ogilvy & Mather)의 마일즈 영에 의하면 공유 행동은 일종의 각성(arousal)과 관련이 있다. 각성이란 감정이 증가된 상태를 말하며, 사람들을 정보나 자료를 공유하도록 이끈다. 말하자면 공유 아이콘으로 소비자의 손가락을 잡아 이끄는 힘이다. 높은 각성을 유발하는 자극은 높은 회상 효과를 유발한다. 감정이 주제에 대한 자아개념이 감정에 반영될수록 공유 가능성은 높아진다. 공유를 위한 핵심 동력은 '놀라움'이다(Young, 2017). 이를 과학적으로 설명하면 신경 전달 물질인 도파민이 작용하기 시작하면서 뇌의 시냅스가 점화한다.

2004년부터 진행되어 오고 있는 도브의 '리얼 뷰티(Real Beauty)' 캠페인은 이런 콘텐츠를 자주 이용한다. 그 가운데 특히 공개 2주 만에 유튜브 조회 수 8천 만을 육박하며 널리 공유됐던 〈스케치(Sketches)〉 편이 좋은 예시이다([그림 13-6] 참조). 전직 FBI 몽타주

[그림 13-6] 도브의 리얼뷰티 캠페인 〈스케치〉 편

출처: youtube.com

[그림 13-7] 맘스터치의 〈엄마를 찾아서〉 편

전문가는 한 사람의 외모를 묘사하는 진술만을 듣고 두 장의 초상화를 그린다. 하나는 여성들이 자신을 스스로를 묘사하는 말을 듣고 그린 것이고, 다른 하나는 그녀들을 그날 처음 본 사람들의 진술을 듣고 그린 것이다. 같은 사람을 그린 이 두 장의 그림은 놀랍게도 눈에 띄게 달랐다. 즉, 자신들이 생각하는 모습과 다른 사람들이 그녀를 보는 모습에는 차이가 있었고, 여성들은 자신을 부정적으로 생각하고 있음이 드러났다. 이것은 '놀라움'이었고 깊은 감동을 주었다. 이것이 도파민이 작용하기 시작한 지점이다.

유머 또한 자성적 콘텐츠를 만드는 좋은 재료이다. 치킨 브랜드 맘스터치는 인기 드라마를 패러디하여 '진짜 엄마의 맛을 찾기 위한 여정'이라는 콘셉트로 영상 광고를 제작했다([그림 13-7] 참조). 초호화 캐스팅으로 유명 배우들이 대거 등장하여 정통 연기를 선보이는 가운데 치킨의 맛을 중심으로 진짜 엄마를 찾는 내용이 반전에 반전을 거듭하며 전개된다. 무엇보다 지나치게 진지한 연기와 분위기 속에 B급 감성의 스토리가 대비를 이룬 덕분에 8분이 넘는 길이에도 조회 수 160만을 넘어서며 소비자의 각성을 유발하는 데 성공했다.

2) 몰입형 콘텐츠

몰입형(immersive) 콘텐츠는 양방향 커뮤니케이션을 통해 소비자들이 몰입하게 만드는 콘텐츠이다. 도브는 광고에 나타나는 해로운 스테레오 타입을 지적하기 위해 소비자가 직접 광고 메시지를 통제할 수 있는 애플리케이션을 개발하여 여성 소비자층을 초대

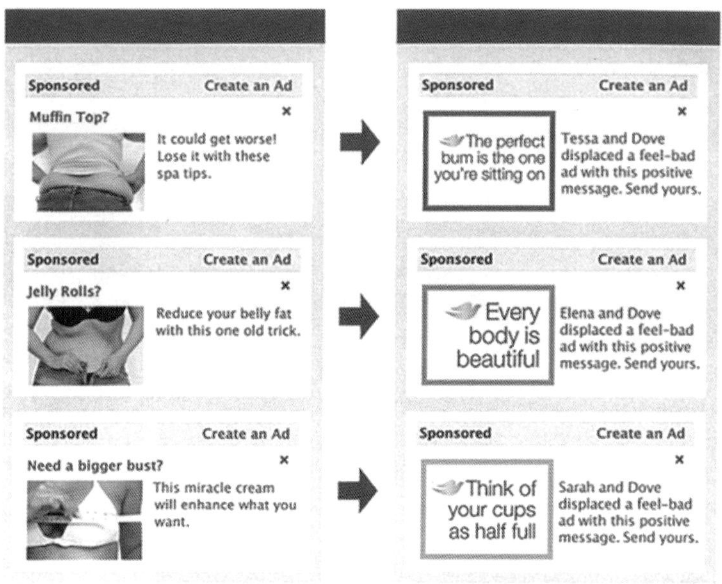

[그림 13-8] 도브의 〈Ad Makeover〉

출처: Young (2007).

했다. 〈Ad Makeover〉라는 이 앱은 일반적으로 마케팅 담당자들만 사용하는 광고 플랫폼에 소비자 인터페이스를 연결하여 소비자들이 특정 사이트를 방문했을 때 '살찐 몸매, 이젠 바꾸세요' 등과 같은 부정적인 광고 카피를 '모든 몸매는 아름답다' 등으로 바꿀 수 있게 했고 많은 공유를 불러냈다([그림 13-8] 참조).

성공하는 몰입형 콘텐츠는 대부분은 놀이라는 개념이 내포되어 있다. 놀이는 관여도를 높여 쉽게 몰입하게 만든다. 또한 아이디어와 기술을 연결하는 방법과 좋은 스토리텔링, 참여에 대한 보상 등이 지원될 때 보다 효과적이다.

3) 스마트 콘텐츠

스마트(smart) 콘텐츠는 보다 나은 생활을 경험하게 하고 영위하도록 돕는 콘텐츠이다. 스마트폰, 스마트홈처럼 말 그대로 스마트한 콘텐츠이다. 여기서 스마트란 구체적이고 측정 가능하며 실현 가능하고 현실적이고 시기적절한 무엇인지 의미한다. 스마트 콘텐츠는 정보와 경험의 융합이다. 콘텐츠로 운동을 과학적으로 할 수 있게 해 주거나 집안의 가전들을 효율적으로 다룰 수 있다. 이러한 콘텐츠는 즐거움보다는 개인적으로 유

[그림 13-9] 나이키 런 클럽(NRC)

출처: www.nike.com/kr/nrc-app

용한 도움을 제공하는 특징을 갖는다. 콘텐츠를 통해 통제력을 가질 때 사람들은 심리적인 행복감과 성취감을 경험한다. 자신의 건강과 편리함을 측정하거나 체크하고 생활패턴에서 기분 변화에 이르는 다양한 범위의 지표를 가질 수 있다. 그러면서 콘텐츠는 사람들이 더 나은 선택을 할 수 있는 기회를 제공한다. 나이키(Nike)는 '나이키 런 클럽(Nike Run Club: NRC)'과 '나이키 트레이닝 클럽(Nike Training Club: NTC)'이라는 앱 중심의 콘텐츠를 운영하며 런닝과 트레이닝에 대한 정보와 경험을 제공한다. 특히 나이키 런 클럽은 러닝 페이스, 위치, 거리, 심박수 및 구간별 소요 시간 등 상세 정보를 추적하여 체계적인 러닝을 돕고 목표를 달성하거나 친구들과 함께 할 수 있도록 도전과 응원의 콘텐츠를 제시한다([그림 13-9] 참조).

4) 실용적 콘텐츠

마지막 유형인 실용적(practical) 콘텐츠는 매우 실용적이고 유용한 콘텐츠이다. 평범해 보이지만 매주 중요하다. 방대한 지식이 유용한 콘텐츠로 정리되어 손안에 들어오는 것이다. 따라서 이 유형의 기초는, 첫째, '지식'이다. 콘텐츠가 다양하고 풍부한 지식의 원천으로 기능하는 것이다. 이러한 형태의 대표적인 사례는 브랜드 저널리즘이다. 소비자에게 유용한 정보가 될 수 있는 내용으로 구성하고, 수많은 뉴스를 종합하거나 발췌하여 포장된 콘텐츠로 배포한다. 때로는 콘텐츠 자체가 도구가 될 수도 있다.

둘째는 실용적 콘텐츠는 토론의 장이 되기도 하고 플랫폼이 되기도 한다. 특정 주제의 중심이 되기도 하고 공론의 장으로 기능할 수도 있다.

셋째는 콘텐츠 자체가 도구가 되기도 한다. 디지털 세상에서 광고주는 제품이나 서비스를 훨씬 더 방대한 수준으로 엮어낼 수가 있다. 코카콜라의 〈마실 수 있는 광고(Drinkable ad)〉 사례를 보자([그림 13-10] 참조). 젊은 소비자의 85%가 코카콜라 제로(Caca-Cola Zero)를 먹어본 적은 없지만 일단 마시면 절반이 마시는 사람이 된다는 조사결과가 나왔다. 즉, 많은 사람이 코카콜라 제로의 맛을 안다고 생각하지만 실제로는 그렇지 않다는 인사이트를 발견한 것이다. 광고 제작자들은 소비자에게 '마셔볼 수 있는데 왜 맛을 상상하겠는가?'라는 물음을 던지며 세계 최초의 마실 수 있는 광고 캠페인을 제작했다. 코카콜라의 '샤잠(Shazam)'이라는 앱을 이용하여 TV 광고, 라디오 광고 및 옥외광고 등 기존 미디어 광고를 통해 코카콜라를 마실 수 있는 경험을 제공했다. 예를 들어, 코카콜라 제로 광고가 TV에서 방영되는 동안 샤잠이 콜라 고유의 탄산이 올라오는 소리를 인식하여 모바일앱에 무료 쿠폰을 담아 줌으로써 콜라를 먹어볼 수 있게 한 아이디어이다. 콘텐츠가 도구가 되어 모든 미디어를 실용의 세상으로 바꾸고 강력한 경험을 제공한 사례이다.

[그림 13-10] **코카콜라의 〈Drinkable Ad〉**

출처: www.coca-colacompany.com

4. 마무리

디지털 시대는 다양한 방법과 다양한 미디어들이 전에는 실현 불가능했던 아이디어를 창의적으로 구성한다. 이러한 크리에이티브를 '침습적인(pervasive) 크리에이티브'라고 한다(Young, 2017). 사람들이 인식하지 못할 정도로 자연스럽고 세밀하게 스며들 듯 퍼져간다. 물에 빗대어 생각하면 이해하기 쉽다. 물은 세상의 필수요소이고 넘쳐나면 막을 수 없다. 아주 작게 갈라진 틈 사이로 흐른다. 항상 흐르고, 움직이고, 탐험하고, 모든 일에 끼어들고 절대 갇혀있지 않는다. 디지털 시대의 크리에이티브도 그러해야 한다.

참고문헌

김병희, 오현숙, 류진한, 이희복, 최은섭, 박인성, 김정우, 윤일기, 최승희, 정상수, 전훈철, 변혜민, 전종우, 박하영, 김유나, 김신엽(2022). 디지털 시대의 광고 크리에이티브 신론. 학지사.

유종숙(2018). 4차 산업혁명 시대의 광고기획 솔루션. 한울아카데미.

조용석, 오창일, 이상훈, 김규철, 김혜성, 최환진, 박정래, 이현우, 이화자, 하봉준, 조삼섭, 김찬석, 김한주, 연일, 손상만(2007). 광고 홍보 실무 특강(제일기획 출신 교수들이 쓴). 커뮤니케이션북스.

Baker, S. (1979). *A Systematic Approach to Advertising Creativity*. McGraw-Hill.

Foster, J., & Corby, L. (2007). *How to Get Ideas*. Berrett-Koehler Publishers.

Gabay, J. J. (2007). *Gabay's Copywriters' Compendium: The Definitive Creative Writer's Guide*. Elsevier.

Osborn, A. (2008). *Your Creative Power*. Read Books.

Osborn, A. (2012). *Applied Imagination: Principles and Procedures of Creative Writing*. Read Books Limited.

Young, M. (2017). *Ogilvy on Advertising in the Digital Age*. Bloomsbury.

Young, J. W. (2003). *A Technique for Producing Ideas*. McGraw-Hill Education.

kobaco. psa.kobaco.co.kr

nike. www.nike.com

redbull. www.redbull.com/us-en

the coca-cola company. www.coca-colacompany.com

youtube. youtube.com

제14장

AI를 활용한 광고기획 실무*

챗GPT라는 생성형 AI가 우리 일상의 전면(front-end)에 등장했다. 창의성이 요구되는 분야에서 인공 창의성을 활용할 수 있는 창작도구들에 대한 관심도 높아졌다(Sequoia Capital, 2022, 10. 19.). 대규모 데이터를 신속, 정확하게 분석해 주는 작업에 주로 사용됐던 AI가 이제는 인간이 묻는 것을 다양한 포맷의 콘텐츠로 대답해 주면서 쓸모를 키우고 있다. AI의 진화는 창조산업이라 불리는 영역도 함께 변하는 공진화를 가져왔다.

AI의 진화와 확산은 우리에게 새로운 문해력을 요구한다. 특히, 광고기획과 같이 창의성이 필요한 작업에서 이러한 도구들을 효과적으로 활용할 수 있는 새로운 능력이 필요할 것이다. AI 광고 시대, 창의성을 키우기 위한 출발점은 '호기심'과 직접 '해 보기'이다. 이 장에서는 AI의 발전 양상과 광고산업의 AI 활용사례에 대해 살펴본 후, AI 기반 광고기획 지원 공공 인프라인 한국방송광고진흥공사(KOBACO)의 아이작(AI analysis System for Ad Creation: AiSAC) 플랫폼에 대해 알아본다.[1]

*박종구(한국방송광고진흥공사 미디어광고연구소 연구위원)

1) 이 장은 박종구(2023). 「생성형 인공지능과 광고」를 바탕으로 작성되었습니다.

1. AI의 진화

1) AI의 개요

AI(Artificial Intelligence, 인공지능)란 생명체가 아닌 기계가 정보를 인식하고 합성해서 추론하는 지능이다. AI의 대표적인 활용사례로는 고급 웹 검색 엔진(구글 검색), 추천 시스템(유튜브, 아마존 및 넷플릭스), 음성 인식 서비스(시리 및 알렉사), 자율 주행 자동차(웨이모), 전략적 게임 시스템(체스, 바둑), 생성/창조적 도구(챗GPT 및 AI아트) 등이 있다(Wikipedia, 2023. 4. 30.). AI는 대량의 데이터를 신속, 정확하게 처리해서 정보에 입각한 결정을 내릴 수 있도록 도와주고, 반복적이고 시간 소모적인 작업을 자동화해서 인간이 보다 창의적이고 부가 가치가 높은 작업에 집중할 수 있는 시간을 확보할 수 있도록 해준다(VisualCapitalist, 2023. 1. 1.).

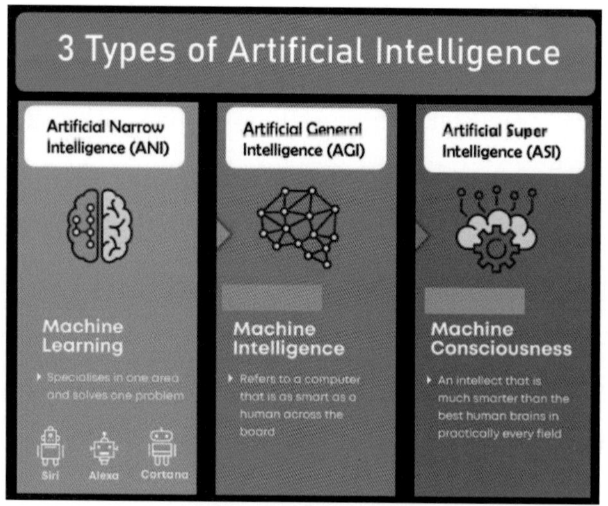

[그림 14-1] AI의 진화

출처: Javatpoint (2023).

바둑에 특화된 AI인 알파고처럼 특정 문제만 해결하는 AI를 '약' AI(weak AI) 또는 '좁은' AI(Artificial Narrow Intelligence: ANI)라고 한다. 반면, 한정된 영역을 넘어 주어진 모든 상황에서 추론하고 학습하고 창작하는 능력도 갖춘 AI를 '범용' AI(Artificial General

Intelligence: AGI)나 '강' AI(strong AI)라고 부른다. 강 AI 연구는 스스로 사고하고 일할 수 있는 '수퍼' AI(Artificial Super Intelligence: ASI) 구현을 목표로 한다(서민준 외, 2023: 33). AI는 기계 학습을 통해 데이터를 구분해 주는 판별적(discriminatory) 기능을 가진 약 AI에서 인간의 질문에 대한 답을 문자, 음성, 이미지 등의 콘텐츠로 만들어 주는 강 AI인 생성형(generative) AI로 진화했다.

2) 생성형 AI의 등장

오픈AI(OpenAI)가 2022년 11월 30일 공개한 대규모 언어모델(Large Language Model: LLM) 서비스 챗GPT(ChatGPT)가 놀라운 성능을 보이며, 생성형 AI(Generative AI) 시대가 시작됐다. 온라인 서비스 중에서 최단기간인 5일 만에 이용자 백만 명을 돌파했으며, 2개월 만에 1억 명의 사용자를 확보했다. 챗GPT(Generative Pre-trained Transformer)는 사람들이 사용하는 언어(자연어)를 사전에 학습하여(pre-trained), 입력받은 단어 다음에 나올 단어나 문장의 확률을 예측해서(transformer), 인간의 언어로 생성해 주는(generative) AI 모델이다.

오픈AI는 GPT-3.5 모델로 만든 챗GPT를 출시한 지 4개월도 지나지 않은 2023년 3월 14일 성능이 향상된 GPT-4를 출시했다. GPT-4는 기존 챗GPT보다 인식 및 추론 능력이 향상됐으며, 이미지를 입력으로 인식하는 멀티모달 기능도 탑재했다(소프트웨어정책연구소, 2023. 2. 27., 2023. 3. 15.; OpenAI, 2023. 3. 27.).

오픈AI가 챗GPT를 출시하자 2023년 2월 구글도 자신이 2021년 개발한 초거대 언어모델 '람다(LaMDA)'를 기반으로 챗GPT와 유사한 대화형 AI 챗본 '바드(Bard)'를 출시했다. 국내에서는 2021년 네이버의 하이퍼클로바를 시작으로, GPT-3를 기반으로 한국어에 특화된 초거대 AI 언어모델인 카카오브레인의 '코지피티(KoGPT)' 그리고 LG AI연구원이 개발한 멀티 모달 AI '엑사원(EXAONE)'을 선보였다. 챗GPT가 시장의 주목을 받으면서, 네이버는 챗GPT보다 한국어를 6,500배 더 많이 학습한 '하이퍼클로바X'를 연내에 공개할 예정이다(서민준 외, 2023: 56).

생성형 AI는 패턴을 인식하고 예측하도록 설계된 기존 AI 시스템과 달리 딥러닝 알고리즘인 GAN(Generative Adversarial Networks)[2]을 사용하여 '텍스트, 이미지, 오디오' 등의 형태로 새로운 콘텐츠를 만들어 준다. 텍스트의 경우, 생성형 인공지능은 번역뿐만

〈표 14-1〉 OpenAI GPT의 진화

모델명	출시 시기	학습 매개변수[3] (파라미터 수)	기술 특성
GPT-1	2018. 6.	1,700만	• 라벨링되지 않은 대량의 데이터를 활용하기 위해 비지도 사전학습과 라벨링 데이터를 이용한 특정 태스크에 맞춘 미세조정
GPT-2	2019. 2.	15억	• 파인튜닝 없이 비지도 사전학습만을 사용하여 모델 학습
GPT-3	2020. 5.	1,750억	• 프롬프트 기반 학습 • 사람처럼 글 작성, 코딩, 번역, 요약 가능
Instruct GPT	2022. 1.	1,750억	• 인간 피드백 기반 강화 학습(Reinforcement Learning with Human Feedback: RLHF) 적용으로 답변 정확도와 안정성 급증
GPT-3.5	2022. 11.	1,750억	• GPT-3.5 모델을 RLHF를 통해 미세조정 • 학습데이터: 2021년 6월까지의 데이터
GPT-4	2023. 3.	비공개	• RLHF 기반 모델학습 • 응답 정확도 개선, 전문성 요구 해결능력 향상, 멀티모달(텍스트/이미지 인식), 환각[4] 문제 개선, 다양한 플러그인을 통한 인터넷 접근

출처: 서민준 외(2023: 162); 소프트웨어정책연구소 (2023. 2. 27.: 11); OpenAI (2023. 3. 27.).

아니라, 뉴스 기사, 시, 심지어 대본을 작성하는 데 사용될 수 있다. 생성형 AI는 사람 얼굴을 기반으로 초상화를 그리거나 기존 풍경을 이용하여 새로운 풍경을 생성하는 등 기존 이미지를 기반으로 새로운 이미지를 생성해 준다. 또한 오디오의 경우, 생성형 AI는 새로운 음악 트랙, 음향 효과, 음성 연기까지 만들어 낼 수 있다(Cognizant, 2023. 1. 30.; VisualCapitalist, 2023. 1. 1.).

2) GAN(Generative Adversarial Networks) 알고리즘은 새로운 데이터를 만드는 생성기와 데이터를 평가하는 판별기로 구성된다. 생성기는 실제 데이터와 구별할 수 없는 콘텐츠를 생성할 때까지 판별기로부터 받은 피드백을 기반으로 출력을 개선한다.

3) 파라미터 수는 인간 뇌의 뉴런 간 연결에 해당되는 매개변수 개수로 많을수록 더 많은 정보 저장 · 처리 가능한 고성능(고지능) 모델이다.

4) AI의 환각(hallucination)이란 부정확한 정보에 대한 확신적 답변을 의미한다.

[그림 14-2] 생성형 AI 개요

출처: VisualCapitalist (2023. 1. 1.).

[그림 14-3] 생성형 AI를 이용한 콘텐츠 생성(위: 그림 생성, 아래: 시 창작)

출처: Financial Times (2023. 1. 25.).

3) 인공 창의성을 활용한 창작 도구

인공 창의성(Artificial Creativity)이란 인간 수준의 창의성을 발휘할 수 있는 프로그램을 설계하는 것을 목표로 하는 여러 학문 영역이 관련된 연구 분야로 기계와 인간, 생산성과 창의성 사이의 새로운 영역이다. 언어 · 음악 · 시각 등 다양한 분야의 인공 창의성 저작도구의 등장은 광고를 포함해 창의성을 요구하는 직업을 가진 사람들에게 '인공 창의성을 어떻게 활용할 것인가?'라는 과제를 던져 주고 있다(NessLabs, 2022).

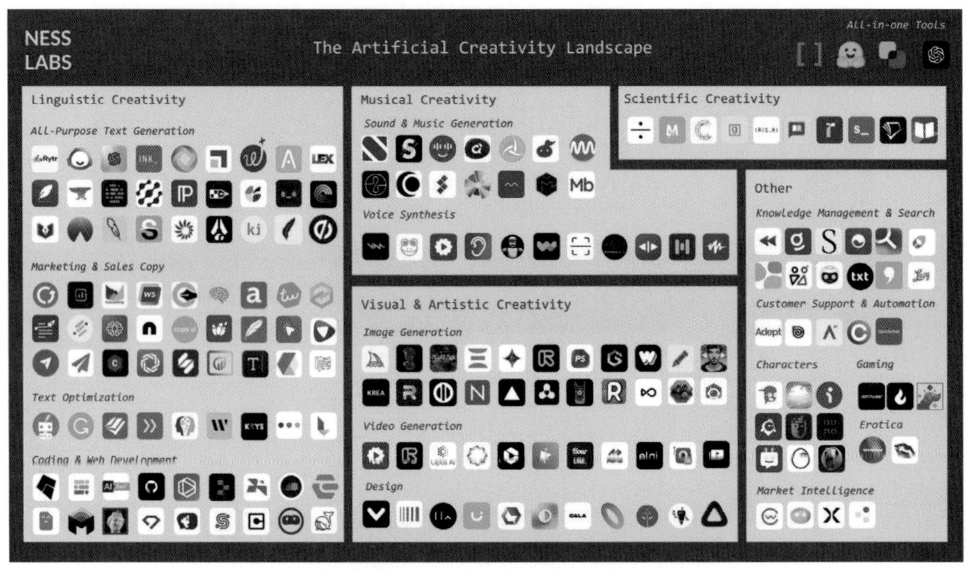

[그림 14-4] 인공 창의성 저작도구

출처: NessLabs (2022).

인공 창의성의 저작 도구 유형은 광고 카피 생성 등을 포함하는 '언어적' 영역, 이미지 · 디자인이나 영상을 만들어 주는 '시각 · 예술적' 영역, 작곡이나 음성 합성 등에 사용되는 '음악적' 영역에서 인공 창의성을 이용할 수 있는 다양한 창작 도구들이 제공되고 있다. 먼저 언어적 인공 창의성의 경우, 범용적인 텍스트 생성과 특정 영역에 전문성을 갖춘 다양한 인공 창작 도구들이 존재한다. 재스퍼(Jasper)나 렉스(Lex)와 같은 범용 텍스트 생성 도구는 프롬프트만 입력하면, 독창적인 콘텐츠를 만들어 낸다. 한편, 특정 분야에서 전문성을 텍스트 생성 도구의 경우, 라벤더(Lavender)는 판매 이메일, 서퍼(Surfer)는 검색 엔진에 최적화된 블로그 게시물, 카피.ai(Copy.ai)는 광고 카피를 자동으로 생성해 준다. 컴퓨터 프로그래밍은 광고기획자가 일하는 방식을 바꿀 수 있는 인공 창의성의 또 다른 영역이다. 리플릿(Replit)이나 깃허브(GitHub)는 '코드 파트너'로서 더 나은 코드를 더 빠르게 작성할 수 있도록 도와준다.

시각 부분에서 AI는 주로 이미지 인식에 사용됐다. 그러나 생성형 AI의 등장으로 미드저니(Midjourney),[5] 스테빌러티 AI(Stability AI)와 같은 창작 도구를 이용하면, 누구나 프롬프트 창에 몇 개의 단어를 입력해 이미지를 생성할 수 있다. 아스트리아(Astria), 아바타 AI(Avatar AI)와 같은 서비스는 소셜 미디어에서 사용할 아바타를 만들어 주며, 오푸스(Opus)와 같은 창작도구를 사용하면 텍스트를 동영상으로 생성할 수 있다.

[그림 14-5] AI로 그린 '스페이스 오페라 극장'

출처: New York Times (2022. 9. 2.).

음악 부분에서는 더브버스(Dubverse)와 같은 창작 도구는 생성형 AI를 사용하여 더빙을 자동화해서 다국어 비디오를 빠르게 제작할 수 있도록 해 준다. 사운드풀(Soundful)이나 부미(Boomy) 서비스를 이용하면 노래를 만들 수 있고, 엔델(Endel) 같은 앱은 사용자가 집중하고 싶을 때 또는 휴식을 취하거나 잠을 청할 때 도움이 되는 사운드를 만들어

5) 이미지 생성형 AI 미드저니로 그린 '스페이스 오페라 극장(Theatre D'opera Spatial)'이 콜로라도 주립 박람회 미술대회 디지털아트 부문에서 1위를 차지하며, AI 시대 창작의 의미에 대한 논쟁을 일으켰다(안병학, 2023).

준다. 이 밖에도 인공 창의성을 활용한 창작도구는 과학적 연구나 지식 관리 등 다양한 분야에서 사용되고 있다.

인공 창의성의 비전에 대한 두 가지 입장이 존재한다. 첫 번째 관점은 AI를 인간의 창의성을 향상시키는 수단으로 간주한다. 즉, 영감을 불러일으키고, 아이디어를 제안하고, 창작과 관련된 장애물을 극복하기 위한 조수(Copilot)로서의 AI이다. 또 다른 관점은 AI가 인간의 창의성을 모방해서 자체적으로 새로운 창의적 작업을 할 수 있는 존재로 본다. 한편, 창의성의 목표는 탐구적 창의성과 변형적 창의성으로 구분된다. 탐구적 창의성은 일정한 규칙이 지배하는 창작 공간을 탐색하는 과정이다. 반면에 변형적 창의성은 규칙을 변형하여 새로운 창의적 공간을 만드는 과정이다. 인공 창의성 창작도구는 비전(인간 창의성의 향상 또는 모방)과 목표(탐구적 또는 변형적 창의성)라는 두 축으로 다음과 같은 매트릭스를 만들 수 있다.

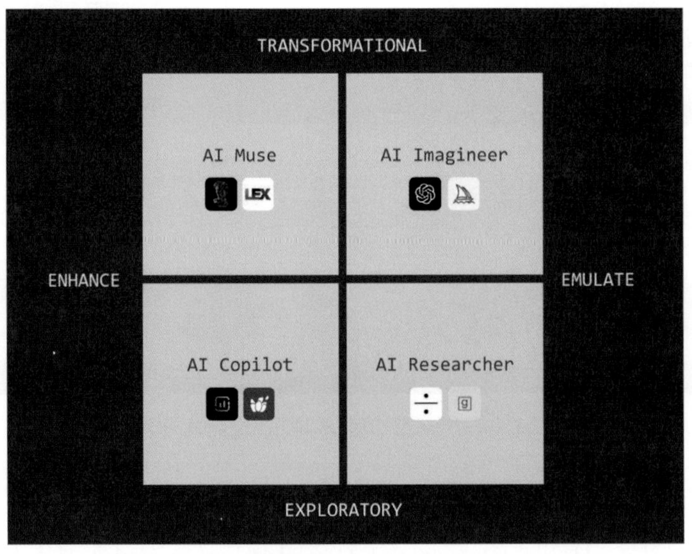

[그림 14-6] 인공 창의성 도구 유형 매트릭스

출처: NessLabs (2022).

생성형 AI는 가까운 미래에 창의성을 요구하는 다양한 창작 작업에 광범위한 영향을 줄 것이다. 인공 창의성 도구로부터 바람직한 결과물을 얻기 위해서는 제대로 된 지시(프롬프트)가 필요하다. 이러한 창작도구를 효과적으로 사용하는 능력은 가까운 미래에 필수적인 역량이 될 것이다.

2. AI 광고

1) AI 시대의 광고산업 쟁점

소비자의 관심이 희소한 자원이 되어 버린 주목의 경제(attention economy) 시대이다. 소비자는 자신과 관련 없는 광고에는 눈길을 주지 않는다. 자신과 관련 없는 광고는 쓰레기(spam)이지만, 나와 관련성 있는 광고는 정보가 된다. 소비자가 필요로 하는 맞춤화된 광고가 필요한 이유이다. 엑센츄어(Accenture) 조사에 따르면, 91%의 소비자가 자신의 소비 행동과 선호를 이해하고 적절한 추천을 제공해 주는 브랜드를 선호한다(Accenture, 2020). 자신의 필요에 부합하는 광고 메시지를 요구하는 소비자를 이해하고 고객 전환율을 높이기 위해서는 인지도 제고, 설득, 전환 등 소비자 구매 여정의 모든 단계에서 소비자를 제대로 이해하고 타깃 소비자에게 정확한 시점에 적합한 방법으로 광고 메시지를 전달하는 것이 필요하다(박종구, 2021; Sterne, 2017).

미디어 파편화로 인한 미디어 플래닝의 복잡화, 광고효과 입증에 대한 높아지는 압력, 기업의 사회적 책임에 대한 요구 증가와 같이 광고시장 환경이 크게 변했다. 구체적으

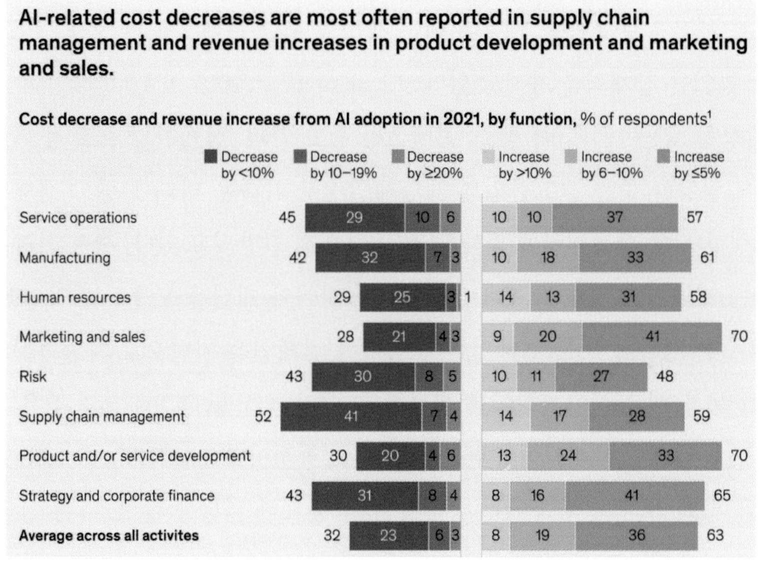

[그림 14-7] 업무 분야별 AI 도입 효과

출처: McKinsey & Company (2022. 12. 6.).

로 소비자와의 접점이 파편화된 환경에서 다양한 채널을 통해 캠페인을 집행하는 경우, 수십 개, 아니 수백 개의 소비자 접점으로부터 정보를 수집하고 복잡한 모델을 적용하여 캠페인 전략을 수립하고 광고 집행의 효과를 파악해야 한다. 이 과정에서 AI는 사람이 하는 분석과는 비교할 수 없을 정도로 탁월하다. 광고산업에서 AI의 활용 영역은 소비자 인사이트 발굴, 고객 세분화, 맞춤화된 서비스를 제공하기 위한 예측모델링과 프로세스 자동화에 이르기까지 빠르게 확장되고 있으며, 광고의 지능화를 이끌 수 있는 수단으로 주목받고 있다(Salesforce, 2021; Taylor & Carlson, 2021).

AI는 인지, 추론, 학습, 환경과의 상호 작용, 문제 해결, 심지어 창의성 발휘와 같이 인간의 마음과 관련된 인지 기능을 수행한다. 현재 다양한 산업 분야에서 AI가 사용되고 있는데, 마케팅과 판매 분야는 AI 사용으로 수입 증가 효과가 발생하는 대표적인 영역이다. 인간의 질문에 대한 답을 글, 이미지(영상), 음성(음악) 등의 양식으로 제시해 주는 생성형 AI는 광고기획을 포함하는 다양한 마케팅 활동에서 생산적인 도구로 쓸모가 더욱 커질 전망이다(McKinsey & Company, 2022. 12. 6.; 2023. 4. 24.).

구체적으로 광고산업에서는 생성형 AI를 활용하여 기존 광고를 기반으로 새로운 광고를 생성할 수 있으며, 예술과 디자인 분야에서는 예술가와 디자이너가 새로운 아이디어와 개념을 생성하여 새로운 작품을 만들 수 있도록 지원해 준다. 또한 엔터테인먼트 영역에서는 새로운 비디오 게임, 영화 및 TV 프로그램 제작에 활용될 수 있다. 기존 데이터를 기반으로 새로운 콘텐츠를 만들어 내는 생성형 AI는 콘텐츠를 생성하고 소비하는 방식을 바꿀 수 있는 잠재력을 가지고 있다(VisualCapitalist, 2023. 1. 1.).

특히, 생성형 AI는 아이디어 창출, 콘텐츠와 광고 카피, 캠페인 테스트 등 다양한 광고 프로세스에 영향을 주는 광고산업의 게임체인저로 가까운 미래에 광고 캠페인의 성공 여부는 생성형 AI의 활용역량에 의해 결정될 것으로 전망되고 있다. 활용 가능성이 가장 높은 분야는 캠페인과 광고 크리에이티브 아이디어와 개념을 도출하는 작업이다. 생성형 AI는 우수한 성과를 거둔 캠페인이나 경쟁사 캠페인을 기반으로 자동화된 아이디어 프로세스를 통해 새로운 아이디어를 생성할 수 있다. Stable Diffusion과 같은 생성형 AI 도구는 새로운 캠페인 아이디어를 생성하는 데 효과적이다.

콘텐츠와 광고 카피 제작 분야는 생성형 AI가 중요한 역할을 할 또 다른 영역이다. 카피라이터와 디자이너로 구성된 대규모 팀을 대신해 생성형 AI를 사용해 작업하는 소규모 팀이 광범위한 크리에이티브 작업을 수행할 수 있다. 그러나 인간의 창의성과 관여가 여전히 필요하다. 생성형 AI는 인간의 대체가 아닌 창의성 증강 도구로 활용될 때 최적의 결과를 얻을 수 있다. 캠페인 테스트의 경우, 실제 고객 데이터를 기반으로 한 테스트가 항상 중요하다. 생성형 AI는 캠페인 테스트의 예측력을 높이는 효과적인 수단이 될 것이다(AdmiralMedia, 2023. 1. 13.).

2) 광고의 진화와 AI 광고

광고계는 소비자에 대한 인사이트 발굴, 광고 제작, 미디어 플래닝, 광고영향 평가 등에서 AI를 활용하는 방안을 모색해 왔다. 광고학 분야의 대표적인 국제학술지인 『광고저널(Journal of Advertising)』은 2019년 9월 '인공지능과 광고(Artificial Intelligence and Advertising)'라는 주제로 특집호를 마련하고, '인공지능이 광고에 미치는 영향' '창의적인 미디어 플래닝을 위한 인공지능 활용방안' '개인화 광고 콘텐츠 제작을 위한 인공지능 활용방안' 등을 다룬 기획 논문을 발표했다.

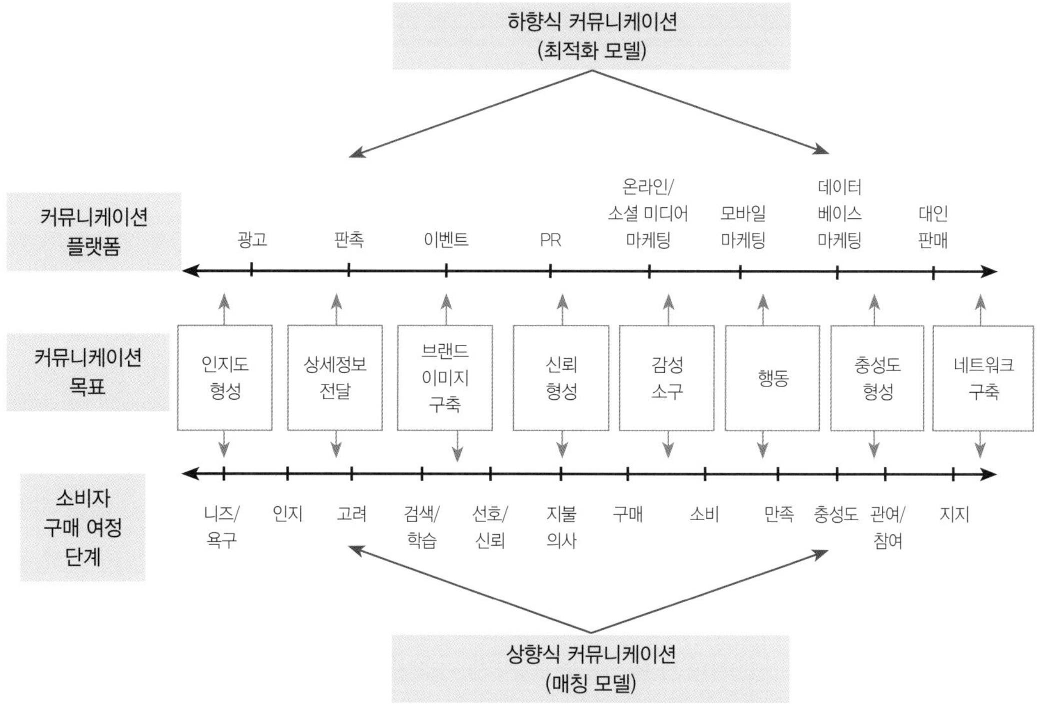

[그림 14-8] **통합 마케팅 커뮤니케이션(IMC) 프레임워크**

출처: Batra & Keller (2016: 137).

AI를 활용한 광고에 대한 개념적 정의도 마련되고 있다. "소비자와 데이터 중심의 알고리즘 매개 브랜드 커뮤니케이션"으로 정의된 '지능형 광고(intelligent advertising)'(Li, 2019: 333)라는 개념이 제안된 이후, 학계의 논의는 지속되고 있다. 이 과정에서 "(소비자를) 설득하려는 의도로 인간과 기계로부터 제공되는 데이터를 학습하는 다양한 AI의 기능을 사용하는 브랜드 커뮤니케이션"으로 정의되는 '인공지능 광고(AI advertising)'라는 개념이 제시됐다(Rodgers, 2021: 2).

마케팅은 "다른 사람과 함께 가치 있는 제품과 서비스를 만들어 제공하고 자유롭게 교환함으로써 개인과 조직의 필요와 욕구를 충족시키는 사회적 과정이다". 한편, 마케팅 커뮤니케이션은 기업이 판매하는 제품과 상표에 대해 직접 또는 간접적으로 소비자들에게 정보를 제공하고, 설득하며 또한 생각하도록 시도하는 수단들로 '광고와 홍보를 포함'하는 개념이다(박종구, 2019; Kotler & Keller, 2012).

마케팅 커뮤니케이션 수단들을 개별적으로 활용하게 되면 일관적인 메시지를 전달할 수 없다. 이것이 통합 마케팅 커뮤니케이션(Integrated Marketing Communication: 이하 IMC)이 등장한 배경이다. IMC는 정보통신 혁명으로 고객과의 접점이 폭발적으로 늘어난 상황에서 고객과의 모든 접점에서 일관된 소통을 할 수 있도록 프로모션의 구성 요소들인 광고, PR, 판매촉진 등을 독립적인 수단으로 보지 않고 통합적으로 활용하는 커뮤니케이션 전략을 수립해서 추진하는 것을 말한다(Batra & Keller, 2016). 소비자 여정(customer journey)은 필요와 욕구 및 인지를 시작으로 초기 고려, 적극적인 평가, 구매 및 구매 후 행동의 과정을 거친다(Court et al., 2009). AI는 효과적이고 효율적인 IMC를 수행하기 위해 소비자 여정의 모든 단계에서 활용되고 있다(Kietzmann, Paschen, & Treen, 2018).

3) 소비자 구매여정에 따른 AI 활용 사례

먼저 소비자 필요와 욕구의 발견 단계에서는 AI가 도입되기 전에도 광고주들은 시장조사나 웹 분석, 데이터 마이닝을 통해 고객의 니즈를 이해하기 위한 정보를 구축해 왔다. 그러나 AI의 도입으로 파편화된 미디어 환경에서 소비자가 남긴 디지털 흔적들을 종합적으로 수집·분석해서 떠오르는 소비자 니즈와 욕구를 파악할 수 있게 됐다.

초기 고려단계에서 소비자는 자신의 니즈를 충족시킬 수 있는 대안들을 수집해 검토한다. 이 단계에서 광고의 목표는 자사 브랜드가 선택 대안에 포함되도록 하는 것이다.

이 단계에서 광고주는 AI를 활용해 특정 시점에 소비자의 정보 요구를 충족시킬 가능성이 가장 높은 광고 메시지를 파악해서 제시할 수 있다.

〈표 14-2〉 **소비자 구매 여정에 따른 AI 광고 사례**

단계	필요/욕구 발견	초기 고려	적극적 평가	구매결정	구매 후 행동
소비자 행동	• 필요/욕구 인지	• 가능한 솔루션 검토	• 선택 대안 비교	• 가치 평가	• 구매결정 평가
광고 목표	• 소비자 필요/ 욕구 탐지	• 목표 소비자 도달	• 신뢰 획득과 소비자 설득	• 제공가치 강화 및 보증	• 재구매 유도
전통적 광고 활동	• 고객정의 • 니즈/욕구 이해	• 가치명제 제시	• 정보접근 촉진	• 혜택 입증, 구매 인센티브 제공	• 고객관계관리, 브랜드 충성도 제고
AI 광고 활용방안 및 사례	• 심층적인 소비자 이해	• AI 기반 광고 타깃팅, 잠재 고객 예측	• 구매가능성 점수화 • 광고 메시지 개인화 • 감성인공지능	• 구매 지능화 • 동적 가격책정 • 광고 리타기팅	• 소비자지원 챗봇 • 성향 모델링 • 1:1 CRM
	• Pinterest • Asko	• Zendesk	• Asos • Kellogg's	• Staples • Amazon • Tumi	• Autodesk • Wordsmith

출처: Kietzmann, Paschen, & Treen (2018: 265) 재구성.

소비자들이 선택 대안을 적극적으로 평가하는 단계에서 광고 목표는 구매 가능성이 높은 소비자를 파악해 신뢰할 수 있고 설득력 있는 광고 메시지를 전달하는 것이다. 이 단계에서 AI는 구매가능성 점수화, 광고 메시지 개인화, 감성인공지능을 통해 목표 달성의 가능성을 높인다. AI는 실시간으로 소비자 행동을 파악해 개인화된 광고 메시지를 전달할 수 있다.

구매단계에서 광고주는 경쟁사보다 뛰어난 자사 제품의 가치를 강조함으로써 소비자가 제품을 구매하도록 만드는 것을 광고 목표로 삼는다. 이 과정에서 AI는 구매과정을 지능화하고 동적인 가격설정 등을 가능하게 해 준다. 동적인 가격설정이란 소비자 행동, 계절성 및 경쟁사 판매가격 등에 대한 정보를 종합적으로 분석해서 실시간으로 가격을 조정하는 것을 말한다.

구매 후 단계에서도 재구매율을 높이기 위한 소비자 지원이나 성향 모델링을 위해 AI가 사용되고 있다. 고객 성향 모델링이란 고객 라이프 사이클이나 이탈 성향 등을 파악하기 위한 것으로 AI를 통해 예측모델링이 이루어지면, 광고주는 예측모델이 제시하는 기준에 따라 개인화된 고객관계관리를 할 수 있다.

4) 생성형 AI를 활용한 영상 광고 제작 사례

광고산업에서 AI의 활용은 소비자 여정에 따른 광고 집행에서뿐만 아니라, 스토리텔링 작성과 같은 광고 제작 분야에서도 이미 사용되고 있다. IBM Watson AI 시스템이 개발한 스크립트로 제작된 2018년 Lexus 'Driven by Intuition' 캠페인은 AI가 쓴 대본으로 제작된 광고업계 최초의 상업광고이다. 이 광고물은 왓슨이 만든 스크립트 흐름과 개요를 바탕으로 크리에이티브 에이전시가 스토리를 구축했다.

[그림 14-9] AI 스토리텔링으로 제작된 최초의 상업광고: 렉서스-IBM 'Driven by Intuition'
출처: Variety (2018. 11. 19.). https://youtu.be/6qEbgOKXpLg

AI 왓슨은 이 광고물을 제작하기 위해 칸 라이언즈 상을 수상한 자동차 및 럭셔리 브랜드 캠페인에 대한 15년 분량의 영상, 텍스트 및 오디오와 기타 다양한 외부 데이터를 분석해서, 이들 광고물이 공통적으로 포함하고 있는 감성적이고 재미있는 요소를 식별했다. 스토리라인을 작성할 때 왓슨은 다양한 데이터를 학습해 사람들이 자동차 광고에 어떻게 반응하는지 분석하고, 소비자에게 가장 소구하는 지점을 찾아냈다. AI를 통해 창의적인 칸라이언즈 수상작들의 공통 속성을 찾아내고 광고 제작에 반영한 이 광고물은 AI 시대 광고산업에서 사람과 AI가 협력하는 방법을 보여 주는 대표적인 사례로 평가받고 있다(Variety, 2018. 11. 19.).

생성형 AI를 광고에 접목한 국내외 사례도 등장했다. 먼저 국내의 경우, KB라이프생

명의 '라이프를 나름답게' 캠페인은 인생 전반에 생명보험의 가치를 전달한다는 광고 메시지를 설정하고, 딥러닝 기술을 사용해서 한 여배우 인생 여정을 보여 주었다(중앙일보, 2023. 1. 31.). 한편, 해외에서는 챗GPT를 활용한 광고가 등장했다. '당신 이야기에 대한 영광(Glory to your story)'이라는 온라인 동영상 광고는 광고에 등장하는 인물들의 배경 이야기를 챗GPT를 통해 생성했다(AdWeek, 2023. 1. 31.). 저작권 등 법제도적인 정비가 이루어지면(최나빈, 2023), 생성형 AI는 더 폭넓게 수용될 것이다.

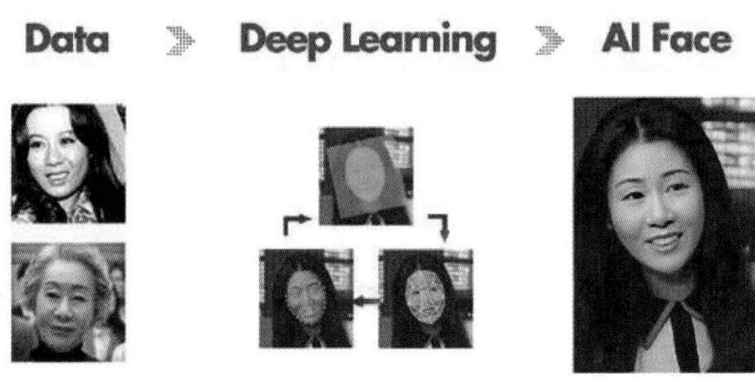

ARTIFICIAL INTELLIGENCE

How Brands and Agencies Are Experimenting With ChatGPT From Copywriting to Chatbots

From copywriting to chatbots, with Mint Mobile and Avocados From Mexico

Genealogy site Storied used ChatGPT to generate backstories for the family in its ad. Storied

[그림 14-10] 생성형 AI를 이용한 광고사례
(위: 딥러닝을 통해 배우의 20대 모습 복원, 아래: 챗GPT를 이용한 광고 스토리 제작)

출처: 중앙일보(2023. 1. 31.); Adweek (2023. 1. 31.).

3. AI 기반 광고창작 지원 공공 인프라, 아이작(AiSAC)

1) 아이작 서비스의 개요

판로 개척이 중요한 중소기업과 소상공인들에게 광고는 필수적이다. 하지만 사전 기획(Pre-production) 단계에서 많은 시간과 비용이 소요되며, 경험과 직관에 의존하는 방식도 계속되고 있다. 광고 예산도 만만치 않은 부담이다. 한편, K-콘텐츠 산업의 지속적 성장을 위해서는 콘텐츠를 기획하고 제작하는 인재 양성이 필수적이다. 산학연 협력 창의 인재, 콘텐츠 기획과 제작 역량을 첨단 기술과 융합할 수 있는 융복합인재가 K콘텐츠 산업의 필요 인재상이다.

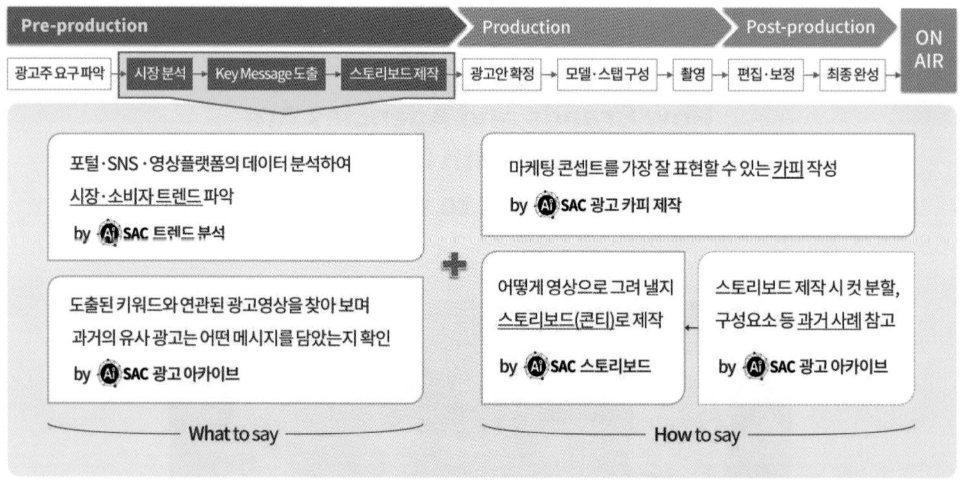

[그림 14-11] 아이작 광고기획 지원 기능

출처: 한국방송광고진흥공사(2023c).

한국방송광고진흥공사(KOBACO)가 제공하는 AI 기반 광고 창작 지원 플랫폼인 아이작은 중소기업, 1인 콘텐츠 창작자, 예비 광고인을 대상으로 AI를 활용한 광고기획을 지원하기 위한 목적으로 개발됐다.[6] 2021년 광고 아카이브와 스토리보드 제작 서비스를 시작으로 마케팅 트렌드 분석과 광고 카피 제작 기능을 추가해 시장분석, 광고 카피, 스토리보드 제작 등 광고기획 전 과정을 지원했다(한국방송광고진흥공사, 2023a, 2023d).

[그림 14-12] 아이작 개요: 주요 서비스

출처: 한국방송광고진흥공사(2023b).

---

6) 한국방송광고진흥공사(2023a). "데이터 플래그십 사례집."
한국방송광고진흥공사(2023b). "2023년 아이작 소개 리플렛."
한국방송광고진흥공사(2023c). "AI 광고창작 지원시스템 '아이작' 이용 교육."
한국방송광고진흥공사(2023d). "AI 광고창작 지원시스템 AiSAC(아이작) 리뉴얼 오픈!"
https://www.youtube.com/watch?v=4K6A6o4zF2o

2) 아이작 이용 가이드

(1) 시장 트렌드와 소비자 분석

광고 제작 프로세스의 첫 단계는 시장을 분석하고 소비자의 니즈를 파악해서 목표고객을 설정하는 것이다. 마케팅 트렌드 분석 서비스는 빅데이터 처리 및 시각화 기술의 도움으로 시장과 소비자, 경쟁사에 대한 일목요연한 분석을 할 수 있도록 해 준다. 키워드 인사이트(트렌드, 아카이빙), 관심사 트렌드, 쇼핑 트렌드 등 크게 네 부분으로 구성되어 있는데, 주요 포털의 검색 데이터를 한눈에 비교할 수 있고, 인스타그램 데이터도 분석할 수 있으며, 입체적인 분석이 가능하도록 네이버 쇼핑 트렌드를 재구조화하여 시각적으로 제공해 준다(한국방송광고진흥공사, 2023a).

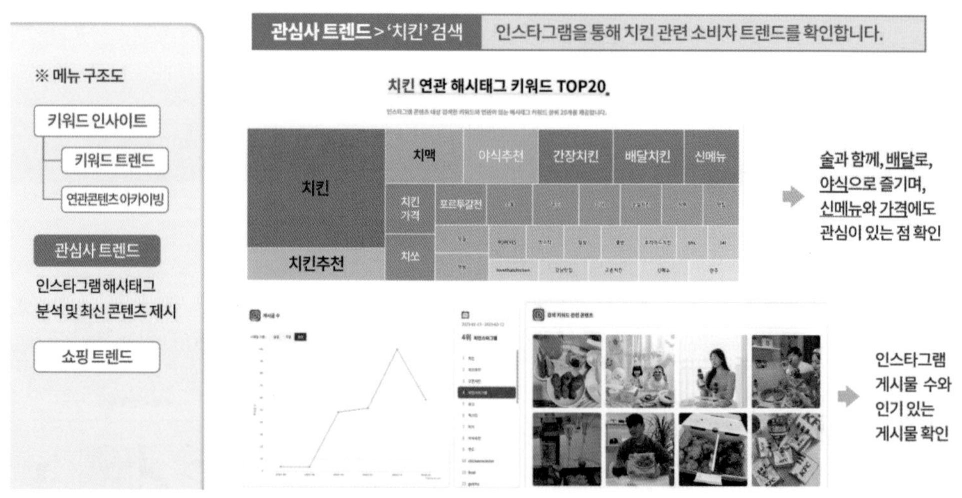

[그림 14-13] 아이작 트렌드 분석 기능

출처: 한국방송광고진흥공사(2023c).

(2) 광고 카피 생성

소비자, 시장 그리고 경쟁사 분석 이후에는 잠재 고객에게 전달하고자 하는 광고 메시지를 결정해야 한다. 아이작 AI 광고 카피 생성 서비스는 상품 및 서비스 범주와 상품 및 서비스명, 키워드 등을 입력하면 AI가 적절한 광고 문구를 생성해 준다. 예를 들어, '가구' 범주에서 '패브릭 소파' '공간'의 키워드를 입력하면 "패브릭 소파로 공간을 살리다" "패브릭 소파로 공간을 더욱 아름답게" "패브릭 소파로 공간을 창조하다" 같은 광고 카피가 AI를 이용해 자동적으로 만들어진다. 생성된 카피들은 이용자가 직접 수정할 수 있다. 또한, 광고 카피의 생성 서비스는 인스타그램, 유튜브 콘텐츠에서 광고 카피에 적합한 이미지를 추천해 주어 콘티 아이디어를 보다 효과적으로 구체화할 수 있다(한국방송광고진흥공사, 2023a).

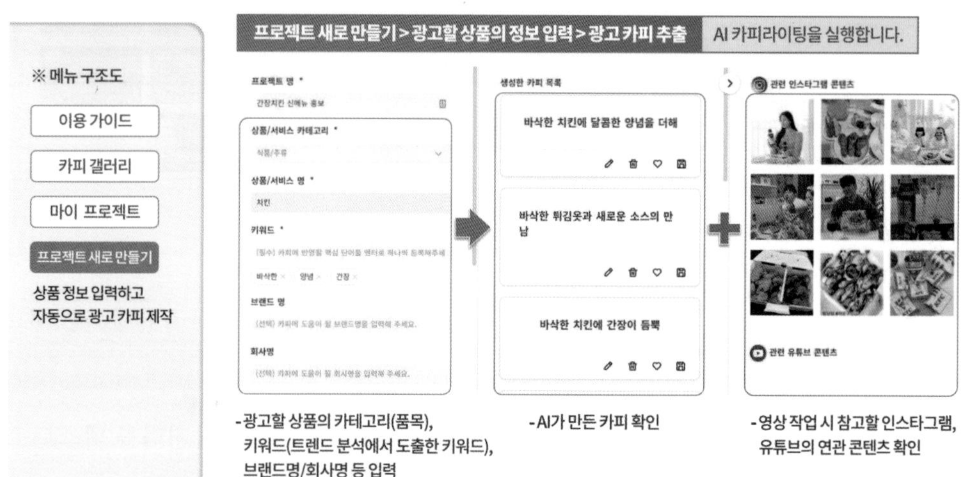

[그림 14-14] **아이작 광고 카피 생성 기능**

출처: 한국방송광고진흥공사(2023c).

(3) 광고 영상 아카이브

아이작은 광고에 자주 등장하는 인물, 사물, 장소, 랜드마크 등 1,000종 이상의 객체를 인식할 수 있게 설계됐다. 광고 영상이 아이작 서버로 들어오면 0.5초 단위로 등장하는 객체를 잡아내어 객체 정보를 식별해서 제공하면, 이용자는 원하는 객체가 등장한 특정 장면만을 선별적으로 확인할 수 있게 된다. 아이작은 AI가 인식한 객체정보와 더불어 광고주, 대행사, 업종, 품목 등과 같은 '광고정보'와 AI가 객체인식으로 식별할 수 없는 내용적 특징과 같은 콘텐츠 데이터를 추가로 생성해서 '럭셔리한' 'CM송' 같은 키워드로 원하는 광고 소재를 쉽게 조회할 수 있게 했다(박종구, 2021).

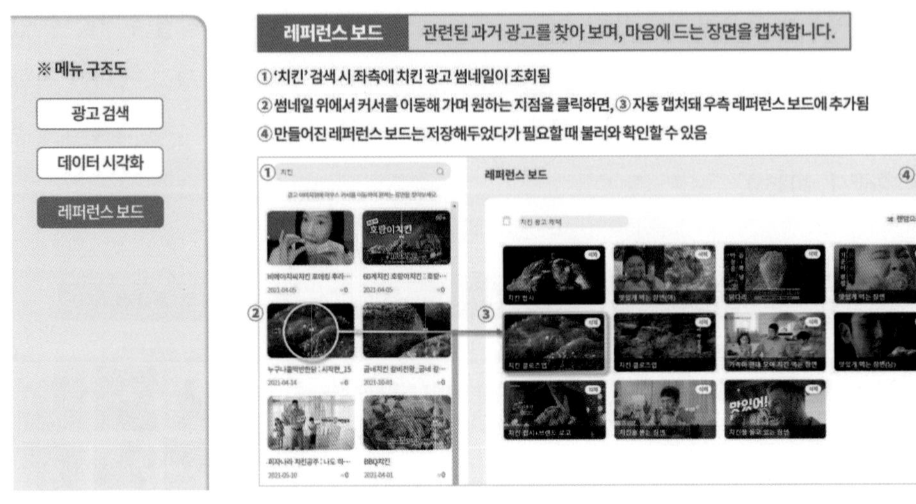

[그림 14-15] **아이작 광고 영상 아카이브 서비스**

출처: 한국방송광고진흥공사(2023c).

(4) 스토리보드 제작

광고 스토리보드 생성 서비스는 이용자가 만들고자 하는 광고의 줄거리를 텍스트로 입력하면, AI가 스스로 텍스트에 해당하는 그림을 그려 스토리보드를 완성해 주는 기능을 제공한다. 텍스트 인식을 위해 자연어 처리 알고리즘이 적용됐고, 스토리보드에 넣을 그림을 그리기 위해 이미지 생성에 사용되는 GAN(Generative Adversarial Network) 알고리즘이 적용됐다(박종구, 2021).

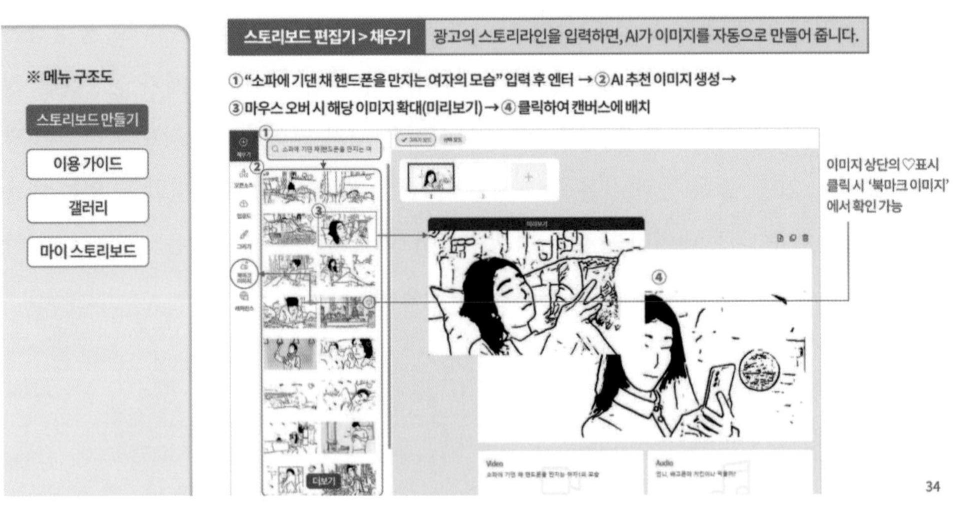

[그림 14-16] **아이작 스토리보드 제작 기능**

출처: 한국방송광고진흥공사(2023c).

4. 마무리

디지털과 AI 시대에 광고기획의 핵심은 '호기심'과 '해 보기'이다. 단순히 글을 읽고 쓰는 능력 차원이었던 리터러시는 시대가 변하면서 요구되는 능력과 핵심가치가 달라졌고 범위도 확장됐다. 미디어 리터러시란 '미디어에 접근해서 메시지를 평가하고 숙련된 방법으로 메시지를 만들어 내어 의사소통할 수 있는 능력'으로 미디어 시대를 살아가는 데 필요한 필수적인 역량이다. 사람들이 시대 문화에 참여하고, 필요한 뉴스나 정보를 효율적으로 선택할 수 있게 만들어 주기 때문에 중요하다.

미디어 리터러시는 다양한 형태의 읽기와 쓰기 능력으로 구성된 다차원적인 개념으로

〈표 14-3〉 AI 시대의 'AI 리터러시'

리터러시	정의
미디어 리터러시 (Renee, 2010)	• 다양한 형태의 미디어에 대한 접근, 분석, 평가, 소통 능력으로 특정 매체에 한정되지 않고 모든 미디어에서 보편적으로 요구되는 능력 ※ 기술 발전에 따라 매체의 특성을 반영한 리터러시로 세분화됨
디지털 리터러시 (Bauer & Ahooei, 2018)	• 미디어 리터러시의 한 유형으로 다양한 디지털 플랫폼에서 정보를 발견, 평가, 생산, 소통하는 개인의 능력 ※ 디지털 기기를 작동하는 기술적 능력뿐만 아니라, 디지털 환경에서 업무를 수행하는 데 있어 사용되는 다양한 인지적 능력을 포함함
데이터 리터러시 (Gray, Gerlitz, & Bounegru, 2018; Wikipedia, 2023. 4. 8.)	• 데이터를 읽고, 이해하고, 생산하고, 다룰 줄 아는 능력으로 데이터 수집과 공유가 일상사가 되고 데이터 분석과 빅데이터가 산업, 정부, 사회에서 중요한 요소가 됨에 따라 중요성이 커지고 있음 ※ 특정 목적을 위해 적합한 데이터가 무엇인지 알고, 시각화된 데이터를 해석하고, 데이터분석을 통해 생산된 정보를 비판적으로 이해하는 능력 등으로 수리적, 통계적, 기술적 역량의 결합임
프라이버시 리터러시 (Pingo & Narayan, 2017)	• 개인정보를 보호함과 동시에 정보화 사회를 이해하고 살아가는 데 필요한 인식과 수단 ※ 프라이버시 리터러시는 온라인 환경에서 개인정보가 어떻게 추적되고 이용되는지에 대한 인식과 이해 수준을 의미함
인공지능(AI) 리터러시 (Long & Magerko, 2020)	• 개인이 AI 기술을 비판적으로 평가하고 AI와 효과적으로 커뮤니케이션 및 협업하며, 다양한 상황에서 AI를 도구로 사용할 수 있는 일련의 역량 ※ AI 리터러시의 선행 역량은 디지털 리터러시이며, 데이터 리터러시와도 밀접하게 관련됨

출처: 박종구(2018: 362-363) 보완.

모든 미디어에서 보편적으로 요구되는 능력이다. 한편, 새롭게 등장한 미디어 테크놀로지가 요구하는 복합적인 능력을 아우르는 용어로 메타 리터러시(meta literacy)라는 개념이 제시됐으며, 현재 리터러시는 디지털 리터러시, 데이터 리터러시 등으로 세분화됐다(박종구, 2018). 한편, "개인이 AI 기술을 비판적으로 평가하고 AI와 효과적으로 커뮤니케이션 및 협업하며, 온라인, 가정 및 직장에서 AI를 도구로 사용할 수 있는 일련의 역량"으로 정의되는 '인공지능(AI) 리터러시'에 대한 주목과 교육 정책이 요구되는 시점이다(이유미, 박윤수, 2021; Stanford University HCI, 2023. 4. 3.).

AI의 진화와 확산은 우리에게 새로운 문해력을 요구한다(Ng, 2023). 그동안의 정보 활용역량은 필요한 '정보'를 신속하게 획득하는 검색 능력에 의존해 왔다. 생성형 AI의 등장으로 AI와 상호 작용하여 필요한 답을 원하는 양식대로 빠르게 얻어내는 능력인 '프롬프트 엔지니어링(prompt engineering)' 역량이 중요해질 것으로 전망된다. '프롬프트'란 생성형 AI가 답을 생성하기 위한 입력 값으로 사용자의 프롬프트 작성 능력에 따라 결과물의 품질이 달라진다.

프롬프트에 포함된 문구들의 미세한 조정이 결과물에 극적인 차이를 가져온다. 더 높은 품질의 응답을 얻으려면 생성형 AI가 잘 이해할 수 있는, 정제된 언어로 구조화된 프롬프트를 구성하는 것이 중요하다. '프롬프트 엔지니어링'이란 생성형 AI로부터 높은 품질의 결과물을 얻어낼 수 있는 프롬프트 입력 값들의 조합을 찾는 작업이다. 인간과 마찬가지로 적합한 답을 듣기 위해서는 구체적으로 질문하고, 질문을 이해하는 데 필요

[그림 14-17] 프롬프트 엔지니어링 관련 무료 교육

출처: DeepLearning.AI & OpenAI (2023).

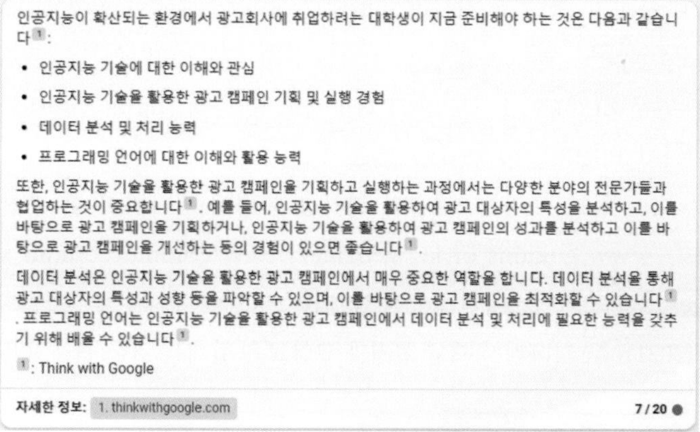

[그림 14-18] AI 시대, 예비 광고인의 준비사항

출처: bing.com GPT-4(접속일: 2023. 4. 30.).

한 맥락을 함께 제공하며, 얻고자 하는 바를 명확히 제시해야 한다(Seongjin.me, 2023. 2. 12.).

챗GPT라는 생성형 AI가 우리 일상의 전면(front-end)에 등장했고, 다양한 분야에서 인공 창의성을 활용하기 위한 창작 도구들은 더욱 확산될 것이다. 그리고 광고기획처럼 창의성이 필요한 작업에서 이러한 도구들을 효과적으로 활용할 수 있는 새로운 능력이 필요할 것이다. AI 광고 시대, 창의성을 키우기 위한 출발점은 '호기심'과 직접 '해 보기'이다. 챗GPT보다 더 똑똑한 GPT-4도 같은 의견을 보여 주었다.

참고문헌

박종구(2018). 데이터경제 시대 스마트광고 리터러시. 원용진 외 공저, 4차 산업혁명 시대의 미디어 리터러시 교육. 지금.

박종구(2019). DT와 마케팅 커뮤니케이션. 곽규태 외 공저, 데이터 테크놀로지와 커뮤니케이션 연구. 커뮤니케이션북스.

박종구(2021). 인공지능과 광고: AI 광고 사례. 강정석 외 공저, 인간 정서와 AI. 한울아카데미.

박종구(2023). 생성형 인공지능과 광고. KOBACO 광고미디어 트렌드 리포트.

서민준, 이충환, 한상기, 한세희(2023). 챗GPT: 기회인가, 위기인가. 동아엠앤비.

소프트웨어정책연구소(2023. 2. 27.). 초거대 언어모델의 부상과 주요 이슈: ChatGPT의 기술적 특징과 사회적 · 산업적 시사점. https://spri.kr/posts/view/23561?code=&study_type=&board_type=

소프트웨어정책연구소(2023. 3. 15.). GPT-4 개요 및 특징. https://spri.kr/posts/view/23564?code=AI-Brief&s_year=&data_page=1

안병학(2023). AI와 함께 우리는, 예술의 역사를 어떻게 써나가야 할 것인가? 예술경영, 489. https://www.gokams.or.kr/webzine/wNew/column/column_view.asp?idx=2609&page=1&c_idx=85&searchString=&c_idx_2=

이유미, 박윤수(2021). AI 리터러시 개념 설정과 교양교육 설계를 위한 연구. **어문론집**, 85, 451-474.

중앙일보(2023. 1. 31.). 윤여정 배우의 20대 모습 복원 AI 딥러닝 기술 활용한 광고 화제. https://www.joongang.co.kr/article/25137022#home

최나빈(2023). AI가 만든 예술작품의 저작권 인정 여부 논쟁 진단. 예술경영, 489, https://www.gokams.or.kr/webzine/wNew/column/column_view.asp?idx=2606&page=1&c_idx=95&searchString=&c_idx_2=

한국방송광고진흥공사(2023a). 데이터 플래그십 사례집.

한국방송광고진흥공사(2023b). 2023년 아이작 소개 리플렛.

한국방송광고진흥공사(2023c). AI 광고창작 지원시스템 '아이작' 이용 교육.

한국방송광고진흥공사(2023d). AI 광고창작 지원시스템 AiSAC(아이작) 리뉴얼 오픈! https://www.youtube.com/watch?v=4K6A6o4zF2o

Accenture (2020). Artificial Intelligence: The fast track to retail value at scale. www.accenture.com/_acnmedia/PDF-114/Accenture-Artificial-Intelligence-Retail-2020.pdf

Admiral Media (2023. 1. 13.). How generative AI can change the advertising industry for good. https://admiral.media/how-generative-ai-can-change-the-advertising-industry-for-good/#How_Generative_AI_Will_Change_the_Advertising_Industry

Adweek (2023. 1. 31.). How brands and agencies are experimenting with ChatGPT from copywriting to Chatbots https://www.adweek.com/brand-marketing/brands-agencies-experimenting-chatgpt-copywriting-chatbots/

Batra, R., & Keller, K. (2016). Integrating marketing communications: New findings, new lessons, and new ideas. *Journal of Marketing, 80*(6), 122-145.

Bauer, A. T., & Ahooei, E. M. (2018). Rearticulating internet literacy. *Journal of Cyberspace Studies, 2*(1), 29-53.

Cognizant (2023. 1. 30.). ChatGPT and the generative AI revolution. https://www.cognizant.

com/us/en/insights/perspectives/chatgpt-and-the-generative-ai-revolution-wf1532750

Court, D., Elzinga, D., Mulder, S., & Vetvik, O. J. (2009). The consumer decision journey. *McKinsey Quarterly, 3*(3), 96-107. www.mckinsey.com/business-functions/marketing-and-sales/our-insights/the-consumer-decision-journey

DeepLearning.AI & OpenAI (2023). ChatGPT prompt engineering for developers. https://www.deeplearning.ai/short-courses/chatgpt-prompt-engineering-for-developers/

Financial Times (2023. 1. 25.). Generative AI: how will the new era of machine learning affect you? https://www.ft.com/content/1e34f334-4e73-4677-9713-99f85eed7ba0

Gray, J., Gerlitz, C., & Bounegru, L. (2018). Data infrastructure literacy. *Big Data & Society, 5*(2), 1-13. http://journals.sagepub.com/doi/pdf/10.1177/2053951718786316

Javatpoint (2023). Artificial Intelligence Definition. https://www.javatpoint.com/artificial-intelligence-definition

Kietzmann, J., Paschen, J., & Treen, E. (2018). Artificial intelligence in advertising: How marketers can leverage artificial intelligence along the consumer journey. *Journal of Advertising Research, 58*(3), 263-267.

Kotler, P., & Keller, K. (2012). *Marketing management* (14th ed.). Prentice Hall.

Li, H. (2019). Special section introduction: Artificial intelligence and advertising. *Journal of advertising, 48*(4), 333-337.

Long, D., & Magerko, B. (2020. 4.). What is AI literacy? Competencies and design considerations. In Proceedings of the 2020 CHI Conference on Human Factors in Computing Systems, 1-16.

McKinsey & Company (2022. 12. 6.). The state of AI in 2022-and a half decade in review. https://www.mckinsey.com/capabilities/quantumblack/our-insights/the-state-of-ai-in-2022-and-a-half-decade-in-review

McKinsey & Company (2023. 4. 24.). What is AI? https://www.mckinsey.com/featured-insights/mckinsey-explainers/what-is-ai?stcr=CB6DBFF923C34A828A121F711024050B&cid=other-eml-alt-mip-mck&hlkid=987472c7388d415d880da93cce85702f&hctky=11494501&hdpid=e06be9f8-85a5-44eb-acd0-40b86e19f09c

NessLabs (2022). AI and I: The Age of Artificial Creativity. https://nesslabs.com/artificial-creativity

New York Times (2022. 9. 2.). An A.I.-generated picture won an art prize. https://www.nytimes.com/2022/09/02/technology/ai-artificial-intelligence-artists.html

Ng, A. (2023). How to build your career in AI. https://wordpress.deeplearning.ai/wp-content/

uploads/2022/10/eBook-How-to-Build-a-Career-in-AI.pdf

OpenAI (2023. 3. 27.). GPT-4 Technical Report. https://arxiv.org/pdf/2303.08774.pdf

Pingo, Z., & Narayan, B. (2017). Privacy literacy: Extending information literacy in the age of social media and big data. i3 Information Interactions and Impact, 169-170.

Renee, H. (2010). Digital and media literacy: A plan of action. The Aspen Institute. https://www.aspeninstitute.org/wp-content/uploads/2010/11/Digital_and_Media_Literacy.pdf

Rodgers, S. (2021). Themed issue introduction: Promises and perils of artificial intelligence and advertising. *Journal of Advertising, 50*(1), 1-10.

Salesforce (2021). 5 ways Artificial Intelligence is changing advertising sales. www.salesforce.com/blog/artificial-intelligence-advertising-sales/

Seongjin.me (2023. 2. 12.). ChatGPT를 비롯한 대화형 AI 서비스에서 더 좋은 결과물을 얻게 해주는 프롬프트 엔지니어링(Prompt Engineering). https://seongjin.me/prompt-engineering-in-chatgpt/

Sequoia Capital (2022. 10. 19.). The generative AI application landscape. https://twitter.com/sonyatweetybird/status/1582040028015837187/photo/1

Stanford University Human-Centered Artificial Intelligence (2023. 4. 3.). 2023 AI Index: A year of technical achievement. https://hai.stanford.edu/news/2023-ai-index-year-technical-achievement-newfound-public-scrutiny

Sterne, J. (2017). *Artificial intelligence for marketing: practical applications*. John Wiley & Sons.

Taylor, C. R., & Carlson, L. (2021). The future of advertising research: new directions and research needs. *Journal of Marketing Theory and Practice, 29*(1), 51-62.

Variety (2018. 11. 19.). First AI-scripted commercial debuts, Directed by Kevin Macdonald for Lexus (Watch). https://variety.com/2018/digital/news/lexus-ai-scripted-ad-ibm-watson-kevin-macdonald-1203030693/

VisualCapitalist (2023. 1. 1.). Generative AI explained by AI. https://www.visualcapitalist.com/generative-ai-explained-by-ai/

Wikipedia (2023. 4. 30.). Artificial intelligence. https://en.wikipedia.org/wiki/Artificial_intelligence

Wikipedia (2023. 4. 8.). Data literacy. https://en.wikipedia.org/wiki/Data_literacy

제15장

효과적인 미디어 전략 제시하기*

광고를 집행하기 위해서는 기획이 제일 중요하다고 여겨지지만, 실질적으로 비용을 최적화하면서 지출하는 매체 전략도 중요하다. 예전과 다르게 TV 광고를 중심으로 한 전통 매체보다는 디지털 매체 집행이 더 늘어나고 있다. 우리나라의 대표 광고회사인 제일기획의 경우 디지털 사업을 지속적으로 확장한 것으로 나타났다. 2022년 매출 총이익 기준 디지털 사업 비중이 53%로 2021년보다 3%포인트 상승했으며 닷컴 · e커머스 등 디지털 사업을 지속하고 디지털 서비스 영역을 확대하여 디지털 사업 실적이 2021년 대비 27% 증가한 것으로 나타났다. 리테일 등 비매체 광고(BTL) 사업 비중은 30%, 매체 광고(ATL) 사업 비중은 18%를 차지하고 있다.

이와 같이 비매체 광고와 디지털 매체가 확대됨에 따라 예전의 전통 매체 광고의 비중이 줄게 됐다. 예전의 미디어 전략과는 다르게 대중을 타깃으로 한 전략보다는 개인을 타깃으로 한 전략들이 더 중요하게 됐다. 디지털 매체 광고비의 비중이 이제는 전체 광고비의 50%를 넘게 되어 매체기획에도 큰 변화를 가져오고 있다. 이와 같은 변화 속에서 이 장에서는 전통 매체와 디지털 매체를 나누어 개념과 성격 그리고 광고 유형 등을 정리하고 이에 따라 실질적 사례들을 제시하려 한다.

---

*심성욱(한양대학교 광고홍보학과 교수)

1. 전통 매체

1) TV 광고

지상파TV는 KBS, MBC, SBS, EBS 등이 있으며 지역 민영방송국(이하 지역민방)들이 있다. 〈표 15-1〉에서 알 수 있듯이, 한국방송광고진흥공사의 홈페이지에 있는 방송광고 유형은 다음과 같다(한국방송광고진흥공사, 2023). 한국방송광고진흥공사는 매월 일정량의 광고 분량을 정기적으로 판매하는 정기물 판매 외에 방송광고 거래 활성화를 기여하고 광고주, 광고회사의 효율적 구매욕구를 충족시키기 위해 다음과 같은 방송광고 판매방식을 취하고 있다. UPFRONT, PREEMPTION, CM 순서 지정 판매 등 다양한 판매방식을 도입하고 있다(〈표 15-2〉 참조). 다음은 종합편성채널 방송 MBN의 편성표이다. [그림 15-1]에서 알 수 있듯이, 시급(SA, A, B, C)이 나타나 있고 시간과 프로그램이 제시되어 있다. 프리미엄 시간대인 SA급은 밤 8시부터 12시까지 되어 있다.

〈표 15-1〉 방송광고의 유형

<table>
<tr><th rowspan="2">유형</th><th colspan="2">TV</th><th rowspan="2">비고</th></tr>
<tr><th>허용량</th><th>초수</th></tr>
<tr><td>프로그램 광고</td><td rowspan="2">방송프로그램 편성 시간의 최대 18/100 초과 금지(단, 지상파TV 프로그램광고는 15/100 초과 금지)</td><td>15 "</td><td>프로그램의 스폰서로 참여하여 본 방송 전후에 방송되는 광고</td></tr>
<tr><td>토막 광고(SB)</td><td>20 " 30 "</td><td>프로그램과 프로그램 사이의 광고</td></tr>
<tr><td>자막 광고
(ID,곧이어)</td><td rowspan="2">채널별로 1일 동안 방송되는 방송프로그램 편성 시간당 방송광고 시간의 비율의 평균이 15/100 이하</td><td>10 "</td><td>방송 순서 고지(곧이어), 방송국 명칭 고지(ID)시 화면 하단에 방송되는 자막 형태의 광고</td></tr>
<tr><td>시보 광고</td><td>10 "</td><td>현재시간 고지 시 함께 방송되는 광고</td></tr>
<tr><td>간접 광고</td><td>방송프로그램 시간의 5/100 이내</td><td>–</td><td>방송프로그램 안에서 상품을 소품으로 활용하여 그 상품을 노출시키는 형태의 광고</td></tr>
<tr><td>가상 광고</td><td>방송프로그램 시간의 5/100 이내</td><td>–</td><td>방송프로그램에 컴퓨터 그래픽을 이용하여 만든 가상의 이미지를 삽입하는 형태의 광고</td></tr>
</table>

〈표 15-2〉 **방송광고 판매방식**

판매방식	내용
Upfront	6개월 이상 장기물로 광고 패키지를 판매하여 판매자와 구매자가 안정적으로 거래하는 판매방식
정기물	Upfront 잔여 물량을 통상 월 단위로 판매하는 방식(1~5개월)
GRPs 보장판매	광고주가 정기물로 구매한 방송프로그램에 대하여 방송광고 계약기간 동안 공사가 광고주와 상호합의한 총시청률을 보장해 주는 제도(프로그램 수시교체 보상제)
임시물	정기물 판매 이후 잔여 물량에 대해 일반적으로 단 건에서 1개월 이하로 월중에 판매하는 방식
Preemption	사전에 지정한 특정 프로그램과 SB를 대상으로 보다 높은 요금을 제시하는 광고주에게 판매하는 제도. 통상 1개월 단위이며 신청률은 기준요금 대비 80% 이상(5% 단위, 상한폭 없음)
CM순서 지정판매	광고주가 CM지정료를 추가로 부담하여 청약 프로그램의 CM위치를 지정하는 제도. 지정료는 기준요금 대비 10% 이상(5% 단위, 상한폭 없음)
임시물 경매	매주 프로그램 및 SB 임시물 중 경매 대상 선정, 최고 낙찰가 제시 대상에 판매(2015.11.9.~KBS-2TV 시범 판매 중)

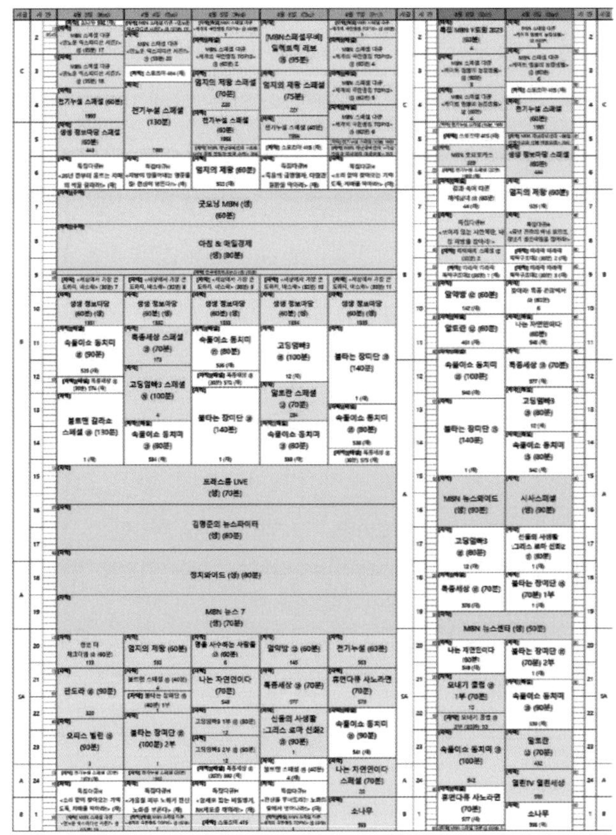

[그림 15-1] **방송국의 편성표 예시**

출처: MBN(2023).

그리고 지상파DMB 방송은 누구나 손쉽게 볼 수 있는 오픈 매체로서 2005년 12월 개국한 매체로 모바일 환경에서 소구력이 높은 매체이다. 2014년 국가 재난방송 의무매체로 지정됐고 2016년 8월 지상파DMB 3개사(YTN, U1, QBS)의 HD 고화질 방송이 시작됐다. 한국방송광고진흥공사는 지상파DMB 상품으로 YTN, QBS-연합뉴스를 판매하고 있다(〈표 15-3〉 참조).

〈표 15-3〉 지상파DMB 광고 상품

채널	시청지역	월보장횟수	비고
YTN	전국	400회	청약최소단위 : 1백만 원/월 매체사별 별도 패키지임
QBS-연합뉴스	수도권	600회	

IPTV는 인터넷망을 통해 실시간 방송과 VOD를 볼 수 있는 양방향 디지털 방송 서비스로 2021년 기준 전국에 2,800만 가입 가구를 확보하고 있다. 〈표 15-4〉에서 알 수 있듯이, IPTV의 경우 한국방송광고진흥공사는 KT, SK브로드밴드, LG유플러스 등 IPTV 3사와 중소기업 및 소상공인의 광고 · 마케팅 지원을 위해 IPTV 큐톤 광고를 판매하고 있다. tvN, JTBC, YTN 등 총 100여 개 채널에서 상대적으로 광고비가 낮은 편이다(한국방송광고진흥공사, 2023).

〈표 15-4〉 IPTV 실시간 큐톤 광고상품 현황

구분	KT	SK브로드밴드	LG유플러스
IPTV 가입가구 (2021년 10월 기준)	922만	884만	923만
IPTV 브랜드/광고상품명	olleh tv/Live AD	Btv/Smart Big AD	U+tv/ART
채널 패키지	기본: 베이직, 프리미엄 스페셜: 나이트 프리미엄, 키즈/애니 패키지 등	기본: 베이직, 프라임 스페셜: 키즈/애니 패키지 등	기본: 베이직, 프리미엄 스페셜: 키즈/애니, 골프, 나이트 패키지 등
공통점 (특징)	채널, 지역, 오디언스 타기팅 등 기본 단가		
기본단가	베이직 기준: 15초 CPV 5원, 30초 CPV 10원 프라임, 프리미엄 기준: 15초 CPV 6원, 30초 CPV 12원		

2) 라디오 광고

라디오 매체는 지상파 3사인 KBS, MBC, SBS의 채널과 지역민방 FM 그리고 그 외 채널로 구성된다. 지상파는 채널별로 두 개의 주파수를 운영한다. KBS의 2R이 서울 등 11개 지역에서, 2FM이 서울에서 라디오를 운영 중이다. MBC라디오는 AM과 FM을 통해 각각 서울 등 20개 지역으로 전파된다. SBS도 AM, FM이 서울에서 방송된다. 부산, 대구, 광주, 대전, 전주, 울산, 청주, 강원, 제주가 각각 지역민방 FM을 가지고 있으며 K-FM은 수원, i-FM은 인천에 기반을 두고 있다. CBS의 AM은 서울 등 12개 지역에서 방송되며, FM은 서울에서만 청취 가능하다. PBC-FM, BBS-FM, WBS-FM은 각각 서울을 포함한 6, 5, 3개 지역에서 라디오 채널을 운영한다. FEBC를 포함해 우리나라의 라디오 방송 매체는 총 23개이다(오세성, 김정현, 2021).

(1) 라디오 광고의 장점

- 타 광고 매체 대비 차별적 특성 보유하고 있다.
  - 청각을 통한 집중도 제고, 저비용 광고 매체, 도달 및 빈도 창출, 고정층 확보, 이동성 및 동시 청취 가능, TV와 연계된 이미지 전이 및 창조
- 광고 수요자(광고회사, 광고주)의 라디오 광고에 대한 기본 욕구가 존재한다.
  - '반복 노출에 의한 이미지 제고'가 부각
  - 추가하여 특정 타깃에 대해 브랜드 인지도 제고
  - TV의 보완 수단으로서 저렴한 광고비로 장기간 집중적인 노출 가능

(2) 라디오 광고의 단점

- 멀티미디어 시대에 라디오 광고의 광고효과에 한계 존재한다
  - 동영상 이미지가 대세인 시대에 오디오만으로 이미지를 구축하는 것은 한계가 있다(예: 가전 등 디자인 위주의 제품에서 청각만으로는 제품홍보에 한계)
  - 라디오 광고 집행 후 효과에 대한 측정 자료가 미미하기 때문에 효율성에 불신을 가질 수 있다.
  - 청취율 감소에 따른 라디오 광고 매력도가 하락할 수 있다.
  - 결합 판매에 대한 부담이 있을 수 있다.

3) 신문 광고

신문 광고는 일간지, 무가지를 비롯한 다양한 인쇄 매체를 의미한다. 우리가 가장 잘 알고 있는 중앙 일간지는 조선일보, 중앙일보, 동아일보 등이다. 그 밖에 지방 중앙지, 지방 신문사 등을 합치면 엄청난 수의 신문사가 존재한다. 현재는 종이 신문을 많이 안 보는 관계로 신문 광고의 매력성이 예전보다 떨어졌지만, 정보성을 가진 광고의 경우 활용성이 높으며 시즌별로 기업광고를 하는 경우, 효과가 좋을 수 있다(뉴스캐스트, 2023).

(1) 신문 광고의 특성

- 정기 구독자로서 광고 주목률이 높을 수 있다.
- 신문에 대한 신뢰가 광고에 대한 신뢰로 연결될 수 있다.
- 평균 회독 인원이 3명 이상이므로 광고 노출도가 높을 수 있다.
- 중, 장년층을 대상으로 광고를 하는 경우 유리하다.

(2) 신문 광고의 단점

- 종이 신문의 경우, 구독률이 예전보다 낮다.
- 젊은 층은 신문이라는 매체에 대해 매력성을 가지지 못한다.
- 정보의 시의성이 낮다는 단점이 있다.

(3) 신문 광고의 규격 및 종류

- 신문 광고 전면 규격: 세로 15단, 가로 12칼럼으로 구성되어 있다.
- 신문 광고 기본단위: 세로 1단(3.4cm)×가로 1칼럼(3cm)
- 광고 요금: 단수(세로 크기)×칼럼(가로 크기)×광고단가

① 전면광고

- 크기는 15단 (510mm)×12칼럼(370mm)
- 설명: 신문 한 면 전체에 들어가는 광고이다.
- 특성: 백면과 내지에 모두 가능하며 백면의 경우 신문 광고 중 가장 주목도가 높다.
- 추천: 기업의 브랜드 광고가 적합하다.

② 4단 통 광고

- 크기는 4단 (140mm)×12칼럼(370mm)
- 설명: 신문의 가장 앞면에 들어가는 광고이다.
- 특성: 신문의 가장 앞면에 위치함으로 구독자들이 가장 먼저 접하게 되어 광고 주목률이 높다.
- 추천: 아파트 분양 광고 등이 적합하다.

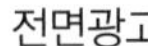

4단 통 광고

5단 통 광고

[그림 15-2] 신문 광고 유형의 예시

③ **5단 통 광고**

- 크기:5단(170mm)×12칼럼(370mm)
- 설명: 신문 내지에 들어가는 기본적인 광고이다.
- 특성: 가장 선호하는 스타일의 광고로서 다양한 상품군에서 집행하고 있으며 제품 광고와 이미지 광고 모두 효과적이다.
- 추천: 다양한 분야에 적용 가능하다.

④ **9단 21 광고**

- 크기: 9단(306mm)×7칼럼(210mm)
- 신문 내지에 위치하여 변형된 형태의 광고이다.
- 특성: 대중들에게 익숙한 형태인 가로형 광고에서 변형된 세로형 광고로 주목도가 높은 편이다.
- 추천: 기업 이미지 광고에 적합하다.

4) 잡지 광고

(1) 잡지 광고의 특성

- 구독자들이 특화되어 있어 타깃 고객을 대상으로 한 광고 집행이 가능하다.
- 잡지의 특성상 주간 및 월간으로 발행되므로 광고효과가 지속될 가능성이 있다.
- 신문 광고에 비해 광고 비용이 저렴하다.
- 1부당 회독률이 높으며 보관율이 높아 광고 노출이 장기이다.
- 고급, 다색도 인쇄가 가능하며 다양한 형태의 광고기획이 가능하다(뉴스캐스트, 2023).

(2) 잡지 광고의 종류

① **일반광고-목차 대면 광고**

목차 페이지의 바로 옆면 광고로 광고 게재 위치의 특성상 광고 주목도가 높다.

② **일반광고-스프레드 광고**

두 페이지 전체를 활용하는 광고로 전달하고자 하는 이미지를 좀 더 강렬하게 전할 수 있으며 구체적인 내용 전달이 용이하다.

③ 일반광고-1페이지 광고

1페이지 전체를 활용하는 광고로 가장 기본적인 광고 형태이며 전달하고자 하는 내용을 간략하게 표현하는 데 활용된다.

④ 특수광고- 탭 부착광고

광고 페이지에 탭을 부착하는 광고로 페이지 표시하므로 주목도가 높고 광고 비용외에 탭 추가 비용이 든다.

⑤ 특수광고: 폴더광고

광고 페이지의 일부분을 접은 상태로 발간되는 광고로 광고 주목률이 높다. 독자들이 참여할 수 있도록 하는 장점이 있다.

일반광고– 목차 대면 광고

일반광고– 스프레드 광고

특수광고– 탭 부착 광고

특수광고: 폴더광고

[그림 15-3] **잡지 광고 유형의 예시**

5) 매체 전략

어떠한 매체를 선택하여 집행하는 것이 가장 효율적인지 고려하는 것이 미디어 전략 혹은 매체 전략이다. 매체 전략은 광고기획의 일환으로 진행되는데, 일반적으로 상황 분석을 통해 커뮤니케이션 문제점이나 기회 요인 등을 분석하고 이를 바탕으로 광고의 목표, 타깃, 콘셉트, 전개도 및 예산을 설정한다. 그런 다음 광고 크리에이티브 전략과 매체 전략을 세우는 것이 광고기획의 과정이다. 여기서는 매체 전략 가운데 매체기획 목표 설정과 매체 전략 수립, 매체 스케줄링에 대해 살펴본다.

(1) 매체기획 목표 설정

① 도달률

도달률은 특정 기간 내 개별매체에 최소한도 한 번 이상 노출된 청중의 수나 비율을 말한다. 다시 말하면 '1회 이상 도달된 청중의 비율을 의미한다.

② 도달횟수

도달횟수는 특정 기간 동안 광고 메시지에 노출되는 횟수를 의미한다. 예를 들어, 어느 제품이 1년 동안 특정 소비자가 TV 광고에 노출된 횟수가 30회라면, 30회가 도달횟수가 된다.

- GRP(Gross Rating Point, 총시청량) : 특정 광고 스케줄에 노출된 총접촉률 또는 중복된 시청자 수를 의미한다.
- GRP = 도달률×도달빈도(도달범위와 도달빈도, GRP와의 관계)

③ 유효빈도와 유효도달률

유효빈도란, 광고 메시지의 커뮤니케이션 효과가 발생되기 위해 필요한 노출 빈도의 범위를 의미한다. 유효도달률이란 일정 기간 동안 유효빈도 이상 노출된 개인 또는 세대의 비율을 의미한다.

(2) 매체 전략의 수립

매체기획 목표가 설정된 다음 매체 전략의 구성 요소는 크게 네 가지로 구분된다. 매체 믹스 결정, 매체 비히클 결정, 기타 옵션 결정 그리고 광고 집행 시기와 일정이 결정된다.

① 매체믹스의 결정

매체믹스의 결정은 각 매체의 특징을 고려하여 총광고비를 각 매체 유형별로 할당하는 것을 의미한다. 이때 고려해야 할 요소는 다음과 같다. 첫 번째, 매체기획자는 매체별 시청자 프로파일을 조사해야 한다. 시청자 프로파일을 통해 타깃에게 도달할 수 있는 최적의 매체를 선정해야 한다. 두 번째, 광고를 하는 시점에서 적합한 매체가 있는지를 확인해 봐야 한다. 세 번째, 매체의 계절성을 고려해야 한다. 휴가철이 되면 아무래도 매체 이용률이 달라지기 때문이다.

② 매체 비히클(Media Vehicle)의 결정

매체군별 예산이 결정되고 나면 매체관리자는 각 매체군 내에서 어떤 비히클을 사용해야 할 것인가를 결정해야 한다. 예를 들어, TV라면 특정 프로그램(KBS 9시 뉴스 등)을 의미한다.

③ 인쇄 매체와 방송 매체의 비용효율성 평가

일반적으로 TV 및 라디오와 같은 방송 매체는 효율성을 평가하기 위해 CPP나 CPR, CPM을 많이 활용한다. TV나 라디오에는 여러 프로그램이 있으므로, 매체 관리자는 프로그램에 대한 시청률 자료를 토대로 CPP나 CPR을 계산하여 비용과 도달률을 토대로 특정 프로그램을 선정하게 된다.

CPP: 타깃 청중 1%에 도달하는 데 드는 비용	– 방송 매체의 CPP = 매체비용/시청률 – 인쇄 매체의 CPP = 매체비용/구독률
CPR: 일정기간 동안 도달률 1%를 얻는 데 투입된 광고비	CPR = 매체비용/도달률
CPM: 천명의 수용자에게 도달하는 데 필요한 광고비	– 방송 매체의 CPM = 광고 비용×1000/시청률 – 인쇄 매체의 CPM = 광고 비용×1000/판매발행부수

④ 디지털 광고 비용효율성평가

디지털 광고는 CTR(Click through Rate, 광고노출수 대비 클릭수)가 대표적이며 CPC(Cost Per Click, 광고 클릭당 단가)와 CPA(Cost Per Action, 사용자가 광고를 클릭하고 나서 광고주가 원하는 행동을 할 때 정해지는 비용) 등이 있다.

(3) 미디어 스케줄링

미디어 스케줄링(media scheduling)이란 광고 캠페인 기간 동안 매체를 어떻게 운영할 것인지에 대한 종합적 운영 계획으로, 광고 예산의 배분 정도(media weight)와 배분 시점(timing)을 전략적으로 선택하는 것이다. 미디어 스케줄링은 주어진 예산 제약 아래에서 효율적으로 예산을 배분하는 문제이므로 매우 중요하다.

미디어 스케줄링은 기본적으로 네 가지 전략의 유형이 있다(김병희, 김지혜, 손영곤, 2017). 첫째, 지속형(continuity 혹은 continuous)은 캠페인 기간 내내 광고를 집행하는 것으로 타깃 소비자에게 전달하고자 하는 광고 메시지를 지속적으로 노출시킬 수 있다. 따라서 광고 메시지에 대한 인지와 기억에 효과적이지만 광고 예산이 충분하지 않으면 경쟁사보다 일정 기간 동안 광고량이 적게 된다. 또한 장기간 같은 상품 광고를 진행할 경우에는 소비자들이 지루함을 느끼게 되고 이로 인해 광고효과의 감퇴 현상이 나타날 가능성도 있다.

둘째, 집중형(blitz 혹은 burst)은 특정한 시기에만 일시적으로 광고물량을 집중하여 충분한 노출범위를 확보할 때 사용하는 방법이다. 광고 예산이 충분하지 않은 경우에 선택과 집중을 택하는 전략인 것이다. 광고가 집행되는 시기에는 경쟁사를 압도할 수 있지만, 반복된 광고로 인해 소비자들이 무감각해지는 벽지효과(wallpaper effect)가 나타날 수 있다. 신제품을 발매하거나 후발 브랜드가 단기간에 확실한 브랜드 인지를 높이기 위하여 사용하는 전략이다.

셋째, 비월형(flighting)은 광고를 집행하지 않는 기간에 축적한 예산을 광고 집행기에 사용할 수 있어서 광고를 집행하는 동안에는 어느 정도 적정 수준의 광고노출과 빈도를 확보할 수 있는 방법이다. 광고를 집행하는 기간 동안 형성된 광고효과가 휴지기까지 이어지는 이월효과(carryover effect)가 나타날 수 있지만, 휴지기 동안에 경쟁사의 광고 집행 전략에 따라 광고효과가 소멸할 수도 있다.

넷째, 맥동형 혹은 파동형(pulsing)은 일정 물량의 광고를 집행하면서 계절성이나 구매

주기 등의 상황변수를 고려해 특정 시기에는 추가적인 물량을 집행하여 경쟁 브랜드에 대한 경쟁력을 잃지 않을 수 있는 점이 장점이다. 하지만 기본적으로 계속적인 광고 집행이 이루어져야 하므로 충분한 광고 예산이 뒷받침되어야 하며, 광고물량을 추가할 때 최적의 매체를 확보하는 것이 매우 중요하다.

계절에 따라 판매량이 급격히 변하는 상품도 있고 일 년 내내 소비가 이루어지는 제품도 있기 때문에 적합한 미디어 스케줄링을 사용해야 한다. 디지털 미디어가 등장한 이후에도 네 가지 유형의 미디어 스케줄링이 활용되고 있다. 디지털 미디어의 경우 개별 소비자의 미디어 이용 데이터에 따른 맞춤형 타기팅이 가능하기 때문에 미디어 믹스뿐만 아니라 미디어 스케줄링 전략에도 도움이 되고 있다.

2. 디지털 매체

1) 소셜 미디어 광고

(1) 소셜 미디어 광고의 정의

소셜 미디어 광고는 소비자가 광고내용을 올리고 공유하는 등 소비자 상호 작용을 포함하는 온라인 광고이다. 기업도 뉴스피드 상에서 광고를 노출하거나 상호 작용을 내포하고 있다. 개인이 하는 광고 내용은 소비자가 광고 내용 안에 소비자의 개인적 내용(사진, 이름)을 올리고 매장 내의 제품을 노출하거나 이벤트를 하고 있다(IAB, 2023). 소셜 미디어는 데이터를 활용하여 개인 맞춤형 광고를 하는데, 소셜 미디어 광고가 활용하는 데이터는 다음과 같다. 첫째, 프로파일 데이터이다. 이 데이터는 개인의 이름, 좋아요 갯수, 어플리케이션 설치 등을 포함하고 있다. 둘째, 소셜 데이터이다. 개인 간의 명확한 연결망 분석을 통해 관련된 사람들에게 광고를 노출시킬 수 있다. 셋째, 상호 작용 데이터이다. 온라인 친구 간의 상호 작용에 관한 것이다. 상호 작용 분석을 통해 광고를 노출한다.

소셜 미디어 광고는 세 분야로 구성된다. 첫째, 광고 콘텐츠이다. 소셜 미디어 광고는 메시지를 맞춤화하기 위해 광고 내의 개인적 데이터나 소셜 데이터를 활용한다. 둘째, 타기팅이다. 소셜 미디어 광고는 프로파일 데이터를 활용하여 광고를 타기팅(Targeting)한다. 그와 더불어 이러한 타기팅은 개인이 광고를 선택하여 친구들에게 전달하는 것도 포함한다. 셋째, 기능성이다. 소셜 미디어 광고는 광고 내에서 사회적 연결(친구와 공유)을 가능하게 한다(김현정, 2020).

소셜 미디어의 광고 유형을 소개하면 [그림 15-4]와 같다. 먼저, 카카오톡 '프리미엄 동영상 메시지' 타입이다.

[그림 15-4] **카카오 풀 뷰 플레이어 광고**

출처: 나스미디어(2023a)

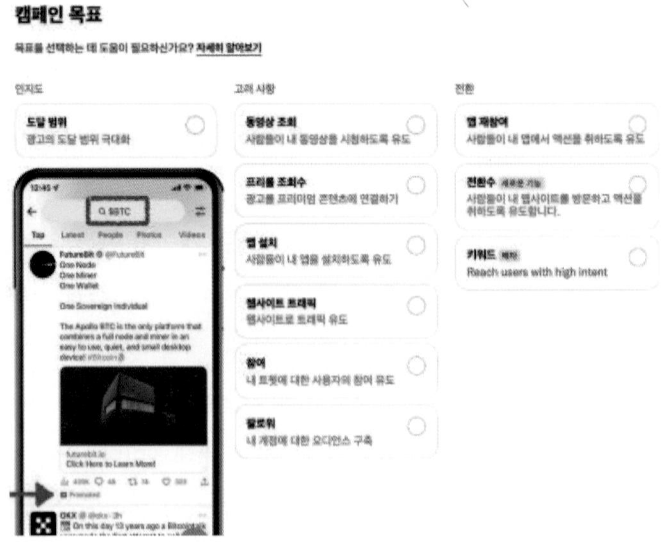

[그림 15-5] **트위터 서치 키워드 광고베타**

출처: 나스미디어(2023a)

[그림 15-5]는 트위터 서치 키워드광고 베타 오픈 형태이다. 사전에 셋업 해둔 키워드 기반으로 유저가 해당 키워드 서치 시 광고가 노출되는 방식이다. 보다 유사한 관심사를 가진 유저에게 노출하여 전환 성과의 극대화가 가능하다.

다음은 틱톡의 프리미엄 애드온 기능 관련 광고이며, [그림 15-6]에서 확인할 수 있다.

〈프리미엄애드온기능예시〉

Pop-Out

Superlike

Gesture

[그림 15-6] 티톡의 프리미엄 애드온 기능 예시

출처: 나스미디어(2023a)

네이버DA로서, '네이버 > 스마트채널' 검색 홈 지면의 추가 예시는 [그림 15-7]에서 확인할 수 있다.

〈노출 지면〉

네이버 〉 모바일 〉 메인 〉 검색 홈

[그림 15-7] 네이버 검색 홈 지면 광고

출처: 나스미디어(2023b)

(2) 소셜 미디어 광고의 특성

소비자가 제공하는 소셜 데이터는 마케터에게 의해 유용하게 사용된다. 첫 번째, 소셜 사이트는 개인의 프로파일 데이터를 이용하여 특정의 개인에게 아주 적합한 광고를 타기팅한다. 예를 들어, 특정 지역에 사는 개인이 대졸이라는 학력을 알고 달리기에 관심이 있다면 그 개인에게 적절한 광고를 전달하기 위해 달리기 용품과 관련된 광고를 노출시키거나 소셜 사이트로 링크를 유도하거나 로컬 매장을 광고할 수 있다. 두 번째, 어느 개인이 로컬 매장을 추천하는 친구를 안다면, 그 광고 경험은 광고 자체 내에서 소비자가 인증(endorsement)을 하기 때문에 더욱더 신뢰성이 있는 광고가 될 것이다. 예를 들어, 로컬 매장과 친구가 거래하거나 공유한 것에 대해 친구의 사진이나 인증이 광고 내에서 표현된다면 결과적으로 이 광고는 신뢰성이 있는 개인 맞춤형 광고가 될 것이다 (IAB, 2023).

광고 경험은 개인이 광고에 반응한 측면에서 제3의 사회적 요소가 될 것이다. 단순하게 랜딩 페이지를 클릭한 것이 아닌 소셜 웹사이트는 광고 자체 내에서 사회적 반응 매커니즘을 제공한다고 볼 수 있다. 타깃은 곧 다른 친구들에게 광고를 보내는 화살 같은 역할을 한다. 이는 곧 친구와 광고주가 연결된 것으로 볼 수 있다. 소셜 미디어 광고의 유형과 특성은 〈표 15-6〉과 같다.

〈표 15-6〉 소셜 미디어 광고의 유형과 특성

유형	노출형 광고	형태 전환 유도 광고 형태	간접 광고 형태
형태	이미지 및 동영상으로 메시지 전달	이벤트 광고, 투표(Poll), 모바일앱 설치, 상담 신청 혹은 구매, 팔로워 신청 등	해당 광고에 반응한 소셜 미디어 친구의 활동 노출 등
특성	사용자 피드에 위치하며 자연스럽게 메시지 전달	사용자 참여를 유도하며 참여 결과를 바탕으로 광고효과 측정에 용이	친근감을 제공하며 공감 확보 용이

(3) 소셜 미디어 광고효과 지표(광고 비용 기준)

미국의 인터넷 광고 기관인 IAB(The Interactive Advertising Bureau)는 다음과 같이 측정기준을 가지고 있다. 이 기관은 소셜 미디어 광고 형태를 소셜 미디어 사이트, 블로그, 위젯 및 소셜 미디어 어플리케이션으로 나누고 있다. 여기에서 소셜 미디어 사이트에 관련된 효과지표를 정리하면 〈표 15-7〉과 같다(심성욱, 2012).

〈표 15-7〉 소셜 미디어 사이트에 관련된 효과지표

효과지표	
순방문자 수(Unique Visitors)	순방문자수는 방문자가 사이트에 접근했을 경우에 해당되며 등록이나 쿠키를 통해 알 수 있다. 아니면 닐슨 같은 제3자 기관에서 파악된다. 측정기간 중 1회 이상 해당 사이트에 방문한 중복되지 않은 방문자이다. 즉, 어떤 사람이 지난달에 특정 사이트에 1회 방문하거나 100회를 방문해도 유니크하게 방문한 한 사람으로 카운트된다.
순방문자당 드는 비용 (Cost per unique visitor)	어플리케이션에 드는 총비용으로 방문자 수로 나눠어져 산출된다.
페이지 뷰(Page Views)	페이지 뷰는 유저가 실질적으로 페이지를 본 경우이다. 어떤 경우에는 유저가 클릭했을 경우만 페이지 뷰로 산정되기도 한다.
UGC/소셜 미디어 방문 수 (Visits specific to UGC/ Social Media)	하나의 행위를 측정할 수 있는 지표로 사이트에서 텍스트를 보거나 그래픽을 다운로드해서 보는 경우에 산출된다.
리턴 방문 수(Return Visits)	특정한 시간 후에 사이트나 어플리케이션에 돌아온 유저의 평균 숫자임을 가리킨다.
상호 작용률, 인터랙션율 (Interaction Rate)	광고나 어플리케이션과 상호 작용한 유저 비율로 스크린에 나타난 광고나 어플리케이션에 따라 다르다.
체류시간(Time Spent)	방문해서 끝날 때까지 드는 시간으로 웹사이트나 어플리케이션에 들어와 머무른 시간을 가리켜야 한다.
비디오 설치(Video installs)	유저에 의해 설치된 비디오 플레이어 수를 가리킨다. 일종의 위젯이라 볼 수 있다.

그 밖에 (소셜 미디어에 적합한) 행위와 행위당 드는 비용, 행위는 다음과 같은 예들이 있다.

- 콘테스트/스윕스(Contest/Sweeps Entries)
- 다운로드된 쿠폰(Coupons downloaded/redeemed)
- 플레이된 게임(Games played)
- 시청한 비디오(Videos viewed)
- 업로드(Uploads: images, videos)
- 투표(Poll votes)
- 전송된 메시지(Messages sent: bulletins, Updates, Emails, Alerts)
- 전송된 초청(Invites sent)

- 포스트된 뉴스피드(Newsfeed items posted)
- 포스트된 코멘트(Comments posted)
- 친구 수(Friends reached)
- 토픽 수(Topics/Forums Created)
- 그룹이나 팬 수(Number of Group Members or Fans)
- 리포스트/공유(Reposts: Shares)

(4) 채널별 매체 전략

채널별로 트렌드 및 특성이 다르기 때문에 채널별 적합한 매체 전략이 필요하다. 예를 들어, 최근에는 영상 중심의 커뮤니케이션이 중요하기 때문에 유튜브 광고와 인스타그램 광고 활용이 필요하다. 아울러, 숏폼 중심의 짧은 동영상 콘텐츠가 중요하게 되어 유튜브나 인스타그램의 릴스 활용이 증가하고 있다(〈표 15-8〉 참조).

〈표 15-8〉 **채널별 매체 전략**

채널별 유형	채널별 트렌드
페이스북, 인스타그램	릴스 및 라이브 스트리밍으로 이미지 중심에서 영상 중심의 콘텐츠로 변화, VR/AR, 메타버스 중심의 "유저 생성 콘텐츠 중심"
블로그	사용자 일상 공유/기록 중심 콘텐츠 '주간일기 챌린지' 유행 개인의 일상과 관심사를 나누는 참여/소통형 콘텐츠 주도
카카오톡	취향, 관심사 기반으로 일상 밀착형 정보성 콘텐츠 발행
트위터	트위터 내 실시간 트렌드 기능으로 콘텐츠의 인터랙션 강화 이미지 외에도 영상 기능인 '몰입형 미디어 뷰어'로 참여형 영상 콘텐츠 확산
링크드 인	텍스트 중심에서 오디오/비디오 중심으로 옮겨가며 라이브 스트리밍 등 짧은 영상 중심 콘텐츠 확산
유튜브	영상의 콘텐츠를 전달하며 다양한 방식의 광고 유형 노출, 범퍼광고, 인스트림 광고, 인피드 동영상 광고 등이 이에 해당

(5) 예산안 예시

다음은 A대행사 예산안의 채널별 퍼센티지를 보여 주고 있다.

〈표 15-9〉 **A대행사 예산안 예시**

	제작비		수량	집행예산
1	국내 SNS	페이스북	273	6.7%
		인스타그램	450	11.5%
		트위터	249	2.8%
		카카오스토리	273	6.7%
		블로그	133	4.8%
		포스트	15	0.4%
		웹진	100	2.8%
		카카오채널	60	4.0%
	소계			39.7%
2	해외 SNS			
	영어	페이스북	273	3.1%
		인스타그램	450	4.8%
		링크드인	120	1.4%
	일어	페이스북	273	3.1%
		인스타그램	450	4.8%
		아메블로	120	1.4%
	중국어	웨이보	273	3.1%
		위챗	450	4.8%
		샤오홍슈	120	1.4%
	소계			36.2%
3		소셜 크리에이터 관리 및 운영	수량	
	소셜 크리에이터	운영, 관리, 콘텐츠 제작 지원 등	28	
	소계			36.2%

2) 대시보드 예시를 통한 광고 타기팅과 최적화 지표

다음은 메타 광고 대시보드 화면 캡쳐 장면이다. 광고 클릭 후 웹사이트에서의 장바구니 담기와 구매 정보까지 매체 리포트에서 확인이 가능하다. 이와 같은 지표를 통해 향후 광고 타기팅에 전략을 세우게 된다. 먼저 광고 타기팅 및 최적화 조건에 따른 지표를 보도록 하자.

(1) 광고세트별 지출금액, 노출, 도달수 등

광고 세트	지출 금액	노출	도달수	장바구니에 담기	구매	구매 전환값	구매 ROAS(광고 지출 대비 수익률)
tg:F1845 CPC	₩5,164,927	994,800	353,974	720 [2]	162 [2]	₩3,294,210 [2]	0.64 [2]
tg:lookalike	₩5,912,554	518,930	188,477	440 [2]	156 [2]	₩3,654,960 [2]	0.62 [2]
tg:F1845	₩12,552,389	1,256,641	370,215	872 [2]	386 [2]	₩8,960,200 [2]	0.71 [2]

[그림 15-8] 광고세트별 지출금액, 노출, 도달수

광고 세트 첫 번째 tgF1845CPC인 경우에 지출 금액 5,164,927원이며 노출은 994,800회이며 도달수는 353,974로 나타나 있다. 장바구니에는 720회가 이루어졌고 구매는 162회로 나타났다. 구매 전환값은 3,294,210원이었으며 구매 ROAS(광고지출 대비 수익률)은 0.64로 나타났다. 이와 같이 지출 금액과 구매 전환값, ROAS가 바로 산출되기 때문에 광고효과에 대한 검증이 실시간으로 가능하며 차후 이에 따른 새로운 형태의 광고가 가능하게 된다.

(2) 광고 타기팅×소재별 지표

	지출 금액	노출	도달수	장바구니에 담기	구매	구매 전환값	구매 ROAS(광고 지출 대비 수익률)
md:이미지A	₩283,367	12,032	8,044	2 [2]	7 [2]	₩133,700 [2]	0.47 [2]
md:이미지B	₩820,569	33,105	21,947	8 [2]	28 [2]	₩453,100 [2]	0.55 [2]
md:슬라이드A	₩2,123	83	70	–	–	₩0	–
md:슬라이드B	₩668,876	20,736	14,760	12 [2]	29 [2]	₩470,420 [2]	0.70 [2]
md:슬라이드B	₩331,700	11,716	8,576	–	9 [2]	₩154,100 [2]	0.46 [2]
md:슬라이드A	₩5,174	237	181	–	–	₩0	–
md:이미지B	₩487,899	21,887	15,080	1 [2]	12 [2]	₩192,800 [2]	0.40 [2]
md:이미지A	₩176,152	9,211	6,394	2 [2]	4 [2]	₩58,000 [2]	0.33 [2]
md:220926_collection2	₩1,777,817	285,530	99,232	102 [2]	20 [2]	₩580,060 [2]	0.33 [2]
md:220627_image01 tx:03	₩402,840	22,376	15,164	–	4 [2]	₩89,400 [2]	0.22 [2]
md:220627_image01 tx:03	₩252,450	18,193	11,725	–	1 [2]	₩8,600 [2]	0.03 [2]

[그림 15-9] 광고 타기팅×소재별 지표

[그림 15-9]는 광고소재별 광고효과를 볼 수 있는 경우이다. md이미지A의 경우 지출금액은 283,367원이었으며 노출은 12,032회, 도달수는 8,044 장바구니에 담기는 2회, 구매 전환값은 132,780원으로 나타났다. 구매 ROAS는 0.47로 나타났다. 이와 같이 다양한 소재별 결과를 알 수 있기 때문에 광고소재별 매체기획을 하기에 매우 유용하다. 다양한

제품군에 따라 다양한 메시지를 접목시킬 수 있기 때문에 향후에 상품을 팔기에는 이와 같은 지표는 매우 중요하다.

3) 검색 광고 키워드별 전환지표

구글 애즈 대시보드에서는 광고 클릭 후 웹사이트에서의 전환(회원가입, 구매 등) 정보까지 매체 리포트에서 확인 가능하다. 먼저, 검색 광고 키워드별 전환지표이다.

(1) 검색 광고 키워드별 전환 지표

키워드	검색 유형	상태	전환수	전환당비용	최종 URL	↓ 클릭수	노출수
총계: 현재 작업공간의 키워드 ⑦			49.50	₩103,130		3,477	121,543
공유 오피스	확장검색	운영 가능(제한적) 거의 게재되지 않음(품질평가점수 낮음)	0.00	₩0	–	657	5,305
클라우드	확장검색	운영 가능(제한적) 거의 게재되지 않음(품질평가점수 낮음)	0.00	₩0	–	481	9,482
협업툴	확장검색	운영 가능	4.00	₩81,159	–	412	2,954
메신저	확장검색	운영 가능	2.00	₩87,673	–	178	2,168
그룹웨어	확장검색	운영 가능	8.00	₩65,549	–	159	5,247
관리	확장검색	운영 가능	3.00	₩140,279	–	158	9,271

[그림 15-10] 검색 광고 키워드별 전환지표

[그림 15-10] 지표에서도 협업률의 경우, 운영 가능하며 전환수는 4회, 전환당 비용은 81,159원이며 클릭수는 412회이며 노출수는 9,482인 것으로 나타났다.

(2) 디스플레이 광고에서의 전환지표

A라는 브랜드의 경우 전환수는 215회, 상호 작용성은 1,397클릭수, 상호 작용발생률은 15.03%, 평균비용은 174원, 비용은 243,440원, 노출수는 9,292로 나타난 것을 알 수 있다.

캠페인	전환수	캠페인 유형	↓ 상호작	상호작용 발생률	평균 비용	비용	노출수
_브랜드_서브	215.31	검색	1,397 클릭수	15.03%	₩174	₩243,440	9,292
[이력서등록] 개인 (Marketing Team)	22.31		–	–	–	–	–
[회원가입] 개인 (Marketing Team)	10.00		–	–	–	–	–
[회원가입] 기업 (Marketing Team)	1.00		–	–	–	–	–
개인회원가입	23.00		–	–	–	–	–
기업회원가입	1.00		–	–	–	–	–
문자 지원 완료	12.00		–	–	–	–	–
온라인 지원 완료	32.00		–	–	–	–	–
이력서 작성 완료	18.00		–	–	–	–	–
이메일 지원 완료	4.00		–	–	–	–	–
전화 지원 완료	92.00		–	–	–	–	–

[그림 15-11] **디스플레이 광고에서의 전환지표**

4) 미디어 전략 사례

(1) 스타벅스

스타벅스의 사례를 보면, 소비자로 커뮤니케이션이 가능한 대표 미디어로 페이스북과 인스타그램을 선정했고 캠페인을 유튜브로 진행했다. 페이스북과 인스타그램을 통해 소비자와 커뮤니케이션을 시도하고 향후에 빅 캠페인 진행 시에는 유튜브를 진행하여 젊은 층 중심의 확산을 도모했다. 미디어 예산으로 페이스북을 80%로, 인스타그램을 20%로 할당했다. 월간 KPI로 비디오 뷰는 235,714이고 인게이지먼트는 130,000로 설정했다([그림 15-12] 참조).

[그림 15-12] **채널과 인게이지먼트**

출처: IDD(2017).

일반적으로 페이스북 팬은 유기적 도달을 높이는 역할을 담당하도록 했으며 스타벅스 페이스북의 유저 유입 확대 및 지속적인 커뮤니케이션을 위해 필수적인 매체였다. 이미 스타벅스의 팬이 된 소셜 채널의 이용 유저와 유사한 행동 패턴을 보이는 유저들을 유사 타깃으로 활용했다. 한편, 리타기팅을 적용하여 1차 광고소재에 반응했던 유저들을 대상으로 반응 정도에 따라 더욱 세분화하여 2차 소재를 전략적으로 노출하기도 했다([그림 15-13] 참조).

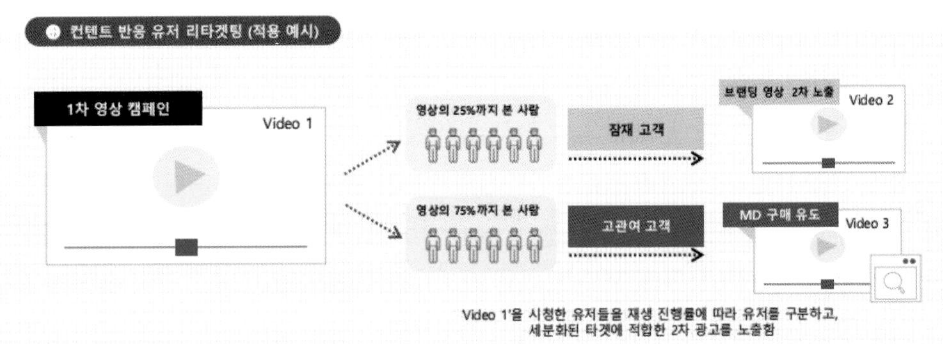

[그림 15-13] **콘텐츠 반응 유저 리타기팅**

출처: IDD(2017).

유튜브는 영상 캠페인에 대한 주목도를 높이기에 가장 적합한 매체이다. 다양한 형태의 영상 광고가 가능한 매체이다([그림 15-14] 참조).

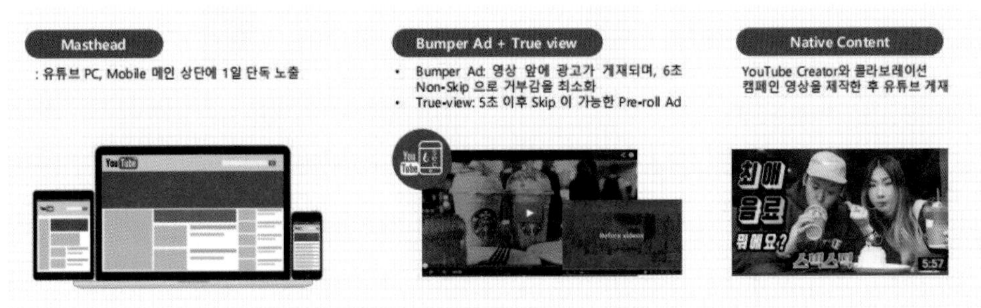

[그림 15-14] **유튜브 광고 영상 사례**

스타벅스 이용 타깃이 주로 시청하는 범주의 영상 콘텐츠 앞에 캠페인 영상을 노출하고, 추후 소비자 반응에 따라 리타기팅을 진행했다. 유저 시나리오 분석을 바탕으로 각 단계별로 이탈자를 대상으로 '리타기팅 광고'를 반복 노출하여 캠페인에 대한 인지를 높이고 참여를 유도했다.

(2) IPTV 광고 (어드레서블 TV 광고)

이 광고는 디지털 광고의 오디언스 바잉 방식이 도입된 TV 광고로 프로그램 방송광고 지면에서 오디언스 타기팅이 가능한 새로운 개념의 광고상품이다. 일반 TV 광고와 차이점은 동시간대 동 채널에서 각 가구별 특성에 알맞은 맞춤형 광고가 노출된다는 것이다. 즉, 캠페인에 적합한 타깃 오디언스에 집중적인 노출이 가능하다. 따라서 브랜드와 타깃의 접점 강화에 효과적인 광고이다. 몇 가지 사례를 살펴보면 다음과 같다.

반려동물식품 광고주 캠페인으로 2022년 10월에 약 5천만 원의 예산으로 시행됐다. '펫팸족'(펫을 패밀리, 즉 가족처럼 아끼고 사랑하는 특성을 가진 이들을 일컫는 말) 세그먼트 타기팅 진행, 동기간 내 함께 집행된 일반 TV 광고만 시청한 그룹 대비 어드레서블(Addressible) TV 광고를 시청한 그룹에서 최선호도, 구매의도와 같은 고려 단계의 효과 지표가 더 높게 증가했다([그림 15-15] 참조).

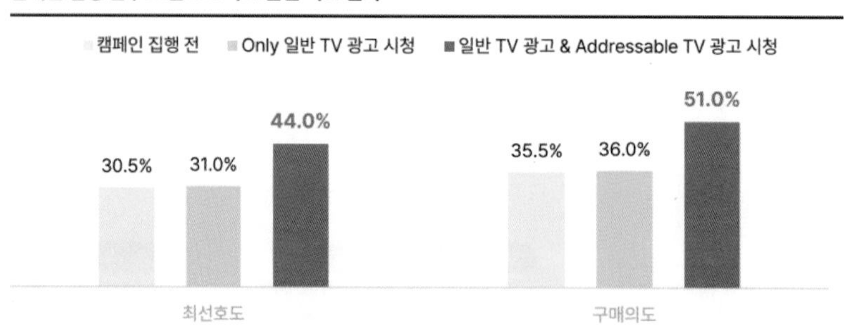

[그림 15-15] 캠페인 집행 전후 브랜드 관련 지표 변화

출처: 나스미디어(2022).

탈모약품 광고주 캠페인으로 2022년 6월~7월에 예산 약 8천만 원으로 집행됐다. 탈모제품 홈쇼핑 시청 이력 기반으로 비정형 세그먼트 생성하여 타기팅 진행, 고려 단계의 효과지표 개선과 더불어 어드레서블 TV 광고의 노출 지역에서 더 많은 매출 향상을 가져왔다([그림 15-16] 참조).

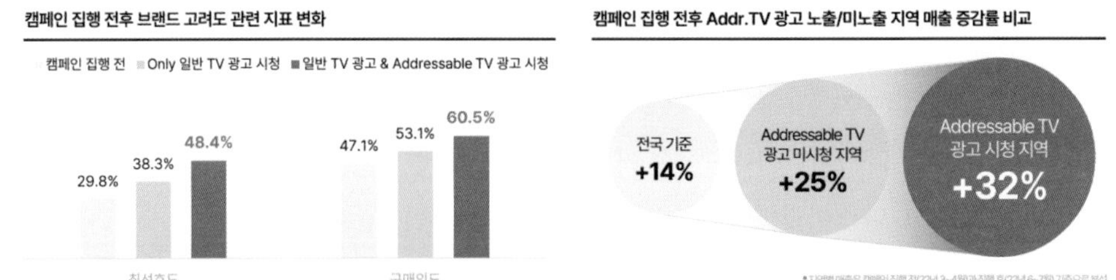

[그림 15-16] **캠페인 집행 전후 브랜드 관련 지표와 지역매출 증감 비교와 변화**
출처: 나스미디어(2022).

3. 마무리

이제까지 전통 매체 광고의 유형과 특징, 디지털 매체 광고의 유형과 특징, 관련된 지표 그리고 관련 사례들을 살펴보았다. 광고기획을 통해 나온 크리에이티브를 어떤 매체를 통해 노출시키느냐는 예전의 전통 매체 광고 전략보다 더욱 세심함을 요구하게 됐다. 과거에는 광고기획자가 아는 주요 매체에 광고를 노출시키면 원하는 인지도와 긍정적 태도를 얻을 수 있었지만 지금은 개인 매체들도 많아진 상황에서 우리의 목표를 이루기가 어려워졌다. 매체가 다양화됐고 개인을 타깃화하기 때문에 미디어 전략은 더욱 중요해졌다. 효과적인 미디어 전략을 수행하기 위해 최적화된 모델을 설정하는 프로그램이 나타나기 시작했고 자동화된 프로그래매틱 바잉도 증가하고 있다. 이제는 매체기획자가 매체 전략을 세우기보다는 AI로 매체 전략을 세우는 시대가 됐다. 그렇기 때문에 더욱 세분화된 타깃을 설정하고 다양화된 매체를 결합하는 통합적 미디어 전략이 필요하게 됐다. 이를 통해 효과적인 미디어 전략을 통하여 최종적으로 바라는 광고 목표를 달성할 수 있을 것이다.

참고문헌

김병희(2021). 광고의 정의와 유형. 김병희 외 공저, **디지털 시대의 광고학 신론**(pp. 19-48). 학지사.
김병희, 김지혜, 손영곤(2017). 정부광고의 매체 집행 방안에 대한 질적 연구. 한국광고홍보학보,

19(4), 182-225.
김현정(2020). 6차시 소셜미디어와 광고PR. 통합미디어 광고PR전략2. http://www.kocw.net
나스미디어(2022). IPTV Case Study, TV광고의 재발견.
나스미디어(2023a). 나스미디어애드이슈 리포트. 338, 2023년 2월호.
나스미디어(2023b). 나스미디어애드이슈 리포트. 339, 2023년 3월호.
뉴스캐스트(2023). 신문광고와 잡지광고. http://newscast.co.kr/service/ad_paper.php.
심성욱(2012). 소셜 미디어 광고. 김미경 외 공저, 소셜 미디어연구. 커뮤니케이션북스.
오세성, 김정현(2021). 라디오 광고시장 활성화 방안 연구. 한국방송광고진흥공사.
이경렬(2019). 디지털 시대의 광고매체론. 서울경제경영출판사.
한국방송광고진흥공사(2023). kobaco 한국방송광고진흥공사. https://www.kobaco.co.kr
IDD(2017). Group IDD. https://www.groupidd.com
MBN(2023). MBN 편성표. https://www.mbn.co.kr/vod/schedule

IAB (2023). The Interactive Advertising Bureau. www.iab.net

제16장

감동적인 프레젠테이션으로 승리하기*

프레젠테이션은 어떤 주제나 내용을 다른 사람들에게 구체적이고 명확하게 전달하기 위한 수단이다. 주로 슬라이드, 도표, 그림 등을 사용하여 시각적으로 표현하고 발표자의 말과 함께 내용을 전달한다. 프레젠테이션은 회의, 강연, 교육, 마케팅 등 다양한 분야에서 활용되며, 목적과 상황에 따라 다양한 형태와 스타일로 구성된다. 프레젠테이션은 명확하고 효과적인 전달을 위해 준비와 연습이 필요하며, 발표자의 자신감과 열정이 전달력을 높이는 데 중요한 역할을 한다.

이 장에서는 프레젠테이션의 개념과 특징을 바탕으로 효과적인 프레젠테이션 준비와 메시지 전략에 대해서 살펴보고자 한다. 경쟁 프레젠테이션의 경우 일반 프레젠테이션과 달리 발표자의 목적과 청중의 목적, 실행의 차이점이 있다. 경쟁 프레젠테이션에 앞서서 광고주의 오리엔테이션 때 사전 준비과정이 필요하며, 경쟁 프레젠테이션을 효과적으로 하기 위해서는 목적과 대상 고객층을 분석하고, 제품이나 서비스의 특징과 가치를 파악하여 그에 맞는 슬라이드, 커뮤니케이션, 발표 기술을 준비해야 한다. 감동적인 프레젠테이션을 전달하기 위해서는 프레젠테이션 슬라이드 구성과 디자인은 물론 발표자의 목소리, 언어 사용이 중요하다. 지금부터 구체적인 감동적인 프레젠테이션 전달 방법에 대해서 살펴본다.

---

*지원배(한신대학교 미디어영상광고홍보학 전공 교수)

1. 프레젠테이션의 개념과 특징

1) 프레젠테이션의 개념

디지털 시대의 광고기획은 다양한 변화를 거쳐 진화하고 있다. 디지털 환경에서 제품과 시장을 이해하고, 소비자의 변화를 찾아 차별적인 광고 전략을 수립한다. 이후 브랜드 전략과 통합 캠페인 차원에서 경쟁사와 차별화된 창의적인 광고물을 제작하고, 광고주의 욕구에 맞는 광고기획서를 작성한다. 그러나 아무리 잘 만든 광고기획서라고 하더라도 프레젠테이션을 잘하지 못하면 광고주의 만족을 얻어 내기 힘들다.

모든 광고기획 및 광고 제작물은 광고주를 먼저 설득할 수 있어야 한다. 그렇지 않으면 아무리 오랜 시간 노력을 투자해서 제시하는 기획서와 제작물이라 하더라도 무용지물이 되어 버린다. 따라서 광고 프레젠테이션을 준비하는 과정에서도 열과 성을 다해야 하겠지만 준비한 기획안과 제작물에 대하여 전문가적인 설명을 함으로써 결과적으로 광고주 설득이라는 일차적 목표를 달성해야 한다.

프레젠테이션은 어떤 주제나 내용을 다른 사람들에게 보여 주거나 설명하는 것을 의미한다. 특히 의도한 목표를 달성하기 위해 내가 생각하고 계획한 내용을 청중에게 전달하는 목표 지향적인 특징을 갖고 있다. 프레젠테이션은 Presentation의 앞 글자인 Present의 의미로 '선물'이라고도 정의하기도 한다(윤영돈, 2005). 마치 청중에게 현재 그 자리에서 계획한 내용을 전달하면서 동시에 선물을 주어야 한다. 즉, 프레젠테이션을 통해 실무자나 결정권자의 감동을 끌어내는 것이다.

일반적으로 프레젠테이션은 말과 그림, 도표, 사진 등을 이용하여 정보를 전달하며, 발표자는 관객들 앞에서 이를 소개하고 설명한다. 프레젠테이션은 다양한 목적으로 사용될 수 있다. 예를 들어, 비즈니스 회의나 마케팅 행사에서 제품이나 서비스를 소개하거나, 학술 발표에서 연구 결과를 발표하거나, 교육 현장에서 수업을 보조하는 도구로 사용될 수도 있다. 이처럼 비즈니스 관점에서 프레젠테이션은 매우 중요한 요소이다. 비즈니스 프레젠테이션은 비즈니스상의 목적을 달성하기 위해 실시하는 프레젠테이션으로, 발표자가 준비한 메시지를 바탕으로 상대와 상호 작용을 해 동의와 행동을 끌어내려는 설득 커뮤니케이션 행위라고 할 수 있다(김혜성, 2010).

프레젠테이션의 형태로는 광고 프레젠테이션, 사업 설명회, 신제품 발표, 업무보고, 프로젝트 세미나 주제 발표, 강의 교육 판매촉진 행사가 있다. 일반적으로 가장 많이 알려진 프레젠테이션의 형태는 광고 프레젠테이션이라고 할 수 있다. 광고 프레젠테이션에는 새로운 광고주(브랜드)의 광고를 수주하기 위해 여러 광고회사가 경합하는 경쟁 프레젠테이션이 있고, 기존 광고주의 연간 광고 계획을 프레젠테이션하는 애뉴얼 프레젠테이션이 있다.

[그림 16-1] **대한민국 대학생 광고대회(KOSAC) 경쟁 프레젠테이션**

광고 프레젠테이션은 설득 커뮤니케이션의 한 형태이다. 프레젠테이션의 구성 요소는 커뮤니케이션인 발표자, 정보 제공과 설득을 위한 메시지, 메시지 전달을 위한 채널, 청중, 피드백 등을 들 수 있다. 프레젠테이션을 잘 만들기 위해서는 적절한 콘텐츠와 구성, 디자인, 발표 기술 등이 필요하다. 발표자는 청중의 관심을 끌고, 정보를 쉽게 전달하기 위해 목소리, 자세, 말투, 언어 등을 적절하게 조절해야 한다. 또한, 프레젠테이션 자료의 시각적인 디자인도 중요하며, 이를 위해 다양한 프레젠테이션 도구와 기술을 사용할 수 있다. 프레젠테이션의 구성 요소로 프레젠테이션에 부정적인 영향을 미치는 잡음을 추가할 수 있다. 잡음은 프레젠테이션의 정보 전달을 방해하는 물리적인 잡음과 프레젠테이션을 받는 청중이 다른 생각을 하는 심리적인 잡음으로 나눠볼 수 있다. 커뮤니케이션 차원에서 볼 때, 성공적인 프레젠테이션은 발표자가 준비한 메시지가 잡음의 영향을 받지 않고 채널을 통해 청중에게 잘 전달됨으로써 발표자와 청중 간의 공감대가 최대한 넓게 형성된 상태라고 볼 수 있다.

2) 프레젠테이션의 특징과 기초지식

프레젠테이션의 특징으로 구조화된 커뮤니케이션 행위, 상호 작용, 주관적 평가, 소구 방식, 다양한 시청각 매체 활용을 들 수 있다(유종숙, 최환진, 2014). 세부적으로 살펴보면, 첫째, 프레젠테이션의 특징은 '구조화된 커뮤니케이션 행위'라고 할 수 있다. 즉, 프레젠테이션은 발표자가 사전에 목적과 범위를 설정한 상태에서 진행된다. 발표자는 프레젠테이션에서 다룰 내용과 목표를 정하고, 이에 따라 구조화된 커뮤니케이션 행위를 준비해야 한다. 한편, 청중과의 관계도 고려해야 한다. 비즈니스 프레젠테이션은 발표자와 청중 간의 관계가 사전에 설정된 상태에서 진행된다. 청중은 발표자의 정보 전달 및 설득을 받는 입장이며, 발표자는 청중의 요구와 관심에 맞추어 발표 내용을 구성한다. 비즈니스 프레젠테이션은 발표자가 청중을 설득하기 위해 구체적인 목표를 갖고 진행된다. 발표자는 청중에게 정보 전달 및 설득을 목표로 하며, 이를 위해 적절한 정보와 전략적인 말투 등을 사용해야 한다. 이처럼 프레젠테이션은 구조화된 커뮤니케이션 행위이다. 발표자는 일정한 구조와 순서에 따라 정보를 전달하며, 청중은 발표 내용을 이해하고 반응한다. 이상의 내용을 요약하면 프레젠테이션은 사전에 설정된 상태에서 발표자가 청중에게 정보 전달이나 설득을 하기 위한 구체적인 목표를 갖고 향하는 설득 커뮤니케이션 행위이다.

둘째, 프레젠테이션은 발표자와 청중 간의 '상호 작용'을 바탕으로 한 쌍방향 커뮤니케이션이 이루어져야 한다. 발표자는 청중에게 정보를 제공하고 설득을 시도하며, 청중은 발표 내용에 대해 피드백을 제공한다. 이를 통해 발표자와 청중 간의 상호 작용이 이루어진다. 특히 발표자는 청중의 피드백을 끊임없이 수용해야 한다. 프레젠테이션에서 청중은 수동적인 정보 수용자가 아닌 발표자가 제시하는 내용에 대해 적극적인 피드백을 제공하기에 발표자는 청중의 질문에 대해 답변하거나, 청중의 요구사항을 충족시키기 위해 발표 내용을 수정할 수 있어야 한다. 프레젠테이션은 의사소통과 관계 형성을 위한 중요한 기회이다. 발표자는 청중과의 상호 작용을 통해 청중과의 관계를 형성하고 유지할 수 있으며, 청중은 발표자와의 상호 작용을 통해 발표자의 전문성과 역량을 인식하고, 신뢰를 형성할 수 있다.

셋째, 프레젠테이션에서 '청중의 평가는 주관적 성격'을 갖는다. 청중은 발표 내용에 대한 자신만의 기준과 생각을 갖고 있으며, 이를 바탕으로 평가를 수행하기에 발표자는 청중의 평가 기준을 파악하고 이를 충족시키는 발표를 준비해야 한다. 프레젠테이션에서 청중의 이해도와 만족도를 높이기 위해 발표자는 자신의 목소리와 자세, 말투를 적절하게 조절하여 청중의 이해와 만족을 도모할 수 있어야 한다.

넷째, 성공적인 프레젠테이션의 이루어 내기 위해서는 '청중의 이성과 감성에 효과적으로 소구'해야 한다. 프레젠테이션에서는 청중의 이성과 감성을 파악하는 것이 중요하다. 발표자는 청중의 관심사와 요구에 맞추어 발표를 준비해야 하며, 이를 통해 청중의 이성과 감성을 모두 만족시킬 수 있어야 한다. 프레젠테이션에서는 이성과 감성의 균형이 필요하기에 발표자는 발표 자료의 구성이나 발표자의 발표 스타일 등을 적절히 조절하여 청중의 이성적인 요구와 감성적인 요구를 모두 충족시키는 발표를 준비해야 한다.

다섯째, 효과적인 프레젠테이션을 위해서는 '다양한 시청각 매체를 활용'하는 것이 좋다. 프레젠테이션에서는 플립차트, 슬라이드, 비디오, 핸드아웃, 화이트보드, 소품, 컴퓨터, 멀티미디어 등 다양한 시청각 매체를 사용할 수 있다. 발표 내용에 따라 적절한 시청각 매체를 선택하고, 그에 따라 준비해야 한다. 프레젠테이션할 때는 청중 규모와 장소를 고려해야 한다. 대규모 그룹이나 넓은 공간에서는 컴퓨터 프로젝션을 사용하는 것이 좋지만 작은 그룹이나 좁은 공간에서는 프로젝터를 사용하지 않는 것이 효과적일 때가 있다. 예산 제약이 있는 경우 비디오 제작이나 시청각 자료 사용이 불가능할 수도 있기에 그에 맞는 소품이나 핸드아웃을 사용하는 것이 더 나을 수 있다. 프레젠테이션의 목적에 따라 사용하는 시청각 매체가 달라질 수 있다. 예를 들어, 상품을 판매하기 위한 프레젠테이션인 경우 최첨단 기술을 사용하는 것이 좋다.

프레젠테이션의 진정한 가치는 짧고 명료해야 하며, 청중의 이해를 통해 감동과 공감을 이끌어 내어 움직이게 해야 한다. 이를 위해 다양한 시각 자료를 활용하며, 감성적인 이미지에 매달리는 현대 사회에서는 프레젠테이션의 문법을 익혀야 한다. 또한, 프레젠테이션 능력은 입사 면접부터 광고 경쟁 프레젠테이션까지 모든 분야에서 필수적이며, 전문적인 교육이 필요하다.

2. 효과적인 광고 프레젠테이션 준비와 메시지 전략

1) 광고 프레젠테이션 준비와 기본 개념

입찰 제안은 전 산업으로 확대되고 있다. 광고는 물론 컨설팅, 교육, 법률 등 다양한 분야에서 확장되고 있는 추세이다. 광고와 같은 경쟁 프레젠테이션은 설득의 과정이므로 설명을 잘하는 것과 판매를 위한 설득은 접근 자체가 다르다(김용기, 쉬플리코리아, 2013). 일반 프레젠테이션의 경우 발표자의 목적이 내용의 전달에 있다면 경쟁 프레젠테이션의 경우 판매 또는 수주에 있다. 청중의 목적에도 일반 프레젠테이션이 이해의 공감이라면 경쟁 프레젠테이션의 경우 평가에 있다. 실행에 있어서 일반 프레젠테이션은 귀납적인 내용 구성(사실+마무리)으로 이루어진다면 경쟁 프레젠테이션은 연역적인 내용 구성(주장+근거)으로 진행된다.

〈표 16-1〉 일반 프레젠테이션과 경쟁 프레젠테이션의 차이

구분	일반 프레젠테이션	경쟁 프레젠테이션
발표자의 목적	내용의 전달	판매 또는 수주
청중의 목적	이해의 공감	평가
실행의 차이점	귀납적인 내용 구성 (사실+마무리)	연역적인 내용 구성 (주장+근거)

광고 프레젠테이션에 앞서서 다음과 같은 사전 점검이 필요하다. 우선 프레젠테이션은 제안, 사전준비가 관건이다. 프레젠테이션 전에 승부를 낼 수 있는 여건을 조성할 수 있도록 노력해야 한다. 광고주의 역사, 경영자, 그간의 활동 등을 메모하여 프레젠테이션을 활용할 수 있어서 한다. 또한, 프레젠테이션에 참석하는 광고주 내의 구성원도 파악해야 한다. 두 번째로 광고주가 중요하게 생각하는 평가 기준을 알아 둔다. 특히 의사결정자가 누구이며 미디어, 크리에이티브 등의 선호도 판단 요소를 체크하여 프레젠테이션에 녹여 내야 한다.

광고주의 오리엔테이션 때에도 다음과 같은 준비가 필요하다(유종숙, 최환진, 2014). 첫째, 출석 전에 현상이나 현황을 파악해야 한다. '본 경쟁 프레젠테이션은 무엇을 목적

으로 하고 있는가?' '프레젠테이션의 범위, 스케줄, 예산이 합당한가?' '광고주가 광고회사에 진실로 구하고 있는 점은 무엇인가?'를 파악해야 한다. 둘째, 충실한 참가 업체로 오리엔테이션의 장을 중요시해야 한다. 오리엔테이션은 클라이언트의 욕구와 문제인식을 실감할 수 있는 중요한 장이다. 광고회사의 핵심 PM과 주 담당자(AE, 제작, 마케팅, 매체)는 오리엔테이션에 반드시 참석해야 한다. 특히 그 업계, 상품에 능통한 사람은 적어도 한 사람 이상 꼭 참석시켜야 한다. 셋째, 오리엔테이션 내용은 크고 작은 것 모두 듣고 문서화해야 한다. 광고회사 참석자는 직능별 각자의 측면에서 귀를 기울여야 한다. 광고주 측에서 불명확하게 말한 내용, 손대지 않은 점은 제안의 내용이 될 수 있으니 중요 포인트로 정리해야 하며, 궁금한 점은 반드시 질문해야 한다. 누가 메모할 것인지 확실히 정해 두고 회의록을 만들며, 필요시 사전에 광고주에게 승낙을 받아 녹음하여 체크한다. 넷째, 오리엔테이션에서 광고주의 본심과 표면상의 기본 원칙을 분별할 수 있어야 한다. 광고주의 핵심 담당자의 최후 한마디에 진의가 있을 수 있기에 귀담아들어야 하며, 숨겨진 뜻을 읽고 전체의 감을 잡아야 한다. 다섯째, 경쟁 광고회사와 동석일 때 중요한 질문은 장소를 바꿔 진행해야 한다. 우리만의 차별화된 질문을 굳이 경쟁회사에게 노출시킬 필요가 없다. 당사만이 오리엔테이션 장소에서 들을 수 없었던 중요한 포인트를 듣게 될 수도 있기 때문이다.

광고 프레젠테이션을 성공적으로 수행하기 위해 기본 개념과 기술이 필요하다. 광고 프레젠테이션을 준비하는 데 필요한 과정, 소통 기술, 발표 기술 등이 있다. 광고 프레젠테이션을 준비하기 위해서는 목적과 대상 고객층을 분석하고, 제품이나 서비스의 특징과 가치를 파악해야 한다. 이후에는 제품이나 서비스의 고유한 가치를 강조하고, 대상 고객층의 욕구와 관심사를 파악하여 그들의 반응을 예측하는 것이 필요하다. 이러한 과정을 통해 광고 프레젠테이션을 준비할 수 있다. 또한, 광고 프레젠테이션에서 중요한 요소 중 하나는 소통 기술이다. 발표자는 대중들과 원활한 커뮤니케이션을 위해 목소리와 언어, 표정, 자세와 제스처 등 다양한 요소를 고려해야 한다. 이를 통해 발표자는 청중의 관심을 끌고, 그들을 설득할 수 있다. 또한, 발표 기술도 광고 프레젠테이션에서 매우 중요한 역할을 한다. 발표자는 대중들에게 효과적인 발표를 제공하기 위해, 발표의 구조와 내용 그리고 시각적인 자료와 함께 대중들과 상호 작용하는 방법 등을 고려해야 한다.

2) 광고 프레젠테이션의 목적과 목표 설정

프레젠테이션은 특정한 목적과 대상을 가지고 지식과 의견을 전달하거나 설득하는 일종의 발표이다. 이는 현대 사회에서 일상 대화와 더불어 중요한 커뮤니케이션 방법이며, 업무나 인재 채용 등 다양한 분야에서 중요한 역할을 하고 있다. 프레젠테이션은 간결하고 명료하게 내용을 전달하는 것이 중요하며, 설득의 커뮤니케이션 과정으로 상대방의 태도와 행동을 변화시키는 것이 목표이다.

광고 프레젠테이션의 목적과 대상 고객층에 맞는 전략의 수립이 필요하다. 이를 위해서는 광고의 목표와 목적 그리고 대상 고객층의 특징과 요구사항을 파악해야 한다. 이를 바탕으로 광고의 주요 메시지와 전달 방법을 결정하고, 대중들에게 효과적으로 전달할 수 있는 전략을 수립한다. 광고 프레젠테이션에서 주의를 끌고 흥미를 유발하는 방법이 필요하다. 발표자는 광고의 핵심 메시지를 적절한 방법으로 청중에게 전달하면서, 그들의 이해도와 관심도를 높이기 위해 다양한 기술과 기법을 활용해야 한다. 이를 위해서는 감각적인 자극, 흥미로운 이야기, 인용구, 그림 등을 활용할 수 있다.

광고 프레젠테이션에서 대중의 불안이나 걱정을 해소하고, 그들의 신뢰와 호감을 얻는 방법이 필요하다. 발표자는 대중들의 우려와 걱정을 이해하고, 그들의 관심을 끌며, 그들의 신뢰를 얻기 위해 다양한 기술과 기법을 활용해야 한다. 이를 위해서는 대중들과의 상호 작용, 사례와 경험, 전문성과 노하우 그리고 신뢰할 만한 정보와 자료 등을 제공해야 한다. 프레젠테이션 불패의 법칙에서 실증의 법칙이 있다(이현, 2009). 실제 사례를 통해 청중의 공감을 얻는 것이다. 예를 들어, "한국의 세계적인 축구스타 손흥민과 가수 보아의 세 가지 공통점이 무엇인지 아십니까? 첫째는 자신의 분야에서 최고의 자리까지 올랐다는 것이고, 둘째는 학교를 제대로 다지니 못했다는 것이고, 마지막은 무엇일까요? 돈을 많이 번 사람일까요? 팬클럽 회원이 많은 사람들일까요? 오늘 이 자리에서 말씀드리고 싶은 공통점은 바로 지독한 연습벌레라는 것입니다. 둘 다 지독한 연습으로 국내를 넘어 세계적인 스타로 발돋움한 경우입니다. 여러분들도 성공을 위해서라면 노력과 인내가 필요합니다."라는 방식으로 실제 사례와 경험을 제시하여 청중의 신뢰와 호감을 얻어야 한다.

이처럼 광고 프레젠테이션에서 대중들의 행동 변화를 유도하고, 광고의 효과를 극대화하는 방법이 필요하다. 발표자는 대중들의 행동 변화를 유도하기 위해 광고의 주요 메시지와 전달 방법을 효과적으로 결합해야 한다. 이를 위해 광고의 목표와 대상 고객층의 특징에 맞는 전략을 수립하고, 다양한 기술과 기법을 활용해야 한다.

3) 광고 프레젠테이션 메시지 전략

광고 프레젠테이션 메시지는 기획과 목적, 말하고자 하는 내용 등 모든 것을 포함하는 개념이다. 메시지는 발신자가 수신자에게 정보를 제공하는 매개체가 될 수도 있고, 정보 그 자체를 뜻하기도 한다. 프레젠테이션 메시지는 청중의 문제를 해결할 수 있는 정보를 제공하고 공감과 설득을 유도하여 행동을 유발하는 역할을 하며, 메시지는 언어적 · 비언어적으로 전달될 수 있다.

광고 프레젠테이션 메시지의 구성에 있어 청중을 중요하게 고려해야 하며, 의사 결정권자의 성향과 문제 그리고 원하는 결과를 파악하여 메시지를 구성해야 한다. 구체적으로는 목표를 명확히, 콘셉트와 주제를 명확히, 홍미를 끄는 시작, 인상적인 마무리, 효과적인 메시지 구성 등의 지침이 있다.

구체적으로 설명하면, 우선 목표를 명확히 해야 한다. 프레젠테이션의 목표는 청중을 설득하는 것이기 때문에 청중이 원하고 바라는 메시지를 만들고 제공해 주어야 한다. 두 번째로 콘셉트와 주제를 명확히 해야 한다. 목표를 달성할 수 있는 강력한 콘셉트는 명확하게 제시되고, 일관되고 친근감 있는 주제를 통해 전달해야 하며, 콘셉트와 주제를 함축된 키워드와 상징적인 비주얼을 반복적으로 사용해야 한다. 세 번째로 홍미를 끄는 시작점이 있어야 한다. 프레젠테이션 초반에 청중의 시선을 끌고 신뢰를 확립하는 것은 프레젠테이션의 성패를 좌우한다. 청중과 관련성 있는 이야기, 청중의 지지를 얻을 수 있는 이야기, 청중이 가장 바라는 결과를 이야기해야 한다. 청중의 홍미를 끄는 시작 방법은 질문, 충격적이거나 의외의 사실, 유명인의 말 인용, 일화 소개, 경구나 금언, 비유, 회고 등이 있다. 네 번째로 인상적인 마무리를 해야 한다. 마지막에 듣는 것이 가장 오래 기억되기 마련이다. 따라서 청중에게 꼭 기억시키고자 하는 내용으로 인상적인 마무리를 할 필요가 있다. 특히 프레젠테이션에서 제시한 중요한 요점을 요약해 이야기하고, 청중들이 프레젠테이션에 동의한다면 무엇을 해야 하는지, 행동할 방향을 제시하는 것이 좋다. 프레젠테이션 시작 시 한 말이나 질문과 대구를 이루는 이야기를 한다. 인상적인 마무리로 비즈니스를 위한 질문, 즉시 해야 할 일을 언급, 중요한 요점 요약, 유머로

종결, 유명한 인용을 이용 요약, 극적인 마무리 등이 있다. 마지막으로 효과적인 메시지 구성이 필요하다. 메시지의 논리 구조는 메시지의 효과를 높이기 위해 매우 중요한 부분이다. 프레젠테이션의 목표, 메시지의 성격(concept, theme), 발표자의 특징에 맞추어 가장 적합한 메시지 구성 패턴을 선택해야 한다.

광고 프레젠테이션 메시지 전략으로 KISS의 원칙과 SEER 방법이 있다(김혜성, 2010). KISS의 원칙은 '짧고 단순하게 하라(Keep It Short and Simple)'의 약어로, 프레젠테이션에서 청중의 관점에서 내용을 간결하고 단순하게 전달해야 한다는 것을 강조한다. 프레젠테이션은 짧고 단순하지만 명확하게 내용을 전달하여 청중에게 감동을 주고 행동을 유도해야 한다. 따라서 프레젠테이션에서는 주제를 짧고 중요한 부분을 강조하여 전달해야 하며, 청중이 내용을 무관심하게 받아들이지 않도록 핵심적인 내용을 간결하게 전달해야 한다. 이러한 원칙을 지켜 내면서 내용을 구성하면, 청중의 관심을 끌고 명확하게 이해시킬 수 있게 된다. SEER 방법은 프레젠테이션에서 머릿속 그림을 청중에게 전달하는 데 아주 뛰어난 구조를 가진 전달 장치이다. 이 방법은 네 가지 단계를 순서대로 적용하여 사용한다. 첫째는 Summary로, 한 마디로 전달하며 머릿속 그림을 간략하게 요약한다. 둘째는 Elaborate로, 요약된 내용을 부연해서 다시 설명한다. 셋째는 Example로, 예를 들어 구체적인 사례를 들어 설명한다. 넷째는 Restatement로, 마지막으로 다시 요약해 준다. SEER는 인간의 평면적인 사고를 삼차원적인 입체로 조명하는 데에 있어서 유용하다. 이 방법은 어떤 특정 현상이나 개념 또는 사물에 관해서 설명할 때, 나열하는 방식을 벗어나 청중의 인지 구조에 맞추어 개념을 시각적인 형상으로 바꾸어 주는 것이다. SEER는 준비 없이 하는 즉흥 연설이나 프레젠테이션에서의 질문에 대처할 때 유용하게 사용할 수 있는 내용 구성의 틀이다.

4) 광고 프레젠테이션 메시지의 구성 패턴과 메시지 개발 순서

프레젠테이션에서의 일반적인 메시지 구성 패턴은 3단 구성(서론-본론-결론), 4단 구성(서론-설명-증명-결론), 귀납과 연역, 찬반 등이 있다. 이 중 3단 구성 방법이 주로 사용되며, 서론에서는 주제에 대한 요약과 논의 방향 등을 설명하고, 본론에서는 체계적으로 각 주제에 관한 내용을 전개하며 자세히 부연 설명한다. 결론에서는 핵심 내용을 요약하고, 행동 방향을 강조하거나 향후 계획과 비전을 제시한다. 기승전결 구성 방법은 서론–설명–증명–결론의 4단계로, 귀납적 방법은 여러 사례를 연구해 공통점을 파악해 결론을 내리는 구성, 연역적 방법은 일반적인 이론을 먼저 제시하고 개개인의 사례에 적용하는 구성, 찬반은 특정 계획에 대한 찬성과 반대 의견을 차례로 서술하는 구성이다. 또한, 의사 결정 패턴, 서구식 논리 전달 패턴, 일반 프레젠테이션의 메시지 패턴, 비즈니스 프레젠테이션의 메시지 패턴 등 다양한 메시지 구성 패턴이 존재한다.

광고 프레젠테이션 메시지 개발 순서로는 메인 아이디어의 요지와 세부 내용을 개발하고, 앞뒤에 얘기할 개요와 요약을 개발하며, 시작하는 말을 포함하여 서론과 결론을 개발한다. 메시지 개발 원칙으로는 쉽고(easy), 단순하고(simple), 인상적인(impressive) 언어를 추출하고, 어조는 프레젠테이션의 목표, 발표자의 스타일, 정보의 성격, 청중의 특성, 프레젠테이션 환경에 맞춰 정해야 한다. 주의해야 할 점으로 뚜렷한 논리나 근거 없이 섣불리 결론에 도달하지 말고, 오래된 통계나 출처가 불확실한 자료를 사용하지 말아야 하며, 청중에게 말로 설명하기 어려운 내용을 제시할 경우 비디오나 오디오 테이프를 활용하는 것이 좋다.

5) 광고 프레젠테이션 핵심 메시지 추출

프레젠테이션은 서론–본론–결론으로 구성되며, 간결하고 명확한 내용을 가져야 한다. 청중의 관심을 끌기 위해 주목해야 하는 이유를 명확하게 제시해야 하며, 제품이 제공하는 혜택에 집중해야 한다. 서론에서는 웜 업이나 긴장 완화를 위해 인상적인 소개와 유머를 사용하고, 본론에서는 숫자로 표현된 자료를 비교하고 유추하여 의미 있는 내용으로 구성해야 한다. 결론에서는 핵심적인 요점을 정리하고, 청중이 쉽게 이해하고 확신을 가질 수 있도록 내용을 구성한다. 프레젠테이션 계획을 완성한 후, 피드백을 받아 객관적이고 비판적인 입장에서 내용을 검토해 봐야 한다. 이를 위해 연관성, 단순성, 명확성, 강조, 정리 다섯 가지의 요소를 통해 체크 리스트를 만들어 자체 평가와 점검을 해 보는 것이 좋다.

데이비드 오길비가 "팔지 못하면 아무것도 아니다"라고 말하였듯이 광고 프레젠테이션은 세일즈이며, 파는 기술이다. 프레젠테이션은 청중에게 강렬한 인상을 줄 수 있는 커뮤니케이션 수단이지만 설득은 쉽지 않다. 그래서 프레젠테이션의 핵심은 메시지를 한 단어로 전달하는 것이다. 즉, 가장 중요한 '한 단어'를 청중의 뇌리에 심어 주는 것이다. 너무 많은 메시지가 청중에게 전달되면 청중은 아무것도 기억하지 못하기에 프레젠테이션을 다 마쳤을 때 청중이 한 단어만 기억할 수 있다면 대성공이라 할 수 있다.

예컨대, 나이키는 '저스트 두 잇(Just Do It)'이라는 슬로건을 내걸어 전 세계 스포츠 웨어 시장에서 대표적인 기업으로 성장했다. 정치 선거에서는 버락 오바마 대통령이 2012년 재선 캠페인에서 '전진(forward)'이라는 한 단어로 당선됐다. 이처럼 경제, 정치, 문화에서 핵심 메시지, 핵심 슬로건을 가지고 프레젠테이션에서 성공한 사례가 종종 있다. 프레젠테이션에서는 청중이 한 번에 하나밖에 기억하지 못한다는 사실을 고려해야 한다. 청중이 원하는 메시지를 파악하고, 그것을 한 단어로 압축해서 명확하게 전달하는 것이 중요하다. 광고 · 마케팅 분야에서 짧고 강력한 메시지를 반복해서 전달해야 기업이 승리할 수 있으며, 설득력 있는 스토리를 통해 메시지를 전달하는 것이 좋다. 주제와 관련이 없는 것은 과감히 없애버리는 것이 좋지만 사실 전달하고 싶은 말을 오직 한 단어로 줄이기는 쉽지 않다. 그래서 다음과 같은 핵심 메시지 추출 원칙을 갖는 것이 좋다.

(1) 단순한 힘

많은 사람이 생각을 지나치게 많이 하고 복잡하게 만들어서 문제를 해결하지 못한다. 단순하게 생각하고 명쾌한 해결책을 찾는 것이 중요하다. '적은 것이 많은 것(Less is more)'라는 말을 기억하고, 단순함의 원리를 비즈니스에 적용하면 성공할 확률이 높아진다. 단순함이 인생과 비즈니스에서 매우 중요하기에 단순함의 힘을 믿어야 한다.

우리는 하루에도 해결해야 할 일이 자꾸 늘어나기에 어떤 문제에 대해서 지나치게 생각을 많이 하는 오버 싱킹(over-thinking) 경향이 많다. 매일 생기는 문제를 해결하기 위해서는 단순함의 원리를 적용하고, 문제를 더 작은 단위로 쪼개서 해결해야 한다. 창의력 전문가 에드워드 드 보노는 단순함에 관한 법칙을 제시했는데, 이는 단순함을 추구하고, 문제를 정확히 알고 여러 대안을 준비하며, 이미 나와 있는 것에 도전하고 필요하다면 다시 시작하고, 문제를 더 작은 단위로 쪼개라고 했다. 이처럼 단순함의 원리를 인생에 적용하면 성공 확률이 높아지듯이 프레젠테이션에서도 메시지의 단순화를 통해 청중을 설득할 수 있다.

(2) 한 가지에 집중하기

비즈니스를 명쾌하게 만드는 방법의 하나인 단순함이기에 단순함을 추구하기 위해서는 축소, 정리, 시간 절약 등이 중요하며, 명확한 차이와 맥락을 인식하고 한 가지에 집중하는 것도 중요하다. 단순함은 명백한 것을 제거하고 의미 있는 것만을 더하는 것이다.

(3) 커뮤니케이션 목표와 단순화

커뮤니케이션 목표를 단순화하는 것도 효과적이다. 가장 중요한 것은 한 가지 목표만을 설정하는 것이다. 기업이 광고할 때도 마찬가지로 한 가지 목표만을 설정하고, 측정 가능한 목표를 세워야 효과를 측정할 수 있다. 기업이 광고하는 이유는 새로운 소비자를 끌어들이기 위해서 또는 사용 빈도를 늘리기 위해서, 구매량을 늘리기 위해서, 새로운 제품을 소개하기 위해서 등 여러 가지 이유가 있다. 그리고 기업 대부분은 마케팅 예산이 부족하기 때문에 한정된 예산을 가지고 하나의 메시지에 초점을 맞춰야 한다. 그러므로 비즈니스 맥락을 잘 읽어 정확하게 한 가지 목표만을 설정해야 한다. 세상이 복잡해질수록 사람들은 단순함을 추구하게 되기 때문에, 광고도 한 가지 이야기만을 전달하는 것이 효과적이다.

(4) '한 단어' 콘셉트

급변하는 현대 사회에서, 사람들은 바쁘고 시간이 부족하므로, 간결하고 이해하기 쉬운 커뮤니케이션과 아이디어가 필요하다. 먼저, 비즈니스와 커뮤니케이션에 있어서 가장 중요한 것은 단순화이다. 내가 전하고자 하는 내용에서 핵심적인 것들을 추려 내고, 불필요한 것들은 제거함으로써, 더 명확하게 전달할 수 있다. 이를 위해, 한 가지 목표와 한 가지 메시지만을 전달하는 것이 좋다. 이렇게 하면, 사람들은 이해하기 쉽고 기억하기 쉬운 내용을 받아들일 가능성이 커진다.

커뮤니케이션에서 중요한 것은 '한 단어' 콘셉트이다. 이는 커뮤니케이션 전략을 한마디로 요약하는 것을 의미한다. 이는 사람들이 빠르게 이해할 수 있도록 하며, 아이디어에 대한 영감을 불러일으키기도 한다. 이를 위해서는 강력하면서도 단순한 단어를 찾아야 하며, 이를 'OW(One Word) 콘셉트'라고 부르기도 한다. '빨래는 피죤' '맞다 게보린!' '일요일엔 짜파게티' 등은 한 가지 커뮤니케이션 목표를 갖고 있다는 공통점이 있어 우리의 기억 속에 성격을 확고하게 심어 준 브랜드이다. 마케팅 불변의 법칙 중 집중의 법칙(The Law of Focus)에서도 핵심 메시지의 중요성을 강조하고 있다(Ries & Trout, 1994). 마케팅에 있어서 중요한 것은 제품 메시지의 강력한 개념을 잠재 고객 기억 속에 한 단어를 심어주는 것이다. 볼보는 안전, 메르세데스 벤츠는 기술, 페더럴 익스프레스는 야간 배송, 도미도 피자는 빠른 배달을 소비자들이 내 제품에 원하는 한 가지 장점을 콘셉트화하여 집중적으로 메시지를 보내어 성공을 거뒀다. 따라서 프레젠테이션에 있어서 커뮤니케이션과 아이디어에서는 단순화가 중요하며, 한 가지 목표와 메시지 그리고 한 단어 콘셉트를 찾는 것이 필요하다. 이를 위해, 강력하면서도 간결하고 똑똑한 아이디어를 찾는 것이 좋다.

3. 감동적인 광고 프레젠테이션 전달하기

1) 광고 프레젠테이션의 전달 방법

광고 프레젠테이션 전달에 있어서 발표자의 목소리와 언어 사용은 광고 전략의 효과를 크게 좌우할 수 있는 중요한 요소이다. 왜냐하면, 광고는 대중들의 감정과 인식을 조절하여 제품이나 서비스를 홍보하고, 그들의 행동을 유도하기 위한 전략적인 수단이기 때문이다. 발표할 때 빽빽이 써놓은 슬라이드의 기술적인 정보를 그대로 읽는다면 프레젠테이션을 하는 발표자가 아니라 주어진 원고를 읽는 내레이터에 불과하다. 이런 방식은 청중의 고개를 떨어뜨리고 더 이상 발표를 보지 않기에 발표자는 대부분의 시간을 청중을 바라보면서 프레젠테이션을 진행해야 한다. 프레젠테이션 발표자는 목소리와 언어 사용을 통해 대중들의 감정과 인식을 조절하고, 그들의 행동을 유도할 수 있어 다음과 같은 노력이 필요하다.

우선, 발표자의 목소리는 청중에게 매우 중요하다. 발표자는 목소리의 크기, 속도, 강도, 강세, 강조 등을 조절하여 청중에게 적절한 감정과 인식을 전달할 수 있다(Moriarty & Duncan, 1999). 예를 들어, 제품이나 서비스를 소개하는 광고에서 발표자가 자신감 있고 강렬한 목소리로 발표하면 청중은 해당 제품이나 서비스가 믿을 만하다는 인상을 받을 수 있다. 또한, 발표자가 목소리를 부드럽고 느긋하게 조절하여 편안한 분위기를 조성하면 청중은 제품이나 서비스와 관련하여 긍정적인 감정을 느낄 수 있다.

둘째로, 발표자의 언어 사용도 매우 중요하다. 발표자는 언어를 사용하여 대중들의 이해와 인식을 조절할 수 있다. 적절한 어휘와 문법을 사용하여 전문성과 신뢰성을 높일 수 있다. 예를 들어, 발표자가 제품이나 서비스와 관련된 전문 용어를 정확하게 사용하면 청중은 해당 제품이나 서비스가 전문적이고 신뢰성이 높다는 인상을 받을 수 있다. 또한, 발표자가 이야기나 비유를 사용하여 청중의 감정과 이입을 유도하면 청중은 해당 제품이나 서비스에 대한 호감과 긍정적인 인식을 형성할 수 있다. 예를 들어, 보험상품을 고려할 때 소비자가 주체가 되어야 한다는 메시지를 보내고자 한다면 다음과 같은 비유를 할 수 있다. "마치 자동차를 운전하듯이 여러분은 자신의 인생을 끌고 갈 방향을 정해야 합니다. 그 방향이 당신을 어디로 데려갈지는 당신의 선택에 있습니다."라는 식의 비유를 들면 효과적이다.

마지막으로, 발표자는 목소리와 언어 사용을 통해 대중들의 참여와 상호 작용을 유도할 수 있다. 예를 들어, 발표자는 특정 키워드나 구절을 반복하거나, 질문에 대한 피드백을 요청하거나, 질문을 던지는 등의 방법을 사용하여 대중들의 참여와 상호 작용을 유도할 수 있다. 이러한 방법을 통해 발표자는 청중의 관심을 끌고, 제품이나 서비스에 대한 이해와 인식을 높일 수 있다.

이러한 발표 기술과 전략을 잘 활용하면 광고 프레젠테이션에서 성공적인 결과를 얻을 수 있다. 발표자는 청중의 감정과 인식을 조절하는 전략적인 수단으로서의 역할을 수행하며, 제품이나 서비스를 효과적으로 홍보하고, 청중의 행동을 유도할 수 있다.

2) 효과적인 프레젠테이션 슬라이드 구성과 디자인

우리는 비주얼 시대에 살고 있다. 비주얼들은 이해하기가 더 쉽고 단어들보다 더 빠르게, 더 일반적으로 커뮤니케이션할 수 있다. 잘 만든 프레젠테이션 슬라이드는 기억하기 쉽고, 논리를 강화하며, 명료한 메시지를 담고 있어 청중의 마음을 사로잡을 수 있다(Moriarty & Duncan, 1999). 효과적인 프레젠테이션 슬라이드를 만들기 위해서는 슬라이드 비주얼 개발 순서가 중요하다. 이를 위해서는 먼저 스토리라인과 내용을 바탕으로 주장이 가장 효과적으로 전달될 수 있는 목차를 구성해야 한다. 그리고 내용과 구조가 가장 잘 드러날 수 있는 슬라이드 템플릿을 개발하고, 각 페이지별로 슬라이드 목업(mock-up)을 구성한다. 목업은 어떤 내용을 어디에 어떻게 배치할 것인지 내용의 양과 위치를 결정하는 것을 말한다. 이후, 목업을 기반으로 슬라이드 내용을 채우고, 슬라이드를 디자인하여 완성한다. 이렇게 하면 키워드와 핵심 내용이 잘 드러나도록 정갈하게 구조화된 효과적인 슬라이드를 만들 수 있다.

프레젠테이션의 구조는 대부분 도입, 본론, 마무리 세 가지 부분으로 나뉘며, 각 부분마다 사용되는 슬라이드 종류가 다르다는 것을 설명하고 있다. 먼저 도입과 마무리 부분에서는 감성 슬라이드를 사용하여 청중의 관심을 끌고 감성적으로 설득하는 것이 효과적이다. 본론에서는 전략, 기술, 관리 슬라이드를 사용하여 목적에 따라 체계적으로 내용을 전달하고 설득해야 한다. 그러나 목적과 전략에 따라 감성 슬라이드를 생략하거나 유연하게 사용할 수도 있다. 또한, 평가자의 다양한 관점에 맞게 설득하는 것이 필요하다. 평가자 전체를 설득하기 위해서는 전략, 기술, 관리 슬라이드를 빠짐없이 구성하는 것이 좋다. 전략 슬라이드는 통합적인 평가자나 의사 결정자를 설득하는 데에 중요하며, 기술적 · 관리적 측면에서 증거를 제시하여 분석적 평가자나 실무자를 설득하는 것이 필요하다.

광고 프레젠테이션의 디자인은 대중들에게 강렬한 인상을 주는 데 매우 중요한 역할을 한다. 프레젠테이션에서 사용되는 디자인 요소들이 어떻게 활용되어야 하는지를 알아야 청중을 더 잘 설득할 수 있다. 예를 들어, 슬라이드의 색상, 글꼴, 이미지, 그래픽, 레이아웃 등의 디자인 요소가 어떻게 선택되고 사용되는지에 따라 청중의 반응이 다르게 나타난다.

먼저, 프레젠테이션에서 디자인 요소를 선택할 때 고려해야 할 요소로 슬라이드의 색상이 있다. 프레젠테이션에서 적절한 색상 선택은 시각적으로 눈에 잘 띄고, 정보를 쉽게 전달하고, 감정적인 연결을 형성하는 데 중요하다. 다음은 프레젠테이션에서 색상을 선택할 때 고려해야 할 몇 가지 가이드라인이다.

- 목적에 맞는 색상 선택: 프레젠테이션의 주제와 목적에 맞는 색상을 선택해야 한다. 예를 들어, 청중을 안정감 있게 만드는 파란색이나, 열정과 에너지를 나타내는 빨간색을 선택할 수 있다.
- 컬러 휠 이용: 색상 선택을 돕기 위해 컬러 휠을 사용할 수 있다. 컬러 휠은 색상 간의 관계를 시각화해 주며, 조화롭게 조합할 수 있는 색상을 제공한다.
- 대비 색상 선택: 대비 색상은 서로 대조되는 색상을 의미함으로 프레젠테이션에서 대비 색상을 사용하면 정보가 더욱 강조된다. 대표적인 예로는 검정색과 흰색, 빨간색과 초록색, 파란색과 주황색 등이 있다.

- 적절한 색상 비율: 색상을 조합할 때 적절한 비율을 유지하는 것이 중요하다. 대체로 하나의 색상을 주요 색상으로 사용하고, 보조 색상으로 두세 가지의 색상을 사용하는 것이 좋다.
- 텍스트와 배경 색상 대조: 프레젠테이션에서 텍스트와 배경 색상은 대조되어야 한다. 예를 들어, 어두운 배경에 밝은 글씨를 사용하거나, 밝은 배경에 어두운 글씨를 사용하는 것이 좋다.

이러한 가이드라인을 참고하여 프레젠테이션에서 적절한 색상을 선택하면, 대중들에게 더욱 명확하고 인상적인 메시지를 전달할 수 있다.

두 번째로 글꼴 또한 프레젠테이션에서 사용되는 텍스트의 가독성과 전달하려는 메시지의 효과에 매우 중요한 역할을 한다. 올바른 글꼴 선택은 내용을 강조하고 전달하는데 도움을 주며, 잘못된 글꼴 선택은 전달하는 내용을 혼란스럽게 만들 수 있다. 글꼴을 선택할 때는 가독성이 좋아야 하고, 일관성 있는 글꼴, 적절한 크기의 글꼴, 용도에 맞는 글꼴을 선택해야 한다. 또한 사용할 글꼴의 수를 최소화하고, 명확한 구분을 위해 다른 글꼴을 사용할 때는 충분한 대조를 유지해야 한다.

세 번째로 이미지 표현에 있어 레이아웃의 원리를 잘 활용해야 한다. 프레젠테이션에서 레이아웃은 내용의 구성과 전달하는 메시지의 효과를 크게 좌우하는 중요한 요소 중 하나이다. 우선 여백을 잘 활용해야 한다. 적절한 공백을 사용함으로써 요소들이 서로 간섭하거나 혼란스러워 보이는 것을 방지할 수 있다. 또한, 여백을 사용하여 요소들 사이에 균형을 유지하고 시선을 유도할 수 있다. 이미지와 이야기하고자 하는 내용이 일치해야 좋은 효과를 얻을 수 있으며, 인물이 등장하는 이미지를 사용할 때는 청중의 시선을 엉뚱한 곳으로 향하지 않도록 세심하게 디자인하는 것이 좋다. 또한, 프레젠테이션에서 균형을 유지하는 것은 중요하다. 균형 잡힌 디자인은 시선의 방향이 분명해지며 메시지 전달이 명확하고 밀도가 있는 결과물을 만들 수 있다. 중요도가 높은 내용부터 낮은 내용까지 우선순위가 분명히 드러나야 하며, 대칭과 비대칭 슬라이드를 적절히 혼합하여 좋은 프레젠테이션 시각 자료를 만들 수 있다. 그 밖에 가독성, 간결성, 일관성, 섹션 구분, 비율과 대칭, 적절한 이미지와 그래픽 사용을 고려해야 한다. 스티브 잡스는 프레젠테이션에 있어서 비주얼과 텍스트의 조화를 강조했다(김경태, 2008). 텍스트 중심의 슬라이드는 설득력이 떨어지고 설명 시간이 길어져 핵심 메시지를 이해하기 어렵다. 그래서 전체 내용을 들어도 기억을 하지 못하는 경우가 많다. 스티브 잡스는 슬라이드 한 장에 하나의 메시지만을 담는 방식을 사용하고, 사진을 가운데 두고 텍스트를 양옆으로 나누어 배치하는 방식으로 사용하여 청중들에게 통합 이미지로 받아들이게 한다.

네 번째로 애니메이션 효과를 적절하게 활용해야 한다. 프레젠테이션에서 애니메이션 효과는 시선을 인위적으로 제어하고 정보를 생생하고 사실적으로 묘사하여 전달하는 방법이다. 세 가지 메시지를 한 페이지에서 순차적으로 전달하고자 할 때, 중요한 키워드를 마지막에 숨겨 두었다가 나타내려고 할 때, 쟁점 부분을 교체하거나 변환시키려고 할 때 등 애니메이션 효과를 사용한다. 애니메이션 효과는 움직임과 화면 전환 효과 등으로 시각 자료의 연출에 사용되며, 크기, 각도, 비례의 변화를 통해 집중력을 유도한다. 또한, 자연스러운 시선 연결을 위해 슬라이드 효과나 블라인드 효과를 이용하는 것이 중요하다. 프레젠테이션에서 애니메이션 효과는 정보를 더욱 설득적으로 전달할 수 있는 역할을 한다. 주의할 점은 불필요하거나 과도한 애니메이션 효과가 오히려 청중에게 방해를 줄 수 있기에 애니메이션 효과를 적절하게 사용하는 것이 중요하다.

3) 감동적인 프레젠테이션 전달하기: 스티브 잡스 프레젠테이션

광고 프레젠테이션은 설득과 공감의 드라마와 같다. 광고 프레젠테이션에서 감동적인 전달을 위해서는 드라마틱한 스토리텔링, 매력적인 이미지와 색감, 음악, 감성적인 키워드 등을 활용하여 청중의 감성적인 공감을 유도해야 한다. 예를 들어, 제품을 소개할 때 제품의 디자인, 기능, 성능 등을 단순히 나열하는 것이 아니라, 그 제품이 해결할 수 있는 문제나 불편함, 소비자의 욕구나 필요성을 강조하고, 그것을 해결하기 위한 제품의 감성적인 면모를 강조할 수 있다. 이러한 감동적인 전달을 통해 청중의 공감과 관심을 끌어내어 광고주의 제품에 대한 인식과 호감도를 높일 수 있다. 또한, 감동적인 전달을 위해 광고의 목적, 목표 그리고 타깃층에 따라 적절한 이미지와 색감, 음악, 감성적인 키워드 등을 선택하여 프레젠테이션에 반영해야 한다. 이러한 감동적인 전달은 청중에게 더욱 강한 인상을 심어 주고, 광고의 효과를 극대화할 수 있는 요소 중 하나이다.

프레젠테이션을 성공적으로 이루기 위해서는 훌륭한 발표자가 있어야 한다. 프레젠테이션에 있어서 훌륭한 발표자란 프레젠테이션의 목표를 효과적이고 효율적으로 달성하는 사람을 말한다(유종숙, 최환진, 2014). 원하는 결과를 얻기 위해서 정해진 프레젠테이션 방법이 있는 것은 아니나 프레젠테이션 상황이나 청중에 맞게 효과적인 방법을 모색해야 한다. 좋은 발표자가 되기 위해서는 열정과 자신감을 가져야 한다. 문제에 대한 강한 열정이 문제 해결 방안을 도출해 내게 되고 문제 해결 방안을 가진 발표자는 자신감을 갖게 된다. 이러한 열정과 자신감은 청중의 신뢰와 호감을 받게 되고 결국 설득력이 있게 될 것이다.

이러한 관점에서 스티브 잡스의 감동적인 프레젠테이션은 청중의 마음을 사로잡는 대표적인 사례라 할 수 있다. 스티브 잡스는 혁신적인 제품은 물론, 프레젠테이션에 있어서 남다른 역량을 가지고 있다. 유튜브에서도 스티브 잡스의 프레젠테이션 영상들은 프레젠테이션의 좋은 본보기를 보여 준다.

스티브 잡스 식의 프레젠테이션 십계명은 다음과 같다.

- 프레젠테이션의 화제를 제시하라: 프레젠테이션을 시작할 때, 청중의 관심을 끌 수 있는 화제를 제시해야 한다. 예를 들어, 스티브 잡스가 iPhone을 발표할 때는 '세상에서 가장 혁신적인 스마트폰'이라고 하여 화제를 일으켰다. 이는 청중의 호기심을 자극하고, 발표자의 주장이나 제품에 대한 이해도를 높일 수 있기에 필요한 전략이다.
- 제품에 대한 발표자의 열정을 드러내라: 발표자는 제품에 대한 열정을 가지고 있어야 한다. 열정은 청중에게 제품의 가치를 전달할 수 있는 효과적인 방법의 하나이다. 스티브 잡스의 프레젠테이션에서는 제품에 대한 열정이 느껴진다. 예를 들어, iPod 발표에서 '저희는 이런 혁신적인 제품을 만들었습니다. 이것은 굉장히 멋진 것입니다.'라는 열정적인 표현을 사용했다.
- 프레젠테이션의 전체적인 윤곽을 제시하라: 프레젠테이션에서 청중은 발표자가 어떤 내용을 다룰지, 언제 어떤 내용이 나올지 예측하고 따라가기를 원하기에 발표자는 청중이 전체적인 스토리라인을 이해할 수 있도록 프레젠테이션의 전체적인 윤곽을 제시하는 것이 중요하다. 예컨대 스티브 잡스의 iPhone 6 발표에서는 첫 번째로 iPhone 6의 디자인과 제조 과정, 두 번째로 카메라와 센서, 세 번째로 iOS 8, 네 번째로 Apple Pay와 같은 핵심 기능들을 소개했다. 이렇게 발표자가 전체적인 스토리라인을 제시하면 청중은 내용을 쉽게 따라갈 수 있다.
- 숫자를 의미 있게 만들라: 스티브 잡스는 숫자를 의미 있게 만드는 방법을 잘 활용한다. 예를 들어, iPod Shuffle 발표에서 "저희는 iPod Shuffle을 출시했습니다. 이것

은 512MB 용량을 가진 첫 iPod입니다. 240곡을 담을 수 있습니다."라고 숫자를 활용하여 제품의 장점을 강조했다.

- 청중이 잊지 못할 순간을 만들라: 발표자가 프레젠테이션에서 청중에게 강렬한 인상을 남기기 위해서는 청중이 잊지 못할 순간을 만들어야 한다. 이를 위해서는 강렬한 이미지나 독특한 스토리를 사용하거나, 청중이 직접 체험할 수 있는 체험을 제공하는 등의 방법이 있다. 예를 들어, iPhone의 발표에서 "iPhone을 만져보면 이해가 됩니다."라는 발언으로 청중들에게 기억에 남는 순간을 만들어 주었다.
- 시각적인 슬라이드를 만들라: 스티브 잡스는 항상 시각적인 슬라이드를 활용하여 청중의 시선을 집중시켰다. 예를 들어, 아이폰 발표 시에는 대형 스크린에 새로운 아이폰의 사진을 크게 보여 주고, 제품의 디자인과 기능을 자세히 설명했고, 아이패드 발표 시에는 실제 아이패드를 손에 들고 사용하는 모습을 보여 주는 등 시각적인 요소를 최대한 활용하여 청중의 이목을 끌었다. 이처럼 제품이나 서비스를 보여 주는 슬라이드를 만들 때, 가능한 한 시각적인 요소를 활용하여 청중의 눈과 귀를 사로잡을 수 있도록 노력해야 한다.
- 멀티미디어를 활용해 '쇼'를 제공하라: 오디오나 비디오 클립, 그래픽 등 다양한 멀티미디어 요소를 사용하여 프레젠테이션을 더욱더 흥미롭고 생동감 있게 만들어야 한다. 예를 들어, 제품에 대한 시연 동영상을 보여 주거나, 이미지나 차트, 그래픽을 활용하여 눈에 잘 들어오도록 해야 한다. 이를 통해 청중이 보다 쉽게 이해하고 인상에 남을 수 있도록 도와 준다.
- 작은 실수에 어리둥절하지 말라: 발표자는 프레젠테이션에서 실수하더라도 긴장하지 말아야 한다. 긴장하고 두려워하면 오히려 자신감을 잃어 설득력이 떨어질 수 있다. 작은 실수가 있더라도 크게 신경 쓰지 말고, 자연스러운 모습으로 발표를 이어나가야 한다.
- 제품의 이점을 확실히 홍보하라: 제품의 기능과 이점을 정확하고 명확하게 전달해야 한다. 청중이 어떤 이점을 얻을 수 있는지, 어떻게 사용할 수 있는지 등을 구체적으로 설명해야 한다. 또한, 이점을 강조하는 효과적인 표현 방법을 사용해야 한다. 예를 들어, "이 제품을 사용하면 생산성이 50% 이상 증가할 수 있습니다."와 같은 구체적이고 강조된 표현이 이점을 더욱 부각시킬 수 있다.
- 연습하고 연습하고 또 연습하라: 프레젠테이션을 무대와 같은 공간이라고 생각하

고 충분한 연습을 해야 한다. 발표자는 연습을 통해 발표 내용과 순서를 완벽하게 익혀야 하며, 발표 자료와 슬라이드, 멀티미디어 등을 완벽하게 숙지해야 한다. 또한, 연습을 통해 시간 관리와 발표자세 등을 개선할 수 있다. 연습을 하면 더 자신감 있게 발표할 수 있으며, 신뢰감과 설득력을 높일 수 있다.

스티브 잡스의 청중을 사로잡는 설득력 있는 프레젠테이션을 연구하는 전문가들이 많다. 『스티브 잡스 프레젠테이션의 비밀』을 쓴 커뮤니케이션 전문가인 카마인 갈로(Gallo, 2010)에 의하면, 잡스는 제품을 판매하는 것이 아니라 꿈을 팔았으며, 프레젠테이션에서는 짧고 강렬한 메시지를 전달하는 것이 중요하다는 것을 강조했다. 또한 제품을 대중에 소개할 때는 대립구도를 설정하고, 원칙적으로 세 가지 이하의 정보를 전달하며, 디자인이 깔끔하고 사용하기 쉬운 제품을 선보이는 등 단순화와 절정의 순간을 연출하는 것이 중요하다고 했다. 마지막으로 무대를 공유하는 것 역시 잡스의 스타일 중 하나로 꼽았다.

스티브 잡스의 프레젠테이션을 분석한 김경태(2008)의 저술에서도 감성적인 프레젠테이션이 곳곳에 나타났다. 우선, 감성적인 프레젠테이션을 위해서 스티브 잡스는 오프닝의 중요성을 강조했다. 틀에 박힌 상투적인 오프닝을 버리고 "오늘 우리는 함께 새로운 역사를 만들 것입니다."와 같이 청중에게 압도할 수 있는 메시지를 전달했다. 오프닝 후크를 만드는 방법으로 연관 있는 일화 활용하기, 강력한 인용구 활용하기, 비유나 사례 활용하기, 청중의 참여 요청하기, 질문하기, 상상 유도하기 등 다양한 방식이 있다.

두 번째로 프레젠테이션에 있어 청중의 눈높이에 맞춘 신조어를 사용하여 청중의 주목도를 높였다. 나만의 어려운 이야기는 청중들에게 생소한 느낌을 주어 효과가 떨어질 수 있다. 스티브 잡스는 애플 iPhone의 우수성을 강조하기 위해 경쟁사의 인터넷을 걸음마 수준의 베이비 인터넷(baby internet)라는 신조어로 표현함으로써 경쟁사와 차별화시켰다. 소비자의 유형 또한 단순히 나이에 대한 분류보다는 소비자의 라이프스타일을 반영한 신조어가 청중의 관심을 집중시킬 수 있다. 1980년대 초부터 2000년대 초 출생한 밀레니엄 세대와 1990년대 중반부터 2010년대 초반 출생한 Z세대를 합쳐 MZ세대라고 했다. 이들은 디지털 환경에 익숙하고, 기존 세대와 차별화된 개인주의 성향을 가지고 있어 신조어로 많이 활용됐다. 그러나 최근에는 2010년과 2024년 사이에 출생한 세대를 알파(ALPHA)세대라 부른다. 이들은 MZ세대와 다르게 아직 생활 반경이 넓어지기 전, 이

제 막 취향이 형성되는 시기로 스마트폰을 쉽게 접할 수 있는 유튜브, 숏폼 콘텐츠가 더 높은 영향력을 과시하고 있다(강아담, 2023). 이처럼 비유나 은유를 활용하여 신조어를 프레젠테이션에 반영하면 청중과 쉽게 소통할 수 있다.

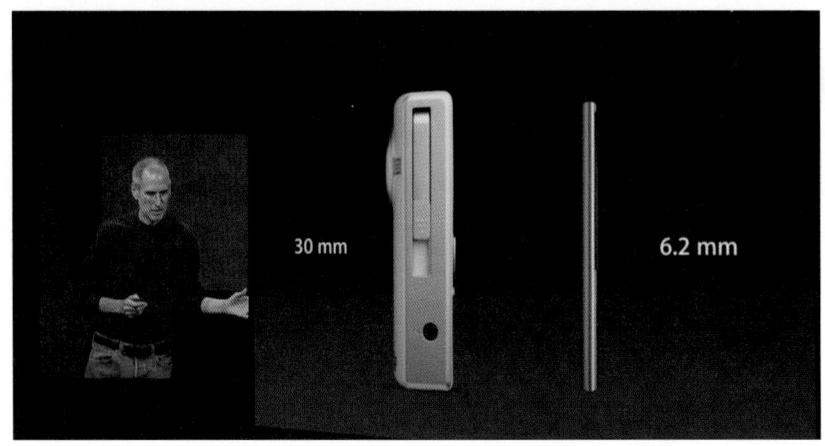

[그림 16-2] 스티브 잡스 프레젠테이션

세 번째로 스티브 잡스는 이해하기 쉬운 숫자를 활용하여 청중들의 마음을 사로잡았다. 비즈니스 프레젠테이션에서는 많은 숫자가 등장한다. 그런데 청중은 그 수를 가늠할 수 없는 경우가 많기에 가슴에 와 닿지 않는다. 스티브 잡스는 큰 수를 작은 수로 나눠 설명하여 청중들에게 이해하기 쉽게 전달했다. 예컨대, 하루에 500만 곡의 노래를 판매하고 있다고 하면 청중들은 실감하지 못할 것이다. 그래서 스티브 잡스는 그것을 1시간 단위에서 1분 단위(3,472곡), 1초 단위(58곡)로 나눠 설명하여 얼마나 많은 고객이 음악을 다운로드 하는지 청중에게 쉽게 이해시켰다. 또한, 아이팟 나노가 얼마나 얇은지(6.2mm)를 설명하기 위하여 경쟁사의 두께(30mm)를 비교하여 설명함으로써 청중들에게 쉽게 이해시켰다. 이처럼 스티브 잡스는 프레젠테이션을 진행할 때 청중의 입장에 서서 간결하게 메시지를 전달한다.

마지막으로 평가자에게 있어서 질의응답은 프레젠테이션 자체보다 더 중요할 수 있다. 질의응답을 통해서 평가자가 프레젠테이션 발표 내용을 신뢰할 수 있는지 없는지 변별력이 더 강할 수 있기 때문이다. 질의응답은 다음과 같은 원칙으로 해서 진행한다(김용기, 쉬플리코리아, 2013). 우선 경쟁 프레젠테이션 때 질문 사항을 공식적 · 비공식적으로 유도하여 예측 가능한 질문을 하게 함으로써 질의응답 시간의 불확실성을 최소화한다. 또한, 예상 질의에 대한 답변을 슬라이드로 준비하여 질의하는 순간에 이를 찾아서 순식간에 보여 줌으로써 신뢰도를 높이거나 적대적인 평가자에게 대응하는 전략을 사전에 준비해서 당황하지 않고 대응해야 한다.

4. 마무리

감동적인 프레젠테이션 전달하기에 대해서 살펴보았다. 광고 프레젠테이션은 제품, 서비스, 브랜드 등을 효과적으로 홍보하기 위한 중요한 도구이다. 이는 고객과의 연결고리를 강화하고, 제품의 특징과 장점을 명확하게 전달하여 구매 의사 결정에 영향을 미칠 수 있기 때문이다. 광고회사는 광고 프레젠테이션을 통해 전문성을 강조하고 신뢰를 얻을 수 있으며, 광고주는 전문가로부터 '처방전'을 받는 자리가 되며 공감의 장이 되는 것이다. 따라서, 광고 프레젠테이션은 매우 섬세하고 감성적으로 구성되어야 하며, 목적과 전략에 따라 각각의 슬라이드를 효과적으로 활용해야 한다.

발표자는 프레젠테이션을 할 때 중요한 역할을 담당한다. 이는 프레젠테이션을 통해 원하는 메시지를 청중에게 효과적으로 전달하는 역할을 하기 때문이다. 프레젠테이션은 단순히 내용을 전달하는 것뿐 아니라, 청중과의 소통과 인상을 주는 것이 중요하다. 이를 위해서는 프레젠테이션 발표자가 청중의 관심을 끌고, 주제를 명확하게 설명하고, 청중의 이해도를 높이는 등의 역할을 해야 한다. 따라서 발표자의 역할은 프레젠테이션의 성공에 큰 영향을 미치며, 훌륭한 발표자는 청중의 마음을 사로잡고, 전문성을 강조하는 등의 효과를 유발할 수 있다.

스티브 맨델(Steve Mandel, 2000)이 제시한 프레젠테이션 스킬표를 참고하여 자신이 어떤 유형의 프레젠테이션 발표자인지, 어떠한 부분은 잘하고 어떠한 부분은 부족한지 평가해 볼 필요가 있다(유종숙, 최환진, 2014에서 재인용). 평가 점수가 80점 이상이면 뛰어난 프레젠테이션 발표자라 할 수 있고, 60~80점이면 효과적인 프레젠테이션 발표자가 될 수 있는 잠재력을 갖고 있다. 그러나 60점 이하일 경우 어떤 부분에 문제가 있는지 적극적인 개선이 필요하다.

〈표 16-2〉 **프레젠테이션 스킬의 평가표**

	매우 그렇다				결코 그렇지 않다
1. 나는 청중을 충분히 분석했다.	5	4	3	2	1
2. 나는 프레젠테이션을 계획하기 전에 기본 목표를 정했다.	5	4	3	2	1
3. 나는 프레젠테이션 구성을 위해 먼저 메인 아이디어들을 적었다.	5	4	3	2	1
4. 나는 프레젠티이션을 구성하면서 메인 아이디어들을 구체화했다.	5	4	3	2	1
5. 나는 청중의 주의를 끌 수 있는 도입부를 만들었다.	5	4	3	2	1
6. 나는 결론에서 도입부에 얘기한 것을 다시 언급했다.	5	4	3	2	1
7. 내가 사용한 시각 보조물은 단순하고, 읽기 쉽고, 임팩트가 있었다.	5	4	3	2	1
8. 내가 사용한 시각 보조물은 주의를 집중시키는 효과가 있었다.	5	4	3	2	1
9. 나는 힘 있고 침착하게 프레젠테이션을 했다.	5	4	3	2	1
10. 내가 청중에게 제안한 혜택(benefit)은 명확하고 강력했다.	5	4	3	2	1
11. 나는 열정적으로 내 생각을 전달했다.	5	4	3	2	1
12. 충분한 연습을 해서 메모를 보지 않고 청중에게 주의를 기울였다.	5	4	3	2	1
13. 내 메모에 키워드만 써서 원고를 읽는 우를 범하지 않았다.	5	4	3	2	1
14. 나는 일어서서 시각 보조물을 사용하면서 연습했다.	5	4	3	2	1
15. 나는 예상되는 질문에 대한 답변을 준비하고, 응답 연습을 했다.	5	4	3	2	1
16. 나는 프레젠테이션 전에 좌석 배치와 시청각 도구를 체크했다.	5	4	3	2	1
17. 나는 끝까지 청중들과 시선을 교환했다.	5	4	3	2	1
18. 내 제스처는 긴장되지 않고 자연스러웠다.	5	4	3	2	1
19. 내 목소리는 강하고 명확했으며, 단조롭지 않았다.	5	4	3	2	1
합계					

출처: Mandel (2000): 유종숙, 최환진(2014)에서 재인용.

감동적인 프레젠테이션은 청중의 마음을 움직여 긍정적인 인상을 남긴다. 프레젠테이션을 진행할 때는 청중의 관심과 호기심을 자극하며, 강력한 메시지와 감성적인 요소를 담아내는 것이 중요하다. 이를 위해서 발표자는 열정과 자신감을 가져야 하며, 목적과 청중에 맞는 적절한 스토리와 구조를 구성해야 한다. 또한, 슬라이드와 멀티미디어를 효과적으로 활용하여 시각적으로도 감동을 전달할 수 있어야 한다. 그래야 청중과의 연결고리를 강화하고, 더 나은 결과를 얻을 수 있다. 지금까지 배운 내용을 바탕으로 프레젠테이션을 연습해 보자. 광고기획자가 프레젠테이션을 진행할 때 청중의 마음에 감동을 전달하고, 더 나은 결과를 얻을 수 있다면 얼마나 보람 있을 것인지 생각해 보며 연습에 연습을 거듭해야 한다.

참고문헌

강아담(2023). TREND/Date Blending: 새로운 소비 주체, 알파세대. 대홍기획 사보 2023년 2월호.

김경태(2008). 스티브 잡스의 프레젠테이션2. 멘토르.

김용기, 쉬플리코리아(2013). 최강 제안 경쟁 프레젠테이션. 한스미디어.

김혜성(2010). 비즈니스 프레젠테이션. 커뮤니케이션북스.

유종숙, 최환진(2014). 프로페셔널 프레젠테이션. 커뮤니케이션북스.

윤영돈(2005). 자연스럽게 Yes를 끌어내는 창의적 프레젠테이션. 뜨인돌.

이현(2009). 프레젠테이션 불패의 법칙. 브레인스토어.

조용석, 오창일, 이상훈, 김규철, 김혜성, 최환진, 박정래, 이현우, 이화자, 하봉준, 조삼섭, 김찬석, 김한주, 연일(2014). 광고 홍보실무 특강. 커뮤니케이션북스.

Gallo, C. (2009). *Presentation secrets of Steve Jobs*. 김택훈 역(2010). 스티브 잡스 프레젠테이션의 비밀: 모든 청중 앞에서 미치도록 대단한 프레젠터가 되는 법. 알에이치코리아.

Mandel, S. (2000). *Effective Presentation Skills*. Crisp Publications.

Moriarty, S., & Duncan, T. (1995). *Advertising & marketing presentations*. 오만덕 역(1999). 창조하고 승리하는 광고 · 마케팅 프리젠테이션. 이진출판사.

Ries, A., & Trout, J. (1994). *The 22 Immutable Laws of Marketing*. 이수정 역(2008). 마케팅 불변의 법칙. 비즈니스맵.

찾아보기

인명

내용

저자 소개

김병희(Kim, Byoung Hee)

현재 서원대학교 광고홍보학과 교수이다. 서울대학교를 졸업하고 한양대학교 광고홍보학과에서 광고학 박사를 받았다. 한국광고학회 제24대 회장, 한국PR학회 제15대 회장, 정부광고자문위원회 초대 위원장, 서울브랜드위원회 제4대 위원장으로 봉사했다. 그동안 『디지털 시대의 광고 마케팅 기상도』(학지사, 2021)를 비롯한 다수의 저서를 집필했고, 「광고산업의 가치사슬 모델을 새롭게 정립하기 위한 질적 연구」(2022)를 비롯한 다수의 학술논문을 국내외 주요 학술지에 발표했다. 한국갤럽학술상 대상(2011), 제1회 제일기획학술상의 저술 부문 대상(2012), 교육부 · 한국연구재단의 우수 연구자 50인(2017) 등을 수상했고, 정부의 정책 소통에 기여한 공로를 인정받아 대통령 표창(2019)을 받았다. 이메일: kimthomas@hanmail.net

이시훈(Lee, Si Hoone)

현재 계명대학교 광고홍보학과 교수이다. 경희대학교를 졸업하고 경희대학교 신문방송학과에서 광고학 박사를 받았다. 한국광고학회 제23대 회장, 한국소통학회 제12대 회장, 한국지역언론학회 제6대 회장으로 봉사했다. 그동안 『광고법제로 보는 광고의 이해』(한경사, 2021), 『확장현실 시대의 광고 기획론』(부크크, 2022)을 비롯한 다수의 저서를 집필했고, 「A Study on the Antecedents and Effects of Social Media Fatigue on Korean Users」(2022)를 비롯한 100여 편의 학술논문을 주요 학술지에 발표했다. 한국광고PR실학회의 우수 논문상(2015)과 제일기획학술상의 저술 부문(2022)에서 수상했다. 이메일: adworld77@hanmail.net

이희준(Lee, Heejun)

현재 대구가톨릭대학교 미디어영상광고홍보학부 조교수이다. 건국대학교를 졸업하고 미국 일리노이대학교(University of Illinois at Urbana-Champaign)에서 광고학 석사, 연세대학교 커뮤니케이션대학원에서 광고학 박사를 받았다. 제일기획과 HS애드 등에서 글로벌 광고기획자(AE)로 다년간 재직했으며, 삼성전자, LG전자, GM, 대한항공을 비롯한 국내외 여러 브랜드의 광고와 마케팅 커뮤니케이션 캠페인을 기획했다. 현재는 브랜드 커뮤니케이션, 디지털 광고, HCI 등의 분야를 연구하며 교육자의 길을 걷고 있으며, 한국마케팅과학회의 우수박사학위논문상, 한국광고학회와 한국광고홍보학회의 최우수 연구논문상, BK21+ 우수연구자로 인정받아 교육부장관 표창을 받았다. 이메일: heejun@cu.ac.kr

이진균(Lee, Jin Kyun)

현재 홍익대학교 광고홍보학부 교수이다. 고려대학교와 동대학원을 졸업하고 미국 미시건주립대학교(Michigan State University)에서 석사, 미국 텍사스주립대학교(University of Texas at Austin)

에서 광고학 박사를 받았다. 한국광고학회, 한국광고홍보학회, 한국광고PR실학회의 이사와 소비자광고심리학회 부회장으로 봉사했다. 저서로 『광고학원론』(공저, 정독, 2021)이 있으며, 『SNS 행복 마케팅』(한나래, 2019)은 2020년 대한민국학술원 선정 사회과학 우수학술도서로 선정됐다. 제9회 한국PR학회 학술상 최우수 논문상(2021)을 수상했다. 주요 논문에 「The roles of individual differences in time perspective, promotion focus, and innovativeness: Testing technology acceptance model」(2022)이 있다. 이메일: feature94@hongik.ac.kr

김유나(Kim, Yu Na)

현재 서울예술대학교 커뮤니케이션학부 광고창작과 교수이다. 이화여자대학교에서 수학을 전공하고, 고려대학교에서 소비자 · 광고 심리로 석사를 받았으며, 한양대학교에서 광고학 박사를 받았다. TNS Korea(현 칸타코리아)에서 데이터를 마케팅 자원으로 활용하는 기술을 익혔고, 하쿠호도제일과 대홍기획에서 브랜드 전략과 마케팅 커뮤니케이션에 대한 전략적 정교화를 터득했다. 대홍기획에서 빅데이터 마케팅 센터장으로 일하다 디지털 마케팅 생태계를 연구하고자 대학으로 옮겨, 한국마케팅협회 자문교수를 겸하며 디지털 마케팅 커뮤니케이션 전략, 브랜드 플랫폼 구축, 데이터 기반 고객경험 설계에 대해 연구하고 있다. 주요 저서에 『브랜드 유니버스 플랫폼 전략: 디지털 트랜스포메이션 시대를 이끄는 브랜드 뉴노멀』(학지사, 2021)이 있다. 이메일: yuna.kim@seoularts.ac.kr

정세훈(Jeong, Se-Hoon)

현재 고려대학교 미디어학부 교수이다. 동시에 고려대학교 정보문화연구소 소장과 학술지 『커뮤니케이션과학』의 편집위원장으로 봉사하고 있다. 서울대학교 언론정보학과를 졸업하고 미국 펜실베이니아대학교(University of Pennsylvania)에서 커뮤니케이션학 박사학위를 받았다. 그동안 한국광고학회와 한국언론학회의 집행부 이사와 한국언론학보 편집위원으로 봉사했다. 광고학연구, 한국광고홍보학보, 한국언론학보 같은 국내 주요 학술지를 비롯해 『Journal of Advertising』 『Journal of Advertising Research』 『Journal of Communication』 『Human Communication Research』 『Media Psychology』 같은 해외 저명 학술지에 매체 이용 및 광고효과에 관련된 학술논문을 90편 이상 게재했다. 이메일: sjeong@korea.ac.kr

최인호(Choi, Inho)

현재 넥스텔리전스 수석연구원으로 재직하고 있다. 고려대학교 철학과를 졸업하고 미국 휴스턴대학교(University of Houston)에서 홍보학(Public Relations) 석사를, 고려대학교 미디어학부에서 언론학 박사를 받았다. 실무에서 일하는 동안 LG전자의 HA해외마케팅 IMC팀과 기획재정부의 대변인실 외신업무팀 등에서 광고홍보 실무 업무를 경험했다. 교육 영역에서는 명지대학교 디지털미디어학과 겸임교수와 고려대학교 연구교수로서 연구와 강의를 진행해 왔다. 연구 영역에서는『한국언론학보』『광고학연구』『한국광고홍보학보』『Cyberpsychology, Behavior, and Social Networking』 같은 국내외 주요 학술지에 광고효과에 관련된 학술논문 10여 편을 게재했다. 이메일: fidelis73@gmail.com

김활빈(Kim, Hwalbin)

현재 강원대학교 미디어커뮤니케이션학과 조교수이다. 고려대학교 신문방송학과와 동대학원 언론학과를 졸업하고 미국 오하이오대학교(Ohio University)에서 언론학 석사를, 미국 사우스캐롤라이나대학교(University of South Carolina)에서 매스커뮤니케이션학 박사를 받았다. 한국광고홍보학회, 한국광고PR실학회, 한국PR학회, 한국방송학회 등 여러 학회에서 집행부 이사로 봉사하고 있으며, 강원대학교 디지털미디어센터 센터장과 학교기업(BR미디어) 기업장을 역임했다. 공동 저자로 참여한 저서에『건강과 커뮤니케이션: 이론과 실제』(한울, 2020),『디지털 변화 속 광고PR산업: 현재와 미래』(학지사, 2021),『디지털 시대의 PR학 신론』(학지사, 2021),『AI · 메타버스 시대의 산업경제적 광고PR 전략』(한울, 2022) 등 다수가 있다. 이메일: hwalbinkim@kangwon.ac.kr

지준형(Ci, Cunhyeong)

현재 국민대학교 미디어광고학부 교수이다. 서울대학교를 졸업하고 미국 텍사스주립대학교(University of Texas at Austin)에서 광고학 박사를 받았다. 한국광고PR실학회의 제6대 회장과 편집위원장을 역임하고, 국민대학교 대외협력처장으로 봉사했다. 그동안『브랜드 연상: 소비자는 브랜드를 보며 무엇을 떠올리는가』(한울, 2019; 대한민국 학술원 우수도서 선정)를 비롯한 다수의 저서를 집필했고,「기업의 사회적 책임활동에 대한 귀인방식이 브랜드 충성도에 미치는 영향: 영상광고에 등장하는 광고모델의 마스크 착용 여부를 중심으로」(공저, 2022)을 비롯한 학술 논문을 주요 학술지에 발표했다. 국민대학교 우수교원상(2015) 등을 수상했으며, 옥외광고 분야의 발전에 이론적으로 기여한 공로를 인정받아 한국지방재정공제회의 이사장 표창(2021)을 받았다. 이메일: joonjee@kookmin.ac.kr

조준혁(Cho, Jun Hyuk)

현재 서원대학교 광고홍보학과 교수이다. 고려대학교 신문방송학과에서 학사와 석사를 취득했다. 인공지능(AI) 이용자의 심리를 규명한 주제로 단국대학교 광고홍보학과에서 커뮤니케이션학 박사를 취득했다. 넥슨(2002~2004)에서 게임웹, 게임 마케팅, 브랜드 전략 수립을 담당했으며, 네이버(2005~2023)에서는 네이버 광고 플랫폼 기반의 디스플레이 광고, 검색 광고, 게임 광고 등 디지털 마케팅을 위한 광고 상품의 기획, 광고효과 연구, 데이터 분석, 업종 분석을 담당했다. 또한 네이버 플레이스, 예약, N페이를 활용한 O2O(Online to Offline) 서비스 기획과 사업개발을 담당했다. AI챗봇에 대한 이용자 심리, AI 기반 광고, Human Computer Interaction, 데이터 사이언스에 관심이 많다. 이메일: cjhouse1010@gmail.com

김희은(Kim, Hee Eun)

현재 광고회사 제일기획에서 디지털 전략 업무를 담당하고 있는 커넥션 플래닝팀 팀장이다. 미국 미시건주립대학교(Michigan State University)에서 광고학 석사를 취득했다. 삼성 SDS(2004~2006)에서 IT사업 전략 업무를 담당했으며, 네이버(2006~2013)에서는 광고 사업 전략과 커머스 사업 전략 및 해외 사업 전략 등 광고 플랫폼 기반의 사업 전략 업무를 담당하며, 광고 상품 개발부터 효과 분석과 커머스 플랫폼 사용자의 행동 분석 업무를 담당했다. 제일기획에서는 삼성전자의 글로벌 디지털 캠페인, 소셜 마케팅 및 D2C 채널의 커머스 전략 업무를 담당하며, 제일기획의 메타버스 및 인공지능(AI) 등 새로운 기술 트렌드를 활용한 광고 비즈니스의 모델 개발을 담당하고 있다. 이메일: olivejuice090909@gmail.com

민병운(Min, Byung Woon)

현재 대구가톨릭대학교 미디어영상광고홍보학부 광고홍보전공 조교수이다. 서강대학교 신문방송학과를 졸업하고 연세대학교 경영전문대학원에서 경영학 석사, 서강대학교 신문방송학과에서 광고학 박사를 받았다. 삼성전자 본사 인사팀, 에프오티 공동창업자 겸 COO를 거쳐 테미스코프 리서치 앤 컨설팅 CEO와 서강트렌드사이언스센터 부센터장을 맡고 있다. 그동안 『코로나19 이후 지속가능한 소비와 광고』(공저, 정독, 2021), 『코로나 시대의 역발상 트렌드: 메가 트렌드를 뛰어넘는 20가지 비즈니스 전략』(공저, 부키, 2021), 『리:티핑 포인트: 위기 극복의 11가지 반전 포인트와 45가지 실전 전략』(공저, 학지사, 2022), 『역발상 트렌드 2023: 메가 트렌드를 뒤집는 역발상 전략 15』(공저, 부키, 2023) 등 저서를 집필했고, 여러 학술 논문을 주요 학술지에 발표했고 칼럼을 기고했다. 연구 성과와 저서를 바탕으로 서강언론학회 신진연구자상과 서강언론학술상, 연세MBA학술연구 대상을 수상했다. 이메일: bwmin@cu.ac.kr

김동후(Kim, Dong Hoo)

현재 중앙대학교 광고홍보학과 교수이다. 서강대학교를 졸업하고 미국 텍사스주립대학교(University of Texas at Austin)에서 석사와 박사를 받았다. 디지털 미디어와 브랜드 커뮤니케이션, 소비자 심리를 중심으로 마케팅 커뮤니케이션 효과에 관련된 연구를 진행하며 한국광고학회, 한국광고홍보학회, 소비자광고심리학회에서 총무이사와 집행이사로 봉사했다. 그동안 『광고학원론』(공저, 정독, 2021)을 비롯한 여러 저서를 집필했고, 『Psychology & Marketing』 『Telematics and Informatics』 『Computers in Human Behavior』 『Journal of Brand Management』 『European Journal of Marketing』 『International Journal of Advertising』 『광고학연구』 등 국내외 저명 학술지에 다수의 논문을 발표했다. 이메일: dongfu77@cau.ac.kr

염 철(Yum, Chul)

현재 광고회사 이노션의 기획본부장(전무)으로 재직하고 있다. 이노션 이전에는 광고회사 HSAd와 메이트커뮤니케이션에서 광고기획자(AE)로 일하며, 바쁜 와중에도 '챠베스'라는 필명으로 광고와 관련된 다양한 글쓰기와 강연을 진행한 경험이 있다. 광고 실무계에서 일하는 동안 캐논코리아, 현대카드, 대한항공, 구글코리아, 기아, KCC건설을 비롯한 여러 국내외 브랜드의 광고 캠페인을 진행했고, 대한민국광고대상, 뉴욕 페스티벌, 클리오 어워즈, 런던 국제광고제 등 국내외의 저명한 광고제에서 다수의 광고상을 수상한 이력이 있다. "좋은 광고는 좋은 사람이 만든다"라는 신념을 바탕으로, 30년 넘는 세월 동안 생생한 광고 현장을 지키며 오늘도 광고를 만들고 사랑하고 있다. 이메일: cuba@innocean.com

유은아(Yu, Eun Ah)

서울대학교 경영학과에서 경영학 석사를, 중앙대학교 광고홍보학과에서 광고홍보학 박사를 받았다. 광고회사 나라기획과 하쿠호도제일에서 광고기획자(AE)로, 컨설팅회사 앤더모스트에서 브랜드 컨설턴트로 근무했다. 그동안 『브랜드 자산관리』(공저, 커뮤니케이션북스, 2016), 『브랜드 어바니즘』(공저, 커뮤니케이션북스, 2020) 등의 저서를 집필했고, 「소셜 미디어 인플루언서의 특성과 소비자의 설득지식이 구전 의도에 미치는 영향: 유튜브의 뷰티 인플루언서를 중심으로」(공저, 2020)를 비롯한 다수의 논문을 국내외 주요 학술지에 발표했다. 그동안 중앙대학교, 건국대학교, 가톨릭대학교에서 광고기획론 과목을 강의해 왔으며, 현재 중앙대학교와 성신여자대학교 및 가톨릭대학교에서 광고기획론, 소비자 행동, 브랜드 전략에 관련된 과목을 강의하고 있다. 이메일: winner0916@naver.com

정승혜(Chung, Sung Hye)

현재 서울여자대학교 언론영상학부 교수이다. 한국외국어대학교를 졸업하고 광고 실무계에서 일하는 동안 광고회사 MBC애드컴과 휘닉스커뮤니케이션즈에서 카피라이터로 일했다. 영국 런던정경대학교(LSE)와 고려대학교에서 각각 석사학위와 박사학위를 받았다. 그동안 한국광고학회, 한국광고홍보학회, 한국광고PR실학회에서 연구이사 및 편집이사로 활동했다. 광고의 사회문화적 의미에 관심이 많으며, 광고와 창의성이 지니는 다양한 가치와 함의에 관심을 기울이며 연구를 진행하고 있다. 주요 저서에 『광고 연구의 질적방법론』(커뮤니케이션북스, 2015), 『디지털 시대의 광고학신론』(공저, 학지사, 2021)이 있으며, 학술논문에 「광고의 보이스오버 내레이션에 나타난 젠더 역할의 변화 연구」(2020) 등 다수가 있다. 이메일: schung@swu.ac.kr

박종구(Park, Bellnine)

현재 한국방송광고진흥공사(KOBACO) 미디어광고연구소 연구위원으로 공공데이터와 산업정책에 대해 연구하고 있다. 서강대학교 영어영문학학사와 동대학원 신문방송학과에서 석사와 박사를 받았고, 정보전략(ISP) 컨설턴트와 한국연구재단-서강대학교 학술연구교수를 거쳤다. 『뉴미디어 채택이론』(커뮤니케이션북스, 2013)을 집필했으며, 공동 저서로 『빅데이터의 분석방법과 활용』(학지사, 2020), 『광고의 미래 넥스트 10년: 한 권으로 읽는 광고의 새로운 키워드와 트렌드』(학지사, 2021), 『인간정서와 AI』(한울, 2021) 등이 있다. 학술논문에 「광고산업의 포용적 성장을 위한 미디어광고 공공데이터 조성 방안」(2020), 「광고산업을 왜 육성해야 하는가?: 광고산업과 KOBACO 방송통신광고 진흥사업의 경제파급효과를 중심으로」(2022) 등 다수가 있다. 이메일: bellnine@kobaco.co.kr

심성욱 (Shim, Sung Wook)

현재 한양대학교 광고홍보학과 교수이다. 한국외국어대학교 신문방송학과를 졸업하고 미국 미주리대학교(University of Missouri)에서 저널리즘 석사(광고 전공), 미국 플로리다대학교(Universoty of Florida)에서 매스커뮤니케이션학 박사(광고 전공)를 받았다. 오리콤의 브랜드전략연구소 부장과 한국언론진흥재단 객원연구위원을 지냈다. 한국광고홍보학회 제15대 회장과 한국OOH광고학 회장으로 봉사했다. 그동안 『新옥외 광고론』(2판, 공저, 서울경제경영, 2017), 『인터랙티브 광고론』(2판, 공저, 서울경제경영, 2019), 『광고학개론』(4판, 공저, 서울경제경영, 2021)을 비롯한 여러 저서를 집필했으며, 「대학생들의 소셜 미디어 이용 동기가 소셜 미디어 광고 이용의향에 미치는 영향」(2011), 「고속도로 야립광고가 수용자에게 미치는 효과 연구」(2012)를 비롯한 여러 논문을 주요 학술지에 발표했다. 이메일: swsjah33@hanyang.ac.kr

지원배(JI, Won Bae)

현재 한신대학교 경영 미디어 계열의 미디어영상광고홍보학 전공 교수이다. 한양대학교 광고홍보학과에서 광고학 박사를 받았다. 광고 실무계에서 락애드컴 브랜드전략연구소 소장으로 일했으며, 한라대학교 광고영상미디어학과 교수를 역임했다. 학계에서는 한국광고학회와 한국광고PR실학회의 총무이사로 봉사했다. 그동안 『디지털 융합시대 광고와 PR의 이론과 실제』(공저, 학지사, 2018), 『광고PR실무를 위한 전략적 커뮤니케이션: 광고PR실학회 창립 10주년 기념도서』(공저, 한경사, 2019) 등 여러 저서의 집필에 참여했고, 「디지털 옥외광고산업 진흥을 위한 중소사업자 지원 방안 연구: 전문가 심층 인터뷰를 중심으로」(2022)를 비롯한 여러 학술 논문을 주요 학술지에 발표했다. 현재 한국광고PR실학회의 부회장, 부산국제광고제의 자문위원, 서울영상광고제의 전문심사위원으로 활동하고 있다. 이메일: 7321@daum.net